欧亚备要

主办：中国社会科学院古代史研究所内陆欧亚学研究中心

主编：余太山　李锦绣

马长寿内陆欧亚学文存

（全三集）

中集　西部民族史专著

马长寿　著
周伟洲　整理

中集目录

氐与羌

第一章 绪论 3
  一、氐、羌在中国历史上的地位 3
  二、自古以来氐、羌就是关系密切的两个民族 9
  三、徙、莋都、冉駹非氐，吐蕃非羌 19

第二章 氐族 26
  一、氐族的起源、分布和移动 26
  二、齐万年的起义和失败 34
  三、前秦和后凉，兼论苻坚不能统一中国的原因 39
  四、仇池氐杨氏所建的几个地方政权 47
  五、秦、南秦、东益、南岐、东秦、沙诸州的氐、羌等族人民起义 51

第三章 羌族 69
  一、羌族的起源、迁徙和汉代西羌部落名称及其分布 69
  二、两汉对西羌的压迫剥削和东汉时东西羌的五次起义斗争 84
  三、魏、晋、十六国及北朝时雍、秦、凉、益四州羌族的历史 109
  四、隋、唐、吐蕃等对羌族的统治 134
  五、文献所记古代羌族的社会经济文化 145

后 记 163

碑銘所見前秦至隋初的關中部族

一、序言 167

二、前秦《鄧太尉祠碑》和《廣武將軍□產碑》所記的關中部族 176

三、北朝前期的李潤羌和北魏造像題名的四種方式 200

四、北朝後期鮮卑雜胡入關後的聚居和散居 210

五、渭河以北各州縣的羌民和他們的漢化過程 224

附錄一　關中北魏北周隋初未著錄的羌村十種造像碑銘 240

附錄二　關於關中羌村羌姓的劄記 250

校後補記 258

南诏国内的部族组成和奴隶制度

一、前言 263

二、昆明、六诏、六诏的统一 282

　　（一）昆明国的性质、疆域和部落组成 283

　　（二）六诏的名称、所在地和几个"乌蛮"首领在"白蛮"地区建诏的经过 295

　　（三）蒙舍诏的统一五诏 307

三、南诏国内主要部族的名类问题 319

　　（一）六诏的乌蛮和白蛮 319

　　（二）东爨乌蛮、西爨白蛮，嶲州乌、白蛮 331

　　（三）饰齿、雕题、茫部诸族部落 344

四、南诏国的社会经济制度 349

　　（一）主要的生产和主要的所有制 350

　　（二）奴隶制决定并影响其他各种生产关系 357

（三）从郭仲翔之被虏为奴到南诏国许多掠夺奴隶的战役 363

附录：唐代云南白蛮语和东爨乌蛮语的调查 372

彝族古代史

整理说明 385

弁　言 387

第一章　从原始公社到奴隶社会 389

　　一、彝族原始社会的传说和遗迹 389

　　二、彝族始祖仲牟由及其后裔六祖原住地 392

　　三、武、乍二部落在云南各地的迁徙和发展 398

　　四、糯、恒二部落向滇东北、四川永宁和凉山的迁徙和发展 401

　　五、布、默二部落向滇东、黔西北的迁徙和发展 408

第二章　奴隶社会的形成与发展 417

　　一、滇王国的兴起及其与周围民族的关系 417

　　二、公元前后彝区生产力的发展和汉族的影响 424

　　三、彝族大奴隶主——耆帅、大姓的形成 430

　　四、东爨、西爨的分立与合并 436

　　五、东爨乌蛮和西爨白蛮 442

　　六、南诏与彝族的关系及其社会制度 446

第三章　奴隶社会的演变和凉山奴隶制的延续 455

　　一、南诏、大理时期在云南的移民 455

　　二、元代屯垦对彝族的影响 460

　　三、凉山奴隶制的延续 463

附录：美姑县阿陆、马家的迁徙和向外发展的历史 480

　　一、利利土司曾在七百年前一度统治美姑 480

　　二、马家的迁徙路线和对利美夹谷的占领 482

三、阿陆家的来历 484

四、阿陆、马家联合攻下了沙马土司和姐觉土目 486

五、阿陆家瓦库支和马家孤惹支争夺土地的战争 491

六、阿陆家砥窝支和马家补陀支的五年战争 492

七、阿陆、马家与阿侯、苏呷家等家支的关系 494

中集索引 498

氐与羌

第一章 绪论

一、氐、羌在中国历史上的地位

氐和羌都是中华民族不可分割的组成部分，他们在中国历史上占有十分重要的地位。

首先，氐和羌都是中国历史悠久的民族。早在公元前 16 世纪至前 11 世纪中国奴隶社会的商代，他们就先后出现于历史记载。到了隋唐时期，氐族已逐渐汉化了；羌族中居住在秦陇地区的逐渐融合于汉，河湟地区的逐渐融合于藏，可是还有一小部分居住于四川西北岷江上游的仍为羌族，屡世绵延至今，它和汉族的历史是同古同今的。

不仅如此，除了人口最多的汉族之外，古代氐、羌活动的地域可算是中国古代民族当中较为广大的。特别是羌族，自古以来从今河南一直向西到今新疆南部帕米尔高原，向南直到今四川西部和南部，都有他们活动的踪迹。他们不仅与中原地区，而且与北方蒙古草原、西南的青藏高原、西部的天山以南等地区的各个民族，均发生过密切的关系。因此，正如有的同志所说：不搞清氐、羌史，要研究西北和西南各民族的历史是很困难的。

第二，氐、羌起源于西方，很早就因各种原因不断地徙入中原，同汉族发生了密切的关系。因此，不论从政治、经济，或者从语言、文化上说，他们与汉族的关系都是密不可分的。更重要的是，在封建时代，他们同汉族人民共同进行了无数次反抗封建统治阶级压迫和剥削的斗争；在半封建半殖民地时代，他们又同汉族人民一道进行了英勇的反帝反封建的革命运动。在漫长的历史发展过程中，氐、羌和汉族人民始终是同命运、共患难，在反抗共同的阶级敌人的斗争中联系更加紧密，氐、羌族的历史，是中国历史的一个组成部分。

第三，氐、羌是勤劳勇敢的民族，他们同我国其他民族一道开发和建设了祖国的西北地区。三国时，鱼豢在《魏略》一书中记氐"俗能织布，善田种，畜养豕、牛、马、驴、骡"①。羌族早时以畜牧、射猎为业，战国以后，便兼营田畜。汉代时，羌民所在的河湟及洮河地区不只开土成田，而且开渠灌溉，种殖稻禾。迁到中原内地的羌民也都以播种麦、麻，饲养家畜为业。因此可知，不仅氐、羌的分布中心区，如白龙江、西汉水流域、黄河上游及湟河、洮河流域的土地是氐、羌人民开辟出来的，而且就是他们迁徙所至的土地，例如关中渭河以北的陕北、宁夏南部、河西走廊、嘉陵江上游、岷江上游的全部或一部分土地，也是由氐、羌劳动人民所开拓，或氐、羌与其他族人民共同开辟出来的。他们不只在那里开垦荒土为耕地，种殖五谷，饲养家畜，而且在那里修建桥梁，建设村落，繁荣城镇。所以，必须认识到西北地区和一部分中原地区是由氐、羌劳动人民开拓的，其中许多文化是由氐、羌人民创立的。

第四，氐、羌在中国历史上也曾建立过一些政权。如五胡十六国时期，以氐族苻氏为首的前秦政权，以氐族吕氏为首的后凉政权，以羌族姚氏为首的后秦政权，还有以仇池为中心的氐族杨氏所建的前仇池国、后仇池国、武都国、武兴国、阴平国等。这些政权的内部主要是汉族，不是氐或羌，而且它们存在的时间较短，少者十多年，多者几十年。尽管如此，他们所建的政权在中国历史上仍然发生过影响。例如氐族苻氏所建的前秦，在十六国分裂混乱的局面中几乎统一了整个中国北方，有力地促进了北方各个民族的融合；它还保存了一部分传统的中原汉族文化，使北方出现了一个暂时的小康局面。又如氐族吕氏所建的后凉，它的势力达到西域龟兹（今新疆库车）等地，这对于加强中国西北与内地的关系，起到了一定的积极作用。

氐、羌人民在更长的时期内是受其他各族统治阶级的统治。氐、羌受中原汉族统治阶级的统治时候最多，如在周秦时、两汉三国西晋时和隋唐时，都是如此。在五胡十六国时，氐、羌受苻秦、姚秦、吕凉统治外，又受过前赵匈奴刘氏、后赵羯胡石氏、成汉賨人李氏、西秦鲜卑乞伏氏、南凉鲜卑秃

---

① 《三国志·魏书》卷30《乌丸鲜卑东夷传》裴注引。

发氏、北凉卢水胡沮渠氏、前凉汉族张氏等的统治。到南北朝时，氐、羌或受北朝拓跋魏或北周宇文氏的统治，或受南朝汉族宋、齐、梁、陈的统治。此时，氐、羌处南北两政权间，忽而事北，忽而事南，跟着各族首领的利害而定。而河湟之羌则又在游牧部落吐谷浑政权的统治下，受其支配，或随牧主游牧，或为国主战争，原来已经有所发展的农业经济至此又变为游牧生活了。唐代中叶，吐蕃北上，驱逐吐谷浑而占领河湟及西川的一部分，此地区的羌人又受吐蕃的统治。

不论氐、羌受哪一族统治阶级所统治，他们都受到封建统治阶级的压迫和剥削，受到民族歧视和排挤。因此，他们不断掀起了反抗各族统治阶级的斗争，有时这种斗争是氐、羌人民单独进行的，有时又是他们与其他族被压迫的人民联合举行的。这些起义斗争虽然带有更多的民族斗争的色彩，但本质上仍然是阶级斗争。氐族最大一次起义发生在晋元康六年（296），起义军包括了氐、羌及卢水胡等，但氐族齐万年是这次起义的领袖。羌族在东汉时也曾不断掀起反抗统治者的斗争，其中主要的共有五次，一次比一次规模巨大，一次比一次进步，可以说整个东汉的国运是和羌民起义相始终的。总之，历史上氐、羌人民反抗封建统治阶级的起义斗争贯穿着他们整个历史，这些英勇的斗争为中国历史写下了光辉的一页。

第五，在中国漫长的历史发展过程中，氐族基本上融合到汉族之中，羌族的大部分也融合于汉族。即是说，现代占全国人口90%多的汉族内有一部分是由原来的氐、羌族融合而来的。而现代中国300多万的藏族内也有一部分是原来羌族融合而来的，例如今甘南藏族自治州及青海的一部分藏族就是如此。

氐族由于其原始居地与汉族接近，迁徙亦较频繁，因此很早以来，氐、汉人民就处于错居杂处的状态，经过两汉和魏晋南北朝，到隋唐时就基本上汉化了。羌族的汉化和藏化时间较长，而且也很复杂。[①] 大致言之，历史上羌族之融合于汉族，主要有三次：第一次是在春秋战国时期。在此之前的夏商之际，就有大批的羌民进入中原，建立了一些小的国家，如吕国、申国、许国等。以后，羌族又陆续迁入陕西、河南等地。这些在秦以前陆续迁入中

---

① 还有一部分居于今新疆南部的羌族，可能后来融合到维吾尔族之中，由于资料阙如，故暂且不论。

原的羌族，经过春秋战国，到秦汉时已经基本上融合到汉族之中。第二次是在魏晋十六国南北朝时期。由于当时中国北方处于分裂混乱的局面，许多部族迁入中原，氐、羌也是其中之一。经过这一时期民族的大融合，因各种原因迁徙到陕西、甘肃东部及河西的部分羌族，也逐渐汉化。第三次是隋唐时期。此时秦陇地区的羌族进一步融合于汉，河湟及四川西北一部分羌族逐渐融合于藏。其中特别值得注意的是，唐代中叶，因吐蕃北上，原在四川西北的党项羌及其统治下的部分羌族被唐朝迁徙到河套一带，至宋时建立了西夏政权。于是唐代以后，今河套以南，宁夏、甘肃东北又有了许多羌族部落。[1] 其次，唐末吐蕃衰弱，张议潮收复河陇之地，但不久这里即为回鹘、吐蕃及其奴部嗢末、龙族和羌族所据。这从敦煌石室出土的遗书可以看出，如斯坦因从敦煌劫去的咸通九年（868）刻本《金刚般若波罗密经》贴里的文书就记："河西诸州，蕃（吐蕃）、浑（吐谷浑）、嗢末（吐蕃奴部）、羌、龙（焉耆人）狡杂，极难调伏。"[2]《敦煌石室遗书》第 1 册《张氏勋德记》残卷亦记："河西创复，犹杂蕃、浑，言音不同，羌、龙、嗢末雷威慑伏。"[3] 唐光启元年（885）书写的《沙州伊州地志残卷》内，记伊州（治今新疆哈密）有"羌、龙杂处，约一千三百人"[4]。由此可见，唐末河西地区又徙来不少的羌族部落，一直到宋初凉州等地仍有不少的羌民。[5] 以上两地的羌民直到宋代以后才逐渐融合到汉、藏之中。

历史上民族的融合是一个漫长的过程，往往要经过几百年，甚至上千年的时间。例如氐族，虽然我们说它融合于汉族大致是在隋唐时期，但事实上，唐代以后在我国西北地区仍然有聚居的氐族部落存在。如《续资治通鉴》卷 64 "庆历三年十月" 条记：在今甘肃庄浪南水洛镇一带，"杂氐十余落，无所役属"。至于羌族之最后融合于汉、藏，时间更为长久，直到明代，仍见文献或碑石上有许多关于羌族的记载。如洮河流域的岷县有

---

[1] 如《宋史》卷 292《郑戬传》云：在今甘肃天水、庄浪一带有"生羌大王族"部落等。
[2] 转引自羽田亨：《唐光启元年写本沙州伊州地志残卷考》，万斯年辑译：《唐代文献丛考》，商务印书馆 1957 年版，第 91 页。
[3] 同上。
[4] 同上书，第 77 页。
[5] 现存武威的西夏文、汉文合璧的《重修护国寺感通塔碑》汉文部分记载，西夏昭简文穆皇后梁氏专政时（宋元祐初），有"西羌梗边，寇乎凉土"。

明万历年间张益谦撰《洮岷边备道题名碑》，内记成化四年（1468）和正德六年（1511），该地均发生过"羌叛"的事件。① 可见洮水流域的羌族在明代还没有完全融合于汉族。但此"羌"，可能是指该地的"番人"（即今甘南藏族）。

从古代氐、羌融合于汉、藏的历史，我们可以摸索到我国阶级社会里民族同化、融合的一些途径和规律。中国是一个多民族统一的国家，各个民族之间的相互融合，贯穿在历史发展的整个过程之中。各族融合的途径主要有两条：

一是因民族的迁徙，造成各民族错居杂处的局面，这就为民族融合创造了最有利的条件。试观历史上羌族的几次大融合，均是因羌族不断迁徙到关中、河南、甘肃等地，与当地人口众多的汉族错居而较快完成的。② 古代的民族迁徙，有时是迁徙民族因自然条件或其他原因自动进行的，也有时是统治阶级强迫实行的。而迁徙的民族大部分是少数民族，但也有人口众多的汉族向少数民族居住地迁徙。不论迁徙的性质或形式如何，它都为民族融合开辟了广阔的途径。

二是作为统治民族的上层在被统治民族聚居地区推行同化政策，促使这里的民族融合于他族之中。如历史上各族统治者在氐、羌或其他少数民族地区设置郡县，征收赋税，推行本民族传统的文化、习俗、语言等等。当然，历史上统治阶级这一套同化政策，往往带有强迫性质，这在阶级社会里是不可避免的。为了说明这个问题，我想引用一方宋代羌族聚居地之一的洮水流域岷县西广福寺所存留的碑石。此碑名《广仁禅院碑》，立于宋元丰七年（1084）八月十四日，王钦臣撰文，周璟书，张若纳立石，荔非恭刻字。③ 碑文叙述宋熙宁六年（1073）收复洮岷后，"乃敕数州（即岷、熙、河、叠、宕等州），皆建佛寺"。九年，种谔知岷州时，始在岷州建广仁禅院。文中叙述了建寺的经过，并讲述了建立这个寺院的目的。文云：

---

① 张维：《陇右金石录补》卷1。
② 关于氐、羌在关中与汉族融合的具体情况，参考马长寿：《碑铭所见前秦至隋初的关中部族》，中华书局1985年版。
③ 碑全文见张维：《陇右金石录》卷3。此碑刻字者"荔非恭"，也为一汉化之羌人。荔非，古羌姓（见《通志·氏族略五》）。

>   西羌之俗，自知佛教，每计其部人之多寡，推择其可奉佛者，使其为之诵贝叶傍行之书。……虽然其人多知佛，而不知戒……非中土之教为之开示提防，而导其本心，则其精诚直质，且不知自有也。传曰"用夏变夷"，信哉其言乎。

显然，修建广仁禅院是为了用佛教来改变当地羌民的习俗，"用夏变夷"，这个"变"，用现在的话来说，就是"同化"。碑石开首所云"变革之道，诗书礼乐之外，盖有佛氏之道大焉"，也就是这个意思。

特别值得注意的是，碑文还提到了历代封建统治阶级同化少数民族的办法，云：

>   恭惟圣主之服远也，不以羁縻恍忽之道待其人，必全以中国法教驭之。故强之并弱，大之凌小，则有甲兵、刑罚以威之；擅山泽，专障管，则或赋或禄以易之；鸟兽惊骇，则文告期会以束之；闲田沃壤，则置兵募士以耕之；书劳告勤，则金帛爵命以宠之；争讼不决，则置吏案法以平之；知佛而不知戒，则塔庙尊严以示之；日计之不足，岁计之有余，必世而后仁，尽在于是矣。

文中提出的"中国法教"，包括了军队、刑法、赋役、宗教、诗书等各方面，历代封建统治阶级正是用这些"法教"来同化少数民族，汉族统治者对氐、羌及其他少数民族如此，吐蕃王朝对羌族同样也是如此。

无论历史上的民族融合通过上述哪种途径，最后被融合的民族总是生产力和生产关系的发展低于融合民族生产力和生产关系发展的水平，即使被融合的民族是统治民族亦如此。关于此点，我在前几年曾提出过历史上民族融合的一条基本规律，即"归根到底还是被融合者原有的生产力和生产关系上升到融合者当时具有的生产力和生产关系的水平问题"[①]。我想，古代氐、羌之融合于汉、藏，也基本上是符合这一基本规律的。

下面在正式叙述氐、羌历史之前，先就有关氐、羌史上一些长期以来被

---

① 马长寿：《乌桓与鲜卑》，上海人民出版社1962年版，第5页。

人们搞混乱了的问题,发表一点看法。

二、自古以来氐、羌就是关系密切的两个民族

我国古代的西北方,部落、部族虽然众多,但大致可分为汉藏语系的民族和阿尔泰语系的民族两种。一般的说法,北狄属于阿尔泰语系,西戎属于汉藏语系,此说大体上可以成立。以此为前提,《史记·匈奴列传》把先秦时的一些西戎叙述在匈奴传的前面,我觉得问题很多。反之,《后汉书·西羌传》把同样的一些西戎叙述在西羌传的前面,虽然许多西戎并非西羌之祖,但在语言分类上是比较妥当的。

古代的氐和羌都是西戎,都居住在西方,又同属汉藏语系,关系密切自不待言。所以在汉文古籍中,经常以"氐羌"绵连的形式出现。例如《诗经·商颂》云:"昔有成汤,自彼氐羌,莫敢不来享,莫敢不来王。"《竹书纪年》记成汤与武丁时,两次"氐羌来宾"。《逸周书·王会解》亦记周成王时,"氐羌以鸾鸟"来献。关于最后一条,晋孔晁注云:"氐羌,氐地羌,羌不同,故谓之氐羌,今谓之氐矣。"把氐羌释为氐地之羌,混两族为一族,是不合于历史事实的。西羌在汉景帝时,始东迁于陇西的氐道等地。①成周之时,哪里就有了氐地的羌呢?所以氐与羌自古以来便是两族,不能混而为一。

氐族的原始分布地在甘肃的东南部,汉武都郡一带。《北史·氐传》云:"氐者,西夷之别种,号曰白马。……秦、汉以来,世居岐、陇以南,汉川以西,自立豪帅。"此虽后人追溯之辞,实与历史事实相近。最早文献叙述古代氐族分布的是《史记·西南夷列传》:"自冉駹以东北,君长以什数,白马最大,皆氐类也。"汉代的冉駹即唐代的嘉良夷,近代称之为嘉戎,在茂州的西境。此点容于后面详述。自此以东北,包括西汉水、白龙江流域及涪水之上游,都是古氐原始分布所在。古代氐族在此部落众多,有十多个②,以

---

① 《后汉书》卷 87《西羌传》。
② 杜佑《通典》卷 189《氐传》称"君长数十",恐系"十数"倒置之误。

白马氏为最大。白马氏的所在，据《括地志》考证在陇右的成州（今甘肃成县）和武州（今甘肃武都），此为古氐分布的中心。由汉至魏，武都的氐人虽不断外徙，但魏人鱼豢《魏略·西戎传》记武都、阴平之氐尚有一万余落，可知三国时古氐的中心仍未改变。西晋时氐在关中已经定居，江统著《徙戎论》，建议"徙扶风、始平、京兆之氐，出还陇右，著阴平、武都之界"。并谓此为"各附本种，反其旧土"①。那么古氐的原始居地何在，可以不言而喻了。

《史记》和《汉书》对羌族的起源地都不曾加以叙述。但从其中有些纪传仍然可以看到古羌分布的踪迹。《史记·秦始皇本纪》述秦代的疆域云："西至临洮、羌中。"同书《大宛列传》又述："匈奴右方居盐泽（今新疆罗布泊）以东，至陇西长城，南接羌，鬲汉道焉。"秦代的疆域，西至临洮，包括后世的洮、岷二州地②，二州以西并为羌族所居，故称之为"羌中"③。从《秦始皇本纪》可以看出，洮、岷二州是古羌的东界。陇西郡的临洮县在秦代是长城的起点。④匈奴的疆域，从罗布泊以东，经河西走廊至秦陇西长城的北面，其南与羌地相接。所以古代的羌人分布在河西走廊之南。以此再与《汉书·西域传赞》参照，其义更明，赞云："孝武之世，图制匈奴，患其兼从西国，结党南羌，乃表河西，列四郡，开玉门，通西域，以断匈奴右臂，隔绝南羌、月氏。"月氏初居河西，匈奴逐之西迁。汉武帝又驱逐匈奴，置河西四郡。羌在四郡之南，班固遂称之为"南羌"。⑤从上述诸条，便可看到古代羌人的分布在河西走廊之南，洮岷二州之西。

《史记》、《汉书》都没有提到古羌分布的中心。首先提出西羌分布中心的是西晋时司马彪的《续汉书》，内云：

---

① 《晋书》卷56《江统传》。
② 李泰《括地志》（辑本）卷8云："临洮郡即今洮州，亦古西羌之地。"又云："秦陇西郡临洮县，即今岷州。"（岱南阁丛书本）
③ 同上书云："羌中，从临洮西南芳州（今甘肃甘南藏族自治州）、扶（今甘肃文县西北）、松（今四川松潘）府以西，并古诸羌地也。"
④ 《史记》卷88《蒙恬列传》。
⑤ 《史记》卷123《大宛列传》本有"南山羌"之名。汉人称河曲之南的祁连山为南山，南山羌之名由此。但不只南山中有羌，南山之南羌人更多，故有"南羌"之名。

> 西羌自赐支以西，至河首左右，居今河关西，可千余里，有河曲。羌谓之赐支，即析支也。①

河关在兰州西南，以西千余里为河曲。黄河自西来，至大积石山脉东南端，曲而西北行，经小积石山的东北麓，又曲而东北行，至曲沟，又曲而东行，凡千余里，皆称河曲，羌语称之为"赐支"。二十多年前，我曾往四川汶川、茂县等地调查羌语，今日羌人仍称河曲为"赐支"（slitsi），并言其远祖自赐支迁来。《续汉书》谓自河曲以西，至河源，皆为西羌所居。② 河曲及其西岸和北岸都是西羌分布的中心。按《汉书·赵充国传》和《后汉书·西羌传》皆言西羌诸种分布在河曲附近及其以西以北诸地。《西羌传》谓：西羌始祖无弋爰剑畏秦之威，"亡入三河间"，诸羌共畏事之。此三河，李贤注以为即黄河、赐支河、湟河。黄河上游在析支之西，湟河在析支的北面。西羌最著名的部落集团：一曰先零，二曰烧当，三曰罕开（又记作"开"）。先零羌的分布在河曲北岸的大、小榆谷（今青海贵德东）。烧当羌在其西，亦傍河曲北岸，《西羌传》所谓"世居河北大允谷"③ 是也。罕开羌初居于鲜水之阳，即青海湖的北岸。后徙至枹罕（旧河州，今甘肃临夏）西之广大坂，在黄河南，《赵充国传》所谓"河南大开小开"即指此。其他诸羌亦在河曲及其以西各地。江统《徙戎论》云："徙冯翊、北地、新平、安定界内诸羌，著先零、罕开、析支之地"，并谓如此则"各附本种，反其旧土"。江统此论也可帮助我们理解古羌的原始分布中心在河曲及其以西以北各地。

从上述氐与羌的原始分布，特别是分布的中心，便可看出，古代氐族分布在甘肃东南部的西汉水、白龙江流域，古代羌族分布在青海东部的河曲及其以西以北等地，两族的原始分布地相距甚远，不能把他们混为一谈。

---

① 王先谦《后汉书集解》引惠栋记。所记《续汉书》此段似本于汉应劭，云："《禹贡》析支属雍州，在河关之西，东去河关千余里，羌人所居，谓之河曲羌也。"（《水经注》卷2引）

② 《后汉书》卷87《西羌传》云："滨于赐支，至乎河首，绵地千里。"其言本于《续汉书》上引文。然《续汉书》的文义谓，由河关至河曲可千余里，与上注引应劭文同义。而《西羌传》羌之分布绵地千里，互不相同。

③ 允谷疑即允川。《水经注》卷2《河水篇》云："河水自河曲又东，迳西海郡南。河水又东迳允川，而历大榆、小榆谷北。"又《通鉴》卷48，胡注云："《水经注》曰：允川去赐支河曲数十里，在大、小榆谷之西。"

其次，从氐与羌两族的名称，无论自称或者他称，也不能说明两族为一族。三国时鱼豢在《魏略·西戎传》叙述氐族的名称云：

> 自汉开益州，置武都郡，排其种人，分窜山谷间，或在福禄（应作"禄福"，在今甘肃酒泉），或在汧、陇（汧山、陇山之间，今陕西陇县、汧阳及其以西山区）左右。其种非一，称槃瓠之后，或号青氐，或号白氐，或号蚺氐，此盖虫之类而处中国，人即其服色而名之也。其自相号曰盍稚，各有王侯，多受中国封拜。

此为叙述氐族名称最古最详之文献，我们应当十分珍视。此时氐人已分迁禄福、汧陇等地，其种非一，然其自相称号则曰"盍稚"（dɑ-tsl）。"盍稚"为氐族自称之总名，分言之，则或称青氐，或称白氐，或称蚺（βæ）氐，皆汉人给他们各部落集团的名称。《魏略》以为蚺氐是虫类，这当然不足置信。至于青氐和白氐，则由于"即其服饰而名之也"。本文后面叙述"其衣尚青绛"，此或青氐得名之由来。唐时李延寿的《北史》有《氐传》，其言或本自魏收的《魏书》，云："自汧、渭抵于巴、蜀，种类实繁，或谓之白氐，或谓之故氐，各有王侯，受中国封拜。"又多出一个"故氐"。名称的由来不详，以意度之，白氐可能由白马氐而来，故氐可能来自武都郡的故道（今陕西凤县东北）。《元和郡县志》谓："故道，汉县，晋永嘉后没入氐羌。后魏变文为固道。"由汉至北魏，故道之名迄未变更，昔人称由故道迁出之氐为故氐，当由于此。近人有释蚺氐为冉駹夷者，其音固然相同，然冉駹何时从汶山远徙至汧陇左右，殊乏考据，不可置信。冉駹（嘉戎）由西藏琼部迁出，语言为古藏语，与今藏语距离相近，其族自称为"嘉戎"（tɕiɑ-ruŋ）、"呷戎"（kɑ-ruŋ）或"呷里"（kɑ-ri），与氐族之自称为"盍稚"者迥异。且《史记》、《汉书》之《西南夷列传》明言自冉駹以东北，始皆为氐族之类，此冉駹在氐之外，不在氐之内甚明。今人不此之察，竟有谓徙、莋都、冉駹俱是氐类者，可谓治丝而丝愈棼，其缪不可以道里计矣。我的意思，"蚺氐"之"蚺"由来已久，与"冉"不同，《魏略》遂以为"虫之类而处中国"，故蚺氐与冉駹不同。

羌族的自称，于古文献无所征。往年我在四川西北部调查时，听到羌民的自称名号很多，或是"日芈"（β-mi），或是"日绵"（β-miɛ），或是"日玛"（β-mɑ）。"日"（β-）是词头辅音，作冠词用，无特殊意义。简言之，羌的自称是"芈"、"绵"或"玛"。它是什么意思呢？大抵言之，颇似汉语中"民"之音义，即人民之义。西藏第五世达赖喇嘛著有《史荟珍筵》一书，内谓古老藏语称人为"mi"，至赤松德赞时下令改音，称人为"muə"。羌之自称"mi"、"mɑ"与藏古语之"mi"、"muə"绝相似，此亦可为人民之义的佐证。北朝至隋唐时，甘肃南部有一部落集团名党项，当即"Tangut"之译音，藏语称之为"密纳克"（mi-nɑk）。"纳克"（nɑk）之义为黑，合言之，"密纳克"有黑人或黑民之义，故《新唐书·党项传》亦称之为"黑党项"。此"密"与四川西北羌人之自称相同。古今称甘肃、青海之南的地方为安多区。此区原为羌族的分布中心，今皆为藏族区。这里的藏族一部分是从西藏迁来的，大部分则系古代羌族的藏化者。他们的自称都是"渥特"（w̄ot），其称西藏的藏人则为"博巴"（Pod-pa）或"博着"（Pod-tʃa）。按其语音，"w̄ot"是从"Pot"变来的。换言之，安多区的藏人（包括藏化羌）自称皆为藏，不为羌，而羌之古名遂至晦而不明。唯闻今青海的湟水流域、祁连山内和甘肃天祝自治州还有一种人叫作"仓家"（dʃiaŋ-ts'uan），有人说他们便是古羌的后裔。我们对于"仓家"没有进行过调查，目前不能作出什么结论。

氐和羌，似乎都不是氐、羌的自称，而是汉族对于他们的称谓。关于氐语，我们知道得很少，无法论证。羌语，四川西北部羌民很多人说，五屯的羌语称北方为"tɕiaŋ"（西藏语称北方为"tɕ'iaŋ"），如羌塘（tɕ'iaŋ-taŋ）为北原之义，皆不是对羌族的称呼。《晋书·姚弋仲载记》记：梁犊率东宫高力等士卒起义时，弋仲对石虎说："老羌请效死前锋"，又说："汝看老羌堪破贼否？"此"老羌"虽弋仲自称，然究系汉语，非羌语，不能为羌人自称之证。反之，汉人及汉化的氐人都当面称羌为羌人。《左传·襄公十四年》（前560），晋大夫范宣子亲自对戎子驹支说："来，羌①戎氏。"《晋书·苻坚载记》苻坚瞋目叱姚苌曰："小羌，乃敢干逼天子！岂以传国玺授汝羌也？……五胡次序，无汝羌名。"徐嵩被执，厉声谓方成曰："汝曹羌辈，岂

---

① 羌亦作姜。

可以人理期也？"凡此诸例，皆可为汉语称羌之证。

那么，氐与羌二词是什么意义呢？许慎《说文》卷14下云："秦谓陵阪曰阺。"又卷12下云："巴蜀名山岸胁之旁箸欲落墯者曰氏。"应劭把阺、氏二义综合释之曰："天水有大坂，名曰陇坻。其山堆傍箸崩落作声闻数百里，故曰坻隤。"① 氐人的分布，如前所述，在秦陇、巴蜀之间。其地山陵险阻，峻阪相接，正合秦人"陵阪曰阺"之义。加以河流众多，溪谷回曲，故每值岸石崩堕，其声随溪谷远播，闻数百里。此亦正合蜀人扬雄所云"响若坻隤"之义。汉人之称氐人为氐，我想和氐人所居住的地形有很大关系。

羌字，殷墟卜辞作 ⼧、𠂉 等，上从羊角，下从人。《说文》卷4上释羌云："西戎牧羊人也，从人从羊，羊亦声。"大体可通。于省吾教授谓："追溯羌字构形的由来，因为羌族有戴羊角的习俗，造字者遂取以为象。"② 此说与卜辞中羌字形相合。然古代羌人是否戴羊角，不可考。今四川西北部羌民无戴羊角之习，唯以两羊角象征羊神，供于壁上。又端公（羌民巫师）所戴的羊皮帽有两角，亦由羊皮做成，这是否象征羊角就不清楚了。以上两说，无论哪一说，皆汉人因羌之习俗而造字，而"羌"，非其人之本名。应劭《风俗通》云："羌，本西戎卑贱者，主牧羊。故羌字从羊、人，因以为号。"③ 这也可以说明羌的称号是汉人所加的。

总上所述，氐、羌各有他们的自称，氐的自称是"盍稚"，羌的自称"芈"、"绵"或"玛"。汉人对于他们，前者称为氐，后者称为羌。氐者，以其族居于陇坻之南，巴蜀之北，峻岭大阪，岩石崩堕之声远播，故谓之氐。羌者，以其人牧羊为业，供祀羊神，端公戴羊皮帽并饰两角以祈禳，故谓之羌。从此也可以看到，氐、羌是两族，不是一族。

此外，氐与羌在语言、服饰、经济、文化、习俗各方面都有其不同的特点。即使后来在很长一个时期，氐、羌共同分布在汧陇以南和关中地区了，但他们的文化习俗仍然表现为各种不同的形式。

氐族在2、3世纪时，仍然保持着自己的部族语言。上引《魏略》云："多知中国语，由与中国错居故也。其自还种落间，则自氐语。"此言氐语为

---

① 段玉裁：《说文解字注》引；亦见《文选》卷45，扬雄《解嘲》注引。
② 于省吾：《释羌、苟、敬、美》，《吉林大学学报》1963年第1期。
③ 《太平御览》卷794引。

一种独特的部族语，与中原汉语不同。又云："其俗，语不与中国同，及羌杂胡同。"汉、魏、晋间的杂胡，不是湟中月氏胡，便是鲜卑、乌桓、屠各、卢水胡之类。湟中月氏胡的语言"略与羌同"①，与羌语同属于汉藏语系；鲜卑、乌桓、屠各、卢水胡的语言则属于阿尔泰语系。氐语既同于汉藏语系的羌语，如何又同于阿尔泰语系的杂胡呢？以此知上引《魏略》第二段当有讹文。杜佑《通典》卷189《氐传》的首段主要是抄录《魏略》原文，云："其俗，语不与中国及羌、胡同。"由此知《魏略》上引文前一"同"字为衍文，当作"语不与中国及羌、杂胡同"。换言之，则氐语与羌语是有区别的了。

《魏略》又记："其（氐）妇人嫁时著衽露②，其缘饰之制有似羌，衽露有似中国袍。皆编发。"此言氐族妇女皆编发。羌族妇女古时的发式为披发，《后汉书·西羌传》云：羌无弋爰剑为秦所拘执，"后得亡归，而秦人追之急，藏于岩穴中得免。……既出，又与劓女遇于野，遂成夫妇。女耻其状，被发覆面，羌人因以为俗"。此言古羌妇女为披发，与氐不同。今之羌妇，在松、理、汶、茂者皆辫发为一，绕于头盖周匝；河湟间的藏化羌妇，分发为二辫，拖于背后，盛以锦囊。古代氐妇的编发是否与此相似，目前已无法考证了。河湟间的羌妇，最初为披发，从披发改变为辫发，可能发生于鲜卑吐谷浑统治诸羌之时。《梁书·西北诸戎传》记：河南王国（即吐谷浑）其人"着小袖袍，小口裤，大头长裙帽。女子披发为辫"。辫发本为胡俗，此云"披发为辫"，其由披发改为辫发甚明。松、理、汶、茂羌妇挽辫于顶，覆以头帕，此俗与西邻之嘉戎及越嶲之彝族相似，大致是西羌南迁以后受嘉戎和彝族发式的影响而改变的。氐妇出嫁的衣饰既如上述，《魏略》又述氐人的服色云："其衣尚青绛。"《说文》："绛，大赤也。"是氐之服色爱好青与赤二种。此点与松、理、汶、茂羌人之尚白麻布衣及白布头帕者不同。氐地很早以"有麻田"著名。③氐人利用麻缕，织为异色相间的"殊缕布"。《说文》云："絣（ben 或 ban），氐人殊缕布也。"以此知"絣"虽汉字，实为氐语，在东汉时这种布便为中原人士所习知了。战国以后，西羌已经迁徙到武都

---

① 《后汉书》卷87《西羌传》附《湟中月氏胡》。
② 衽露之制无所闻，似指衣襟。汉扬雄《方言》曰："褛谓之衽。"《说文》亦谓："褛，衽也。"褛与露同音。衽、露似为同义复语。
③ 《后汉书》卷86《西南夷列传》。

郡的西南，其西有宕昌（dæn-ts'ɑŋ）羌，《周书·异域传》与《北史·宕昌传》云，宕昌羌"皆衣裘褐"。宕昌之西南有党项（tɑn-gut）羌，《北史·党项传》云，党项羌亦"服裘褐，披毡为上饰"。此两种羌距离武都氐皆不甚远，然羌服裘毡，而氐则衣麻布。此虽与地势高下、气候寒暖有关，但与他们传统服饰亦是颇有关系的。

氐的住宅与羌不同。《南齐书·氐传》叙述仇池氐的住宅建筑云："氐于（仇池）上平地立宫室、果园、仓库，无贵贱皆为板屋土墙，所治处名洛谷。"① 板屋是古代西方汉族和氐族住宅建筑的普遍形式。《诗经·小戎》云："在其板屋，乱我心曲。"《毛传》曰："西戎板屋。"然此所谓西戎，主要指氐，不指羌。《汉书·地理志》云："天水、陇西，山多林木，民以板为室屋。"天水、陇西二郡，春秋之时西羌尚未东迁，在二郡之中，特别是天水以南的武都郡，自古即为氐族分布所在，所以西戎主要指氐族，并不包括羌族在内。羌族的住宅，古史中无记载。《西羌传》记：赐支河曲羌人初时"所居无常，依随水草。地少五谷，以产牧为业"。像这种迁徙无定的畜牧生涯，是无法跟定居的板屋建筑相适应的。后来改营农业生产，从游牧变为定居，于是建筑屋宇；但是羌族的屋宇与氐族不同。《北史·宕昌传》云："俗皆土著，居有屋宇。其屋，织牦牛尾及羖羊毛覆之。"同书《党项传》亦云："织牦牛尾及羱羊毛为屋。"这种住宅和氐族的板屋土墙显然不同了。吐谷浑统治下的羌民，《南齐书·河南传》谓其国"多畜，逐水草，无城郭。后稍为宫屋，而人民犹以毡庐百子帐为行屋"。这种毡庐行屋更与氐族的板屋不同。

在汉代，氐人已经有了比较发达的农业。《后汉书·西南夷列传》叙述白马氐的经济云："土地险阻，有麻田，出名马、牛、羊、漆、蜜。"鱼豢《魏略》亦记：氐"俗能织布，善田种，畜养豕、牛、马、驴、骡"，又仇池"山上丰水泉，煮土成盐"②。到南北朝时，除了外徙的氐人经济已与汉人相同外，秦岭以西、宕昌以东的氐族生产更为发达。《梁书·诸夷传》云：武

---

① 《太平御览》卷44引辛氏《三秦记》云："于山上立宫室、囷仓，皆为板屋，乃氐之所理于此。今谓之洛谷道是也。"记文中涉及西晋末杨茂搜事，辛氏可能为东晋时人。《南齐书》的《氐传》或本于此记。

② 《宋书》卷98《氐胡传》。

兴国"地植九谷。……种桑麻，出䌷、绢、精布、漆、蜡、椒等。山出铜、铁"。从土产的多种多样，便可推测他们的经济情况跟内地汉人没有多大区别了。羌族的经济，显然比较落后。公元前5世纪时，羌的始祖无弋爰剑从秦国逃回河湟流域，当时"河湟间少五谷，多禽兽，以射猎为事。爰剑教之田畜，遂见敬信，庐落种人依之者日益众"①，这是羌人知种田和畜牧的开始。公元1世纪前后，西羌原居地河湟地区与往东的徙居地，原有的农业都有所发展。例如在河曲北岸的大、小榆谷，那里土地肥美，禾稼茂盛，遂成为诸羌部落的争夺之地。又如西海（青海）一带，既有盐池之利，又"缘山滨水，以广田畜"，所以住在这里的烧当羌甚为强大，常雄视诸羌。②虽然如此，羌所分布的河湟及其他地区，仍然是"地少五谷，以产牧为业"。《北史·吐谷浑传》记其国人，"好射猎，以肉酪为粮。亦知种田，有大麦、粟、豆。然其北界，气候多寒，唯得芜青、大麦，故其俗贫多富少"。同书《宕昌传》谓宕昌羌，"牧养犛牛、羊、豕以供其食"。同书《党项传》云："养犛牛、羊、猪以供食，不知稼穑。"《北史》所记是5、6世纪时羌的经济情况，以此与公元1世纪以来氐的经济比较，显然是落后得多了。

《魏略》云氐，"其嫁娶有似于羌"。三国以前叙述羌族婚姻的著作无所闻。《后汉书·西羌传》云："其俗氏族无定，或以父名母姓为种号。十二世后，相与婚姻。父没则妻后母，兄亡则纳釐嫂（嫂）。"郭义恭《广志》记：羌"嫁女得高资者，聘至百犉。女披大华毡以为盛饰"。《魏略》所记氐嫁娶之习有似于羌，未知与此有关否？若氐俗如此，则3世纪时其婚俗亦殊简略。至5、6世纪时，《南史·武兴国传》记氐人的婚俗和文化曰："婚姻备六礼，知书疏。"同时期之吐谷浑的羌民，《北史·吐谷浑传》则记："至于婚，贫不能备财者，辄盗女去"，"父兄死，妻后母及嫂等，与突厥俗同"。至于宕昌羌，同书《宕昌传》云："父子、伯叔、兄弟死者，即以继母、世叔母及嫂、弟妇等为妻。"党项羌，同书《党项传》云："其俗淫秽蒸报，于诸夷中为甚。"关于此两种羌之文化，则俱云："无文字，但候草木以记岁时。"从婚俗和文化说，氐人较羌人显然是进步了。

① 《后汉书》卷87《西羌传》。
② 同上。

不只西方的氐、羌，自1世纪以来，文野的区别已如上所述的显著，即迁到关中的氐、羌，在汉魏时期也许相差不远。越到后来，差别越大。羌人在东汉初年迁入关中，氐人之徙于扶风，则在曹魏之时。晋代初年，徙封司马骏为扶风王，"以氐户在国界者增封"①。从此氐人便以编户隶属郡县。及元康六年氐帅齐万年反晋，潘安仁在《马汧督诔序》中记述其事云："初雍部之内，属羌反，未弭，而编户之氐，又肆逆焉。"②以此知关中之氐已为编户，而羌则仍为部民。直至十六国时，关中羌人大部分皆编入军营之内，称为"营户"。姚苌之众号为"大营"，其他诸军营皆听其号令。③《晋书·姚兴载记》称"分大营户为四，置四军以领之"。可知十六国时，关中之羌不立郡县，置军镇以统户。这种"营户"在《晋书·姚泓载记》和苻秦时的《邓太尉祠碑》中，并称为"杂户"。"杂户"的族类不限于羌人，然以羌人为主，而其中没有氐族。"营户"或"杂户"的社会地位不如编户齐民。从此便可理解，当姚苌围困苻坚，要求传授国玺时，坚曰"图纬符命，何所依据？五胡次序，无汝羌名"，是什么意思了。

从上述各点，可知氐与羌在同一时期的同一地区，无论在汧陇以西南地区，或者关中地区，氐的经济、文化、习俗比较羌人都要进步一些。氐之所以进步，主要由于他们的分布地区接近中原，同时又与汉族错居，所以很早便吸收了古代汉族的文化，从而较快地改变了自己的原始状态。《魏略》云：氐"各自有姓，姓如中国之姓矣"，又云："多知中国语，由与中国错居故也。"《梁书·武兴国传》云："言语与中国同。"《通典·氐传》亦云："婚姻备六礼，知书疏，多知中国语，由与中国错居故也。"从这些记载，便知氐族的文化习俗大部分因受汉族的影响而有所变革。关中氐的汉化始于晋初，终于十六国之时，其发展情况特别迅速。十六国后，有武都仇池的氐人，继仇池国之后又建立了武都、武兴、阴平等国，保留了一部分本族的文化和习俗。到了隋唐以后，氐人除保留一部分特殊的汉式姓氏，如苻氏、啖氏等之外，其他在政治、经济、文化上都与汉人很少区别了。关中和陇东的羌人，继十六国之后，在各个朝代不断出现于史籍。北朝以来，他们的经济、文化

---

① 《晋书》卷38《宣五王传》。
② 文载《文选》卷57。
③ 《晋书》卷116《姚苌载记》。

虽与汉人无大差别，但其族往往聚族而居，仍以原来的复姓为姓，相沿甚久，直至唐代中叶始逐渐与汉族融合。河湟和陇南的羌族，最初受吐谷浑的影响很深，其服饰、习俗一度有北族化的倾向。但自唐代以来，吐蕃王朝统治了这些地区，从此这些地区的羌族逐渐藏化，后来他们的绝大部分被称为藏族。只有居住在四川西北部汶、理、茂各县的羌族，自秦汉至于近代保持古羌语言、文化、习俗达二千九百年之久，这是中国现代所有的唯一的羌族了。氐与羌虽然在远古的殷商时同时出现，但他们的历史时期，一个较短，一个很长，从此也可以看出氐与羌不是一族，而是两族。

三、徙、筰都、冉駹非氐，吐蕃非羌

《史记》、《汉书》的《西南夷传》开头一段总叙西南部族，原文本来是很清楚的，但后世读者漫不经意，把"皆氐类也"一语扩大，有的把冉駹说成氐类，有的把徙、筰都说成氐类，近来更有人把南诏也说成氐类了，是不可不辩。

《史记·西南夷传》开头前段，误会者较少，可以不论。后段云：

> 自嶲以东北，君长以什数，徙、筰都最大；自筰以东北，君长以什数，冉駹最大。其俗或土著，或移徙，在蜀之西。自（冉）駹以东北，君长以什数，白马最大，皆氐类也。此皆巴蜀西南外蛮夷也。

原文徙、筰都二族与冉駹并列，谓"其俗或土著，或移徙，在蜀之西"，已作一小结。下文"自（冉）駹以东北，君长以什数，白马最大"，谓"皆氐类也"，又作一小结。最后一语"此皆巴蜀西南外蛮夷也"，是总结上文及前未引文中的夜郎、滇、邛都、嶲、昆明之类皆为西南夷。"自（冉）駹以东北"，"白马最大"，则白马氐之类不能包括冉駹，正如冉駹之类不能包括筰、徙、筰都之类不能包括嶲、昆明一样，所以冉駹应当是在氐类之外的。冉駹如此，他如徙、筰都之不能称为氐类更可知。

把筰都夷和白马氐混为一谈者，始于《新唐书·南蛮传下》，云："黎、邛二州之东，又有凌蛮。西有三王蛮，盖莋都夷、白马氏之遗种。"此说甚误。

按徙为族名，亦作"斯"。① 汉时居蜀郡徙县，在今四川天全县东。《汉书·司马相如传》所谓"略斯榆，举苞蒲"。"斯榆"即指徙族。魏晋时越巂郡邛都县亦有此族。《三国志·蜀书·张嶷传》记：越巂郡有"斯都耆帅李求承"。"斯都"言斯人所居之地，与"邛都"之为邛人所居之地同。《华阳国志》卷3记：越巂郡邛都县有"四部斯儿"。"斯儿"即斯或徙人之异称。总之，斯、斯榆、斯都、斯儿皆指徙族或徙之所在地而言。又"斯"(si)与"叟"(so)音近，故在文献上此二族名往往互易。上引《张嶷传》云："初，越巂郡自丞相亮讨高定之后，叟夷数反，杀太守龚禄、焦璜。"又云："又斯都耆帅李求承，昔手杀龚禄，嶷求募捕得，数其宿恶而诛之。"同传之内，前言叟夷，后言斯都，实为一事。又上引《华阳国志》卷3"越巂郡"条下云："章武三年（223），越巂高叟大帅高定元称王恣睢，遣都督李承之杀将军梓潼焦璜，破没郡土。"又建兴三年（225），越巂太守张嶷"又斩斯都耆帅李承之首，乃手杀焦璜、龚禄者也"。此李承之即《张嶷传》中之李求承，前言其为叟帅之都督，后言为斯都耆帅。在此叟与斯似无所区别。又汉魏时之叟，至南北朝时又称为蜀(so)。唐李贤注《后汉书·刘焉传》云："汉世谓蜀为叟。孔安国注《尚书》云：'蜀，叟也。'"注《董卓传》亦云："叟兵即蜀兵也。"然徙当为叟，为蜀，而不为氐。

莋，一作筰，音材各反（tsʼɑ），族名。莋都指莋人所居地，汉时属沈黎郡，今四川清溪县东南。《汉书·地理志》越巂郡有定莋县（今四川盐源）、大莋县（今四川冕宁西）、莋秦县（所在不详），皆以有莋人居其地得名。莋为何族，《后汉书·西南夷传》谓："其人皆被发左衽，言语多好譬类，居处略与汶山夷同。"从其发式与居处言，似为羌族；从言语多好譬类言，又似彝族。《括地志》云："莋州本西蜀徼外，曰猫羌。"此言莋为羌族。然《华阳国志》卷3谓：定莋县有摩沙夷。摩沙夷即今纳西族。此言莋为纳西族。越巂郡自古为多部族地区，其中有羌、彝、番、纳西等族，筰或莋为何族就很难确定了。

徙与莋都既如上述，徙为叟，为蜀，莋都或羌，或彝，或纳西，均与

---

① 《通鉴》卷18"汉元光五年"条胡注引师古云："徙，音斯，故又号为徙榆。"

氐族无关。上引《新唐书·南蛮传》谓黎、邛二州之东,有凌蛮,西有三王蛮,并云此即莋都夷、白马氏之遗种,是没有根据的。按黎、邛二州之东即凉山的西北部的越嶲县地,其地自古以来为彝族所居。自田坝至呷罗一带旧为岭土司属地,"岭"一作"冷",与"凌"音同,所以我疑唐代的凌蛮即近代岭氏所属之彝族。三王蛮,言其地有杨、刘、邓三姓蛮王。二十多年前我曾至清溪县调查,此县县城以北至北山麓,沿途累石为庙,中供杨、刘、邓等姓大鬼主,姓氏官衔皆书写在木牌上,始知所谓三姓蛮王即其地。既言其王为大鬼主,其族为彝族而非白马氏又可知。因此可见,《新唐书》说凌蛮、三王蛮为莋都夷已经于事无征,若说此乃白马氏之裔,那就更是荒诞无稽了。同书《南蛮传》又述戎州与越嶲州之间"亦有姐羌,古白马氏之裔"。既言姐羌,何以又是白马氏之裔,甚不可解。且戎州与嶲州之间,自古以来彝族盘踞其中,何以其间又有姐羌、弥羌、铄羌,亦不可解。

其次,论冉駹不是氐类。

二十多年前,我到四川西北部嘉戎地区考察半年,回来写了《嘉戎民族社会史》一文,发表于《民族学研究集刊》第4辑。关于冉駹,文中曾做了一些推论,现在看来,有的部分如分冉駹为二部,以冉即《魏略》中的蚺氐,都错了。谓冉为蚺氏,除了冉与蚺同音外,实在没有其他根据,很难成立。但有些结论仍然是正确的。例如汉之冉駹即隋唐之嘉良,亦即近代的嘉戎。此族非氐,非羌,乃远古时从西藏琼部东迁出来的一族。

冉駹之为嘉戎,我是从族名音韵和文化习俗两方面论证的。在族名方面,嘉戎之在汶川瓦寺者自称曰"tɕia-run",或"ŋia-run";在扣山沟、八角碉一带自称曰"ka-re";在杂谷四屯一带自称曰"ka-ru";白马塘至党坝一带所谓"四土司"地区自称曰"tɕa-run",或"ka-run";巴底一带自称曰"ʒ-tɕar-ʒun"。藏语"tɕia"为汉人、汉地,"run"为溪谷,合言之即居于汉族溪谷地区的人们。至于"tɕia"之变为"ŋia"、"ka","run"之变为"re"、"ru"、"ʒun",皆各地方言音变,不足为异。冉駹之"冉"古读为"那"(nia),其例甚明,不必引释。"駹"古"龙"声,与"龐"同音。《说文》,"龐"从龙声。"駹"亦当为"龙"声。《易·说卦》:"震为龙。"《经典释文》:"如字。虞、干作'駹'。"《周礼·春官·巾车》:"革路龙勒。"注"龙,駹也"。此皆冉駹当读为"冉龙"之确证。除音韵外,冉駹之文化习俗亦与嘉戎同。《后汉书·西南夷传》云："冉駹夷者，武帝所开。元鼎六年（前111），以为汶山郡。……其山有六夷、七羌、九氐，各有部落。其王侯颇知文书，而法严重。贵妇人，党母族，死则烧其尸。土气多寒，在盛夏冰犹不释，故夷人冬则避寒，入蜀为佣，夏则违暑，反其（聚）邑。皆依山居止，累石为室，高者至十余丈，为邛笼。又土地刚卤，不生谷粟麻菽，唯以麦为资，而宜畜牧。"冉駹自开郡以来二千多年，《后汉书》所记其族经济、建筑、习俗、文化与隋唐时的嘉良夷及近代的嘉戎相同。嘉戎语言、语根与藏语相似，但语首语尾最为复杂，自成一种特殊的方言。此族古无文字，以汉文为文书，故言其王侯颇知文书。自吐蕃创文字后，佛教与经典并传入嘉戎，此后嘉戎喇嘛及上层私用藏文。火葬之制，自古而然，信仰佛教后，仍行火葬。王侯死无子，其妇人及女有继承权，近世四土司之中多有女王。嘉戎居地在林谷中，山险石多，树林荫密，草莽丛生，加以气候高寒，故五谷之中，唯宜种麦。粮食不足，依赖畜牧，多牦牛及马，兼事运输，往来于草地及汉地之间。农牧犹感不给，则至成都平原为汉人凿井、砌墙，并避冬寒。《华阳国志》卷3称："夷人冬则避寒入蜀，庸赁自食；夏则避暑返落，岁以为常。"与《后汉书》所述略同。建筑之特点为累石为邛笼，此种建筑传统与附国同。《隋书·附国传》云："附国者，蜀郡西北二千余里，即汉之西南夷也。有嘉良夷，即其东部，所居种姓自相率领，土俗与附国同，言语少殊，不相统一。其人并无姓氏。附国……无城栅，近川谷，傍山险。俗好复仇，故垒石为碉而居，以避其患。其碉高至十余丈，下至五六丈，每级丈余，以木隔之。基方三四步，碉上方二三步，状似浮图。于下级开小门，从内上通，夜必关闭，以防贼盗。"今四川茂、汶、理三县，以岷江为界，自岷江以东多屋宇，以西多碉楼。且愈西而碉楼愈多，从杂谷脑至大、小金川，凡嘉戎居住之区，无不以碉楼为其建筑之特征。大体言之，碉楼的分布与嘉戎的分布是一致的。只有茂县岷江以西、黑水以东一带的羌人，大部分已经戎化，所以他们的碉楼建筑亦很众多。从上述各种特征可以说明，汉代的冉駹即隋唐的嘉良夷，亦即近代的嘉戎。此族由西藏琼都迁出，系藏族之一种，与氐、羌皆不相同。

最后，略论吐蕃不是羌族。

隋唐以前，汉文史籍经常叙述氐、羌，但都不曾提到吐蕃。这个道理，现在看来是很明显的。因为古代史家的民族志知识总是跟着政治、经济的发展而向前发展的，古时汉族的祖先和吐蕃的祖先既然不曾接触，哪里会了解吐蕃的历史呢？而且吐蕃王朝是从7世纪开始形成，在此之前，吐蕃王系祖先所属的氏族部落共同体，也和苏毗、羊同、党项、白兰诸部落共同体一样，僻处一隅，各自为政，不与外界多接触，汉族史家如何能够记述它的发展情况呢？由于上述主观和客观的两个原因，所以古代汉族史家就无法知道吐蕃族早期发展的历史。到了隋唐时期，全国统一，边疆与内地不断发生政治和经济的往还，于是史家对西藏高原的部落、部族始逐渐了解。例如《隋书·西域传》叙述到附国和嘉良夷。嘉良夷在茂州之西，再西即为附国。附国南北八百里，东西千五百里，是一个由西南向东北形如弯月的小国，人口两万多家。近代学者考证此国就是吐蕃的前身。① 这种说法，无论在名称上或疆土发展史上都有一定的根据。到了唐代，唐人和吐蕃在政治、经济、军事、文化各方面不断有所接触，所以才有《旧唐书》、《新唐书》的《吐蕃传》的出现。

关于吐蕃的起源，唐代和五代史家的态度是比较慎重的。例如中唐史家杜佑，他的父亲杜希望做过鄯州都督、鸿胪卿，居边多年，与吐蕃直接打过交道；他自己也上过《论西戎表》，对于吐蕃事实知道得不少。② 但他在《通典·边防六》中，述吐蕃时云："不知有国之所由。"五代后晋时刘昫的《旧唐书·吐蕃传》亦云："吐蕃在长安之西八千里，本汉西羌之地也。其种落莫知所出也。"此言西藏为汉代的西羌之地，于史无依据，但他没有说吐蕃是西羌之裔，而谓"其种落莫知所出"，态度还是比较慎重的。到了宋时，宋祁等所撰《新唐书·吐蕃传》，便毫不迟疑地主张"吐蕃本西羌属"的"发羌"之裔。但他的依据是很薄弱的，除了"蕃、发声近"一点之外，并无其他。云：

吐蕃本西羌属，盖百有五十种，散处河、湟、江、岷间，有发羌、

---

① 岑仲勉：《〈隋书〉之吐蕃——附国》，《中外史地考证》（全二册），中华书局1962年版，第262—277页。
② 《新唐书》卷166《杜佑传》；《旧唐书》卷196《吐蕃传》；《刘梦得外集》卷9《为淮南杜相公论西戎表》。

唐旄等，然未始与中国通。居析支水西。祖曰鹘提勃悉野，健武多智，稍并诸羌，据其地。蕃、发声近，故其子孙曰吐蕃，而姓勃窣野。

其中当注意者，即传中以"鹘提勃悉野"（应是鹘提悉勃野）为发羌之祖。按《通典》"吐蕃"条谓："……又或云：始祖赞普自言天神所生，号鹘堤悉补野，因以为姓。"此言"鹘堤悉补野"为吐蕃王族之祖，而《新唐书》移殖为发羌之祖，并妄言此祖"健武多智，稍并诸羌，据其地"。这种说法，无论在汉文或藏文史籍上都没有任何依据。《后汉书·西羌传》谓东汉和帝永元十三年（101），迷唐羌"种众不满千人，远踰赐支河首，依发羌居"。以此知发羌在河曲以西的黄河发源处。黄河发源在青海省中部，西南距西藏尚有数千里，如何能把青海黄河河首的发羌与西藏吐蕃王系的起源地拉扯在一起呢？故发羌为吐蕃的祖源之说，绝不可信。

汉文于藏族的起源没有记载，我们只有从古代藏文和梵文中寻绎。藏文创于7世纪吐蕃建国之后。吐蕃受印度佛教的影响很深，所以经文典籍所述，有许多地方不免牵强附会，致与古史的面貌不合。虽然如此，在各种传说神话内去掉宗教的外衣，仍然可以看到真实的历史的。例如关于聂赤赞普（坐肩王）入藏的故事，既然说聂赤赞普入藏时，在尊塘贡马山麓遇到当地的牧人和农夫①，则远古之时，西藏地方早有藏族人民可知。又西藏民间传说，在洪荒时代，有一母猴与一天神"帕巴见日色"（圣观自在菩萨）结婚，衍生为现在的藏人。此母猴的住所在今雅鲁藏布江南岸泽当地方的贡波惹（山）上一岩洞内，千百年来西藏的佛教徒和民众不断到此焚香礼拜。②这一故事虽然有迷信色彩，但作为与人类起源有关的猿猴以及猿猴所在地的泽当贡波惹，对于藏族起源地的进一步探索，显然具有重要的意义。不止西藏的文献和传说，就是印度古代的梵文佛教经典，也有许多关于古代藏族的传说。公元前6世纪印度的释迦佛在世之时，曾与其弟子讲经多年。佛灭度后，他的弟子收集释迦的言论，编纂为许多经典。其中如《多瓦论》、《东库尔》、《丁典康祖结楚》等经，皆不止一次提到藏民（Pod）和藏地（雪国）。从此可知

---

① 拉萨大昭寺内的《王诰窗柱》、《西藏史志》等皆有此说。
② 参考赵家烈：《泽当传说和古迹小志》，《民族团结》1963年第2、3期合刊。

藏族的历史和出现于殷周之际氐、羌的历史同样的悠久，我们之不能说吐蕃的世系由于羌，亦等于不能说羌族的渊源始于藏，羌与藏的历史应该说在公元前 6 世纪更早之时，已经就分道扬镳了。发羌之出现于汉文史籍，是在 2 世纪初，而吐蕃及其所在地的雪国在公元前 6 世纪已为释迦佛所闻知。《新唐书·吐蕃传》竟谓吐蕃为发羌之子孙，没有什么可靠的依据。清代中叶的蒙古松巴（Sem-ba）法师曾著《汉、藏、蒙三族历史》，内引明代初年达格钦罗泽渥（da-ge-ts'in lo-tsa-ωa，与宗喀巴同时）大师的史论云："印度人、尼泊尔人、蒙古人、藏人在同曩古的时代同时存在。"此言可信。松巴又谓："藏民自原始之初便已存在，蒙古人乃系晚出。"① 按《旧唐书·北狄传》有蒙古室韦，此系蒙古之祖。蒙古人的历史较晚于藏族，亦是可能的。

说明西藏地区从远古时起就有了人类居住最有力的证据，乃是自解放后，我国科学工作者在青藏高原不断发现了古人类遗骸和石器时代的遗物。1958 年在西藏尼洋河与雅鲁藏布江汇流处的塔工林芝，发现了一个古代人类的头盖骨。② 此外，考古工作者还在青海南部接近西藏的沱沱河沿岸，发现了许多旧石器。③ 我相信，随着今后西藏地区考古工作的展开，将会在这里发现更多的石器时代遗址。上述事实，完全证明青藏高原上，自古以来就有人类居住，他们才是藏族的远祖，而并非是羌人迁入。吐蕃尽管与羌有密切的关系，但吐蕃并不是羌，羌、藏在中国历史上是两个不同的部族。

---

① 松巴书的书名为 tɕia, Po, xor sam-tɕi tʃʻdʒωɲiaŋ，藏文，归化版，共 317 页。
② 林一璞：《西藏塔工林芝村发现的古代人类遗骸》，《古脊椎动物与古人类》1961 年第 3 期。
③ 邱中郎：《青藏高原旧石器的发现》，《古脊椎动物学报》（英文版）1958 年第 2 卷第 2、3 期合刊。

第二章 氐族

一、氐族的起源、分布和移动

氐族的原始分布地和秦汉时氐族分布中心大体是一致的。自冉駹（嘉戎）以东北，是西汉水、白龙江、涪水上游等地，这些地区自古就是氐族分布的所在。《汉书·地理志》记：武都郡的武都（治今甘肃西和西南）、故道（治今陕西宝鸡南）、河池（治今甘肃徽县北）、平乐道（治今甘肃武都东北）、沮（治今陕西略阳东）、嘉陵道（治今陕西略阳东北）、循成道（治今略阳县西北），皆为氐族所居。汉时，"有蛮夷曰道"[①]。上述诸道、县皆在武都郡治武都道的附近，其地自古为氐族所居。其不言氐道者为简文。例如故道，《北史·氐传》云："自汧、渭抵于巴、蜀，种类实繁，或谓之白氐，或谓之故氐。"以此知故道实为"故氐道"的简文。武都为白马氐道，沮也有氐，《汉书·地理志》均不称为道者，疑有阙文。[②]《后汉书·郡国志》以武都为"武都道"。《三国志·魏书·杨阜传》记"会刘备遣张飞、马超等从沮道趣下辩，而氐雷定等七部万余落反应之"。以此知沮也称沮道。又如河池，无氐道之名，然《后汉书·西南夷传》记氐人"居于河池，一名仇池"。仇池自古为氐人分布的中心区之一，不得以无氐道之名而忽略之。

此外，陇西郡也有氐道，如漾水所出，东流至武都沮道为西汉水。[③] 以上为氐族分布于西汉水流域者。《汉书·地理志》又记武都郡有下辨道。下辨治武街城，在今甘肃成县西北。东汉时，武都郡由武都道移治下辨县，故

[①] 《汉书》卷19上《百官公卿表》。
[②] 《汉书补注》引齐召南曰：《汉书·地理志》于汶江、绵虒、武都"不言道，殆阙文耶？"
[③] 《水经注》卷20《漾水》。

《华阳国志》卷2云："下辨县，郡治，一曰武街。"又记：阴平郡（广汉郡）有甸氐县和阴平道。白水西源于岷山北麓，东流与黑水合，其地汉时称甸氐道。又东流经阴平道，为阴平氐所居。故甸氐道治在今甘肃文县西，阴平道治在今文县东。以上系氐族分布于白龙江流域者。《汉书·地理志》还记广汉郡有刚氐道，为涪水所出；蜀郡有湔氐道，为江水所出，在涪水之西，两道并为氐族所居。以上系氐族分布于涪水上游等地者。上述三郡十二道、县，俱在汧陇以南、汉中以西、洮岷以东及冉駹以东北，与《史记》、《汉书》的记载都相互吻合。

氐人的第一次迁移在汉武帝元鼎六年（前111）和元封三年（前108）。在此之前，汧陇以南的氐族是十多个"自有君长"的部落集团。《史记·西南夷列传》云："自冉駹以东北，君长以什数，白马最大，皆氐类也。"《三国志·魏书》引《魏略·西戎传》也云："氐人有王，所从来久矣。"至元鼎六年，汉武帝开拓西南境，遣中郎将郭昌等攻灭氐王，置武都郡，这是氐地开设郡县之始。当开郡立县之时，氐人受到排挤，便向境外的山谷间移动。汉朝政府的拓边政策，激起武都氐人的不满。元封三年，氐人叛汉，汉武帝出兵征讨，分徙其一部分人于酒泉郡，即酒泉禄福之氐。这是氐人的第一次迁移。

第二次迁移在东汉末建安二十四年（219）。① 当时政权分裂，曹操据中原，刘备据蜀。介居于陇、蜀之间者，有两大氐王：一是兴国氐王阿贵，居兴国城（今甘肃秦安东北）；一是百顷氐王杨千万，居仇池山（今甘肃成县西）。两王各拥氐众万余落。② 又下辨等地有氐帅雷定等七部，拥氐众万余落③；河池也有氐王窦茂，拥氐众万人余④，皆独立自雄，不附曹操。此外，还有许多无名的王侯小帅分布于各墟落间。建安十六年，阿贵、千万等随马超

---

① 氐人第二次迁徙的年代，《魏略·西戎传》所记殊不明确。原文记："至（建安）十六年（211），从马超为乱。超破之后，……其部落不能去，皆降。国家分徙其前后两端者，置扶风、美阳。"曹操破马超，超从氐中往蜀，在建安十九年（214），好似徙氐即在此年。但《三国志·魏书·杨阜传》记移民在刘备取汉中之后，而《华阳国志》卷2也系杨阜移民事在建安二十四年之时。故移民年代当依《三国志·魏书》及《华阳国志》为确。
② 《三国志·魏书》卷30《乌丸鲜卑东夷传》引《魏略·西戎传》。
③ 《三国志·魏书》卷25《杨阜传》。
④ 《三国志·魏书》卷1《武帝纪》。

反曹操。十八年（213）操命夏侯渊西征。十九年（214）渊灭兴国氐王阿贵，杨千万率众奔马超①，并随超由武都经氐中至蜀，投降刘备②。二十二年（217），刘备遣张飞、马超等从沮中趣下辨，氐帅雷定等七部万余落都起兵响应。二十四年（219）三月，曹操至汉中。当时夏侯渊已为刘备所杀，曹操以武都孤远，恐为蜀军所得，遂令雍州刺史张既至武都，徙氐人五万余落出居扶风、天水二郡界内。③不久，刘备占领汉中，近迫下辨，魏武都太守杨阜又前后徙武都汉民、氐、傁万余户于京兆（故治在今陕西西安西北）、汧（今陕西陇县南）、雍（今陕西凤翔南）、天水（治上邽，今甘肃天水）、南安（治獂道，今甘肃陇西东南）、广魏（治临渭，今甘肃天水东）等郡县之内。④这是氐人的第二次迁移。

汉魏时期，武都郡的氐族，虽然经过两次大的迁徙，但郡内的氐族仍然很多，原有的王侯部落组织仍然存在。《魏略·西戎传》云："今虽都统于郡国，然故自有王侯在其虚落间。又故武都地阴平街左右，亦有万余落。"由此知三国时武都、阴平的氐人仍然是众多的。曹魏黄初元年（220），武都氐王杨仆率众内附，被安置在汉阳郡（即天水郡）居住。⑤蜀汉自占领汉中后，以为武都郡近在咫尺，很易占领，不料曹魏接二连三把武都氐民几乎要抢光了。蜀汉在建兴七年（229）攻下武都、阴平二郡，武都郡的许多地方成为无民之土。所以，诸葛亮死后，姜维变本加厉实行移民实蜀的政策。建兴十四年（236），准备徙武都氐王苻健及氐民四百多户于广都（今四川成都南）。⑥但氐王内部发生分裂，苻健弟率四百户降魏，只苻健来到蜀地。⑦降魏的四百户氐民又被安插到魏的内郡了。延熙三年（魏正始元年，240年）

---

① 《三国志·魏书》卷9《夏侯渊传》。
② 《三国志·蜀书》卷36《马超传》引《典略》。
③ 《三国志·魏书》卷15《张既传》。
④ 杨阜移氐北上事，分别记载于《三国志·魏书》本传、《华阳国志》卷2及《魏略·西戎传》等书。《魏书》本传谓："前后徙民、氐，使居京兆、扶风、天水界者万余户。"《华阳国志》卷2谓："移其氐、傁于汧、雍及天水、略阳。"《西戎传》谓：徙氐"分留天水、南安界，今之（广魏郡）所守是也"。晋之略阳郡即魏之广魏郡。总上所述，杨阜所徙之氐乃分置于京兆、扶风、天水、南安、广魏五郡之内。
⑤ 《三国志·魏书》卷2《文帝纪》。
⑥ 《三国志·蜀书》卷3《后主传》。
⑦ 《华阳国志》卷7《刘后主志》。

姜维出兵陇西（治襄武，今甘肃陇西南），魏将郭淮迎击之，维退，淮徙氐人三千余落以实关中。① 上述从公元220—240年的二十年中氐民的三次移入魏之内郡，这是氐人的第三次迁移。

经过上述三次大迁移，魏晋时的氐人，除了武都、阴平二郡原有的一个分布中心外，在关中和陇右又形成两个分布中心。关中的氐人，在魏晋时分布在京兆、扶风、始平（治槐里，今陕西兴平东南）②，而以扶风郡为最多。扶风郡的氐人又集中在雍、美阳（今陕西武功西北）、汧（今陕西陇县南）、隃糜（今陕西千阳东）等县。三国时人把后两县的氐人称为"汧氐"和"隃糜氐"。③ 早在东汉永初元年（107），关中和凉州的氐羌曾经联合起来反对统治阶级强迫他们出征西域。④ 西晋元康六年（296），关中的氐、羌、匈奴、卢水胡推举扶风氐民齐万年为帝，反对统治阶级对诸部民的屠杀压迫政策。这两次起义都在汉晋史上留下了光辉的篇章，以后我们要分别加以叙述。

又一个新形式的氐人分布中心在陇右的天水（即汉阳）、南安、广魏（即略阳）三郡。十六国中的前秦苻氏和后凉吕氏，他们的祖先都是略阳氐人。晋代的略阳郡就是三国曹魏时的广魏郡。略阳的苻氏、吕氏，论其原始，都是从武都郡迁来的。《晋书·苻洪载记》云："苻洪，略阳临渭（今甘肃天水东北）氐人也。"《艺文类聚》卷82引《秦记》云："苻洪之先居武都。"可知前秦苻氏的祖先初居武都，以后始徙居略阳郡的临渭县。十六国初期，苻氏祖先和一些氐人随从石虎往关东住了十多年，后又重回关中，然后才建立前秦。又《晋书·吕光载记》谓："吕光，略阳氐人也。"其实吕光不生于略阳，其父婆楼原居略阳，也于十六国初随石虎出关，做了苻氏的部将，然后生吕光于枋头（今河南淇县东南）。略阳的吕氏原籍仍然是武都郡的仇池。同载记称：东晋太元十四年（389），吕光即三河王位于姑臧（今甘肃武威），其"妻石氏、子绍、弟德世至自仇池，光迎于城东，大飨群臣"。以此知吕光的原籍是仇池氐人，其祖先由仇池迁到略阳，遂称略

---

① 《三国志·魏书》卷26《郭淮传》。郭淮所徙之氐民，从与姜维作战地点言之，当原在陇西郡。陇西郡旧有安故、氐道二县，皆有氐人。
② 《晋书》卷56《江统传》。
③ 《三国志·魏书》卷9《夏侯渊传》；同书卷17《徐晃传》。曹魏时分汧县、隃糜县，属汉兴郡。
④ 《后汉书》卷87《西羌传》。

阳氏人。同载记说"其先吕文和,汉文帝初,自沛(今江苏沛县)避难徙焉",是胡扯的。迁到陇西各郡的氐人,十六国时建立了前秦、后凉两个政权,北朝时发动或参加了多次的民族起义。这些事实,我们在后面都要加以叙述。

十六国时,氐人和羌人一样,迁徙的幅度都很大。刘汉、前赵、后赵等政权都有一个特别的官制,名"单于台"。台的首领称大单于,"置左右贤王已下,皆以胡、羯、鲜卑、氐、羌豪杰为之"①。"单于左、右辅(左、右贤王),各主六夷十万落,万落置一都尉。"② 可见"单于台"是统治六夷部落的一种军事机构。六夷十万落包括着六夷的酋豪上层和为统治阶级服兵役的士众及其家属,这些人是从各少数部落地区征调而来的。"单于台"一般设在都城所在地或其附近。刘渊时的都城初在左国城(今山西离石北),后徙平阳;刘聪继之,仍都平阳。所以当时平阳一带的氐、羌很多。《晋书·刘元海载记》记:永嘉二年(308),刘元海都平阳,氐酋大单征来降(原文作"大单于征",《通鉴考异》谓"于"为衍字)。后立单征女为皇后,生子义。刘义在刘聪时领大单于,显然跟其外祖父单征之为氐族的酋大有关。《刘聪载记》又称:"(刘)粲遣(王)沈、(靳)准收氐羌酋长十余人,穷问之,皆悬首高格,烧铁灼目,乃自诬与(大单于刘)义同造逆谋。"于是,"坑士众万五千余人,平阳街巷为之空。氐羌叛者十余万落"。刘曜都长安时,单于台设在渭城(今陕西咸阳东北)。当时在长安、咸阳间,也集中了不少的氐、羌部落。《刘曜载记》记:巴归善王句渠知反抗刘曜的残暴统治时,"四山羌、氐、巴、羯应之者三十余万,关中大乱,城门昼闭"。既言三十多万口的羌、氐、巴、羯散居于关中各地,可知长安、咸阳间有很多氐、羌。同载记称:"先是,上郡氐、羌十余万落保崄不降,酋大虚除权渠自号秦王。(游)子远进师至其壁下,权渠率众来距,五战败之。……悉俘其众。……分徙伊余兄弟(权渠子)及其部落二十余万口于长安。"光初五年(322),刘曜亲征氐、羌,"仇池诸氐、羌多降于曜"。曜后复西讨杨韬于南安,并使侍中乔豫率甲士五千,"迁韬等及陇右万余户于长安"。七年(324),"徙

---

① 《晋书》卷103《刘曜载记》。
② 《晋书》卷102《刘聪载记》。又《魏书》卷95《刘聪传》云:刘渊曾"置单于台于平阳西"。

秦州大姓杨、姜诸族二千余户于长安。氐、羌悉下,并送质任"。十一年(328),"曜遣其武卫刘朗率骑三万袭杨难敌于仇池,弗克,掠三千余户而归"。① 上述光初年间前后的三次移民,从仇池、南安、上郡各地把大量的氐、羌迁来。其中徙自仇池的,固皆为氐、羌,可以不论。秦州南安在三国时有很多氐、羌移置其间,大姓杨氏、姜氏都是氐、羌姓氏,故所徙户口亦以氐、羌为多。三次移入长安的氐、羌一万五千余户,合七万五千余口。连同上郡氐羌移民二十余万口,共二十七万余口。从此可知长安附近的氐、羌人口是很多的了。

后赵的单于台在襄国(今河北邢台)。初,石勒自兼大单于,以石虎为元辅。后来又以石宏为大单于。关东的氐、羌原来很少,前赵在刘聪死的一年(316),靳准占据平阳,石勒率众"攻准于平阳小城,平阳大尹周置等率杂户六千降于勒。巴帅及诸羌、羯降者十余万落,徙之司州诸县"②。文中虽未提及氐人,但平阳既是刘聪单于台的所在地,则上文所述的"巴帅及诸羌羯"的"十余万落",应该正是单于台统治下的"六夷十万落"。这些六夷遂成为石勒建立单于台的主要组成部分。刘曜在渭城重建单于台后,于光初九年(326)遣刘岳带领甲士五千、宿卫精卒一万出关争夺洛阳,在他的军队中有很多六夷的士众,与石虎在洛西一战,全军覆没。石虎执刘岳等八十余人,并氐、羌三千余人送于襄国。③ 这些氐、羌又成为石勒的六夷部落的组成部分。后赵太和元年(328),刘曜率精锐军队出关,与石勒又战于洛西,曜师大溃。④ 史书不载刘曜军队的下落,其中大部分可能变成石勒的俘虏了。曜子熙率领军队和百官逃往上邽,当时武都、扶风、始平各郡氐、羌皆起兵应熙,石勒遣石虎讨之。虎攻下河西诸羌,又克上邽,徙氐、羌十五万落于司、冀二州。⑤ 这是灭前赵后第一次氐、羌大迁徙。建平元年(330),秦州的氐、羌在休屠人⑥王羌的领导下反抗石勒。勒遣石生往征之,王羌败奔凉

---

① 以上均见《晋书》卷103《刘曜载记》。
② 《晋书》卷104《石勒载记上》。
③ 《晋书》卷103《刘曜载记》。
④ 《晋书》卷104《石勒载记下》。
⑤ 《晋书》卷105《石勒载记下》。
⑥ 休屠即匈奴休屠王的后裔或所属部落。休屠王氏迁入秦州略阳大约在晋代。

州，遂"徙秦州夷豪五千余户于雍州"①。这是灭前赵后第二次氐、羌大迁徙。

石勒死后，大量的氐、羌移动，又有三次：延熙元年（333）石虎专政，遭到石生的反对。时石生据长安，虎出兵击之，生欲西上陇山，士卒散尽，遂入户县东南三十里之鸡头山，为追兵所杀。于是，石虎"徙雍、秦州华戎十余万户于关东"，这是第一次。延熙二年（334），石生的一个部将郭权，因为石生打了败仗，自己便西退至上邽。石虎遣将讨之，权死，又"徙秦州三万余户于青、并二州诸郡"②，这是第二次。建武十三年（347），石虎遣王擢攻白马氐于武街，徙七千余户于雍州③，这是第三次。

总之，后赵石勒统治下的六夷是在前赵的平阳和渭城两个单于台的基础上发展起来的。石赵起自东方，建都于襄国，及其攻下雍州、秦州以后，二州的氐、羌，大部分移置于司州和冀州，一部分移置于青州和并州，雍州也集中了小部分。

后赵采取的这些措施是与它加强中原的统治和削弱秦陇氐、羌的实力有很大关系。《晋书·姚弋仲载记》记："及石季龙克上邽④，弋仲说之曰：'明公握兵十万，功高一时，正是行权立策之日。陇上多豪，秦风猛劲，道隆后服，道洿先叛，宜徙陇上豪强，虚其心腹，以实畿甸。'季龙纳之。"遂徙氐、羌十五万落于司、冀两州。同书《苻洪载记》亦记："季龙灭石生⑤，洪说季龙宜徙关中豪杰及羌戎内实京师。季龙从之。"于是又徙雍、秦州华戎十余万户于关东。从姚弋仲和苻洪的话便知，为什么石赵要把雍、秦的氐、羌移到关东了。至石赵末年，统治阶级内部发生了冉闵之变，史称"青、雍、幽、荆州徙户及诸氐、羌、胡、蛮数百余万，各还本土"⑥。原来从秦、雍二州移到关东的氐、羌，初由苻洪和姚弋仲率统，后由苻健和姚襄率领，相继回到关中，建立了前秦和后秦两国。

前秦时期，关中的氐、羌已经很多，苻坚于建元七年（371）进攻仇池，氐王杨纂战败，被虏送长安。《宋书·氐胡传》记："咸安元年（371），苻

---

① 《晋书》卷105《石勒载记下》。
② 第一、二次移动俱见《晋书》卷105《石勒载记下》。
③ 《晋书》卷107《石季龙载记下》。
④ 指后赵太和元年石虎灭上邽刘熙事。
⑤ 指后赵延熙元年石虎遣将击石生于汧县事。
⑥ 《晋书》卷107《石季龙载记下》。

坚遣杨安、苻雅等讨纂，克之，徙其民于关中，空百顷之地。"可知此次由武都徙至关中的氐人是很多的。按上书记杨纂四世祖茂搜曾于晋元康六年（296）携带部民四千户由略阳还居仇池。后来还有关中许多士庶流亡其地。外来的汉民、氐户再加上仇池山上原有的氐人，至少当在五千户以上。经过四代七十多年的繁衍，至苻坚移民，汉、氐合计至少当及万家。上文既言"空百顷之地"，可知仇池山上的氐户大部分都到关中来了。这是苻秦时第一次氐人的大迁徙。

苻秦时氐人第二次大迁徙是在建元十六年（380），把关中氐族一万五千余户迁到冀州邺城（今河北临漳）、并州晋阳（今山西太原西南）、河州枹罕（今甘肃临夏东北）、豫州洛阳（今河南洛阳东）、雍州蒲坂（今山西永济西）等地。这段事记载在《晋书·苻坚载记》，但简略不详。《通鉴》卷104"晋孝武帝太元五年"条记载分徙关中氐户于诸方要镇最详，云：

> 坚以诸氐种类繁滋，秋七月，分三原（今陕西淳化东北）、九嵕（今陕西淳化西南）、武都、汧、雍氐十五万户，使诸宗亲各领之，散居方镇，如古诸侯。长乐公丕领氐三千户，以仇池氐酋射声校尉杨膺为征东左司马，九嵕氐酋长水校尉齐午为右司马，各领一千五百户，为长乐世卿。……膺，丕之妻兄也；午，膺之妻父也。八月，分幽州置平州，以石越为平州刺史，镇龙城（今辽宁朝阳）。中书令梁谠为幽州刺史，镇蓟城（今北京城西南）。抚军将军毛兴为都督河、秦二州诸军事、河州刺史，镇枹罕。长水校尉王腾为并州刺史，镇晋阳。河、并二州各配氐户三千。兴、腾并苻氏婚姻，氐之崇望也。平原公晖为都督豫、洛、荆、南兖、东豫、阳六州诸军事、镇东大将军、豫州牧，镇洛阳。……钜鹿公叡为雍州刺史，各配氐户三千二百。

《通鉴》上引文"巨鹿公叡为雍州刺史"，下缺雍州的治所，当依《晋书·苻坚载记上》添补"镇蒲坂"，即今山西西南部之永济西。

我们于上引文当注意两事：一为关中之氐除去西晋时氐人居于扶风、京兆、始平三郡外，在苻坚时又发展到了北地郡的三原护军、咸阳郡的九嵕县以及武都。此武都，《苻坚载记》和《通鉴》皆夹叙于三原、九嵕和雍、汧之间，其非秦州的武都郡甚明。关中之设武都郡侨治始于三国魏武帝时。《三国志·魏书·杨阜传》云："及刘备取汉中以逼下辩，太祖以武都孤远，欲移之，恐吏民恋土。阜威信素著，前后徙民、氐，使居京兆、扶风、天水界者万余户，徙郡小槐里，百姓襁负而随之。"按槐里在今陕西兴平东南，曹魏时为扶风郡治，晋时为始平郡治，俗称"大槐里"。其西又有小槐里（在今陕西武功东北），魏武帝徙武都郡治于此。至魏文帝黄初中，《太平寰宇记》谓又徙武都郡于美阳，即在今陕西武功西北。以此知苻坚时之武都是关中始平郡之一县名或一护军名，其治所不在小槐里，即在美阳城。三国魏武帝时已有武都百姓（包括汉、氐）随杨阜襁负而至。苻坚灭武都王，又大量移其民于关中，可知关中之武都以及上述之三原、九嵕都成为氐族的聚居区了。三原、九嵕、武都、汧、雍的氐人，如上引文所云有十五万户，每户以五口计，共约七十五万口，如此，真像苻坚所说"凡我族类，支胤弥繁"了。此其一。其二为关中氐的大量向关外移殖。据《通鉴》上文所记，此次移往冀州、河州、并州者各三千户，移往豫州及河东者又各三千二百户，合计共一万五千四百户。苻坚原计划外徙十五万户，上述外移的户数仅及原计划的十分之一略强。我想这一类的外徙不止一次，只是不见于记载罢了。

在后秦时氐人的移动很少。《晋书·姚兴载记下》记："扬武、安乡侯康宦驱略白鹿原氐、胡数百家奔上洛，太守宋林距之。"白鹿原在长安东郊灞桥至蓝田县之间，盖昔时长安氐人移住于此。同书《姚泓载记》又记："杨盛遣兄子倦入寇长蛇（今陕西陇县东南长蛇川）。平阳氐苟渴聚众千余，据五丈原（今陕西眉县西）以叛。"平阳氐苟渴，盖前赵时居平阳，后移关中，汧陇一带多氐族所居，故苟渴也卜居于此。

以上是从汉代到十六国时氐族在北方的分布和移动的情况。

二、齐万年的起义和失败

自从氐人大量移入关中，在3、4世纪发生三大政治事件，就是齐万年的起义称帝、苻氏的建立前秦和吕氏的建立后凉。现在先叙述齐万年起义和失败的经过。

西晋初年，关内扶风郡的氐户最多。咸宁三年（277），徙汝阴王司马骏为扶风王，"以氐户在国界者增封"①。从此，徙至扶风郡的氐族由部落变为编户，直接归扶风王统治。

《魏略·西戎传》记武都郡的氐人初徙至扶风美阳时，归安夷和抚夷二部护军所管。魏晋时的护军，秩同都尉，是一种武官。安夷、抚夷二护军是统率氐族部落以保卫边围的武官，其下有参军、功曹、主簿，亦有部大、酋大，多以少数部族首领为之。这种情况，由十六国时的《邓太尉祠碑》和《广武将军□产碑》的碑文和题名可以证明。但扶风郡氐人的特点是在晋咸宁三年由护军所属下的部落制变为封国直接统治下的编户了。潘岳《上关中诗表》云："齐万年编户隶属，为日久矣"②，即指此事而言。晋初，征收编民的田租户调皆较汉魏为重。曹魏时的田租是亩收四升，户调绢二匹，绵二斤。③到了晋代泰始三年（267），据《晋故事》的记载，"凡民丁课田，夫五十亩，收租四斛，户绢三匹，绵三斤"④。课田租额，五十亩收四斛，则亩租八升，较曹魏时的田租多了一倍。户调较曹魏时多了二分之一。关于兵役之征，《晋书·傅玄传》谓："加以服役为兵，不得耕稼，当农者之半。"同书《刘颂传》记颂上疏也谓："凡政欲静，静在息役。"可知晋代初年，无论汉户、氐户，在田租、户调、兵役的负担上都是十分沉重的。晋代统治阶级以加重剥削农奴和奴役奴隶的办法对待迁入内地的少数部族，这是引起各个少数部族（包括氐族编户）在各地起兵反抗的主要原因。

晋初的氐、羌族以及其他少数部族，除了上述的经济剥削和人身奴役之外，还有一些统治阶级的官吏对他们进行侵侮和杀戮的阶级压迫。这样就更加速了各地各族人民的反抗斗争。晋武帝于泰始年间曾以"戎蛮猾夏"为题，策问贤良，阮种对曰：

> 自魏氏以来，夷虏内附，鲜有桀悍侵渔之患。由是边守遂怠，鄣塞不设。而今丑虏内居，与百姓杂处，边吏扰习，人又忘战。受方任者，

---

① 《晋书》卷38《宣五王扶风王骏传》。
② 《文选》卷20《关中诗》李善注引。
③ 《晋书》卷26《食货志》。
④ 《初学记》卷27《宝器部·绢第九》引。

又非其材，或以狙诈，侵侮边夷；或干赏啗利，妄加讨戮。……是以群丑荡骇，缘间而动。虽三州覆败，牧守不反，此非胡虏之甚劲，盖用之者过也。①

阮氏此对，以凉州的胡人起事为主，但也牵涉到秦州和雍州，故云"三州覆败，牧守不反（返）"。既言三国以来内附的部族无"桀悍侵渔之患"，可知江统《徙戎论》所云"非我族类，其心必异，戎狄志态，不与华同"，是没有根据的。内居与汉人杂处的戎狄之所以叛晋，主要原因是由于"边吏扰习"，即《徙戎论》所谓"侮其轻弱"，由于"受方任者"的州牧太守，"或以狙诈，侵侮边夷"，"或干赏啗利，妄加讨戮"。简言之，即少数部族的反抗是由统治阶级与被统治的各部族人民之间的阶级矛盾所引起来的，而不是各族人民与汉族人民之间有什么不可调和的矛盾。

这种情况，从晋武帝时一直延长到惠帝元康年间没有改变，结果遂发生了元康六年（296）以齐万年为首的匈奴、马兰羌、卢水胡、扶风氐的联合大暴动。

这次暴动导源于元康四年（294）并州谷远县（今山西沁源）的郝散之变。郝散是匈奴人，杀上党郡长吏。不久，郝散宣布投降了，率众向洛阳进发，路过雍州境被冯翊都尉所杀。至元康六年夏，郝散弟度元为其兄复仇，联合冯翊、北地二郡间的马兰羌和卢水胡共同起兵，杀北地太守张损，并打败冯翊太守欧阳建。马兰羌和卢水胡为什么参加这次变乱呢？傅畅在《晋诸公赞》中记载得很清楚：

> 司马伦，字子彝。咸熙中封赵王，进征西，假节都督雍、梁、晋诸军事。伦诛羌大酋数十人，胡遂反。朝议召伦还。②

此言胡、羌起事乃由赵王伦滥杀羌酋数十人所致。《晋书·赵王伦传》的记载比较隐晦，谓：

---

① 《晋书》卷52《阮种传》。
② 《文选》卷20《关中诗》李善注引。

（伦）镇关中，刑赏失中，氐、羌反叛。

其意与《晋诸公赞》所记相同。《晋书·解系传》等记：赵王伦重用孙秀为相，杀羌酋事皆秀受赵王之旨而行，故雍州刺史解系、冯翊太守欧阳建各具表奏伦之罪恶，并请诛孙秀以谢氐、羌。从此可知，滥杀羌酋一事已经成为当时朝野之间的公愤了。朝廷对此公愤无法平息，接着就发生了同年秋八月"秦、雍氐、羌悉反，立氐帅齐万年为帝"的事件。

齐万年是关中扶风国的氐民。潘岳在他的《上关中诗表》里说："齐万年编户隶属，为日久矣。"以此知齐万年是编民，可能不是上层，他能够代表一般氐、羌人民的利益。《华阳国志》卷8《大同志》记："元康六年，……关中氐及马兰羌反，寇天水、略阳、扶风、始平、武都、阴平"六郡。六郡之内，多为氐、羌，而氐更多。我想上述记载应当理解为六郡的氐、羌纷纷响应，并不是齐万年向六郡进兵。在此之前，冯翊和北地二郡间已经有马兰羌、卢水胡和屠各匈奴盘踞，此时又占领了雍州西部二郡和秦州四郡，于是齐万年成为二州八郡的起义军皇帝。

齐万年内部的军事政治情况，因文献缺乏，很难知其全貌。据各种片断的文献记载，齐万年根据地的中心在陇山一带。元康六年，万年率羌、胡北上，围攻安定郡的泾阳（今甘肃平凉西北），晋朝统治阶级着了急，派安西将军夏侯骏西讨氐、羌。[①] 七年（297），万年的主力军七万人移驻梁山（今陕西乾县西北），企图由此东攻长安。晋以梁王司马肜为大都督，督关中军事，屯军好畤（今陕西乾县东南）。齐万年与晋将周处、解系、卢播战于六陌（今陕西乾县东北），晋军大败，周处被杀，卢播诈论功绩，被徙于北平（今河北满城北）[②]，许多士卒变做了俘虏。潘岳《关中诗》叙述了晋军的惨败情况说：

夫岂无谋，戎士承平，守有完郛，战无全兵。锋交卒奔，孰免孟明？飞檄秦郊，告败上京。周殉师令，身膏氐斧；人之云亡，贞节克

[①] 《文选》卷20《关中诗》注引王隐《晋书》。
[②] 《文选》卷20《关中诗》注引王隐《晋书》云："卢播诈论功，免为庶人，徙北平。"

举。卢播违命，投畀朔土；为法受恶，谁谓荼苦？哀此黎元，无罪无辜，肝脑涂地，白骨交衢。夫行妻寡，父出子孤，俾我晋民，化为狄俘。

战场上既经失败，关中的州牧郡守以及其他的地方官吏跟着都张皇失措，逃遁奔窜者相望于道路。潘岳在《马汧督诔序》中也叙述其事说：

> 建威（指建威将军周处）丧元于好畤，州伯（指雍州刺史解系）宵遁乎大溪。若夫偏师、裨将之殒首覆军者，盖以十数，剖符、专城（泛指州牧郡守县令）、纡青、拖墨（六百石以上的官吏）之司，奔走失其守者，相望于境。①

从上两段叙述可知西晋统治阶级的军事和政治已经腐朽到什么地步了。

六陌一战胜利，齐万年和其他联军统帅分兵攻打雍、汧、陈仓（今陕西宝鸡东）各县的县城。潘岳《关中诗》云"雍门不启，陈、汧危逼"，即叙述各城被围和危急情况。其时，围攻雍城的联军由齐万年直接指挥，围攻汧城者则由联军别帅巩更指挥。巩更是一个羌酋，东汉时有羌什长巩傻②，巩更大概是他的后裔。《马汧督诔序》记："秦陇之僭，巩更为魁。既已袭汧，而馆其县。"可知巩更在联军的地位是很高的。序文还记汧城陷重围之时，"群氐如蝟毛而起，四面雨射城中。城中凿穴而处，负户而汲。木石将尽，樵苏乏竭，刍茭罄绝，于是乎发梁栋而用之"。可知城中人民因战争激烈而受到的痛苦很深。诔文又述氐羌联军作战的情况云："旌旗电舒，戈矛林植，彤珠星流，飞矢雨集。"注云："彤珠星流，谓冶铁以灌敌。"又云："潜隧密攻，九地之下，惵惵穷城，气若无假。"此谓联军以地道战术攻汧城。这时氐、羌的作战工具和战术比较东汉时西羌的"揭木为兵，负柴为械"，要进步得多了。

晋朝方面看到雍城危急，速遣孟观率军往援。观与联军大战十余次，身当矢石，乃攻下美阳县西的中亭。中亭既下，观又继续北上，直趋雍城；另

---

① 《文选》卷57。
② 《文选》卷57。诔文注引《东观汉记》曰："羌什长巩便。"陶栋的《东观汉记拾遗》作"巩傻"，见《辑佚丛刊》。

有别将何恽领兵二万继其后,雍城之围遂解。① 氐帅齐万年于此时被擒,槛送洛阳。时为元康九年(299)正月。

晋方驻守汧城者为汧督马敦。敦号召城民以铁镍系木,上置礌石,氐人来攻城,即发礌石以击之。又掘深堑,置壶镭瓶瓠于其中,以侦察城外动静。氐、羌掘地道将穿,则焚麦草以熏之,故城未被攻下。乃夏侯骏遣救兵至,城围始解。此为元康七年(297)间事。②

齐万年从元康六年八月称帝,至九年正月被擒,前后凡二年半,起义虽未成功,但对晋朝的打击很大。不久以后,就出现了五胡十六国相继而起的局面。

三、前秦和后凉,兼论苻坚不能统一中国的原因

前秦是以氐族的苻氏建立起来的,故也称为"苻秦"。苻氏的祖先,初居武都,时人以其家池中生蒲草,长五丈,称之为"蒲家",因以为姓。③三国曹魏时,由武都迁于略阳郡之临渭县,世为部落小帅。晋永嘉四年(310),政权分裂,氐酋蒲洪被宗人拥推为盟主,又自称"护氐校尉、秦州刺史、略阳公"。刘曜在长安称帝,以洪为氐王,曾徙居于关中之高陆(今陕西高陵)。④ 前赵亡后,洪退居陇山。后赵延熙元年(333),洪又降于石虎。及虎灭石生,洪率氐、羌二万户下陇东,至冯翊郡,劝虎徙雍州豪杰及戎羌十多万户于关东。虎遂以洪为流民都督,率氐、羌二万户居于汲郡之枋头(今河南淇县东南)。这些氐、羌于此地居住了十八年之久,后来完成霸业的苻坚和建立后凉的吕光都是在枋头驻防期间出世的。并于此时,洪改蒲氏为苻氏。

石赵末年,苻洪和羌族首领姚弋仲一样,都以镇压梁犊的起义得到统

---

① 《文选》卷 20《关中诗》注引何法盛《晋中兴书》。
② 《文选》卷 57 潘岳《马汧督诔》。
③ 《艺文类聚》卷 82 引《秦记》云:"苻洪之先居武都,家生蒲,长五丈。"又《太平御览》卷 121 引崔鸿《十六国春秋》记载与此微异,谓于迁略阳后以蒲为氏。
④ 《魏书》卷 95《苻健传》。

治阶级的赏识。洪被封为都督关中诸军事、雍州牧、领秦州刺史,但仍驻枋头。时值冉闵之乱,从前由秦、雍二州徙到关东的氐、羌、汉人相率西归,路过枋头,共推苻洪为主,众至十多万。① 洪军的实力得到空前的壮大,遂于晋永和六年(350)自称为"大都督、大将军、大单于、三秦王",以南安羌酋雷弱儿为辅国将军,氐酋毛贵为单于辅相,其余授汉、戎大姓酋长以文武官秩各有差。不久,苻洪被人酖死,子苻健代领其众,自枋头而西,直趋关中。当时关中各地的少数部族很多,氐族分布于长安西北的汧、陇山区,羌族分布于冯翊郡内,冯翊和北地二郡的北部有马兰羌和卢水胡,贰城(今陕西黄陵境内)的东西有匈奴四万多落,史称为"东、西曹"。此外,还有许多其他部族分布在关中的其他郡县。在此以前,后赵多次强迫雍、秦二州氐、羌、汉等族大量流往关东,这些从关东返里的流民和关中所留的各族人民在血统和婚姻上还保留着千丝万缕的关系。而且更重要的是,五十年前匈奴、马兰羌、卢水胡和氐、羌一同闹过轰轰烈烈的反屠杀、反压迫起义。这双重的纽带紧紧地把关中的部族和从关东回来的部族联系起来。苻健至孟津时,兵分两路:以其弟苻雄为一路,率众五千自潼关入,至华阴;以兄子苻菁为一路,率众七千自轵关(今河南济源西)入,经蒲津(今山西永济西)西渡河,至渭北。健自率大军随苻雄而进,入关,又调苻雄徇行于渭北。② 苻健兵力集中到渭河以北,显然是为了联系渭北少数部族,以图长安。此时,屯聚高陵一带的是氐酋毛受,屯聚好畤(今陕西乾县东南)一带的是土豪徐磋,屯聚黄白城(今陕西三原东北)一带的是羌酋白犊,三人各拥众数万,至此皆降于苻健。苻菁与官兵战于渭北,官兵败溃,三辅郡县堡壁皆降。③ 苻健遂引兵占领长安。永和七年(351),苻健即天王大单于位,国号大秦,次年改称皇帝。这是前秦建国的开始。

前秦从晋永和七年开始,至太元十九年(394)灭亡,前后仅有44年。这一政权虽然短暂,但它具有一些特点,与十六国中的其他政权不同。

第一,前秦立国以后,统一的地区很广,移民的数量很多,各部族的错居杂处最为显著。因为如此,所以我们应当承认这一政权对中国北部的统一

---

① 《魏书》卷95《苻健传》;《通鉴》卷98"晋穆帝永和五年"条。
② 《通鉴》卷98"晋穆帝永和六年"条。
③ 同上。

和北方各部族的融合曾经发生过一定的作用。

前秦苻健皇始元年（351），赵并州刺史张平降秦。次年又叛秦降燕。苻坚永兴二年（358），遣邓羌征伐张平，徙其所部三千余户于长安。建元元年（365），坚前锋都督杨安、毛盛败匈奴右贤王曹毂于同官川（今陕西铜川一带），毂降，坚徙其酋豪六千余户于长安。六年（370）灭前燕，自燕王慕容暐及其王公以下四万余户皆徙于长安。又"徙关东豪杰及诸杂夷十万户于关中，处乌丸杂类于冯翊、北地，丁零翟斌于新安（今河南渑池东）。徙陈留（今河南开封东南）、东阿（今山东东阿西北）万户以实青州"。七年（371），灭仇池杨氏，移其民于关中。十年（374），取东晋益州（治今四川成都），于是西南夷邛、筰（今四川西昌地区）、夜郎（今贵州西部）皆降。十二年（376）灭前凉张氏，徙凉州豪右七千余户于关中。同年，又灭代国拓跋氏，散其部落于汉代的障塞故地。① 十五年（379），陷东晋襄阳（今湖北襄樊）、顺阳（今河南内乡西南）、彭城（今江苏徐州）、下邳（今江苏邳县西南），又略淮阴、盱眙、淮南等地，掳江汉之人万余户，徙置敦煌。又中原州郡有田野不辟者，徙七千余户于凉州。② 十八年（382），西域鄯善王休密馱和车师前王弥寘来朝。"大宛献汗血马，肃慎贡楛矢，天竺献火浣布，康居、于阗及海东诸国，凡六十有二王，皆遣使贡其方物。"③ 新罗国王楼寒亦遣使卫头朝贡。④ 十九年（383），遣吕光等率兵七万，以鄯善王及车师前部王为向导，出征西域。先是灭前凉时，苻坚以高昌人杨干为高昌太守，治所在今新疆吐鲁番东南。⑤ 吕光行军到高昌，听到苻坚与东晋开仗，吕光就想把部队停驻高昌待命，经部将杜进劝说，才继续进兵先攻焉耆，其国国王泥流率其旁国请降。又进攻龟兹，龟兹王帛纯以抵抗不胜，弃城而逃，于是西域王侯降秦者三十余国。⑥

从上述可知，苻坚时前秦的势力是很强的。其盛时的疆域，东至海，东北至辽东，北至沙漠，西北至葱岭（今帕米尔高原），西至西海（今青海），

---

① 以上均见《晋书》卷113《苻坚载记上》。
② 《晋书》卷87《凉武昭王李玄盛传》谓此次徙民在前秦"建元之末"，当即建元十五年。
③ 《晋书》卷113《苻坚载记上》。
④ 《太平御览》卷781引《秦书》。
⑤ 《通鉴》卷104"晋孝武帝太元元年"条。
⑥ 《晋书》卷122《吕光载记》。

西南至泸水（今金沙江），南至襄阳，东南至淮、泗。① 前秦统治地区的辽阔，不只在十六国中为第一，即后世北魏亦有所不及。

第二，氐苻统一中国北方虽然凭恃武力，而其文化和教育仍继承中华传统，少有变更。此点在十六国中，除前凉、前燕外，其他各国是无法与之比拟的。

苻健初治关中时，《载记》称"起灵台于杜门（长安城西北）。与百姓约法三章，薄赋卑宫，垂心政事，优礼耆老，修尚儒学，而关右称来苏焉"②。自此已启前秦崇尚儒学之风。及至苻坚，"广修学官，召郡国学生通一经以上充之，公卿已下子孙并遣受业。其有学为通儒、才堪干事、清修廉直、孝悌力田者，皆旌表之"。坚又"临太学，考学生经义，上第擢叙者八十三人"。③ 这种教育政策对当时氐、羌子弟学习汉族文化发生了很大的作用。不止在一般城市如此，就是在军队和后宫里亦兴学校，传授经学。《前秦录》记："苻坚起教武堂于渭城（今陕西咸阳窑店），命大学生明阴阳兵法，教为将士。"④ 这是一种军官学校。《载记》亦记："中外四禁、二卫、四军长上将士，皆令修学。"这是禁卫军的学校。又"课后宫，置典学，立内司，以授于掖庭，选阉人及女隶有聪识者署博士以授经"。⑤ 这是后庭宫掖的学校。汉魏以来，以一氐族的君主能够这样宣传中国古代的封建文化还是不多见的。

与建立学校同时并行的，苻坚还有一套采用魏晋制度、尊重汉族大姓及知识分子、相对减轻赋税等办法，以巩固他统治各族人民的政权。《晋书·苻坚载记上》云："坚僭位五年，……典章法物，靡不悉备。"此所谓典章法度，应指前秦的官制、田赋、明堂、郊祀、藉田，等等。这些都是承袭魏晋制度，苻坚并没有加以改变。当时，苻坚重用王猛，上述许多汉家制度，应是由王猛等一班人提倡的。灭前燕以后，苻坚把关东的许多高门望族擢为卿相和武官。《通鉴》卷102"晋太和五年十二月"条记：

---

① 参考《高僧传》卷5《释道安传》；《读史方舆纪要》卷3《历代州域形势》三"苻健据长安称秦"条。
② 《晋书》卷112《苻健载记》。
③ 《晋书》卷113《苻坚载记上》。
④ 《太平御览》卷359引《前秦录》。
⑤ 《晋书》卷113《苻坚载记上》。

甲寅，至长安，封慕容暐为新兴侯；以燕故臣慕容评为给事中，皇甫真为奉车都尉，李洪为驸马都尉，皆奉朝请；李邽为尚书，封衡为尚书郎，慕容德为张掖太守，燕国平睿为宣威将军，悉罗腾为三署郎。其余封署各有差。衡，裕之子也。

封衡为裕之子，抽之孙，世居渤海修县，三代为前燕旧臣。劝慕容皝行魏晋田租之制者，即封裕。① 李洪，晋东夷校尉李臻之孙②，亦渤海人，仕慕容皝、儁、暐三朝，为燕国的三公之一。皇甫真，原籍安定朝那，历仕慕容廆、皝、儁、暐四朝，官至并州刺史、光禄大夫。燕拔赵之邺城时，真收辑到的赵国图籍独多。③ 上述诸人于魏、晋、赵文物制度皆称渊博。隔了二年，由于王猛的推荐，又有不少关东的高门大姓到长安担任了各种文官要秩。《通鉴》卷103 "晋咸安二年二月"条记其事云：

　　秦以清河房旷为尚书左丞，征旷兄默及清河崔逞、燕国韩胤为尚书郎，北平阳陟、田勰、阳瑶为著作佐郎，郝略为清河相；皆关东士望，王猛所荐也。瑶，骛之子也。

右北平阳瑶，系阳耽之孙，阳骛之子。耽仕慕容廆，官至东夷校尉。骛仕慕容皝及儁、暐三朝，官至太尉，自慕容恪已下莫不毕拜，有传附《慕容暐载记》。阳陟盖与瑶同族。房氏、崔氏皆清河大姓，自不待言。以上是秦国接收燕国人士第二批。灭西凉张氏后，从"号为多士"的凉州又选拔了一批士望在京中和外郡供职。《通鉴》卷104 "晋太元元年九月"条记其事云：

　　以天锡晋兴太守陇西彭和正为黄门侍郎，治中从事武兴苏膺、敦煌太守张烈为尚书郎，西平太守金城赵凝为金城太守，高昌杨干为高昌太

---

① 《晋书》卷109《慕容皝载记》。
② 《通鉴》卷95 "晋咸康三年九月"条记："以李洪为大理"，"洪，臻之孙"。
③ 《晋书》卷111《慕容暐载记》有《皇甫真传》。收辑赵国图籍见《太平御览》卷246引范亨《燕书》。

守，余皆随才擢叙。……以天锡武威太守敦煌索泮为别驾，宋皓为主簿。

金城赵氏、敦煌索氏、宋氏、张氏，自魏晋以来即为西土著姓，苻坚擢而用之。以上是前秦所接收的前凉人士。苻坚接收了关东和河西的大姓士族以后，接着便颁布一条重要的法令，即"复魏晋士籍，使役有常"①。这条法令有两重意义：第一，规定旧日的大姓士族有免役特权，这样就使苻秦的皇权和魏晋以来的封建势力联合起来，加强了对各族人民的统治。第二，自永嘉以后，中原文化和保留传统文化的汉族士族多流亡于燕、凉两国，至此苻坚把这些人物发掘出来，加以任用。所以在关陇一带出现了一个暂时的小康局面。关于这个小康局面，《苻坚载记上》内有这样的叙述：

自永嘉之乱，庠序无闻。及坚之僭，颇留心儒学，王猛整齐风俗，政理称举，学校渐兴。关、陇清晏，百姓丰乐。自长安至于诸州，皆夹路树槐柳，二十里一亭，四十里一驿，旅行者取给于途，工商贸贩于道。

其实儒学、学校、风俗、亭驿以及士族免役等等都是中国古制，而这些制度出现于氐苻所建的政权下，所以就感觉到有点新奇了。

此外，一向为统治阶级服务的雅乐和太乐诸伎，自永嘉乱后，分崩离析，总其所归，不外两端：一部分没于刘、石两赵政权，旋为前燕所获；一部分避地河西，归前凉张氏所有。苻坚平邺，前燕所获乐声又入关右②；后平姑臧，西凉雅乐伶工亦至长安③。苻秦兼而有之，历朝金石之乐赖以不坠。此虽小道，无关大体，然由此亦见苻秦灭燕、凉二国后，确实保存了许多前朝的文物制度，发生过一种"合而并之，因而续之"（王船山语）的作用。

那么，苻坚为什么不能统一中国，甚而淝水一败，便使刚刚统一的北方又陷于再分裂的局面呢？

我想，主要原因应当在前秦内外的各种矛盾中寻求之。

---

① 《晋书》卷113《苻坚载记上》。此段全文为："……使役有常，闻诸非正道，典学一皆禁之。""闻"字属上、属下皆赘，疑是衍文或字讹。
② 《通鉴》卷105"晋太元八年冬十月谢石得秦乐工"条，胡三省注。
③ 《隋书》卷15《音乐志下》。

苻坚统一北方前后，内外存在着许多矛盾。外部的矛盾，主要是与东晋政权的矛盾。内部的矛盾比较复杂，其中有与战败政权前燕贵族慕容暐、慕容垂等的矛盾，有与降臣丁零酋帅翟斌、南安羌酋帅姚苌、陇西鲜卑酋帅乞伏国仁的矛盾，亦有与三秦大姓如冯翊游钦、天水尹纬、南安庞演的矛盾。这些矛盾大都是各族统治阶级之间的矛盾。但苻坚内部的主要矛盾应是统治阶级与汉族及其他各族人民之间的矛盾。这种矛盾由来已久，从前秦建立初就已经存在了。当苻健打下长安时，看到"民心思晋"，不敢称帝，遣使至建康告捷，于是"秦、雍夷夏皆附之"①。不久，苻健称帝，跟着就有孔持起兵于池阳（今陕西泾阳西北），刘珍、夏侯显起兵于鄠（今陕西户县），胡阳赤起兵于司竹（今陕西周至东南）、呼延毒起兵霸城（今陕西西安东），众数万人，各遣使至东晋请兵。上述汉、胡豪酋虽然与已经失败的石赵雍州刺史张遇及关中土豪杜洪、张琚都有联系，但其反秦归晋是和当时关中的"民心思晋"相一致的。晋永和十年（354），桓温北伐，兵至蓝田，关中人民争持牛酒迎劳，耆老且垂泣而叹曰："不图今日复睹官军！"② 从前起兵的匈奴帅呼延毒至此亦率所部万人随桓温南下。这些事实说明中原汉、胡人民大部分是不欢迎氐秦的统治的。

苻坚即位后，为了笼络民心，实行了一系列的办法，如减租税、恤困穷、立学校、擢用汉人高门大姓、恢复魏晋礼乐制度，等等，曾经收到一些功效。同时，他又把宗室子弟和部落贵族分封于四方要镇，各配氐户数千，用以镇压各州郡的豪强大姓和各族人民。因此在短时期内，各地方没有发生什么武力暴动。虽然如此，但这并不是说民族矛盾和阶级矛盾从此就缓和了或者消灭了。淝水一战，各种矛盾在战场上以及京都和各州郡普遍地暴露出来。各州郡的百姓在多年战争之后都不愿参战，更因为师出无名，举国上下都反对南下征晋。苻坚违背各族人民的意志，强迫各州郡的平民每十丁出兵一名，富室子弟有材勇者，皆擢为羽林郎，高门大姓之应征者称作"崇文义从"。苻坚分三路进攻东晋，各路步兵、骑兵总计在百万以上，前后千里，水陆并进。但这些军队大部分是不愿作战的。不只兵丁如此，就是各路带领

---

① 《通鉴》卷98"晋永和六年十一月"条。
② 《通鉴》卷99"晋永和十年四月"条。

军队的王侯将帅亦各怀异志，或保存实力，或准备降晋。

淝水一役，苻融为前锋，东晋的降将朱序为后阵，前西凉王张天锡也在阵中。兵至淝水西岸列阵，晋军后到，要求渡河决战，苻融同意，下令稍退，准备敌至中流而击之。但军队闻令，便大退不止。晋兵渡水追击，苻融驰骑整队，马倒被杀。于是前锋大乱，自相践踏而死者不计其数。此时，朱序在阵后高呼："秦兵败了！"军遂大溃，不可收拾。就在这个时候，朱序约了张天锡和被俘的晋将徐元喜都逃往东晋去了。

淝水一败，前秦的局势发生很大的变化。丁零酋长翟斌首先起兵于新安（今河南渑池东），苻坚遣实力保存最多的慕容垂往征，垂南结丁零，合攻邺城苻丕。后慕容垂与翟斌不合，杀斌。垂都中山（今河北定县），建后燕。翟斌弟辽都滑台（今河南滑县东南），建翟魏。关中鲜卑众多，苻坚战败，慕容暐子泓自立为王，其弟冲攻下长安，称帝。后由关中徙上党郡之长子（今山西长治南），建立西燕。参加淝水之战的苻坚将羌人姚苌，当坚败而慕容泓起兵叛坚，又随军讨泓，为泓所败。坚杀了苌派去的谢罪使者，苌惧奔渭北，并因关中豪族游钦、西州大姓尹详等的拥护，起兵于马牧（今陕西兴平东），追杀苻坚，建立后秦。陇西鲜卑酋帅乞伏国仁奉苻坚之命，领先锋骑队攻打寿春（今安徽寿县）。时值国仁叔父步颓起兵陇西，坚命国仁还师西讨，叔侄会师，歼并诸部，众十余万，后来建立西秦。以上所述，可知前秦内外各种矛盾是很复杂的。苻坚只看到外部与东晋的矛盾，而看不到内部各部族的矛盾和阶级矛盾，淝水之败的原因端由于此。前秦的贵族大臣如苻融、王猛等，虽已看到内部的敌人是鲜卑贵族和羌酋姚苌，但对广大汉族人民反对氐秦统治，希求东晋北伐、南北重新统一、安居乐业的愿望，也是认识不清的。广大汉族人民之反对氐秦伐晋，这既是民族矛盾的表现，又具有阶级斗争的性质。而且这种矛盾不仅存在于氐秦内部，而又与东晋朝野的反征服斗争交结起来，所以苻坚虽以百万之众南下，最后仍然是一败涂地。

后凉是苻坚将氐人吕光建立的。前秦建元十九年（383），坚遣吕光伐西域，行经流沙三百余里，焉耆等国皆降。次年，攻龟兹国，国王帛纯引狯胡、温宿、尉头诸国兵来救，吕光破之，西域王侯降者三十余国。及苻坚败亡，吕光引兵东还，于晋太元十年（385）占领凉州，后自称三河王，定都姑臧。后凉的疆域，南逾河湟，东至陇西，西霸西域，北至居延，大致与前凉张氏的疆域相同。后凉自占领凉州，二传至隆，于晋元兴二年（403）被姚兴所灭，共十九年。

按凉州有氐，其源甚早。《汉书·地理志》记：张掖郡有氐池县（今甘肃民乐），武威郡有鸾鸟县（今甘肃武威南），两县相距不远，很容易使我们想起《周书·王会解》所云"氐、羌以鸾鸟献"的故事。《通鉴》卷104"晋太元元年"条云："初，秦人既克凉州，议讨西障氐、羌[①]，秦王坚曰：'彼种落杂居，不相统一，不能为中国大患，宜先抚谕，征其租税，若不从命，然后讨之。'乃使殿中将军张旬前后宣慰，庭中将军魏曷飞帅骑二万七千随之。曷飞忿其险不服，纵兵击之，大掠而归。坚怒其违命，鞭之二百，斩前锋督护储安以谢氐、羌。氐、羌大悦，降附贡献者八万三千余落。"西障之氐，除汉武帝时曾迁武都氐一部分于酒泉郡禄福县（今甘肃酒泉）外，它无所闻。看来凉州西部很早就有氐人居住其间了。苻坚在建元十六年（380）分徙关中之氐三千户于河州的枹罕，于是金城以南始有氐族，称为"枹罕诸氐"。至后凉建立，吕光所率领的氐人又集中于姑臧。上述凉州氐族分布与后凉国土有关，故附述于此。

四、仇池氐杨氏所建的几个地方政权

前文已叙述，陇、蜀之间的西汉水和白龙江流域，自古就是氐族分布的中心所在。在东汉和魏晋之世，又有不少的羌族、汉族移殖其间。那里山川险要，土地肥沃，物产丰富，略可自给。所以，每当中原国势衰弱或政权分裂之际，氐族酋豪杨氏便统率着氐、羌和一部分汉人脱离中原统治，前后建立过不少的地方政权。这些政权计有：

（一）前仇池国（296—371）；

（二）后仇池国（386—443）；

（三）武都国（447—477）；

（四）武兴国（478—553）；

[①] 胡三省注云："西障，西边也。"

（五）阴平国（477—580）。

前仇池国是氐酋杨茂搜在晋惠帝元康六年（296）建立的。茂搜初随养父杨飞龙（茂搜原姓令狐，是飞龙的外甥）侨居略阳，时值关中氐帅齐万年起义，遂率领所部四千家还百顷仇池，群氐推以为主，保有武都、阴平二郡。建兴元年（313），其子难敌攻陷梁州（治今陕西汉中）。永和五年（349），杨初又攻陷西城（今陕西安康西），其疆域遂兼有西汉水上游流域。至咸安元年（371），前仇池国被苻坚所灭，仇池氐人被移入关中。

后仇池国是杨定在晋太元十一年（386）建立的。定初事苻坚，坚死，定奔还陇右，徙治历城（今甘肃成县北），西南距仇池一百二十里，招集氐、汉百姓至千余家，自号仇池公，称藩于晋，并求晋割天水之西县（今甘肃秦安西南）与武都之上禄县（今甘肃成县西南）为仇池郡。晋太元十五年（390）又北略前秦之天水、略阳、陇城（今甘肃秦安东北）、冀城（今甘肃天水西）而有之，自称为陇西王。十九年（394），杨定与前秦苻登合兵攻陇西鲜卑乞伏乾归，败死，陇西之地遂皆没入西秦。定从弟盛嗣位，保武都、阴平二郡之地。继以郡县不足以强国，于是"分诸四山氐、羌为二十部护军，各为镇戍，不置郡县"①。这种以护军代替郡县的制度可能是仿效前秦的郡内设护军②，也可能是仿效夏国的置镇统军，以军统户③。总之，这是一种混合军民而便于战斗的办法，对于仇池国的强盛有很大关系的。义熙初，杨盛因晋内乱，占据汉中。十二年（416），攻陷后秦之祁山。宋元嘉二年（425），盛卒，子玄嗣。四年（427），略取西秦之赤水（今甘肃岷县东北），于是赤水以东的宕昌（今甘肃宕昌西南）、漒川（今甘肃甘南藏族自治州）等地尽为所有。六年（429），难当嗣位。九年（432）难当以侄保宗为镇南将军，镇宕昌；以次子顺为秦州刺史，守上邽。十八年（441），又出兵攻宋益州之葭萌（今四川广元东南）与涪城（今四川绵阳东北）。盛、玄二代虽凭着武力攻下许多地方，但因树敌过多，南边被刘宋攻击，北边被北魏

---

① 《宋书》卷98《氐胡传》。
② 前秦时，冯翊郡内设抚夷、土门、铜官、宜君四护军，北地郡内设三原护军。此外，后秦、前凉、西凉、北凉、后凉、南凉都行过护军制度。
③ 洪亮吉《十六国疆域志》卷16《夏国》统万、代来、三交、契吴四城下云："案朔方、云中、上郡、五原等郡，自汉末至东晋，久已荒废，赫连氏虽据其地，……类皆不置郡县，惟以城为主，战胜克敌，则徙其降虏，筑城以处之。"

征伐，终于在元嘉二十年（443）正月被北魏所灭。

武都国是继续后仇池国而建立的。当时，北魏与刘宋在东路淮、汉和西路陇右各地争战，而仇池国的氐民和一些将领又不服拓跋魏的统治，拥立杨氏后裔文德为主，又建立了一个武都国。此国的政治中心初在白崖（今陕西勉县西北），与当时刘宋保有汉中有关。元嘉二十三年（446），金城豪族边固与天水大姓梁会据上邽东城叛魏，与杨文德合，故文德向西进兵，于二十四年（447）占据葭芦（今甘肃武都东南），招徕氐、羌，武都等五郡的氐民皆叛魏以降。二十七年（450），宋伐北魏，起文德为辅国将军，由汉中西向进兵，威胁汧、陇。就是这一次出师，使阴平和平武（今四川平武东北）的土地归入武都国疆界之内，唯啖提（在今甘肃文县境）氐除外。二十九年（452），宋遣萧道成等从汉中进攻北魏所占领的仇池，下武兴（今陕西略阳）、兰皋（在武兴西北，距仇池二百里）二戍，并未攻下仇池，便率兵东返。文德死后，武都国的政权即告分裂。前述的保宗之子元和为武都王，治白水（今四川广元西北），投降了北魏。文德之弟僧嗣亦称武都王，治葭芦，受刘宋的封号。元徽元年（473），僧嗣死，其从弟文度自立为武兴王[①]，仍治葭芦。以弟文弘为白水太守，屯居武兴。初附于魏，旋又通使于宋，宋封之为武都王。昇明元年（477），陷北魏之仇池，但不久文度即被魏军所杀，文弘降魏，武都国遂亡。

武兴国的建立始于杨文弘昇明二年（478）之移治武兴。当时北魏已经占领武都，于其地置梁州。武兴国在武都的东南一隅，只有武兴、葭芦、白水等地，疆土很小。武兴国的南边，从沮水（今陕西略阳南）经关城（亦在略阳南）至白马戍（今陕西阳平关）一带称为沮水氐。西北泥功山（在略阳西北一百五十里）一带亦有氐族部落。他们的首领都姓杨，但各自为落，不相合作。宋末齐初，武兴国本来是归附南朝的。齐永明五年（487），武兴国王杨集始叛齐归魏。建武二年（495），又与北魏合兵攻齐的汉中。当时泥功山氐帅杨灵珍和沮水氐帅杨馥之都帮助齐兵，围攻杨集始，拒绝魏军南下。梁天监四年（505），北魏攻下汉中，杨氏兄弟恐北魏灭武兴，始立集始子绍先为帝，反抗魏军。次年，魏遣傅竖眼攻下武兴，擒送杨绍先于洛阳，改武

---

① 《魏书》卷101《氐传》。

兴城为武兴镇，武兴国遂第一次灭亡。

自梁天监十四年（515）以后，南秦州、东益州的氐、羌人民不断起义，反抗北魏的暴政。中大通元年（529），东益州氐众叛魏，驱逐刺史唐永生。不久，原来被魏军擒送到洛阳的杨绍先，乘机逃回武兴，复自立为王。绍先死（535）后，国分为二：一子智慧以四千户归于梁；一子辟邪归北魏。梁承圣二年（553），杨辟邪叛魏，魏遣叱罗协及赵昶率南岐、南秦二州兵讨之，辟邪被擒杀，武兴国遂第二次灭亡。

阴平国是由杨难当的族弟杨广香建立的。宋昇明元年（477），魏出兵征葭芦杨文度，杨广香自魏归来，与魏合兵攻杀文度，魏以杨广香为阴平公、葭芦戍主。这是阴平国建立之始。齐建元元年（479）七月，齐以杨广香为沙州刺史。三年（481），杨广香卒，其众半奔武兴国，半奔齐梁州刺史崔慧景。子杨炅嗣位，齐仍以为沙州刺史。按阴平国的本土在阴平郡。《晋书·地理志》阴平郡有两县：一曰阴平，即今甘肃文县；一曰平广，即今四川平武及江油石门山以北之地。沙州，汉为白水县，唐为利州，治平兴，在今四川广元县西北之白水街。① 阴平国初治阴平县，及为沙州刺史，即移治沙州之平兴。② 从上述诸地，大致可以看出阴平国立国之初的疆域了。梁代初年，阴平国的百姓已经发展到数万户。大宝元年（550），黎州（即唐代的利州，故治在今四川广元）民驱逐了梁刺史张贲，迎阴平王杨法琛南下，占据黎州。这是阴平国的最大疆域。承圣二年（553），杨法琛通于西魏，随魏大将尉迟迥伐蜀。蜀平，法琛返国，与同族氐帅相内讧，持久不下。时西魏以赵昶督成（治今甘肃成县西）、武（即汉武都郡地）、沙三州诸军事，兼成州刺史，使相和解，更分其部落处各州郡中，于是阴平国的实力日益削弱。至陈太建十二年（580）八月，周益州总管王谦起兵于蜀，反对杨坚。法琛子永安鼓动利、兴（故治今陕西略阳）、武、文（故治今甘肃文县西南）、沙、龙（故治在今四川平武东南）六州氐、羌、汉民以应王谦。十一月，杨坚遣达奚长儒率兵伐之，沙州遂平，阴平国亡。③

---

① 参考《通鉴》卷164"梁大宝二年二月"条胡注；《元和郡县志》卷22"利州景谷县"条。
② 《通鉴》卷164"梁大宝二年正月"条云："平兴者，杨法琛所治也。"但治平兴不始于法琛，疑自广香为沙州刺史时，即移治于此。
③ 参考韩定山：《阴平国考》，1941年铅印本，存甘肃省图书馆。

自东汉建安末，杨驹居仇池开国至杨永安亡国，其间凡五国，三十三主，约三百八十余年。前仇池国，自茂搜开国至纂灭于前秦，凡八主，七十五年，世居仇池。后仇池国，自定开国至保宗灭于魏，凡五主，五十九年，亦世居仇池。武都国，自文德开国至文度再灭于魏，凡三主，三十年，世居葭芦。武兴国，自文弘开国至绍先三灭于魏，凡二主，五十七年；后绍先复国，至辟邪又灭于西魏，凡二主，二十四年，前后皆世居武兴。阴平国，自广香开国至永安灭于北周，凡八主，一百零二年，初居阴平，继居平兴。①

五、秦、南秦、东益、南岐、东秦、沙诸州的氐、羌等族人民起义

当南北朝对立之际，统治阶级把陇蜀之间的氐、羌居地划分为许许多多的州郡。他们的目的，一方面是南北对抗，各立州郡以争地盘；另一方面是把原来武都郡的白马氐分入许多州郡，便于设官置戍，分而治之。

秦州是三国魏时增置的，治上邽（今甘肃天水，北魏时改称上封）。这里除汉人外，多为氐、羌，亦有一少部分属于匈奴的屠各人。他们都参加了北魏时的多次秦州起义。秦州以南，汉晋时为武都郡，十六国前秦时改为南秦州，治骆谷（今甘肃成县西仇池山上）。北魏太平真君四年（443），攻下仇池，于此置仇池镇。到魏孝文帝时，以杨文弘为南秦州刺史，但仇池仍为北魏镇将所有。时梁州的汉中属南朝，南朝欲北并秦州，故于汉中兼治秦州，以武都为北秦州；北魏欲南并梁、益二州，也于仇池置梁州，于武兴置南梁州。至正始二年（505），北魏占领汉中，后来又灭武兴国，从此时起，始正式改仇池镇为南秦州，治骆谷；改武兴国为东益州，治武兴，而把梁州治移至汉中。在此之前的延兴四年（474），北魏于武都的西境置南岐州，治河池（今甘肃徽县西北）。这些地区以氐人为主，汉民也有不少移居其间。武兴国亡后，氐、汉人民的起义多在此区。又自汉之置武都郡，至北魏之置

---

① 参考张维：《仇池国志》，1948年甘肃银行铅印本。

南秦州，阴平皆为州郡之一部分，未曾独立。至北魏太和元年（477），杨广香合魏兵攻杀杨文度，称阴平公，此为阴平脱离武都之始。阴平国的疆域，前已言之，不限于武都之南的古阴平（在今甘肃文县西南），并兼阴平以南的沙州和黎州等地。又晋永嘉二年（308），秦、雍大乱，阴平郡内的氐、羌属于仇池杨氏，而晋人（汉人）则南移于蜀汉，建立南阴平郡，属益州。刘宋立国以后，晋人流寓于蜀者，于益州立南北二阴平郡；流寓于汉中者，于梁州也立南北二阴平郡。① 益州的北阴平郡故治阴平，在今四川剑阁西北，南阴平郡治苌阳，在今四川德阳西北。但此二阴平郡皆在古阴平郡之南，故史书也往往称之为"南阴平"。② 以上各地与阴平国末期氐人的起义有关，故附述于此。

自西晋以后，秦州的天水、略阳、武都、阴平四郡和梁州的梓潼等郡都是氐、羌和其他各族的杂居错处地区。其中天水、略阳二郡，居民以汉族为多，但亦有不少的氐、羌、休官、屠各以及其他杂胡（如白马龙涸胡），杂居其间。武都、阴平二郡，居民以氐族为主，其次也有许多的汉人和羌人。梓潼郡以汉族、蜀傁、氐族为多，但也杂居了从南方移来的阳阵蛮等。③ 因为如此，所以上述各地的部族起义不是以一地一族为单位，而是几个地区的许多部族相互联合起来举行的。各族人民斗争的对象主要是北魏、西魏、北周的统治阶级。有的时候，氐族人民往往和氐族的上层，即所谓"氐帅"、"氐豪"联合起来。所以，这些斗争主要是阶级斗争，但有时也带有民族斗争的性质。但是各种事实说明，氐族上层的复国活动和被压迫的氐族人民的起义仍然是有明显区别的。所以，我们在叙述氐族上层建立政权的历史之外，再叙述以氐、羌等各族人民反抗统治阶级压迫和剥削的阶级斗争的历史。

魏始光三年（426），北魏占领长安，秦州的氐、羌纷纷降魏。《魏书·世祖纪上》云：始光三年，"十有二月，诏（奚）斤西据长安。秦、雍氐、羌

---

① 此说见《读史方舆纪要》卷73"四川龙安府阴平城"条。东晋隆安中益州有南阴平。义熙中有侨立阴平、绵竹二县记载，与《读史方舆纪要》相合。
② 参考《通鉴》卷164"梁大宝二年正月"条胡注；《读史方舆纪要》卷67"汉州德阳县苌阳城"条。
③ 庾信《豆卢神道碑》记："武成元年都督利、沙、汶三州诸军事，利州刺史。五年，兵破文州阳阵蛮。"（见《庾子山集》卷14）

皆叛（赫连）昌，诣斤降。武都氐王杨玄……遣使内附"。但过了不久，秦、雍的氐、羌开始分化：武都氐王杨玄及其子弟或降于刘宋，或降于北魏；而氐、羌及其他各族人民则开始反对北魏征服他们以后所行的各种暴政。

北魏太平真君元年（440），上邽（因犯拓跋珪讳，改称上封）的休官族人吕丰和屠各族人王飞廉等八千多家据险反魏，结果被魏将吕罗汉镇压下去。① 四年（443）魏破仇池，氐族人民和王侯贵族联合反魏，占据白崖和葭芦的武都王杨文德，就是在氐民的反魏基础上建立的政权。六年（445），雍州渭河以北爆发了以卢水胡盖吴为首的各族人民的反魏斗争。② 接着在次年四月，秦州天水的上邽、略阳的松多川（今甘肃秦安东）、武都的仇池以及雍州的安定郡都爆发了起义，反抗北魏的暴政。其中规模最大的是天水郡上邽的汉、氐、羌、休官、屠各各族人民的联合起义。关于这次起义，《魏书·封敕文传》记载最详。封敕文是魏的秦、益二州刺史，坐镇上邽，正是起义军进攻的主要目标。虽然传文意在渲染封的武功，但同时表述了起义军声势的浩大。传云：

> 金城边冏③、天水梁会谋反，扇动秦、益二州杂人万余户，据上邽东城④，攻逼西城。敕文先已设备，杀贼百余人，被伤者众，贼乃引退。冏、会复率众四千攻城。氐、羌一万屯于南岭，休官、屠各及诸杂户二万余人屯于北岭，为冏等形援。敕文遣二将领骑二百设备门内，别令骑出击之。既而伪退，冏率众腾逐，敕文轻骑横冲，大破之，斩冏。而北岭之贼，从高射敕文军人，飞矢如雨，梁会得奔北岭，骑乃引还。复推会为主。敕文分兵二百人突入南城，烧其门楼，贼见火起，众皆惊乱。又遣步卒攻门，克之，便率骑士驰入，贼余众开门出走，奔入东城，乘背追击，杀千余人。安丰公闾根率军助敕文。……先是，敕文掘重堑于东城之外，断贼走路。夜中，会乃车陈飞梯，腾堑而走。敕文

---

① 《魏书》卷51《吕罗汉传》。
② 《魏书》卷4《世祖纪下》；马长寿：《北狄与匈奴》，生活·读书·新知三联书店1962年版，第131页。
③ 《通鉴》"边冏"作"边固"，但《魏书·世祖纪》及《封敕文传》均作"边冏"，当从《魏书》。
④ 《北史》卷37《封敕文传》，"东城"下有"南城"二字。这与下文"突入南城"可通，应从。

先严兵于堑外拒斗，从夜至旦。……敕文纵骑蹑之，死者太半，俘获四千五百余口。

从上文所述，边冏、梁会拥有秦、益二州汉、氐、羌、匈奴等万余户，南岭屯氐、羌兵一万，北岭有休官、屠各等二万多人，冏、会率兵四千人攻下了上邽城的全部。边冏虽在战斗中阵亡，但梁会仍据州城。后以南城一战失利，退保东城，声势仍然浩大。最后因魏之援军增多，始以飞梯驾堑，才弃东城而走。据《魏书·世祖纪》的记载，梁会失败后，南走汉中。

与上邽起义的同时，武都仇池城民李洪也聚众起兵，制作玉玺，自称为王。仇池李洪的称王，显然与屈居于葭芦一隅而不能返回仇池的氐王杨文德是有矛盾的。当时正值魏兵反攻上邽之时，梁会遣人招引杨氏，夹攻魏军。杨氏借口一郡不能有两王，劝梁会必杀李洪，始肯出兵。结果李洪被杀，仇池与上邽的义军同时皆告失败。

上邽的东北为略阳郡（治安戎，今甘肃秦安东北）。略阳屠各族人王元达响应上邽起义，也在松多川聚众起兵，围攻郡城。略阳、天水二郡之间居住有许多休官、屠各人，此时来与王元达联合在一起，共三千余人。他们推举天水的休官人王官兴为秦地王，共同反魏。但在上邽梁会失败以后，这支起义军也被魏秦州刺史封敕文和魏将莫真镇压下去了。

秦州东北的泾州安定郡（故治安定，在今甘肃泾川北），也有一支起义军与上邽的梁会有密切的联系。这支起义军的首领叫路那罗，按其姓氏与十六国初期的路松多相同，应当也是屠各人。《魏书·封敕文传》引敕文上表云："安定逆贼帅路那罗遣使赍书与逆帅梁会，会以那罗书射于城中，那罗称纂集众旅，克期助会。"路那罗与卢水胡盖吴为同党，天水上邽的起义和雍州盖吴的起义显然是在互通消息、相互支援的。这支义军不幸亦于太平真君七年（446）八月以魏高凉王那"生擒屠各路那罗于安定"而告终。①

5世纪中叶，秦州的起义虽然失败了，但不久以后，秦、南秦、东益以及雍州的氐、羌、屠各等族的小规模起义仍然接二连三在各地发生。北魏兴安元年（452）十一月，陇西屠各人王景文率众反魏。和平三年（462）六

---

① 《魏书》卷4《世祖纪》。

月,雍州扶风氐人仇傉檀等率众反魏。① 这两次起义发生不久,都被武力镇压下去了。雍州氐民反魏的原因,是由于北魏统治阶级在陇东汧城(今陕西陇县南)东南筑长蚛镇(今甘肃千阳西南),准备在那里长期驻兵,镇压人民。附近的氐豪仇傉檀等聚众反对筑城,氐族人民皆纷纷响应,势力很大。统治阶级屠杀了四千余人,始告平息。② 延兴四年(474)初③,泾州民张羌郎起义于陇东,联合远近,共千余人。南秦州仇池氐人蚕廉、苻祁等亦相继起义。《魏书·吕罗汉传》称:魏兵擒张羌郎后,"仇池氐、羌叛逆遂甚,所在蜂起,道路断绝"。大致陇东和仇池的义军是相互联系的。魏孝文帝调动略阳公伏阿奴和南秦州、东益州刺史吕罗汉两支官兵,才把义军镇压下去。太和元年(477)正月,秦州又发生了以略阳人王元寿为首的五千多家的起义。众推王元寿为冲天王,声势浩大,统治阶级费了很大的兵力才把义军攻灭。王元寿为什么反魏呢?原来秦州刺史于洛侯是当时著名的酷吏,刑罚残酷,视人命如草芥。百姓每有小过,必断腕拔舌、肢解四肢以为快,全州人民愤怒异常。州民王元寿因众心之怨,一时俱反。魏孝文帝看到民愤难平,派使者在秦州的刑场,宣告民众,把于洛侯斩掉。④ 关于于洛侯的残暴和王元寿的起义,《魏书·酷吏传》有详细的记载,云:

> 于洛侯,代人也。以劳旧为秦州刺史,而贪酷安忍。州人富炽夺民吕胜胫缠一具,洛侯辄鞭富炽一百,截其右腕。百姓王陇客刺杀民王羌奴、王愈二人,依律罪死而已,洛侯生拔陇客舌,刺其本,并刺胸腹二十余疮。陇客不堪苦痛,随刀战动。乃立四柱磔其手足,命将绝,始斩其首,支解四体,分悬道路。见之者无不伤楚,阖州惊震,人怀怨愤。百姓王元寿等一时反叛。有司纠劾。高祖诏使者于州刑人处宣告兵民,然后斩洛侯以谢百姓。

---

① 《魏书》卷 30《陆真传》。
② 同上。
③ 泾州张羌郎和仇池蚕廉等的起兵事,《魏书》帝纪不载,只见《吕罗汉传》。按《魏书》卷 7《高祖纪》记:长孙观平仇池氐反,在延兴三年十月,此役吕罗汉、长孙观出兵,孝文帝并下诏褒扬之。如此则泾州张羌郎与仇池蚕廉反魏事,应在延兴四年初。
④ 《魏书》卷 7 上《高祖纪上》;《通鉴》卷 135 "齐建元元年四月"条。

从上列事实可知王元寿的起义是正义的，代表民心的。但北魏统治阶级处理办法是先派兵征讨，破获元寿及其妻子，送京师治罪，最后为平民愤始杀于洛侯于秦州。

北魏统治阶级以落后部族入主中华，其统治各族人民的办法是专尚武力，而且刑罚残酷。加以在太和八年（484）以前，文武官员本无俸禄，故所在贪暴，民不堪受，皆视之如虎狼。这种情况，不只秦州如此，全国皆然。秦州发生了于洛侯事件之后，到太和八年又发生贵戚南秦、东益二州刺史李洪之的严重贪污和重税剥削少数民族部落的事件。关于李洪之的暴政和贪污情况，《魏书·酷吏传》也有记载，云：

> 李洪之，本名文通，恒农人。……以外戚为河内太守，……后为使持节，安南将军，秦、益二州刺史。至治，设禁奸之制，有带刃行者，罪与劫同，轻重品格，各有条章。于是大飨州中豪杰长老，示之法制。乃夜密遣骑分部覆诸要路，有犯禁者，辄捉送州，宣告斩决。其中枉见杀害者百数。
> 赤葩渴郎羌深居山谷，虽相羁縻，王人罕到。洪之芟山为道，广十余步，示以军行之势，乃兴军临其境。山人惊骇。洪之将数十骑至其里闾，抚其妻子，问所疾苦，因资遗之。众羌喜悦，求编课调，所入十倍于常。洪之善御戎夷，颇有威惠，而刻害之声闻于朝野。……
> 洪之素非廉清，每多受纳。时高祖始建禄制，法禁严峻，司察所闻，无不穷纠。遂锁洪之赴京。高祖临太华，庭集群官，有司奏洪之受赃狼藉，又以酷暴。高祖亲临数之，以其大臣，听在家自裁。

传中所述的秦、益二州即指南秦州和东益州而言。首段述李洪之的残酷。带刃而行是一般少数部民的习惯，除防卫外，有时以刃披荆斩棘，为生产的工具；有时以刃为屠宰牲畜或分割食物的用具。而酷吏以带刃行者与劫掠同罪，无怪枉见杀害的边民数以百计了。赤葩渴郎羌大约是在赤葩渴郎山中的羌族。从前官府对于此族，既言"王人罕到"，大致很少有赋税之征。李洪之到任，施以小惠，征以重课杂调，官府收入遂十倍于常。"素非廉清"的李洪之，既多受赃贿，又重课盘剥少数部族，这必然引起二州氐、羌人民对北魏王朝更深一层的怨恨和反抗。

继秦州刺史于洛侯，南秦、东益二州刺史李洪之以后，北魏所遣的镇将和刺史还有不少都是贪婪横暴的。例如雍城镇将刘藻，在镇压了雍城镇（今陕西凤翔南）的氐豪徐成、杨黑以后，逐步升转为秦州刺史。当时的秦州在于洛侯被杀之后，各族人民"或拒课输，或害长吏，自前守宰，率皆依州遥领，不入郡县"。自刘藻到州后，史称："开示恩信，诛戮豪横，羌、氐惮之。"① 换言之，就是联系各族的上层，镇压人民的反抗，所以羌、氐各族都怕他。这种政策当然要引起人民的反对。南梁州刺史李崇是山东大姓，又是外戚。到州以后，除了驱逐氐王之裔杨灵珍到汉中外，《魏书》本传称崇"性好财货，贩肆聚敛，家资巨万，营求不息"②。可知在南梁州也刮了不少的民脂民膏了。以上是北魏太和年间的两个贪官暴吏。到宣武帝景明四年（503），魏又派到南梁州一个著名的酷吏，即太山巨平人羊祉。祉初为梁州左将军，随同刺史杨椿到仇池镇，镇压氐族的起义，后转为秦、梁二州刺史。《魏书·酷吏传》称此人"天性酷忍，又不清洁（意指贪污）。坐掠人为奴婢，为御史中尉王显所弹免"。又称："所经之处，人号天狗下。及出将临州，并无恩润，兵民患其严虐焉。"《魏书·酷吏传》共计九人，派到秦州、南秦州、东益州的就有三人，而贪酷的程度皆居上最。从此可见，为什么上述三州的氐、羌、汉诸族人民纷纷起义了。

且北魏的贪官酷吏还不止于此，自太和、景明以后，各个王朝和各州郡还有不少压迫和剥削人民的事件，准备在下面结合各地各族人民起义时加以叙述。

南秦、东益二州大抵相同。《魏书·自序》云："初，世宗（诸本作"世祖"误）时平氐，遂于武兴立镇，寻改为东益州。其后镇将、刺史乖失人和，群氐作梗，遂为边患。"同书《氐传》亦云："前后镇将唐法乐，刺史杜纂、邢豹，以威惠失衷，氐豪仇石柱等相率反叛。朝廷以西南为忧。"《魏书》作者魏收之父魏子建曾为东益州刺史，所述自当有据。但上述镇将、刺史如何"乖失人和"已无法考察了。《魏书·良吏传》中有《杜纂传》，称纂

---

① 《魏书》卷 70《刘藻传》。
② 《魏书》卷 66《李崇传》。

于正始前（504年为正始元）为南秦州刺史，正始元年后为东益州刺史。当其为东益州刺史时，"无御边威略，群氐反叛。以失民和征还"。其具体情况已经无法详知了。总之，南秦、东益二州没有一个像样的镇将、刺史，也是氐、羌多次起义的原因之一。

景明四年（503）三月，武都氐人杨会反魏①，至五月始被魏梁州刺史杨椿及左将军羊祉所平，杀氐众数千人。杨会的起兵在氐王后裔杨集始降魏之后，当与贵族之争夺王位无关。这是6世纪初氐民起义的开始。正始二年（505）四月，南秦州仇池的氐民继续反魏；十二月，东益州武兴的氐民跟着反魏。从此，南秦、东益二州氐民的反魏斗争就逐渐展开了。

正始三年（506）正月，当南秦、东益二州尚未十分安定的时候，秦州又爆发了以羌民吕苟儿为首的汉、羌、屠各诸族人民的起义。这次起义最初是由秦州屠各人王法智②领导的，基本群众有两千多人，分封王、公各种官爵。不久，秦州主簿羌人吕苟儿③参加进来，众推吕苟儿为主，建置百官，改元"建明"，率众攻逼州郡。又有泾州屠各人陈瞻④，亦聚众称王，改元"圣明"。从此在北魏西部成立了两个政权。二月，魏宣武帝派右卫将军元丽及梁州刺史杨椿合兵征剿。吕苟儿的实力日益雄厚，拥众十余万，屯居上邽西北的孤山（今甘肃天水西北），列据险要，围逼州城。六月，王法智与元丽交战，失利，法智及义军六千人被杀。元丽进兵水洛（今甘肃庄浪），水洛义军也败。七月，魏行秦州事李韶偷袭孤山，追奔三十里，吕苟儿的家属被擒，五王被斩，义军的主力遂溃。孤山的根据地既失，围攻各城的义军亦渐分散。苟儿不得已，率王公三十余人投降。当时只有泾州的陈瞻凭险拒守，不肯投降。杨椿率兵围攻，乘其不备，衔枚夜袭，乃攻杀陈瞻。⑤元丽是魏宗室济阴王的儿子，以残酷著名。此次他出兵秦州，除杀戮无数的义军

---

① 《魏书》卷8《世宗纪》称为"梁州氐杨会反"。当时武都尚称梁州，至正始初，始改为南秦州。
② 《魏书》卷8《世宗纪》作"王智"；同书卷19《济阴王小新成附丽传》云"王法智"，并言为屠各人。
③ 吕苟儿的族别不见《魏书·元丽传》，同书卷58《杨椿传》谓其为秦州羌，不知何据，兹从之。按吕氏似为氐族大姓。
④ 《魏书·杨椿传》谓陈瞻为屠各人。
⑤ 《魏书》卷58《杨椿传》。

外，又"枉掠良善七百余人"①，更增加了两州人民对统治阶级的愤恨。永平二年（509）正月，泾州沙门刘慧汪聚众反魏。三年二月，秦州沙门刘光秀谋反；同月，秦州陇西羌杀镇将赵俊，起兵反魏。②这些反魏斗争应是正始三年秦、泾州反魏斗争的余波。

在景明、正始间，南秦、东益二州已经开始了以氐、羌为主的反魏起义。此后近十年没有消息，大约是因秦、泾二州起义，西南消息无法传到洛阳的缘故。从延昌四年（515）起，南秦、东益二州人民起义的事件又相继发生。四年四月，东益州南部的沮水氐起义，围攻武兴城。北魏遣梁州和南秦州二刺史合兵往讨，时经一月，武兴之围始解。这是6世纪以来，东益州氐民的第二次反魏。神龟元年（518）二月，东益州氐民第三次反魏。三月，南秦州氐民反魏。这是6世纪以来南秦州氐民的第三次反魏。正光二年（521）正月，南秦州氐民第四次反魏。十一月，东益、南秦二州的氐众全部起义。这是东益州氐民的第四次和南秦州氐民的第五次反魏。二州氐民反魏的原因，前面已经叙述，是由于二州的镇将、刺史贪暴无状，大失民心，且二州与北边的秦州密迩相连，秦州各族人民的反魏斗争也给二州氐民树立了榜样。所以，自延昌以来接二连三发生了多次的起义。到正光二年十一月，二州氐民的起义已经发展到高峰了，魏孝明帝始派秦州刺史河间王元琛出兵南征。关于元琛在秦州的政绩和征剿南秦、东益的结果，《魏书·河间王琛传》叙述得很清楚，云：

> （元琛）在（秦）州聚敛，百姓吁嗟。……琛性贪暴，既总军省，求欲无厌，百姓患害，有甚狼虎。进讨氐、羌，大被摧破，士卒死者千数，率众走还。

魏军这次南征又失败了。当时北魏占据汉中、巴西不久，战事仍在阴平以南一带进行，所以东益、南秦的戍兵很多，粮食不够供给。魏遣刺史张普惠运粮数十万石，至南秦州境，为氐豪吴富等邀截，故原拟运往东益州的

---

① 《魏书》卷19上《济阴王小新成附丽传》。
② 均见《魏书》卷8《世宗纪》。

十万石粮"皆稽留费尽,升斗不至,镇戍兵武,遂致饥虚"①。可知二州氐民起义与北魏久不能攻下益州有很大的关系。

正光五年(524)六月,南秦、东益二州的氐民起义尚未平息,而秦州又爆发了以羌民莫折大提为首的汉、羌人民联合起义,很快就同南秦州的汉、氐人民起义取得联系。这次各族联合的大起义前后持续了三年又六个多月,义军势力曾经波及了整个关陇地区,沉重打击了北魏的统治。现在综合各种记载叙述如次:

自从河间王元琛为秦州刺史,南征失败,退出秦州以后,陇西汉族大姓李彦继任秦州刺史。李彦的作风比元琛更坏,一面贪污,一面政刑残虐,所以秦州各族人民怨声载道,咸思报复。正光五年六月,州治上邽城居民薛珍、刘庆、杜超②等,看到四方民心离叛,遂潜结地方汉、羌、氐各族人民,谋行暴动。六月,他们指挥党人突入州门,擒缚刺史李彦,囚置西府。众人推莫折大提为帅,审判李彦,杀之,并推大提为秦王。③在此之前,南秦州的氐豪杨松柏、洛德兄弟已经多次起兵,反对北魏的暴政。正光年间(520—524)博陵汉族大姓崔游为南秦州刺史,到任后,表面同情杨氏兄弟的处境,委以官秩,啖以小利,买通他们转告氐众,不要造反。杨氏兄弟以为从前起兵皆过在官府,不复自疑。崔游宴请杨氏,就在宴会上把兄弟二人杀掉。州内汉、氐人民看到刺史反复无信,全境皆反。洛谷城民张长命、韩祖香、孙掩④等召城内外汉、氐,即时入城把刺史崔游和他的家属杀掉,据城起义。⑤南秦州的暴动只迟秦州暴动几天,二州暴动的目的相同,而领导暴动的首领都是当地的汉、氐、羌人民,所以史书记载二州城的反魏是相联系、相呼应的。

南秦州既下,莫折大提跟着就出兵北袭高平镇(今甘肃固原),杀了北魏镇将和行台。不久,大提死,其四子念生继立。念生改称天子,改年号为"天建",并置百官,以子阿胡为太子,兄阿倪为西河王,弟天生为高阳王,

---

① 《魏书》卷78《张普惠传》。
② 《魏书》卷59《萧宝夤传》中作"杜迁",兹从同书卷39《李宝附彦传》。
③ 《魏书》卷39《李宝附彦传》。
④ 以三人姓氏言,皆当为汉人。孙掩,《魏书》卷57《崔挺附游传》作"孙僚"。同书卷9《肃宗纪》及《通鉴》皆作"孙掩"。此从《肃宗纪》。
⑤ 《魏书》卷57《崔挺附游传》。

伯珍为东郡王，安保为平阳王。①七月，莫折念生遣都督杨伯年、樊元、张朗等攻仇鸠（今甘肃徽县西）、河池二戍。八月，遣都督窦双攻盘头郡（今陕西略阳西）。又遣莫折天生出陇东，攻陷东秦州的州治汧城（陕西陇县南），魏都督元志退保岐州（治雍城镇，在今陕西凤翔南）。十一月，天生攻下岐州，俘斩元志及岐州刺史裴芳之。同月，又遣卜胡攻下泾州（治临泾，在今甘肃镇原东南）。十二月，莫折念生攻打凉州，城民赵天安执其刺史宋颖以降。仅半年多内，各族起义军建立的秦国很快就占据了秦州、东秦州、岐州、泾州、凉州以及南秦州的大半。由此可证，六州的氐、羌和汉族人民都是拥护这一新政权的。

孝昌元年（525）正月，莫折天生率军继续攻打雍州，屯兵于黑水西岸（今陕西周至西南）。魏廷恐惧，以萧宝夤为西道行台、崔延伯为西道都督，二人结垒于马嵬（今陕西兴平西），以抵抗天生。崔延伯率兵数千南渡渭水，又西渡黑水与义军相接。时义军人数十倍于官军，本来是可以取胜的。但以前锋将领轻敌，为官军所乘，故损折人马至十余万。天生既败，退守小陇山（今甘肃清水境），于是自陈仓（今陕西宝鸡东）以西的东秦、岐、泾三州之地得而复失。②此年，义军又两次进攻仇池郡：一次在三月，由都督杨鲜、梁下辩、姜齐合兵围攻仇池，下辩、姜齐不幸阵亡。③杨鲜和姜齐都是氐人。一次在八月，由都督杜黑儿和杜光攻打仇池，杜光也不幸阵亡。同年十月，义军曾一度围攻河州（治枹罕，今甘肃临夏东北），亦以吐谷浑出兵营救，并攻打凉州，故河、凉二州又入于魏。总之，在孝昌元年内义军的进展是不利的。

更重要的是在孝昌二年（526），义军内部出现了叛徒吕伯度兄弟。吕伯度，天水人，按其姓氏可能也是氐族。最初，他们参加了秦州的反魏起义，不久便同起义联军对抗，聚众于显亲（今甘肃秦安西北），对莫折念生展开战争。战败，他们投降了高平镇敕勒人的起义首领胡琛。琛资以兵马，反攻秦州。先败联军将领杜粲于成纪（今甘肃通渭东北），又破联军金城王莫折普贤于水洛城，遂重至显亲。莫折念生身自拒战，击败伯度。伯度旋又背胡

---

① 《魏书》卷59《萧宝夤传》。
② 《魏书》卷9《肃宗纪》；同书卷73《崔延伯传》。
③ 《魏书》卷9《肃宗纪》。

琛，袭击琛的将军刘拔，并遣其侄忻和东引魏军共击联军。莫折念生三面受敌，逼于形势，乃诈降于魏西道行台萧宝夤。北魏嘉奖吕伯度背叛义军之功，授以抚军将军、泾州刺史、平秦郡公，食邑三千户。不久，念生又起兵反魏，而吕伯度则终为万俟丑奴所杀，得到了叛徒应有的下场。①吕伯度的叛变，一方面瓦解了联军的战斗力量，助长了魏军的反攻声势，另一方面本来莫折念生和敕勒帅胡琛是相互支援的，而叛徒吕伯度挑拨离间于其中，并导致以胡琛的兵马攻念生的事，遂至相互仇怨，不能合作。后来吕伯度叛胡琛降魏，莫折念生擒萧宝夤的行台左丞崔士和以送胡琛，万俟丑奴杀吕伯度以谢念生，双方始言归于好，合作反魏。可知叛徒吕伯度给义军带来的损失是很大的。

孝昌三年（527）正月，莫折念生又开始反攻北魏。先大败萧宝夤于泾州，东秦州刺史也在汧城（今陕西陇县南）投降了起义军，进兵岐州时，岐州人民也起来响应，接着与万俟丑奴的部将合作，攻下豳州（治定安，今甘肃宁县）、北华州（治杏城，今陕西黄陵南）②和雍州渭河以北各县。关中大震，长安岌岌可危。上年，北魏政府已经预征民间六年的租调，又税人民入市者每人一钱，各地邸店皆征其税。此时关中军粮奇缺，魏廷悬赏输粟入岐、雍二州者，官斗二百斛赏一阶；入二华州者，五百石赏一阶。③至此，军心涣散，无力作战。义军在此年二月乘胜由渭北直捣潼关，威胁北魏的京城洛阳。北魏统治阶级看到这种情况，十分恐慌，一面内外戒严，派兵堵截潼关的义军东下；一面派人分化义军的联盟，希望坐收渔人之利。此年三月，起义军主动由潼关撤退。九月，莫折念生为叛徒常山王杜粲所杀，合门皆尽。粲据秦州，请降于魏西道行台萧宝夤。④同月，南秦州民辛琛自行州事，遣使诣萧宝夤请降。⑤关于起义军内讧的情况，各史皆记载不详。从蛛丝马迹来看，北魏统治者分化起义军内部的事，应是由萧宝夤策动的。《魏书·萧宝夤传》记：宝夤以泾州之败免为庶人，但自义军撤退潼关后，宝夤

---

① 《魏书》卷59《萧宝夤传》。
② 《魏书》卷9《肃宗纪》云："贼帅胡引祖据北华州以应之。贼帅叱干骐麟入据豳州。"（原作比干麒麟，误）此二帅皆属万俟丑奴。
③ 《魏书》卷9《肃宗纪》。
④ 《魏书》卷59《萧宝夤传》。
⑤ 《魏书》卷9《肃宗纪》；《通鉴》卷151"梁大通元年"条。

忽进为都督雍、泾、岐、南邠四州诸军事、西讨大都督。及杜粲杀念生、辛琛行南秦州事，皆请降于宝夤。而念生于九月被杀，十月魏廷复以宝夤为尚书令，还其旧封郡公之爵。从这些事实，大致可以推测叛徒杜粲是受萧宝夤的贿赂而杀死起义军领袖莫折念生的。至此年十二月，杜粲又被秦州民骆超所杀，请降于魏。秦州起义之事至此告一段落。

但氐人的反魏斗争并未停止。永安二年（529）七月，魏以唐永为东益州刺史。唐永到任不久，东益州的氐人和蜀人又联合起义，逼攻武兴城，唐永遂弃城而走。氐、蜀起义军削平城堞，整个东益州皆为氐有，前后随刺史到任的僧侣、官吏皆没于氐中。① 同年，南岐州、南秦州的氐、羌同时反魏，魏军屡次出兵不利，乃以王罴率羽林军五千人往征。王罴是当时著名的杀人屠夫，到任后，对起义人民半诱半杀，结果消灭殆尽。② 永安三年（530）六月，"白马龙涸胡"的胡帅王庆云据秦州略阳郡的水洛城称帝，置署百官。③ 按《华阳国志·大同志》汶山郡有"白马胡"。《周书·武帝纪上》天和元年（566）记："吐谷浑龙涸王莫昌率户内附，以其地置扶州。"扶州治嘉戎县，即今四川西北之松潘。北魏末年的王庆云，疑其祖先原居汶山郡之龙涸一带，后北徙略阳郡，故仍以"白马龙涸胡"为名。此族是氐是羌，抑是鲜卑，俱不易考，但其部民有氐有羌则是无疑的。永安三年（530）四月，高平镇起义首领万俟丑奴被杀，起义军一部分由万俟道洛率领南退略阳，与王庆云合兵，共同抗魏。七月，尔朱天光率官兵围水洛城，庆云、道洛出城拒战，重创不屈。但最后终以寡不敌众，都英勇牺牲了。起义军一万七千人全被官军坑杀，家属被没为奴。

从北魏到西魏、北周，统治阶级对氐族的镇压屠杀政策，不仅没有改变，而且变本加厉更为残酷。这和西魏、北周把大部分政治军事力量集中到关陇地区有很大关系。除镇压屠杀之外，统治阶级又派遣一些悍将酷吏用分化收买的政策，消灭氐、羌人民对政府暴政的反抗。讨服之后，或驱其民以伐蜀；或移其人于关中地区。这些措施在北魏时都是少见的。

---

① 《魏书》卷104《自序》。
② 《周书》卷18《王罴传》；《通鉴》系此事于梁中大通元年十二月，即魏永安二年。
③ 《魏书》卷10《敬宗纪》；同书卷75《尔朱天光传》称王庆云为略阳贼帅，以水洛城属略阳郡之故。略阳郡的旧治在甘肃秦安县东北，附近有水洛镇，当即古代的水洛城。

东西魏分裂的一年（534），魏孝武帝尚未入关，陇西便呈现出一种汉族和少数部族纷纷起兵、割据自雄的局面。《周书·文帝纪》云：此年四月，"时凉州刺史李叔仁为其民所执，举州骚扰。宕昌羌梁企①定引吐谷浑寇金城（今甘肃兰州西）。渭州（故治在今甘肃陇西之南）及南秦州氐、羌连结，所在蜂起。南岐至于瓜（故治在今甘肃敦煌西）、鄯（故治在今青海乐都），跨州据郡者，不可胜数"。宇文泰对付这种局面的办法，就是派遣凶悍善战的北镇将领，坐镇各州，如拔也恶蚝之镇南秦州，赵贵之镇秦州，李弼之镇原州（故治在今宁夏固原），可朱浑元之镇渭州，……这些武人都不懂政治，全凭武力以镇压各部族的起义。

虽然如此，各州各族人民起义仍然不断发生。西魏大统四年（538），南岐州氐民苻安寿聚众反魏，称太白王，攻打武都州城，震动州郡。当时，氐王后裔杨知慧、辟邪等或降于魏，又降于南梁，苻安寿于此时敢独立反魏，是很难得的。宇文泰以侯莫陈顺为大都督，率兵往讨。因氐众屯据险要，军不得进。陈顺乃用反间计分化起义军的头目，用重利诱惑安寿的部属，使他们向官军投降。最后，苻安寿看到大势已去，率领一千家部民投降了西魏。②

大统九年（543），秦州的清水郡（故治在今甘肃清水西北）和东秦州（故治在今陕西陇县）发生了两起以氐酋李鼠仁、梁道显为首的起义。清水氐酋李鼠仁被强征跟随宇文泰出关攻洛阳，邙山战败，鼠仁即还乡里，纠合众氐反魏。西魏屡次出兵，不曾攻克。后赵昶往，诱说，鼠仁始降。东秦州氐酋梁道显亦聚众反魏，攻南由镇（今陕西陇县东南）。赵昶往，诱说，也降。东秦州刺史魏光因徙氐豪四十余人及其部落于华州（故治在今陕西华县）。③

大统十五年（549），安夷郡（疑即陇州）的氐人反魏。赵昶时为安夷郡太守，兼长蚆镇将。初到任时，他向氐民征兵千余人，随军出外打仗。至此，宇文泰以军事迫切，又向氐民征兵，限期科发，遂激起氐众，情急生变。赵昶又以分化的方法，离间氐民的团结，并收其首领二十余人斩掉，氐众始息。于是，西魏调赵昶行南秦州事。这时，氐帅盖闹等相率起兵：闹据

---

① 《周书》卷49《异域上·宕昌传》："企"作"仚（xiān）"。
② 《周书》卷19《侯莫陈顺传》。
③ 《周书》卷33《赵昶传》。

北谷，其党覃洛聚洮中，杨兴德、苻双围平氐城，姜樊哙占武阶，并西结宕昌羌獠甘，共推盖闹为主。赵昶故伎重演，先用分化离间的办法，接着出兵讨伐，盖闹等遂告失败。同年，兴州（今陕西略阳）的氐众又反，攻逼南岐州（今陕西凤县西北）。兴州刺史叱罗协与赵昶合兵夹攻，始把兴州氐众镇压下去。①

氐族最南的一个集中分布区在阴平郡至沙州（治今四川广元西北）一带。西魏伐蜀，发动氐帅杨法琛率其氐众参加伐蜀的战争。后来诸氐帅发生内讧，相互攻击。时赵昶督成、武（西魏改武都曰武州，即今甘肃武都）、沙三州诸军事，遂分其部落于各州郡，氐众之势大为削弱。

西魏恭帝三年（556），武兴氐民反魏，进图利州（今四川广元）和凤州（今陕西凤县东北）。同时，固道（今陕西凤县东北）氐魏天王等亦聚众响应。这次反魏起义的势力显然是十分壮大的。但不久又被野蛮的西魏大将军豆卢宁镇压下去。②

北周闵帝元年（557），沙州氐民反周。时赵刚为利州总管，督利、沙、方（今四川苍溪东北）、渠（今四川渠县）四州诸军事，出兵征剿。方州少数民族自此始从赋役。③同年秋，明帝初立，凤州氐民仇周贡、魏兴等反，自号周公，拥众八千人，破广化郡（今甘肃徽县西北），攻没诸县。并分兵西入武州，围广业、修城二郡（分别在今甘肃成县西北与东南）。二郡太守不敌，请赵昶来援。大战数次，周军只追至泥阳川（今甘肃成县东五十里）而还。武成年间（559—560），兴州氐人段吒与修城郡（今甘肃成县东南）下辨、柏树二县的氐民联合起义，破兰皋戍（今甘肃成县南）。同时，沮水氐酋姜多又率厨中氐、蜀二族攻陷落丛郡（属兴州，兴州故治在今陕西略阳），与上述兴州起义相呼应。后来兴州起义的首领虽被赵昶镇压了，文州（治今甘肃文县西南）阴平、芦北（今甘肃文县西）二郡的氐民又屯聚起来，与厨中氐南北呼应，共同抗周。这次氐民起义虽然都被官兵镇压下去④，但起义的范围，西自嘉陵江流域，南至涪水以北，各州郡氐民无不参加在内。从

---

① 《周书》卷49《异域上·氐传》。
② 《周书》卷19《豆卢宁传》。
③ 《周书》卷33《赵刚传》。
④ 《周书》卷33《赵昶传》；同书卷49《异域上·氐传》。

此说明自西魏以来，北镇将领坐镇各州郡，以武力镇压氐民是没有什么效果的。

不只各州郡的氐、羌反抗北周的镇压，就是居住在文州的阳阵蛮亦于武成元年起义。阳阵蛮从何地何时迁来，史无明文。《周书·豆卢宁传》记：豆卢宁弟豆卢永恩"武成元年，迁都督利、沙、文三州诸军事、利州刺史。时文州蛮叛，永恩率兵击破之"。庾信的《豆卢神道碑》谓此文州蛮为"文州阳阵蛮"。此蛮非氐非羌，应是从南方迁入的一种部族。

以后氐民小规模反周事件时有所闻，但和上述各个起义比较起来都不是什么重要的了。直到周武帝天和元年（566）七月，北周给府兵筑了六个城坊，即武功、郿、斜谷、武都、留谷、津坑六城，把全国精锐的军队分驻在内。前三个城坊在长安以西，后三个城坊在旧武都郡内，也正是氐、羌各族经常搞反魏、反周起义的地区。武都城在仇池。留谷可能就是南秦州的州治骆谷，"骆"与"留"的音是相近的。唯《读史方舆纪要》卷59，阶州黄阶岭下云："又州境有留谷，后周主邕天和元年筑武都、留谷、津抗（坑）诸城，以置军士云。"则北周之留谷当在武州，不在成州。津坑所在地不详。西魏武阶郡有覆津县，唐时改为福津县。未知津坑与覆津有无关系。总之，北周把二分之一的精锐府兵驻扎在氐族起义的地区，当然是有深刻用意的。从此以后，氐、羌等族在这里的起义很少见于历史记载了。

从北魏始光三年到北周武成二年，中间只有114年。前后在秦州、南秦州、东益州、南岐州、东秦州、沙州、泾州等地的氐、羌、汉、休官、屠各、杂胡等族人民的起义，据不完全统计，大小在37次以上，平均两年多便有一次。起义之多，一方面说明北朝对待各族人民的政策是十分残酷的；另一方面，又可说明氐、羌等族人民反抗暴政的斗争是十分英勇的。

在这一时期氐、羌人民起义具有下述两个特点：

第一，因为各族人民错居杂处，利害相同，所以当他们共同受到北朝统治阶级的压迫和剥削时，不期而然地同时在各地爆发了反抗斗争。最初，有的斗争，例如各州郡人民的反官吏贪暴的斗争，是以孤立的地方事变出现的。但各地的贪官暴吏既多，而最高统治者又普遍实行压迫的民族政策，所以地方性的阶级斗争逐渐就演变为全国性的阶级斗争。例如，北魏太平真君六年雍州卢水胡盖吴的起义，秦州天水郡梁会所领导的氐、羌、休官、屠各起义，略阳郡屠各王元达的起义，南秦州仇池氐李洪的起义以及泾州屠各路那罗的起义等，最初虽然是在各州郡出现的，但到后来很快就联合起来了。又如北魏正光五年秦州爆发了以羌民莫折大提为首的氐、羌、汉各族人民起义，同时南秦州也爆发了汉、氐两族人民的起义。最初这两州起义是隔绝的、地方性的，但到后来两州的起义又联合到一起了。此外，如北魏太和十七年北地胡支酉起义于长安城北的西山，不久便和秦州的王广起义以及南秦、岐、泾各州的起义联合起来。① 北魏永安三年秦州"白马龙涸胡"王庆云的起义，不久又和高平镇万俟道洛的起义联合起来。从此可知，5、6世纪时陇山以西氐、羌人民起义不是孤立的，也不是以氐、羌一二族为范围的。这种各族人民共同在一起联合进行革命斗争，是我国人民的优良传统。

第二，氐族人民这一时期的反魏斗争是在南北朝对立的情况下以及氐王后裔时而反魏、时而降魏的情况下发生的。所以，我们应当注意氐民反魏斗争与上述情况的相互关系。所有的资料表明，没落的氐王后裔杨氏，他们一向以自己的阶级利益为前提，忽而降南拒北，忽而降北拒南，忽而独立，忽而对南、北同时俱降，他们的政治立场是十分摇摆的。而氐族人民则以人民的利益为前提，对于北朝和南朝的暴政一概反抗。例如梁大宝元年（550）九月，黎州氐民围攻梁朝的黎州刺史张贲，贲弃城而走②，便是一个明显的例证。南秦、东益、阴平的氐民多是氐王及其后裔（氐酋、氐帅）的百姓，他们的反压迫斗争和氐王后裔的复国活动往往联合起来，表现为各种民族斗争的形式。例如宋元嘉九年（432），仇池大饥，而梁、益二州丰稔，宋益州刺史刘道济聚敛兴利，伤政害民，遂致流民众多，相聚反宋。梁州刺史甄法获刑政不修，氐、羌皆怨。氐王杨难当利用氐、羌怨宋的心理，资给流民以兵，使他们南扰益州，杀巴兴（今四川蓬溪）县令，逐南阴平（寄治苻阳，今四川德阳西北）太守。五城（今四川中江）帛氐奴、梁显、赵广号召县民攻陷涪城（今四川绵阳东北），遂围成都。而杨难当则自率一军于宋元嘉十年（433）占领汉中之地。③ 这次斗争，氐、羌、蜀中流民以及氐王的阶级利益是不相同的，但在攻击宋统治阶级的同一目标下团结起来，所以梁、益二

---

① 《南齐书》卷57《魏虏传》。
② 《通鉴》卷163"梁大宝元年九月"条。
③ 《宋书》卷5《文帝纪》；《通鉴》卷122宋元嘉九年、十年有关各条。

州的广大地区都被攻下。又如北魏太平真君八年（447），氐王后裔杨文德占领葭芦，招诱氐、羌，武都、阴平、五部的氐民都响应文德。当时正承仇池李洪起义失败之后，各地氐、羌仍思反魏，而杨文德利用这一机会招诱氐、羌，氐、羌人民也利用文德反魏，所以武都国政权比从前更为巩固。氐王不只经常利用南秦、东益、阴平氐民的反压迫斗争来建立和维持他们的统治地位，而且有时与秦州起义军联合，借以巩固他们的特权。例如北魏正始三年（506），氐王杨定进据方山，与秦州起义首领吕苟儿相互交通。[①] 但这种联合都是暂时的，氐王的阶级利益限制他们不可能与氐、羌人民密切结合，彻底反魏。因为这样，所以历史上的仇池国、武都国、武兴国、阴平国等也得不到人民的坚决拥护，终于如昙花一般，仅仅一现便消失了。

---

① 《魏书》卷 36《李顺附焕传》。

第三章 羌族

一、羌族的起源、迁徙和汉代西羌部落名称及其分布

在第一章绪论中从各种资料证明，先秦时羌族的分布在河西走廊之南，洮、岷二州之西，他们分布的中心在青海东部古之所谓"河曲"（黄河九曲）及其以西以北各地。

古羌的原始分布地既明，那么古代的羌族是从什么族变化而来呢？关于此点，从晋代司马彪的《续汉书》到南朝范晔的《后汉书·西羌传》都有一种传统的说法：

  西羌之本，出自三苗，姜姓之别也。其国近南岳。及舜流四凶，徙之三危，河关之西南羌地是也。①

此言西羌是三苗的后裔。但此说无论在史料上、地理上以及民族语言上都缺乏可靠的依据。司马彪等的三苗为西羌之祖说本于《尚书·舜典》的"窜三苗于三危"。司马迁在《史记·五帝本纪》对此事有所解释，云："迁三苗于三危，以变西戎。"《史记索隐》对于"变"字有很好的解释，说"变谓变其形及衣服，同于夷狄也"。换言之，即西戎（包括西羌）不是由三苗所变，而是三苗变成了西戎。这里丝毫没有三苗是西羌之祖的意思。且古之所谓三危山，在今何地，尚无一致的意见。《括地志》谓在敦煌县的东

---

① 《后汉书》卷 87《西羌传》。李贤注云："已上并《续汉书》文。"

南①；《河图》谓在陇西鸟鼠山的西南。二地虽同西羌的分布为近，但究竟不是羌族分布的中心。再从语言系统来说，古代三苗国的所在，左洞庭、右彭蠡，它的组成部落应以属于梦·克迈（Mon-khmer）语系的苗族、瑶族为主，而西羌则属于汉藏（Sino-Tibetan）语系。我们怎样能说苗、瑶语族是羌语族的祖先呢？

羌语和藏语都属于汉藏语系。藏族的语言和分布于四川西北部作为古羌语代表的羌族语言，二者各有显著的特点，互不相同。这种不同，不是属于同一语族的方言的不同，而是属于同一语系的两种不同的民族语言。这两种语言，从目前构造的形式言，藏语比羌语更古老一些，很容易使人推测，羌语是由藏语分化出来的。但这种推论仍嫌太早，因为现代的羌语经过多次变化，其中特别是随汉语的简化而日趋于简单化的倾向，已经使它同古代羌语有显著的区别了。因此，从语言上论断羌族是由藏族分化出来，也同论断藏族是由羌族分化出来一样，都缺乏可靠的根据。

在古羌分布中心的河曲一带，近年发现了许多新石器时代的石器和陶器。陶器的形式和中原地区的陶器是一致的，但制作十分粗糙。先秦时代河曲地区为汉人足迹罕至之地，所以这些石器和陶器应该是属于羌族。目前这一地区的考古工作尚未充分展开，我们只能推论，在新石器时代，羌族应是河曲一带新石器文化的主人。

先秦时代，西方的羌族大约有三四次进入中原。第一次进入中原在公元前两千年以前的虞夏之际。当时正是大禹治洪水的时候，一部分羌民因佐禹治水有功，所以留居在黄河以南，被封为许多的姜姓国。例如吕国、申国在今河南南阳西与北，许国在今许昌东。②到了殷周，姜姓之国越分衍越多，例如申国又分衍出来一个缯国，在今河南方城；吕国又分衍出来一个齐国，都营邱，在今山东临淄；又分衍出来一个纪国，在今山东寿光南。③此外，在关内和陇西还有许多羌戎所建的小国或部落集团。例如关中周原的姜氏城、陇西北部的义渠国等等都应包括在内。作为姓氏的"姜"和作为部族名的"羌"二字，在中国古音上是一致的。殷墟文字的"羌"，从人，说它

---

① 见《史记正义》引。
② 见《国语·周语下》；《史记》卷32《齐太公世家》。
③ 王符：《潜夫论》。

是部族，周代史志上的"姜"，从女，说它是姓氏。或者说，前者是说他们不同于华夏，后者便说他们与华夏一样，是以姜为姓的。"羌"与"姜"的互通互用，在西晋及刘宋时的司马彪和范晔尚能知其端倪，所以都明白指出："西羌之本，出自三苗，姜姓之别也。"

周建国以前，姬姓的贵族和姜姓的贵族常世为婚姻。如周的始祖后稷，其母为姜嫄；太王之妃曰太姜，生王季；王季生文王，文王元妃曰周姜[①]；武王的元妃曰邑姜，是姜太公女，生成王及唐叔虞[②]。姬、姜两族既世为婚姻，那么文王以姜太公为师，太公佐武王伐纣，就不足为奇了。同时，中原的姜姓之国如申、吕、许等都是周的与国，辅周反殷，又通过他们联合与诸姜同源的西羌以及其他少数部族共同出兵，会师牧野，合力伐纣[③]，亦不足为奇了。周建国以后，封姜太公于齐，与申、吕、许号为四国，扶翼周室。同时，姬、姜两姓仍世为婚媾：宣王的元舅申伯，则宣王之母为姜氏[④]，其后又曰姜后[⑤]。幽王之后曰申后，是申伯的孙女[⑥]。这种情况一直延续到春秋之时。姬姓之国娶自姜姓者，卫国有庄姜、敬姜、夷姜、宣姜、定姜，鲁国有文姜、声姜、哀姜、穆姜、敬姜，晋国有姜氏（穆公夫人）、齐姜，郑国有齐姜；姜姓之国娶自姬姓者，齐国有季姬、王姬、蔡姬、卫姬、孟姬、虞姬、声姬、东郭姬等。[⑦] 姬姓与姜姓贵族的相互婚姻如此，一般平民和奴隶的婚姻则可想而知，诸夏贵族、平民、奴隶血统已有羌族血统之半也可想而知。

羌族第二次入中原在周幽王三年（前779）。《史记·周本纪》记：时幽王废申后，"申侯怒，与缯、西夷、犬戎攻幽王。……遂杀幽王骊山下"。《周本纪》里的"西夷"，在同书《秦本纪》中作"西戎"，应包括氐、羌诸族在内。平王初立，迁都洛阳，便在伊川之野发现一种披发部民而祭于野者。[⑧] 这种披发的部民应该就是羌民。申侯西引氐、羌诸戎到关中伐周，关

---

① 《诗经·大雅》；《史记》卷4《周本纪》；刘向：《列女传》等。
② 《史记》卷39《晋世家》。
③ 《尚书·牧誓》。
④ 《诗经·大雅》。
⑤ 刘向：《列女传》。
⑥ 《史记》卷4《周本纪》。
⑦ 见《春秋左氏传》；《列女传》；《史记》鲁、卫、晋、郑、齐《世家》。
⑧ 《春秋左氏传》僖公二十二年。

中的羌戎又东迁到洛阳附近，所以中原的羌族，除申、许、吕、缙、齐国的姜姓之戎外，又增加了许多新来的羌戎。因为如此，所以隔了七十年，在襄王二年（前 650）又发生了王子带召扬拒、泉皋、伊、洛之戎同入王城，谋杀襄王的事变。①

羌族的第三次入中原在襄王十五年（前 638）秦国同晋国协议，迁陆浑之戎于伊川。陆浑之戎原居于瓜州（今甘肃陇山一带），这里正是古羌的分布所在。春秋初年，他们已经东迁至秦国的西北。② 当时秦穆公正称霸西土，驱逐诸戎，而晋惠公以晋南河南嵩山一带地广人稀，需要开发，于是秦、晋协议，秦得其地，晋得其人，把陆浑之戎移于嵩山一带，称之曰"姜戎"与"阴戎"。《左传》称姜戎为姜姓，阴戎为允姓。后者属于何族虽不能确定，而前者的姜姓之戎则确为羌族。晋国迁戎以后，曾利用姜戎败秦兵于殽（今河南陕县），又利用阴戎伐周。③ 姜戎首领驹支追述殽之役的情况说："昔文公与秦伐郑，秦人窃与郑盟而舍戍焉，于是乎有殽之师。晋御其上，戎亢其下，秦师不复，我诸戎实然。"可知羌戎打仗是很勇敢的。又追述最初迁到中原时开辟田野情况说："赐我南鄙之田，狐狸所居，豺狼所嗥。我诸戎除剪其荆棘，驱其狐狸、豺狼，以为先君不侵不叛之臣，至于今不贰。"④ 又知姜戎对中原土地的开发也是有功的。到了春秋晚期，陆浑戎的首领投降了南方的楚国，他的部民逃往周的属地甘鹿（今河南宜阳东南）。⑤ 除此以外，伊、洛二水流域和黄河的东西也还有许多羌民部落集团和部民。例如金文的《羌伯簋铭》：毕鲜的祖先益公征服武羌事，说者谓此铭属魏国。⑥ 又《屬羌钟铭》记韩国祖先率屬羌征秦伐楚的事，并称韩国祖先为"戎氏辟"，即羌戎的君主。此言屬羌属韩国。魏国祖先初居河东之魏（今山西芮城北），后徙霍（今山西霍县西南），又徙安邑（今山西夏县西北），入战国又徙河南之大梁（今河南开封市）。韩国的祖先初居韩原（今山西河津东），后徙平阳（今

---

① 《春秋左氏传》僖公十一年；《史记》卷 4《周本纪》。
② 参考顾颉刚：《四岳与五岳》、《瓜州》，《史林杂识初编》，中华书局 1963 年版，第 34—45、46—53 页。
③ 《春秋左氏传》僖公三十三年及昭公九年。
④ 《春秋左氏传》襄公十四年。
⑤ 《春秋左氏传》昭公十七年。
⑥ 蒙文通：《周秦少数民族研究》，龙门联合书局 1958 年版，第 79—80 页。

山西临汾西北），入战国又徙河南之郑邑（今河南新郑）。魏、韩两国原来就有不少的羌戎，入战国时，迁都到伊洛流域的东边，那里的姜戎、阴戎大部分统属于韩，少部分统属于魏，还有一部分不愿受韩、魏的统治，乘战国纷争之际，西逾汧、陇，又回到西羌的原始分布地区了。①

春秋战国时，在陕甘高原上还分布有不少的羌戎部落集团。其中比较强大而著名的，是居住在秦国西北边外的义渠国。此国的疆域，据《括地志》所记：在唐代的宁（今甘肃宁县）、庆（今甘肃庆阳）二州，在秦时的北地郡。②它的都城在宁县西北，汉时于此置义渠道，属北地郡。但义渠国的疆域不止上述北地一郡。《史记·匈奴列传》记：战国时，"魏有河西、上郡，以与戎界边。其后义渠之戎筑城郭以自守，而秦稍蚕食，至于惠王，遂拔义渠二十五城。惠王击魏，魏尽入西河及上郡于秦。秦昭王时，……遂起兵伐残义渠。于是秦有陇西、北地、上郡，筑长城以拒胡"。《后汉书·西羌传》所记更详，云："是时（春秋时）义渠、大荔最强，筑城数十，皆自称王。""至贞王二十五年（前444），秦伐义渠，虏其王。后十四年，义渠侵秦至渭阴。后百许年，义渠败秦师于洛。后四年，义渠国乱，秦惠王遣庶长操将兵定之，义渠遂臣于秦。后八年，秦伐义渠，取郁郅（今甘肃庆阳）。后二年，义渠败秦师于李伯（地名，未详）。明年，秦伐义渠，取徒泾③二十五城。及昭王立，义渠王朝秦，遂与昭王母宣太后通，生二子。至王赧四十三年（前272），宣太后诱杀义渠王于甘泉宫，因起兵灭之，始置陇西、北地、上郡焉。"《史记》和《后汉书》皆以灭义渠与秦置陇西、北地、上郡有关，则义渠疆域除北地外，陇西、上郡亦有其土地。义渠在东方，不特占上郡的一部分，而且东向发展到西河郡（原治平定，今陕西府谷西北，在河西；后迁离石，在河东）。上述秦惠王伐义渠取徒泾二十五城，则义渠的东疆经上郡而至西河郡内甚明。《史记·匈奴列传》谓："魏有西河、上郡，以与戎界边。其后义渠之戎筑城郭以自守。"这正说明西河、上郡是由魏与义渠两国分界而治，并非为魏国所全有。义渠国的疆域广大，兵力充足，所以当其盛时，出兵伐秦至于渭水之滨，又败秦兵于洛水流域。秦国伐义渠始于周贞王

---

① 《后汉书》卷87《西羌传》记："韩、魏复共稍并伊、洛阴戎，灭之。其遗脱者皆逃走，西逾汧、陇。"
② 《史记》卷110《匈奴列传》，《正义》引。
③ 《后汉书》李贤注："徒泾，县名，属西河郡。"《汉书·地理志》，西河郡下有"徒经"县。

二十五年，终于赧王四十三年，其间经一百七十多年，两国对立，战有胜负，说明义渠国的实力是很强的。

关于义渠人的族属问题，由于语言资料缺乏，很难得出可靠的结论。但有三件事与推测义渠人的族属有关，我们不妨在这里略加论述，以为推定他们族属的佐证。第一件事就是义渠人实行火葬之俗。《列子·汤问篇》和《墨子·节葬篇》皆记义渠人的火葬之俗，云："其亲戚死，聚柴积而焚之，熏则烟上，谓之登遐。"中国古代部族在接受佛教文化以前而自行火葬者，除义渠外，唯有氐、羌。《荀子·大略篇》记："氐、羌之虏也，不忧其系累也，而忧其不焚也。"直到现代，四川西北部的羌族，仍有不信佛教（有一部分信喇嘛教）而行火葬的。由此一端，很容易使我们推测义渠人属于氐、羌一系。第二件事，即汉宣帝派义渠安国两次到西羌各地巡行，他对西羌的语言风土十分熟习，不只侦察到西羌的动向，并且率兵杀了先零酋豪四十余名及其部民一千多人。① 我想，义渠安国所以理解西羌，主要原因是由于他是义渠人的后裔，对于西羌特别熟悉之故。第三件事，是《后汉书》的作者范晔，在撰写《西羌传》时，是把义渠置于传首加以叙述，明显地将义渠列入"西戎"的范围之内。西戎内有大量的氐、羌，如上述的伊洛之戎的姜戎等。由上述三事大致可以推测义渠人与氐、羌人相近，或也属于氐、羌语系。

以上是叙述先秦时代西羌部落集团或部民在列国疆土之内活动的情况。现在我们回头来叙述一下河湟地区羌族在先秦时代向南方迁徙的历史。

西羌的起源很早，河湟地区也很早就形成了西羌分布的中心。由于羌族没有自己文字记载的史书，又由于我们对这一地区考古发掘工作尚未十分展开，所以他们早期的历史是不清楚的。大致言之，在公元前7世纪以前，即从上古到春秋初，西羌向东方中原各地的迁徙是比较频繁的。主要原因是那时原始的西羌部落以射猎为生，居处无定，随野兽迁徙，而中原各地很早便实行了畜牧和农耕，这些先进的生产很容易吸引西羌部落从西向东不断迁徙。例如大禹治水的时候，成汤建国的时候，武王伐纣的时候，幽王政变的时候以及春秋时晋、秦争霸的时候，西羌以各种不同的名义多次向东方中原各地迁移。迁徙的名义虽然是各式各样的，但说到底是他们为了摆脱西方的

---

① 《汉书》卷69《赵充国传》；《后汉书》卷87《西羌传》。

原始落后的生产，而参加东方先进的畜牧和农业生产。而且，那时中原的政权还不十分强大，没有力量经略西方的河湟地区，相反却需要吸取外来的劳动力以开辟田野，吸取外来的兵力从事于列国的争战。这样就造成了西羌入徙的有利条件。

到公元前 7 世纪初叶，东方的情况便不同了。关内的秦国已经形成为一个大国。秦武公十年（前 688）伐邽戎、冀戎，改其地为邽县（今甘肃天水）和冀县（今甘肃甘谷）。穆公三十七年（前 623），秦伐戎王，"益国十二，开地千里，遂霸西戎"①。厉共公时（前 444），秦伐义渠，虏其王。在这种情况下，西羌向东方发展乃是不可能的。从此时起，河湟间的西羌不得不改变自己的原始生产方式，即从不定居的"以射猎为事"的生产，改变为耕田兼畜牧的生产。这种改变与中原华夏的影响有不可分离的关系。《后汉书·西羌传》记其事甚详：

> 羌无弋爰剑者，秦厉公时为秦所拘执，以为奴隶。……后得亡归，而秦人追之急，藏于岩穴中得免。羌人云爰剑初藏穴中，秦人焚之，有景象如虎，为其蔽火，得以不死。既出，又与劓女遇于野，遂成夫妇。女耻其状，被发覆面，羌人因以为俗。遂俱亡入三河（黄河、赐支河、湟河）间。诸羌见爰剑被焚不死，怪其神，共畏事之，推以为豪。河湟间少五谷，多禽兽，以射猎为事，爰剑教之田畜，遂见敬信，庐落种人依之者日益众。……其后世世为豪。

通过爰剑的故事可知西羌是在公元前 5 世纪时受中原华夏的影响，使他们的生产从射猎改变为田畜的。

在公元前 4 世纪前半叶，秦献公刚即位（前 384），欲效法他的祖宗穆公霸有西戎的故事，准备出兵到渭河上游，灭狄𤞤（uɑet）戎。爰剑之孙卬害怕秦国的攻伐，率领同族的部落南下，出赐支河曲西数千里，与留在湟河和河曲的众羌不相交通。后来他的子孙分为三支：一支越嶲羌，在汉代越嶲郡（治邛都，今四川西昌东），大渡河的南边，称为"牦牛种"；一支广汉羌，

---

① 《史记》卷 5《秦本纪》。

在汉代广汉郡（故治今四川金堂东南，后移洛县，今四川广汉）的西北，称为"白马种"；一支武都羌，在汉代武都郡（治武都，今甘肃西和西南）的西部，称为"参狼种"。这是最古而有文献记载的一次西羌向南大迁徙。按《水经注·羌水篇》："羌水出羌中参狼谷。"注云："彼俗谓之天池白水矣。《地理志》曰：出陇西羌道，东南流，迳宕昌城东，西北去天池五百余里。"参狼谷在今甘肃宕昌县北部的荔川乡。羌水从此出，东南流，至宕昌城东，入白龙江。这一带便是古代参狼种分布的所在，北朝时的宕昌羌就是他们的后裔。

方位最难审定者，是号称"广汉羌"的白马种。按《汉书·地理志》，广汉郡包括十县三道，三道即甸氐道、刚氐道、阴平道。在这三道内，只有氐，没有羌。东汉安帝时，分广汉的少数部族置广汉属国，仍包括上述三道，只有氐，没有羌。那么《西羌传》为什么说"或为白马种，广汉羌是也"呢？以《后汉书》有关帝纪证之，《光武帝纪》云：建武十三年（37），"广汉徼外白马羌豪率种人内属"；《桓帝纪》云：建和二年（148），"白马羌寇广汉属国，杀长吏"（《西羌传》所记略同）。则白马羌在广汉郡之徼外，即边塞之外，而不在广汉郡的内部。唐代李贤注《光武帝纪》上引文云："羌有百五十种，在广汉西北者为白马羌。"合《帝纪》及注文来看，白马羌应在广汉郡（包括广汉属国）的西北边塞之外甚明。在广汉郡西北边塞之外，有两种白马羌：一是武都郡的白马羌。《华阳国志》卷三云："宣帝地节三年（前67），武都白马羌反。"《西羌传》又记：东汉永和元年（136），"初，武都塞上白马羌攻破屯官，反叛连年"。此皆指武都郡白马羌而言。二是蜀郡的白马羌。《西羌传》云："牦牛、白马羌在蜀汉。"蜀指蜀郡，为白马羌所在；汉指汉嘉郡，为牦牛羌所在。此指蜀郡的白马羌而言。然武都郡的白马羌实际就是武都郡的参狼羌。上引《水经注·羌水篇》所说，参狼谷在汉代的羌道。羌道在西汉时属陇西郡，在东汉则属武都郡。武都郡的主要部族是白马氐。羌道之参狼羌和白马氐为邻，故亦称为白马羌。如果把武都郡的白马羌和广汉西北徼外的白马羌混而为一，这就等于说"武都羌"的"参狼种"和"广汉羌"的"白马种"是一个部落集团了。而且武都郡的白马羌在广汉郡的正北，与《后汉书·光武帝纪》注所云白马羌在广汉郡的西北徼外，也是不符合的。

在广汉郡西北徼外，其名实相契、方位正确，而且距离较近者，就是蜀郡西北部的白马羌。蜀郡白马羌之命名，是由于松潘境内之白马岭。《水经注》卷33《江水篇》引《益州记》云，大江"东南下百余里，至白马岭"。白马岭，汉时属蜀郡汶江道。至灵帝时，改蜀郡北部为汶山郡（故治在今四川茂汶羌族自治县），领县八，蜀汉因之（郡治移绵虒，今四川汶川西南）。八县除汉旧五县外，有都安、白马、平康三县。① 白马的故城在今四川松潘西北，蜀汉曾在此设修屯牙门，以防白马胡。② 《后汉书·西南夷传》谓汶山郡，"其山有六夷、七羌、九氐，各有部落"。六夷指冉駹夷等，在汶山郡的西部；七羌指自白马岭以南；九氐指湔氐等，在北部江水发源的湔氐道。从上述事实证明：蜀郡的白马羌显然是因白马岭以及汉末所置的白马县而命名的。在此白马羌的东南，隔安县山地而与广汉郡的绵竹、什邡、德阳等县相望，故汉代白马羌每出兵广汉，汉廷即檄益州刺史镇压之，由此也可证明与凉州武都郡的白马羌无关。因为蜀郡的白马羌牵涉到四川西北部羌的起源问题，而论述白马羌者又往往同武都郡的白马羌相混淆，所以特别为之考订如此。

最后，略述越巂郡的牦牛羌。牦牛和参狼谷、白马岭一样，原来也是一个地名。《华阳国志》云："旄（牛），地也，在邛崃山表。"③《水经注·若水篇》："若水出蜀郡旄牛徼外，东南至故关为若水也。"下注："若水东南流，鲜水注之，一名州江。大度水出徼外，至旄牛道，南流入于若水。又迳越巂大莋县入绳。绳水出徼外，《山海经》曰：巴遂之山，绳水出焉。东南流分为二水。其一水，枝流东出，迳广柔县东流注于江。其一水，南迳旄牛道，至大莋与若水合，自下亦通谓之为绳水矣。"又《沫水篇》："沫水出广柔徼外，东南过旄牛县北，又东至越巂灵道县（即灵关道，今四川峨边南）出蒙山南。"上述旄牛道即旄牛县，包括了大渡河东西、今四川芦山西北至康定北部大渡河西南、今石棉县至九龙县一带，其范围很大，北部属汉代汉嘉郡（故治今四川名山北），南部属越巂郡。唯以汉嘉郡建置在东汉灵帝时，其名不著，所以《西羌传》谓其地之羌为"或为牦牛种，越巂羌是也"。但牦

---

① 洪亮吉：《补三国疆域志》卷下"益州汶山郡"条。
② 《华阳国志》卷8《大同志》。
③ 《华阳国志》卷3《蜀志》注文。

牦牛羌的分布主要在大渡河的东西，属汉嘉郡。其证有二：一、《西羌传》云："牦牛、白马羌在蜀汉。"此言白马羌在蜀郡西北，牦牛羌在汉嘉郡。二、《华阳国志》卷3《蜀志》记："天汉四年（前97），罢沈黎（故治今四川汉源东北），置两部都尉，一治旄牛（今四川汉源），主（徼）外羌，一治青衣（今四川名山北），主汉民。"同书又以旄牛在邛徕山表。可知牦牛羌主要的分布在大渡河的东面。《三国志·张嶷传》记：嶷为蜀的越巂太守，所属苏祁邑君冬逢及弟隗渠等已降又反，嶷把冬逢诛杀了，而以逢妻为旄牛王女，未加杀戮。越巂郡原有旧道经旄牛中至成都，既平且近。至蜀汉建兴时，旄牛道绝已百余年，甚感不便。张嶷与汉嘉郡界旄牛种之酋帅狼路盟誓，借助狼路所统四千余户旄牛羌的力量，开通旧道，千里肃清，复古亭驿。嶷以此奏封狼路为旄牛毗王。从这段故事，可知旄牛在越巂郡与成都间之汉嘉郡中，郡中旄牛种类四千多户，他们大概就是古代牦牛羌的后裔了。

战国以后，中国出现了四百六十多年政治比较统一的局面。在此时期，西羌仍然是主动和被动地不断向内地迁徙。迁徙的原因是各种各样的。大致言之，汉代的西羌入徙同先秦时有所不同，主要特点是政治的原因多于经济的原因。例如在西汉的时候，景帝和宣帝时，统治阶级为了断绝匈奴与西羌的联系，所以把羌民徙置塞内，使之实行屯耕，并对外发生一种保塞作用。东汉的西羌入徙，在统治阶级方面，是在击败西羌以后，把降羌移置内地，分而治之，既可削弱西羌起义的力量，又可利用内地的羌民对外作战。在被压迫的羌民方面，每当统治阶级压迫得他们不能生活的时候，便利用各种机会起义进兵，因此更扩大了他们在内郡的分布。现在我把前、后汉时西羌的六次大迁徙，略加叙述如下：

汉景帝时（前156—前141），居住在湟水流域的研种羌豪留何率领他的部民要求入守陇西塞。于是徙留何等于陇西郡的狄道（今甘肃临洮）、安故（临洮西南）、临洮（今甘肃岷县）、氐道（今甘肃礼县西北）、羌道（今甘肃舟曲北）。这是西羌的第一次东徙。宣帝神爵二年（前60），赵充国招徕先零、煎巩等羌降汉，迁徙他们至破羌（今青海乐都东）、允（ja）街（今甘肃永登南）等县，并置金城属国以处之。① 这是西羌的第二次东徙。王莽

---

① 参考《汉书》卷69《赵充国传》；同书卷28下《地理志下》。

末年（20—23），西羌入居塞内，金城郡所属各县多被西羌占有。① 这是西羌的第三次东徙。东汉建武十一年（35），马援击败先零羌于临洮等地，徙置数千人于天水、陇西、扶风三郡。② 扶风为关中三辅之一。这是西羌的第四次东徙，也是西羌入关中三辅的开始。永平元年（58），汉明帝遣窦固、马武等击烧当羌滇吾于西邯（今青海化隆回族自治县西南），降者七千口，徙置于三辅，于是关中扶风、京兆、冯翊都有了西羌③；到了建初二年（77），三辅的一部分降羌徙入河东④。这是西羌的第五次东徙。最后在永元十三年（101），金城太守侯霸击败烧当羌迷唐于允川（即大允谷），降者六千余口，分徙于汉阳（治今甘肃武山东）、安定（治今甘肃镇原东南）、陇西（治狄道，今甘肃临洮）。⑤ 这是西羌的第六次东徙。

　　上述六次迁徙并不能包括西羌东徙的全部历史。例如北地（治今甘肃庆阳西北，后迁富平，今宁夏青铜峡南）、上郡（故治今陕西榆林南）、西河、安定四郡都有西羌，这些羌人何时何地迁来？这个问题十分复杂，有的在文献上没有记载，一时很难回答。

　　《西羌传》记安定郡的西羌，最初是永元元年（89）烧当羌滇吾之孙东号徙居在这里的。烧当羌初居大允谷，继而驱逐先零羌，占领大、小榆谷。永平二年（59）大豪滇吾降汉，入居陇西塞内。至永元元年，其孙东号率部民又降，始徙往安定郡。传里所记"东号子麻奴立，初随父降，居安定"，即指此事。但到永初元年（107），金城、陇西诸羌在河西、酒泉郡爆发了反兵役斗争，麻奴兄弟便率领部民逃往塞外去了。当时又有一个称为"先零别种"的滇零部落，在陇西郡东部靠近陇山一带。这个部落集团可能是西汉时迁入陇西郡的。在永初元年，他们也趁着诸羌民的反兵役斗争，打败官兵，从陇西迁往北地。这便是安定和北地两郡分布有西羌的由来。

　　此外，如北地郡的巩唐部落、上郡的沈氏部落、西河的虔人部落、安

---

① 《后汉书》卷24《马援传》云："自王莽末，西羌寇边，遂入居塞内，金城属县多为虏有。"
② 《后汉书》卷1《光武帝纪》；同书卷24《马援传》；同书卷87《西羌传》。
③ 《后汉书》卷22《马武传》；同书卷87《西羌传》。
④ 袁宏《后汉纪》卷11云："二年，夏四月，徙羌降者于河东。"《后汉书》卷3《章帝纪》及卷87《西羌传》于此年皆无徙降羌事。以此知徙往河东郡者，乃三辅之降羌。晋江统《徙戎论》把建武、永平、建初的三次徙羌混而为一，与史不合。
⑤ 《后汉书》卷87《西羌传》。

定的烧何部落，这些部落何时由何地徙往上述诸郡，就很难考察了。但有一点应当附带说明的，就是安定、北地、上郡、西河的羌族不一定都是新迁的西羌，有一部分羌民在东汉以前或者东汉初年已经住在那些地区了。《后汉书·卢芳传》称：卢芳自称汉武帝的后裔，"常以是言诳惑安定间。王莽末，乃与三水属国羌胡起兵"。"三水属国"就是安定属国的异名，因为属国的治所在三水（今宁夏同心东）之故。此言西汉末年安定郡就住有羌民。《后汉书·隗嚣传》载刘秀与隗嚣书云："将军……南距公孙之兵，北御羌胡之乱。"当时隗嚣割据天水郡，此郡之东北为安定、北地两郡。此言王莽末年在安定、北地二郡便住有羌民。又同书《窦固传》记：永平十六年（73），"又太仆祭肜、度辽将军吴棠将河东北地、西河羌胡及南单于兵万一千骑出高阙塞"。此时下距建初二年（77）尚有四年，三辅的西羌尚未迁往河东，则此河东北地，西河之羌并非新来的西羌，而是早年投降了匈奴的旧羌。按羌、胡的关系渊源甚早，汉武帝以前，匈奴与羌人的交通已经十分频繁，许多羌人已经加入了匈奴部落[①]；而占据于河西走廊的昆邪、休屠诸王，更直接统治了河湟北部的羌族，及昆邪王降汉，匈奴挟羌民俱来，汉武置五属国以处其众，此五属国便包括了安定、上郡、西河三郡的塞外各地[②]。从此可知，安定、上郡、西河之居住羌民已有长期的历史了。《后汉书·南匈奴传》及上引诸传经常出现"羌胡"合称的记载，这些"羌胡"之羌，不都是新迁的西羌，其中大部分应是西汉时随从匈奴从塞北、河西一同来到内地各郡的。

羌族在汉代的分布既如此广泛，所以到东汉安、顺二帝时（2世纪前叶），出现了"西羌"和"东羌"的区分。[③] 元代胡三省注《通鉴》卷52"汉顺帝永和六年（141）征西将军马贤与且冻羌战于射姑山，贤军败……东、西羌遂大合"条时，总结东、西羌的区分说："羌居安定、北地、上郡、西河者，谓之东羌；居陇西、汉阳，延及金城塞外者，谓之西羌。"这种区分显然只带有一种地理分布的意义罢了。若论其渊源，"东羌"应分为两部分：一部分是西汉时随匈奴而来的"羌胡"之羌；又一部分是东汉时从金城、陇

---

① 参考《三国志》卷30《魏书·乌丸鲜卑东夷传》注引《魏略·西戎传》。
② 参考马长寿：《北狄与匈奴》，第151—153页。
③ 《后汉书》卷65《皇甫规传》、《张奂传》、《段颎传》及卷87《西羌传》等均有东、西羌的记载。

西迁来的西羌。此外，东汉在三辅之内也有不少羌民，这些羌民是东羌还是西羌，在文献内不曾指明。大致言之，三辅的羌民，论地区分布，应是"东羌"，但他们是在东汉时多次从金城郡的黄河、湟水、洮河流域迁来的，还有一部分则自陇西、北地、安定诸郡内徙的。简言之，三辅的羌民绝大多数是来自西羌[①]，同安定、北地、上郡、西河四郡的"东羌"有所区别，即"羌胡"之羌占绝对的少数。

现在我们具体地叙述一下汉代西羌有些什么部落，它们原来分布在什么地区，后来又迁徙到什么地方。这种叙述虽然是不完全的，但从中可以看到西羌部落的来龙去脉，对于了解西羌的阶级斗争历史有一定的好处。

《西羌传》记载，古代西羌虽然经过多次东徙和南下，但它的主要氏族部落仍然留居在湟河流域和赐支河曲一带。相传西羌的祖先爰剑有两个曾孙留居湟中：一个名忍，生九子，衍生为九个部落；又一个名舞，生十七子，衍生为十七个部落。其后，子孙支分，凡一百几十种。这一百几十种羌民部落分散在中国西北各地，有的衰亡，有的分化于其他部落，在公元5世纪南朝刘宋的范晔著《后汉书·西羌传》时，已经无法考证其"种别名号"。现在我们只能就汉代的二十多种著名的部落分述其原始分布地区如次：

1. 先零部落。先零之名初见于《汉书·赵充国传》，是西羌中最大的一个部落集团。他们的原住地在赐支河曲南岸的大、小榆谷（今青海黄河南岸贵德东）。西汉初，一部分先零部落发展到湟水以南，不久又发展到湟水以北，还有一部分向西海（今青海）盐池附近迁徙。到东汉初年，因先零部落不断向外分散，大小榆谷被烧当部落占领。东汉时，先零羌曾经主动或被动地向东方迁徙，如金城郡的东部、汉阳（天水）、陇西以及扶风、北地诸郡都有他们的踪迹。

2. 烧当部落。烧当是西羌研的十三世孙，这一部落以后便以烧当为名号。从烧当到西汉末年的四世孙滇良，皆世居赐支河曲北岸的大允谷（今青海共和东南）。东汉初年，击破先零、卑湳二羌，占居大、小榆谷。这一部落是继先零以后最为强大的一个部落集团。当其盛时，不断向东方的金城各县以及陇西、汉阳、安定、北地诸郡迁徙。原居于大、小榆谷的部落，因汉

[①] 直到十六国的前秦时，《邓太尉祠碑》里还记有许多以西羌为姓的羌人。

军多次进剿，只得放弃原地，向西方的赐支河曲以西迁徙，最后到达河源一带，与原来分布在那里的发羌错居。

3. 卑湳部落。原居大、小榆谷，后徙于金城郡安夷县（今青海西宁东南）。

4. 罕（䍐）开部落。罕和开原系两个氏族，以居地相近，合称为罕开部落。他们的原居地在湟中，即湟水流域。汉初，罕开部落的一部分人从湟中迁往天水郡罕开县。①到武帝时，汉军攻打湟中，罕开羌的一部分迁往鲜水之阳，即青海湖北岸；又一部分迁往黄河南岸，即《赵充国传》所说的"河南大开、小开"。十六国时阚骃著《十三州志》云："广大阪在枹罕（今甘肃临夏）西北，罕开在焉。"②广大阪的罕开可能是从黄河南岸的罕开东徙的。《西羌传》记：永和六年（141），"罕种羌千余寇北地"。汉安元年（142），"罕种乃率邑落五千余户诣（赵）冲降"。赵冲时为护羌校尉，驻令居（今甘肃永登西北）。这些罕种羌可能分布在北地和金城郡的东部。后来，陇西、汉阳的罕开羌又移入关中，所以渭河北岸各县多有罕开羌。

5. 牢姐部落。原居金城郡的白石县（今甘肃临夏东南），后徙入陇西郡和上郡。

6. 封养部落。与先零羌、牢姐羌的历史同样悠久，初分布于先零与牢姐二羌之间，后移至陇西、汉阳二郡。

7. 彡姐部落。原居河湟间，汉景帝时内徙，居陇西郡，称"彡姐旁种"，见《汉书·冯奉世传》。

8. 勒姐部落。初分布金城郡安夷县（今青海西宁东南）东南的勒姐溪，后徙至陇西郡安故县（今甘肃临洮南），又常至武都、汉中二郡。

9. 当煎部落。当煎一作"煎当"。原居金城郡的允街（今甘肃永登南），西与烧何、当阗为邻。西汉时，其一部分徙陇西郡。东汉时在不同时期，与勒姐羌等西攻破羌县（今青海乐都东南），南攻武都、汉中二郡。《后汉书·段颎传》记：颎上书云"煎当乱边，马援迁之三辅"，是三辅亦有其族。按同书《马援传》记所征服者为先零羌。《光武帝纪》建武十一年（35），

---

① 《汉书》卷28《地理志下》记天水郡有罕开县。颜师古注云："本破罕开之羌，处其人于此，因以名云。"
② 《水经注》卷2《河水篇》注引。

"因陇西太守马援击破先零羌,徙致天水、陇西、扶风"。当煎羌或为先零羌之一种。

10. 当阗部落。原居金城郡,一部分徙北地郡。

11. 烧何部落。初居河西张掖郡的南山,与卢水胡为邻。因被卢水胡袭击,南徙至金城郡临羌县(今青海湟源东南)。后来,一部分徙至金城郡东部,更远的到达安定郡参䜌县(今甘肃庆阳西北)的界内,共三千多落。

12. 钟存部落(或简称"钟羌")。初居大、小榆谷的南面,北与烧当羌为邻。后来一部分徙往陇西郡的临洮谷(今甘肃岷县境内)。《后汉书·安帝纪》注引《续汉书》云:"种(钟)羌九千余户在陇西临洮谷。"

13. 滇零部落。原居赐支河曲以西,《西羌传》称之为"先零别种"。同书《庞参传》直称之为"先零羌"。唐时,柴达木盆地之南有白兰羌,吐蕃称之为"丁零",当与滇零同音。其中一部分东汉初徙入陇西郡。东汉永初元年(107)曾与钟羌联合截断陇山的通道,不久又往北地郡建立一个反抗统治阶级的政权。政权瓦解后,一部分人徙往关中。北周《圣母寺四面造像铭》有地连氏。地连即滇零的异译。此滇零羌之由陇西而至关中蒲城者。

14. 牢羌部落。滇零的别部,随滇零羌徙往安定和北地等郡。

15. 虔人部落。原居地不明。东汉时徙入西河郡,有众一千人参加滇零政权。又与上郡胡联合攻谷罗城(今内蒙古准格尔旗西南),可知其部落在上郡的东界。虔人部民一部分迁入关中的冯翊郡,在十六国时称钳耳氏。钳耳(tɛˈiæl ril)的音和虔人(tɕiæl rin)的音相近,故前者当为后者之音变。① 冯翊李润镇的钳耳氏改汉姓王氏。

16. 沈氏部落。原始居地不明。东汉时居上郡和西河郡。《续汉书》云:"羌在上郡、西河者,号沈氏。"

17. 巩唐部落。《后汉书·顺帝纪》云:"永和六年三月,武威(原作"都",误)太守赵冲讨巩唐羌,破之。"则恐唐羌似在河西之武威。又云:同年五月,"巩唐羌寇北地"。则巩唐羌由武威而转至北地郡。但《西羌传》则记:同年五月,"罕种羌千余寇北地,北地太守贾福与赵冲击之,不利"。然则巩唐羌又像罕种羌的别名了。究竟如何,很难断定。《周书·宕昌传》

---

① 《元和姓纂》卷5《二十四盐·钳耳》与《通志》卷29《氏族略第五·关西复姓》皆云:"钳耳氏,西羌人,状云周王季之后,为虔仁氏,音讹为钳耳氏。"

有巩廉；《宇文贵传》有巩廉玉，疑即其后裔。

18. 累姐部落。在赐支河曲。

19. 吾良部落。在金城郡，与卑湳、勒姐部落为邻。

20. 全无部落。在上郡。

21. 且冻、傅难二部落。原在金城郡，后至武都。

22. 鸟吾部落。在汉阳郡。

此外，还有西汉时的煎巩、黄羝，东汉时的效功等，他们的原住地或所在地都很难指明。在汉代时，西域的昆仑山北麓也分布有许多羌族。《汉书·西域传》云："出阳关，自近者始，曰婼羌。婼羌国王号去胡来王。……户四百五十，口千七百五十，胜兵者五百人。西与且末接。随畜逐水草，不田作，仰鄯善、且末谷。山有铁，自作兵，兵有弓、矛、服刀、剑、甲。"这是一个以畜牧为生的部落集团，在汉武帝以前，归附匈奴，自开河西四郡和通西域后，断匈奴右臂，故婼羌离胡归汉，汉封其酋长为"去胡来王"。直至汉平帝时，其国始灭。同传又记有赤水羌，与婼羌为邻。未知此赤水羌与青海湖南之赤水城（今青海共和）有关系否？三国时鱼豢著《魏略》云："燉煌、西域之南山中，从婼羌西至葱领（岭）数千里，有月氏余种、葱茈羌、白马、黄牛羌，各有酋豪。"在西域南山（昆仑山脉）中，除婼羌外，又有葱茈、白马、黄牛诸种羌。总之，在汉代前后，新疆南部昆仑山北麓分布着许多羌族部落。1953年，在新疆沙雅县于什格提遗址内发现了一枚汉代"汉归义羌长印"，印方形，铜质卧羊纽，阴刻篆文。此为当地羌族部落酋长投归汉朝后，由汉朝赐给的官印，证明南疆羌族确实存在。但是，由于文献及考古资料的缺乏，对这一地区的羌族情况，截至目前，我们知道得很少。

二、两汉对西羌的压迫剥削和东汉时东西羌的五次起义斗争

讲汉羌关系史，有一个重要的前提，就是汉代的西羌地区已经划入当时中国政治疆域之内，西羌和东羌人民早已成为中华民族的主要组成部分。而汉、羌的居民在内地是杂居错处，在河湟间也是犬牙交错，东西为邻，他们

的生产方式、生产技术以及语言文化，又是相互影响，相互传播。在这种情况下，从前史学家把羌民起义看成是国外的一种"外患"①，现代的史学家还有人把羌族列入"国外诸族"之中，或者把汉朝征服西羌称为"对外关系"，这些都是不符合历史事实的。

《史记·秦本纪》云：秦时"北据河为塞，西至临洮、羌中"。临洮即今甘肃岷县，是秦长城的起点。羌中，据《括地志》的解释，包括当时的芳州（今甘肃甘南藏族自治州）、扶州（今甘肃南坪东北）、松州（今四川松潘）及其以西诸地。秦代的长城从岷县向北，经渭源、临洮（古称狄道）、兰州，沿黄河而东北至于宁夏。所以岷县以西南的羌中，并未完全由秦国所控制。最初开拓羌中为郡县的，应是西汉。西汉除了开西域并置河西四郡外，又增置了一个面积辽阔包括西羌分布中心的金城郡。金城郡包括13个县，初以天水、陇西、张掖各二县置，后逐渐增至十三县。汉武帝初置令居塞（今甘肃永登西北），于此设护羌校尉。昭帝时，开始设金城郡。宣帝时，增置破羌（今青海乐都东南）、允街、安夷三县以处降羌，又置河关县（今青海同仁北），此县的西南便是西羌的集中所在。属于金城郡的还有浩亹（治今甘肃浩门镇）、枹罕、白石（今甘肃临夏南）、临羌（今青海湟源东南）四县，大致都在宣帝时及其稍后建置的。②上述五县在秦代所谓"羌中"的西南，都是西羌分布的主要地区。王莽执政时（公元4年），西部的疆域更扩大了一些。临羌以南的允谷（今青海共和东南），以西的鲜水海（即今青海湖），都归入了当时新设西海郡的范围之内。③《水经注·河水篇》记：王莽"讽羌献西海之地，置西海郡而筑五县焉，周海亭燧相望"。西海郡的郡治设在鲜水海东的龙夷（今青海海晏）。1944年在青海湖东北的金银滩上发现了一个三角形的古城遗址，城内掘出一石虎，虎座上刻"西海郡始建国□河南"等字。这三角城当即龙夷城的所在。总之，从上述各种史料证明，青海地区在公元1世纪初以前已经成为中国的领土，生息、活动于河湟之间的羌族，从那时候起，就成为中华民族的一个重要组成部分了。

---

① 范晔在《后汉书·西羌传》后论曰："羌虽外患，实深内疚"，即其一例。
② 参考《汉书》卷28《地理志》王先谦补注；钱大昕《廿二史考异》卷7，以及《汉书》的《赵充国传》、《元帝纪》等。
③ 《汉书》卷99《王莽传》。

两汉统治阶级为了统治西羌和东羌，除州设刺史（牧）、郡设太守、县设令长外，又在边郡置都尉和属国都尉，边郡的县设障塞尉，这些都是统治阶级派出去镇压少数民族的大小武官。都尉本是佐郡守以掌武职的，汉代统治者在边塞张掖、安定等郡置此官以防羌胡。安帝永初四年（110），凉州先零羌进攻三辅，汉朝在长安置京兆虎牙营，在雍县置雍营，各设都尉，以护其祖宗的陵园。这应是一种临时的措施。汉代又置属国都尉。《后汉书·百官志》云："又置属国都尉，主蛮夷降者。"可知羌胡地区的属国都尉是为了镇压刚刚征服的羌胡而建置的。西汉时统治西羌的有金城属国都尉①；东汉时统治羌胡（以镇羌为主）的有西河、上郡、安定、张掖等属国都尉，专门防御西羌的有陇西郡的南部都尉（治临洮，今甘肃岷县）和金城郡的西部都尉（治龙耆，今青海海晏）。边县设有障塞尉，主防备羌胡犯塞。②有的兼管降羌的塞上屯田，是一种"以夷制夷"的办法。这种障塞尉多设在陇西、金城、张掖等属国的分县之内。另外还有一种统治西羌的武官，名护羌校尉。西汉武帝时初置护羌校尉，设校尉营于令居塞。东汉建武九年（33）承袭旧制，仍设营于令居县。永平元年（58），因防止陇西羌与大、小榆谷羌首尾相连，改设营于狄道（今甘肃临洮）。建初元年（76），安夷县发生卑湳羌的起义，校尉营从狄道迁至安夷；二年，更西移至临羌县。永初二年（108），以金城、陇西众羌起义，校尉营又迁回狄道。四年（110），陇西、金城二郡所属各县多被羌民军攻陷，校尉营不得不过黄河北迁河西之张掖。③可知校尉营的迁徙同西羌的起义和战争是直接联系在一起的。"护羌校尉"这一名称，从表面上看非常迷人，但其实质却是一个镇压羌民起义和直接危害羌民利益的机构。东汉时的多次西羌起义都是由护羌校尉的残暴屠杀政策引起来的。

从秦始皇到两汉的统治者，经常于东西羌地区实行"戍边"、"谪戍"、"屯田"之制。简言之，就是把内地的农民、士卒以及触犯了封建法律的罪人，远徙至陇西、湟中或河曲一带，进行兵屯或民屯。这些措施一方面虽然促进了西北农业和灌溉水利的发展，便利了汉族和其他民族的交往及融合；但另一方面，却掠夺了西羌已经开垦成熟了的牧场和农田，逼使他们中的一

---

① 《汉书》卷69《赵充国传》。
② 《后汉书》卷28《百官志五》；参考刘昭《注补》及王先谦《后汉书集解》。
③ 参考《后汉书》卷87《西羌传》及《通鉴》卷49"汉永初四年"条胡注。

部分人远徙山林贫瘠之地，无以为生。这是西羌多次起义的主要原因之一。

在秦始皇时，曾经两次向陇西郡移民。一次是把内地的罪犯徙往自榆中（今内蒙古杭锦旗东南—陕西神木西北）至阴山（今内蒙古包头北）一带，建立了三（四）十四个县。第二次移民是"筑亭障以逐戎人。徙谪，实之初县"①。可知榆中一带的羌戎亦在被驱逐之列。汉武帝继续执行秦的政策，曾徙关东贫民于关以西②，又在河西至令居一带屯田③。最初在湟中实行兵屯的是赵充国。他准备用一万多步兵开拓从临羌至浩亹二千顷以上的田野，其中包括了大量西羌已开垦田在内。但不到半年，终以西羌的反对而作罢。④ 其次，在元始五年（5），王莽建立西海郡后，增立新法五十条，"犯者徙之西海，徙者以千万数"。但到了次年，西羌部民亲眼看到王莽夺去他们的土地，而自己的一万二千人却退居险阻，无以为生，所以就发生了以豪酋庞恬、傅幡为首的西羌起义，驱逐西海太守程永出境。⑤ 东汉时，向陇西、金城二郡戍兵、戍民和进行屯田的次数更多。在公元2世纪初，东汉统治阶级击退了烧当羌后，在西海东部和河曲两岸大力进行屯田。最初是金城的西部都尉曹凤在所驻地龙耆进行屯田。后来金城太守侯霸建议在东西邯（青海化隆南）屯田五部，在逢留河（大、小榆谷北的黄河为逢留大河，即今青海贵德至尖扎一段黄河）屯田二部；金城长史上官鸿建议在逢留河北岸的归义、建威二城附近屯田二十七部。这次屯田规模较大，开始于永元十四年（102）。⑥ 屯田的目的，不是为了发展生产，而是为了恢复西海故郡或扩大金城郡的统治地区至临羌塞外之地。⑦ 但五年之后，金城、陇西、北地等郡普遍爆发了羌民反抗汉暴政的战争。在金城者，当煎、勒姐二羌攻陷破羌县；在陇西者，钟羌攻陷临洮县，生擒陇西的南部都尉。更严重的是，"先零别种"滇零羌在北地郡建立了政权。西州起义的烽火既然到处燃烧，河湟地区统治羌民的机构就陷入被包围的状态。于是，护羌校尉营从狄道北移至张掖，金城太守衙

---

① 《史记》卷6《秦始皇本纪》。
② 《汉书》卷24下《食货志》。
③ 《汉书》卷24下《食货志》；同书卷94《匈奴传》。
④ 《汉书》卷69《赵充国传》。
⑤ 《汉书》卷99上《王莽传上》。
⑥ 《后汉书》卷87《西羌传》。
⑦ 参考《后汉书》卷4《和帝纪》。

门从允吾（今甘肃永靖西北）西移到陇西郡的襄武（今甘肃陇西东南），河湟地区的屯田因皆作废。① 到了永建六年（131），护羌校尉韩皓又到湟中屯田，把屯田中心移置于赐支河与逢留大河之间，以逼群羌。羌民看到屯田的官兵汲汲向西移动，生怕自己的土地被官兵侵夺，于是诸部之间解仇诅盟，各自警备，准备对屯田军展开斗争。继任的护羌校尉看到形势不对，才把屯田中心移回湟中，众情始安。从两汉屯田的事实来看，统治阶级的屯田政策始终是和西羌的农牧利益对立的。不论官兵的屯田有什么好处，只要它是侵夺羌民的耕田和牧场，只要它建立在危害羌民利益的基础之上，就必然引起羌民的反抗。所以，从本质上看，两汉在河湟地区的屯田是封建统治阶级的封建土地所有制的继续发展。他们把内地占有土地和奴役农民的办法发展到边疆，就是侵夺羌民的土地，驱逐羌民离开原有的耕地和牧场，然后对戍边的士兵和"罪犯"加紧剥削。这种情况，从《汉书·赵充国传》的"屯田十二便"便可充分体现出来。过去有些人无条件地歌颂统治阶级的屯田政策，应该说是大可商榷的。

两汉统治西羌的办法，除了设官镇压和戍边屯田外，还实行了一系列的征伐、屠杀、掠夺牲畜以及"羌胡相攻、以夷伐夷"的离间政策。西汉，包括王莽时期，征伐西羌的重大战役共有四次，其他小的战争不在其内。东汉的征羌事件特多，东西羌及白马羌的起义前后有50多次，统治阶级出兵征伐的次数更多。据《后汉书·段颎传》记载，从建宁元年至二年间（168—169），只段颎一人参加的征伐先零羌之役，前后就有180次，斩首38600多级，掠得牲畜427500多头，战场面积扩展到上郡、北地、安定、汉阳、天水、陇西六郡。其他征伐的次数和西羌在战争中的伤亡和损失，亦不在少数。范晔在《西羌传》末总结东汉统治者对西羌的屠杀和掠夺情况说："或枭克酋健，摧破附落，降俘载路，牛羊满山。"又说："若乃陷击之所歼伤，追走之所崩籍，头颅断落于万丈之山，支革判解于重崖之上，不可校计。其能穿窜草石，自脱于锋镞者，百不一二。"可知统治阶级对于羌民的屠杀掠夺是十分残酷的。但残酷的屠杀掠夺并不能镇压羌族人民起义的烽火，而是屠杀的次数越多，羌民的反抗力量就越大。起初，统治阶级还想利用"分而

---

① 《后汉书》卷4《和帝纪》。

治之"的办法把西羌迁于内郡以抗匈奴,把月氏胡移于金城郡的东部以击西羌。他们叫这种办法是"羌胡相攻"、"以夷伐夷"。①但是东羌仍然同南匈奴、鲜卑联合以攻边郡②,同先零羌联合而共同拥护滇零政权③;而湟中的月氏胡开始被整编为"义从胡",对西羌作战,到了后来,他们感觉到"汉家常欲斗我曹",于是又同东西羌联合在一起,反对汉朝统治阶级了④。

另外,东西羌起义的一个最基本最普遍的原因,就是州郡官吏和豪右地主对羌民的压迫和剥削。早在东汉建武九年(33),司徒掾班彪论述凉州郡县侵凌降羌,导致降羌反抗的情况说:

> 今凉州部皆有降羌,羌胡被发左衽,而与汉人杂处,习俗既异,言语不通,数为小吏黠人所见侵夺,穷恚无聊,故致反叛。⑤

东汉初的凉州部包括安定、北地以西和以南的各郡,如河西诸郡和陇西、汉阳等郡。班彪以一代史家,中年避难凉州,游行于安定、汉阳及河西诸郡之间,对于降羌被压迫情况所知独多,所以他的言论应当是可信的。但班彪初事天水的隗嚣,继事河西的窦融,从王莽以来,侵夺降羌者正是此辈以及他们所委任的太守、都尉和县令。而班彪把侵夺羌民的主角缩小为"小吏黠人",其中有为故主讳、为僚友讳的成分在内。然而,无论如何从这一简短的论述中也可看到,在东汉建国之初,汉朝统治阶级与羌之间的民族矛盾和阶级斗争就比较尖锐了。

《后汉书》的作者范晔,在总结汉羌的民族矛盾和民族战争时,也认为矛盾和战争的原因是由于汉朝豪右地主对内属西羌的压迫和剥削。他说:

> 其(西羌)内属者,或倥偬于豪右之手,或屈折于奴仆之勤。塞候时清,则愤怒而思祸;桴革暂动,则属鞬以鸟惊。⑥

---

① 《后汉书》卷16《邓训传》。
② 《后汉书》卷89《南匈奴列传》;同书卷65《张奂传》;同书卷90《乌桓鲜卑列传》。
③ 《后汉书》卷87《西羌传》。
④ 《后汉书》卷16《邓训传》;同书卷87《西羌传》。
⑤ 《后汉书》卷87《西羌传》。
⑥ 同上。

以我的理解，所谓"佮偬于豪右之手"，就是豪强以羌民为部曲或兵丁，指挥他们在各处打仗，通过徭役或兵役的方式，榨取他们的收入和财产，有时还牺牲他们的生命。东汉前期，如隗嚣、窦融、窦固、马援、马防、邓训，后期如侯霸、马贤、段颎、董卓，都是著名的奴役羌民、羌兵的豪强将帅。《西羌传》云："时诸降羌布在郡县，皆为吏人豪右所徭役，积以愁怨。"《后汉书·皇甫规传》记规上疏云："夫羌戎溃叛，不由承平，皆由边将失于绥御。乘常守安，则加侵暴，苟竞小利，则致大害，……军士劳怨，困于猾吏，……酋豪泣血，惊惧生变。"这几句话，描述历代豪右猾吏困扰羌民和奴役羌兵的情况，可以说是活现了。所谓"屈折于奴仆之勤"，就是边塞将吏剥削羌民的财产和劳动力，使他们无法生存，沦为奴仆。《后汉书·马防传》记："防又多牧马畜，赋敛羌胡。"同书《皇甫规传》记："先是安定太守孙儁受取狼籍，属国都尉李翕、督军御史张禀多杀降羌；凉州刺史郭闳、汉阳太守赵熹并老弱不堪任职，而皆倚恃权贵，不遵法度。"同书《张奂传》又记："前有八都尉，率好财货，（羌）为所患苦。"在这种情况下，多年被剥削的贫苦羌民是很容易沦为奴隶的。

另一种情况，是起义失败后的妇孺被没收为奴。《西羌传》记：永元十四年（102），"安定降羌烧何种胁诸羌数百人反叛，郡兵击灭之，悉没入弱口为奴婢"。还有一种情况，是有些郡县的羌民为统治阶级屯田、守塞，当时人们称之为"屯羌"或"守塞羌"。这种屯羌在陇西、汉阳、武都等郡都有，其屯田的性质大致是一种军屯。《后汉书·傅燮传》记："叛羌怀其恩化，并来降附。乃广开屯田，列置四十余营。"由此一例可以说明降羌的军屯性质。东汉的边塞将佐官吏十之八九都是虐刻成性，又好贪污，在他们"断盗牢禀，私自润入"的情况下，不论士卒或屯兵是不可能不受到大量的剥削的。所以像这种"屯羌"，虽虚有屯兵之名，其实与奴仆无异。边将屯官剥削得屯羌无法生活，屯羌自然就联合塞外羌民共同起义。《后汉书·顺帝纪》记阳嘉三年（134），"丙午，武都塞上屯羌及外羌攻破屯官，驱略人畜"。这种情况不只武都的屯羌如此，就是陇西、汉阳的守塞羌也相类似。总之，汉朝统治阶级对羌民的压迫和剥削，是导致羌民起义和汉羌战争的主要原因。

总括来说，两汉统治阶级对于边郡的羌民，设官置尉是为了镇压羌民，戍边屯田则每每侵夺羌民耕地和牧场，而征伐屠杀则是保证镇压和掠夺的手段。至于内郡的降羌，或为豪强官吏所控制，重其徭役，敛其牛羊，并被迫随同在各处打仗；或为塞将屯官所奴役，终年劳役而不得一饱。前引范晔的两句话很有意思："塞候时清，则愤怒而思祸"，即是说从统治阶级的压迫剥削一开始，羌民和汉朝统治阶级的矛盾就形成了，但由于起义的条件一时不成熟，所以羌民只是"愤怒"，是"思祸"（即想反抗、起义）。一旦时机成熟，所谓"桴革暂动"，他们便拿起武器——或者弓箭矛戈，或者竹竿板盾，勇敢坚决地从事于起义战争了。

东汉时期，西羌和东羌的大规模起义（小规模起义不算）共有五次，这五次起义的年代、地点和起义的部民如下：

（一）建初二年（77）到永元十三年（101）展开了河湟地区以烧当羌为首，联合封养、烧何、当煎、当阗、卑湳等部，并与湟中的月氏胡、张掖的卢水胡联合的大起义。

（二）永初元年（107）到元初五年（118）金城、陇西、汉阳三郡戍羌在开往西域的途中，至河西的酒泉郡（治今甘肃酒泉），爆发了起义，与屯聚在陇西的先零羌和钟羌联合，展开了以北地、安定、陇西三郡为中心的起义，并在北地郡建立滇零政权，参加这一政权的有羌、胡、汉各族人民。

（三）永和四年（139）到永嘉元年（145）金城、陇西两郡的且冻、傅难诸部与安定、北地两郡的罕羌、烧何诸部在凉州各郡以及关中西部所展开的反对汉朝将佐官吏的贪污暴政斗争。

（四）延熹二年（159）到建宁二年（169）陇西的烧当等八种羌、安定的先零羌、上郡的沈氏羌先后在各郡展开反暴政斗争。东羌的兵力曾经攻入三辅的扶风、京兆一带。

（五）中平元年（184）到建安十九年（214）在金城、陇西、汉阳三郡爆发了以金城的"义从羌"和陇西的先零羌为主，后又加入了湟中的"义从胡"、一部分汉人及汉族官吏的起义。先头部队曾经到达三辅的西部。

现在我们把五次起义的近因、经过以及战争的性质分别叙述一下。

第一次起义是在建初二年开始的。河湟一带西羌起义的基本原因，如前所述，是汉代统治阶级用各种方法不断侵夺他们的耕地和牧场，使他们离开自己已经开垦成熟的土地，转入硗瘠苦寒的山野。这对于以农牧为生的羌民来说，是非常痛心的。因此，这些被侵凌的部民世世代代不忘旧苦，一有机会便把新仇旧恨联系起来，向统治阶级展开斗争。在这第一次起义的前二十年内，河湟地区发生了三次事变，都同西羌的起义密切相关，我们可以把它们作为起义的近因。一次是中元二年（57）烧河羌的年迈女豪比铜钳的无故被捕。原来比铜钳在鲜水东北，年百余岁，足智多谋，在部落中很有威信。因为被卢水胡袭击，她率领部民从塞外迁入金城郡临羌县避难。像这种相信汉朝郡县能保护他们安全的行动，本来是应该欢迎的。但临羌长以她的部民偶有犯法，得到太守的同意，便把比铜钳逮捕下狱，同时又屠杀了烧何羌部民六七百人。结果惹起了西羌各部的公愤。后来统治阶级觉得不对，释放比铜钳，馈送医药，所以没有酿成大变。二次是永平元年（58）所发生的马武征伐烧当羌，徙东西邯的西羌部民七千口于三辅的事件。这一事件，当时烧当羌等部落虽战败散降，但对统治阶级痛恨入骨。三次是建初元年（76）在安夷县所发生的县吏掠夺羌妇的事件。原来安夷县的南部大、小榆谷有烧当羌和卑湳羌，县吏掠夺卑湳羌妇为妻，羌妇之夫便杀了县吏。这种事件本来应谨慎处理，但安夷长宗延①领兵追击羌妇之夫出塞，卑湳羌众恐怕无罪而被牵连，所以遂群起杀死宗延，接着就联合勒姐、吾良两部落起兵。金城太守看到事态扩大，联合陇西兵对卑湳羌作战，杀死数百人。汉朝更派前度辽将军吴棠为护羌校尉，把护羌营从狄道移到安夷。卑湳羌的暴动虽然最后镇压下去了，但从第二年起，就爆发了以烧当羌为主，联合烧何、封养、当煎、当阗、卑湳等羌和湟中月氏胡、属国卢水胡的大起义。

原来烧当羌和卑湳羌都居住在大、小榆谷，而烧当羌更是一个著名富强的部落集团。烧当羌大豪滇吾在永平二年（59）降汉，汉朝把他徙至陇西郡，受南部都尉的管束。不久滇吾困死，他的儿子东吾虽然拘留在塞内，但东吾的诸弟迷吾、号吾仍居榆谷，经常反抗汉朝统治阶级。自安夷县发生了掠夺卑湳羌妇事件后，迷吾兄弟不只与卑湳羌素有亲谊，理应共同反抗汉朝的屠杀政策，而且他们的兄长东吾久被拘留在陇西，也应出兵营救。因此，他们便在建初二年联合其他各部树立反抗汉朝统治阶级的旗帜。迷吾等合兵五万多人两次攻打陇西、汉阳两郡，占领了临洮的索西城（今甘肃岷县东

---

① 《后汉书》卷101《天文志中》记为"宋延"。

北)。元和三年(86),迷吾弟号吾被擒,与陇西太守立约,汉羌罢兵,众羌愿各归故地。护羌校尉傅育不顾立约,暗地派人离间羌胡,使之自斗。此计不成,乃于章和元年(87)发各郡兵二万人出塞征战。汉羌两方在建威城南之三兜谷(逢留大河北)接战,迷吾以少击众,毁汉军营垒,并杀死傅育。金城太守张纡代理校尉,为了给傅育报仇,他预约迷吾及其他豪酋在临羌县宴会,置毒药于酒中,趁羌人酒醉之际,击鼓起伏兵,杀尽羌豪八百多人,并斩迷吾等五人头,以祭傅育之墓。迷吾子迷唐因众羌之怨,与烧何、当煎、当阗诸部相约,各以子女金银聘纳诸部,解仇交质,合众五千人,东攻陇西塞。与陇西太守寇盱战于白石县(今甘肃临夏南),迷唐不利,引退大、小榆谷。从此,迷唐等会合附近部落,北招属国诸胡,部众炽盛,在一二年内集聚至四万多人。永元元年(89),邓训继为护羌校尉,他深知烧当出兵是由于"张纡失信",而自己的兵力又不及迷唐的十分之一,所以不敢硬打。开始他用离间政策,破坏众羌的团结,到了后来,又以小恩小惠收买湟中月氏胡,会同汉兵四千多人出塞,攻打大、小榆谷,于是迷唐移至大榆谷以西的颇岩谷中。过了三年,迷唐率其部民又还居大、小榆谷,并举兵攻打金城要塞。

　　永元五年(93),贯友代为校尉,对诸羌仍采用离间政策,使烧当羌日陷于孤立,然后出兵攻打大、小榆谷,把榆谷的存麦数万斛移至逢留大河两岸。从此,迷唐率领部众移到赐支河曲的西部。迷唐与其部民虽然第二次又离开榆谷,但他们反攻的意志仍然十分坚决。在永元八年到十三年的六年间,一次击败代为校尉史充的军队,两次攻入陇西郡,杀大夏(今甘肃广河西北)长,前哨军队且到达临洮。在放弃大、小榆谷的时候,迷唐的部众只有二三千人,但不久便发展到八千人,第二次攻陇西郡时更发展到步骑三万人。从这一点看,迷唐的起义是深得众羌拥护的。但经过汉朝统治阶级多次的离间分化和进兵屠杀,迷唐的军队就越来越少。到了最后,因累姐部落降汉,迷唐击杀其酋豪,"由是与诸种为仇,党援益疏",遂至于一蹶不振。永元十三年秋,迷唐率领七千多人最后一次向金城郡进攻。金城太守、酒泉太守合诸郡官兵及属国湟中月氏诸胡、陇西牢姐羌共三万人出塞,与迷唐大战于允川(在大、小榆谷的西面)。结果,羌众折伤,被杀四百多人,被迫投降的六千余口。这些降羌随后分散迁徙到了汉阳、安定、陇西三郡。迷唐从此削弱，只得率领余众不满千人远逾赐支河首，依发羌而居，从而结束了羌民的第一次起义。

隔了六年，到永初元年，在凉州又爆发了羌民的第二次大起义。起义的地点最初在河西的酒泉郡，不久转入陇西、汉阳、北地三郡，然后以此三郡为中心，建立了滇零政权，对汉朝统治阶级展开了大规模的战争。战争的地区，除凉州的陇西、汉阳、安定、北地、武都、金城、武威、张掖、酒泉诸郡外，还有并州的西河、上郡、上党三郡，益州的汉中郡以及直属于司隶的三辅和河东、河内诸郡。从起义到战争完结，前后凡十二年。王符在《潜夫论·救边篇》总结这次战争影响说："始自凉、并，延及司隶，东祸赵、魏，西钞蜀、汉，五州残破，六郡削迹。"可知这次起义战争的影响之大、范围之广以及对于东汉王朝的摧毁作用之巨，都是空前的。

初时，汉元帝派王弘到金城、陇西、汉阳三郡征发羌兵数百至数千骑到西域打仗。各部羌民平时对豪右官吏的徭役负担已经很重，至此又征发远戍，骑马自备，所以怨声载道，行至酒泉，羌骑多所逃散。各郡出兵拦堵，有的把羌民的庐落拆毁，于是各地羌民和戍兵集中在张掖郡的日勒县（今甘肃山丹东南）举行暴动，攻下许多亭堠，杀死许多官吏。① 这一消息传到各郡，许多降羌中有的部落自己有人参加了羌骑的暴动，恐怕连累自己；有的平时对统治阶级的压迫十分愤怒，早想逃归塞外。② "于是群羌奔骇，互相扇动，二州之戎，一时俱发，覆没将守，屠破城邑。"③ 其中声势最大、内部团结最紧、斗争最烈的是陇西郡的先零羌和钟羌。陇西之有降羌，始于汉景帝时，后来不断增加，名称不一，分布地区也比较普遍。在东汉时，陇西先零羌的大本营在从襄武县五溪聚（今甘肃陇西西）到狄道、安故（今甘肃临洮南）南的丘陵地带，汉时人称之曰"五溪羌"。④《后汉书·来歙传》记："五

---

① 《后汉书》卷47《梁慬传》。
② 据《后汉书·西羌传》记载，金城郡的勒姐、当煎二部同时奔溃，安定的烧当降羌首领麻奴，此时亦率其部民西出塞外。
③ 江统：《徙戎论》，见《晋书》卷56《江统传》。
④ 《后汉书》注引《续汉志》云："陇西襄武县有五溪聚。"陇西先零羌主要在五溪聚，所以这些先零羌亦称为五溪羌。但五溪羌不只分布在襄武县的五溪聚。《水经注》卷2引《十三州志》曰：安故县"在郡南四十七里，盖延转击狄道、安故五溪反羌，大破之，即此也"。可知狄道、安故亦有五溪羌。

溪先零诸种①数为寇掠，皆营堑自守，州郡不能讨。"这些先零羌虽然被官兵讨伐多次，并且有一部分徙至三辅，但在元帝时仍然有很大势力。其次，便是钟羌。《后汉书·安帝纪》注引《续汉书》云："种（钟）羌九千余户，在陇西临洮谷（今甘肃岷县境）。"自河西戍羌骑兵暴动后，他们便同其他众羌联合起来，一方面遮断陇道，准备对付东来的官兵，又一方面在陇西、汉阳二郡对统治阶级展开斗争。史称"时羌归附既久，无复器甲，或持竹竿、木枝以代戈矛，或负板案以为楯，或执铜镜以象兵"②。即便如此，仍然是"郡县畏懦不能制"③。

"西州摇荡"的消息传到了洛阳，汉朝准备从两方面入手来对付凉州起义的羌民：一面派邓骘率领五校营及十一郡的官兵五万人到汉阳郡去镇压；又一面下诏"赦除诸羌相连结谋叛逆者罪"。羌民起义军识破了统治阶级的诡计，在永初二年（108）春，趁诸郡兵未到齐的时候，钟羌数千人便先突击邓骘的部队于冀县（今甘肃武山东）之西，杀千余人。其冬，先零羌首领滇零率领部众与官军数万人战于平襄（今甘肃通渭西），杀官兵八千多人。晋代江统追述这次战役说："邓骘之征，弃甲委兵，舆尸丧师，前后相继。"可知官兵在此役中是全失败了。滇零等以陇西、汉阳当东西要道，官军必争，于是率领所部从陇西迁到北地郡，建立政权。众羌部民推滇零为天子，建立年号，封官授印，以丁奚城（今宁夏灵武东南④）为都城。

他们在北地郡的第一个措施，就是招集武都郡的参狼羌和上郡、西河的羌胡共同起义，并分兵东南两路：东路出兵三辅，到达武功（今陕西扶风东南）和美阳（今陕西扶风东）间⑤；南路出兵益州，杀死汉中太守董炳。三年（109），在滇零的指挥下，当煎、勒姐二羌攻下金城郡破羌县，钟羌攻下陇西郡的临洮县，活捉经常压迫降羌的南部都尉。四年（110），攻打汉中的褒中县（今陕西汉中西北），杀新任汉中太守郑勤及其所领官兵三千余人。汉朝于是徙金城郡治于襄武，徙护羌校尉营于张掖。五年春，滇零使羌兵由

---

① 《东观汉记》（辑本）云："五溪六种。"但其主要部分为先零羌，参考《后汉书》卷1《光武帝纪》。
② 《后汉书》卷87《西羌传》。
③ 同上。
④ 另一说，沈钦韩曰："明志，丰州千户所南有故丁奚城。"（见《两汉书疏证》）
⑤ 《后汉书》卷5《安帝纪》云：永初二年十一月，"先零羌滇零称天子于北地，遂寇三辅，东犯赵、魏，南入益州"。此年东攻赵、魏不太可能。攻武功、美阳见同书卷47《梁慬传》。

冯翊渡黄河，攻河东郡（治今山西夏县西北），转至上党（治今山西长子西南）、河内（治今河南武陟西南）二郡，直接威胁到赵郡（治今河北邯郸）、魏郡（治今河北磁县南）及东汉的首都洛阳。统治阶级看到这种情况，十分惶恐，急忙把京城的五营精兵集中于孟津（今河南孟县西南），以防羌民军南下；又从魏郡到中山（治今河北定县）间修筑坞候六百一十六所，以防羌民军东出。但是羌民起义军越战越强，东路继续攻打赵、魏二郡，西路对陇西、安定、上郡、北地给以全面的袭击。于是东汉王朝不得不下诏，徙陇西郡民于襄武，安定郡民于美阳，北地郡民于池阳（今陕西泾阳西北），上郡郡民于衙县（今陕西白水东北）。这是羌民第二次起义的最盛时期。由于羌民军所反对的不是各郡的汉民，而是同汉羌人民作对的统治阶级，所以当下诏移民时，各史皆记载："百姓恋土，不乐去旧。"而东汉统治阶级对于不愿南徙、东徙的汉族农民，"遂乃刈其禾稼，发彻室屋，夷营壁，破积聚。时连旱蝗饥荒，而驱蹙劫略，流离分散，随道死亡，或弃捐老弱，或为人仆妾，丧其太半"①。由此知强刈田禾、劫掠财产、驱人民于死亡一途的，并不是羌民军，而是东汉的统治阶级。

正因为滇零政权是既代表羌民利益，同时也代表汉族农民利益的，所以在永初五年的下半年，汉阳郡的一个以杜琦为首的汉族农民起义集团，乃与滇零政权合作，攻下上邽城，最后他们也参加了滇零政权。杜琦和他领导的农民集团是在永初二年起义的。②起义军称杜琦为安汉将军，他的部将有他的兄弟季贡和同郡人王信。杜琦先从汉阳南下，攻打广汉郡（治今四川广汉北），驻军于葭萌县（四川广元西南）。东汉令御史大夫唐喜出兵，经年不下。③更遣中郎将尹就出兵，亦无功而还。当时广汉等郡的太守都屯聚涪县（今四川绵阳东北），束手无策。④至此杜琦与滇零合兵，攻下上邽。朝廷着急，下诏能得杜琦首级者，封列侯，给钱百万；羌胡斩杜琦者，给金百斤、银二百斤。汉阳太守赵博遣刺客杜习，刺杀杜琦，习得封侯及赐钱百万。杜

---

① 《后汉书》卷87《西羌传》。
② 参考《华阳国志》卷2"阴平郡"条。《后汉书·安帝纪》及《东观汉记》皆以杜琦在永初五年九月起兵，与事不合。
③ 《华阳国志》卷2记唐喜于此年赐死，但《后汉书·安帝纪》及同书《西羌传》并记唐喜于永初六年斩王信，故知唐喜此年未亡。
④ 《华阳国志》卷2"阴平郡"条。

季贡和王信率其众据樗泉营，不久，便参加了滇零政权。

永初六年（112），滇零死，子零昌立，年尚幼，以同部人狼莫为谋主，以杜季贡为将军，教羌汉人民在丁奚城附近垦殖边荒，从事耕稼。七年，汉将马贤、侯霸掩击在安定郡的零昌别部牢羌，掠夺牲畜两万头。元初元年（114），零昌遣兵攻打雍城（今陕西凤翔南）。同年，金城郡的烧当羌首领号多与参加零昌政权的当煎、勒姐大豪，共约众羌南下，分兵攻打武都和汉中两郡。中间遭到了汉中地主武装和巴郡"板楯蛮"的阻击，号多退还陇西，亦参加了零昌政权，但不久又叛去。二年春，零昌分兵攻打益州。汉朝遣征西将军司马钧领关中兵八千人，护羌校尉庞参率领羌胡兵七千人，从东西两路北上攻击零昌。庞参兵东行，在勇士城（今甘肃兰州东）的东面遇到杜季贡的义军，战败引退，而孤军深入北地郡的司马钧之军队，沿途都遭到义军的袭击，致有三千多人死亡。当年还有一位汉朝新委的武都太守虞诩，在赴任途中，至陈仓县（今陕西宝鸡东）就遇到数千羌兵的冲击，到任以后，又被一万多羌众围困于赤亭（今甘肃礼县东南）。①

从上所述，可知公元2世纪初，羌民所建的滇零政权，它所控制的地区是十分广大的：北面有安定、北地、上郡、河西四郡，东面至河东、上党、河内三郡，西面有陇西、汉阳二郡和金城郡的东部，南面至汉中郡的西部以及武都、阴平二郡和蜀郡的北部。像这样大的民族起义和民族战争的规模，在中国历史上也是少有的。然而，正因为占领的地区太广和对敌的战线太长，因而兵力不能集中，很容易被官兵和各地豪右地主的武装各个击破。例如在汉中、蜀郡及河东上党各地都有这种情况。直至元初三年（116），东汉统治阶级开始集中主要兵力围攻北地郡。夏五月，汉朝贵戚邓遵借用匈奴南单于和左鹿蠡王的一万骑兵击零昌于灵州（今宁夏永宁）；中郎将任尚率禁军三千五百人攻打丁奚城，结果把零昌的城屋和庐帐焚毁，家属屠杀，牛马虏去，所有的官印文书亦劫掠一空。次年春，任尚招募当阗羌榆鬼等刺杀杜季贡；秋七月，又利诱效功羌号封，刺杀滇零王零昌。于是滇零政权的首领只余狼莫一人。狼莫率领部众徙往北地郡之富平（今宁夏青铜峡南）及安定郡界内。冬十二月，任尚和马贤共击狼莫于北地、安定二郡。马贤的军队先

---

① 《后汉书》卷58《虞诩传》。

到安定的青石岸（今甘肃泾川西北），狼莫迎击，败之。当时正值任尚的军队开到高平（今甘肃固原），向南进攻，与马贤兵合，狼莫的部众不得不向北引退。在退入北地郡的沿途，狼莫且战且走，激战十多日，最后在富平河上一战，狼莫失利败走。原来在西河郡的虔人羌，因势力孤弱，至此向官军投降。五年（118），邓遵利诱上郡的全无羌雕何，刺杀狼莫。至此滇零政权宣告瓦解。从永初元年至元初五年，羌民的第二次起义和战争凡十二年。在此十多年内，羌民所建的滇零政权自始至终是反抗东汉政府的徭役暴政和民族压迫的。这一政权虽然最后瓦解，但它的作用主要表现在下述两个方面：一是十多年的战争，使东汉政府的军费用去了二百四十多亿，"并、凉二州，遂至虚耗"①。二是经过这次起义之后，给内地的降羌播下了不断起义的种子。江统说："自此之后，余烬不尽，小有际会，辄复侵叛"②，就是指这第二次羌民大起义而言的。

第三次羌民起义始于永和五年（140），终于永嘉元年（145），前后共六年。自滇零政权被颠覆以后，凉州的羌民暴动一直没有停息。元初六年（119），勒姐羌和钟羌在陇西安故（今甘肃临洮南）的起义；永宁元年（120）春，上郡沈氏羌五千多人西击张掖郡；同年夏，当煎羌大豪饥五等攻打金城郡；建光元年（121），当煎羌与烧当羌等三千人攻打湟中及金城诸县，并协同先零、沈氏诸羌四千多户西攻武威；延光元年（122），上郡虔人羌与匈奴合兵攻谷罗城（今内蒙古准格尔旗西南）；永建元年（126），陇西郡钟羌攻打临洮；阳嘉三年（134），钟羌又攻打陇西、汉阳二郡；永和元年（136），武都塞上白马羌攻击屯官；三年，烧当羌三千多骑攻金城塞等等。上述几次羌民起义和暴动大多数是第二次起义的延续。其中如钟羌、勒姐、当煎、先零诸羌都曾参加过滇零政权，滇零政权虽然被颠覆了，但他们仍然连续不断地进行反对汉朝统治者的斗争。又如虔人羌和先零羌在被征伐的过程中，屈于形势，暂时投降了，但不久，一有机会又重新联合其他羌胡重举义旗。

羌民第三次大起义的前几年，东汉王朝认为滇零政权"平定"了，就

---

① 《后汉书》卷 87《西羌传》。
② 《晋书》卷 56《江统传》。

把陇西、安定、北地、上郡四郡统治汉羌的机构搬回原地，恢复了镇压陇西降羌的南部都尉，并在湟中继续屯田。① 更严重的是在起义的前一年，派了两位"天性虐刻"的太守到并、凉二州，即来机为并州刺史、刘秉为凉州刺史。史称两刺史"到州之日，多所扰发"，对于羌民尤甚。因此就在永和五年揭开了东西羌联合起义的序幕。初时，金城郡附近的且冻、傅难两羌带头起义，攻打金城郡治。不久，他们与陇西塞的降羌和湟中的羌胡联合，进兵三辅，沿路杀掉了许多令长和僚吏。东汉统治阶级惊慌了，派马贤等领兵十万，坐镇汉阳。西羌的起义军不管官兵如何众多，把自己的军队分作两路：一路沿洮水而东南，攻武都郡；又一路沿渭河而东，烧毁陇关（今甘肃清水东北），掠取牧苑的马匹。六年，起义军围攻安定②，又进攻北地郡，与马贤战于射姑山（今甘肃庆阳北），马贤和他的两个儿子于此役中被杀。于是北地、安定的东羌和金城、陇西的西羌在北地郡会师，然后分兵三路：东路由巩唐羌先攻陇西，继攻三辅，烧毁了汉家祖宗的陵园，杀了许多长吏；北路䍐羌攻北地，击败北地太守贾福和武威太守赵冲所领的官军；西北路军由众羌的八九千骑组成，攻打武威郡，使整个凉州和三辅都受到了很大的威胁。汉朝统治阶级惶恐万分，从此不得不又把安定的郡治徙于扶风，北地的郡治徙至冯翊。

汉安元年（142），汉朝以赵冲为护羌校尉。统治阶级看到对起义军不能以战争取胜，所以又采用挑拨离间的手段来瓦解东西羌的联合。赵冲先对北地郡的䍐羌威胁利诱，于是䍐羌邑落五千多户降汉。唯有安定郡三千多落的烧何羌坚据参䜌北界，继续斗争。二年，赵冲合汉阳官兵攻击烧何羌，屠杀一千五百多人，掠其牲畜十八万头。此外，又征伐了一些羌民部落。从此，东羌的势力受到削弱。这里值得我们注意的就是在建康元年（144）春，令居的护羌校尉营内发生了从事官马玄参加羌民起义的事件。据史书所记："马玄遂为诸羌所诱，将羌众亡出塞。"又记代理护羌校尉卫瑶追击马玄等，"斩首八百余级，得牛马羊二十余万头"。③ 由此推测，马玄所领的羌民军是

---

① 元初二年（115），护羌校尉营从张掖移回令居。陇西郡治移回狄道，是在延光三年（124）。安定、北地、上郡之各迁旧地，是在永建四年（129）。恢复湟中地区屯田在永建五年。恢复陇西南部都尉在阳嘉二年（133）。
② 《后汉书》卷65《皇甫规传》。
③ 《后汉书》卷87《西羌传》。

很多的。赵冲跟着又追到鹯阴河（今甘肃靖远西北至景泰一段黄河）畔，正渡河的时候，所率六百多名降胡发生变乱逃走。赵冲领数百人追击，遇羌军伏兵，全部被杀。最后到永嘉元年，张贡新任校尉。这时，左冯翊的梁并又用挑拨离间的手段，利诱离滴、狐奴等五万余户羌民降汉。羌民的第三次起义始告一段落。

第三次起义给统治阶级带来了更大的灾难：第一是财政的消耗。《后汉书·皇甫规传》谓：马贤等"拥众四年，未有成功，悬师之费且百亿计"。《西羌传》谓："自永和羌叛，至乎是岁（永嘉元），十余年间，费用八十余亿。"第二是将士的死亡。马贤带领的官军十万人，赵冲的河西四郡兵及北地、汉阳二太守兵亦在十万以上。这些将士大部分都死在战场，所谓"士卒不得其死者，白骨相望于野"，即指此而言。第三是户口的散亡。今据《汉书·地理志》元始二年（2）与《后汉书·郡国志》顺帝永和五年（140）相较，则知数经羌汉战争之凉州，户口大减。以户数计，北地郡的户数只及西汉时的5%，金城郡和陇西郡只及10%，安定郡只及14%，汉阳郡只及45%（参见表1）。这种户口锐减的现象都是东汉历代统治阶级对羌民进行屠杀、驱逐、移民和征发的结果。

表1　凉州五郡东、西汉户口比较表

郡名	西汉元始二年		东汉永和五年		东汉户口为西汉户口的百分比	
	户数	人口	户数	人口	户数	人口
陇西	53964	236824	5628	29637	10.4%	12.5%
汉阳（天水）	60370	261348	27423	130138	45.4%	49.8%
金城	38470	149648	3858	18947	10.0%	12.7%
安定	42725	143294	6094	29060	14.3%	20.3%
北地	64461	210688	3122	18637	4.8%	8.8%

隔了十三年，又爆发了第四次羌民起义战争。这次起义的原因同第三次起义相同，主要是因东汉统治东西羌的制度和州郡将领官僚的剥削屠杀政策引起的。东汉中叶时，除了贵族外戚专政外，又产生了宦官专政。边郡将帅官吏为了升官发财，莫不大肆贪污剥削。《西羌传》谓自永和羌叛，"诸将多断盗牢稟，私自润入，皆以珍宝货赂左右，上下放纵，不恤军事"。《皇甫规

传》亦谓：永和年间马贤等镇压羌民起义"悬师之费且百亿计，出于平人，回入奸吏，故江湖之人，群为盗贼"。这些贪污将吏，不只贪污公款，而且盘剥边民。《张奂传》记安定属国在羌民起义之先，"有八都尉率好财货，（羌）为所患苦"。《皇甫规传》记："安定太守孙儁受取狼籍。"同传又记："自永初以来，将出不少，覆军有五①，动资巨亿。有旋车完封，写之权门②，而名成功立，厚加爵封。"从此可知边郡将吏是如何剥削羌民了。东汉的边郡将吏不仅贪虐，且皆以残酷屠杀羌民为能。护羌校尉如马贤、赵冲等实际上都是"屠羌校尉"。校尉之外，并州刺史来机、凉州刺史刘秉、安定属国都尉李翕、督军御史张禀等等，皆以"天性虐刻"、"多杀降羌"，闻名于时。像这种情况，东西羌民是难以忍受，不得不接连不断地爆发起义。而且，第三、第四次的羌民起义，同内郡的江淮和泰山郡的农民起义，是在同时和同一压迫剥削条件下发生的，而羌民所受压迫剥削较之汉族农民则更为残酷。皇甫规说："自鸟鼠至于东岱，其病一也。"鸟鼠山（今甘肃渭源西）在陇西郡，此指羌民起义；东岱即泰山郡（治今山东泰安东），此指叔孙无忌所领导的汉族农民起义。所谓"其病一也"的"病"，不论皇甫规的解释如何，我看就是统治阶级对各族人民的残酷压迫和剥削。

延熹二年（159），素以残暴屠杀著名的段颎出任护羌校尉，接着在此年腊月就激起了烧当、烧何、当煎、勒姐等八种羌攻打陇西、金城的塞堡。段颎率领官兵和湟中"义从羌"一万二千骑，出湟谷与战，众羌退至积石山（阿尼玛卿山）附近的罗谷。次年春，金城郡的烧当羌等与烧何羌联合，北攻张掖属国（今甘肃高台北），占领巨鹿坞，杀属国官吏。又招集同种千余落南下，袭击段颎营，段颎猝不及防，刀折矢尽，几至败覆。冬天，勒姐、零吾二羌围攻允街县，杀死许多官吏。四年（161），东西羌起义的范围更为扩大。此年夏天，陇西郡的零吾羌、先零羌合兵东攻三辅；冬天，上郡沈氏羌、陇西牢姐、鸟吾等羌合兵攻击并、凉二州。段颎率领湟中"义从羌"胡前往镇压。这些羌胡以久役不归，"恋乡旧"，跟着全体暴动起来。段颎因此坐征下狱。继任的护羌校尉胡闳庸懦无能，于是东西羌更为强盛，攻下了许

---

① 《通鉴》卷54"汉延熹五年"条胡注云"覆军有五"，即指"邓骘败于冀西，任尚败于平襄，司马钧败于丁奚城，马贤败于射姑山，赵冲败于鹯阴河"。

② 唐李贤于此注云："言覆军之将，旋师之日，多载珍宝，封印完全，便入权门。"

多营坞，并相互招结，在三辅、并州、凉州各地继续展开斗争。汉朝看到情势危急，一面起用比较廉正的皇甫规，监督关西官军，对羌民军实行招抚；一面诛免了一些贪官酷吏，以平羌民的公愤，于是暂时得到几个月的安宁。到延熹五年，凉州继续发生东西羌起义。此年三月，上郡沈氐羌攻打张掖、酒泉；七月，鸟吾羌复攻汉阳；十一月，滇那羌攻打武威、张掖、酒泉。这种情况一直继续到延熹六年，《后汉书·段颎传》称"寇势转盛，凉州几亡"。可知当时凉州是十分危急的。东汉王朝无法应付，因而又把段颎调出为护羌校尉。

延熹七年，段颎用威迫利诱的手段，使滇那等羌三千落降汉，但湟中的当煎、勒姐二羌，因对统治阶级怨重仇深，誓死不降。段颎自七年冬出兵，八年春至秋，无日不战。其夏湟中一役，段颎兵败被困三日，只是听了南郑人樊志张的主意，夜间从东南一隅突破重围，取得主动，再经过相当时日的艰苦作战，才把当煎诸羌镇压下去。①

西羌虽暂时被平定，但东羌自被招抚后又宣告起义。延熹九年（166）秋，鲜卑入塞与东羌定盟，于是上郡沈氐羌、安定先零羌又攻打武威、张掖二郡，缘边多被残破。永康元年（167）春正月，安定的先零羌五六千骑入三辅，围祋祤（今陕西耀县），略云阳（今陕西淳化西北）；夏四月，又攻下扶风、京兆二营，杀千余人；冬十月，先零羌豪岸尾等又攻三辅，张奂遣其部将董卓等反击，斩杀、俘虏了一万余人，三辅暂安。② 建宁元年（168），段颎领官兵一万多人征伐安定郡起义的先零羌。当时先零羌三万多落占据安定郡一带，东连羌胡，西接汉阳，声势至为浩大。段颎兵从彭阳（今甘肃镇原东南）直指高平（今宁夏固原），先零羌迎击于逢义山（今固原西北）。官兵以羌兵众多不敢战，段颎乃集中兵力，前后排列长矛三队，又各配备强弓劲弩，在左右翼轻骑兵的协同下前进。羌兵不支，向东北上郡奢延泽（今内蒙古乌审旗西南）及洛川（今陕西吴旗一带）退却。段颎又分东西路包抄，与羌民军战于令鲜水③及灵武谷（今宁夏银川西北），羌民军多所死亡。羌民

---

① 《后汉书》卷65《段颎传》；同书卷82下《方术列传下》。
② 《后汉书》卷65《张奂传》。
③ 《后汉书》卷65《段颎传》李贤注："令鲜，水名，在今甘州张掖县界。一名合黎水，一名羌谷水也。"据此，则令鲜水当即今甘肃之黑河，但这次战事活动范围主要限于上郡、北地、安定、汉阳四郡，离张掖郡甚远，所以李贤注只能备考。这点，胡三省《资治通鉴》注即已指出："余考鲜水既捷，乃追战于灵武谷，此鲜水非甘州之鲜水明矣，当在上郡、北地界。"

军原来向东北退却,是为了在上郡一带寻找援军的,结果没有找到,而在官军的追击下,又重返安定郡之泾阳(今甘肃平凉西北)。长途奔走,损失极大,最后检点部民只余两万多人。① 这在战略上是一重大的损失。在泾阳羌民起义军也没有站住脚,不得不又分散向西南的汉阳郡的山区逃亡,特别是建宁二年夏瓦亭山(今甘肃平凉西北)一役大败,他们的主力奔聚于射虎谷(今甘肃秦安西南)。段颎抓住机会,先于射虎谷西南的西县(今甘肃礼县东北)结木为栅,长四十里,遮堵羌民兵的去路,然后由东西两头夹击。此役对羌民军的打击很重。其中除四千人投降,被徙置于安定、汉阳、陇西三郡外,其余一万九千多名羌人被活活杀死。② 从此结束了第四次羌民起义。

　　安定郡的先零羌,从段颎在战争中所掠得的官吏印绶言,知道他们起义的组织是相当完备的。据《东观汉记》云:段颎"掠得羌侯君长金印四十三、铜印三十一、锡印一枚……紫绶三十八、黄绶二枚",皆登录上交。其中官印还有"长史、司马、涉头长、燕鸟校、棚水塞尉"等五种。③ 从这些官制可知先零羌起义是有组织的。而且,从这些官制中又使我们很容易联想起第四次起义的安定郡先零羌,就是第三次起义的滇零政权的遗民。滇零政权虽然在元初五年覆灭了,但先零羌并没有灭亡,所以在五十年后,又有第二次起义战争。因此,更使我们相信,反压迫斗争的火焰始终是扑不灭的。

　　到汉灵帝中平元年(184)春二月,在关中六郡爆发了著名的黄巾起义;接着在同年冬十二月,金城、陇西二郡又爆发了北地降羌先零羌、湟中义从胡、凉州义从羌以及少数汉人官吏参加的联合起义。有些同志对这次起义不敢给予肯定。主要原因是由于联合起义军发生过两次大的分裂,更重要的是起义中的一部分将领,如韩遂、马腾两人投降了李傕和曹操。但这些理由并不能否定金城、陇西二郡羌胡起义的性质。起义和非起义的界线,要看起义的集团以谁为主,以及这些集团是否代表被压迫阶级的利益。至于起义以后这些集团是否分裂,是否有人向敌人投降,或者因分裂和投降而使斗争受到

---

① 《后汉书》卷65《段颎传》记:在泾阳时,"余寇(羌)四千落"。但后建宁二年又记:斩一万九千级,招降四千人。互有抵牾,此从后述。
② 《后汉书》卷65《段颎传》。
③ 见《东观汉记》(辑本)卷21。《太平御览》卷286引《东观汉记》此段略有不同,内"紫绶三十八",作"紫绶十七、艾绶二十八"。

挫折以至于失败，这对评论各个起义是有一定意义的，但不能从此就根本否定它，说它不是起义。

这次起义的人物，包括三个集团和一些汉族官吏。这三个集团，第一个是北地降羌，即北地郡的先零羌。从上述第二次和第四次羌民起义，我们便可知道，先零羌初在陇西，2世纪初徙至北地郡建立滇零政权，"北地先零羌"的名称即始于此。滇零政权亡后，北地先零羌多散居于安定郡。在2世纪中叶，安定先零羌起义，旋被段颎所追，南至汉阳、陇西等郡。至2世纪90年代，这些居于汉阳、陇西的"北地先零羌"又参加了第五次起义。第二个集团是金城郡的义从羌，包括枹罕人宋建、狄道人王国等。《献帝春秋》称之为"凉州义从"。此"义从"不在湟中，不得为"义从胡"，应属于《段颎传》所说的"义从羌"一类。《后汉书·董卓传》称之为"枹罕、河关群盗"。宋建在枹罕称王三十余年，其属枹罕人固无可疑，而袁宏《后汉纪》卷35谓王国为狄道人，狄道与河关相近，他们被称为"枹罕、河关群盗"，当由于此故。第三个集团是湟中的义从胡。义从胡为小月氏人，羌化的程度很深。他们为生计所迫，常随从护羌校尉营打仗，经常住在校尉营附近。北宫伯玉、李文侯等都是义从胡的首领。除上述有地方区别或民族区别的三个集团外，还有从前做过新安县令的边章、凉州太守衙门的从事韩遂等等，他们都是汉人，在凉州金城参加了起义。

那么，这些集团人物哪个是起义的主角呢？按《后汉书·灵帝纪》的记载，起义主角是湟中义从胡北宫伯玉和先零羌，以边章、韩遂为军师。这种说法大致不错。但于义从胡和先零羌的先后排列，尚有问题。关于这点，我们应当相信《西羌传》和《董卓传》的记载。《西羌传》云：

> 中平元年（184），北地降羌先零种因黄巾大乱，乃与汉中羌、义从胡北宫伯玉等反，寇陇右。事已具《董卓传》。

此传以北地降羌先零种列于起义之首位，实堪注意。但下文有错字或衍文。汉中羌并未参加此役，故"汉中羌、义从胡北宫伯玉"当为"湟中义从胡北宫伯玉"之误衍所致。换言之，此文与《灵帝纪》同，只是湟中胡与先零羌倒置罢了。最重要的，要看《董卓传》的记载：

中平元年，……其冬，北地先零羌及枹罕、河关群盗反叛，遂共立湟中义从胡北宫伯玉、李文侯为将军，杀护羌校尉泠征。伯玉等乃劫致金城人边章、韩遂，使专任军政，共杀金城太守陈懿，攻烧州郡。

这一记载是最为可靠的。起义的主角第一是北地先零羌，其次是金城义从羌，再次是湟中义从胡，最后才是临时劫致的边章、韩遂等。如何把边章、韩遂强迫加入起义阵营，在《献帝春秋》里有详细记载：

凉州义从宋建、王国等反，诈金城郡降，求见凉州大人故新安令边允、从事韩约。约不见，太守陈懿劝之使（往），国等便劫质约等数十人。金城乱，懿出，国等扶以到护羌营，杀之，而释约、允等。陇西以爱憎露布，冠约、允名以为贼，州购约、允各千户侯。约、允被购，"约"改为"遂"，"允"改为"章"。①

这段是叙述金城郡起义的开始。金城郡的起义是以枹罕、河关的义从羌为主角的，其首领就是上述的宋建和王国。他们不只劫攻金城郡守，联络护羌营，而且立湟中胡北宫伯玉、李文侯为将军，劫质边、韩，并以他们专任军政。湟中月氏胡属护羌校尉，占领护羌营，杀死校尉泠征者是此辈。至于边章、韩遂等，初由金城太守衙门劫出，因官府露布缉拿，始改变名字，参加起义。所以我们对于韩遂的多次变节，脱离起义队伍，是不足为奇的。

从上述文献，我们便知，在金城郡起义的主要是凉州义从羌和湟中义从胡；在陇西汉阳起义的主要是原来居住北地郡的先零羌。最可惜的是先零羌起义历史不为人所注意，而金城郡的起义又被误认为韩遂、马腾等所为，因而在历史上就看不到羌民的第五次起义的历史了。

尽管如此，我们从史籍中，仍然可以透过韩遂、边章、马腾等的活动，窥见羌民第五次大起义的概况。上述三个集团和一些汉人联合起义后，很快就攻下了许多郡县。《三国志·魏书·武帝纪》记："金城边章、韩遂杀刺史郡守以叛，众十余万，天下骚动。"可知他们最初在陇右是很得民心的。起

---

① 《后汉书》卷72《董卓传》注引。

义军攻下金城郡后，宋建坐镇金城，王国、边章等攻汉阳郡，北宫伯玉、韩遂则更东进攻三辅（边章于攻打汉阳后也参加攻打三辅）。当时凉州刺史左昌驻在汉阳郡冀县，边章和句就羌豪滇吾率军把冀城围住。一部分羌兵又进攻前任护羌校尉夏育的居地畜官（在冀县境内）。① 左昌是一位著名的贪官，曾盗用军谷数万石；校尉夏育在任时屠杀羌胡很多，此时已被罢免，在牧苑畜官待罪。② 所以，起义军一到汉阳就进攻冀城和畜官，以平民愤。同时，冀城是当时凉州的政治重镇，冀城一下，整个陇右便陷于涣散状态。中平二年（185），北宫伯玉、边章、韩遂进入三辅，他们的口号是"诛讨宦官"，得到很多人民的支持。此年三月，起义军进至扶风郡美阳，打败了左车骑将军皇甫嵩所领的官兵；九月，又击败了车骑将军张温所率的军队；又一部分起义军由段颎的降吏作向导，突破各郡县的封锁，在冯翊渡河，进至河东。当时有一个谏议大夫刘陶上疏陈述起义军入三辅后的情况说："今西羌逆类，私署将帅，皆多段颎时吏，晓习战陈，识知山川，变诈万端。……今果已攻河东，恐遂转更，豕突上京。如是则南道断绝，车骑（指张温）之军孤立，关东破胆，四方动摇。"又说："今三郡（指冯翊、京兆、河东）之民皆以奔亡，南出武关（今陕西商南南），北徙壶谷（《后汉书》注：壶谷，壶关之谷。壶关，在今山西潞城西），冰解风散，唯恐在后。今其存者尚十三四，军吏士民悲愁相守，民有百走退死之心，而无一前斗生之计。西寇浸前，去营咫尺，胡骑分布，已至诸陵。"③ 由这些叙述便知当时义军的声势十分强盛，而东汉首都洛阳十分危急。十一月，张温部将董卓率领羌胡兵等与义军再战于美阳。起义军兵士因夜间见流星照耀营中，以为不祥，故败退，西走榆中（今甘肃榆中西北）。张温遣董卓、周慎等六将各领三万人追击。周慎围榆中城，边章、韩遂从东面切断官军的运道，官军害怕，弃辎重败退。董卓所领的官兵，在汉阳郡的望垣硖（今甘肃秦安西南）北被数万羌胡军截住，无功而还。《三国志·魏书·董卓传》记：此役"六军上陇西，五军败绩，卓独全众而还"。中平三年（186），起义军内部发生了很大的变化。韩遂把边章、北宫伯玉、李文侯杀掉，自拥兵十多万，进围陇西。

---

① 袁宏：《后汉纪》卷26；《后汉书》卷58《盖勋传》。
② 同上。
③ 《后汉书》卷57《刘陶传》。

四年，陇西太守李相如叛汉，与韩遂联合，共杀凉州刺史耿鄙。杀耿鄙是符合当时民心的。耿鄙任凉州刺史后，委任小吏程球，经营奸利，为各级人士及人民所不满。此年，他出兵讨韩遂，行至狄道，内部发生事变。部吏先杀程球，次杀耿鄙，然后与耿鄙原下司马扶风人马腾等加入了韩遂集团。①陇西既下，韩遂等接着就进兵汉阳。起义军的另一个首领王国早在汉阳，韩遂与王国合兵，围攻汉阳城。太守傅燮出城应战，为敌兵所杀，汉阳郡遂被起义军占有。前王国在汉阳已自称"合众将军"，军中除西羌以外，还有北地郡胡骑数千。从前做过酒泉太守的黄衍和信都太守的阎忠都投降了王国，为起义军出谋划策。②韩遂以王国为起义元勋，且统军三十六部，故与众将共推王国为主，大家都听他的号令，接着第二次进攻三辅。袁宏《后汉纪》卷25记：中平四年，"狄道人王国反。自黄巾之后，盗贼群起，杀刺史二千石者，往往而是"。这主要是指凉州而言。中平五年冬十一月，王国率兵十多万围陈仓，汉朝命皇甫嵩、董卓各率兵两万住城中拒战。王国围陈仓自冬迄春，八十多天不能攻下。次年春二月，起义军疲敝，解围自退。皇甫嵩趁势追击，义军损失一万多人。③从此起义军又发生了第二次分裂。韩遂等怨王国出兵无功，损失惨重，故与众共废王国，立前信都太守阎忠为主，统三十六部，号车骑将军。④不久，阎忠病死。韩遂等将领争权夺利，相互杀害，各部分离，不能合作，实力遂由盛转衰。

　　到汉献帝初平三年（192），参加起义的将领韩遂、马腾变节，欲随董卓共往中原争地盘。值董卓死，两人便投降了汉车骑将军李傕，马腾屯兵郿县（今陕西眉县东），韩遂退居金城。后来，韩遂、马腾又到关中，投降了曹操。建安十六年（211），韩遂与马腾子超背曹操，由关中退往汉阳，依靠长离羌和兴国氐以自存。十九年（214），曹操遣夏侯渊来伐，超往汉中降刘备，韩遂西走金城，为其部下所杀。韩遂于中平元年随羌胡起义，至此已三十二年，虽然本人不是羌胡，但从他一生的几经转变，还可以看出羌族第五次起义的起迄年代，应是从中平元年至六年，前后只有六年。

---

① 　见《后汉书》卷58《傅燮传》；《三国志》卷36《蜀书·马超传》；《通鉴》卷58"汉中平四年"条。
② 　参考《后汉书》卷58《傅燮传》；同书卷72《董卓传》；同书卷71《皇甫嵩传》。
③ 　《后汉书》卷71《皇甫嵩传》。
④ 　《后汉书》卷71《皇甫嵩传》李贤注引《英雄记》。

最后，还有一位起义首领宋建，原来坐守金城，当群雄分裂残杀时，始在枹罕自称为"河首平汉王"。从称号说，他反对汉朝是无疑的。《三国志·魏书·武帝纪》称他"改元，置百官，三十余年"。他的政权和政绩如何，现已无法考订了。建安十九年冬十月，夏侯渊率兵来伐，包围枹罕一个多月。最后，枹罕被屠，宋建和所置丞相以下皆被残杀。这是羌族五次起义最后的一个尾声。

上述东汉羌民的五次大起义，从建初二年到建安十九年，前后断断续续有一百三十多年。东汉建国一开始便有西羌起义，越到后来，东西羌的起义事件更层出不穷。《后汉书·西羌传》的作者范晔总结东汉"羌患"的结果说："惜哉！寇敌略定矣，而汉祚亦衰焉。"可知东汉的国运和羌民起义是相始终的。单从羌民的五次起义来说，大致可看出，羌民的起义是一次比一次在政治上显得成熟。例如最初第一、二次起义时，并没有什么响亮的政治口号作号召，仅仅限于一种狭隘的部族反抗。但到第五次起义军进攻三辅时，便提出一个"诛讨宦官"的政治口号，这个口号与当时的宦官专政针锋相对，所以能够引起一般人民和中上层阶级比较公正的人士的同情。《三国志·魏书·董卓传》注引《九州春秋》记韩遂语樊稠说："本所争者非私怨，王家事耳。与足下州里人，今虽小违，要当大同。"此事发生于韩遂降李傕之后，但他的政治意向与羌胡汉联军进攻三辅时仍然约略相同。又如第二次起义时只有汉阳一个起义集团参加，而且是在首领杜琦死后孤立无援时参加。但第五次起义一开始便由三个集团汇而为一，当时汉人参加者，除了边章、韩遂外，先后还有前酒泉太守黄衍、信都太守阎忠、凉州司马马腾以及段颎时的一些"晓习战陈，识知山川"的故吏。此外，不用说还有更多的汉族人民参加在内。历史上少数部族起义只有吸引了广大的汉族人民参加，才能发挥比较大的作用。第五次起义从金城郡出发，很快攻下汉阳，并进击三辅，种种胜利的迅速取得，端由于此。而韩遂虽然在后期变节，但他这一集团和远在枹罕的宋建集团，能够延续不灭至三十多年之久，亦端由于此。从此证明，各族人民的相互联合、相互团结，是十分重要的。在古代，一个比较弱小而落后的部族，最初的斗争武器只是"揭木为兵，负柴为械"，"或执铜镜以象兵，或负板案以为楯"。这种物质条件本是难以与占据城垒并拥有几十万坚甲利盾的官兵争衡的。但他们能从官兵手里截获成千上万的铠、弩、刀、矛、战盾和匕首①，又常在战争的实践中锻炼出一支精锐的骑兵，"日行数百，来如风云，去如绝弦"②。他们既能牧养几十万头牲畜，又能因时因地开拓农业生产。这样就使他们不仅敢于反抗统治阶级的剥削和压迫，而且取得了不少次数的胜利。

三、魏、晋、十六国及北朝时雍、秦、凉、益四州羌族的历史

魏晋时，西北的大行政区划略有变更，即将雍州陇西五郡及益州、广汉属国的阴平划为秦州。从此，秦州包括陇西、南安、天水（汉阳）、略阳、武都、阴平六郡，各郡或多或少有羌族杂居其间。雍州包括京兆、冯翊、扶风、安定、北地、新平（治今陕西彬县）、始平七郡，其中冯翊、北地、新平、安定四郡的羌族最多。凉州包括金城、西平（治西都，今青海西宁）、武威、张掖、西郡（治今甘肃永昌西北）、敦煌、酒泉、西海八郡，其中金城、西平二郡自古都是西羌的根据地所在。此外，还有益州的汶山郡，在岷江两岸也是一个广大的羌族聚居区。以上与羌族有关的州郡的政治区域，由晋至北周变动不大，因而我们就以雍、秦、凉、益四州作为叙述从魏晋到北朝这一段羌族历史的分区标准。

但这种分区法有一个大的缺点，就是没有把凉州金城、西平二郡以南，即今青海黄河以南的黄南藏族自治州、海南藏族自治州以及秦州以西，即今甘肃洮河流域和白龙江上游的甘南藏族自治州包括进去。上述三个自治州，在唐代前虽然也有不少的汉人、吐谷浑人、鲜卑人移住其间，但这里最基本最多的居民仍是羌族。至于藏族（吐蕃）的移居其间以及此间羌民的藏化，更是唐代以后的事。因此，这里的羌族历史比较其他地区，更是重要。可惜，如众所知，羌族自古没有文字，因而也就没有文献留传至今，所以叙述这些地区的羌族史，使我们感到十分困难。我们只能从魏晋及十六国中五凉、西秦的历史中，从吐谷浑及北朝的历史中，略可看到一些头绪。现在仍

---

① 《东观汉记》（辑本）卷8《邓遵传》记：遵在元初中击羌，"得铠、弩、刀、矛、战盾、匕首二三千枚"。这些武器当是羌民军从官军中截获的。

② 《后汉书》卷87《西羌传》记虞诩对任尚语。

按传统的方法,把羌族的历史区分为凉、雍、秦、益四州四个地区,青海黄河以南地区归入凉州范围,洮河流域和白龙江上游地区归入秦州范围,分别加以叙述。①

(一)凉州河湟地区羌民在各种政权统治下所进行的城镇及桥梁建设

河湟地区自遭东汉多次征剿之后,在曹魏时已经呈现一种户口离散、城乡凋零的悲惨景象。《三国志·魏书·苏则传》记东汉建安末年苏则徙任金城太守,"是时丧乱之后,吏民流散饥穷,户口损耗"。本传注引《魏名臣奏》雍州刺史张既答曹丕问说:"金城郡,昔为韩遂所见屠剥,死丧流亡,或窜戎狄,或陷寇乱,户不满五百。"从这些记载便可看到魏初的河湟地区是如何的凋零了。苏则到任后,首先收辑流亡,也只及一千多户,继又出塞招徕,才有三千多落的羌民回郡。金城郡领有榆中、允街、金城、白土、浩亹五县,一郡五县只有羌汉四千多户、落,人烟的稀少于此可见了。接着西平郡发生了地方豪强麹演为首的反魏事变,他们联结张掖、酒泉、武威三郡的豪强和胡人,驱逐郡守,断绝交通,凉州诸郡从此更陷入混乱状态。魏文帝黄初二年(221),西平人麹光领导郡内诸羌起兵,杀死西平太守严苞。②明帝太和元年(227),西平人麹英起兵,杀死临羌县令。景初二年(238),烧当羌王芒中、注诣又起兵反魏。③齐王正始年间(240—248),蜀将姜维出兵陇西,与曹魏争夺秦、凉二州的羌民,陇西、南安、金城、西平四郡的羌酋饿何、烧戈、伐同、蛾遮塞等率众万余落,叛魏附蜀,攻围城邑,连年不解。凉州著名的卢水胡酋治无戴也起来策应,围武都郡城。④凉、秦二州因此遭到了很大的破坏。

西晋以后,十六国中有半数以上的各部族政权统治过河湟地区,并在那里进行过多次残酷战争,这些对于羌民显然是不利的。前凉和后凉直接统治过河湟地区的东部(311—397)。前凉的王公贵族多兼任护羌校尉,直接统

---

① 关于这一时期雍州的羌族及其活动,见马长寿《碑铭所见前秦至隋初的关中部族》,本书就略而不论。
② 《三国志》卷15《魏书·张既传》。
③ 《三国志》卷3《魏书·明帝纪》。
④ 《三国志》卷26《魏书·郭淮传》。传称治无戴为凉州名胡,不言其为何种胡人,但治无戴与《张既传》所记凉州卢水胡治元多同姓,故治无戴亦是卢水胡无疑。

治羌民，把羌民编为军队，统率他们到各地打仗。他们强迫统治下的羌汉人民建筑宫殿，修理城郭，有时还强迫人民"徙石为田，运土殖谷"，因此引起劳动人民的普遍反对。他们为了进攻秦陇，趁境内大荒、谷价踊贵之时，把仓里积蓄的谷帛借给人民，秋收以后，人民以三倍或加倍的谷帛纳还，其不能付此高利贷者，至于"簿卖田宅"。① 从此可知前凉统治阶级是如何剥削汉羌人民了。前凉在河湟地区建置的郡县镇戍很多，其中除旧置或改名的郡县不计外，西平郡的乐都和邯川戍②，晋兴郡（治今青海乐都东南）的临津、临障、广昌、遂兴、罕唐、左南诸县，皆前凉时新建③。《水经注·河水篇》：石城（今青海西宁南黄河北岸）东北有黄河城。杜佑《通典》廓州下云：治广威县，即后魏石城县；又云：古西羌地，"前凉以其地为湟河郡"，则黄河城当是湟河郡城④，亦前凉所建。此外，还有金城郡的治所（今甘肃兰州西）⑤、允吾县的河会城（湟水和黄河会流处）、金城县的石城（今甘肃庄浪河南），广武郡的永登县（今甘肃永登），大夏郡的金纽县（今甘肃夏河西）⑥，都是前凉所新建。多设郡县有两个意义：一是加强了对河湟羌汉人民的统治；二是羌汉人民在封建统治下经过辛勤的劳动，换来了社会生产一些方面的某种程度的发展。又自永嘉乱后，很多中原的士庶都到凉州避难，河湟地区亦不例外。《水经注》卷2记河州的西北、黄河北岸有唐述山（今青海民和南）。山上崖洞很多，时人谓之"积书崖"。刘宋时郭仲产的《秦州记》云："河峡崖旁有二窟：一曰唐述窟（今名炳灵寺），高四十丈。西二里有时亮窟，高百丈，广二十丈，深三十丈，藏古书五笥。亮，南安人也。"⑦ 由此一例，可知中原士庶到河湟地区是很多的。他们对于羌民的生产和文化发展，或多或少都有所贡献。后凉对这一地区的开拓，远不如前凉。当时新建置的郡县，在前凉的乐都县基础上建乐都郡，在吐谷浑所筑的浇河城（今青

---

① 《晋书》卷86《张轨传》；《魏书》卷99《张寔传》。
② 《水经注》卷2《河水篇》；《读史方舆纪要》卷64"西宁卫"条。
③ 《晋书》卷14《地理志》；《十六国疆域志》卷7《前凉》。
④ 北魏《张猛龙碑》记：猛龙祖兴宗曾任后凉饶河、黄河二郡太守。洪亮吉指出："今考黄宜作湟，饶宜作浇，碑字误也。"（见《十六国疆域志》卷11）
⑤ 《读史方舆纪要》卷60"河州"条。
⑥ 《晋书》卷14《地理志》。
⑦ 《水经注》卷2《河水篇》注引《秦州记》。

海西宁西南）基础上置浇河郡。① 此外在金城郡内置盘夷县。② 前凉占领河湟地区后，便强迫西海郡的羌民外徙，经过羌民的多次反抗，最后才把羌民安置在乐都一带。③ 继前后凉后统治河湟地区的，就是南、北凉。南凉为鲜卑秃发乌孤所建，初居廉川堡（今青海乐都东）；攻下后凉的乐都、湟河、浇河三郡后，便迁都于乐都，不久又迁都于西平（今青海西宁）。自利鹿孤继位后，南凉的政治有几个特点：第一，他们征伐河西的郡县时，经常掠夺那里的大批农民，移置河湟地区从事农业生产；第二，相反地把西平、湟河二郡精于骑射而拙于农业的羌胡三万多户，移置河西诸郡，以保卫疆界；第三，又把汉人分置在城镇之内，"劝课农桑，以供军国之用"，同时又设立一些学校，教育贵族子弟。④ 这些做法对于河湟地区经济文化的发展显然是有利的。

当南凉衰微的时候（5世纪初），西秦和北凉又来争夺对河湟地区的统治。西秦为陇西鲜卑乞伏国仁所建，初居勇士川（今甘肃榆中东北）。他的继位者都金城，或都苑川西城（今甘肃靖远西南），或都谭郊（今甘肃临夏西北），后来又迁都于枹罕。乞伏国仁及其子炽磐攻灭南凉（414）后，在河湟地区置凉州于乐都，商州于浇河，沙州于湟河，河州于枹罕，这都是羌人的分布地区。西秦新建的城市，其都城所在如勇士城、苑川西城，以及嵲峨城，都是当时羌汉人民新筑的。谭郊城亦西秦所筑，乞伏乾归移秦州水洛城的居民三千户于此。此外，河州东南的定连城、西南的列浑城、西北的石泉城，沙州黄河以南的沙州城（今青海贵德西），也都是西秦时所建。《水经注·河水篇》记：大河迳左南城南，又东迳赤岸（今甘肃临夏北大夏、洮河二口之间）北，下注引《秦州记》云："枹罕有河夹岸（即赤岸），岸广四十丈。义熙中，乞佛（即乞伏氏，指西秦）于此河上作飞桥。桥高五十丈，三年乃就。"从此可知河湟羌汉人民建设这一地区所付出的劳动是很大的。当西秦从东南方面攻灭南凉时，北凉王沮渠蒙逊亦率兵南下，攻取湟河、广武

---

① 《读史方舆纪要》卷64"西宁卫"条；《十六国疆域志》卷11《南凉·浇河郡下》云："《南凉录》：太初二年后凉浇河太守王稚以郡降。"《晋书》卷126《秃发乌孤载记》亦记："降（吕光）乐都、湟河、浇河三郡。"
② 《十六国疆域志》卷10《后凉》。
③ 《晋书》卷122《吕光载记》。
④ 《晋书》卷126《秃发乌孤、利鹿孤、傉檀载记》。

二郡。北凉匈奴人沮渠蒙逊曾出兵攻打西秦的乐都、西平两郡，但不久就退回河西。此后经十五年（431），西秦被夏所灭，又八年（439），北凉被北魏所灭。此后，今青海西宁的东部和东南部地区属于北魏。

北魏在河湟东部和南部置鄯州（治今青海乐都）和河州（治枹罕，今甘肃临夏东北）。《魏书·地形志》记载疏略，所阙郡县甚多。以《水经注》考之，除前代所置城邑不计外，在黄河北岸置石城县，《元和郡县志》卷39谓北魏所置，属鄯州。南岸置黄川城，疑亦属鄯州。由此而东，《水经注》谓河之南岸有广违县。按《元和郡县志》卷39记：北魏孝昌二年（526）于邯川戍置广威县。"广违"即"广威"，北魏时疑亦属鄯州。在太夏河（古称漓水）的沿岸有消铜城、可石孤城、黑城、榆城，前志皆所不载，疑亦北魏时所置。①

十六国及北朝时，西南部尚有一大国，即吐谷浑王国。此国的统治阶级，前期主要是东胡鲜卑，到了晚期贵族之中亦有拓跋鲜卑和匈奴赫连氏，而其所统治的部民则主要是羌人。东胡鲜卑吐谷浑趁永嘉之乱时，进入洮河以西，初止于枹罕一带，继由此而西到达了黄河河曲的赤水（今青海共和），更远又到达柴达木盆地东南部的白兰（今青海都兰西南一带）。可知今青海省河曲以南以西，直至柴达木盆地东南部，都归初期吐谷浑所统治。当时吐谷浑人以游牧为生，所以他们的都城或在赤水，或在白兰，往来不定。西北诸族称之为"野虏"。又因为他们同匈奴的行国相近，亦称之为"阿柴虏"。吐谷浑子吐延征服各地的羌族部落，最后被一位羌酋姜聪刺死。五传至树洛干，向西北发展，占领了青海湖以西的地区，迁都至莫何川（一称慕贺川，今青海茶卡盐池西北莫和镇）。树洛干和他的兄弟阿豺在位时，出兵征伐洮河上游的沙州强川的氐、羌，最西南的疆域扩展到龙涸（今四川松潘）和平康（今松潘西南）。《南齐书·河南传》记：当时吐谷浑的大戍镇有四个：一在清水川，即在黄河九曲西北，汉代的允川一带，今称呼呼乌苏河，入黄河。其余则一在赤水，一在浇河，一在吐屈真川。吐屈真川，《宋书·鲜卑吐谷浑传》作屈真川，在沙州。此沙州在洮水上游。《水经注》卷2引段国《沙州记》谓：沙州有强台山，山南有垫江源，山东则洮水源。按强台山即

---

① 以上均参考《水经注》卷2《河水篇》。

今西倾山，在今青海河南蒙古族自治县与甘肃甘南藏族自治州的交界处。从甘南藏族自治州的石门北出，渡洮河，即为洮州故城，城西十里为古札川，北部有吐谷浑故垒。当地人称此川为"郭尔赞"，与屈真川音近，疑屈真川便在此。在慕璝为王时（5世纪前叶），又占领西秦所退出的金城、枹罕及陇西诸地，其时疆域最为辽阔。吐谷浑王命令羌胡汉民在黄河大、小榆谷之北作河厉桥。上引段国《沙州记》云："吐谷浑于河上作桥，谓之河厉，长百五十步，两岸垒石作基陛，节节相次，大木纵横更镇压，两边俱平，相去三丈，并大材以板横次之，施钩栏，甚严饰。"其工程可谓浩大。

到了吐谷浑王国的晚期，慕利延立（436），国势日衰。北魏太平真君五年（444），拓跋焘出兵来伐，慕利延初奔白兰，继至西域，灭于阗王国。过了七年（452），拾寅立，改都伏罗川，在湟水上源，今名博罗克克河。梁大同六年（540），时北魏已分裂，吐谷浑王夸吕始都伏俟城，在青海湖西十五里。西魏恭帝二年（555），凉州刺史史宁约突厥木杆可汗①分道出兵攻吐谷浑。突厥可汗从北道入，击吐谷浑之贺真城；史宁由东道入，击树敦城，二城俱下，然后会兵于青海湖附近。此贺真、树敦二城当在青海湖北吐谷浑王夸吕所逃的南山附近。从此以后，西魏便在鄯州的湟河流域置龙居、路仓二县。路仓县所在不详，龙居县当在注入湟水的龙驹川一带。《水经注》卷2称北魏时龙驹川附近有龙驹城，龙居县当依此而置。北周于建德五年（576）征伐吐谷浑后，河湟地区的郡县略复北魏旧时的形势。西魏在鄯州的广威县置浇河郡，北周就浇河郡又置廓州，总管黄河南北诸郡。其时有洮河郡，领三县；达化郡（治今青海西宁南），领一县；乐都郡，领一县。在达化县西二百七十里之处，又置洪济镇（今青海札梭拉山洪济梁附近）。后来在隋唐时所建置的西州郡县，此时已经略具规模。隋大业五年（609），伐吐谷浑，其王伏允奔西山。于是西海郡郡治移于吐谷浑国都之伏俟城，统县二：宣德、威定，皆在青海湖以西。又在黄河九曲的西南置河源郡，治古赤水城（今青海兴海西）。《隋书·地理志》云："有曼头城，积石山，河所出，有七乌海。"此积石山指黄河所自出的大积石山。七乌海，当指今青海兴海县西

---

① 《周书》卷28《史宁传》、卷50《吐谷浑传》并作"术汗可汗"。按木杆可汗于西魏废帝二年（553）即位，越两年出兵助击吐谷浑，与事相合。故术汗可汗即木杆可汗。

南之喀拉海。杜佑记通往吐蕃的路程时提到，"出鄯城（今青海西宁）五百里，过乌海"①。隋时河源郡领县二：一曰远化县，治曼头城②；一曰赤水县，治赤水城。此郡既然包括黄河所自出的大积石山，又包括黄河上游的七乌海，那么青海省的绝大部和其中所有的羌民均在隋朝的直接管辖之下了。

从前凉到隋代二百八十多年间，河湟羌民在各族政权的统治下过着十分艰苦的生活。虽然这样，但他们对河湟地区的开发和经济繁荣，贡献很大。第一，是城镇、桥梁的建设。它包含着政治和经济的两种意义。从政治方面来说，统治阶级为了加强对羌汉人民的统治就必须设置郡县镇戍各种机构，这些城镇桥梁都是为这各种机构的政治和军事目的服务的。另一方面，从经济的意义来说，城镇桥梁又是乡村或部落经济逐渐繁荣的结果，并反过来又促进了经济的发展和繁荣。第二，是把荒山开辟为耕地。在前凉张骏时，曾经采取过"徙石为田，运土殖谷"的措施。这在当时一度目为虐政。因为这种徙石运土的办法耗费很大，开拓一亩需费粮食百石，而每亩收获的粮谷不过三石。③但是不经过辛勤的劳动，像西北地区的许多荒山、戈壁如何才能开发利用呢？在许多游牧部落酋长统治西北地区时，经常利用汉羌劳动人民从事农桑生产，自己却领着不事生产的部民到各处打仗。西秦如此，南、北凉和吐谷浑更是如此。就是这样，河湟以及其他较为荒凉的地方都由汉羌人民，其中特别是羌民，开辟为农田了。例如北魏皇兴四年（470），魏将长孙观征伐吐谷浑拾寅至曼头山时，把那里的秋禾刈去，作为马的饲料。《魏书·吐谷浑传》又记："亦知种田，有大麦、粟、豆。然其北界气候多寒，唯得芜青、大麦，故其俗贫多富少。"吐谷浑的农业，主要是依靠境内的羌民经营的；自王以下的吐谷浑人则从事于战争和射猎，很少能从事农业。在公元5世纪前叶慕璝在位时，秦、凉二州已有不少的"亡业"汉人逃至吐谷浑④；6世纪初与益州常通贸易，又有一批蜀汉的汉人移入境内⑤。从此，便有

---

① 《通典》卷190《吐蕃》。
② 清末杨守敬的《隋书地理志考证补疑》引谢氏《戎幕随军》云"改曼头城为远化"，则曼头城是远化县的治所。
③ 《魏书》卷99《张寔传》。
④ 《魏书》卷101《吐谷浑传》云：慕璝"召集秦、凉亡业之人及羌戎杂夷众至五六百落"。
⑤ 《梁书》卷54《河南传》云："其地与益州邻，常通商贾，民慕其利，多往从之，教其书记，为之辞译，稍桀黠矣。"

更多的汉人和中原的商品、农业知识、语言文字，甚至佛教移入。隋朝征服了吐谷浑的大部分地区后，又"发天下轻罪徙居之"①，于是汉人移居于青海湖以西以南者更多，他们帮助羌民开发西疆发挥了很大的作用。

（二）秦州地区的羌中、宕昌、邓至等羌族

羌中的名称始于秦始皇时。《史记·秦本纪》记：秦始皇的西境到临洮、羌中。临洮古称岷州，即现代甘肃的岷县。秦始皇筑长城，西起临洮郡，在岷县西二十里的崆峒山上。自此而西、而南，古之所谓"羌中"，显然就不属于当时秦国所有了。从两汉到魏晋，羌中地区名义上属于陇西郡，实际为诸羌所居，中原地区政权对这一带的管理是比较松弛的。羌中的形势在三国蜀、魏对垒时，始明见其概貌。《三国志·魏书·郭淮传》记正始八年（247），讨蜀将军夏侯霸屯兵为翅，被蜀将姜维所攻，值郭淮救兵至，姜维始退。《通鉴》叙述此次战役在洮西，当距洮州不远。又《三国志·魏书·陈泰传》记：嘉平初（249），"蜀大将军姜维率众依麹山筑二城，使牙门将句安、李歆等守之，聚羌胡质任等寇偪诸郡"。此时夏侯霸已降蜀，为翅归蜀占有，姜维依麹山筑二城，一城为翅上，由句安镇守；一城疑即为翅，归李歆镇守。后来，二将皆降魏。②麹山二城今何地，说者不一。《通鉴》胡注谓在羌中，《读史方舆纪要》谓在岷州东百里。后一种意见与《通鉴》所述战争在洮西不合。我疑麹山二城在羌中北部，洮水之西，距洮州不远。此一事也。又《三国志·蜀书·后主纪》、《姜维传》及《魏书·邓艾传》皆记："景耀五年（262），姜维复率众出侯和，为邓艾所破，还住沓中。"按《水经注·河水篇》："洮水又东北流，迳洮阳、曾城北，又东迳洪和山南。"洮阳在洪和山西南，洮水之北，于十六国时称"侯和"、北周时称"洪和"。然则洪和以在洪和山西南而得名，"洪和"、"侯和"原是同音同地，在今日的甘肃临潭。由此渡洮水而南，三国以下称为沓中，属今甘南藏族自治州之地。此年以前，姜维在蜀，黄皓擅权，与阎宇阴谋排挤他。至此姜维返自洮阳，求种麦沓中，不敢回成都。③以此知三国时沓中土地肥美，宜于

---

① 《隋书》卷 83《吐谷浑传》。
② 《三国志》卷 33《蜀书·后主纪》。
③ 《华阳国志》卷 7《刘后主志》。

军屯。而且虽有羌族部落分布其间，但仍地广人稀，移民开发，发展农业，大有可为。司马昭利用这一时机，遣邓艾领三万人从狄道趋甘松（今甘肃迭部东南）、沓中，绊住姜维的归路，然后令钟会统兵十多万众，趋汉中伐蜀。此又一事也。此外，如《郭淮传》里的汎中、成重山筑城、强川，《陈泰传》里的牛头山，《邓艾传》里的强川口，《姜维传》里的钟题，等等，后人虽知其南北方位，究在何地都需要进一步调查研究。

十六国时，西州各郡的汉羌土豪纷纷起事，例如枹罕汉族土豪辛氏、羌族酋长彭氏及漒川羌酋彭利和、赤水羌酋弥姐康薄等，皆据地自雄，形成各种大小不同的地方势力。前凉张骏利用枹罕辛氏的实力，置河州。及前赵被石勒所灭，张骏又在洮河的南北置五屯护军。此五屯护军的名称：一曰武街（今甘肃成县西北），是氐人分布的中心。二曰石门，在洮河南，今甘南藏族自治州迭部北的叠山有石门，为前凉石门屯军所在。三曰侯和，在洮水北岸的洪和山西南麓。四曰漒川，《水经注》引阚骃《十三州志》云："强水出阴平西北强山，亦曰强川。"《一统志》亦云："漒水出強台山，兼漒川之名。其地亦谓之洮漒。其西接黄沙，亦谓之沙漒。"然则漒川之名包括洮漒与沙漒而言。《水经注》描写洮漒南北的地貌说："自洮漒南北三百里中，地草遍是龙须，而无樵柴。"这正是草原牧地的景象，应包括今甘南藏族自治州由西而东一直到白水上游的地区。五曰甘松，以甘松岭得名，在今四川阿坝藏族自治州的北部。上述五屯护军，除武街外，其余四屯都是羌族的分布所在地。

在后凉时，河州羌酋彭奚念的势力逐渐强大，率兵攻打金城郡的白土县（今青海化隆东南）。史称彭奚念"于白土津累石为堤，以水自固，遣精兵一万距守河津"[①]。吕光费了很多兵力才把彭奚念驱逐到甘松一带。后凉麟嘉元年（389），彭奚念降西秦乞伏乾归为将，攻打后凉吕宝。及乾归降后秦，彭奚念亦随降（402）。但过了几年（406），彭奚念又背后秦而附于南凉。[②] 在西秦时（385—431），西州的彭氏势力很大，彭奚念、彭利发相继占领枹罕，彭利和占领漒川。西秦统治的羌族部众甚多，建义元年（385）乞伏国仁初

---

① 《晋书》卷122《吕光载记》。
② 《晋书》卷118《姚兴载记下》；同书卷125《乞伏乾归载记》。

置十二郡，而安固（安故）、武始、汉阳、天水、略阳、漒川、甘松、匡朋、白马九郡都有羌族。第二年南安秘宜来袭，其中就有诸羌，结果都败降于西秦。西秦王族虽是鲜卑，但他们的文武官员民族成分主要是羌族，例如将军彭奚念、左卫将军莫者羖羝①、西安太守莫者幼眷、尚书郎中莫者阿胡②以及羌酋昌何③。其中除彭奚念是河州枹罕羌人外，其余都是秦州陇西的羌人④。在乞伏国仁和乾归之时，境内的羌族仍然是时叛时降；乞伏国仁于太元十一年（建义二年，公元386年）征服南安四周的叛羌；乾归于太元十四年（太初二年，公元389年），接受南羌独如等七千人来降；义熙七年（更始三年，公元411年）乾归率三万步骑攻打枹罕西羌彭利发，兵至奴葵谷（今甘肃临夏东），利发弃其羌众南奔，乾归收得枹罕羌民一万三千户。从此西秦便迁都于枹罕。在此之前，漒川附近各地尚为吐谷浑所属各部占领。义熙九年（永康二年，公元413年），乞伏炽磐遣兵攻吐谷浑别部首领句旁于洮州南的泣勤川，大胜，俘获很多；又亲率诸将攻吐谷浑别部支旁于洮州西的长柳川，攻又一别部掘达于渴浑川，前后虏得男女二万八千人。义熙十一年，炽磐又遣兵讨南羌弥姐康薄于赤水。⑤次年，炽磐进攻漒川，兵至沓中，闻南凉兵向枹罕西北之石泉，遂引兵而还。义熙十四年（418）⑥，西秦第二次出兵漒川，战胜漒川羌族酋长彭利和，利和单骑出奔仇池。西秦把漒川的羌豪三千户徙置于枹罕，其余还有三万多户羌民留居漒川，从此把漒川作为益州的州治。⑦西秦的梁州原来设治于南安的赤水城。自攻占漒川后，为了镇压漒川以南的诸羌，西秦便把梁州的州治移置于南漒。宋元嘉三年（426），西秦征南将军吉毗镇南漒，陇西强豪辛澹率领羌汉三千户据城驱逐吉毗，毗以众寡不敌，奔还枹罕，辛澹不久亦奔仇池，从此南漒又被诸羌所据。

到宋元嘉四年春天，武始（今甘肃临洮北）和洮阳等地的山羌纷纷叛秦

---

① 《晋书》卷125《乞伏乾归载记》。
② 《元和姓纂》卷10引《西秦录》。
③ 《晋书》卷125《乞伏乾归载记》。
④ 《元和姓纂》及《通志·氏族略》云："莫折氏（即莫者氏）本羌姓，代居渭州襄城。"《魏书·肃宗纪》称莫折大提为秦州城人。
⑤ 《读史方舆纪要》卷59谓：赤水在巩昌府（治今甘肃陇西）之赤亭水。盖误。此赤水在洮河东岸，岷县东北，是西秦梁州州治所在。
⑥ 此据《西秦录》。《资治通鉴》则系之晋元熙元年（419）。
⑦ 《晋书》卷125《乞伏炽磐载记》。

自立。西秦派左丞相昙达招抚武始的叛羌。他一到武始，便被羌民捉拿，送往驻在秦州上邽的夏国赫连昌。西秦又派征南将军吉毗招抚洮阳的叛羌，吉毗初到，便被围攻，所带人马十之八九被打死打伤，只留下一小部分随回枹罕。到了冬天，西秦又派吴汉为梁州刺史，坐镇南漒。吴汉到任不满两月，又被众羌所攻，只得放弃南漒，从那里胁虏羌民二千户退还枹罕。① 从这些事实可以证明西秦的南疆只到达漒川南部的南漒。南漒的羌民一开始就不服西秦的统治，自始至终维持着一种自主状态。因此，史言西秦的疆域从乞伏国仁时便拥有十二郡是不合乎事实的。其中甘松、匡朋②、白马三郡，似乎自始就不曾设置，纵然设置，亦只虚名，而实未有其地。元嘉八年（431），西秦亡，自苑川以西枹罕、西平，以南漒川等地都归吐谷浑占有。

吐谷浑王树洛干在位时（405—413），《晋书》本传称："沙漒杂种莫不归附"，则其东部已扩展到洮水以南的洮漒和其西部的沙漒。乞伏乾归拜树洛干为赤水都护，又以其弟吐护真为层城都尉。此层城即《水经注》所谓洮水南岸与洮阳相对峙的曾城。《水经注》卷2引段国《沙州记》云："疆城东北三百里有曾城，城临洮水者也。"即指此层城。继树洛干之位者为其弟阿豺。史称阿豺登西强山（即西倾山）观垫江源，即在此时。吐谷浑的军队每到一处，便占领当地的城郭要塞，凭了这些城郭要塞以统治附近的羌民部落。如上所述，泣勤川的句旁，长柳川的支旁，渴浑川的掘达，都是吐谷浑的部落酋长，统治着漒川及其附近的许多羌民部落。除了吐谷浑的酋长之外，还有许多羌族的酋长，例如漒川的羌酋彭利和、赤水的羌酋弥姐康薄以及南羌的酋长梁弋③等。彭氏是枹罕羌的大姓，前秦时姚兴的将帅有彭沛谷④，后秦、后凉、西秦时有河州⑤刺史彭奚念，西秦所征服的彭利发、彭利和当即奚念的同族或后裔。弥姐是西羌的大姓，后秦时有弥姐婆触、弥姐威、弥姐高地⑥，赤水的弥姐康薄跟他们是同族。梁氏是陇西羌的大姓，前秦

---

① 《通鉴》卷120"宋元嘉四年十二月"条。
② 匡朋，一作"匡明"，《华阳国志》卷8中作"匡用"。
③ 《晋书》卷125《乞伏乾归载记》。
④ 《晋书》卷113《苻坚载记上》。
⑤ 《晋书》卷118《姚兴载记上》称之为"西羌"，同书《吕光载记》称为"南羌"，盖河州在长安之西，故称为西羌，在姑臧之南，故称之为南羌。
⑥ 《晋书》卷117、118《姚兴载记》等；《通志》卷29《氏族略五》。

时苻生的皇后梁氏，此外还有梁楞、梁安（苻生岳父）、梁平老等。苻生要杀梁安、梁楞，废梁氏后，惹起了众羌的叛乱。① 北魏时的宕昌王亦姓梁，最初称王的羌酋叫作梁懃。② 西秦时的南羌梁弋介居其间，他很可能便是宕昌王梁氏的祖先。

北魏于太平真君四年（443）攻下吐谷浑的枹罕以后，在洮水以西置洪和郡（治今甘肃卓尼东北）。此郡以洮河以北的洪和山得名，郡治洪和城，在洪和山中。《水经注·河水篇》云："洮水又东迳洪和山南，城在四山中"，即指此洪和城。领县三：一曰水池，在洮州（今甘肃临潭）东北。神龟元年（518）河州羌人郤铁忽反魏，在此县称水池王。二曰蓝川，在水池西南。三曰蕈川，在蓝川东南。在洮水以东置临洮郡，治龙城，一称龙桑城。领县三：一曰龙城，二曰石门，三曰赤水。《水经注·河水篇》云："洮水又东迳临洮县故城（今甘肃岷县）北"，"又东北流，屈而迳索西城西，……俗名赤水城，亦曰临洮东城也"。临洮故城指秦汉时临洮城，赤水县在岷县的东北，汉代称之为索西城。东汉马防等与西羌战于此，筑索西城。西秦炽磐遣昙达等讨南羌弥姐康薄于赤水，亦即此县。上引《水经注》又云："洮水又屈而北迳龙桑城西……俗名龙城。"此言龙桑城即龙城，在赤水县的西北，今甘肃卓尼东北。

洮州上游的南北两岸，在北魏太和十五年（491）前仍归吐谷浑统治。《魏书·吐谷浑传》记：在拓跋弘时，吐谷浑王拾寅派其部将良利守洮阳城。又记拓跋宏时，吐谷浑王伏连筹称疾不朝，修筑洮阳、泥和二城，并派兵驻守。按洮阳城在洮水的北岸，西晋惠帝时置洮阳县，属狄道郡，早已筑城于此可知。唯属于洮阳之曾城当为吐谷浑所筑。此城在洮水的南岸，与北岸的洮阳城隔河相对，故《水经注》谓：洮水迳洮阳、曾城之北。泥和城在洮水之南，曾城之东。上引《水经注》云："洮水又东迳迷和城北，羌名也。"《通鉴》胡注谓："泥和，即《水经注》所谓迷和城。"盖羌语称此城为"迷和"（miɦ xouɤ），汉语讹为"泥和"（niɦ xouɤ），n 和 m 二音在汉藏语中常互相转化，不足为奇。此城应在今甘南藏族自治州卓尼县的洮水之南。洮阳和泥和二城一直到太和十五年（491）五月始由魏将长孙百年攻下，虏获羌男

---

① 《晋书》卷 112《苻生载记》。
② 《魏书》卷 101《宕昌羌传》。

二千多口，妇女九百口，共三千多人。因文明太后新丧未除，这些俘虏仍然安置在旧地。北魏末年，吐谷浑又占领了漒川地区，派广定王、钟留王驻扎在那里。至北周武成元年（559），贺兰祥等出兵征吐谷浑，拔洮阳、洪和二城，初置洮阳防，后置洮州。唐代于此置临潭县。《太平寰宇记》卷 154 洮州临潭县下云："鸣鹤城、镇念城、三足城皆吐谷浑昔有此地时所筑。"此三城皆当在临潭县附近，洮河以北。

在洮州的南面，北周于建德六年（577）驱逐羌浑，建立叠州，领叠川、合川、乐川等县①。叠川县即今甘南藏族自治州之迭部县，在卓尼县的南边。其地北有洮水，南有白水，与《隋书·地理志》所记②相合。叠川名称的来源，《元和郡县志》与《太平寰宇记》皆以其地山川重叠，故以为名。这是望文生义之说，不可为凭。叠川的名称是由羌语叠布而来，至今该地土人尚称此地为"帖布"（t'ɛɬ puɬ）或"帖武"（t'ɛɬ wuɬ）。"布"（puɬ）或"武"（wuɬ）之义为人，为部落，言其地原为一种"帖人"或"帖部"所居，多少带一点"野蛮人"之义。松潘西北的甘松故地尚有一地名"铁巴"，属若尔盖管辖。古代的"帖布"和"铁巴"当系同族，至于他们是胡是羌，则不得而知了。合川县，《元和郡县志》卷 39 谓：周武成二年（560）置，治所在天法山东面的苏董谷。又云有三谷水至县东合流，因以为名。其地当在今白水流域的北岸，叠布县的西南。乐川县亦北周所置，前人对此县沿革无所考。按洮水上源出西强山（西倾山）西北的碌海，藏语系人称海为"曲"（tɕ'ɛ），故谓此海为"碌曲"。解放后于此置碌曲县，属甘南藏族自治州，在此州的西南隅。北周的乐川县当即今甘南的碌曲县。在叠州的东南，北周建德六年（577）六月又于甘松防置芳州。甘松防是武成元年（559）建立的，《元和郡县志》卷 39 谓："秦汉及魏晋皆诸羌所居，至后魏吐谷浑入侵，据焉。周明帝武成中（563），西逐诸戎，始有其地，乃于三交口筑城，置甘松防。武帝建德中（574），改为芳州，领恒香、深泉二郡。"恒香郡领县一，曰常芬，在白水上游的西岸；深泉郡领封德、理定二县，在白水上游的东岸。芳州的白水上游以西，隋开皇十九年（599）又置甘岭县，初属芳州，以后改属甘松郡。上引《元和郡县志》云："所管百姓皆是党项诸羌。界内虽立县

---

① 《隋书》卷 29《地理志上》。
② 《隋书》卷 29《地理志上》云：叠川"有洮水、流水"。杨守敬考证云："或流为白字误。"

名，无城郭居处。"所谓党项，原系"唐古特"（Tangut）的译名，是藏语系部落对蒙古语族的通称。盖此地区有羌族，又有吐谷浑国分派到这里的蒙古语族，羌族受蒙古语族的影响很深，故人称此种羌族为党项诸羌。以上是北朝时甘南洮河以北一部分地区的沿革情况。

　　甘南藏族自治州以东，古代的羌水（白龙江）和白水（白水江）流域亦是羌族的两个聚居处。现在先叙述羌水流域的羌族。

　　《水经》云："羌水出羌中参狼谷。"郦道元注："彼俗谓之天池白水矣。《地理志》曰：出陇西羌道。东南流，迳宕昌城东，西北去天池五百余里。"羌水出羌中参狼谷，则羌水上游的羌人为参狼羌的后裔甚明。《后汉书·西羌传》记战国时秦献公初立（前384），灭狄豲戎，西羌畏秦国的威胁，相率而南，或为参狼种，即指武都郡羌水流域的羌族。在西晋末年，羌水上游的羌族已经形成一个大的部落集团。《周书·宕昌传》云："有梁勒（按《北史》当作"懃"）者，世为酋帅，得羌豪心，乃自称王焉。其界自仇池以西，东西千里，带（席）水以南，南北八百里。地多山阜，部众二万余落。"北魏拓跋焘时，梁懃之孙弥忽遣子弥黄通使于魏。① 延和元年（432），仇池国强盛，合并宕昌。不久，宕昌又独立，或通使于魏，或通使南朝。齐永明六年（488），宕昌王梁弥承遣使至齐，求军仪和乐伎方面的书籍，齐只给《五经集注》、《论语》各一部。② 从此知宕昌的文化也是很高的。宕昌给南朝萧梁交易的货物，有甘草、当归；给北魏交易的货物，有朱砂、雌黄、白石胆等③，这都是宕昌地面的特产。北魏分裂，宕昌王梁仙（一作"佥"）定与吐谷浑攻金城，无功而还。西魏为了羁縻宕昌，以仙定为岷州刺史。大统十六年（550），梁仙定弟弥定为宕昌王，被其宗人獠甘所逐，出奔西魏。又宕昌羌部落酋长傍乞铁忽亦拥羌众数千家，据渠株川（疑即今甘南自治州东部的舟曲县④）自立，并与渭州汉民郑五丑联合诸羌，向西魏出兵。宇文泰遣宇文贵、豆卢宁、史宁等出征，驱逐獠甘，纳弥定为王。此后，酋长东念姐、巩

---

① 《北史》卷96《宕昌传》谓：太武初年，宕昌内附。《通鉴》从之。但《魏书》卷4《太武纪》谓：宕昌羌酋内附在太平真君九年（448）。酋长名梁瑾慈，与《北史》、《通鉴》所称弥忽不同。
② 《南齐书》卷59《羌传》。
③ 《梁书》卷54《西北戎传》；《北史》卷96《宕昌传》。
④ 舟曲，曲在藏语为海，为河，为川。舟曲即舟川。"舟"音与"株"相近。又渠株川，《周书》卷49作"渠林川"。

廉玉、俱和等反魏。宇文泰又遣豆卢宁、王勇平之。北周保定四年（564），梁弥定引吐谷浑攻石门戍，宇文泰遣田宏灭其国，以宕昌地置宕州。

宕昌国的南边是邓至国，亦由羌族部落组成。这些羌族，因为他们分布在白水流域，所以叫作白水羌。邓至原也是一个地名，邓至城在阴平故城（今甘肃文县鹄飞镇）西北，今四川南坪东北。相传其地为邓艾所至，因以为名。所以《北史·邓至传》说："邓至者，白水羌也。世为羌豪，因地名号，自称邓至。"邓至的疆域，《北史》称："自亭街以东①，平武（今四川平武东北）以西，汶岭（即岷山）以北，宕昌以南"，包括今蜀陇间的白水上游南北以及岷江上游诸地。杜佑《通典》云："今怀道郡之南，通化郡之北，交川、临翼、同昌郡之地也。"唐代的交川郡在今四川松潘西南，今叠溪一带；临翼郡包括松潘南部及茂汶羌族自治县诸地；同昌郡包括今甘肃文县西及西北部诸地。南齐建元元年（479），邓至羌王象舒彭（《北史》作象舒治）与齐通使，齐封他为平西将军，继以为西凉州刺史。后又与北魏及梁交易，输出的土产为马匹和药材黄芪。西魏废帝时（552—553）遣宇文昶逐吐谷浑，定阴平、邓至，改置邓州，治尚安（今四川南坪西北），领二郡：一曰邓宁郡，辖县二，曰尚安、钳川（尚安西南）；一曰昌宁郡，辖县二，曰帖夷（今南坪东南）、同昌（今南坪东）。自二郡以西，皆不属于邓州。西魏恭帝时（554），羌王檐桁失国，奔长安，宇文泰派兵送他回到邓至。其时吐谷浑的势力很强，占据邓至以西诸地，至北周时始在各地置郡县。

（三）益州西北部的羌族

羌族最古的主要分布区在青海东部的河湟地区。从公元前几千年起就向外迁徙，分布在黄河流域各地。在公元前4、5世纪时，又有大批的羌族从赐支河曲南下，向长江流域的上游迁徙，分为三支，就是武都地区的参狼羌、广汉地区的白马羌以及越嶲地区的牦牛羌。直到现代，黄河流域和长江上游各地的原有羌族绝大部分都汉化或藏化了，只有四川西北部松潘和茂汶羌族自治县还有四万三千多羌民保存着羌族原有的语言、文化、风俗和宗教

---

① 亭街所在地不明。《北史》本传云："又有东亭卫、大赤水、寒宕……等诸羌国。"亭街或指东亭卫而言。

信仰。因此在古代史上弄清楚四川松潘、茂州、汶川、理县羌族的来源问题以及历代统治阶级在这些地区的郡县建置和民族关系问题，是十分必要的。

作者在解放前曾两次到羌族地区做过前后约四个多月的调查研究工作。据汶川北面罗卜寨羌民端公张景鳌为我口诵的无文字的《太平经》（即《车经》，羌语"tʂʻə 经"）八篇，其中第二篇便是叙述始祖车几葛布（tʂʻəɻ tɕiɻ kaɻ puɻ）从赐支河曲移入岷江流域上游的故事。兹译为汉语如下：

> 车几葛布的父亲名曰比格砥·日罗尔玛，母亲名曰绵格砥·日谢尔玛。产生一子，头如斗大，耳如扇形，两目如环，齿粗如指，臂长八尺，身高丈二，足长三尺。一岁吃母乳，与母亲的另一乳搏战；两岁坐父怀，手足不停作战；三岁持棍棒。在外指天触地而战；四岁在屋内呼跃而战；五岁泼水为战；六岁与家神战；七岁在独木梯上跳跃八跳；八岁耕田，与土地战；九岁牧羊，与草地战；十岁播种；十一岁跟所遇到的人们挑战；十二岁骑牦牛应战。十三岁从赐支南下。初到哈牛（daɻ niɳɻ，茂州），遇格地仙，与战胜之。继到阔笮（kʻuəɻ tsaiɻ），遇楚日仙，与战胜之。又到哈苏（daɻ suɻ，汶川），遇战不胜。又南到贵尼别格（kuiɻ niɻ biɛɻ，娘子岭），遇蒲板仙（pʻuɻ barɻ ɕiɻ）与战又不胜。乃转至帕斜别都（pʻaɻ salɻ biɛɻ duɻ，白沙），虽然没遇到人，但见其地的挑担长九丈，草鞋厚九寸，弓长九丈，箭长九尺，马蚁大如犬，蛤蟆巨如甕。从这些东西，推测其人，必然强大，遂不敢久留，回头北上。所到之地，修筑城寨，以谋久居。修筑的城计有蒲支介格（pʻuɻ Lʐɻ tɕiɛɻ kaɻ，雁门，在汶川北），一也；朱格巴（tsuiɻ kaɻ baɻ，上清坡，茂州南），二也；巴些甲格（baɻ Siet tɕiɛɻ kaɻ，白水寨），三也。途中遇见茂州的山神瓦巴仙，瓦巴仙问他为什么不向南方去呢？他说："南方人体大力强，我不能战胜他们呀！"

关于车几葛布南下的故事，在汶川以北各地的羌民中都在传说，车几葛布所经的地名大同小异，没有一个不说他是从赐支即"zʅ tsz̩ʅ"地方迁来的。这一带羌民所说的"zʅ tsz̩ʅ"，认为自松潘以北的地区都是这一名称，他们并不知道"zʅ tsz̩ʅ"是指青海东部的赐支河曲。关于"zʅ tsz̩ʅ"之为赐支，在这里我们不能不再着重引用一下晋代司马彪在《续汉书》内对于河曲的解释，他说：

> 西羌者，自赐支以西，滨河首左右居也。今河关西可千余里有河曲，羌谓之赐支，即析支也。

从此便知汉语所说的"河曲"，正是羌语所说的"赐支"或"析支"。此名是从羌语"zɿ˧ tsɿ˧"音译过来的。车几葛布为什么从赐支南下到茂汶一带呢？在罗卜寨端公的《太平经》内没曾提到，但在黑虎寨端公的《太平经》里却说他是为父报仇。后者大意说他的父亲与一种巨人叫戈几葛部（guoɿ loŋ gaɿ poɿ）打仗并战死了，所以车几葛布从松潘南下给他父亲报仇。又说，当时茂州已经建立城郭，未曾攻战，车几葛布便绕道南下云云。这段经文便和羌民始祖在茂汶一带所进行的部族战争的史实联系起来。

这里各地的羌民传说，他们移殖到此地以前，已经有一种叫作"戈"（guəɿ）的人或部落在这里居住。"戈"是汶川羌民对那种人的叫法，理县佳山寨一带的羌民称之曰"葛"（gaɿ），黑虎七寨和三溪十八寨的羌民则称之为"戈迈"（guəɿ məɿ）或者"阿戈"（aɿ guəɿ）。"guəɿ"或"gaɿ"是富有或财富多的意思。理县佳山寨、西山六寨的羌民称有财富的人为"发财如葛"（tɕɿ dzəɿ gaɿ ŋuəɿ），或"有财如葛"（ʑɿ baɿ gaɿ ŋuəɿ）。以此知"戈"或"葛"是古代在松、理、茂一带的一个富有部落。"戈迈"的意思是"戈羌"。因为黑虎寨和三溪寨的羌民自称"日迈"（βɿ ləɿ məɿ），称戈族曰"戈迈"。若依此说，则"戈"似为羌之一种。羌族迁到这里以后跟戈族发生了一系列的斗争。关于这些斗争，各地有许多传说，兹据我调查到的，汇集如下。佳山寨的羌民传说：

> 葛族知用牛曳犁耕田，羌族的祖先智改巴（dzɿ gɛɿ baɿ）则不知用牛犁。智向葛请教，葛坚决不传授。一天下大雪，葛从田上滑下，牛和犁都倒在雪上。等葛驱牛走后，牛曳犁的形状印留在雪上。智以绳度量之，按其长短，制造为犁。从此羌族亦知用牛曳犁而耕。直到后世，羌族的制造耕犁，仍然用绳度量，不用尺。

葛善治水，凡岩上青苔野草等物，一经手握，便化为水。智善治火，两石相击，便能成火。一天，葛向智请传治火的方法，智善良忠实，立刻击石成火，传授给他。但是葛后来忘了用芦草在石上引火的办法，所以他只能击石成火，而不能使木柴立刻燃烧。

各地羌族普遍流传着戈人或葛人偷吃天牛的故事。其中最典型的是佳山寨羌民的传说：

葛和智改巴二人都为天神采莫比达（t'siɛɬ fəm bzɯɬ taɬ，汶川羌民称天神为穆比唐，muɬ biɬ ta'm）牧牛。三月三日天神到下界交牛；五月五日到下界看牛，牛毛顺了；七月七日到下界看牛，牛膘肥了；九月九日到下界看牛，牛不见了。天神问智："牛哪里去了？"智答："未吃未卖。"又转问葛，葛说："牛头牛尾，还有牛皮，都在智家门口，当然是智杀死了。"天神细加检查，先嗅二人的呵气，葛呵出的是牛肉气，智呵出的是青菜气；又使二人露齿，葛齿见牛肉丝，智齿见蔬菜丝，于是断定天牛是葛偷吃的。

葛有大量田土，智贫而无地。智向葛借粮食，借一斗，加五升之利。智还不起，被葛扭送到天神处，希望对智惩罚。天神说："利太重，一年三升就够了。"葛不服，邀智斗械以决胜负。天神以杨柳枝交智，以麻秆交葛。麻秆咯扎有声，击人不死；杨柳枝无声，但可伤人。天神又以白石交智，以雪块交葛，并对智说："你能以白石击胜，利可不还。"两人相斗，智先以背当雪，雪块落背，雪花飞溅，葛以为可胜无疑了。智转头以白石击葛，葛负重伤，随即逃遁。智持棒追之，途中遇一女，女代葛对智说："葛已留言，他的本利都不要了，今已逃往巴若居谷（baɬ ʒaɬ ɦaɬ guyl kuaɬ，译义为山后），请你勿追。"智说："你对他说，自今以往，常年落雨之处，我居之；常年落雪之处，葛居之。我便不追。"从此羌民世世代代住在常年落雨的地方。

各地羌民传说，戈人身材高大，眼睛大而发绿光，腕骨和足骨都是圆形，体上生毛，有尾。人将死，他的尾巴便干枯。在尾巴现干枯状时便营圹，先送什物于其中。死后用石棺，制棺的青石从雪山运来。又有一些人相传岷江和杂谷河流域的石棺坟便是戈人的坟墓，把墓里掘出的陶罐，说成是戈人留下的。但这种戈人在很久以前便绝迹了。相传羌人和戈人相约在尼罗素呷山（niɿ loɹ Soɹ kaɿ）上跳崖以赌胜负，崖上悬着两个口袋，一袋有底，羌人从上跳下，装在袋内，得以不死；一袋无底，戈人从中跳下，死于崖中，只余母女二人，所以没有后裔传至今日。这一传说记载在罗卜寨张端公口诵的《辨呷牛经》（biɛɹ kaɹ niuɹ）内。总而言之，以上各种传说，有些是信而有征的，例如松、理、汶、茂的羌民都崇拜白石，在各家的大门顶上或屋顶上安装着一块白石，称它作白石神；有的村寨还修建一座白石神庙，在每年的一定季节对白石神祭祀膜拜。他们崇拜白石就是由于昔年他们的祖先凭了白石才把戈人打退的缘故。有的传说则是牵强附会，例如自灌县以北的汶、理、茂地区有许多石棺墓葬，羌民把这些墓葬说成是戈人的坟墓，即属于此类。关于这一带的石棺墓葬，四川大学冯汉骥教授一九三八年在汶川县威州北二十里的小寨子发掘过一墓。墓里的殉葬物品有斧、戈、剑、带钩、钮扣、缨座子等铜器，有剑、矛、斧、刀、锯等铁器，又有铜柄铁剑、琉璃珠、银护腕、盾上连珠纽饰、榆荚钱和四铢钱等。另外还有一种具有独特风格的灰色双耳陶罐，腹部两侧刻有双线曲纹。① 这种文化，从石棺之制和拥有大量的武器来说，应当属于古代蜀国所谓"纵目人冢"② 的文化。其中有许多古物和秦汉之间的汉族文化和匈奴文化相互联系。蜀国被秦惠王所灭，它的文化的下限在秦末汉初，与墓内殉葬物之榆荚钱和四铢钱是相合的。古代蜀人属于哪一语族，虽无定论，但其文化程度很高，与羌民传说中的戈人之野蛮状态很不相合。当然，在另一方面，我们也可以推想，就是羌民因与戈人相对为敌，所以对于戈人不惜捏造种种丑恶词句加以诋毁。例如说戈人生毛并且有尾巴，偷吃天神的牛之类。然而，无论如何在许多传说中，有的时候仍然是瑕不掩瑜。例如说戈人能用牛曳犁耕地，善于治水，拥有更多的财富之类。综合上述戈人的各种特点，其中特别是治水和石棺两种特点，我疑羌民传说的戈人就是汉代初年以前占领岷江上游的蜀国蚕丛的后裔所谓"纵

---

① 冯汉骥：《岷江上游的石棺文化》，《学林》第 10 期，1951 年 5 月成都《工商日报》星期日增刊。
② 《华阳国志》卷 3《蜀志》。

目人"之属。但这仅是一个假定，要证明还需要在古代蜀国境内进行一系列有计划的考古发掘工作。

  同这个问题相联系，而且也是羌族史上的一个大问题，就是黄河上游赐支河曲的羌人从什么时候、经过些什么地区，然后到达汶川、理县、茂县一带呢？回答这一问题也很困难，这里我只提一点线索，供研究羌族史的同志们参考。前章我们已经引用《后汉书·西羌传》说明白马羌的南迁是在公元前4世纪后半叶秦献公初立（前384）以后。换言之，即在秦始皇统一中国以前的一百多年之内。汉魏时期，史志所载的白马羌有三种：一是武都郡的白马羌。《华阳国志》卷3，"宣帝地节三年（前67），武都白马羌反"。《西羌传》记永和元年，"初，武都塞上白马羌攻破屯官，反叛连年"。这都是指武都郡的白马羌而言。此羌的所在地，汉时称为"羌道"（今甘肃武都西北一百二十里），西汉属陇西郡，东汉属武都郡。上引《水经注·羌水篇》于"羌水出羌中参狼谷"后云："《地理志》曰：出陇西羌道。"以此知这里的白马羌就是《西羌传》里的"参狼种武都羌"，不是广汉郡的白马羌。二是《三国志·魏书》注引《魏略·西戎传》所说："燉煌西域之南山中，从婼羌西至葱岭数千里，有月氏余种葱茈羌、白马、黄牛羌。"此羌是月氏胡，亦与广汉的白马羌无关。三是广汉郡的白马羌，即《西羌传》所谓"或为白马种，广汉羌是也"。但东汉的白马羌并不在广汉郡及广汉属国之内，而在广汉郡及属国的徼外。《后汉书·光武纪》记："建武十三年（37）秋七月，广汉徼外白马羌豪率种人内属。"《西羌传》记此事更详，云"建武十三年，广汉塞外白马羌豪楼登等率种人五千余户内属，光武封楼登为归义君长"。唐李贤注谓此广汉指广汉郡。白马羌既在广汉郡的徼塞之外，那么《西羌传》就不应称白马羌为广汉羌，而应称为广汉徼外羌。此白马羌在广汉郡徼外的哪一方呢？李贤注谓广汉郡的郡治在唐代益州雒县（今四川广汉），并云："羌有百五十四种，在广汉西北者为白马羌。"此言白马羌在广汉郡的西北徼外甚明。至安帝永初三年（109），分广汉蛮夷置广汉属国。属国都尉治阴平（今甘肃文县西北），所属阴平、甸氐（今甘肃文县西）、刚氐（今四川平武东），其中所谓"蛮夷"主要是氐人，并不包括白马羌在内。《后汉书·桓帝纪》："建和二年（148），白马羌寇广汉属国，杀长吏，益州刺史率板楯蛮讨破之。"从李贤注白马羌在广汉郡之西北徼外言之，则白马羌在广汉属国西徼之外，亦殊明显。

那么白马羌到底在什么地区呢？《西羌传》只记"牦牛、白马羌在蜀汉，其种别名号，皆不可记知也"。这一报导虽然简略，但说明白马羌在蜀汉境内，也还是有线索可寻的。白马羌的所在地，《西羌传》既说它在蜀汉境内，李贤注又说它在广汉郡的西北徼外，由此两说，我们便可按图索骥，不至于胡猜乱想了。《水经注·江水篇》云："岷山在蜀郡氐道县（今四川松潘西北羊膊岭，一称铁豹岭），大江所出，东南过其县北。"郦注云："（大江）东南下百余里，至白马岭。"又引《益州记》曰："自白马岭回行二十余里，至龙涸，又八十里至蚕陵县。"按《一统志》记蚕陵县在松潘厅南二百三十里叠溪营西。龙涸在其北八十里，松潘县之南。再北二十里至白马岭，则白马岭似仍在松潘县南。《一统志》谓白马岭在松潘厅西北，则《益州记》所云白马岭距龙涸二十余里，应有误。东汉时白马岭属蜀郡的汶江道。灵帝时改蜀郡北部为汶山郡。三国蜀汉于此置白马县，属汶山郡；西晋太康年间改为兴乐县，仍属汶山郡。① 汶山郡本汉武帝元鼎六年（前111）所立。《后汉书·西南夷传》记：汉代时，"其山有六夷、七羌、九氐，各有部落"。六夷指冉駹夷等，在汶山郡的西部；九氐指湔氐等，在长江发源地的湔氐道；七羌则指白马羌等，在白马岭一带。从这些事实可以证明岷江上游的羌族在汉代以前就已经迁徙到这里，他们的原始居住地在赐支河曲，所经的路线就是松潘西北的白马岭，东汉史志上的白马羌把赐支河曲的西羌和汶山郡的七种羌联系起来。唯有这样，我们才可以正确理解秦始皇以前从赐支河曲南下的"白马种广汉羌"，就是《光武纪》里所说的"广汉徼外白马羌"，而这种白马羌不在汉代广汉郡或广汉属国之内，而在蜀郡的汶江道或汶山郡之内，如此始与《西羌传》所记"白马羌在蜀汉"相合。

总之，羌族在汉代以前就从黄河上游的赐支河曲徙至岷江上游了。从周到秦统治岷江上游诸族的主要是蚕丛所建的蜀国政权。这一政权在秦惠王九年（前316）被司马错所灭，但其势力一直保持到秦末汉初。因此，我疑羌民传说中的戈人就是蜀国之后所谓"纵目人"之类，羌族战胜戈人的时期当在秦汉之际。关于此点，前已言之，只是一种假定，尚须进一步证实。

① 洪亮吉：《三国疆域志》下。

又白马羌的名称出现最早，我们不妨说白马岭的羌人是茂汶羌民的祖先。但东汉时的白马羌豪楼登拥有羌民五千多户，与此同时，汶川郡的羌民亦已分为七个部落集团，这样，我们不能说东汉时的白马羌是汶川羌七个部落集团的祖先。此外，还有一点应当指明，就是茂汶各地的羌民来源是多元的。试以威州西面杂谷河南岸佳山三寨羌民的祖源为例。据入达寨一个七十多岁的杨姓老人说：“三寨最早的居民来自距上孟董沟进头寨还有二日程的莫尼谷挑（mo˧ ni˩ guɑ˩ t'io˥）。再早，莫尼谷挑的羌民祖先则来自产生牦牛的康藏地面。”佳山寨还有一种比较普遍的传说，康藏某一地区有兄弟三人，最幼弟名白拉拉，留居康藏；长兄名白安安，迁到佳山寨西面的白孔寺（tɑ˩ w^{R}ɑ˩）；次兄名白西西，迁到西山寨（w^{R}ɑ˩ tɕi˩ tɑ˩）。今两地都立有庙宇，纪念他们的祖宗渊源。西山寨的白王庙有三块白石，纪念他们的祖先驱逐戈人（葛人）出境的事。佳山寨白孔寺每年公祭一次，参加公祭的村寨，除了佳山、入达二寨外，西山六寨、增头三寨、牛罗二寨、九枯六里的羌民都来致祭。这个祭祀的特点就是派人到康藏地区购买牦牛，所以也叫作“还牦牛愿”。买牦牛的价由西山六寨、增头三寨、牛罗二寨公摊，佳山寨则出黑羊一只。牦牛到达通化，便由通化的居民焚香迎接，然后每到一寨，各寨羌民迎送，直到白孔寺，献牛于神。从这一事实说明佳山、入达、西山、增头、牛罗、九枯的羌民祖先又是从康藏地区来的。但他们究竟来自康藏地区的什么地方，他们不能确指，只说是产牦牛的地区，因而使我们很容易联想到《西羌传》记牦牛羌亦在蜀汉这一说法。蜀郡徼外还有大牂夷羌三种，佳山等寨的羌民祖源属于哪一种羌，就不得而知了。

从东汉到三国，汶山郡的居民更为复杂。《华阳国志·蜀志》记：汶山郡“有六夷、羌胡、羌虏、白兰峒九种之戎”。这些部族的实际情况很难理解，因为常璩所说的汶山郡西界在凉州酒泉，包括今青海省和四川西部部分地区，无怪把白兰山的部族也包括在内了。实际上蜀汉汶山郡的管辖地区并未超出两汉的汶山郡之外。蜀汉延熙十年（247），汶山平康夷叛，姜维率兵往平之。[①] 平康（在今松潘西南）与白马（今松潘北）两县皆蜀汉所置。《华阳国志》卷 8 记：“初，蜀以汶山西五郡北逼阴平、武都，故于险要置守，自

① 《三国志》卷 33《蜀书·后主纪》。

汶山、龙鹤（即龙涸）、冉駹、白马、匡用五围，皆置修屯牙门。"按汶山在茂州，冉駹在茂州西境，龙涸在松潘县南，白马、匡用在松潘县西北。然则蜀国的汶山郡最北不过白马、匡用二屯。隋开皇九年（589），会州总管姜须达①《通道记》的碑石在今四川理县（杂谷脑）以西的山上，记云："自蜀相姜维尝于此行，尔来三百余年更不修理，山则松革荒芜，江则讼沤出岸，悚怯高拔，鸟嗟地崄，公私往还，并由山上。"据此则杂谷河流域以西，大小金川一带亦为蜀汉政权所不及。因此，《华阳国志》所记的汶山郡的西境显然扩大，其所述的部落名称至少有一部分不在郡县之内。

到了西晋，汶山郡的领域并不大于两汉和蜀汉，但境内的部族成分远超出以前各代。《后汉书·西南夷传》记冉駹夷所在的汶山郡云："其西又有三河、槃于虏，北有黄石、北地卢水胡，其表乃为徼外。"按"表"有外之义，其外乃属郡塞之外，则槃于、黄石等族似在郡内。然或谓"槃于"当即槃木，在汉嘉郡，不在汶山郡，则黄石等族仍在郡之徼外。到了晋代，无论黄石或卢水胡都确切不移地住在汶山郡的兴乐县（即蜀汉的白马县）了。《华阳国志》卷8记：元康八年（298）"汶山兴乐县黄石、北地卢水胡成豚坚、安角、成明石等与广柔（今四川汶川西北）、平康、文降（当作'汶江'，在今茂汶羌族自治县北）刘紫利羌有仇，遂与蜂蛹羌郅逢等数千骑劫县令，求助讨紫利。太守杨邠挞杀豚坚，而降其余类。余类遂叛杀长吏。冬，西夷校尉西平麹炳表出军，遣牙门将孙眺为督护，万人征之，战于常安，大为胡所破"。此言黄石、北地卢水胡在汶山兴乐县境内，实力雄厚。黄石是匈奴屠各族中的一种，亦称"黄石屠各"，见《晋书·刘曜载记》。按《后汉书·任延传》记，东汉建武初年黄石族尚在武威郡。以后分散，一支到关中的新平、扶风二郡。在西晋末年首领路松多辅佐晋南阳王司马保与刘曜对抗②；一支到汶山郡，在西晋中叶与平康羌刘紫利闹事。上文所举的成豚坚、成明石，按《晋书·秃发傉檀载记》所记姑臧屠各成七儿起义事，此二人皆当为黄石屠各的首领。卢水胡本来居住在凉州的张掖属国，此称为"北地卢水胡"，是否张掖的卢水胡先到北地郡，后来由北地郡又转到汶山郡的兴乐县

---

① 《隋书》卷2《高祖纪下》记：开皇八年三月，"壬申，以成州刺史姜须达为会州总管"。会州为汶州所改，以西夷交会而命名。
② 《晋书》卷103《刘曜载记》。

呢？北地卢水胡郝散的起义在元康六年（296）五月，到该年八月他们又参加了齐万年的起义。一直到元康九年正月，齐万年始被擒。那么，这次起义的北地卢水胡如何能在元康八年便出现于益州的汶山郡呢？比较合理的解释是，汶山郡的北地卢水胡在元康六年以前就到达汶山郡了。他们何时和如何到达汶山郡的北部则不得而知。

此外，汶山郡兴乐县白马岭还有一种部族叫作白马胡。《华阳国志》卷8记：泰始十年（274），"汶山白马胡恣纵掠诸种"。前已言之，东汉时居住白马岭上的是白马羌，此时为白马胡所代。史称此族恣掠诸种，其势力雄悍可知。那么，白马胡是一种什么族呢？史无明文。《魏书·孝庄帝纪》云："永安三年（530）六月，白马龙涸胡王庆云僭称大位于水洛城，署置百官。"北魏末年的王庆云虽然已经从汶山郡转到略阳郡，但他的部族成分仍然是白马龙涸胡。此人部下有羌有氐，但本身则为胡，而不是氐、羌。秦州陇西的屠各族多姓王，疑王庆云亦屠各族，所以称之为"胡"。这也仅是一种假定，没有什么可靠的根据。总的看来，魏晋时汶山郡的部族已经十分复杂，除了大量的羌族和冉駹外，又有黄石屠各、卢水胡、白马胡、氐族等。《华阳国志》所说的"白兰蜩"是一族还是二族，很难解释。"白兰"，以青海西部有白兰山，吐谷浑占领以前，为羌族所居，《周书》《北史》并称之为白兰羌。"蜩"亦作"峒"，皆无考。有人说"蜩"当作"蚺"，即《魏略》所说的"蚺氐"，只可备一说。《华阳国志》前引文有"蜂蜩羌"，亦可释"蜩"之一说。西晋汶山郡统县八，《华阳国志》谓：广柔、平康、汶江（即汶山）、兴乐（有蜂蜩羌）都有羌。又同书卷8记，永宁元年（301）"三月，（罗）尚至州治，汶山羌反于都安（今四川灌县东）之天拭山，遣王敦讨之，系数千人，大没女弱为生口。敦单马驰，为羌所杀"。从此次汶山羌起义，又知接近成都平原的都安天拭山也是羌族的一个聚居区了。

西晋末年，益州西北部的羌胡诸族又进入自立状态。前凉的甘松护军建置于松潘县西北部的甘松岭一带。西秦又于此地置甘松县，皆不久即废。成汉的势力亦只到达汶山郡的南部。南北朝时，宋、齐《地理志》汶山郡只有都安、晏（齐《志》作"湶"）官二县，无广汉、汶山等县。① 晏（湶）官即

---

① 《宋书》卷38《州郡四》、《南齐书》卷15《州郡志下》均云：升迁县原属汶山郡，至宋、齐属于宁蜀郡。

堰官，管理都江的堰堤。《水经注·江水篇》云："诸葛亮北征，以此堰农本，国之所资，以征丁千二百人主护之，有堰官。"堰官之名始此。然则宋、齐的汶山郡只能管辖到都安大堰（灌县境）左右，而不能统治汶山内部的羌胡。梁在桃关一路置绳州（故治今四川茂汶羌族自治县西北），又于太清（547—549）中，武陵王萧纪在蚕陵（在绳州故治北）葛县置铁州，但不久亦废。以此知南朝并没有统治到汶山郡的羌胡。

北魏的政权也没有统治到汶山。魏晋以来，最初统治汶山北部的是吐谷浑国。《晋书·吐谷浑传》记："属永嘉之乱，始度陇而西，其后子孙据有西零已西甘松之界。"甘松当指松潘西北的甘松岭而言。《宋书·吐谷浑传》亦记："自枹罕以东千余里暨甘松，西至河南，南界昂城、龙涸。"《魏书》、《北史》所记与《宋书》同。昂城无考，或谓即大金川上游之陌昌，在今阿坝藏族自治州。吐谷浑占领龙涸的年代，《宋书》本传谓："树洛干死，弟阿豺（又作阿豽、阿柴）自称骠骑将军。谯纵乱蜀，阿豺遣其从子西强公吐谷浑敕来泥拓土至龙涸、平康。"按树洛干即位之年在东晋义熙元年（405），在位九年而亡，即亡于义熙九年。此年阿豺即位①，至宋文帝元嘉三年（426）卒，在位共十四年。谯纵乱蜀指义熙九年前谯纵从独立至灭亡事，则阿豺之拓土至龙涸、平康，当在义熙十年（414）左右。龙涸胡王即在此时降吐谷浑。上面我们已经提到，汶山郡的白马羌在西晋时已被黄石、卢水胡、白马胡所侵扰，到南北朝初年又被吐谷浑所统治。在北魏末年，邓至羌盛时，又曾一度占领汶岭以北各地，则汉魏时期在这里建立的郡县制度，多年遭到了严重的破坏。一直到北周时，灭邓至国，逐吐谷浑，始重新恢复各地的郡县制度。

北周在岷江上游设置了四州，归益州总管统摄。一、汶州，治广阳（今四川茂汶羌族自治县）。属郡二：汶山郡，县一，曰汶川；北部郡，县一，曰广阳。二、翼州，故治在广阳西北。属郡二：清江郡，县一，曰龙求；翼针郡，县一，曰翼针。三、扶州，天和元年（566）吐谷浑龙涸王莫昌率户降，以其地为扶州，治龙涸。属郡一，龙涸郡，县二：曰嘉诚（今四川松

---

① 树洛干的生卒年代参考《晋书·吐谷浑传》，然此传谓继树洛干位者为拾寅，与《宋书·鲜卑吐谷浑列传》异。《宋书》记树洛干死，弟阿豺立；阿豺死弟慕璝立；慕璝死，弟慕延立；慕延死，树洛干之子拾寅乃立，俱有年代事实可考。《北史》本传略同。

潘）；曰交川（今松潘东南）。四、覃州。《太平寰宇记》谓：天和元年讨吐谷浑，置同昌郡，寻改为覃州，治覃州，在今黑水上游。属郡四：覃州郡，县一，曰通轨，今四川黑水县；荣乡郡，县一，曰平康；广年郡，县一，曰广年；左封郡，县一，曰左封，在通轨县东南。以上二郡并在今叠溪西二百数十里。从上所述，知北周时的郡县不只概括了岷江上游，而且深入黑水流域。隋唐时的郡县大体都是在北周建置的基础上发展来的。

四、隋、唐、吐蕃等对羌族的统治

公元589年，隋朝结束了十六国南北朝以来的分裂局面，重新统一中国。十六国南北朝时期既是中国历史上的分裂时期，也是各民族大融合的时期。作为中华民族组成部分的羌族，由于历史上各代的迁徙，与汉族等的错居杂处，在这一时期，又有很大一部分融合到汉族之中。例如从魏晋以来，居住或陆续迁到雍、秦、凉三州一些主要城镇的羌民，已经逐渐汉化，融合到汉族之中。因此，到隋唐时，羌族主要聚居地区已大大缩小。从文献上看，这一时期羌族的主要聚居地区，除了他们的原始居地河曲及洮水、白龙江流域而外，主要就是岷江上游、黑水流域及其西北直至今青海南部一带。

下面主要简述一下隋唐时期，岷江上游、黑水流域及其西北诸地羌族的情况。

隋代初年，把北周在岷江上游和黑水流域所置汶、翼、扶、覃四州合为一州，初称汶州，继以此州"西夷交会"，改名会州，设一总管，统十一县，包括两万四千多户。从开皇九年（589）会州总管姜须达的《通道记》以及十一县的名称考之，自杂谷脑以西并未设县，故知两万四千多户，没有包括大多数的冉駹在内，其中主要的部族是羌族。《隋书·苏孝慈传》附侄《沙罗传》记：开皇八年，"冉尨、羌作乱，攻汶山、金川（今四川理县通化镇）二镇，沙罗率兵击破之"。冉尨即冉駹，亦即嘉良夷。此役冉尨与羌合攻汶山、金川二县，原因不详，两族似从徼外来，与次年姜须达的通杂谷道有关。开皇十四年（594）崔仲方代姜须达为总管。《隋书》本传记："时诸羌犹未宾附，诏令仲方击之，与贼三十余战，紫祖四邻，望方、涉题、千碉、小铁围山、白男王、弱水等诸部悉平。"紫祖是羌部落名，不知其所在地。紫祖羌的四邻部落大部分可以考见。《隋书·附国传》记女国与党项之间往往有羌，其中千碉、望族、白兰等等，"并在深山穷谷，无大君长。其风俗略同于党项，或役属吐谷浑，或附附国"。千碉之名与《崔仲方传》中的千碉相同。望族疑即望方，古籍中称族为方者颇多。白男当即白兰，蜀中方言L和N往往互易。白兰羌初居青海柴达木盆地之南，其一部分南迁，与党项为邻。弱水国在西山东女国之南，是一个弱小的部落集团。唐德宗时，弱水王董辟和率众内附。以上四部落集团均在附国的东北，党项的西南，正是唐人所谓"西山八国"一带，相当于今日大、小金川及其附近地区。唯小铁围山最东，距会州最近。明代曹学佺《蜀中广记》卷32引明代《保县志》云："唐时哥邻国君董卧庭等求内附，处其众于维、霸等州，居小铁围山，去县可七八日程。"如此，则小铁围山在理县孟董沟西北，距旧理县治约四五百里之地。隋代的会州总管远征到上述雪山以西诸地，这说明6世纪时益州的西北境较前代很大地扩展了一步。

　　唐代初年，分会州为松、翼、会三州。贞观年间改会州为茂州，以州北十二里之茂湿山得名。从武德末年到贞观初年，在松、茂二州设置两个都督府。松州都督府初时是为镇摄吐谷浑和党项，属陇右道。后来吐谷浑衰微，党项内属，始割属剑南道以备吐蕃。茂州都督府初时的任务是内而统治羌民，外而镇摄西山八国，后因吐蕃内侵，始与松州联合，共御吐蕃。每一都督府之下管辖了若干正式的州县和非正式的羁縻州。茂州都督府最初只有一个正州，即茂州，管四个县，共三千三百多户，主要是羌民。其余有九个羁縻州，即翼州、维州、涂州、炎州、向州、彻州、冉州、穹州、笮州。不久，维、翼二州都进为正州，并在翼州置都督府。自高宗永徽年间以后，降羌更多，原来的九个羁縻州又分置为三十一个（羁縻）州，属茂州都督府。

　　在羁縻州内，有的有县，有的无县；有的户口皆有，有的有户无口，有的户口俱无；羁縻州的首领多系部落酋长，或降或叛，或臣或否，都没有准；人民对于唐朝的贡赋，或有或无。这种情况正可以说明羁縻州的性质。羁縻州里的百姓大多数是羌族，但也有不少是冉駹，即《隋书》所谓的"嘉良夷"。例如维州、笮州、冉州，应该都是冉駹，不是羌民。维州和恭州，史称是以白狗羌的降户设置的。最古的维州在蜀汉姜维故城一带，唐人杜佑谓维州在当州北二百六十里。唐代的当州，即北周时的通轨县，属覃州郡，在黑水的上游，其地距维州二百六十里，则维州当在杂谷河的上游。《通鉴》卷191胡三省注云："维州，其地乃汉蜀郡徼外冉駹之地"，不无理由。《蜀中广记》卷32引明代《维州志》云："白狗岭与大雪山连，后有白狗羌居之。"大雪山，一称雪山，或称西山。《通鉴》卷234胡三省注云："西山即雪山。今威州保宁县有雪山，连乳川白狗岭，有九峰，积雪春夏不消。白狗岭与雪山相连。威州，唐之维州也。"此言白狗羌的居地在杂谷河上游白狗岭山后。蜀汉的姜维城，在今杂谷脑的西北，有朴头山上姜须达《通道记》所云"自蜀相姜维尝于此行"可证。至贞观二年（628），《旧唐书·地理志》谓移州治于姜维城东，即明代杂谷安抚司之地。上引明代《保县志》云："出县循南岸（杂谷河南岸）行一日，又北渡大江，至杂谷安抚司，可八十里。又十里为无忧城，故址尚存。按杂谷即古维州。"① 此"古维州"已经是贞观二年所东徙之维州了。宋时改维州为威州。明洪武二十四年（1391）移威州于霸州。宣德七年（1432），又由霸州移置于汶川县治，即杂谷河入岷江口对岸的威州。从维州两次东徙的历史，则知最古的维州在杂谷河上游。这一地区，自古以来，是嘉戎分布之地，而非羌族所在。移治姜维城东的维州，领金川、定廉二县。金川在今理县通化镇，是一羌族的分布地区。定廉县在今理县孟董沟西面的定廉水一带，与维州接壤，则是一嘉戎的分布地区。冉州原是茂州徼外敛才羌地，领县四。其中二县，一曰冉山，一曰金水。此冉山当以冉駹得名，金水即大、小金川，都是嘉戎的分布地。从上述二州的所在，便知唐代在冉駹地区开始设置郡县了。

自黑水流域至杂谷河之间，在贞观至乾元年间，都设置了许多羁縻州。例如当州、悉州、静州在黑水流域；保州即奉州，由定廉县改置，霸州在松潘西南二百五十里，二州都在杂谷河以北。这些羁縻州皆由羌族首领归附而置，属于松州都督府。贞元九年（793），西山的许多嘉戎部落向维、保、霸三州迁徙，从此杂谷河以北便成为嘉戎和羌族的错居地区。《旧唐书·南蛮西南蛮·东女国传》记其事最详：

---

① 转引自《蜀中广记》卷32。

贞元九年七月,其王汤立悉与哥邻国王董卧庭、白狗国王罗陀忽、逋租国王弟邓吉知、南水国王姪薛尚悉曩、弱水国王董辟和、悉董国王汤息赞、清远国王苏唐磨、咄霸国王董藐蓬,各率其种落诣剑南西川内附。其哥邻国等,皆散居山川。弱水王即国初女国之弱水部落。其悉董国,在弱水西,故亦谓之弱水西悉董王。旧皆分隶边郡,祖、父例授将军、中郎、果毅等官;自中原多故,皆为吐蕃所役属。其部落,大者不过三二千户,各置县令十数人理之。土有丝絮,岁输于吐蕃。至是悉与之同盟,相率献款,兼赍天宝中国家所赠官诰共三十九通以进。西川节度使韦皋处其众于维、霸、保等州,给以种粮耕牛,咸乐生业。

以上东女、哥邻、白狗、逋租、南水、弱水、悉董、清远、咄霸共九国。史称韦皋曾兼西山八国、云南安抚等使,此八国为何,史无明文。《通鉴》胡三省注谓:"即前女王、哥邻等。弱水最弱小,不得预八国数。"则九国之中除弱水外,可能就是所谓"西山八国"。西山八国并未全部内徙,如东女国王汤立悉,授为归化州刺史。归化州是永徽后茂州下属三十一个(羁縻)州之一,当即东女王国的所在地。又逋租国王弟邓吉知兼丹州长史,《新唐书》、《旧唐书》的《地理志》中无丹州,或即宕州,因译名无定字也。其确切内徙者为哥邻国王子利啰,为宝宁都督府长史,宝宁即保宁,亦即保州。南水国王姪薛尚悉曩兼霸州长史,以此知哥邻、南水二国的嘉戎移至保、霸二州。《蜀中广记》卷32引明《保县志》云:"西北生番,有孟董十八寨,三国孟获、董卜之裔也,谓之孟董番,亦名董卜朝胡。唐时哥邻君董卧庭等求内附,处其众于维、霸等州,居小铁围山,去县可七八日程,东抵杂谷八棱碉,模坡河在东,如卜河在北,即古之孙水也,南流雅州。"依此则自理县孟董沟十八寨至棱磨河之地为西山嘉戎移居的所在。宋代、明代对保、霸二州的居民称"保霸蛮",但此语颇欠分析。霸州附近的龙溪、木上、卜南诸寨(属于理县的中三枯)都是羌族。保州羌族更多,杂谷河中游和下游两岸都是羌族,北岸的九子屯各寨,衣饰虽同嘉戎,语言仍为羌语。因此我们推测唐代移入保、霸、维三州的嘉戎很少,近代的上下孟董、杂谷、甘堡四屯土司即其后裔,他们统治的人民绝大多数是本地的羌民。

松州都督府,在唐代贞观初年,只管正州一,即松州,其余管二十五个羁縻州。此二十五个羁縻州绝大部分是因党项羌的归服而建立的。例如贞观三年（629），党项羌酋长细封步赖率所属部落归降，以其地为轨州（故治今四川阿坝），不久，其余部落相继内附，又以其地为崌、奉、岩、远四州，并以其部落酋长为各州刺史。每州之内都有两三个县，但"所管百姓皆是党项诸羌，界内虽有县名，无城郭居处"①。以上五州都在今松潘县的岷江以西。贞观五年（631），党项首领拓跋赤辞内附，以其地为懿、麟、可等三十二州，归松州都督府管辖。②此三十二州在河曲十六州之南，松州之西北。自贞观九年之后，有些羁縻州的首领或叛归吐谷浑，或被吐蕃征服，形势屡有变更。到仪凤二年（677），重加调整，松州都督府管辖文、扶、当、柘、静、翼六州为正州，其余还有三十个羁縻州。其中除文州有氐族外，自扶州以下都是羌州。据天宝十二载（753）统计，属于松州都督府统治的共一百零四州，其中二十五州有额定的户口可稽，但逃散的户口很多。其余七十九州皆生羌部落，"或臣或否，无州县户口，但羁縻统之"③。性质和茂州的羁縻州相同。

　　党项羌和吐谷浑境的羌族居于唐朝与吐蕃之间，所以 7 世纪时，此两种羌民成为唐朝与吐蕃争夺的目标。《通鉴》卷 195 记：贞观十二年（638），"弄赞（松赞干布）遂发兵击吐谷浑。吐谷浑不能支，遁于青海之北，民畜多为吐蕃所掠。吐蕃进破党项、白兰诸羌，帅众二十余万屯松州西境，遣使贡金帛，云来迎公主。寻进攻松州，败都督韩威；羌酋阁州刺史别从卧施、诺州刺史把利步利并以州叛归之"。这是吐蕃进攻吐谷浑、党项及松州都督府所属诸羁縻州的开始。吐蕃此次攻陷的地区，属于吐谷浑的约在河曲之南，如白兰羌的被破，即其一例；属于唐的州县，松州以西有二羁縻州，即阔州、诺州。④吐蕃军经此二州，遂至松州城下。此外，还有一正州即叠州，唐于此置都督府，领合川、乐川、叠川三县及若干羁縻州。据达赖五世所著《西藏王臣记》所述，其一部分州县亦被吐蕃所破。贞观十五年（641）唐蕃

---

① 《元和郡县志》卷 39《陇右道下》。
② 《新唐书》、《旧唐书》之《党项传》：置三十二州的年代为贞观五年，见《新唐书》卷 43 下《地理志·羁縻州》"党项州五十一，府十五"下注。
③ 《旧唐书》卷 41《地理志》。
④ 《旧唐书》未记有阁州，疑上引《通鉴》云阁州即阔州之误。

联婚，化干戈为玉帛，诸州县始恢复内属状态。唐代在松州府下又设置了许多羁縻州县。

高宗永徽（650—655）以后，吐蕃不断向外扩展，驱逐党项集团且吐谷浑国王北走，从此河湟以南、松州以西北的许多羌族和羁縻州置于吐蕃王朝的统治之下。吐蕃第二次出兵击吐谷浑，始于显庆三年（658），经连年用兵，不仅占领河湟以南吐谷浑的一些属地，并且尽破唐朝诸羌的羁縻十二州，故《新唐书·地理志》羁縻州党项州五十一下注云："乾封二年（667）以吐蕃入寇，废都、流、厥、调、凑、般、匐、器、迩、锽、率、差等十二州。"以上十二州都是属于党项羌的羁縻州，亦在河湟以南和松州的西北。除了上述十二州外，《旧唐书·党项传》又记："又有雪山党项，姓破丑氏，居于雪山之下，及白狗、春桑、白兰等诸羌，自龙朔已后，并为吐蕃所破，而臣属焉。"雪山之称甚多，此雪山属松州嘉诚县（今四川松潘），在县东八十里。① 春桑羌在党项羌南，见《旧唐书·党项传》。白兰羌在党项西，白狗羌在茂州西山外。接着咸亨二年（671），吐蕃又占领蚕、黎二州②；上元三年（676），吐蕃又进攻叠州，陷密恭、丹岭二县③，其地在今甘南藏族自治州。按吐谷浑王是在龙朔三年（663）徙往凉州的，党项首领拓跋氏被吐蕃所逼，也于仪凤年间（676—678）率其部众徙居庆州（今甘肃庆阳），河湟以南及松州以西诸地大部分皆陷于吐蕃。唐肃宗时，吐蕃乘安史之乱，出兵攻打松州西北部诸羁縻州，于是唐朝把"懿、盖、嵯、诺、嶂、祐、台、桥、浮、宝、玉、位、儒、归、恤及西戎、西沧、乐容、归德等州皆内徙，余皆没于吐蕃"④。懿、嵯、诺、位等州原属松州都督府，位置在松州（松潘）的西北；嶂、玉、盖、桥等州原属叠州都督府⑤，后改隶松州都督府，位置在叠州南。肃宗时，诸州相继内迁，迁徙所至地多在灵、庆、银、夏诸州。《新唐书·地理志》羁縻州关内道党项州下云："禄山之乱，河、陇陷吐蕃，乃徙党项州所存者于灵、庆、银、夏之境。"即指此事。其可考者，归

---

① 《元和郡县志》卷32《剑南道中》。
② 《新唐书》卷43下《地理志七下·羁縻州》"党项州五十一"条。
③ 《新唐书》卷216《吐蕃传上》。
④ 参考《新唐书》卷43下《地理志七下·羁縻州》"党项州七十三，府一，县一"条；《太平寰宇记》卷81"松州"条。
⑤ 《旧唐书》卷40《地理志》"叠州下都督府"条。

德州侨治银州境，乐容州侨治东夏州，归州、浮州、祐州、嶂州、恤州、嵯州、盖州、诺州等八州属于静边州都督府（静边州亦是侨，治庆州境）。以上十州皆隶于灵州都督府。玉州、位州、宝州属芳池州都督府（侨治怀安），桥州、西戎州属宜定州（治安定）都督府，西沧州、儒州属安化州都督府，以上七州皆隶属于庆州都督府。西沧州曾改名台州，后复旧名，原为一州。懿州迁往何地，暂无考。此外，原来属于洮州的淳州，徙属于静边州都督府；原来属于岷州的旭州，徙属于安化州都督府。①

总之，当时松州西北部原有党项羁縻州九十个，其中有十九个州内徙到灵、庆、银、夏诸州，未徙的七十一州之羌民和已徙的十九州土地皆归吐蕃所统治。《旧唐书·党项传》记其事云：

其（党项）故地陷于吐蕃，其处者为其役属，吐蕃谓之"弭药"。

"弭药"是藏语"mi-ŋag"或"mi-ŋyog"的对音，是藏人对于党项羌的一种特殊称呼。此族于7世纪时一部分向北迁徙，初至静州一带，继而北徙至夏州，建西夏国，历十二主，凡一百二十年，《宋史·夏国传》及藏文《秘阁博学所喜史书》（ie-tɕ'ian-k'ɛ-ba-ga-tɕiɛ）皆叙述甚详。其留居松州以西北部分，从叠州至雅州西部之狭长地带，人数亦多。藏文《鸟巢文书》（gR-ts'iaŋ）说还有一部分弭药人靠近黄河九曲一带居住，当金城公主下嫁时，作为一种陪嫁品送给藏王。明代蒙古贵族萨囊彻辰在他所著的《蒙古源流》内，有四处提到"穆纳"或"密纳克"，皆指河套内的西夏，而不提及松州以西的弭药。唯1819年藏僧计美南卡（jir-me ham-ka）所著的《蒙古佛教史》（原名《叙述在大蒙古正法兴起情况的胜教宝灯明》，简称 Hor Chö-jung）卷2云："其后，（成吉思汗）六十六岁的丁亥年，向西藏的密纳克（mi-ŋag）进军，招致第九王金刚吉祥或称多琪（thoce），亦即蒙古语所说的'锡都尔古·多尔根合汗'，始统摄多数民众于其权势之下。"② 此密纳克不指河套

---

① 均见《新唐书》卷43下《地理志七下·羁縻州》"党项州五十一，府十五"条。
② 计美南卡的《蒙古佛教史》有德文译本，名 *Die Geochichte des Buddismus in der Mongolei 1892-1896*，George Huth 所译。日本桥本光宝从德译文转译为日文，名《蒙古喇嘛教史》，昭和十五年。本文所引见德译本第2卷第47页，日译本第33页。

内的西夏人，而指居于西藏东边所谓"康木"（khams）地方的密纳克，如日本桥本光宝氏对计美南卡的《蒙古佛教史》便如此译注，称之为"康木密纳克"（khams-mi-ŋag）。按征伐西藏密纳克的丁亥年即公元1227年，此年成吉思汗正六十六岁。但征伐西藏密纳克时，西夏尚未灭亡，至少西夏主锡都尔古汗尚未被杀，故成吉思汗利用西夏国王而统治西藏密纳克民众。及成吉思汗于此年七月逝世，蒙古贵族受其遗命，执杀锡都尔古汗，而屠其都城。唯蒙古军出征西藏密纳克事，各史皆没记载，至于出征的原因更无从得知了。

现代四川康定县自折多山以西，雅砻江以东，乾宁县以南，九龙县以北，有上、下木雅乡。此木雅为"mi-ŋag"的异译无疑。这里的藏人传说，此上、下木雅乡的古时为"西吴甲尔布"所据。"甲尔布"藏语为王。"西吴"的"吴"，读"xuɬ"。"si-xu"与"西夏"的古音 si-xu 绝对相似，故"西吴甲尔布"当译为"西夏王"。关于此点，1945年四川邓少琴先生曾著《西康木雅乡西吴王考》[1]，充分给以证明。唯西康西夏王之建立，不在河套西夏灭亡以后，而在其灭亡以前。史称蒙古军进攻西夏共五次，最后灭国在公元1227年。然则西康密纳克之建国当在不断受蒙古军进攻之际，河套西夏王指使距离蒙古较远而不受南宋干涉的西康之密纳克人建立一小邦为南退之计，这是完全可能的。但这一计划终归失败，元朝于朵甘思设军民都元帅府和招讨使，于碉门、鱼通、长河西等处设万户府及军民安抚使，西康的密纳克介居其间，自然没有建立任何政权的可能了。一直到明代初年，这里始有明正土司出现。明正土司初居下木雅乡的"西吴绒"，继而乃迁居于打箭铲，即今康定县。此明正土司可能就是西吴王的后裔。南方和北方的密纳克都在元代初年分散。《蒙古源流》卷4记：明英宗时，"驱逐唐古特之赤卜赞汗，以定密纳克之众"。北方密纳克政权，自此以后即无所闻。南方的密纳克，在明代为明正土司，至清康熙三十九年（1700）世嗣亦斩。当明末清初之际，受达赖与班禅之命出关迎见皇太极者，就是一个密纳克喇嘛，名固实绰尔济[2]，一名赛吉曲结。此人往来于西藏、蒙古之间，或系西夏国的后裔。近现代的密纳克人大部分在西康的北部和东部，也有一部分在甘肃的甘南藏族自治州

---

[1] 邓著见《中国学典》中文版抽印本，1945年重庆印。
[2] 《蒙古源流》卷8。

和青海玉树藏族自治州的囊谦县。

唐代宗时,吐蕃军曾一度占领长安,西川西北部的州镇亦相继被吐蕃所占有。广德元年(763),"吐蕃陷松、维、保三州及云山新筑二城"①。从此西山诸州皆入于吐蕃。大历五年(770),当、悉、柘、静、恭五州又被徙置于山陵要害之地,以备吐蕃。②史志于五州的迁移所至地叙述不详,大致内徙至松、茂境内。例如静州原在叠溪西二百六十里,大历五年内徙至松州城东一里,宋时称为"静州蛮",明时于此设静州长官司。③其余无考。

唐蕃争夺最烈者,是维州和茂州的安戎城。安戎城在茂州西南徼外,恭州南八十里的地方(今四川小金川东北)。此城是在仪凤三年(678)发剑南、山南兵修筑的,欲借此城的驻军以断吐蕃通云南"诸蛮"的道路。不久,吐蕃以生羌为向导,攻陷其城,以兵守之,从此自西山诸羌至西洱河蛮皆降于吐蕃。开元二十六年(738),剑南节度使王昱筑两城于其侧,屯军蒲婆岭(在雪山外)下,以逼安戎城。吐蕃发大兵来救,官兵大败,自将士以下数万人和军粮、辎重皆为吐蕃所没。二十八年(740),吐蕃围攻安戎城,维州长吏羌人董承宴与吐蕃守将翟都局通谋,翟都局叛蕃归唐。唐又发关中彍骑来援,吐蕃引去,从此改安戎城为平戎城。维州自贞观二年(628)移治于姜维城东后,史称其地,"一面孤峰,三面临江,是西蜀控吐蕃之要地"④。肃宗上元元年(760)后,河西陇右州县皆陷于吐蕃,唯此城累攻不下,吐蕃乃以妇人嫁维州守门者,二十年中生二子,及蕃兵攻城,二子内应,其城遂陷。吐蕃得之,号"无忧城"。太和五年(831),李德裕为剑南西川节度使,吐蕃维州副使悉怛谋以城降唐,率其郡人奔至成都。当时李德裕主张趁此机会袭击吐蕃,朝中很多人赞同,独牛僧孺以为长庆会盟不久,有约互不侵犯,守信为上,故诏送悉怛谋回蕃,吐蕃遂戮之于境上。直至大中三年(849)⑤,吐蕃衰微,杜悰镇蜀,维州首领内附,又隶属西川。

---

① 《通鉴》卷223"唐广德元年十二月"条;《新唐书》卷216《吐蕃传》。《吐蕃传》云"云山新笼城",据《通鉴》,"笼"为"筑"之误。云山,郡名,以维州之定廉县置。
② 《旧唐书》卷11《代宗纪》。
③ 《读史方舆纪要》卷67"茂州"条。
④ 《旧唐书》卷174《李德裕传》。
⑤ 维州归附西川的年代,《新唐书》卷42《地理志》谓在大中三年。《旧唐书》卷41《地理志》谓在大中末。参以《旧唐书》卷147《杜佑附子悰传》:"大中初,出镇西川,降先没吐蕃维州",故应以《新唐书·地理志》之说为然。

西川松州、茂州、维州的附属羁縻州被吐蕃占领少则数十年，多则百余年，对于羌族的迁移以及文化习俗的变更都有很大的影响，并为这些地区的羌族最后融合到藏族之中，打下了基础。

第一，就是三州缘边州县的羌民外徙和吐蕃的移入。在永徽元年（650）以后，吐蕃占领了松州的八十多个羁縻州，唐朝只把十九个羁縻州移至灵、庆、银、夏四州的管辖之内。大历五年，茂州所属的五个羁縻州又移至州治的周围，所遗的土地和人民又归吐蕃所统治。维州的西山以西诸州在唐初已被陷，而维州和松州在广德元年（763）亦同没于吐蕃。吐蕃每攻下一地便派军驻守，少则数千，多则数万，故唐朝军队颇难加以收复。近代嘉戎土司，论其祖源，除杂谷孟董外，皆言从西藏迁来。例如绰斯甲土司谓始祖克罗斯初居西藏琼部，后移至周伞，传至1944年已有四十一代。以年代计之，其西徙年代当在唐代。许多嘉戎土司皆由此族分衍。我想，这些土司之西迁与吐蕃之占领茂、维诸州有关。嘉戎人民为古之冉駹，其源流甚早，而其土司上层则来自吐蕃占领茂、维诸州之时。这些吐蕃贵族到了茂、维的西部以后，不只统治了嘉戎部落，而且统治一部分羌族。例如梭磨土司之统治黑水流域西部的羌族即其一例。吐蕃王朝分裂之时，被排挤的一派便留居在驻军所在地，没有回藏。同时，吐蕃王朝中被解除政权的将帅亦率领一部分军队来到松州的北部。例如热巴金时，著名大臣噶延达（ga-ʂɛ-dɑr）率兵逃至阿坝，以后分为十二部落。现在阿坝自治州上、下十二部落即其后裔。

第二，吐蕃占据了上述诸州后，对于羌族和嘉戎等族进行各种剥削及奴役（包括兵役）。《旧唐书·南蛮西南蛮·东女国传》云：

> 自中原多故，（女国、哥邻国、白狗国、逋租国、南水国、弱水国、悉董国、清远国、吐霸国）皆为吐蕃所役属。其部落，大者不过三二千户，各置县令十数人理之。土有丝絮，岁输于吐蕃。

以上是贞元九年前吐蕃役属女国等羌、嘉戎诸族的情况。《新唐书·党项传》亦记：

> 龙朔后，白兰、春桑及白狗羌为吐蕃所臣，籍其兵为前驱。

《旧唐书·党项传》又记：

> 其（党项）故地陷于吐蕃，其处者为其役属。

同书《李德裕传》记德裕上奏云：

> 诸羌久苦蕃中征役，愿作大国王人。

这些记载都可反映吐蕃对于羌、嘉戎的剥削和奴役情况。

第三，上述诸州在吐蕃占领时期，佛教开始传入，松州西北部的羌民和维、茂二州的嘉戎和嘉戎统治下的羌民，在衣饰习俗方面都受到很大的影响。明代《三边志》记：松州城西有大悲寺，为唐天宝年间僧智广所创。此寺属于哪一宗派，无从证明。明景泰年间（1450—1456），寺里的都纲智中被派往草地抚谕吐蕃，明朝并给以银印、袈裟、藏经之属。宋代于松州北置潘州。此州原为吐蕃首领潘罗支所据，至崇宁三年（1104）归宋，宋分为上、中、下三州。上州即阿失寨，下州即班班簇，中州在上下州之间。元代属吐蕃宣慰司。明代并松潘二州为松潘卫，立番僧二人为国师。但在元明以前，这里的吐蕃早信喇嘛教了。今松潘县治以北和阿坝自治州皆无羌族，只松潘的南部有少数羌族。茂州、维州西部嘉戎在唐代以前尚不信佛教，试读《隋书·附国传》即可知。嘉戎的信佛教应在吐蕃征服嘉戎以后。嘉戎最初的宗教为钵教，是流行于西藏东边和安多区的一种原始宗教。此教初与佛教斗争甚烈，及佛教战胜钵教，钵教徒乃改革原始教制而形成一种和佛教接近的佛钵杂糅之"黑教"。今大、小金川地区仍多黑教。嘉戎的衣饰和藏族颇相接近。在嘉戎上层统治下的羌民，例如杂谷土司统治下的九子屯羌民，梭磨土司统治下的芦花、黑水之羌民，其语言虽为羌语，但其衣饰和宗教则同于嘉戎。元代茂州、维（威）州归吐蕃安抚司管辖，所以喇嘛教的寺院发展到杂谷河下游。《蜀中广记》谓：明初在旧金川县有金川寺，封寺僧巴橐监藏、莽葛剌二人为番都纲。永乐初（1403）以防御"黄毛番"有功，管十五寨，西至保县，东北至八棱碉，南至棱城一百五十里。又正统年间（1436—1449）调董卜韩胡宣慰司征草坡，宣慰司遣僧锁南列米巴出兵，有功，管摩多、集塔、藏里、旧寺等十三寨。又成化年间（1465—1487）孟董沟又发生事变，调都纲喇嘛往征，遂就汶川涂里山而居。①这便是瓦寺土司的起源。金川寺属于杂谷安抚司，瓦寺的僧官土司是从董卜韩胡宣慰司分出来的。这两个喇嘛寺对于羌民的影响不大。杂谷河下游，北岸自九子屯以东，南岸自杂谷脑以东，各村的羌民不信喇嘛教。涂里山瓦寺地面的羌民信教的也很少。

五、文献所记古代羌族的社会经济文化

《后汉书·西羌传》记载西羌的原始生活以游牧为主，云：

> 滨于赐支，至乎河首，绵地千里。……南接蜀、汉徼外蛮夷，西北（接）鄯善、车师诸国。所居无常，依随水草。地少五谷，以产牧为业。

西羌的农业是从公元前5世纪即战国秦厉公时开始的。最初的农耕也只限于河湟地区。相传有一位杰出的羌民叫作无弋爱剑，被秦虏去做了奴隶。他在秦地学得了农耕和畜牧的技术，逃回河湟，把自己学到的技术传授给羌民，从此才改变了从前原始的射猎生活。关于这一段生产改革的经过，《西羌传》记载得很详细，云：

> 河湟间少五谷，多禽兽，以射猎为事。爱剑教之田畜，遂见敬信，庐落种人依之者日益众。

河湟地区，很早的时候西羌便在那里开辟了许多农田。《汉书·赵充国传》记充国上书云："计度临羌（今青海湟源东南）东至浩亹（今青海乐都东），羌虏故田及公田，民所未垦，可二千顷以上。""羌虏故田"指西羌旧日开辟出来的农田。此种农田与汉民未曾开垦的公田约二千顷以上，其土地

---

① 均见《蜀中广记》卷32；《天下郡国利病书》卷67。《瓦寺土司源流》（传抄本）及《瓦寺土司世袭功勋宗书》所记相同。后两书确定锁南列米巴出征为正统六年（1441），出征的对象为孟董、九子、黑虎、龙溪诸寨，与明志所云草坡不合。涂里山一称涂禹山，瓦寺亦称加渴瓦寺。

面积之大可知。充国上书在元康三年（前63），临羌、浩亹之立县在汉宣帝时，则羌民故田的开拓至少在公元前1世纪以前。《后汉书·马援传》记：建武十一年（35），马援击破先零羌于临洮，又进攻诸种羌于允吾谷及唐翼谷，抢收羌民的谷粮畜产而还。当时马援还上书云："破羌（今青海乐都东）以西城多完牢，易可依固，其田土肥壤，灌溉流通。如今羌在湟中，则为害不休，不可弃也。"此所谓湟中，即指湟水流域。西羌不仅把那里的田土开辟出来，而且引水灌溉，成为水田。《水经注·河水篇》记马援曾在狄道（今甘肃临洮）开渠，引滥水，种秔稻。那么，是否湟中的水田也可以种秔稻呢？

黄河流域土地肥沃的地方是逢留大河的南北两岸。逢留大河指黄河自河曲以东的一段，在今青海共和、贵南、贵德、尖扎诸县境内。大河的南北两岸有许多冲积河谷，这些大小河谷缘山滨水，适宜于农耕和畜牧。其中最著名的是大河南岸的大、小榆谷。先住在大、小榆谷之内的有先零、卑湳两个部落集团，他们在那里垦田畜牧，累积了很多财富。在榆谷的西北有大允谷，一称允川，住在那里的是著名的烧当部落集团。因为烧当部落种少人贫，经常被先零羌欺凌，所以在东汉初年，烧当羌的首领滇良召集附近部落，进攻先零、卑湳，掠夺了他们的财富，跟着就占领大、小榆谷。此后，烧当羌积极在那里播种麦粟，繁殖牛羊，逐渐变成了一个富强的部落集团。从占领这一河谷时起，在半个世纪内，烧当羌的首领经常领导河湟羌胡反抗东汉的暴政。烧当羌为什么能有这样大的势力呢？从2世纪初汉陇糜相曹凤的《上和帝书》便可以明白其中的原故。书内云：

> 自建武以来，其犯法者，常从烧当种起。所以然者，以其居大、小榆谷，土地肥美，又近塞内，诸种易以为非，难以攻伐。南得钟存以广其众，北阻大河因以为固，又有西海鱼盐之利，缘山滨水，以广田蓄，故能强大，常雄诸种，恃其权勇，招诱羌胡。①

曹凤的分析相当详细。烧当羌富强的主要原因在于居大、小榆谷，缘山

---

① 《后汉书》卷87《西羌传》。

滨水，以广田蓄。烧当羌的人口共有多少？据《太平御览》卷 794 引《后汉书·西羌传》云："唯烧当羌最强，胜兵十余万。"合烧当与钟存言之，人口当在二十万以上。① 仅仅大、小榆谷一地的农牧产品能够供给二十万人生活，这在汉代真不是一件平常的事了。

东汉护羌校尉曾经三次驱逐烧当羌离开榆谷，烧当羌民始终不愿离开自己开垦出来的土地。例如第一次在章和二年（88），护羌校尉邓训强迫他们离开已经种好的麦田以后，到第二年春天，他们"复欲归故地，就田业"②。这种心情，一切劳动人民都容易理解，但是邓训对于他们却不断地屠杀和虏掠，最后更把他们驱逐到千里以外不生五谷的草原上去。过了三年，烧当羌又回到自己开垦成熟的大、小榆谷，重新种植麦粟。但在永元五年（93）夏，正要割麦之时，新上任的护羌校尉贯友领兵进攻大、小榆谷，屠杀八百多人，"收麦数万斛"，驱逐那里的部民远至赐支河曲，而于逢留河上筑城。③从这些事实，可以说明公元 1 世纪时西羌的劳动人民在逢留河两岸已经开辟了许多农田，生产了很多粮食，而掠夺并阻碍西羌农业发展的，正是东汉的统治阶级。永元十四年（102），东汉统治阶级利用羌民已经开辟的田土为基础，在逢留河南北两岸继续屯田：河北归义、建威二城附近屯田二十七部，逢留河南岸榆谷屯田二部，连同大河以东的邯水东西屯田五部，共三十四部。但是，不久，在永初年间（107—113），这些地区又被西羌夺回，由羌民自己继续在那里进行农耕畜牧了。

除了河湟地区以外，凡羌民迁徙所及的地方，只要那里的土质宜于种植，他们便播种麦、麻，以为自己的衣食之源。例如东汉建武十年（34），陇西郡五溪聚（今甘肃陇西东）的先零等羌营堑自守，势力很强。汉将军来歙率领盖延、刘尚等军往讨，大破之，掠获羌谷数十万斛。④ 又如东汉中叶滇零羌在北地郡建立政权，羌民在灵州的丁奚城附近开辟了许多农田。《西羌传》记元初二年（115），汉征西将军司马钧命令扶风太守仲光、安定太守杜恢、北地太守盛包等把羌民所种的庄稼抢刈而去。东汉统治阶级又调发陇

---

① 《太平御览》的引文与今传本《西羌传》不合，以东汉时西羌的形势言之，《御览》的引文可据。
② 《后汉书》卷 16《邓训传》。
③ 《后汉书》卷 87《西羌传》。
④ 《后汉书》卷 15《来歙传》。

西的守塞羌屯田，灵帝时汉阳太守傅燮引导降羌在郡县屯田，列置四十多营。① 三国时，魏蜀洮西战后，邓艾论姜维必再出的根据之一是，蜀兵可"从南安、陇西，因食羌谷"②；姜维后来不敢回成都，亦求种麦沓中③。以此知南安、陇西及沓中的羌民皆种谷麦。自西晋末年吐谷浑统治青海高原羌民，史称其"好射猎，以肉酪为粮，亦知种田，有大麦、粟、豆"④。《魏书》记：皇兴四年（470），魏长孙观讨吐谷浑，"入拾寅境，刍其秋稼"⑤。以吐谷浑的国情言之，鲜卑以射猎为业，而羌民则致力于农耕畜牧，故知上述大麦、粟、豆之类，应是羌族人民所种。至于汉代的汶山郡，《后汉书·西南夷传》谓："又土地刚卤，不生谷、粟、麻、菽，唯以麦为资，而宜畜牧。"此乃综合氐、羌、冉駹所居的各地区而言。羌族居岷江两岸，土壤比较宜种麦、粟、菽、麻，故其族相传，在很古的时候，便是以麦、粟、豆类为食，麻布为衣。自汉阳郡以南，至益州西北的汶山郡，经过西晋、十六国、南北朝各代氐、羌及汉族等人民的勤苦劳动，终于把原来的旷野荒山开辟为宜于种植的良田。所以，《隋书·地理志》记："汉阳、临洮、宕昌、武都、同昌（今四川南坪东北）、河池、顺政（今陕西略阳）、义城（治绵谷，今四川广元）、平武（今四川平武东北）、汶山，皆连杂氐、羌。人尤劲悍，性多质直。皆务于农事，工习猎射……"

除了农业之外，羌族人民亦从事畜牧。畜牧分游牧和定居畜牧两种。《说文》释"羌"曰："西戎牧羊人也，从人从羊。"《汉书·西域传》亦记："出阳关，自近者始，曰婼羌。……随畜逐水草，不田作，仰鄯善、且末谷。"此言西域的婼羌为游牧行国。河湟地区的羌民，据《后汉书·西羌传》的记载，在公元前5世纪时，"爰剑教之田畜"，好像种田和畜牧是同时开始的。但这里我们不能机械地理解河湟的羌民自古都以定居的畜牧为业。事实证明，羌民的畜牧跟农业同时经营时，这种畜牧随着定居的农业而必然也是定居的。羌民如果不兼营农业，而其畜牧生产只跟射猎、采集联系在

---

① 《后汉书》卷58《傅燮传》记："燮善恤人，叛羌怀其恩化，并来降附，乃广开屯田，列置四十余营。"
② 《三国志》卷28《魏书·邓艾传》。
③ 《华阳国志》卷7《刘后主志》。
④ 《魏书》卷101《吐谷浑传》；《北史》卷96《吐谷浑传》。
⑤ 《魏书》卷6《显祖纪》；同书卷101《吐谷浑传》。

一起的时候，则畜牧业可分为两种：一种是定居的或半定居的；其他一种便是游牧的。这种情况无论在古代或者近代都可以找到许多事例。《汉书·赵充国传》记："是时（指汉宣帝初），光禄大夫义渠安国使行诸羌，先零豪言，愿时渡湟水北，逐民所不田处畜牧。安国以闻。"这段话过去有的注疏家不理解，以为渡湟水，便是"意欲稍北近匈奴，合而为寇"。其实上文明言"愿时渡湟水北"，即在一定时期到湟水北岸肥美的牧地上游牧一个季节，季节一过又回到湟水以南。这正是游牧部落定期游牧的一种常态。直到近代，青海和四川西北许多已经藏化了的羌族，仍然以游牧为业，冬天在一个地区，夏天便转到另一个地区。西羌畜牧的种类，主要是马、骡、驴、牛、羊。这些家畜，既是他们的生产工具、运输工具，同时又是他们衣食之源，所以汉代人说羌"以畜产为命"[①]。汉代统治阶级看到畜牧是羌民经济的特点，所以他们制服羌民的办法，第一，便是在河湟的水草丰美之区进行屯田。屯田的另一经济意义就是缩小羌民的牧地，使恃水草以畜牧的羌民不得不移庐远去。第二，在对羌民作战时，首先占领他们的牧地。例如东汉时，马援"至氐道县，羌在山上，援军据便地，夺其水草，不与战，羌遂穷困"。结果是"豪帅数十万户亡出塞，诸种万余人悉降，于是陇右清静"。[②]第三，在战争时尽量掠夺羌民的牲畜。《后汉书·马援传》记：援击先零羌于临洮，掠得马、牛、羊万余头。援子马防于建初三年（78）击陇西烧当羌，掠得牛羊十余万头。同书《邓训传》记：训"掩击迷唐于写谷（《东观汉记》作雁谷），……得马牛羊万余头"。《西羌传》记载这类掠夺牲畜的事件更多，如永元九年（97），刘尚追迷唐至临洮南，掠牛马羊万余头；永初七年（113），马贤、侯霸击牢羌于安定，掠得驴、骡、骆驼、马、牛、羊二万余头；元初二年（115），任尚在丁奚城（今宁夏盐池西南）掠牛马羊数千头；在北地郡掠牛马羊两万头；建光元年（121），马贤击当煎羌饥五于允街，掠马牛羊十万头；阳嘉四年（135），马贤击钟羌于陇西，掠马牛羊五万余头；永和四年（139），马贤又击烧当羌于金城，掠马、骡、羊十万余头；永和六年（141），赵冲追击巩唐羌，掠马牛羊驴一万八千头；汉安三年（144），冲

[①]《汉书》卷69《赵充国传》。
[②]《后汉书》卷24《马援传》。

击烧河羌于安定,掠牛羊驴十八万头;建康元年(144),卫瑶击众羌,掠牛马羊二十多万头。范晔论东汉掠夺西羌人口和牲畜有两句话,就是"降俘载路,牛羊满山"。从这些事实可以说明羌族的畜牧业是很发达的。

关于羌族的社会政治组织,文献上留给我们的材料甚少,无法知其底蕴。《西羌传》云:

> 其俗人民①氏族无定,或以父名母姓为种号。十二世后,相与婚姻。父没则妻后母,兄亡则纳釐婢(嫂),故国无鳏寡,种类繁炽。不立君臣,无相长一,强则分种为酋豪,弱则为人附落,更相抄暴,以力为雄。杀人偿死,无它禁令。

这一记载,前半段是记羌族的社会组织,后半段是记羌族的政治情况。从前半段的记载,大致可看出东汉时的西羌正从无阶级的氏族社会向阶级社会过渡。氏族社会都是行氏族外婚制的,即一个氏族的娶妻、嫁女必须在本氏族之外,而不能在本氏族之内。羌族的"父没则妻后母,兄亡则纳釐嫂"之俗,则起源于氏族社会。更重要的一点就是"十二世后,相与婚姻"。每世以三十年计,即三百六十年之后,许多新的氏族便从旧氏族内分衍出来,新旧氏族之间以及经过十二世后的诸新氏族之间,便可相互婚姻。

羌族氏族的名称,据《西羌传》记,以祖先的名字命名为多,例如"研种羌"、"烧当羌"、"滇零羌"等皆属于此类。其次,则以所在地为名,如在白马氐地区和广汉徼外白马山的都称作白马羌,在武都参狼谷的称参狼羌。以母方氏族为名的,则不知是哪一种羌。

东汉时,羌的社会阶级已经产生,例如居于大、小榆谷的先零羌凭恃自己的富强侵犯烧当羌,烧当羌的首领滇良招集附近种落,掩击先零、卑湳二种羌,杀三千人,掠取财物,占据大、小榆谷。这些事实说明从财富累积的过程中,从氏族混战和掠夺的过程中,社会的阶级分化一天比一天明显了。分化的现象一方面表现为健者为豪,领导着部民去侵凌弱小的部落。东汉时应劭的《风俗通》云:

---

① 从《太平御览》卷792《四夷部一三·西戎总序》中补入。

> 羌本西戎卑贱者也。……无君臣上下，健者为豪，不能相一，种别群分，强者凌弱，转相抄盗。

这段话说明西羌由许多氏族形成的部落，彼此之间，强凌弱，众暴寡，强弱大小差不多的部落又转相抄盗。这正是阶级分化过程里所产生的现象。分化的现象另一方面表现在豪富羌酋的多娶妻妾及聘礼中须用大量牛羊的风俗。郭义恭的《广志》记羌俗云：

> 羌与北狄同，其人鲁钝，饶妻妾，多子姓。一人子十，或至百人。嫁女得高贵者，聘至百犊。女披大华毡，以为盛饰。一狗皮值数十匹。①

郭义恭的生卒年代不详，约系汉魏后的晋时人。所记羌民的多妻妾，多子息，高贵婚姻及一狗皮值帛数十匹，正可反映晋时羌族已经是一个阶级悬殊相当大的社会了。到北朝时，关中各地的羌族，大富豪、大官僚层出不穷。② 至于西凉一带的羌胡，因西域商贾往来其间，所以羌胡的社会分化更为明显。《北史·韩褒传》云：

> （褒）除都督、西凉州刺史。羌胡之俗，轻贫弱，尚豪富。豪富之家，侵渔百姓，同于仆隶。故贫者日削，豪者益富。褒乃悉募贫人，以充兵士，优复其家，蠲免徭赋。又调富人财物以振给之。每西域商货至，又先尽贫者市之。于是贫富渐均，户口殷实。

作为一个官僚而均贫富，是不可能的。但从此知北朝末年，羌胡的社会阶级分化明显，贫富悬殊，这是羌胡社会内部发生阶级斗争的前提和必要条件。

《西羌传》记载，东汉时爰剑的子孙分衍为一百五十种。此所谓"种"，指羌族的部落集团。有九个部落集团分布在赐支河首以西和蜀汉徼塞的北

---

① 《后汉书集解》引惠栋记。
② 如《魏书》卷94《阉官·王遇传》记："王遇，字庆时，……冯翊李润镇羌也。与雷、党、不蒙俱为羌中强族。"又云："自晋世已来，恒为渠长。父守贵，为郡功曹，卒。遇既贵，追赠安西将军、秦州刺史、澄城公。"

面，其中只有武都的参狼羌有胜兵几千人。有五十二个部落集团分散不能自立，或者灭亡，或者附属于大的部落集团，或者迁徙远去，不知所之。其余八十九种分布在河湟地区及河湟以东、以北的各个郡县之内，其中以烧当羌为最强①，有胜兵十多万人。其余大者一万多人，小者几千人。在东汉顺帝时，各个部落集团大约估计共有胜兵二十万人。《西羌传》所叙述的便是以上述八十九个部落集团为对象。但实际在传文里提到的只有二十多个部落集团。从这些事实可以看出，西羌的"种"或部落集团是由许多部落组成的。这些部落又由许多具有血缘关系的氏族组成。氏族与氏族间的关系，前面我们已经叙述，同一祖先的后裔经过十二世以后便各自为一氏族，可以相与婚姻。换言之，即在十二世以前，氏族成员之间保持着同祖的血缘关系；十二世以后，各氏族成员除了同祖的关系之外，又加上了一种婚姻的纽带。因此，部落成员在集团对外的时候可以发生一定的巩固作用。但是东汉时，已经有五十二种部落集团分散、灭亡，有些弱小部落变成了强大部落集团的附庸。这样，在集团之内便产生了统治部落和被统治部落的区分，阶级的分化从此出现。同时，许多种落即部落集团之间，由于掠夺耕地和牧场，由于婚姻的纠纷，由于争夺财富，彼此之间经常发生战争。例如上述建武年间，烧当羌之侵占先零等羌之大、小榆谷，便是一个典型的例子。一旦外族来犯，他们组织诸部落集团的办法便是解仇结婚，交质盟诅。例如西汉时，赵充国指出："往三十余岁，西羌反对，亦先解仇合约攻令居。"到元康三年（前63），先零羌与诸羌种豪酋二百余人解仇交质盟诅。② 东汉章和元年（87），汉护羌校尉杀烧当羌的首领迷吾，迷吾子迷唐与烧何、当煎、当阗等相结，以子女及金银娉纳诸种，解仇交质，进兵陇西。③ 永元元年（89）以邓训为护羌校尉，诸羌又解仇结婚，交质盟诅，约众四万多，欲俟冰合渡河，以攻邓训。④

在公元前后一世纪内，西羌的部落集团虽然用解仇结婚、交质盟诅的方式，把自己联合起来，但并没有形成部落联盟。一直到2世纪初，属先零

---

① 见《太平御览》卷794《四夷部一五·羌无弋》引《后汉书·西羌传》文。
② 《汉书》卷69《赵充国传》。
③ 《后汉书》卷87《西羌传》。
④ 《后汉书》卷16《邓训传》。唯传系此事于章和二年，与《西羌传》不合，兹从《西羌传》。

别种的滇零羌联合钟羌、当煎、勒姐、参狼以及上郡、西河的"东羌"，在北地郡才建立了一个比较强盛的部落联盟。建立这个部落联盟虽然前后只有十二年，但在羌族历史上是十分重要的。史称其时"滇零等自称'天子'"。这是羌民从无阶级的原始社会过渡到阶级社会建立的第一个过渡性的政权机构。但这是在汉代统治阶级压迫下成立起来的，自己并没有比较稳固的经济基础，又与河湟地区的广大羌民没有联系，更想不到与各郡的广大汉族人民相联合，作战的地区又十分分散，所以终于被东汉统治阶级集中兵力把这一政权机构所在地丁奚城攻夺，从而使这个部落联盟又陷于分裂状态。羌民的首领一般称作"豪"。《风俗通》云："健者为豪。"一称为"酋"。惠栋《后汉书补注》引文颖云："羌胡名大帅为酋，如中国言魁。"或称为"部大"，见苻秦建元三年《邓太尉祠碑》。

羌族的物质文化，我们知道得也很少。汉代天山南路的婼羌早知用铁的兵器。《汉书·西域传》云："山有铁，自作兵。兵有弓、矛、服刀、剑、甲。"汉元帝永光二年（前42），陇西羌乡姐旁种反汉，冯奉世云："……今反虏无虑三万人，法当倍用六万人。然羌戎弓矛之兵耳，器不犀利，可用四万人，一月足以决。"① 冯奉世的话不一定对。东汉初年，以善战驰名的马援征西羌时，在西宁的唐翼谷就中了一箭，史称"中矢，贯腓胫"②。羌民的弓矢又何尝不犀利呢？总之，西羌在前汉时已经使用铁矛及弓箭之类的武器了。东汉时，对于已经被征服的羌民部众禁止用武器，所以《西羌传》叙述安帝永初元年滇零、钟羌起义时，云："时羌归附既久，无复器甲，或持竹竿、木枝以代戈矛，或负板案以为楯，或执铜镜以象兵。"范晔附论亦谓"揭木为兵，负柴为械"，其义正同。但到滇零建立部落联盟以后，羌民的武器便有了很大的进步。《东观汉记》记：元初中征伐滇零羌时，掠夺的兵器有铠、弩、刀、矛、战楯、匕首二三千枚。从此可知起义的羌民经过斗争的锻炼以后，完全可以改变武器方面落后的状态。到北周保定元年（561），青海柴达木盆地南边有一种白兰羌，遣使贡献犀甲、铁铠。③ 此所谓"贡献"，有贸易的意思。从此知6世纪时，羌族的武器手工业仍然是很发达的。

---

① 《汉书》卷79《冯奉世传》。
② 《东观汉记》（辑本）卷12《马援传》。腓胫，今谓之"腿肚"。《后汉书·马援传》作"贯胫"，恐非。
③ 《北史》卷96《白兰传》。

关于羌民的战术，袁宏《后汉纪》卷 9 云："其为兵，长于山谷，短于平地。男子兵死有名，且以为吉；病终谓之劣，又以为不祥。"这是羌民在长期反统治阶级压迫的斗争中形成的。在滇零政权建立时期，羌民的骑兵锻炼得很为出色，当时有一位虞诩分析汉兵所以不敌羌骑的缘故，是由于"今虏皆马骑，日行数百，来如风雨，去如绝弦，以步追之，势不相及，所以旷而无功也"①。东汉时，羌民的阶级社会虽已形成，但上下的悬隔仍不过远，所以人民对于酋豪还十分拥护，而酋豪对于部众亦十分关切，例如《西羌传》记：

> 时烧何豪有妇人比铜钳者，年百余岁，多智算，为种人所信向，皆从取计策。

又记：

> 至元和三年（86），迷吾复与弟号吾诸杂种反叛。秋，号吾先轻入寇陇西界，郡督烽掾李章追之，生得号吾，将诣郡。号吾曰："独杀我，无损于羌。诚得生归，必悉罢兵，不复犯塞。"陇西太守张纡权宜放遣，羌即为解散，各归故地，迷吾退居河北归义城。

从上述两例可以说明羌族的上下关系比较密切。

汉代西羌的居住、衣服、饮食，文献所记极为零碎。西羌居塞内者，称守塞羌，兼以农为业，其居住都是土屋。在塞外者，则多居庐帐。《后汉书·邓训传》记：训"掩击迷唐庐落大豪，多所斩获"，又记："迷唐遂收其余部，远徙庐落，西行千余里。"《西羌传》所记"徙庐落去"，与《邓训传》同。"庐落"是什么呢？《通鉴》胡注谓："庐，穹庐。落，居也。"穹庐即帐幕，以皮毛为之。穹庐正是塞外羌民的居处。居于同一穹庐内者称为一落，犹如汉人之一户。藏文《萨斯迦世系史》云："帐籍（？）者，以六口之家为准，即夫妇，子女二人、婢仆各一人，并须有马、驴各一及牛羊和可

---

① 《后汉书》卷 87《西羌传》。

播一定数量种子之地，如此则为一小帐。"① 此虽记载13世纪八思巴所统治的西藏吐蕃十三万户每一户籍的情况，但与古代羌民庐落的情况十分酷似。塞外羌的土屋起于何时，无文献可考。我想，羌民的土屋应和他们定居的农业生产是联系在一起的。在南北朝时，吐谷浑统治下的羌民便有土屋和穹庐两种。《南史·夷貊传》下云："有屋宇，杂以百子帐，即穹庐也。"《周书·异域传》下亦记："伏连筹死，子夸吕立，始自号为可汗，治伏俟城，在青海西十五里。虽有城郭而不居之，恒处穹庐，随水草畜牧。"此虽记吐谷浑统治阶级的生活，但其下羌民或居城郭，或居穹庐，仍分两种居住形式。羌民之在内郡者，虽也有居穹庐，例如滇零羌之在北地郡灵州，元初二年（115）任尚遣兵击滇零羌主，杀其妻子，获其牲畜，烧其庐落等等。然大多数地区的羌民是以土屋为居的。土屋建筑的情况，比较简单，特点是织牛羊毛和以泥土，覆于屋顶。《魏书》《周书》的《宕昌传》都记载："俗皆土著，居有屋宇（《周书》作'栋宇'）。其屋织牦牛尾及羖羊毛覆之。"邓至羌和党项羌亦有同样的建筑。汶山郡的羌民则自汉代以来有一特种的建筑艺术，即"累石为屋"和建筑十多丈的碉堡，谓之"邛笼"。《后汉书·西南夷传》对此两种建筑叙述不甚明确，当详言之。按累石为屋为一事；屋隅或建一碉，或于要塞建一碉或众碉林立，又为一事。屋以居人，碉以自卫，其功能各异，不能混而为一。又自旧汶川县旧治绵虒以北，约以岷江为界，在岷江以西，如杂谷河流域、黑水流域以及其间的三溪十八寨、黑钵寨、黑虎寨等，皆累石为楼以居，村寨之外，多立碉楼，特别是威州以西、杂谷河的北岸，众碉林立，与《西南夷列传》所述的情况相同。在岷江以东，居楼的墙虽然也是以石累成，但前面配以土质短垣，并少碉堡。因而我有一种推测，即石楼、石碉的建筑是与藏族十分相近的嘉戎文化，岷江以西的羌族起而效之，故此种建筑传播的范围亦截止岷江一带。至岷江以东的羌族，虽然也受嘉戎的影响，但不甚显著，仍然保持着古代羌族原来的若干特点。

羌民的装饰，东汉初的班彪云："今凉州部皆有降羌。羌胡被发左衽，而与汉人杂处。"则东汉初年西羌确是被发左衽。被发的习俗，《西羌传》谓起源于无弋爰剑之妻劓女。劓女，李贤注谓为截鼻之女。此种解释未必正

---

① 引自《西藏地方历史资料选辑》，生活·读书·新知三联书店1963年版，第46页。

确。意者劓女是指女之鼻上刻有花纹，或如西南古代部族有"穿鼻"之类。传云："女耻其状，被发覆面，羌人因以为俗。"但春秋时许多文献都谓被发左衽是西戎之俗。爰剑、劓女战国初人，披发在战国前已有之，故羌民的被发，应是沿西戎旧俗而来。发如何被，是否就是"被发覆面"，亦颇值得讨论。譬如匈奴，《汉书·匈奴传赞》谓之为被发，《淮南子·齐俗篇》谓之为拖发，关中霍去病墓前的匈奴石像，其发式作后披之状，而非覆面。然则被发就是拖发，也就是披发于后，或垂于背，或垂于肩，这才是被发的正确解释。关于左衽，古今有各种不同的解释。有的释衽为衣衿，有的释衽为袖。我看还是释为衣衿为是。关中乾县的唐乾陵，墓前两侧，立有各国使节及君长之来助葬（参加葬仪）的石像六十一人，左侧二十九人，右侧三十二人。在右侧中一人结发为数十小辫，垂于背及两肩，着长袍，圆领，衣衿向左开，即右衿特大，掩左衿之上，在左腋下挽结。像背的题名已磨灭，以赵耤的《绘像记》考之，此像当是吐蕃大酋赞婆。唐代的吐蕃服装如此，则同吐蕃为邻而属于同一语系的西羌之左衽，以此推测应当是相似的。吐谷浑统治了西羌以后，羌民的服饰跟着发生了一些变化。《南史·夷貊》下记河南王国（即吐谷浑）的服饰云："著小袖袍，小口袴，大头长裙帽，女子被发为辫。"妇女的被发为辫，可能就是受鲜卑的影响，从被发改变而为辫发。《魏书·吐谷浑传》则记："夸吕椎髻毦珠，以皂为帽，坐金师子床。号其妻为'恪尊'，衣织成裙，披锦大袍，辫发于后，首戴金花冠。其俗，丈夫衣服略同于华夏，多以罗幂为冠，亦以缯为帽，妇人皆贯珠贝，束发，以多为贵。"上述两种文献所述国王的椎髻、王后的辫发于后，以及男子的著小袖袍、小口袴、长裙、缯帽等等，应是吐谷浑的本俗，而妇女之由披发而束发，由束发而辫发，则是羌女发式的演变。羌妇的辫发是一种什么形式呢？《新唐书》、《旧唐书》的《西戎列传·吐谷浑传》都说："妇人辫发萦后，缀珠贝。""萦后"和"垂于后"不同，盖分发为二辫，萦绕于后，其发长者则盘于顶。这种辫发而萦于头之前后的发式，在西南羌、藏、彝族中十分普遍。今河湟间的藏化羌妇则分发为二辫，垂于后，盛以锦囊，安多地区的妇女发式往往如此。此外，古代西羌的领式则有特殊风格。《淮南子·齐俗篇》云："三苗髽首，羌人括领，中国冠笄，越人劗鬋，其于服一也。"括领之制不详。今茂、汶间妇女的衣领有银质领扣，领上绣各式花纹，与凉山彝族妇女颇为相似。《淮南子》所说的"括领"是否指此而言呢？

西羌的饮食以酒、乳、牛、羊肉为多。《晋书·五行志上》云："泰始之后，中国相尚用胡床貊槃，及为羌煮貊炙，贵人富室，必畜其器，吉享嘉会，皆以为先。"羌煮之法与煮器的形式今皆无法得知。《东观汉记》（辑本）卷10称：窦固"在边数年，羌胡亲爱之。羌胡见客，炙肉未熟，人人长跪前割之，血流指间，进之于固。固辄为啗，不秽贱之，是以爱之如父母也"。此言羌胡又有一种特殊的炙肉之法。《释名》谓炙肉有脯炙、釜炙、御炙、貊炙、脍炙五种，并云"貊炙，全体炙之，各以刀割，出于胡貊之为也"。则《东观汉记》所说的羌胡炙法，好像就是"貊炙"。在多民族的国家内，文化的传播是十分迅速的，羌煮貊炙传播于魏晋汉人之间，并不为怪。

羌民的饮酒习惯亦起源很早。晋人王嘉著《拾遗记》云：晋武帝初年，有一位九十八岁的羌翁，酷好饮酒，尝酒如命，人称为"渴羌"。又记张华酿酒，所用的糵出自北胡。糵子即酿酒的一种麦芽。可知羌胡造酒、饮酒之风是很盛的。

西羌还有两种特殊的习俗，就是火葬和信仰巫术。

先秦时，许多著作家记载羌人的火葬。庄子云："羌人死，燔而扬其灰。"①《荀子·大略篇》亦记："氐羌之虏也，不忧其系垒也，而忧其不焚也。"《吕氏春秋·义赏篇》也有同样的记载。羌民这种火葬习俗保持很久，在《后汉书·西羌传》内，虽然失载，但同书《西南夷传》对汶山郡的羌民亦记："死则烧其尸。"

河湟地区的羌族经吐谷浑统治以后，羌民火葬之俗并未改变。吐谷浑王拾寅在位之时（450—481），境内已经传入佛教，建立九层佛寺。佛教是助长羌民火葬之俗的。《魏书·吐谷浑传》记："死者亦皆埋殡。其服制，葬讫则除之。"（《周书·异域传》下同）恐此乃指吐谷浑人而言。茂县、汶川的羌族直到解放前，各寨都有火葬的场所。据当地羌民传说，从前的人死都用火葬。晚近始分为土葬和火葬两种。火葬多用于凶死及因恶病而致死者。火葬以后，收其骨灰，盛小匣内，埋于土中。茂、汶间的羌民，除了黑水上游（今设黑水县）的羌民信喇嘛教外，其余都是不信佛教的。

---

① 《太平御览》卷794《四夷部一五》。

西羌在佛教传入前信巫术。这种信仰在社会生活各方面表现出来。在两汉时，西羌部落集团之间解仇盟诅的事例很多。郑玄注《周礼》云："大事曰盟，小事曰诅。"西羌人民利用盟诅把各部落团结起来，反抗统治阶级的暴政，还是好的。烧何羌的女豪酋比铜钳，年一百多岁，多智谋计策，为种人所信。这位女豪酋同时很像一个巫婆，在古代，首领和巫师往往是合而为一的。十六国初年，吐谷浑王吐延被羌酋姜聪所杀，其子叶延每日缚草为姜聪之像，哭而射之，中之则号泣，不中则瞋目大呼。这种做法显然是一种巫术。又甘肃永靖县西北二十里有小积石山，古代称为唐述山。崖下有一山溪，南流注入黄河，称为唐述水。羌语称鬼为"唐述"。则此唐述山、水为鬼山、鬼水了。《水经注》卷2《河水篇》对此事叙述很详，云：

> 河北有层山，山甚灵秀。……悬岩之中多石室焉。室中若有积卷矣，而世士罕有津达者，因谓之积书岩。岩堂之内，每时见神人往还矣，盖鸿衣羽裳之士，炼精饵食之夫耳。俗人不悟其仙者，乃谓之神鬼。彼羌目鬼曰唐述，复因名之为唐述山，指其堂密之居，谓之唐述窟。其怀道宗玄之士，皮冠净发之徒，亦往栖托焉。

下文又叙述到唐述水。从北魏时《水经注》作者郦道元的记载，便可看出古代西羌信仰鬼神之风是很盛行的。因为他们信仰鬼神，所以把鬼神的观念经常和疾病联系起来，又和死亡的现象联系起来。《后汉书·邓训传》记载羌胡有以下两种风俗：

> 羌胡俗耻病死，每病临困，辄以刀自刺。训闻有困疾者，辄拘持缚束，不与兵刃，使医药疗之，愈者非一，小大莫不感悦。
>
> 戎俗父母死，耻悲泣，皆骑马歌呼。至闻训卒，莫不吼号，或以刀自割，又刺杀其犬马牛羊，曰："邓使君已死，我曹亦俱死耳。"

羌胡面临病困之际，即以刀自刺，多少带一些巫术意味，《邓训传》作者以耻病死解释，恐不尽然。逢父、母、主人及亲者之丧或引刀自割，与西北部族的"剺面"之俗相同。《周书·突厥传》云："死者停尸于帐，子孙及诸亲属男女各杀羊马陈于帐前祭之，绕帐走马七匝。一诣帐门，以刀劙面且哭，血泪俱流，如此者七度乃止。"《邓训传》所述的骑马歌呼，以刀自割及刺杀其犬马牛羊，与突厥的风俗相似。宋人所著的《蒙鞑备录》亦记："白鞑靼遇父母之丧，则劙其面而哭。"东汉之时，固无突厥及白鞑靼之名，然劙面之俗自古有之。此俗初起于胡人，胡人又传此俗于羌族，故羌胡俱有引刀割面之俗。

前已言之，青海地区羌民的信佛教，始于吐谷浑拾寅之时，即公元5世纪的后半叶。拾寅的王位继承自其叔父慕利延。慕利延曾经白兰（柴达木盆地南）征服于阗（今新疆和田一带），又南征罽宾（都善见城，今克什米尔之斯利那加东）。佛教之入青海与慕利延之征服于阗等显然有直接关系。至于在凉州、雍州诸郡县的羌民，一因二州居中西交通要道，二因十六国中的后赵、前秦、后秦、后凉、南凉等国都信仰佛法，所以他们的信仰佛教比较青海羌民更早。雍、凉二州信仰佛法的最盛时期，始于后秦之时（384—418）。《晋书·姚兴载记上》云："兴既托意于佛道，公卿已下莫不钦附，沙门自远而至者五千余人。起浮图于永贵里，立波若台于中宫，沙门坐禅者恒有千数。州郡化之，事佛者十室而九矣。"北魏继二秦、诸凉后提倡佛教不遗余力，关中第一个造寺立像的就是冯翊李润羌堡的钳耳羌豪王遇。此后，经北周至隋唐，关中郡县各羌村单独或与汉民合作造像礼佛之事，碑铭所记层出不穷。关中以西，留到现在的碑铭较少，但羌民的造像题名往往有之。自吐蕃占领河湟及其附近地区后，信仰佛教之风更为炽盛。原有的巫术，有的逐渐消灭，有的如在安多地区形成钵教。钵教徒在佛教政权之下很难立足，一般又与佛教糅合，成为与红教、黄教不同之黑教。其中关系颇为复杂，当另为文叙述钵教演变的历史。只有四川西北部松潘、茂县、汶川的羌民，除黑水以西少数羌民信佛教外，其余绝大部分不信佛教而信仰巫术。《元史·张庭瑞传》记载一段与巫术有关的故事：

  碉门羌与妇人老幼入市，争价杀人，碉门鱼通司系其人。羌酋怒，断绳桥，谋入劫之。鱼通司来告急，左丞汪惟正问计，庭瑞曰："羌俗暴悍，以斗杀为勇。今如蜂毒一人，而即以门墙之寇待之，不可。宜遣使往谕祸福……"遂从数骑，抵羌界。……其酋长弃枪弩罗拜曰："我近者生裂羊脾卜之，视肉之文理何如，则吉其兆，曰：'有白马将军来，可不劳兵而罢。'今公马果白，敢不从命。"乃论杀人者，余尽纵遣之。

此言羌巫以羊脾卜问凶吉。羌民这种信仰巫术的习俗，一直到解放前仍盛行。

最后，通过羌汉关系看一看古代羌民的道德。前面我们叙述西羌、东羌的五次起义时，主要是揭发汉朝统治阶级和羌族部民之间的矛盾。这种矛盾，虽然具有民族矛盾的因素，但其性质基本上是阶级矛盾。汉羌的关系，除了汉族统治阶级和羌族部民的关系外，还有羌族上层（所谓"豪酋"）与汉族士大夫的关系，羌民与汉民的关系。我们可以陇西羌民和马超的祖父子硕的关系为例。《三国志·蜀书·马超传》引《典略》云：

（马）腾字寿成，马援后也。桓帝时，其父字子硕，尝为天水兰干尉。后失官，因留陇西，与羌错居。家贫无妻，遂娶羌女，生腾。腾少贫无产业，常从彰山中斫材木，负贩诣城市，以自供给。……灵帝末，凉州刺史耿鄙任信奸吏，民王国等及氐、羌反叛。州郡募发民中有勇力者，欲讨之，腾在募中。州郡异之，署为军从事，典领部众。讨贼有功，拜军司马……

马腾是马超的父亲。马腾及其父在微贱时以砍柴负贩为业，其命运和受压迫的陇西守塞羌相同，故相互联婚。腾后应募为兵，攻打羌、胡、汉联合起义的首领王国。以后，先与韩遂结为异姓兄弟，后又相互攻击，投降曹操。马腾的为人虽不足取，但其少年时的生活足够表明羌汉人民之间的友好关系。当羌民起义之时，不少被压迫的汉人也参加在内。例如汉阳人杜琦和他领导的部队参加了滇零政权，护羌从事小吏马玄参加了安定郡烧何羌的起义，韩遂、边章、成公英、阎行①等和他们所率领的部队参加了宋建、王国的起义。这些事实说明，汉、羌人民在阶级斗争中总是同心协力，共谋打倒欺压各族人民的统治政权的。

---

① 《三国志》卷15《张既传》注引《魏略》记成公英、阎行事迹，二人皆金城人。

不仅在阶级斗争中如此，就是在生产斗争中，边郡各地的羌民亦和汉族人民一道披荆斩棘，把许多荒野开辟为良田；在没有人烟的地方建设起许多城镇；在黄河上面建桥；从中原到西域之间，除河西走廊外，还开辟了许多交通道路。所有生产和建设的成就，尽管在时间上有或先或后之分，在地区上有或多或少之别，但总的来说，各族人民对于开辟西北地区有不可磨灭的贡献。如众所知，汉、晋士大夫对于羌族的性格叙述都有一种大汉族主义的色彩，然而有些叙述无意中亦说明羌族在生产斗争和对敌斗争中是十分勤劳勇敢的。例如前引晋代袁宏的《后汉纪》叙述西羌的俗尚云：

> 男子兵死有名，且以为吉；病终谓之劣，又以为不祥。妇人产乳，丈夫被创，不避霜雪，得西方金气焉。

后来范晔《西羌传》的叙述大略同此，只特别强调"堪耐寒苦"和"性刚强勇猛"两点。这些描写大致可以表达羌族勤劳勇敢的性格。

另一方面，东汉时有一些屠杀羌民的将帅如段颎等，他们有一种言论，说什么羌民是"狼子野心，难以恩纳"呀，什么"剽略人物，发冢露尸"呀，这是否合乎事实？对于这些说法，我们必须加以辩白。

据《后汉书·傅燮传》的记载，中平四年（187），金城羌胡联军王国、韩遂等围攻汉阳。当时汉阳城是凉州刺史和本郡太守的治所，地位十分重要。刺史耿鄙在围城前已被部下所杀，只有太守傅燮以少数兵马困守孤城。但因傅燮对待羌胡比较开明，在境内所置的四十营屯田，对于羌民亦有好处。而且从北地郡南下的数千胡骑平时都知傅燮为人正直，所以许多羌胡同在城外叩头，要求把傅燮送回乡里。统帅王国亦派降臣前酒泉太守黄衍到城内，表示愿拜傅燮为师。① 从这段故事看来，我们能说西羌是"狼子野心，难以恩纳"吗？又一段故事是，汉阳长史盖勋率领数百人从汉阳往扶风营救护羌校尉夏育，兵至狐槃（槃，或作磐，今甘肃甘谷南）为羌所破，士卒多死，自己亦身被三创，以为必死无疑。正在危急的时候，遇到一位平时和他亲善的句就羌人滇吾，出来劝止羌兵攻击，并说：盖长史是贤人，你们杀死

---

① 又见袁宏：《后汉纪》卷25。

他，就是负天。盖勋此时还辱骂滇吾说：死反虏，你知道什么，快来杀我。滇吾并不在意，让马与勋，勋不肯上马。羌众告诉他说：金城方面购你的头颅，偿羊万头，马千匹，希望你跟我们合作。盖勋不同意，羌众也没有杀他，还将他送还汉阳。① 这段事实也说明，段颎之流加在羌民头上的污蔑之词，完全是靠不住的。

至于"剽略人物，发冢露尸"，这也要作具体分析，主要是看剽略了哪些人和谁的财物，看发掘了哪一阶级的冢墓，暴露了哪些人的尸体。《西羌传》记载汉顺帝时，东、西羌大合，"又烧园陵，掠关中，杀伤长吏"。段颎所云剽人发冢，即指此事。那么，只准皇帝派兵杀戮西羌，不准西羌烧园陵、杀伤长吏，这算什么道理呢？而且在永初五年（111），为了迁徙郡县之故，统治阶级强迫陇西、安定、北地、上郡四郡的汉民南移，至于"发屋伐树，塞其恋土之心；燔破稸积，以防顾远之思"。然则破坏人民生产、生产资料者，不是羌民，而是东汉统治阶级自己。安帝永初二年（108），汉阳诸羌南入益州，安帝遣中郎将尹就出兵讨羌，蜀人不堪其扰，为之作谚语曰："虏来尚可，尹来杀我。"② 谁"剽略人物"，在人民心目中是一目了然，不容任何诡辩或捏造。

---

① 《后汉纪》卷26；《后汉书》卷58《盖勋传》。
② 《后汉纪》卷18，永和二年李固语。

后 记

　　本书是马长寿先生的遗著,动笔于 1962 年,以后时断时续,到 1965 年,一直没有完成。十年浩劫中,原稿虽几经辗转,但幸运地保存下来,而先生却因精神上备受摧残,不幸于 1971 年 5 月病逝。

　　先生一生致力于民族研究,四十多年来,孜孜不倦,勤奋刻苦,著述甚丰,尤其对中国民族史颇多建树。先生学识广博,治学严谨,尤注意亲自深入少数民族地区调查,故所著多有创见,自成一家之言。

　　这部未完成的遗稿,出版社委托我整理出版。我虽从先生学习中国民族史多年,自知能力菲薄,实难担此重任,但又感义不容辞,故黾勉从之。如有不符先生原意之处,自应由整理者负责。

周伟洲
1980 年 10 月 1 日

碑銘所見前秦至隋初的關中部族

一、序言

　　古代史志敘述關中部族者，以《史記·匈奴傳》、《後漢書·西羌傳》爲最早，其次是《晉書·北狄傳》和《江統傳》内的《徙戎論》。此外，在各史的四裔傳、列傳、地理志及若干類書、叢書内也可找到一些資料。但上述諸文獻都很散漫，求其能分區敘述、系統闡明關中古部族的專著是少見的。1963年寒假時，余嘗以翻閱關中金石志爲事，每有所得，輒抄入日記簿上。所得略多，遂立意寫一論文，從碑銘推測關中部族的分佈和關係。然此意屢起屢仆。私以爲自歐陽修以來，企圖以碑銘證史補史者何止數百十家，他們的地位條件雖較優越，所做工作則大抵費力多而成功少。而我於金石素無根基，又無力搜羅關中各縣的碑碣和造像題名，若效顰古人，豈不貽笑大方？因此，有一段時間頗爲消沉。春節前偶到省博物館開會，武館長伯綸謂從渭南縣渭河北岸白居易故鄉運來北周武成二年造像題名一幢，題名中有白氏，未知與白居易有無關係。嗣後送來拓片四幅，其中羅列北鎮鮮卑雜胡姓氏數十種，殊形瑰異，得未曾有，讀後精神爲之一振。五月間往省圖書館碑帖檔案室參觀，借出舊藏關中羌村造像題名二十多種，十之八九皆爲前人所未著錄。在解放前，陝西省的碑碣造像一度歸圖書館管理，從各縣搜拓而來的碑銘拓本亦羅置其中。後來省博物館成立，碑碣造像皆移交博物館陳列，碑銘拓本則分別庋藏於二館之内，造像題名一項在圖書館内所庋藏者更多。碑銘之物，古人以去古未遠，應較今人所見既多且確。但上述二館所藏的碑銘，不特爲從前的外省人所不知，即渭南武樹善在修《陝西金石志》時（1935）亦未曾寓目。我於不經意中得之，不禁狂喜移日，以爲自解放以來，一切文物都隨從革命事業而獲得解放，今人所見又何曾多遜於古人呢！因不揣淺陋，草成《前秦至隋初關中部族的分佈和關係》一文，希望從題名的姓氏、官爵、里居和親屬關係，略以闡明關中古部族的名類淵源、地域分佈、姓氏變遷、婚姻關係、階級分化、部族融合以及其他關於北朝官制和地理沿革等問題。因爲作者的水準限制，碑銘中有些問題或者看不出來，或者闡述錯了，都在所難免，希望專家同志們不吝賜教，給以糾正。同時，更希望各省市縣的文物機構，注意收集碑銘資料，供給學術界的同志們，使他們利用這些資料，對各地方史和民族史作出新的貢獻。

這篇論文所根據的主要碑銘爲下列的二十五種：

（一）前秦建元三年（367）《鄧太尉祠碑》

碑今在蒲城縣城東北七十里之東河川，即洛水的西岸。碑原在蔡鄧鎮東南二十里之鄧公（鄧艾）祠內。祠側有鄧公墓，系衣冠塚。1927年宋哲元擬運此碑至西安，先移往東河川，後因事未果，遂擱置於此。碑文在陸耀遹的《金石續編》卷1、陸增祥的《八瓊室金石補正》卷10、毛鳳枝的《關中金石文字存逸考》卷9都有著錄。

（二）前秦建元四年（368）《廣武將軍□產碑》（亦名《立界山石祠碑》）

碑在白水縣城東北三十里之縱目鎮。碑文載入王昶的《金石萃編》卷25，但缺少碑額題字和兩側題名。

（三）北魏太和十二年（488）《大代宕昌公暉福寺碑》

碑原在澄城縣北北寺村附近，1918年移置城內南門街初級中學內。碑文在武樹善的《陝西金石志》卷6、毛鳳枝的《關中石刻文字新編》卷1都有著錄。

（四）北魏神龜二年（519）《夫蒙文慶造像銘》

碑在耀州。前人皆未著錄，拓本分存陝西省圖書館、博物館。

（五）北魏永安二年（529）《雷漢王等造像記》

碑在耀州。前人皆未著錄，拓本分存陝西省圖書館、博物館。

（六）北魏永熙二年（533）《邑主僥蒙□娥合邑子卅一人等造像記》

碑在今銅川市黃堡鎮。前人皆未著錄，拓本分存陝西省圖書館、博物館。

（七）北魏《雷樹等五十人造像銘》

碑在耀州。碑文無年月日，按像主之官銜和碑文字體，當爲北魏時的造像題銘。此碑未見著錄，拓本分存陝西省圖書館、博物館。

（八）北魏《邑子羅暉造像題名》（殘）

碑在藍田縣。碑文無年月日，字體屬北魏。碑文在《關中金石文字新編》卷 1 中著錄。

（九）西魏《焦延昌造像碑》

碑疑在富平縣。碑文無年月日，據王昶考釋當在西魏，載入《金石萃編》卷 32。

（一〇）西魏大統十年（544）《邑子廿七人造像記》（亦名《僧習等合邑子廿七人造定光佛寺記》）

碑原在舊咸寧縣南關（在今西安市東城）社祭台村石佛寺（唐代名青龍寺）內。碑文載入《金石續編》卷 2 及《咸寧縣志》。

（一一）北周武成二年（560）二月《王妙暉等造像記》（亦名《王妙暉等五十人造像銘》）

碑在咸陽縣渭河南岸。碑文載入《金石萃編》卷 36。

（一二）北周武成二年（560）九月同州延壽郡下邽縣《合方邑子百數十人造像記》

碑原在渭南縣渭河北岸信義鎮西二里之泰莊村，今已移藏陝西省博物館。此碑未見著錄，拓本今存陝西省文物保管委員會。

（一三）北周保定元年（561）《雷文伯造像銘》

碑在耀州。此碑未見著錄，拓本分存陝西省圖書館、博物館。

（一四）北周保定二年（562）《邑主同琄龍歡合邑子一百人造像記》

碑在耀州。此碑未見著錄，拓本分存陝西省圖書館、博物館。

（一五）北周保定四年（564）《聖母寺四面造像碑（銘）》

碑在蒲城縣。碑文載入《金石萃編》卷 36。

（一六）北周保定四年（564）《同琄氏造像記》

孫星衍等《寰宇訪碑錄》謂在長安，不確。按其姓氏當在銅川縣或渭北的其他縣內。碑文載入《金石萃編》卷 36。

（一七）北周天和元年（566）《昨和拔祖等一百廿八人造像記》（亦名《邑子一百二十八人造像記》）

碑在蒲城縣北的堯山鄉。碑文在《八瓊室金石補正》卷 32，《關中石刻文字新編》卷 1 都曾著錄。

（一八）北周天和五年（570）《宇文達造像記》

碑在咸寧縣，今西安市東郊。碑文載入《金石萃編》卷37。

（一九）北周天和六年（571）《雷明香爲亡夫同琓乾熾造像記》

碑所在地不明。從題名中的建忠郡大學生雷鴻遠和宜州大學生雷海傍言之，當在渭北三原縣或耀州一帶。此碑未見著錄，拓本分存陝西省圖書館、博物館。

（二〇）北周建德元年（572）《邑子甓仲茂八十人等造像記》

碑當在銅川、白水二縣間，詳細地點難考。碑文載入《關中石刻文字新編》卷1。

（二一）北周《郭羗造像記》（殘）

碑在耀州。按郭羗的官秩爲宜州從事，宜州的州治在華原縣，即今之耀州，爲西魏廢帝三年（554）所置，此碑當屬北周。此碑未見著錄，拓本分存陝西省圖書館、博物館。

（二二）北周《荔非明達四面造像題名》

碑所在地不詳，或云在華州。造像亦無年月，唯題名中有"越公府行參軍"，越公府即越國公府，乃北周封爵，此碑疑是北周造。此碑未見著錄，拓本今存陝西省文物保管委員會。

（二三）隋開皇二年（582）《邑主雷惠祖合邑子弥姐顯明等造像記》

碑所在地不詳。此碑未見著錄，拓本今存陝西省圖書館。

（二四）隋開皇四年（584）《鉗耳神猛造像記》

碑所在地不詳。碑記和題名的一部分載入《陝西金石志》卷7。全石拓本在陝西省文物保管委員會和省圖書館。

（二五）隋開皇六年（586）《邑主弥姐後德合邑子卅人等造像記》，附唐乾封元年（666）《鬲苟子合邑子廿五人改造佛像記》

碑所在地不詳。此碑未見著錄，拓本今存陝西省圖書館。

上述碑記和造像題名共二十五種，其中十三種已爲前人所著錄，但有兩種著錄不全，不見前人著錄者十二種。未著錄的部分盡可能地都抄錄一份，有兩種收入本文內，其他十種編入附錄一內。已著錄的部分，或因紀錄不全，或因釋文錯誤，其中特別是《鄧太尉祠碑》和《廣武將軍□産碑》，以其關係重要，我把兩碑的全文詳細校勘一次，加以補正，亦收入本文之内。

從時間分配和地理分佈言之，上述二十五種碑銘，屬於前秦者二，北魏者六，西魏者二，北周者十二，隋初開皇年間者三。從前秦建元三年（367）至隋開皇六年（586）凡二百一十九年，前後包括了六個朝代。在此二百多年內有二十五幢碑銘作爲研究的資料，而且除了後秦以外，每個朝代都有一些代表性的碑銘作爲研究的對象，這一點是比較令人滿意的。碑的原在地，屬於蒲城縣者三，耀州者七，白水縣者一，渭南縣（渭河北岸）者一，澄城縣者一，富平縣者一，宜君縣者一，銅川縣者一，銅川、白水二縣間者一，以上十七碑石都在渭河以北。又屬於藍田縣者一，舊咸寧縣今西安市東城東郊者二，咸陽縣者一，以上四個碑石都在渭河以南。此外，尚有四碑所在地不詳，需要進一步調查研究。唐代以前關中的羌村大都在馮翊、北地二郡，換言之，即羌民的造像題名碑應在渭河以北，不在渭河以南。直至唐時，這種情況仍然照舊，只有少數的羌族官吏將士從渭北移居長安一帶。關於此點，最後一節還要提到，在此不贅。

　　從前秦到隋初的二百幾十年內，關中部族的分佈大致可以分爲前、後兩期。在426年北魏佔領長安以前爲前期。在前期內，關中部族以氐、羌、匈奴爲主。自426年以後，拓跋鮮卑和其他北鎮雜胡相繼入關，特別是528年爾朱天光率領賀拔岳、侯莫陳悅兩軍團鎮壓關西各族人民起義和543年魏孝武帝率領六坊之衆及文武官吏入關以後，關中遂成爲鮮卑雜胡政治活動的集中地區。西魏和北周的兩代政權就是以徙入關中的鮮卑雜胡爲基礎而建立起來的，此爲後期。但無論如何，自東漢迄於隋唐，關中的少數部族始終是以氐、羌、匈奴爲先、爲主出現於中國的歷史舞臺上的。關中之氐在西晉時即列入編戶，與西羌、匈奴直接統率於部落大人之下者有所不同。氐人和漢人的融合約在北朝時期。北魏北周雖亦出兵征伐氐族，但這些氐族分佈在南秦州、梁州等地，不在關中。羌族的融合比較遲些，約在中唐以後。次於氐、羌者爲匈奴。匈奴於漢時入關，十六國時稱"東、西曹"，盤踞在貳城（黃陵縣西北）東西。北魏滅赫連夏以後，其族更以"稽胡"之名出現於上郡一帶，直至唐代中葉始銷聲匿跡，與延河流域的漢人相互融合。北鎮鮮卑雜胡入關者多，來勢亦洶，但一至隋唐便不成其爲部族集團，而僅以一種少數部族的成分出現於朝廷、戎伍、閭里之間。有些北族的士大夫如元稹、白居易之流，外人尚能指出其爲某某部族的後裔，但他們自己卻儼然以漢冑自居，不復承認自己的少數部族成分了，這種情況正可反映鮮卑雜胡的漢化比較早一些。關中古代部族的始末，大致如此。

下文即圍繞著上述前後兩期關中少數部族的情況加以敘述。但如眾所知，只靠碑銘資料是很難反映出部族歷史的全貌的。即使比較簡單的部族分佈和關係，只靠碑銘也很難反映出來。因此在每節之內或多或少必須援引一些其他文獻以佐說明。下節敘述《鄧太尉祠碑》和《廣武將軍口產碑》所反映的關中部族情況。但此兩碑只能反映馮翊護軍、撫夷護軍和口產所管轄地區的部族種類、區域劃分、官吏兵士的設置等等，至於從漢到晉關中部族的由來，前後二趙與關中部族的關係，則必須事前加以說明。現在藉序言尾端，略補述苻秦建元以前關中部族的由來如下。

漢代以來，匈奴、氐、羌及其他雜胡以不同時期徙入關中。匈奴入徙有兩大波瀾：一在漢元狩三年（前120），昆邪王殺休屠王，率眾四萬餘人降漢，武帝置五屬國以居之。此五屬國在安定、上郡、五原、天水、西河五郡的塞外。當時匈奴已遷到關中東、西、北三邊的周圍，其中上郡、安定二郡都屬於關中範圍。二在東漢建武二十六年（50），南匈奴降漢，光武帝處之緣邊八郡，其中朔方、西河二郡與關中密邇相接，北地郡在安定的蕭關以東，其屬關中更無疑義。① 西羌之入關始於東漢建武十一年（35）。當時馬援為隴西太守，鎮壓西羌，徙置三輔，於是扶風、馮翊，遠及河東空地皆有羌族與漢民雜處。② 越到後來，西羌之入關者越多，除三輔外，安定、北地、上郡等地無不有羌。氐人原來分居在漢代武都郡的武都（甘肅成縣西北）、隴西郡的氐道（甘肅秦安縣西南）、天水郡的略陽（秦安縣西北）和清水（甘肅今縣）等地。漢元鼎六年（前111）置武都郡，原居武都的氐人一部分被排斥在汧水、隴山之間（在陝西隴縣西北）③，此為氐人入西關中之始。東漢建安十六年（211），略陽興國城的氐王隨馬超起兵。後氐王從超入蜀④，所遺部民數萬落，曹操徙之於扶風之美陽（陝西扶風縣北）⑤。氐人入關中者

---

① 關中以在函穀、武關、散關、蕭關四關之中得名。蕭關在隴東鎮原縣西北一百四十里，其地古屬安定郡。北地郡更在其東，治富平，今慶陽縣。
② 《後漢書》卷87《西羌傳》；《晉書》卷56《江統傳》。
③ 《三國志》卷30《魏書・烏丸鮮卑東夷傳》注引《魏略》。
④ 《三國志》卷30《魏書・烏丸鮮卑東夷傳》注引《魏略》。《三國志》卷36《蜀書・馬超傳》注引《典略》云氐王入蜀在建安十九年（214）。
⑤ 《三國志》卷15《魏書・張既傳》云：“太祖（曹操）乃自到漢中，令既之武都，徙氐五萬餘落出居扶風、天水界。”其事當在建安二十四年（219）。

至此益眾。到西晉前葉，關中各地的少數部族在原來的基礎上更有所擴展。郭欽上武帝書云，上郡、安定、北地、馮翊四郡都有匈奴，京兆郡有雜胡。①江統的《徙戎論》謂馮翊、北地、新平、安定四郡都有羌，扶風、始平、京兆三郡都有氐。②關中的少數部族既多，所以《徙戎論》云"關中之人百餘萬口，率其少多，戎狄居半"。戎狄的人口多到與漢族的人口相等，這在當時顯然是一個比較突出的問題了。部族雜居的問題，第一是容易產生部族衝突，第二是糧食供給不足。自曹魏以來，漢族士大夫如鄧艾、郭欽、江統之流相繼痛陳戎狄內徙之害，建議徙戎實邊之策，端由於此。但此時關中的人口稀少，縱百餘萬口尚不及漢盛時户口的十分之一，因此在統治階級看來，若不許戎狄內徙，則不特田賦課稅無所出，即徵兵徭役亦感覺萬分拮据。所以當時建議者雖憤慨陳詞，而朝廷在咸寧、太康間仍不斷允許匈奴等族入塞。這樣，關中的少數部族跟著就越來越多、越來越複雜了。

　　十六國前趙時，劉曜都長安，并州的五部屠各從此大量徙入關中。屠各一稱"休屠各"，原系匈奴休屠王及其部眾的後裔。其降眾之居五原、河西二郡者，東漢時歸南匈奴管轄，後來便成爲并州的五部屠各。其居安定、上郡、金城三郡者，則在晉初進入關中。所以在前趙時長安和渭河以北的許多郡縣成爲屠各匈奴盤據之所。劉曜又常出兵攻打上郡、隴西的氐羌和略陽仇池的氐王楊氏，氐羌附降者三萬多口，隨從他們的酋帥權渠氏、楊氏、姜氏都被徙入長安。③後來劉曜在咸陽的渭城置單于臺，拜大單于，置左、右賢王以下，皆以胡、羯、鮮卑、氐、羌豪傑爲之。④可知當時所謂"五胡"已經有不少麕集在關中地區了。前趙之亡，石虎雖然把秦、雍大族徙於襄國，又把關中的氐羌十五萬落徙於司、冀二州⑤，但率領氐族東下的是前秦的始祖苻洪，擁有秦、雍氐羌十多萬户居於枋頭，而後秦的始祖姚弋仲亦率羌族數萬人居於清河之灄頭（河北棗强縣）。當後趙末年發生了冉閔所領導的宫廷事變以後，苻洪和姚弋仲之子襄把原來率領的氐羌又遷回了關中。⑥

---

① 《晉書》卷97《北狄匈奴傳》。
② 《晉書》卷56《江統傳》。
③ 《晉書》卷103《劉曜載記》。
④ 同上。
⑤ 《晉書》卷105《石勒載記下》。
⑥ 參考《太平御覽》卷121引《十六國春秋·前秦録》；《晉書》卷116《姚弋仲載記》，同卷《姚襄載記》；《魏書》卷95《苻健傳》等。

在前秦苻堅之時，關中除氐羌外還有不少的其他部族。《太平御覽》卷363引車頻《秦書》云：

> 苻堅時，四夷賓服，湊集關中。四方種人皆奇貌異色。晉人爲之題目，謂胡人爲側鼻，東夷爲廣面、闊頗，北狄爲匡脚面，南蠻爲腫蹄。方，方以類名也。

按："側鼻"即高鼻，指高鼻的西域胡。東夷廣面、闊頗，頗與額通，指夫餘等。北狄匡脚面，匡之義爲方，指屠各、鮮卑諸族。南蠻腫蹄，言其脚厚腫，指巴、蜀人等。十六國時已經置有"六夷大都督"，此所謂"六夷"，解說不一，大致和上述的部族多少總有一些聯繫。但前秦時關中的部族，除漢人外，人數最多的是氐、羌，其次就是屠各。關於氐的分佈，《晉書·苻堅載記》記述最爲詳細。《載記》云，建元十六年（380），堅"以關東地廣人殷，思所以鎮靜之，引其群臣於東堂議曰：'凡我族類，支胤彌繁。今願分三原、九嵕（今醴泉縣）、武都、汧（今汧陽、隴縣）、雍（今鳳翔縣南）十五萬户於諸方要鎮，不忘舊德，爲磐石之宗。'"從苻堅的話證明了關中的氐人居於長安的西北偏，即涇水至汧水流域的三原、涇陽、醴泉、扶風並西至汧陽、隴縣一帶，而其户數，擬分往關東者十五萬户，那麼原有的户數至少當在二十萬户以上。二十萬户以上的氐族，每户以五人計，即其人口當在百萬以上。這個人口數字，現在看來不算什麼，但據江統《徙戎論》云晉初關中的人口只百餘萬，而此時長安西北偏各地的氐族人口便與晉初關中全部人口相同，可知前秦時關中的氐户是十分眾多了。當時屠各在關中的分佈，《苻堅載記》亦有記載："興寧三年（365），堅又改元爲建元。……匈奴右賢王曹轂、左賢王衛辰舉兵叛，率眾二萬攻其杏城（在舊鄜州中部縣西，今黃陵縣境内）已南郡縣，屯於馬蘭山（銅川縣北）。……堅率中外精銳以討之，……轂懼而降。堅徙其酋豪六千餘户於長安。……轂尋死，分其部落：貳城已西二萬餘落，封其長子璽爲駱川侯；貳城已東二萬餘落，封其小子寅爲力川侯，故號'東、西曹'。"從此記載知當時涇河上游至洛水上游的五百里地區駐有匈奴四萬多落，每落以五口計，共有人口二十多萬。此外，移往長安者六千餘户，約合三萬多口。可知當時匈奴的户口數目也是十分可觀的。羌族在關中的分佈以前後文獻記載，應較氐及匈奴爲廣，户口數目亦應較多，然《晉書》載記對此問題語焉不詳。且關中部族，除氐、羌、匈奴外，種類繁多。當時有哪些部族，居住何處，諸部族間的關係如何，這些問題在《晉書》和《十六國春秋》裏並不曾有所敘述。因爲如此，所以我們不得不於正史之外，求助於碑銘和造像題名這一類文獻，以期對於上述問題得到比較妥當的解決。又五胡十六國史之所以難治者，部族之外，即爲疆域問題。清代洪亮吉著《十六國疆域志》，對此問題貢獻很大，但有些重要問題仍未徹底解決。即以前後二秦的疆域言之，杏城、貳縣所在，諸家說法已不一致，而李潤、邢望諸堡，更難得其端倪。至在疆域之內，郡縣如何劃分、護軍如何設置，這些問題更非洪亮吉的《疆域志》所能解決的了。因爲這些緣故，我們應當利用地方碑銘，加以研究，縱然不能解決全部問題，就是從中探出一些線索，也是好的。

二、前秦《鄧太尉祠碑》和《廣武將軍□産碑》所記的關中部族

前秦留在現在的碑銘只有兩幢：一幢是建元三年（367）的《鄧太尉祠碑》，又一幢是建元四年（368）的《廣武將軍□産碑》。《鄧太尉祠碑》的全文前人已有著録，但其中有些文字解釋頗有出入。今從陝西圖書館借到舊拓片一幅，又從省博物館借到一幅比較清晰的新拓片，再參考前人著録，重爲校正如下：

  大秦苻氏建元三年，歲在丁卯，馮翊護軍①、建威將軍、奉車都尉、城安縣侯、華山鄭能進②，字宏道，聖世③鎮南參軍、水衡都尉、石安令、治書侍御史、南軍督都水使者，被除爲④護軍。甘露四年十二月二十五日到官。以北⑤接玄朔，給兵三百人，軍府⑥吏屬一百五十人，統和寧戎、鄜城、洛川、定陽五部，領屠各，上郡夫施黑羌、白羌，高涼西羌，盧水、白虜⑦，支胡，粟特，苦水，雜户七千，夷類⑧十二種。兼統夏陽治。在職六載，邈⑨無異才，履性忠孝，事上恪勤，夙夜匪懈。以太尉鄧公祠張馮翊所造，歲久頹朽，因舊修飭，故記之。以其年六月左

---

① 《關中金石文字存逸考》衍"將軍"二字。
② 《八瓊室金石補正》以"進"字漫漶，解爲"邈"。可備一説。
③ 《存逸考》解"聖世"作"望出"，大誤。下文仍有"聖世"，與此同。
④ 《存逸考》"爲"誤爲"右"。
⑤ 《金石續編》"北"誤作"地"。
⑥ 《金石續編》與《金石補正》"府"並誤作"而"。
⑦ 《金石續編》"虜"誤作"盧"。
⑧ 《存逸考》"類"誤作"貊"。
⑨ 《金石續編》"邈"誤作"進"。《雪堂所藏金石文字簿録》作"邈"。然字典無此字，應作"邈"。

降爲尚書庫部郎、護軍司馬、奉車都尉、關內侯。始平解虔，字臣文①，聖世水衡令、蒲子北掘令、安遠將軍司馬、都水參軍，被除爲司馬。

軍參事北地靈武孟□、完廣。
軍參事和戎鉗耳□、□龍。
軍門下督和戎鉗耳引、世虎。
軍功曹和戎鉗耳叵當、世興。
軍主薄河西臨晉楊萬、世和。
軍主薄和戎雷夫龍、道藏。
軍主薄河西重泉范高、延思②。
軍主薄和戎雷道、子安。
軍主薄和戎雷川、玉光。
軍主薄和戎雷永、景文。
軍主薄和戎西羌騎、世龍。
軍錄事和戎雷顏、道□。
軍錄事和戎覺陸、道陸。
軍錄事和戎雋蒙琕、子諒。
功曹書佐和戎雷陵、道進。
功曹書佐和戎雋蒙龍、彦詳。
軍參事北地富平楊洸、少論。
軍門下督馮翊朱進、超石。
軍功曹寧戎蓋周、彦容。
軍主薄寧戎郝子星③、永文。
軍主薄寧戎屈男道詵。
軍主薄寧戎覺共④、永蓑。
軍主薄寧戎雷樹、進夔。
軍錄事馮翊呂騫、慎蕬。

---

① 《金石續編》"字臣文"誤作"安字文"。
② 《金石續編》誤"思"爲"恩"。
③ 《金石續編》"郝子星"誤爲"都子靈"。
④ 《金石續編》誤"共"爲"世"。

軍録事寧戎冣投、欽詳。

軍功曹書佐寧戎利非閻[①]、永達[②]。

治下部大鉗耳丁比。

上《鄧太尉祠碑》在蒲城縣東北 70 里東河川（洛水西岸）[③]，爲前秦馮翊護軍鄭能進建立。碑文敘述到馮翊護軍所轄的五部城堡和部族名類，最後還詳記軍府吏屬的姓名，對於我們理解馮翊護軍所轄的少數部族關係至爲重要。馮翊護軍所屬的五部，一曰和戎，二曰寧戎，碑文合稱之爲"和寧戎"。《晉書·苻登載記》云："登征虜馮翊太守蘭犢率眾二萬自頻陽（富平縣東北六十里）入于和寧，與苻纂首尾，將圖長安。"時姚萇據長安，苻纂屯敷陸（墉城），蘭犢自頻陽居首，苻纂繼之南下，犢兵經和寧而圖長安，則和寧在頻陽與長安間自明。從前人們對於和寧戎的所在地説法不一。洪亮吉《十六國疆域志》卷 4 謂"在嶺北杏城之東南"。古代以九嵕山以北爲嶺北，在今醴泉縣北。蘭犢由頻陽而攻長安，當無紆回假道於嶺北之理。顧祖禹《方輿紀要》卷 53 云："和寧堡在三原縣北，或云和寧在嶺北杏城之東南，似誤。"顧氏此説近於真實。然和戎與寧戎是二城二部，不當混而爲一。其分立情狀，從《鄧太尉祠碑》的題名人之籍貫固足以知之，即《姚泓載記》記孫暢勸姚懿"招引和戎諸羌，樹立私惠"，而不言寧戎，亦知和戎與寧戎非一城一部。三曰鄜城，在今洛川縣東南七十里。四曰洛川，西晉無此縣，後秦因漢鄜縣置洛川縣。前秦時之洛川當在馮翊郡界，洛水之東。五曰定陽，在今洛川縣東，至宜川縣西北界。總之，前秦馮翊五部的位置在馮翊郡偏東，即從今三原縣北部起，經富平、蒲城、洛川至宜川西界一線以東之地。碑文又云"兼統夏陽治"，夏陽即今之韓城，正屬此線極東之地。五部之內統治的部族：一曰屠各，二曰上郡夫施的黑、白羌，三曰高涼西羌，四曰盧水胡，五曰白虜即鮮卑，六曰支胡，七曰粟特，八曰苦水人。總稱之爲"雜户七千，夷類十二種"。"雜户"說明這些少數部族的身份，他們的身份在一般

---

① "利非"下《金石補正》作"閻"，《雪堂簿録》作"騰"，兹從《補正》。
② 原文作"逹"，《金石續編》誤釋爲"遠"，應爲"達"，《蜀郡造橋碑》有此字。
③ 謝璛《碑刻紀存》云《鄧太尉祠碑》在蒲城東北四十里之阿村，不知何據。碑原在鄧公祠內，1927 年宋哲元移置於祠附近一土窯中。鄧公祠及衣冠塚皆在，西北距蔡鄧鎮二十里。

平民以下;"夷類十二種"總計少數部族的數目,前述數目雖不夠12種,但能夠敘述到八九種,已經比古代的任何文獻敘述得詳細的多了。

屠各的來源,前文已有敘述。《苻生載記》云,羌帥姚襄到關中不久,便"招動鄜城、定陽、北地、芹川諸羌胡,皆應之,有眾二萬七千,進據黄洛"。以此知洛水以東的鄜城、定陽皆有屠各匈奴。前文敘述,苻堅把匈奴分置於貳城的東西,各二萬多落。鄜城和定陽皆在貳城以東,這一帶的匈奴在《姚泓載記》内稱之爲"定陽貳城胡",可知定陽等地的屠各匈奴是很多的。貳城以東的匈奴共二萬多落,即十萬口以上,合鄜城、定陽、洛川三部的屠各言之,其户口數目,估計當有貳城以東匈奴總户口的一半,即一萬多落或五萬口以上。

"上郡夫施黑羌、白羌","夫施"即古膚施縣,在今陝北綏德縣東南50里。此縣漢時屬上郡,前後秦時屬長城郡,不屬馮翊郡。以馮翊護軍而統領上郡夫施之黑、白羌者,乃指從上郡膚施縣徙入馮翊之黑白羌而言。上郡之有羌始於東漢。《後漢書·西羌傳》云,上郡沈氐、牢姐諸種合攻并、涼及三輔。十六國的初年,《劉曜載記》記上郡氐羌十餘萬,爲酋大虛除權渠所領,自號秦王。又記"石勒將石它自雁門出上郡,襲安國將軍北羌王盆勾除,俘三千餘落……而歸"。此皆言羌族集團之在上郡。然在十六國以前,當西晉中葉以後,上郡的黑、白羌已經擴展到馮翊、北地二郡北部之馬蘭山,史稱之爲"馮翊、北地馬蘭羌"。關於此點可引《晉書·惠帝紀》元康六年(296)下一段事爲證,云:"匈奴郝散弟度元帥馮翊、北地馬蘭羌、盧水胡反,攻北地。"此馬蘭羌即碑文所云之"上郡夫施黑羌、白羌"。直到後趙石勒末年,這些羌族仍盤據馬蘭山而南攻北地、馮翊二郡。《石勒載記》下紀其事云:

[延熙元年(334)]長安陳良夫奔于黑羌,招誘北羌四角王薄句大等擾北地、馮翊,與石斌相持。石韜等率騎掎句大之後,與斌夾擊,敗之。句大奔于馬蘭山。郭敖等懸軍追北,爲羌所敗,死者十七八。

以此知黑羌等對馬蘭山的據點始終未曾放棄。但上文只言黑羌和北羌,而無白羌。白羌之名或因與"北羌"同音,致生訛傳,亦未可知。總之,上郡夫施之黑、白羌,就是馮翊、北地的馬蘭羌,前者記其所從出,後者記其新占地。其酋長大姓，如上所述，有虛除、盆、薄等，在《苻丕載記》中還有金姓的黑羌。這些羌姓與西羌大姓顯然是有區別的。

"高涼西羌"之"高涼"頗費解。漢、魏、晉三朝無以高涼爲郡縣之名者。《魏書·地形志》，晉州有高涼郡高涼縣，系分龍門所置，在河東稷山縣南。東漢時，西羌固已至河東。至西晉末年，《劉曜載記》、《石勒載記》亦記河東平陽有羌。河東之羌重返馮翊，雖然可能，但是第一，晉代河東尚無高涼郡縣之名；第二，馮翊的西羌主要來自天水、隴西，而非來自河東。江統《徙戎論》謂："建武中，以馬援領隴西太守，討叛羌，徙其餘種於關中，居馮翊、河東空地，而與華人雜處。"比合《後漢書·西羌傳》觀之，西羌初至天水、隴西、扶風，繼至馮翊、河東甚明。意者，碑文中之"高涼"或系"涼州"之誤。《西羌傳》："建武九年（33），司徒班彪上言：今涼州皆有降羌。"惠棟《後漢書補注》引杜佑云："時涼州部，除三輔外，今安定、平原郡之西，天水、隴西諸郡悉屬焉。"天水、隴西等郡之屬涼州，自兩漢以來深入人心，前秦時人之稱涼州西羌與上郡黑、白羌同，皆由其所自地而立言的。在此碑題名中以西羌軍吏爲最多，姓雷者七人，姓鉗耳者四人，姓甞者三人，姓僕蒙者二人，姓屈男、利非、西羌者各一人，共19人，占軍吏全數29人的68%以上。姚薇元教授在《北朝胡姓考》中考證雷氏爲西羌累姐種的後裔，鉗耳氏爲西羌虔人種的後裔，皆屬可信。甞氏，《閩姓類集儷語》認爲是党項之裔，恐無根據。《西羌傳》中有當煎、當闐諸種，"當"與"甞"同音；而宕昌之名又早於党項，《舊唐書·西戎傳》云："自周氏（即北周）滅宕昌、鄧至之後，党項始強。"那麼爲什麽説甞氏一定起源於党項呢？僕蒙氏，《廣韻》云："西羌複姓有僕蒙氏。"屈男氏，《氏族略五》謂爲關西複姓。《元和姓纂》屈男又作"屈南"，以爲屈原之裔，自南方來，出仕後魏。此乃望文生義之説，不可置信。利非氏，北周《聖母寺四面造像碑》及《昨和拔祖等造像記》皆作"荔非"，譯音相同。最惹人注意的一個姓氏就是西羌氏。題名中有"西羌騎世龍"。以文例言，此人西羌是姓，騎是名，世龍是他的字。他所以姓西羌者乃由於此人入居馮翊後，尚無漢譯的姓氏，故以西羌爲姓。上述19人分住於和戎、寧戎二城。其居於和戎者13人，寧戎者五人，其餘一人籍貫不可考，稱爲"治下部大鉗耳丁比"。"部大"即部落大人之義。從此尚可推測十六國時的關中西羌已經分化爲編户和部落兩種。有民籍的如題名中的某城某氏是也。無民籍的就是部大所管理的部落之民。編戶和部落之分主要表現在組織系統上，其次也表現在剝削關係上。此話甚長，留在後面再説。

盧水即盧水胡。盧水胡起源於張掖郡臨松山下的盧水之濱。盧水亦名沮渠川，以沮渠蒙遜的祖先居於此而得名。沮渠蒙遜的祖先原來是匈奴，以居於盧水之濱，亦稱爲盧水胡。盧水胡的祖源主要的是匈奴，然亦雜有月氏胡和羌族的因素。此族東遷約在東漢末年。《三國志·魏書·梁習傳》注引《魏略》云，建安二十二年（217），關中池陽（涇陽縣西北）以北已有盧水胡，駐紮的地點在馮翊、北地二郡之間，所以《三國志·魏書·文帝紀》及注引王沈《魏書》皆記"馮翊鄭甘、王照及盧水胡率其屬來降"。到了西晉元康六年（296），"匈奴郝散弟度元帥馮翊、北地馬蘭羌、盧水胡反，攻北地"（《晉書·惠帝紀》）。此皆可爲盧水胡居住於馮翊、北地之證。到北魏時，渭北盧水胡的分佈中心在杏城一帶。太平真君六年（445）杏城的盧水胡爆發了兩次反魏運動。領導的首領，一個是郝溫，一個是蓋吳。而這兩位首領的姓氏恰巧與《鄧太尉祠碑》題名的寧戎郝子星和蓋周相同。郝溫和蓋吳，還有一位縣吏蓋鮮，據《魏書·世祖紀》説他們的部族成分是盧水胡，而《晉書·惠帝紀》則説郝散、郝元度是匈奴，二説似有矛盾。但上面我們已經説過，盧水胡是以匈奴爲主而又融合其他成分的一種部族，所以謂之爲匈奴，或謂之爲盧水胡，皆無不可。

白虜就是鮮卑。《苻堅載記下》云："秦人呼鮮卑爲白虜。"但此鮮卑指原居東北的"徒何鮮卑"，拓跋鮮卑不應包括在內。《魏書·帝紀·序紀》記拓跋部人稱徒何鮮卑爲"白部"，可以證明拓跋鮮卑不能稱爲白虜或白部了。白部或白虜的大量入關是苻堅滅燕以後的事，建元三年尚未滅燕，白虜從哪里來的呢？《晉書·傅玄傳》記玄上疏云：

> 臣以爲胡夷獸心，不與華同，鮮卑最甚。本鄧艾苟欲取一時之利，不慮後患，使鮮卑數萬散居人間，此必爲害之勢也。

此事爲《三國志·魏書》所不載。《通鑑》卷79記晉泰始五年（269），"分雍、涼、梁州置秦州，以胡烈爲刺史。先是鄧艾納鮮卑降者數萬，置雍涼之間，與民雜居。朝廷恐其久而爲患，以烈素著名於四方，故使鎮撫之"。胡三省注云："此河西鮮卑也。"① 若以《通鑒》爲說，鮮卑由塞北而遷居雍涼之間，再遷雍州之關中，並非不可能的。然胡注以爲此鮮卑乃日後建立南涼的河西鮮卑，亦即禿髮鮮卑。禿髮鮮卑與拓跋鮮卑同源，史志只能稱之爲"胡"，而不能稱之爲"白虜"。所以鄧艾所徙之鮮卑應與碑文中的"白虜"無關。又晉時的朔方鮮卑以居黃河之西亦稱"河西鮮卑"。《石勒載記上》有石季龍破河西鮮卑日六延於朔方，俘其三萬餘人以歸的事。《石季龍載記》又有石宣破朔方鮮卑斛摩頭之事。朔方郡既有鮮卑，此鮮卑由北而南入關中，是十分便利的。然此朔方鮮卑是拓跋鮮卑，抑是白虜鮮卑，疑莫能明，不能由此得出結論，碑文中的白虜就是從朔方郡遷來的。還有《苻堅載記》記苻秦甘露二年（360），"烏丸、獨孤、鮮卑没奕于率衆數萬又降於堅"。此事發生於建立《鄧太尉祠碑》之前七年，苻堅把這些降人處之塞外，那麼碑文中的白虜是否是鮮卑没奕于的降衆呢？但又不是。主要理由有二：一、鮮卑没奕于的部衆從塞外只徙入安定郡的北部，並未到達關中的馮翊郡内。二、《通鑒》卷 106 云："没奕干（于），鮮卑多蘭部帥也。"多蘭部帥没奕于在《魏書·太祖紀》内稱作"破多蘭部帥木易于"，以此知"破多蘭部"就是"多蘭部"。《官氏志》作"破多羅"，云："西方破多羅氏，後改爲潘氏。"《官氏志》所說的西方，乃以拓跋氏之居於盛樂或平城而言。但破多羅氏是遼碣鮮卑（白部）之裔，抑是塞北鮮卑之裔呢？目前尚不能下一定的結論。有此二因，所以我們不能說關内馮翊郡的白虜與多蘭部有必然的關係。跟鮮卑多蘭部帥相互爲鄰而居的，還有平涼的金熙。《苻丕載記》云："平涼太守金熙、安定北部都尉鮮卑没奕于……與莨左將軍姚方成、鎮遠強京戰於孫丘谷（隴東平涼之東南），大敗之。"關於金熙的部族成分，《通鑒》卷 106 云："金熙本東胡之種。"胡注云："秦謂鮮卑之種居遼碣者爲東胡。"居於遼碣的鮮卑亦即拓跋部所稱的"白部"，中原各族所稱的"白虜"。此種鮮卑居於平涼，與北地、馮翊二郡密邇相連，碑文中的白虜可能與此有關，但他們如何遷往馮翊郡的直接史料尚未找到。總之，馮翊郡白虜的來源，在苻堅征

---

① 《晉書》卷 126《禿髮烏孤載記》云："泰始中，殺秦州刺史胡烈於萬斛堆，……盡有涼州之地。"然則《通鑒》與胡注的說法都是有根據的。

服前燕以前，從何地徙入關中，一時是很難下結論的。關中的白虜鮮卑，除了劉曜時從關東帶來的少數豪傑外，後趙末年已經有許多鮮卑兵參加了關中的內戰。《石勒載記下》云："時石生鎮關中，石朗鎮洛陽，皆起兵於二鎮。"季龍進師攻長安，"生遣將軍郭權率鮮卑涉瑱部眾二萬爲前鋒，距之……鮮卑密通于季龍，背生而擊之"。此涉瑱所率領的二萬鮮卑，從當時部族關係看，似乎不是拓跋鮮卑，而是白虜。後趙末年已經有二萬關中鮮卑參加了石氏的內戰，那麼苻堅建元三年馮翊郡內有若干白虜便毫不足爲奇了。

支胡是月氏胡的簡稱。月氏胡初居甘肅的河西走廊，從敦煌到祁連山之間皆有其族。在西漢前葉，一部分月氏胡降漢，入居安定郡。《漢書·地理志》云，安定郡有月氏道。其地在隴東鎮原縣的東北。錢坫《新斠注地理志》云："此以月氏國降人所置也。"關中之有支胡當由安定郡的月氏道徙入。《晉書·懷帝紀》云，永嘉三年（309），"平陽人劉芒蕩自稱漢後，誑誘羌戎，僭帝號於馬蘭山。支胡五斗叟、郝索聚眾數千爲亂，屯新豐（陝西臨潼縣西南），與芒蕩合勢"。劉芒蕩起兵於馬蘭山，支胡五鬥等數千人自渭河以南的新豐應之，其活動範圍自然在馮翊境內。前秦馮翊郡內之有支胡由此可見其端倪。

粟特人原居中亞以撒馬爾罕爲中心的阿姆河以東北地區。在錫爾河以北古有康居國，其國人民爲康居人（亦稱康里人），屬阿爾泰語族。後來康居國統一了錫爾河以南諸地，統治的王族爲康居人，人民則以粟特人爲主，屬於伊蘭語族。康居王統一此區以後，分爲數小國，如康、石諸國是也。各國之人至中國者即以國名爲姓，晉代西域胡之石、康諸姓皆出此國。《晉書·石勒載記》稱石勒爲"羌渠之胄"。"羌渠"與"康居"同音①，石勒之祖爲康居人，故稱爲羌渠之胄。又因其原居石國，故以石爲姓。其次爲康姓。《梁書·康絢傳》載康姓之來源云：

康絢，字長明，華山藍田人也。其先出自康居。初，漢置都護，盡臣西域，康居亦遣侍子，待詔於河西。因留爲黔首，其後即以康爲姓。晉時隴右亂，康氏遷于藍田。絢曾祖因爲苻堅太子詹事。

---

① 《史記》卷123《大宛列傳·索隱》康居下云，居音渠。康、羌音近。"羌渠"當爲"康居"之別譯。

此言關中藍田康姓出自康居甚明。我們於此當注意者，即康絢祖先若以少數部族成分居於關中，原不足異。而同傳記當姚秦時，絢之祖父穆"舉鄉族三千餘家人襄陽之峴南，宋爲置華山郡藍田縣"。《晉書·姚興載記》又記安鄉侯康宦驅略白鹿原氐、胡數百家奔上洛。藍田康姓之族動輒以三千家或數百家計，其人數之多可以想見了。藍田的康姓初出自康居，西漢時進入河西，西晉末由河西又遷入藍田。這一段淵源至爲明顯，毋庸多説。藍田於晉屬京兆郡，渡渭河而北即爲馮翊郡，我想馮翊郡的康姓等族系由藍田徙來的。十六國時渭北康姓尚無所聞。到北魏時，《魏書·源子雍傳》記康維摩擁羌、胡守鋸谷（在韓城縣境），斷甑棠橋以拒魏兵。其事發生於馮翊郡，其人及其所擁有的羌、胡，大致也是居於同郡之内了。十六國時，《石季龍載記》附冉閔部分記降胡中有"粟特康"其人。此人和《鄧太尉祠碑》裏的"西羌騎"相同，皆以族爲姓，前者並以國爲名，頗爲別致，大可説明粟特人原是康居國統治下的百姓。

最後還有一種苦水人。苦在碑文中作"吾"，以北周《王妙暉等五十人造像記》等文證之，其爲辛苦之"苦"無疑。《魏書·太祖紀》云："（登國八年）三月，車駕西征侯吕隣部。夏四月，至苦水，大破之。"同書卷103亦附載此事。《水經注·河水注》云："苦水發（高平）縣東北百里山，流注高平川。"高平川在隴東鎮原縣南。《方輿紀要》卷58謂高平川一名苦水，以水味苦而名。又云，苦水即高平川之上源。然則苦水在高平甚明。十六國時，高平爲雜胡所居地，很難確指苦水爲何族。其地漢時屬北地郡，有匈奴、月氏降人及西羌。三國時，秃髮鮮卑亦徙居於此。又有涼州休屠胡梁元碧等率二千餘家至高平。① 十六國時，其地爲鮮卑没奕于及金熙所統治，没奕于的勢力尤强，直至北魏天興五年（402）始被拓跋遵等所破。② 因此，從此遷入馮翊郡的苦水人究爲何族頗難斷定。《廣武將軍□産碑》正文内亦載此族。可知十六國時一些人已經把苦水當作一個部族看待了。

前秦建元四年（368）《廣武將軍□産碑》的拓本全部有碑陽正文及題額一幅，碑陰題名一幅，還有左右兩側題名的兩個狹幅。從前碑文拓本齊全

---

① 《三國志》卷26《魏書·郭淮傳》。
② 《魏書》卷2《太祖紀》。

的很少，有的缺少碑額，有的缺少碑左右兩側的題名，所以著錄不全。碑額既有《立界山石祠》題字，那麽如《潛研堂金石文字目錄》卷1稱之爲《立界山石祠碑》是對的。但因爲許多人不會看到碑額，只根據碑陽正文內第一行有"廣武將軍"，於是稱之爲《廣武將軍□產碑》了。其實這一官銜是□產的，抑是其祖父的，很難確定。《金石萃編》的作者王昶，既不會看到碑額題字，又不會看到碑左右兩側的題名，題名不全且不說，自《萃編》行世以後，《廣武將軍□產碑》之名已爲一般人所通用，現在似亦不必再作變更了。碑主的姓氏，至今尚無人考證得出。從前武威人張澍，曾推測碑主姓張或弓。許多人對此説加以駁斥，不能成立。碑的所在地，畢沅《關中金石記》謂在宜君縣，一時亦靡然信之，不以爲非。直至1920年，澄城人雷文棠（召卿）於白水縣訪得①，碑在白水始成定論。然當時人謂碑在白水史官村倉聖廟②，此説亦誤。以我們所知，在史官村倉聖廟的爲《漢蒼頡碑》，苻秦之《廣武將軍□產碑》則在縣東北30里之縱目鎮③。我所見的拓本是1920年以後的新拓，清晰異常，且碑額、正面、碑陰、兩側俱全，可以彌補舊拓本的殘缺不全之憾。現以新拓本爲主，參考《萃編》和《八瓊室金石補正》的釋文，照原式抄錄如次（見本節末）。

此碑陽面的下部和中部，陰面的下部和左側，俱漫漶過甚，以致許多事實辨別不清，誠爲憾事。過去金石家只注重碑主姓氏之考訂，無明確結果，今日我們對此問題亦無能爲力。但此碑除碑主姓氏外，所反映的問題，如前秦渭北疆域之劃分、職官之設置、部族的分佈以及碑主所統治的吏民數目，都有研究的必要。碑陽正文大致可分爲三段：首段敘述碑主的家世、履歷和事業；中段敘述會同當地顯要與馮翊護軍、撫夷護軍（？）劃分疆界的經過和自己疆域內的部族、吏民實況；末段是銘文。按碑文所記，碑主是廣武將軍、使持節冠軍將軍、益州刺史、上黨公之元孫，建忠將軍、撫夷護軍、扶風太守之胤子，初爲池陽縣令，繼授大將軍左司馬，最後爲渭河以北一城鎮之顯官。他曾同□□司馬即默欽、廣武司馬杜益臣、□節將軍董□、建□將軍楊□、建武將軍王柴、鷹揚將軍□□等等，與馮翊護軍苟輔"參分所

---

① 參考顧燮光：《夢碧簃石言》卷1《苻秦廣武將軍碑》。
② 同上。
③ 參考李子春：《陝西碑碣》，內云廣武碑在縱目鎮小學內。

部"（依王仁俊所釋），樹立界石，並建"立界山石祠"爲證。碑主所管轄的地區，如正文所云，是"西至洛水，東齊定陽，南北七百（里），東西二百（里）"。洛水自鄜城來，南入宜君、白水二縣，在馮翊郡西境。定陽在定水之陽，故城在今宜川縣西北。據此則知碑主的管轄地區是從洛水流域東至定陽西界之一狹長地帶。其地在馮翊護軍的西北，撫夷護軍的東北，三方劃界立石，端由於此。撫夷護軍，據《元和郡縣志》是三國魏時司馬懿廢舊雲陽縣而建立的。舊雲陽縣在涇陽縣西北，前秦時屬馮翊郡，仍稱撫夷護軍。碑文中的"參分所部"，撫夷護軍當爲參與劃分疆界的三個單位之一。但"立界山石祠"的西南有土門護軍（治頻陽，今富平縣），西北有銅官護軍（治銅官，今銅川縣）。參加此"參分所部"者究竟爲哪一護軍，尚需進一步考證。從《鄧太尉祠碑》知原來的馮翊護軍是鄭能進，於建元三年去職，繼任者即此碑文中的苟輔。苟氏爲氐秦望族，苻堅的母親和妻都姓苟，苟輔當系苻堅的外戚。《苻堅載記下》記苟輔在建元二十年（384）遷新平太守。

　　碑文和題名內所提到的文武官秩頗多。從這些官秩，我們不只可以看出苻秦官秩與晉代官秩有何異同，而且可以看出碑主□產與參加分界諸官秩的關係以及碑主是否即是廣武將軍之一問題。碑內所羅列的官秩約可分爲三類：第一類是屬於軍事系統的，其中有各級將軍，各級將軍司馬、參軍、功曹、主簿、軍監、蓽督、軍禁、都統等。第二類是屬於郡縣系統的，其中有主簿、錄事、行事、參事、功曹、金曹、兵曹、賊曹、户曹、租曹、寺門、書佐、幹、丁議等。參事、主簿、功曹、錄事、書佐等官在軍事系統中亦有，一般前面都加一"軍"字，如在《鄧太尉祠碑》內可以看到。此碑題名中所列的上述官秩前面都無"軍"字，無法辨明其是否屬於軍事系統。第三類是屬於部落系統的，如大人、部大、酋大等。

　　軍事系統中，將軍的名號在碑陽有廣武（碑主之祖）、建忠（碑主之父）、建武、鷹揚等將軍，在碑陰有立節、建節、廣威、建威、揚威、立義、寧遠等將軍。上述諸將軍名號可考者，建威、鷹揚之名始於東漢，揚威、廣威、建武之名始於曹魏，廣武、寧遠之名始於晉。① 按晉官品，廣武、廣

---

① 《宋書》卷39《百官志上》。

威、建威、建忠、建節等將軍爲第四品，鷹揚、寧遠等將軍爲第五品。① 前者的俸廩是二千石，後者比二千石。② 從此可知前秦的將軍官品大部分是承襲東漢、魏、晉的。後來北魏的將軍官品大致同前秦的上述情況相似，只把第四品的將軍分作四品和從四品兩種。③ 從此又知北魏的將軍官品又是承襲前秦的。碑銘的武秩，除將軍外，還有葷督、軍監、司馬、參軍等秩。葷督疑即軍督，是"軍門下督"之簡稱。《晉志》四品將軍以上皆置軍門下督。《鄧太尉祠碑》馮翊護軍鄭宏道部下有軍門下督，正因宏道是第四品的建威將軍之故。晉《南鄉太守司馬整碑》記太守府屬有門下督，但不稱軍門下督。軍監疑是"護軍監軍"的簡稱，亦第四品。碑銘中有三司馬，有兩司馬是屬於第四品將軍下的，皆爲第七品。參軍隸屬於護軍將軍。《晉志》護軍將軍的"屬官有長史、司馬、功曹、主簿、五官，受命出軍，則置參軍"。護軍將軍始於秦漢，魏晉因之。魏晉時護軍的地位很高，《魏略》稱"司馬景王代夏侯玄爲護軍，總統諸將，主武官選事"。《晉志》記護軍有兩種：資望重者爲護軍將軍；資望輕者爲中護軍。前者爲第三品，後者爲第四品，見《宋志》。馮翊護軍鄭宏道爲第四品建威將軍銜，實際上只能叫作"中護軍"。

郡縣系統的官吏，特別是郡守以下的官吏，《晉志》敘述太略，不足爲法。《晉志》只記郡守以下有主簿、主記史、功曹、賊曹、議生、門下史、錄事史、書佐、循行、幹、五官掾等，於諸曹敘述最略。《南鄉太守司馬整碑》有金曹、倉曹、左右兵曹掾。《金石錄》所收的《彭祈碑》有田曹史、鎧曹史、法曹史、兵曹掾。《建寧太守爨寶子碑》有"西曹陳勃"。西曹就是法曹。上述諸曹皆《晉志》所無。此外，《司馬整碑》又記有門下督和府門亭長。凡此皆可補《晉志》之不足。晉代的郡縣官制大部分承襲自漢魏，前秦碑銘中的功曹、賊曹、戶曹、兵曹、法曹、金曹以及主簿、參事、書佐、幹等又皆承襲自魏晉。所不同者，碑銘中的租曹、行事、寺門、丁議、里禁諸秩皆爲晉官名中所無。晉代有倉曹而無租曹，與宋、齊官秩略同；前秦有租曹而無倉曹，與北齊官秩略同。④ 行事無所聞。寺門是縣衙門的守卒，一

---

① 《通典》卷37《晉官品》；《隋書》卷26《百官志上》。
② 《北堂書鈔》卷56引《晉百官表》注。
③ 《通典》卷38《後魏官品》。
④ 參考《宋書》卷39《百官志上》及《隋書》卷26《百官志上》。北齊州鎮有倉曹，郡縣無倉曹，只置倉督員。

稱"寺門卒"。漢時郡太守衙門的守門吏稱府門亭長，縣衙門的守門吏稱寺門卒。晉與前秦皆沿其制，故寺門爲寺門卒的簡稱。丁議可能就是晉代的議生。里禁是鄉里中的里吏。《晉志》："縣率百户置里吏一人，其土廣人稀，聽隨宜置里吏，限不得減五十户。"另外，還有左尉。《漢官儀》云："大縣（置）左右尉，小縣一尉。"《晉志》，尉亦是"大縣二人，次縣、小縣各一人。"可知左尉是大縣的官吏。總之，碑銘中的文官，有的屬於郡太守的，有的屬於縣令長的，情況相當複雜。

部落系統的官，大人原是匈奴的官號，後來被北方、東北、西北各族所沿用。碑銘中只有一人即白平君爲大人銜，白姓爲龜茲人。酋大和部大之名前後凡六十餘見，其中稱酋大者，西羌的酋帥占絕對多數，前後約二十五人，另外只有一個龜茲人稱酋大。稱部大者多系氐酋和雜胡的酋帥，前後近三十人。《後漢書·西羌傳》云："強則分種爲酋豪。"《宋書·沮渠蒙遜傳》云："羌之酋豪曰大。"西羌酋帥之稱酋大者以此。《晉書·石勒載記》記稱部大者二人，即羯胡張匐督與莫突。此爲雜胡稱部大的先例。

從上述三個系統的官秩名，再結合碑銘中的事實，我對碑主□産的政治地位略提一點初步的假設。□産初爲池陽縣令，以"輯和戎翟"之"功"，被擢爲征西大將軍左司馬。旋以成績"茂著"又調往洛水流域一城鎮，做了"統户三萬，領吏千人，大將三□"之顯宦。此顯宦爲何秩，因銘文脱落，很難復原。一個方法就是按照他統率的將軍品級、官吏名稱、户口數目以及部族成分，加以推測。碑銘中第四品將軍共十餘人，第五品二人，無名號者三名，我想□産的軍秩當在四品以上。又因部下的軍官有軍督、軍監、司馬、功曹、主簿、参軍等秩，所以我疑他是第三品的護軍將軍。此護軍的駐兵地區在洛水以東、定陽以西，這裏原有的部族很多，所以他的將吏和户口很多都是西羌、雜胡、氐族及苦水人。護軍駐軍地區的東邊和南邊與馮翊護軍的駐兵地毗連，所以這次□産"躬臨南界，與馮翊護軍苟輔"等劃界立石。但□産的官階，不限於護軍，而且兼領郡秩。第一，因碑銘記載他"統户三萬"，又記"君臨此城，漸再累紀"。晉制，統萬户以上者爲郡太守，將軍並不直接統户的。第二，碑銘中有很多功曹、賊曹、兵曹、金曹、法曹、主簿、参事等官，大部分屬於郡級官吏。所以我想□産的文職是兼郡太守。兼哪一郡的太守呢？按碑銘和護軍的所在地區，當爲馮翊太守。前秦苻堅時，馮翊太守可考者只二人：一爲韋華，在建元末由僕射外調爲馮翊太守，見《北史·寇贊傳》。一爲仇騰，建元二十年（384）慕容沖起兵後，由甘松護軍内調爲馮翊太守，見《苻堅載記》。而囗産則是建元初年由征西司馬上升爲護軍並兼領馮翊太守的。《通典》卷33云："晉郡守皆加將軍，無者爲恥。"苻堅時前有囗産，後有仇騰，都是以護軍兼領太守，可知這種兼職並不爲奇了。另外，還有許多縣級官吏，如左尉、寺門、幹、丁議、里禁等，我想是"立界山石祠"所在縣的官吏，他們是參加劃界立石的現場人員。以上所述，只是一種推測，一種假設，希望進一步得到證實。

從碑文裏理解洛水以東、定陽以西有哪些少數部族是我們的主題。但碑陽中這一段（即第十四行）缺了14個字，使我們知道只有苦水一族，誠爲憾事！爲了彌補這一缺陷，想出一種辦法，就是從大人、部大、酋大的姓氏加以推測。凡是大人、部大、酋大的姓氏應該就是少數部族的姓氏。但是有些姓氏一望而知其爲部族的姓氏，有些姓氏雖然冠以部大等銜但與漢姓相同，這就必須下一番考證工夫。下面列了一個統計表，第一欄是題名之前冠以大人、部大、酋大的少數部族姓氏；第三欄是原來不會冠以部大等銜的姓氏，但與冠有部大等銜的姓氏相同，那麽，此類姓氏可能是少數部族的姓氏，也可能不是，所以別爲一欄（表1）。

表 1 《廣武將軍囗産碑》所見少數部族姓氏及人數統計表

少數部族姓氏	人數	與前姓氏相同的人的人數	合計
夫蒙	29		29
王	8	6	14
白、帛	6		6
楊	6	11	17
儁蒙	4		4
張	4	1	5
雷	4		4
同蹄	3		3
李	3	1	4
爪	2		2

續表

少數部族姓氏	人數	與前姓氏相同的人的人數	合計
秦	2	11	13
樊	1		1
董	1	7	8
井	1		1
韓	1	1	2
司馬	1		1
總計	76	38	114

從統計表中可見，以部大等爲銜的少數部族姓氏有 16 個，包括的人數共 76 人。在題名中此 76 人確定是少數部族，占殘碑題名總人數 134 的 50% 以上。題名中的姓氏與上述 16 姓中的王、楊、秦、董、張、李、韓相同的有 38 人。連同上面的 76 人，共計 114 人，占殘碑題名總人數 134 的 84% 以上。總之，少數部族在殘碑題名的人數比例上顯然是很大的。

碑陰題名中有些稀見的姓氏，例如馮翊相氏、扶風曆氏、馮翊維氏，是否屬少數部族的姓氏，無法確定。這些姓氏並未計算在統計表內。

上述 16 個少數部族姓氏中最多的是西羌姓：一曰夫蒙氏，共 29 人，數目最多。29 人中酋大夫拔蜀和酋大夫錯述二人，"夫"下並漏"蒙"字。"夫蒙"在《魏書》中作"不蒙"。《魏書·太宗紀》記："泰常五年四月，河西羌酋不蒙娥遣使內附。"《羌姚萇傳》有安遠將軍不蒙世。《唐書·突厥傳》及《高仙芝傳》皆記："安西四鎮節度使夫蒙靈詧。"《王摩詰詩集》有《送不蒙都護歸安西詩》，此不蒙都護即《唐書》之夫蒙靈詧也。古無輕唇音，"夫"讀如"不"，故"不蒙"即"夫蒙"。馮翊郡之有夫蒙羌姓至唐世仍然。《元和姓纂》云："夫蒙，今同、蒲二州多此姓。"二曰儦蒙氏。《鄧太尉祠碑》題名中姓儦蒙者二人，此碑題名中又有四人。以此知儦蒙氏亦是馮翊郡西羌的大姓。三曰雷氏。《鄧太尉祠碑》題名中雷姓最多，共七人。此碑姓雷的四人。雷姓羌在馮翊郡亦是大姓。四曰同蹄氏。《漢書·地理志》上黨郡有銅鞮縣。故城在今山西沁縣南十里。《後漢書·西羌傳》云："於是滇零等自稱'天子'於北地，招集武都、參狼、上郡、西河諸雜種，眾遂大盛，東犯趙、魏。"江統《徙戎論》云："（西羌）東掠趙、魏，唐突軹關,侵及河內。"此東漢永初二年至五年(108—111)間事也。滇零爲西羌先零之別種,此次起義,從北地郡東出,渡黃河至魏、趙二郡,然後南出軹關(河南濟陰縣北)至河內郡。其種人留居上黨郡者尚多,故《西羌傳》又記永初五年,"復以任尚爲侍御史,擊衆羌於上黨羊頭山,破之,誘殺降者二百餘人"。羊頭山在長子縣東南五十六里,爲沁水東源所由出;銅鞮山在沁州南四十里,爲沁水北源所由出。後者爲西羌屯聚之所,前者爲任尚擊殺降羌處。西羌以同蹄爲姓者,正以其族久屯聚於銅鞮山一帶之故。此羌經河東而至馮翊,疑與晉元康四年(294)的郝散起義有關。《徙戎論》云:"近者郝散之變發於谷遠(今沁源縣)。"《晉書·惠帝紀》,"(元康四年)夏五月,匈奴郝散反,攻上黨,殺長吏。……秋八月,郝散率衆降,馮翊都尉殺之"。此言郝散降後率衆至馮翊界而被殺。上黨在魏晉時爲匈奴、羯、羌雜居之地,郝散所領導的羣衆大都是這一帶少數部族。馮翊郡的同蹄姓羌可能即從此時遷入。五曰井氏。此碑只一人,即井瑒。"井"原作"开"或"亓",應劭音羌肩反,今關中音讀如"其"。《漢書·趙充國傳》,充國上書云:"遣开豪雕庫宣天子至德,罕、开之屬皆聞知明詔。"又云:"河南大开、小开。"唐代顔師古注《趙充國傳》時據此二條判斷罕羌和开羌原來爲不同的姓族,至唐罕、开二姓合二爲一。從《廣武將軍□產碑》的井瑒可以説明在前秦時,罕、开二姓仍然分離。到北周保定四年(564),《聖母寺四面像碑(銘)》罕、开二姓已合而爲一,稱爲"罕井",即罕开。凡此皆可補師古注之不足。按:《趙充國傳》,开羌的原居地在金城郡的湟中和黃河之南,降漢以後他們被移置在天水郡的罕开縣(甘肅秦州南或謂在秦安縣東北)。馮翊的罕、开羌當系東漢時從天水郡遷入的。

其次爲氐姓:一曰楊氏,爲仇池氏。《宋書·氏傳》云:"略陽清水楊氏,秦漢以來世居隴右爲豪族。建安中有楊騰者,爲部落大帥。騰子駒始徙仇池。"《三國志·魏書》卷30注引《魏略》云:"至(建安)十六年(211)從馬超爲亂。超破之後,(氏王)阿貴爲夏侯淵所攻滅,(楊)千萬西南入蜀。其部落不能去,皆降。國家分徙其前後兩端者,置扶風、美陽(陝西扶風縣北),今之安夷、撫夷二部護軍所典是也。"按:《三國志·魏書·張既傳》,建安二十四年(219)曹操命既徙氐人五萬多落出居於天水、扶風界中,即指此事而言。此爲楊氏氐入關中之始。苻秦時,氐人楊安爲都督,鎮仇池；楊定爲領軍；楊璧爲苻堅寵臣，擢爲南秦州刺史。① 碑陰側題名，稱部大者六人，即楊小方、楊赤平、楊秀、楊洛平、楊□、楊光香，其部族成分當爲氐族。此外，稱將軍者四人，參事者二人；録事、寺門、功曹、賊曹、丁議者各一人，共 11 人。其中不一定都是氐人，但其中有些是氐族則無疑。二曰樊氏，只一人，即部大樊良奴。《苻堅載記》云："特進樊世，氐豪也，有大勳於苻氏。"苻生氏將強懷，其妻爲樊氏，可知樊氏爲氐族大姓。三曰韓氏。碑陰部大韓秉世一人，當爲氐族。此外，還有參事韓榮一人，丁議韓友生一人，此二人可能也是氐族。苻堅時有大鴻臚韓胤，領護赤沙中郎將，鎮代郡平城。此人正是苻秦分封族類於諸方要鎮時的大將，當爲氐族。此外，試讀《苻堅載記上》以下一段分封族類支胤於諸方要鎮一段，便知尚有許多姓氏，表面雖似漢姓，但實際是族類支胤，爲氏姓。原文云：

> 堅以關東地廣人殷，思所以鎮靜之，引其羣臣於東堂，議曰："凡我族類，支胤彌繁。今欲分三原、九嵕、武都、汧、雍十五萬户於諸方要鎮，不忘舊德，爲磐石之宗，於諸君之意如何？"……於是分四帥子弟三千户以配苻丕鎮鄴，如世封諸侯爲新券主。堅送丕於灞上，流涕而別。諸戎子弟離其父兄者皆悲號哀慟，酸感行人，識者以爲喪亂流離之象。於是分幽州置平州，以石越爲平州刺史，領護鮮卑中郎將，鎮龍城。大鴻臚韓胤，領護赤沙中郎將，移烏丸府於代郡之平城。中書令梁讜爲安遠將軍、幽州刺史，鎮薊城。毛興爲鎮西將軍、河州刺史，鎮枹罕。王騰爲鷹揚將軍、并州刺史，領護匈奴中郎將，鎮晉陽。二州各配支户三千。苻暉爲鎮東大將軍、豫州牧，鎮洛陽。苻叡爲安東將軍、雍州刺史，鎮蒲坂。

上文"分四帥子弟三千户以配苻丕鎮鄴，如世封諸侯爲新券主"，記載不詳，當參考《通鑒》卷 104 及胡注。《通鑒》云："長樂公丕領氐三千户，以仇池氏酋射聲校尉楊膺爲征東左司馬，九嵕氏酋長水校尉齊午爲右司馬，各領一千五百户，爲長樂世卿。……膺，丕之妻兄也。午，膺之妻父也。"

---

① 《晉書》卷 113《苻堅載記上》及卷 114《苻堅載記下》。

此楊、齊二氏當爲氏族大姓無疑。可爲上述楊氏爲氏姓之證。又云："毛興爲都督河、秦二州諸軍事、河州刺史。……王騰爲并州刺史，鎮晉陽。河、并二州各配氐户三千。興、騰，並苻氏婚姻，氐之崇望也。"又知毛、王二氏亦爲氐姓。碑陰題名王氏稱部大者八人，如王卯多里、王稠兒、王先多等皆不似漢人名。南安王准，從地望言，更有氐族的嫌疑。因此我們把王姓亦當作氐族大姓而加以論列。但王氏不特爲漢族大姓，馮翊羌族亦有以王爲姓者，如北魏的鉗耳王氏世家即其一例。題名中有馮翊王買，此人是漢，是氐，還是羌族，很難辨別。《通鑒》對平州刺史石越及幽州刺史梁讜二氏的來源未加敘列，然《吕光載記》云光妻石氏，光之甥名石聰；《苻生載記》立妻梁氏爲皇后，《十六國春秋·前秦録》以爲梁氏即左僕射梁安之孫女，其他仕至高位者尚有梁楞、梁平老、梁殊等，那麽石、梁二氏亦是苻氏、吕氏的婚姻之家，並是氐之崇望了。碑側題名中有石寔，疑亦氐族姓氏。

再次爲起源於龜茲國王姓氏之白氏或帛氏。白氏爲龜茲王姓氏，在後漢建初、永元中（76—104）有白霸，其後裔有白英、白純等。① 龜茲人之入關中始於西漢。《漢書·地理志》上郡有龜茲縣。師古注云："龜茲國人來降附者，處之於此，故以名云。"漢代的龜茲縣在今陝北米脂縣，其地與南面的馮翊郡密邇相接，一部分龜茲人南徙進入馮翊是可以推知的。此碑陰題名以白或帛爲姓者六人：白安、帛初、帛大谷、白禽、白國、白平君。白安的官銜是"翔（或翊）威將軍酋大"；白平君的官銜是"大人"。酋大和大人都是少數部族首領的官銜。帛初和帛大谷的上銜已經脱落，按前後文例當是部大。《苻登載記》，新平胡空堡（邠州西南）以東有帛蒲堡，時爲屠各所居；然此堡爲帛蒲所築，按其姓氏，帛蒲亦應是龜茲人。又按《魏書》紀傳，白氏爲稽胡大姓，汾河以西的白亞栗斯可能亦是從上郡一帶遷過去的。稽胡本由匈奴、龜茲等族融合而成，所以白氏在北魏前稱龜茲胡，北魏及以後稱稽胡，並不矛盾。

最後，還有一些以部大爲頭銜的姓氏，例如董、張二姓似爲屠各族。由《苻登載記》貳縣屠各董成、張龍世可證。但《華陽國志》卷8稱氐叟中亦有董姓。又如李氏，碑側中李姓爲部大者三人。此姓極爲普通，巴氐中李姓

---

① 《後漢書》卷47《班超傳》、同卷《班勇傳》及《晉書》卷97《龜茲傳》。

甚多，匈奴、高車中亦有此姓，很難甄別其爲何族。爪姓亦是稀姓，是一少數部族的姓氏。又碑陰題名内秦氏很多，居第四位。有二人稱部大，即秦度地、秦道成，當系少數部族，但不知其爲何族。

　　總上《鄧太尉祠碑》及《廣武將軍□産碑》所述，結合《晉書‧載記》等文獻記載，大致可以看出，當前秦前期，即四世紀七十年代苻堅滅前燕以前（370年以前），關中少數部族的分佈：氐族集中屯聚在三原、九嵏、汧、雍一帶，在長安的西北偏，正當涇水以西南的汧水流域。關中羌族的分佈主要在馮翊郡。前秦時馮翊郡領縣八、護軍四，大致都有羌族。在諸縣和護軍之内，馮翊護軍和鄜城等縣的羌族最多。簡言之，即在長安的東北偏，今渭河以北至洛河中下游之地爲羌族分佈的中心所在。在中部縣的西北有貳城，貳城的東、西爲屠各匈奴的分佈所在，各二萬多落，史稱之爲"東、西曹"。在貳縣的西境有彭沛谷堡，彭氏爲盧水胡大姓。新平（邠州）西南有胡空堡，其東爲姚奴、帛蒲二堡，前秦末年並爲屠各帥所據。此外，還有新平羌雷惡地。以此知涇河以東北，盧水胡、屠各、西羌皆分堡而居，情況頗爲複雜。北地、馮翊二郡間的馬蘭山，部族種類亦多。有馬蘭羌，亦稱北羌，即《鄧太尉祠碑》所云之黑、白羌。有屠各胡，亦稱"定陽、貳城胡"。又有盧水胡，晉元康六年以郝度元爲首所領導的各族起義，盧水胡當爲其中的主要部族之一。

　　十六國時關中的少數部族皆集中在渭河以北各地。氐族集中在扶風郡和咸陽郡的西北，羌族集中在馮翊郡，北地、新平二郡和馮翊郡的西部則爲屠各、盧水胡、西羌、北羌所雜居。以實力言之，氐、羌人數最多，實力亦最强。其次爲屠各和盧水胡。自此而外，都居於少數部族的少數了。以氐與羌相較，氐在關中的户口，如《苻堅載記》敘述，至少在20萬户以上，而西與氐族的根據地之略陽、武都、仇池三郡相連毗，故能東西呼應，伸縮自如。氐豪苻氏早年既稱霸於關中，晚歲更借此而統一華北，其部族形勢奪人，遂至如此。且漢代的武都氐居關中通蜀漢的要道，氐人生息其間受漢族的影響最深，語言多已漢化，姓氏亦模仿漢族，又"俗能織布，善田種，畜養豕、牛、馬、驢、騾。其婦人嫁時著袵露，……袵露有似中國袍"①。從此便可理

---

① 《三國志‧魏書》卷30末注引《魏略‧西戎傳》。

解苻堅執政時爲什麽典章制度多法魏晉，又爲什麽容易與三秦大户經常合作，共同統治北方的各族勞動人民了。羌入關中雖爲時甚早，但一入關內便與湟中、南安的西羌隔絶，其經濟文化條件皆不如氐。苻堅自淝水戰敗後，姚萇求傳國璽，堅叱之曰："圖緯符命何所依據？五胡次序無汝羌名！"① 此雖苻堅憤詞，不足爲據，然當時羌的地位不如氐，亦昭然若揭。但當時羌的地位僅次於氐，這一點是不容忽視的。前秦之治關中，文物制度雖宗魏晉，而將帥吏屬則多憑羌人。這種情況在《鄧太尉祠碑》及《廣武將軍□産碑》都充分反映出來。在馮翊護軍鄭宏道的部吏下面，西羌人爲軍參事者一人，軍門下督一人，軍功曹者一人，軍主薄（簿）者八人，軍録事者四人，功曹書佐者三人，部大一人，共 19 人，占軍吏總數 29 人的 68% 以上。《廣武將軍□産碑》內，西羌人稱將軍者六人，稱酋大、部大者 35 人，共 41 人，占少數部族將吏總數 76 人的 54%。不只地方政權如此，就是前秦的國家政權亦有不少的羌人參加其中。苻堅的祖先苻洪，其母姜氏。②《御覽》卷 361 引《三十國春秋》云："其母姜氏，因寢産洪，驚悸而寤。"苻健之母姓羌氏。《晉書》本載記稱"初母羌氏夢大羆而孕之"。此姜氏與羌氏應皆爲羌姓，可知氐羌早爲互婚之族。苻生之時有侍中丞相雷弱兒，《晉書》本載記云："弱兒，南安羌也。"苻堅時，隴西太守姜衡、南安太守邵羌、益州刺史斂岐③，並是羌人。又《前秦録》有南巴校尉姜宇，爲天水冀人，少爲人牧羊。由姓氏、郡望和職業言之，亦似一羌人。姚萇爲苻堅之揚武將軍、步兵校尉，姚興爲太子舍人。從上述種種可以證明，前秦一代氐、羌的上層階級自始至終聯合起來共同統治關內外廣大的各族人民的。羌族的統治階級繼苻秦之後，成立後秦政權，又統治了西北三十多年。這一事實也可説明羌族的勢力僅次於氐族。

　　最後略述前文所提到的一個問題，即苻秦時關中的編户與雜户。西晉上承漢魏，把民户分作編户和雜户兩種。編户包括士籍、民籍等，正式編入一定的郡縣城鄉，對政府有納租義務，一般稱爲正户。雜户普通包括營户（兵

---

① 《晉書》卷 114《苻堅載記下》。
② 姜氏一般認爲是羌姓。但氐族中亦有姜氏爲大姓。《梁書》卷 54《武興國傳》云："其大姓有苻氏、姜氏。"《周書·氐傳》有氐酋姜多。
③ 《苻堅載記》云："羌斂岐叛堅，自稱益州刺史。"可知斂爲羌姓。

家）、雜工戶、醫寺戶等，在有少數部族雜居的地區又包括"雜胡"①戶。他們一般没有耕地，對政府只有服役的義務，如兵役、工役、差役等。這般人雖然也有户籍，但其身份較低，故以雜户爲名。關中的"雜胡"户有羌户、氐户以及鮮卑、盧水、西域胡、苦水等户。如《鄧太尉祠碑》所云，在馮翊護軍的管轄區内，就有"雜户七千"。若以關中各地言之，"雜胡"户的總數更爲龐大。但並非所有"雜胡"或"夷類"都是雜户。同一部族之内，有編户，也有雜户。即如比較落後的羌族，如《鄧太尉祠碑》内的諸軍參事、功曹、主簿、録事等等都隸屬於一定的城鎮，當然就不能稱爲雜户。只有隸屬於部大之下的羌户，始爲雜户。欲説明此點，雖無直接的史料，我們可引《三國魏志・梁習傳》所敍述的并州胡爲例。三國時留在并州的胡人仍然保留著部落的形式，直接歸他們的部落大人管轄，但同時也受地方官的統治。平時對官府"服事供職，同於編户"，戰時則"發諸丁强，以爲義從"，分别以大人和胡户爲"勇力吏兵"在各處打仗。十六國時關中部大統率下的"雜胡"户大致也和三國時的并州胡一樣。但由於各部族的來源不同，同時又因爲他們的政治條件和生産發展水準也不一樣，所以有的部族比較早些就變爲編户了，有的部族大部分仍然停留在雜户狀態。例如關中的氐、羌，羌族入關雖然很早，但不是跟著部族首領在各地起義，便是聽從統治階級的命令出外打仗，所以在前後秦時羌族的雜户和營户都很多。反之，氐族的入關比較遲些，但在晉初已成爲編户。咸寧三年（277），《晉書・扶風王駿傳》記"徙封扶風王，以氐户在國界者增封"。扶風國的封户主要是漢族編户，傳裏特别提出以氐户增封，我看和《苻堅載記》裏以"毛興爲河州刺史，王騰爲并州刺史，二州各配支户二千"相同，當時的氐户還是雜户。但成爲封户以後，不受安夷、撫夷二護軍的重兵役壓迫，很快就變爲編民了。隔了近20年光景，到元康六年（296）關中發生了氐帥齊萬年的稱帝事件。潘安仁在《關中詩》的《詩表》上說："齊萬年編户隸屬，爲日久矣。"② 在《馬汧督誄》裏又説："初雍部之内，屬羌反未弭，而編民之氐又肆逆焉。"③ 可知作爲

---

① 雜胡在晉代往往總括各少數部族而言。《晉書・姚興載記》云："鮮卑薛勃叛奔嶺北，上郡、貳川（當作貳城）雜胡皆應之。"上郡、貳城雜胡應包括匈奴、盧水、北羌、西羌而言。
② 《文選》卷20潘安仁《關中詩》李善注引。
③ 同上書卷57潘安仁《馬汧督誄》。

關中氐分佈中心的扶風氐在晉咸寧中就成爲編户了。馮翊郡是西羌分佈的中心。《晉書·地理志》稱馮翊郡八縣的户只七千七百，僅及扶風國六縣户二萬三千的三分之一略多，想是未把羌雜户計算在内。直到苻堅之時，少數羌人從雜户中分化出來，成爲城鎮的編户，大部分的羌族雜户仍在本族大姓部大的統治之下，過著落後的部落生活。因此可以看出，政治壓迫和兵役剥削是使羌民落後並與漢族難於相互融合的主要原因。

立界山石祠

《廣武將軍□產碑》碑陽

維大秦建元四年歲在丙辰十月一日廣武將軍節
使持節冠軍將軍益州刺史上黨公之元孫三代侍中右
卿建忠將軍撫夷護軍扶風太守遷壽匡侯之胤子諱產字君
君秉德淵玄高韻絕淥文柔武烈令問孔脩崇撝□聲特挺
匡毗欽主忠訓殊異宰政欽冲顯授池陽令稱揚德
和戎翟綏懷□聚即授征西大將軍左司馬敷教殊方西
茂著乃業屋□蕭張□於今也君臨此城漸冉累紀
順序稼□□□□□□□而至□惠和導□萬
職□高□□□□□□□□□□□職於當聖
君當列封□司馬即默廣武司馬益臣
節將軍董建．軍楊建
□即建武將軍王柴鷹揚將軍□□□□□□董榮
躬臨南界與馮翊護軍苟輔叅分所□刊石□山為
方西至洛水東齊定陽南北七百東西二百
吾水統戶三萬領吏千人大將三□
赫赫皇秦誕鐘應靈臨有萬邦威暢八寅九域攸同．
明徽音汧言暮年有成政修足峕道□□□刊石

酉大夫蒙□寄酉大夫蒙丘供酉大夫蒙彌暢酉大夫蒙□娥
里禁秦羽將軍張□成大人白平君□□□酉大夫蒙木犂酉大夫蒙博知酉大夫蒙傷陛慕酉大夫蒙阿訏酉大夫蒙阿尿酉大夫拔蜀
酉大夫蒙私卑酉大夫蒙株床里禁夫蒙□□酉大同蹄夫遮娥酉大夫蒙萬丘酉大夫蒙大娥酉大夫蒙傷帝暢酉大夫蒙剔娥酉大夫蒙錯述酉大同蹄弱譴
酉大雷上瞻酉大雷丘耳酉大傷蒙扶娥□揚威將軍傷蒙桂祁將軍同蹄怖地將軍夫蒙拔和將軍夫蒙傑暢將軍夫蒙□□□□□□

□□法曹京兆解盾．
左尉始平胡性．
軍監始平駱岐．
軍督馮翊相訓．
蕫督馮翊奴都統
參軍南安王准．
參軍扶風陳歷．
參軍京兆暢靜．
司馬京兆杜益臣
司馬京兆石安即默歆．
建威司馬略陽杜基．
參軍天水蘇戎．
將軍馮翊王買．
將軍馮翊胡鈞．
將軍酋大白安．
揚威將軍酋大白安．
部大張廣平部大王崇．
部大司馬柱部大楊秀．
部大王□□．部大□□□方

立節將軍楊□□
建節將軍楊□□
廣威將軍楊叅．
建威將軍楊雙□部
廣威將軍韓雙部
建威將軍董奴都統
建威將軍楊平奴都統
廣威將軍梁山多建威將軍楊晌
建威將軍楊帝酋建威將軍何酋
錄事楊浮行事秦黃
錄事董醜錄事井琲．
行事寺門楊興錄事秦平租曹
行事白禽兵曹董者主薄秦國賊曹
主薄司馬穆賊曹楊沙主薄秦宜錄事秦江錄事夫蒙護部
主薄白國賊曹梁俎主薄郭陵兵曹霍行事夫蒙傷大毛部大王先多
主薄楊兔金曹王周主薄胡逸戸曹秦烏主薄秦大祖部大韓秉世
功曹董陪行事王滑功曹秦漢書佐秦翟功曹夫蒙進部大秦度地部
功曹楊安書佐徐雙叅屬書佐詳索□□剛兵曹夫蒙大蒙犁部
叅事楊生書佐梁胡叅寺門爪胡叅租曹夫蒙大傷將
幹梁生□陽翟幹□深幹書
□□

石窟
丁議韓友生．
丁議楊□．
丁議董成章．
丁議秦晉始．
部大楊光香．
部大李山多．
部大王安．張平．
部大李任奴．
部大李賢頎楊洛平．
部大張愛鄉．
部大張茞月王成．

宣牛牛將軍秦國□大秦熙
溪部大王卯多里蜀
帛初部大樊良奴田
帛大谷部大董白
王稠兒部大楊小方
孫良酉大王䠟部大張
雷蹠屠立義將軍夫蒙
曹夫蒙頭寧遠將軍夫蒙
戸曹夫蒙娥部大揚赤平
曹夫蒙彭部大爪黑平部
錄事夫蒙大王先多秦
行事夫蒙大毛部
去秦金漢慶

《廣武將軍□產碑》碑陰

三、北朝前期的李潤羌和北魏造像題名的四種方式

在北魏前期，即太和年間以前，關中也和其他地區一樣，沒有造像題名之風。在太和年間最初首創建寺造像題名之風的，就是出身於馮翊李潤羌酋大姓的宦官王慶時（遇）。他在李潤鎮的北鄉（今澄城縣北寺村）造暉福寺三級浮圖。建寺造像的目的，第一是爲"二聖"（文明太后和孝文皇帝）祈福，第二是爲父兄子弟消災，總之，這是一種佞佛、媚主而又浪費的行爲。但此風一開，關中州郡的不少貴族和平民都仿效之而在寺廟裏造像題名了。有的一人或一家造一像，把自己和家屬的姓名刻在佛像的背上和下面；有的是數十上百家合造一像或數像，把造像人的姓名（有時連家屬的姓名）刻在佛像座或碑陰、碑側上面，有時把造像人的像也刻在姓名的旁邊。造像的盛行是由國內階級矛盾和部族矛盾所爆發的多年戰爭而發生的。各階級階層的人們在現實的政治、經濟生活上得不到滿足，因而希望釋迦幫助，在來世得到快樂。從北魏太和年間到隋初所有造像銘文都反映這一點。但我們研究造像題名的目的並不在此。我們的目的，是想通過造像題名，看出古代部族在某一地區的分佈，部族階級階層在一定時期的分化，各部族的聚族而居的情況和各部族之間的雜居情況、婚姻關係以及各族姓氏的變化等等。上述各種事實如果能夠弄得清楚，我想對於部族遷徙史、部族關係史、部族融合史的理解，會有或多或少的幫助。

自王慶時建暉福寺之後，關中各部族的上層人物亦漸興造像之風。最初的造像人是太和二十年（496）在北雍州（今耀縣）造像的姚伯多。[①] 南安姚氏爲羌族大姓，唯姚伯多究系漢人，或系羌人，皆無法證明。此後從北魏神

---

① 《陝西金石志》卷6《姚伯多造像記》。

龜二年（519）至西魏大統十年（544），我們收集到的造像題名碑文共有八種。此八種造像題名可以分爲四類：第一類是家屬造像，如《夫蒙文慶造像銘》、《雷漢王等造像記》、《焦延昌造像碑》等都屬於此類，通過這一類的題名可以看出各個家庭成員的組成、婚姻的關係和一部分成員的官爵。第二類是同邑同族同姓人的造像，如《雷樹等五十人造像銘》是，從此可以看出同族同姓人聚族而居的情況。第三類是同邑同族異姓人的造像，如《邑主僕蒙囗娥合邑子卅一人等造像記》是。第四類是同邑異族異姓人的造像，如《邑子羅暉造像題名》、《邑子廿七人造像記》都屬於此類。從後二類，不只可以看到同族和異族各姓的雜居情況，而且可以看出各姓之中和諸姓之間的階層分化關係。

　　現在我們首先論述一下關中李潤羌的重要性和李潤堡的所在地問題。

　　前節已經說過西羌入關最早，戶口分佈最廣，他們的實力在前秦時僅次於氐人。關中的西羌主要集中在馮翊郡所屬諸堡，而馮翊郡的諸羌又以李潤羌爲中心，故自前秦以來，李潤堡的得失往往關係於長安之安危。姚萇在滅苻堅以後，佔據長安，爲了監視北地、馮翊二郡酋帥大姓對長安的威脅，遣其親信安北將軍姚當成鎮杏城，鎮東將軍姚漢得鎮李潤堡，以爲關中根本之計。但當時苻秦的殘餘勢力尚未消滅，苻氏的故將魏褐飛率氐胡數萬人圍攻杏城，新平羌豪雷惡地與褐飛相應，同時又圍攻李潤堡。姚萇看到形勢危急，所以說："惡地多智，非常人也。南引褐飛，東結董成，……若得杏城、李潤，惡地據之，控制遠近，相爲羽翼，長安東北非復吾有。"① 從這段話可知當時的李潤堡是非常重要的。此堡之所以重要，主要原因由於它是西羌分佈的中心。在姚興時，看到李潤羌的豪族大姓始終不附於己，於是乾脆把這一帶的羌人遠徙於安定等地。但是不久之後，羌酋党容率領所部東邊，重新又佔領了李潤。姚興出兵征伐，徙其豪右數百戶於長安。到姚泓時，李潤堡終不能守，由姚宣率領一部分兵民離開李潤，南保邢望（在李潤堡南四十里）。② 後秦時李潤羌兩次被徙，一次被征伐，實力並未削弱，終於迫官兵南遷，可知這一帶的西羌實力是如何雄厚了。

---

① 《晉書》卷116《姚萇載記》。
② 《晉書》卷119《姚泓載記》。

姚秦亡後，劉裕和赫連勃勃爭奪關中。勃勃佔領了長安，分關中郡縣爲數州，以豫州牧坐鎮李潤。①此堡仍是統萬與長間一軍事政治的要鎮。

在北魏建國的初期，馮翊和杏城的羌豪紛紛投降北魏。如泰常四年（419）六月，"司馬德文建威將軍河西太守馮翊羌酋党道子遣使內屬"。五年（420）四月，"河西屠各帥黃大虎、羌酋不蒙娥遣使內附"。十二月，"杏城羌酋狄溫子率三千餘家內附"。但至始光三年（426）魏將奚斤佔領長安時，史稱"秦雍氐、羌皆叛"。②這次秦、雍二州的"叛羌"大致包括李潤羌在內。太平真君六年（445）杏城爆發了盧水胡蓋吳所領導的反魏運動。《世祖紀》云：此年九月，"盧水胡蓋吳聚眾反於杏城"。十月，"長安鎮副將元紇率眾討之，爲吳所殺，吳黨遂盛"。十有一月，"蓋吳遣其部落帥白廣平西掠新平，安定諸夷酋皆聚眾應之，殺汧城守將，吳遂進軍李潤堡，分兵掠臨晉"。杏城，《元和郡縣志》云"在中部縣西南五里，坊州西七里"。中部縣即今之黃陵縣，坊州舊治在縣治東南。李潤堡更在其東南，故《世祖紀》謂蓋吳進兵李潤堡後，便分兵取得臨晉。因爲李潤羌在此時參加了蓋吳的反魏運動，所以拓跋燾於次年（446）二月肅清了渭河南岸的"與蓋吳謀者"，三月便北渡渭河、洛水，"分軍誅李潤叛羌"。李潤羌既下，即於其地置澄城郡，領縣四，即澄城、五泉、三門、宮城是也。③《魏志》謂澄城有杏城，無李潤堡，乃魏收不明當時關中地理沿革之誤。北魏初，澄城郡屬秦州，至太和十一年（487）始分秦州之華山、白水、澄城置華州。華州的州治仍在李潤堡。關於華州設治於李潤堡的沿革，景明初年（500）的華州刺史元燮於奏表中曾詳言之云：

> 謹惟州治李潤堡，雖是少梁舊地，晉、芮錫壤，然胡夷內附，遂爲戎落。城非舊邑先代之名，爰自國初，護羌小戍。及改鎮立郡，依岳立州，因籍倉府，未刊名實。竊見馮翊古城，羌、魏兩民之交，許、洛水陸之際，先漢之左輔，皇魏之右翼，形勝名都，實惟西蕃奧府。今州之所在，豈惟非舊？乃至居岡飲澗，井谷穢雜；昇降劬勞，往還數里；謼

---

① 《晉書》卷14《地理志》"雍州"條。
② 《魏書》卷3《太宗紀》。
③ 《魏書》卷106《地形志》謂領縣五者，太和十一年又置南五泉縣。

諳明昏，有虧禮教。未若馮翊，面華渭，包原澤，井淺池平，樵牧饒廣。采材華陰，陸運七十，伐木龍門，順流而下。陪削舊雉，功省力易，人各爲己，不以爲勞。……去歲已熟，秋方大登，四境晏安，京師無事。丁不十錢之費，人無八旬之勤。損輕益重，乞垂昭鑒。①

從此華州的州治始移於今同州大荔城南之馮翊廢縣。北魏華州之在李潤堡設治，我想與鎮壓當地西羌的豪右大族有密切關係。

被鎮壓後的李潤"叛羌"，如何處理，史無明文。唯《魏書·閹官王遇傳》（與《北史·恩幸王遇傳》略同）記載李潤羌原來的盛況以及王遇父子的遭遇頗堪玩味。《傳》云：

> 王遇，字慶時，本名他惡，馮翊李潤鎮羌也。與雷、党、不蒙俱爲羌中強族。自云其先姓王，後改氏鉗耳，世宗時復改爲王焉。自晉世已來恒爲渠長。父守貴②爲郡功曹，卒。遇既貴，追贈安西將軍、秦州刺史、澄城公。遇坐事腐刑，爲中散，遷內行令、中曹給事中，加員外散騎常侍、右將軍，賜爵富平子，遷散騎常侍、安西將軍，進爵宕昌公。拜尚書，轉吏部尚書，仍常侍。例降爲侯。出爲安西將軍、華州刺史，加散騎常侍。

王遇是北魏太和前期的宦官，曾監修文明太后陵廟及新都洛京的太極殿等，傳稱其"雖在耆老，朝夕不倦，卒於官"。王遇的卒年當在孝文帝太和十七年（493）遷洛的前後。上距太平真君七年（446）只48年，則王遇的"坐事腐刑"，顯然和拓跋燾的征服李潤有關。傳稱王原姓鉗耳氏，"與雷、党、不蒙俱爲羌中強族"。又云"自晉世已來恒爲渠長"。然則鉗耳氏之在李潤鎮，正如上文所述馮翊羌酋党道子、不蒙娥之倫，對北魏有所不滿、起兵反抗者，正是此輩。北魏鎮壓他們以後，閹王遇爲宦，與唐代之征嶺南，

---

① 《魏書》卷19《景穆十二王·安定王休附子燮傳》。
② 《大代宕昌公暉福寺碑》碑陰題名云"父佛弟子安西將軍秦州刺史澄城公王□隆"，與守貴之名不合。參考民國十五年（1926）《澄城縣附志》卷10。

閩嶺南豪族子弟楊思勖、馮潘州、高力士①爲宦者亦復相同。遇父守貴曾爲"郡功曹"，系北魏前的官秩，疑即赫連夏或姚秦時之馮翊郡功曹。郡功曹的官秩雖微，但由《鄧太尉祠碑》和《廣武將軍囗產碑》證明往往由部大、酋大所兼任。《王遇傳》稱守貴爲郡功曹，而不言其爲渠長、部大、酋大者，或與掩蓋北魏出兵之誅李潤羌和腐閹王遇爲宦者的事實有關。

　　從文獻資料，我們所知的李潤羌止於此。再比合太和十二年（488）的《宕昌公暉福寺碑》言之，又可解決多年以來我們所不易解決的一個問題，即關中李潤堡之所在地是也。《北史》以李潤鎮在馮翊東；《方輿紀要》卷3及卷54皆以李潤鎮在同州之東北，里距皆不能指出。《晉書斠注·姚萇載記》論證李潤堡的所在地云："《曉讀書齋雜錄》曰：《陝西圖經》李潤鎮在大荔縣西北，而無里數。今考《北史·魏安定王休傳》，子變，除華州刺史。州時居李潤堡，變請移馮翊古城。案馮翊舊治高陵，此云古城，蓋即高陵故城，在今縣西南者也。《北史》又云：馮翊東有李潤鎮。是李潤在馮翊之東。臨晉之西北不出百里，自李潤鎮西北，則洛川縣界矣。"此注所述，模棱兩可，莫衷一是。諸説之所以紛紜，乃由於對馮翊古城的解説不確。西漢的左馮翊治所在長安城中，見潘岳《關中記》。東漢定都洛陽，馮翊郡出治高陵。此一變也。至三國魏時，魚豢《魏略》云："建安初，關中始開，詔分馮翊西數縣爲左内史郡，治高陵；以東數縣爲本郡，治臨晉。"此言建安初馮翊郡移治臨晉，魏、晉因之。②此又一變也。《魏書》華州刺史元變所説的"馮翊古城"，乃指魏晉時之臨晉，非東漢時之高陵。臨晉西北50里有許原，西五里有洛水，所謂馮翊古城在"許、洛水陸之際"者以此。高陵在渭水北岸，距離許原、洛水俱遠，顯然不是元變所説的"馮翊古城"了。若以東漢馮翊之治高陵而論，《北史》以李潤鎮在馮翊東之説可以成立；若以魏晉馮翊之治臨晉而論，《陝西圖經》以李潤鎮在大荔縣西北亦能成立。《方輿紀要》昧於馮翊郡治有東漢及魏、晉之別，簡單以爲馮翊郡治在同州，因而得出結論謂李潤鎮在同州之東北，則全然不合於事實了。

　　古籍中最初指出李潤鎮的方位者，爲唐代賈耽的《郡國縣道記》。此書

---

① 參考唐《楊思勖墓誌銘》、《馮潘州墓誌銘》、《高力士碑》等。前二種墓誌銘存陝西省文物保管委員會，後一種碑文載入《金石萃編》卷100。
② 參考《晉書》卷14《地理志上》及洪亮吉《補三國疆域志》雍州馮翊郡部分。

在宋初猶存，樂史《太平寰宇記》卷28《關西道四》"同州"條記北魏置華州事云："按《郡國記》云，自今奉先縣東北五十里李潤鎮，分秦州置華州，理於此。"① 賈耽分秦州之華山、澄城、白水置華州之說，本自《魏書·地形志》；治李潤堡則本自《安定王休附子變傳》。賈氏更能結合唐代地理現狀指出李潤堡在奉先縣東北50里。這種貢獻為前後數百年諸治地理沿革者所不及。唐代的奉先縣建置於開元四年（716），以葬睿宗於蒲城縣西北30里之豐山，為橋陵，故改縣名為奉先。由縣治而東北50里入澄城縣境之李潤鎮，則鎮在澄城縣治之西南明矣。欲證實此說，太和十二年的《宕昌公暉福寺碑》為絶好資料。清代光緒年間揚州毛鳳枝著《關中金石文字存逸考》，在第八卷內企圖以《宕昌公暉福寺碑》的所在地澄城，證明古代的李潤鎮即在澄城縣內，這種說法顯然是有見地的。然他對《寰宇記》的引文表示懷疑，並認為澄城在同州府城的東北，俱屬錯誤，今不可不辨。按《宕昌公暉福寺碑》云："於本鄉南北舊宅上為二聖造三級佛圖各一區，規崇爽塏，擇形勝之地，臨沃衍，據修剛②，面修嶽而帶洛川，佩黃河而負龍門。伐良松於華畎之陰，掇文瑤於荊山之陽，旋功銳巧，窮妙極思。爰自經始，三載而就。"碑文所云造像地區，"面修嶽（即華嶽）而帶洛川，佩黃河而負龍門"，與澄城的地勢完全相合。暉福寺在澄城縣何方，碑無記載。據李子春先生云，此碑現在澄城縣南門內一初級中學內。這已經不是碑的原在地了。舊《澄城縣志》云："暉福寺在澄城縣北北寺村，宋太和十二年建。""宋太和十二年"顯系"北魏太和十二年"之誤，唯云暉福寺在縣北北寺村則頗堪注意。若以《郡國縣道記》為准，李潤鎮在奉先縣東北50里，今蒲城縣距澄城縣110里，則李潤鎮的治所在澄城縣的西南和蒲城縣的東北甚明。但李潤堡自十六國前秦時即為長安東北重鎮，赫連夏既設豫州牧於前，拓跋魏更置華州刺史於後，其範圍當不限於澄城和蒲城間的幾個村鎮，所以王慶時雖世居澄城縣北亦不妨以李潤羌見稱了。幸而上述若干文獻對李潤鎮的地形都有所描繪。如《暉福寺碑》云："臨沃野，據修剛。"又如《安定王休附子傳》云："居岡飲澗，井谷穢雜，昇降劬勞，往還數里。"希望考古工作者能在澄城縣進行若

---

① 今中華書局出版的《漢唐地理書鈔》收入王謨所輯《賈耽郡國縣道記》，正缺此條，宜補入297頁"同州"條的後面。
② "剛"為"岡"或"崗"之誤。

干時的地形考察，我想李潤堡、李潤鎮的城郭當不難大白於世。

敘述李潤羌和李潤堡既盡，跟著敘述一下北魏時造像的四種類型，即家屬造像、同族同姓人的造像、同族異姓人的造像、異族異姓人的造像等四個類型。

北魏的家屬造像碑銘，導源於太和十二年的《宕昌公暉福寺碑》。在碑文後面羅列了王慶時的父一人、兄三人、兄子二人和自己的長子、次子二人的姓名和官秩。這一風氣一直爲關中諸部族的家屬造像所承繼。《夫蒙文慶造像銘》是像主夫蒙文慶爲追薦其亡父道明和亡妹光姬而造像的，但題名內牽涉到他的高祖以下的祖妣和當時的闔家大小。從這幢碑銘上看到的是祖父、父和自己的三代婚偶的姓氏。祖父的妻甞氏，母的姓雷氏，妻的姓雷氏，説明北魏時的關中西羌仍保持著同族異姓的婚姻習慣。《雷漢王等造像記》因漫漶過甚，許多字形無法辨識。唯題名中若干地名頗足引起我們的注意。像主的祖父雷支油，北地郡□令，□作"帀"，不識何字。父雷漢王，雲陽令，亦屬北地郡。像主的官爵爲"□州建忠郡安□（作'冕'）縣侯，年七十六，今□（作'攽'）忠部（確系部字，非郡字）太守"。按：建忠郡在今三原縣，北魏永安元年（528）所置。《太平寰宇記》卷31"三原縣"條下引《周地圖記》云："孝明孝昌三年（527）蕭寶夤逆亂，毛洪賓立義柵捍賊。永安元年於此置北雍州。以洪賓爲刺史，俗謂之洪賓柵。其年又割北地郡之三原縣於此，置建忠郡，屬北雍州。"據此，則雷漢王等之造像乃在建忠郡成立之後一年，碑銘"建忠郡"以上當爲"北雍州"。安□縣爲建忠郡內之一縣，在三原縣內或其左近。此碑銘之發現還可以證明《隋書·地理志》建忠郡爲北周所置之説爲無稽。像主之祖若父於《魏書》皆無徵，然《北史·毛遐傳》云："毛遐，字鴻遠，北地三原人也，世爲酋帥。與弟鴻賓聚鄉曲豪傑，遂東西略地，氐羌多附之，共推鴻賓爲盟主。"則雷支油、雷漢王原皆羌中之酋帥，至像主乃歸附毛鴻賓，故得封爲北地郡安□縣侯，又假以忠部太守。《焦延昌造像記》據王昶在《萃編》卷32中考證，焦氏爲關中富平縣的大姓，故斷定此碑出自富平。我們所注意的是焦延昌男系家屬的官秩和女系家屬的姓氏。延昌的祖父是"故曹烏勾雷平真將軍、第一領民酋長"；父拔拔是"西夏朔方郡功曹"。從祖父的官秩和父名拔拔的官秩言之，焦氏爲北朝少數部族無疑。祖母和母親皆姓呼延。此姓在漢時爲匈奴的大姓，即呼衍氏，到了隋唐成爲鮮卑的姓氏。妻張氏，雖似一漢姓，但名"安姬車"，又是一少數部族的名字。祖父爲北魏的第一領民酋長，父爲朔方郡功曹，二人又與呼延氏通婚，則焦氏頗像一鮮卑姓或鮮卑化了的胡姓。但焦氏爲《魏書·官氏志》所不載，可知《魏志》中的漏失是很多的。焦氏在富平縣者，除焦延昌一家外，還有沙彌焦法清、焦法顯、焦法興、焦雙洛和比丘焦法玉等，見《曹續生造像記》。可知此鮮卑姓焦氏在富平縣爲一大族。

同邑同族同姓人的造像以《雷櫘等五十人造像銘》最爲典型。此碑雖無年月日記載，然由字體言之，其爲北魏造像無疑。碑上題名者共45人，作50人，皆爲雷姓。此碑題名的特點，只有男性，無女性，若婚配的女性參加其間，就不成其爲同族同姓的造像題名了。此碑的貢獻，在於它提供了許多關於北魏官秩和地理的知識。像主雷櫘的官銜是"前將軍左銀青光祿淮州苻壘縣令、汝南郡丞、假懷州刺史都督"。《魏書·官氏志》云，前將軍與光祿大夫銀青者爲第三品，上州刺史亦第三品。雷櫘是前將軍、銀青光祿大夫、淮州刺史下之苻壘縣令，其秩品當在第八至第六品之間。汝南郡丞，屬河南郡一級，亦第六品。懷州刺史都督，官品大致相當。題名之有官秩者，除雷櫘外，還有趙州功曹雷伏敬和魯陽郡守雷□周。

現在敘述一下上述諸州、郡、縣的沿革和位置，便可推測《雷櫘等五十人造像銘》碑建立的朝代。依《魏書·地形志》，苻壘縣屬於廣州汝南郡。苻壘縣下注云："太和中置，有沙水。"沙水即今河南中部魯山縣南五里之沙河。從此知苻壘縣在今魯山縣境內甚明。汝南郡以在北汝河之南得名，《地形志》云"永安元年（528）置，治苻壘城"。廣州初置於太和二十三年（499），見《魏書·高祖紀》。在此以前，曾置荊州，以後又改置魯陽郡，至永安二年（529）復置廣州，由此知從太和至永安間，苻壘縣或屬荊州，或屬廣州，從未屬於淮州者。考北魏時淮州有二：一淮州治淮陰城，此淮州在今江蘇北部，當無遠轄河南中部的汝南郡苻壘縣之理。又一淮州爲西淮州，治白狗堆，在今河南南部真陽縣（正陽）之東南，對苻壘縣較前一淮州爲近。故管轄苻壘縣的淮州當指西淮州而言。但《地形志》西淮州下只有一郡，即淮川郡，無苻壘縣。苻壘縣何時屬於淮州，史無明文。按西淮州的鄰縣新息縣北魏曾置東豫州。《魏書·張普惠傳》記正光中（520—524）普惠出爲東豫州刺史。時"淮南九戍十三郡猶因蕭衍前弊，別部異縣之民錯雜居止。普惠乃依次括比，省減郡縣，上表陣狀，詔許之"。普惠減括之政似只及淮南，然從正光迄於魏末，河南州郡土曠民稀，十羊九牧，紛散之狀至爲繁多。苻壘之屬淮州或亦類此。此外，趙郡屬殷州，魏明帝時置，治平棘，即今河北趙州。懷州，魏獻文帝天安二年（467）置，治野王，在今之河内。以上二地俱在華北東方，自北魏分裂後便歸入東魏、北齊。若關中造像人雷伏敬和雷樹爲西魏、北周時人，當無出仕趙郡與懷州之理。據此推斷，雷樹等之造像應在北魏分裂以前無疑。

　　同族異姓人的造像在北朝、隋、唐各地甚爲普遍，不足爲奇。唯全部是羌族婦女，無一男性邑子（除僧眾沙彌外）參加其間，那只有北魏永熙二年（533）北雍州宜君郡黄堡縣（在今銅川縣）的《邑主儁蒙□娥合邑子卅一人等造像記》了。按一般史志對北雍州宜君郡的建置皆閃爍其詞①，黄堡縣之名更不見於著録。今銅川市南十里公路上有黄堡鎮，此鎮距古代北雍州的州治華原（今耀州）爲近，我想今之黄堡鎮就是北魏時的黄堡縣。一般造像題名，實際題名的人數少於造像記所說的人數。此造像題名相反，實際題名者57人，比造像記所說的人幾乎多了一倍。多的原因，一部分是佛寺的僧尼官，有16人；一部分是死亡了的清信婦女，有六人。去掉這些人，餘35人，便與造像記所說的人數相近了。她們既是村邑中的婦女，大部分是從外村外姓中娶來的，所以姓氏非常龐雜。其中姓同琕者23人，人數最多。其次，姓儁蒙、夫蒙、甞者各四人，姓荔非、雷、鉗耳、王者各一人。以上皆爲羌族的姓氏，共38人，占題名者全數的66%。此外郭、朱、田、于、劉、成、楊等姓各一人，可能都是漢姓。另外還有姓氏被磨滅不清的八人，這八人大多數應系羌姓。總之，黄堡縣的上述造像是由多數的羌姓婦女和少部分的漢姓婦女建立的。因此可以推測黄堡縣的這一村邑是以羌族爲主而又與少數漢族雜居的一個地區。有漢姓的婦女參加造像，只能說明羌、漢兩族的宗教信仰相同，並不能進一步推測漢羌聯婚。因爲在村邑之内既有漢族雜居，上述參加造像的漢姓婦女可能都是嫁給村里的漢族男子的。

　　同邑異族異姓人的造像有二幢：一是北魏藍田縣的《邑子羅暉造像題

---

① 《魏書》卷106《地形志》，宜君縣屬北地郡。《方輿紀要》卷57云："太平真君七年改置宜君縣，屬北地郡。尋置宜君郡。"其他史志提到宜君郡的很少。

名》；又一是西魏長安東郊的《邑子廿七人造像記》。《邑子羅暉造像題名》石已殘缺，無年月可考。從姓氏言之，與十六國前後秦時的氐羌大姓關係密切，一般人皆稱之爲北魏遺物。全碑題名可省識者約五十餘人。其中屬於羌姓者三：一爲姚姓，共15人；二爲雷姓，只一人；三爲姜姓，亦只一人。屬於氐姓者四：呂姓二人，苻、石、楊等姓各一人。其餘則皆爲漢姓。藍田本非氐羌集中分佈之區，然以北近馮翊，西臨長安，故氐羌大姓往往有之。

《邑子廿七人造像記》碑出自舊咸寧縣南關，今西安市東郊。碑左有書"邑師比丘僧習"，習系古"辯"字，亦作習。碑右角已毀，只餘"太歲在甲子六月八日造訖"。陸增祥《金石續編》根據字體款式與《曹續生、吳神達造像記》相同，斷定碑上的甲子爲西魏大統十年（544）。碑上題名連同僧習共16人。其中康姓三人，即康莨、康元□、康元高；支姓一人，即支曜。康、支都是西域胡的姓氏。《晉書·姚興載記》記："揚武安鄉侯康宦驅略白鹿原氐、胡數百家，奔上洛。"此言白鹿原有西域胡及氐。《水經注》云："白鹿原在霸川西。"此霸川即今之灞水。古代的白鹿原東西南北俱長。《方輿紀要》引《雍勝錄》云："白鹿原者，南山之麓，坡陀爲原也．東西十五里，南北二十里。霸水行於原上，至於霸陵，皆此原。"《咸寧縣志》謂"縣東互韓森、元興、狄寨、曹家堡四社之境，其東西接藍田"，皆爲此原。碑題名中之康、支二姓固然原來皆是白鹿原上的大姓，就是《羅暉造像題名》中的呂、苻、石、楊諸氏姓亦在原之東南的藍田縣境內。《載記》所云康宦驅略白鹿原氐胡南奔上洛正由於此。碑題名除康、支外，有袁姓四人，張姓二人，賀、劉、韓、魏各一人，大致都是漢姓。還有一人姓七，不知是何族姓氏。

北魏、西魏關中造像題名的四種方式大致如此。

關中在此時期的造像人主要是漢人和羌人，沒有新從關外來的鮮卑以及其他北鎮雜胡參加這種活動。一直到北周時，鮮卑和雜胡的造像之風始逐漸開展。此點就是我們下一節敘述的主題。

四、北朝後期鮮卑雜胡入關後的聚居和散居

自始光三年（426）北魏佔領長安以後，拓跋鮮卑的文武官吏和一部分兵丁不斷向關內移居，但這些遷徙是少量的。北方鮮卑諸族的大量入關，在東、西魏分裂的前後。分裂的前七年，即建義元年（528），爾朱天光奉命鎮壓關隴各族人民的起義，率領賀拔岳軍團和侯莫陳悅軍團入關，這是北方諸族大量入關的第一次。賀拔岳軍團是由武川鎮的軍官和兵丁組成的，軍官有賀拔岳、念賢、寇洛、宇文泰、趙貴、侯莫陳崇、梁御、若干惠、王德、韓果等，他們的部族成分雖各不同，然都出身於武川鎮的軍人，鮮卑化的程度很深。另外還有些軍官如劉亮、達奚武、王雄等，雖不出身於武川，但其祖先或爲領民酋長，或爲北鎮守將，其鮮卑化的程度與賀拔岳等殊無二致。侯莫陳悅軍團的組成人物較爲複雜。悅的祖先系出鮮卑別部的侯莫陳部，世居庫斛真水流域。此水在拓跋部的南方，故《魏書·官氏志》稱其地居民爲"次南侯莫陳氏"。悅的部將李弼、豆盧寧、豆盧光都是遼東人，豆盧氏且是白部鮮卑的姓氏。悅的女婿元洪景，按其姓氏應是拓跋鮮卑。此兩軍團的將領如此，其所屬吏兵的部族成分可知。兩軍團的兵士約合三四萬人，除了一小部分跟爾朱天光回到關東外，大部分都留居關中了。其次，永熙三年（534）分裂爲東、西魏，魏孝武帝元修帶了文武官僚與所謂"六坊之眾"的禁衛軍來到關內長安，此爲北方諸族大量入關的第二次。在入關的前二月，元修增"置勳府庶子廂別六百人，騎官廂別二百人，閣內部曲數千人，以斛斯椿爲領軍使，與王思政等統之"①。到了永熙三年七月，元修親統六軍十餘萬準備入關。中途六軍逃亡者過半，《隋書·食貨志》云"從武帝而西

---

① 《北史》卷5《魏孝武帝紀》及卷49《斛斯椿傳》。勳府庶子廂及騎官廂皆宿衛軍之名。

者不能萬人"。當時入關的貴族官僚，有南陽王元寶炬、廣平王元贊、扶風王元孚、廣陵王元欣等①，有異姓大臣斛斯椿、越勒肱（特）、長孫稚（一名承業）、獨孤信及賀拔勝等，先後都來到關中。這些貴族大臣大部分都帶有家屬、吏丁、部曲，有的如賀拔勝等還帶有大量的軍隊。總的來説，入關的北方諸族之人數是很多的。除此以外，河西和隴東原來就駐紮有很多的北方鎮兵和牧民，當關隴各族起義時，大部分參加了起義的隊伍。當賀拔岳、侯莫陳悦入關後，各族的起義軍相繼失敗，如万俟醜奴的部隊、尉遲菩薩的部隊、侯幾長貴的部隊和牧民大部分都被官軍解散，編入官軍之内駐紮在關内各地。這是北方部族進入關内的又一淵源。

西魏和北周的軍事政治集中之區，也就是來到關中的北方部族的分佈之區。長安爲國都所在，西魏和北周的貴族官僚和禁衛軍均集中於此。北周天和元年（566）築武功、郿、斜谷、武都、留谷、津坑諸城以置府兵。② 前三城在長安以西和南山北麓，後三城在南秦州，即沿關中通蜀的西南大路各縣。此外，西方的平涼和秦州，東方的華州和同州都是當時的軍事重鎮。其中特别是華州和同州，東臨潼關、蒲津，正是北齊争奪關中的咽喉。故北周的重兵麕集於此，内而保衛長安，外出則拊河洛之背以淩北齊，形勢上是十分重要的。

不幸在上述若干軍事政治的要鎮内，没有發現北方部族所立的碑碣和造像題名。立碑造像首先與部族的信仰和文化有關；即使有了佛教的信仰，没有文化和其他生活條件，也難辦到造像立銘。我想西魏、北周的駐軍地區立碑造像很少，與此有關。但是一旦生活安定下來，駐軍成家立業，並有了一定的文化水準，跟著便有立碑造像的事實發生。例如長安西郊天和五年（570）的《宇文達造像記》、秦州建德三年（574）的《建崇寺造像記》和華州渭河北岸武成二年（560）的《合方邑子百數十人造像記》都可代表這種傾向。

北朝後期北方部族在關中的造像題名大致可分爲三類：第一類是家庭造像題名，如《宇文達造像記》、《建崇寺造像記》皆屬於此類。《建崇寺造像記》在秦州，不在關中，今附述於此。第二類是散居在關内的北方諸族隨

---

① 元氏貴族入關者，據《周書》卷38《元偉傳》所記，尚有元子孝、元季海、元玄、元育、元儉、元則、元羅、元正、元顔子、元壽、元審等等。
② 《周書》卷5《武帝紀上》。

所在村邑的漢族或羌族建立佛像，所以他們的姓名亦隨各地的造像記留到現在。第三類是聚居在一個地區的北方諸族集體造像，如華州渭河北岸的《合方邑子百數十人造像記》便是最典型的實例。茲分言之。

《宇文達造像記》前段官銜有脫泐，很難考證。記內提到宇文康和宇文達，二人似爲父子關係，與《周書》文帝之子代奰王達及閔帝之子屬王康無關。除康、達父子外，家屬尚有母張女畢，妻紀□咳，大妹高妃，中妹越妃，□妹阿咳，□妙□妃。妻之姓似一北方部族的姓氏。《建崇寺造像記》在秦州秦安縣鄭家川，全文載《關中石刻文字新編》及宣統年間修的《甘肅通志》。像主宇文建崇，原姓吕，系一氐人，宇文泰始賜姓爲宇文。祖父吕帛冰，爲秦州一大酋長。父興進，官龍驤將軍都督淅州刺史。母元要、男娥、僧姿，共三人。建崇妻王光容，伯父王阿松，兄妻仵[①]時妙，弟妻王還輝，弟婦權帛妙。從其娶婦的姓氏，可知氐族早與漢族、鮮卑通婚。宇文建崇雖是氐族改姓，然其母姓元，而天水有《宇文廣墓誌銘》，岷州又有《宇文貴紀功碑》[②]，可知北周時散居在秦州、南秦州各地的北方鮮卑族是很多的。

散居在關中各地的北方部族，隨各地所發現的造像題名而爲我們所知者甚多，茲略舉數例。在咸陽縣發現的《王妙暉等五十人造像銘》[③]有邑主呼延蠻獠、邑子慕容妃、邑子蘭買女三人。呼延氏、蘭氏在漢代爲匈奴人的名族大姓，到隋唐時成爲鮮卑。慕容氏則爲白部鮮卑或遼東鮮卑。此北方部族之在咸陽者。在蒲城的《昨和拔祖等一百廿人造像記》有都維那賀蘭元吉、南面邑主賀蘭□。賀蘭氏在古時爲匈奴，在北朝時爲鮮卑。此北方部族之在蒲城者。涇陽縣的《顏那米等造像記》，系天和四年（569）的造像[④]，有邑子拓拔男，其爲拓跋鮮卑無疑。地區不曾考定的保定二年（562）的《邑主同琗龍歡合邑子一百人等造像記》有吐盧氏一人，即邑子吐盧長弼；普六茹氏二人，即邑謂普六茹興龍和香火普六茹岳渕。吐盧和普六茹二姓皆爲鮮卑姓氏。

---

① 《關中石刻文字新編》"仵"作"彌"。
② 《宇文廣墓誌銘》庾信所作。銘文謂其父久官汧隴，而本人於武成初年開國天水郡公，食邑二千户，又兼秦州刺史。天和六年死，葬於秦州。《宇文貴紀功碑》在岷縣粟坂，是紀念他在大統十六年平梁仚定之功的。上述二人在《周書》皆有傳。參考張維《隴右金石錄》。
③ 《金石萃編》卷36、《關中金石文字新編》卷1題爲《邑子五十人等造像記》。
④ 《金石萃編》卷37。

上述咸陽和涇陽二例是北族散居在漢人村邑之內，蒲城和地區不明的兩例是北族散居在羌人村邑之內。每個漢村和羌村之內只有兩三家北方部族點綴其間，這是北族分佈最稀的地方了。

最體現北族在關中的集中聚居者，即近年在渭南縣渭河北岸所發現的北周武成二年九月之《合方邑子百數十人造像記》是也。此碑在渭北下邽鎮的正南二十餘里、信義鎮的正西二里之泰莊村。① 此村爲唐代詩人白居易的故里，亦稱南白村。村里唐時有"紫霞蘭若"，後簡稱爲紫蘭寺，相傳明代仍稱此村爲紫蘭村。② 這一帶地方在北朝時歸下封縣（北魏以"邽"與道武帝名珪同，故改"下邽"爲"下封"）所管。下封屬於同州延壽郡，地當沙苑之西偏，正是宇文泰與高歡的鏖戰所在。許多北方鮮卑和雜胡聚居於此，顯然具有政治的歷史意義的。造像碑分北、東、西、南四面，主文在北面的中央。文曰：

> 武成二年九月十五日，合方邑子等百申③人敬造釋加像一區，爲法界衆生普同妙洛④。先（？）方旡量壽圖⑤。願黄帝⑥比下⑦延祚無窮，離苦享洛。

主文的兩側和其他東、西、南三面都有造像者的姓名和刻像。造像者可分爲兩類：一類是軍事、政治、宗教上有官銜的，鐫其姓名於碑的上列，並把自己的形像刻在旁邊。男子頭戴武士弁，短衣胡袴，足著長筒皮靴，腰系荷包等物，下垂至股膝間。婦女挽髻而冠，腰束長裙。男女的旁邊，都有僕婢一人侍立，手持華蓋，遮護在主人的頭上。又一類是普通的邑子和上述貴人的子弟，他們無像，只鐫姓名於碑的下列。僧人皆有名有刻像，剃髪著袈裟，作誦經模樣，亦鐫在碑的上列。這種情況正可反映北朝中等以上各階層

---

① 此據陝西省文物保管委員會李子春先生告我。
② 此說據陝西省圖書館歷史文獻部李敬泰先生所云。李系該村人。
③ "申"爲數的簡字。
④ "洛"爲樂的簡字，北魏以來，各地墓誌造像銘多以"洛"代樂。下文及題名同此。
⑤ "圖"爲域的別體字。
⑥ "黄帝"即皇帝之誤寫。
⑦ "比下"即陛下。

人物。

北面上列有官銜和宗教稱呼的人物 8 人：

合邑主呼延觀（女像）北面像主統軍賀蘭寧　北面像主侯永洛　典錄都督若干禺　□□□洪緒　維那尉靜妙（女像）□□男賀蘭苌洛　典坐齊普照（女像）

下列邑子男女 28 人，有的具有官銜：

都督乙弗阿師　賀蘭芜　邯斯黃頭　邯斯景祥　釲哇元革　乞伏菩超　若干老惠　擔拔夸干　如羅道明　若干天生　若干道洛　賀蘭廣常　賀蘭益富①　邯斯子祭　擔拔長顥　李貴妃（女）卜阿妃（女）彭洛咨　賀拔元妃（女）劉阿勝　親信城陽②男若干何　破洛汗阿拔　烏六渾烏地歸　張歸好　若干雙妃（女）薛蓁　薛迺男　屋引女（女）

東面上列有官銜或宗教稱呼的人物和僧侶 9 人：

東面邑主都督擔拔慶　香火主趙妙菓　邑師比丘法師道政　邑師比丘僧滅　典坐謝憘　裏主擔拔祭　裏主擔拔僧　□□□廣洛　東面化主邯斯相貴（女像）

下列邑子男女 32 人：

宇文敬妃（女）周洪暈　呂妃（女）程黑女（女）邯斯定妃（女）邯斯阿足　樂金銀　韓伙化師都督擔拔纂　纂妻擔拔女子（女）　親信擔拔

---

① "冨"同富，北朝碑亦作"冨"。
② 北周時的城陽有三：一爲鄢州的城陽郡，在今湖北省。二爲永州的城陽郡城陽縣，在今河南省。三爲華山郡城陽縣，在今陝西省東部。此城陽男似指華山郡的城陽縣。按，北周《西嶽華山廟碑》記載大統七年（541）"車騎大將軍儀同三司西兗州大中正、華山郡城陽縣開國公、恒農楊子昕"初修華山廟。此可爲華山郡有城陽縣之證。

子靜 成阿連 未紫綵 王阿妙 酤斯廻孃（女） 屋引景妃（女） 梁織成 梁阿妃（女）山顏嬰 權洛周 邊狼女（女）牛䶪①妃（女）王廣親 陳阿姜（女）裴洛容（女）支舍妃（女）岐娥王 李阿廻 宇文似璣 曹小璣 張清妃（女）屋引洛妃（女）

西面上列有官銜和宗教稱呼的人物和僧侶 9 人：

西面邑主師都督郃鄉縣②開國子庫汗宗 邑師比丘玄照 邑師比丘僧儁 都齋主平原縣③男趙觀相 維那周容嬰（女像）都典坐宇文拔陵 維那酤斯温顏乇（？） 西面像主□妻馮炭（？）（女） 遰（？）化主高陵縣④開國子大都督宇文永

下列邑子 34 人，少數人列有官銜：

宇文平周 屈突褥 和督阿郎 郃鄉開國世子（庫）元慶 次子前待上士（庫）道洛 謝罵和 普乇⑤磨蚘 若干元安 高小慶 酤斯元和 酤斯伯隴 酤斯野（？）乂 和督堂夫 酤斯子恭 若干子略 別將斛斯成 先都督侯奴 侯尼 宇文俱桃 周子慶 酤斯子襲 擔拔平洛 宇文康儒 酤斯貴興 酤斯子元 酤斯子□ 宇文天保 宇文洛保 乙旃洛生 吐知勤相貴 普乇阿并 王洛 江子歸 費連廻惠 若干廻生

南面上列有官銜和宗教稱呼的人物和僧侶 8 人：

邑師比丘道先 邑師比丘僧和 都像主都督白停⑥男普乇罰 邑主親信

---

① "䶪"是"智"字的別體。
② 北周無郃鄉縣，疑即郃陽縣，屬同州澄城郡。
③ 北周平原縣屬魏州平原郡，今山東聊城縣。
④ 北周高陵縣屬雍州京兆郡。
⑤ "乇"，按《周故開府儀同賀乇植墓誌》，當即屯之簡字。
⑥ 《太平寰宇記》姑臧縣有白亭海。在今甘肅民勤縣以北內蒙古阿拉善旗。唐代於此設白亭守捉，又置白亭軍。北周的白停似即白亭。

城陽男尉斯祥　邑主白演妃（女像）　像檀越主師都督六、洋二州①刺史永寧②子賀蘭妻　都邑主師都督三原縣③令華陰④男屋引洛　都化主都督范縣⑤伯擒拔怡

下列邑子男女 28 人：

　　香火主高僧慶　吐浴渾談光　董貴妃（女）擒拔俱羅　劉潘妃（女）白停男世子（普屯）興集　次子（普屯）三歡　長息吐胡比　禮舍香　城陽男世子（尉斯）僧通　尉斯願輝　尉斯相妃（女）宗元妃（女）乙弗子暢　宇文子祭　趙觀遠　尉斯相勝　尉斯景祭　尉斯桃枝　永寧子世子（賀蘭）士逮　次子（賀蘭）僧安　次子（賀蘭）僧達　尉斯子尚　屋引進達　屋引元達　郁朱長願憙　俟奴突貴　尉斯相貴

上述北、東、西、南四面造像題名共 156 人，與主文所云"百數人"相合。"合方邑子"似可以解釋爲合各方邑子。邑子之分刻於北、東、西、南，從四方邑主、四方化主的不同名稱言之，似與邑子諸姓之四方分佈的不同有關。例如尉斯姓多分佈在西南，擒拔姓多分佈在北，宇文姓多分佈在西，匈奴、高車諸姓多在北方等等，可爲例證。

由部族成分言之，題名上可以看到北周時渭南北部至少有少數部族姓氏 26 種。其中姓尉斯者共 25 人，擒拔者 11 人，宇文者 10 人，若干者 9 人，賀蘭者 8 人，屋引者 6 人，普七者 5 人，庫者 3 人，乙弗、費連、和替、俟奴者各 2 人，呼延、釸咥、賀拔、乞伏、如羅、破洛汗、烏六渾、支、屈突、乙旃、吐知勤、白、吐胡、郁朱等 14 姓各 1 人。以上確知其爲少數部族姓氏的共 26 姓。此外，北面薛姓 2 人，《魏書·官氏志》云："叱干氏，後爲薛

---

① 《太平寰宇記》："西魏廢帝二年於今西鄉縣置洋州。"在今陝西西鄉縣。六州無考。
② 永寧在今陝西宜川縣東。《元和郡縣志》咸寧縣下云："後魏太和十八年，於白水川置永寧縣，屬義川郡。在今縣東二十里永寧故縣是也。"此北魏之永寧縣。又《魏書》卷 106《地形志》，南汾州定陽郡與朔州太平郡皆有永寧縣。此永寧子賀蘭妻之封爵不知爲何一永寧。
③ 北周三原縣在今陝西三原縣。
④ 華陰，陝西今縣。
⑤ 范縣無考。漢代范縣在今山東范縣東南。

氏。"又侯姓一人，同書云："胡古口引氏後改爲侯氏。"又尉姓一人，同書云："西方尉遲氏後改爲尉氏。"東面未氏一人，《官氏志》云："渴燭渾氏後改爲味氏。"《氏族略》、《元和姓纂》等書皆謂"後改爲朱氏"。此碑東面未紫彩一人，此姓確爲"未"，不爲朱。未與味同音，《氏族略》等書所云改朱之說，恐有錯誤。東面又有山氏，《官氏志》云："土難氏後改爲山氏。"上述五姓——薛、侯、尉、未、山雖爲單姓，然在北魏太和改姓之後，它們可能還是少數部族的姓氏。在西魏恭帝元年（554），宇文泰曾經提倡過賜複姓和恢復太和以前代北複姓的運動，但成效並不太大，例如北周時的拓跋氏子孫仍姓元及上述諸代北單姓即其例證。反之，北魏太和二十年（496）的改鮮卑複姓爲漢姓單字，雖然比較徹底些，但《官氏志》已記"吐谷渾氏依舊吐谷渾氏"，"賀若氏依舊賀若氏"，"奚斗盧氏後改爲索盧氏"。而孝文以後，至恭帝以前，各史志以代北複姓出現者恒盈記屢傳，屈指難計。從此可知此碑上述代北諸複姓，無論如何不能認爲是宇文泰及北周其他皇帝的賜姓。當然其中也許有個別的人屬於《周書·文帝紀》所謂"所屬軍人亦改從其（諸將功高者）姓"，但絕大部分仍姓其本姓是毫無疑義的。

　　從部族分類學的觀點看，第一，祖源系出匈奴而向北方鮮卑轉化的部族姓氏，有賀蘭氏、宇文氏、費連氏、呼延氏、破落汗氏、吐胡氏等。賀蘭氏原出晉初北狄十九種作爲匈奴部落之一的賀賴部。《晉書·慕容儁載記》："匈奴單于賀賴頭率部落三萬五千降於儁，拜寧西將軍、雲中郡公，處之於代郡平舒城。"北魏初，賀蘭部被匈奴鐵弗部征伐，於登國五年（390）降魏。從此，與拓跋鮮卑相處，逐漸鮮卑化。宇文氏系出南匈奴，後東出征服白部鮮卑，在西晉末年與叚部及慕容部鼎足而三，雄長於遼磧一帶。宇文氏被慕容燕所滅，成爲白部鮮卑。其一部分西徙武川鎮，與拓跋鮮卑相處，又與北方的鮮卑同化。賀蘭氏與宇文氏相同，其祖源皆出自匈奴，至北朝時皆拓跋鮮卑化。呼延氏的祖先系出匈奴呼衍氏，至北朝亦逐漸鮮卑化，至隋、唐則直變爲鮮卑[①]。"破落汗"在《北齊書》及《北史》作"破六韓"。《北齊書·破六韓常傳》云："常，附化人，匈奴單于之裔也。"此言破落汗爲匈奴之裔甚明。吐胡疑即吐京胡之簡稱。此族初居吐京鎮，在汾州。此鎮之南，

---

① 《漢書》卷94《匈奴傳》顔注云："呼衍即今鮮卑姓呼延者也。"

漢時稱蒲子縣，三國及晉初並爲南部匈奴都尉所在，其爲匈奴之裔亦明。

第二，屬於北方鮮卑者，有擒拔氏、若干氏、普屯氏、如羅氏等。擒拔即拓跋之異字。"擒"在碑文中或作"擒"，"拔"或作"抍"，皆當時簡字。"抍"之爲"拔"在苻秦《廣武將軍□産碑》題名中即屢見不鮮。擒拔氏出自拓跋部，其爲北方鮮卑無疑。若干氏亦出自北方鮮卑。《周書·若干惠傳》云："代郡武川人也。其先與魏氏俱起，以國爲姓。"《魏書·官氏志》云："若干氏後改爲苟氏。"《北史·苟頹傳》云："代人也，本姓若干。"《南齊書·王融傳》，融上書謂北虜"設官分職，……扶任種戚，台鼎則丘頹、苟仁端"。武漢大學姚薇元教授以爲丘頹即苟頹[1]，當無疑義。苟頹、苟仁端皆魏之"種戚"，當然也是北方鮮卑了。普屯氏，"屯"在碑文中作"乇"，據北周《開府儀同賀屯植墓誌》之屯亦作"乇"，其當爲"屯"無疑。唯《魏書·官氏志》無普屯氏，只有普氏，云："次兄爲普氏，後改爲周氏。"普氏原來是否一單姓，在各文獻內頗不一致。《宋書·索虜傳》有北魏交州刺史普幾。《隋書·周搖傳》稱"初爲普乃氏，及居洛陽，改爲周氏"。清代陳毅《魏書官氏志疏證》謂當作普遹氏。姚薇元教授以爲普乃之"乃"爲衍文，普遹之"遹"爲謬失，然此碑中有姓普屯者五人，即普屯磨蚍、普屯阿并、普屯富及其二子，那麼普氏原來是否普屯氏又值得我們重新考慮一番了。如羅氏，《官氏志》列入內入諸姓，亦當爲北方鮮卑的姓氏。

第三，西方鮮卑有和稽氏、俟奴氏、費連氏等。碑文"和稽"作"和嵇"，"嵇"即稽之俗字。《官氏志》云：西方和稽氏，後改爲緩氏；俟奴氏後改爲俟氏；費連氏後改爲費氏。《宋書·索虜傳》有魏尚書滑稽。"滑"與"和"同音，此亦南人誤以姓氏爲名之一例。薛氏在北魏時亦西方姓氏，《官氏志》："叱干氏後改爲薛氏。"

第四，屬於高車部的姓氏有斛斯氏、屋引氏、賀拔氏、乞伏氏、乙旃氏等。斛斯之"斛"即"斛"。北朝人以百升爲斛，故"斛"從百升。此姓原出高車的斛薛部，"薛"、"斯"音近，故稱爲斛斯。最初居大漠以北，北魏出征高車，掠其牧民南歸，一部分居於河西，稱爲"牧子"。斛斯椿的父親原來就是做河西牧帥的，這件事後面還要提到。屋引氏，《官氏志》："屋引

---

[1] 見氏所著：《北朝胡姓考》，科學出版社1958年版，第58—59頁。

氏，後改爲房氏。"《唐書·宰相世系表》云："虜俗謂房爲屋引。"屋引改爲房氏的原因在此。唯屋引氏爲何族，尚不十分明確。按《官氏志》所記，屋引氏似爲北部鮮卑。然《晉書·乞伏國仁載記》及《十六國春秋·西秦錄》言西秦有右相屋引出支和刺史屋引破光。西秦爲高車部人乞伏氏所建①，其宰相刺史亦當爲高車部人。又《魏書·高車傳》："彌俄突遣其莫何去汾屋引賀真貢其方物。"彌俄突爲高車主，莫何去汾是高車大官，非貴族不能當此秩，此亦可爲屋引氏出自高車部之旁證。賀拔氏，《官氏志》："賀拔氏後改爲何氏。"《元和姓纂》"賀拔氏"條下云："北人謂地爲拔，謂其總有其地，時人相賀，因氏焉。"此説不可靠。《周書·賀拔岳傳》記："先是鐵勒斛律沙門、斛拔彌阿突……並擁眾自守，至是皆款附。"此斛拔彌阿突在《北齊書·神武紀》作"斛拔俄彌突"，《北史·神武紀》作"賀拔彌俄突"。據此知斛拔氏即賀拔氏，又知賀拔氏爲鐵勒部人的姓氏。隋唐所修史書中的鐵勒，即《魏書》中的敕勒或高車，故賀拔氏爲高車部人。乞伏氏，據《北史·孝行傳》云："乞伏保，高車部人也。""乞伏"之音頗似《魏書·高車傳》十二姓中的"泣伏利"氏。乙旃氏亦系出高車部。《魏書·高車傳》十二姓中有乙旃氏。北魏祖先拓跋部命姓之時，獻帝鄰以叔父之胤爲乙旃氏，太和改姓時爲叔孫氏，見《官氏志》。以此知拓跋鮮卑和高車部並有乙旃氏了。

第五，屬於白部鮮卑的姓氏有吐浴渾氏、乙弗氏、庫氏等。吐谷渾初爲白部鮮卑的人名，慕容廆之兄，因與廆不協，西行至甘松之南、白蘭山之北、洮水之西，建吐谷渾國。此國人降魏，隨魏人入關，仍姓吐谷渾。吐谷渾之"谷"古音讀"浴"，此碑直書爲"吐浴渾"，可爲音證。乙弗氏系乙弗勿敵國的姓氏。此國在吐谷渾國之北，南涼之西，蓋爲吐谷渾之別部。《北史·魏文皇后乙弗氏傳》云："其先世爲吐谷渾渠帥，居青海，號青海王。"可爲與吐谷渾同族之證。庫氏本爲庫傉官氏之省稱。《官氏志》云："北方庫傉官氏，後改爲庫氏。"《魏書·太宗紀》："（泰常元年）冬十月，……徒何部落庫傉官斌先降，後復叛歸馮跋。"以此知庫氏爲徒何鮮卑，亦即白部鮮卑。

第六，屬於東夷的姓氏有烏六渾氏。烏六渾氏出自東夷烏洛侯國。北魏時的烏洛侯，唐時稱爲烏羅渾，"洛"、"羅"、"六"音本相同。其地在今東

---

① 參考馬長壽：《烏桓與鮮卑》，上海人民出版社 1962 年版，第 32—34 頁。

北黑龍江嫩江流域，關中的烏六渾氏當系其國人降魏而隨魏人入關者。

第七，屬於西域胡的姓氏有支氏、白氏。此二氏之來源說已見前，茲不贅。唯有一事應於此一提者，即此渭河北岸之白氏是否唐代詩人白居易之遠祖。白居易出身西域胡，似無疑義。最有力的證據即白居易之弟敏中拜相時，崔慎猷稱之爲"蕃人"①，盧發並調之爲"十姓胡中第六胡，也曾金闕掌洪爐"②。對於白氏的祖源，白氏兄弟及其族人則各有其說。白居易對於白氏的淵源詳見《故鞏縣令白府君事狀》③中。最近渭南縣渭河北出土之《唐白敏中墓誌》④大致可以代表白氏家世傳統的說法，云：

> 謹按白氏受姓於楚，本公子勝理白邑，有大功德，民懷之，推爲白公。其後徙居秦，實生武安君，太史公有傳，遂爲望族。元魏初，因陽邑侯包爲太原太守，子孫因家焉。逮今爲太原人也。

此墓誌與《白府君事狀》大體相同。然有不同者，則墓誌無"白公之子奔秦代爲名將，乙丙己降"一段。此段當系白居易所考訂，宋代陳振孫在《白文公年譜》中已經辨別其與史實不合。又《新唐書·宰相世系表》考證北魏太原太守白邕爲白氏居太原之始，此墓誌則稱爲陽邑侯白包，當以墓誌之白包爲正。事狀、墓誌、宰相表有一共同之點，即白氏先居關中，於北魏初徙居太原，至北朝末年又返居關中，此點頗足爲我們注意。白氏既是西域龜茲胡，其入居之地自在關中，而不在楚，此點似無疑義。太原白氏重回關中，原因甚多，未可一概而論，然關中渭河以北自魏晉以來白氏多散居其間，此或與白氏之重返居渭河以北有關。白氏世傳北齊時白建返居同州之韓城。傳三世至溫，徙居於華州之下邽，自此即爲下邽人。溫生鍠，爲鞏縣令，以年七十卒於唐代宗大曆八年（773）。以此推測，則白溫之徙居下邽當在唐高宗至中宗之間。換言之，即白居易的祖先在北周時尚未至下邽。那

---

① 孫光憲：《北夢瑣言》卷5"中書蕃人事"條。
② 王定保：《摭言》卷3"敏捷"條。
③ 《白氏長慶集》第六帙。
④ 墓誌原名《唐故開府儀同三司守太傅致仕上柱國太原郡開國公食邑二千户贈太尉白公墓誌銘并序》。拓片存陝西省文物保管委員會，前人未著錄。

麽武成二年九月渭北造像題名碑上的白演妃跟白居易顯然没有什麽祖孫關係了。從居住的地方説，白居易的祖塋，據《長慶集·故鞏縣令白府君事狀》、《襄州别駕府君事狀》在華州下邽縣義津鄉北原。此北原，據《白敏中墓誌》當時叫作洪義原。白氏祖塋既知，白居易的村居大致就在附近。《白氏長慶集》裏描寫渭上故居的詩賦很多。《泛渭賦》云："家去省兮百里，每三旬而一入；川有渭兮山有華，澹悠悠其可賞目。"又云："門去渭兮百步，常一日而三往。"可知白氏住宅距離渭水是很近的。《重到渭上舊居》一詩云："舊居清渭曲，開門當蔡渡。"此言居宅正在蔡渡的北口。白居易曾經新建一亭臺，有《示諸弟姪》詩，云："東窗對華山，南簷當渭水。"其居住在渭濱的情況可與前述詩賦相啟發。最近華州李子春先生語我，説武成二年造像題名碑所在的紫蘭寺，在《白氏長慶集》裏叫作"紫霞蘭若"，有詩《過紫霞蘭若》一首，又有《蘭若寓居》一首，似即指此寺。然《過紫霞蘭若》謂蘭若在山頭，未知與題名碑所在地形相合否？若相符合，則北周時白演妃造像之蘭若，至唐元和年間白居易不只再三登臨，而且晝遊南塢之上，夜宿東庵之下，真是"異乎哉，紫霞蘭若與白氏世有緣乎！"紫霞蘭若後世簡化爲紫蘭寺。據當地故老云，南白村在明代尚稱爲紫蘭村。

第八，部族系屬不明者有二氏，一爲屈突氏，一爲土知勤。《元和姓纂》和《氏族略》五皆言"屈突氏本居元朔，後徙昌黎"。"元朔"之義泛指北方而言。北魏時的昌黎郡在遼寧朝陽縣的南邊。按《唐書·契丹傳》、《張曲江文集》之《敕契丹都督涅禮書》及《賀誅奚賊可突于狀》，屈突一作可突，爲庫莫奚酋長的姓氏。庫莫奚原居内蒙古東南老哈河流域，屬宇文鮮卑統治。晉建元二年（344），慕容皝破宇文氏，徙其民五萬餘户於昌黎，奚族中的屈突氏可能即在其中，上引書所云"本居元朔，後徙昌黎"者或即此。至慕容垂時，昌黎徒何人屈突遵爲博陵令。北魏皇始元年（396），拓跋珪南伐後燕，兵至真定，"自常山以東守宰或捐城奔竄，或稽顙軍門，唯中山、鄴、信都三城不下"[1]。博陵令屈突遵於此時降魏。[2] 又《唐書·屈突通傳》云："其先蓋昌黎徒何人，後家長安。"所云屈突氏的舊籍與《魏書·屈遵傳》合。

---

[1] 《魏書》卷2《太祖紀》。
[2] 《魏書》卷33《屈遵傳》。屈突氏至太和年間始改屈氏。

此姓人何時入關不明。北周造像題名中有屈突褥，可能與隋之屈突蓋、唐之屈突通等有關。唯庫莫奚是鮮卑，或是宇文部的別部，迄無定論，姑志於此，以俟日後繼續研究。土知勤氏在古籍中甚爲罕見，無法知其族系和淵源。

各部族姓氏的類別略如上述，現在把題名中四個大姓，即斛斯氏、擔拔氏、宇文氏、賀蘭氏四姓居住在華州渭南的歷史略述如下：

斛斯氏的來歷，見《北史·斛斯椿傳》。《傳》云："（斛斯椿）廣牧富昌人也。其先世爲莫弗大人。父足，一名敦，明帝時爲左牧令。時河西賊起，牧人不安，椿乃將家投爾朱榮，征伐有功，稍遷中散大夫，署外兵事。"此言斛斯椿的父親原爲河西牧帥，及牧子起義，椿即舉家投奔契胡帥爾朱榮，從此就做了北魏的軍官。魏孝武帝西遷，椿之鼓動最力，故入關後即拜之爲尚書令。椿爲尚書令供職長安，然其府邸則在渭陽。本傳云椿死時，孝武帝至渭陽送葬，可以爲證。椿有四子，除誼爲高歡所殺外，餘皆入關。第三子徵，被賜爵城陽郡公；第二子恢，爲新蔡郡公。造像記中所云城陽男斛斯祥及祥之世子僧通，皆當爲椿之後裔。又斛斯徵爲城陽郡公，爲從第一品爵；祥爲城陽男，爲從第五品爵，二人封郡同名，其關係直接可知。其他同姓諸人皆居寺之西鄉及南鄉，與斛斯椿之居渭陽當有關係。

擔拔氏爲魏之宗室，宗室子弟隨孝武入關者甚多，見《周書·元偉傳》。元偉在孝武時爲華州刺史，又有元季海封爲馮翊王，渭北寺內造像題名多姓擔拔者當與此二事有關。周閔帝元年（557）二月，趙貴等謀復辟，元氏子女被株連而誅者甚眾。至明帝踐位，始把元氏之没入爲官口者悉免放爲平民。①

西魏自大統元年（535）以來，宇文泰率其將領士兵初居灞上，繼居渭南。自沙苑之役發生，宇文泰的軍隊便長期屯居華州。② 其閱軍地點，或在華陰（大統五年），或在櫟陽（九年），或在白水（十年，十一年）。其行臺所在，即馮翊古城（今大荔縣治）。《周書·蘇綽傳》，綽爲宇文泰之大行臺，卒於任所。"及歸葬武功，太祖與群公皆步送出同州郭外"。此同州城即上文所説的馮翊古城。同州城距渭北造像之寺僅數十里，宇文泰及其同姓將士的

---

① 《周書》卷4《明帝紀》。
② 《周書》卷2《文帝紀下》：大統元年，太祖軍灞上。二年，（沙苑戰後）太祖還軍渭南。四年三月，太祖率諸將入朝禮畢，還華州。八月，平趙青雀亂，復屯華州。

家族多居於其間，是可以理解的。又造像題名中有高陵縣開國子宇文永，與宇文測父親同名。《周書·宇文測傳》父永仕魏，早亡。此蓋姓名相同而實非一人。

題名中的第四大姓爲賀蘭氏。此姓在南北面共八人，其中一人名賀蘭婁，爲師都督，六、洋二州刺史，爵永寧子。六、洋二州刺史爲現任官，爲題名中現任官秩之最大者。此姓之多分佈於下邽，似與華州刺史賀蘭祥有關。《周書》本傳稱祥於大統十六年（550）拜大將軍，奉宇文泰命造富平堰，開渠引水，東注於洛。在廢帝二年（553）行華州事。後改華州爲同州（554），祥仍爲刺史。

從官爵來説，最大的官爵是都督范縣伯擔拔怡，范縣伯屬魏爵制散伯一類，爲從第三品。其次，是師都督郃陽縣開國子庫汗宗和高陵縣開國子大都督宇文永，爲正第四品。再次，是師都督六、洋二州刺史永寧子賀蘭婁，爲從第四品。再次，是師都督三原縣令華陰男屋引洛，都督白停男普屯富，城陽男舐斯祥，平原縣男趙歡相，爲從第五品。上述諸官秩，如六、洋二州刺史賀蘭婁，三原縣令屋引洛，皆爲現秩；都督擔拔怡、普屯富，師都督庫汗宗、賀蘭婁、屋引洛以及統軍賀蘭寧、別將舐斯成也似乎都是現秩，只有先都督俟奴俟尼是舊秩。此外，還有邑師、香火主、都齋主、檀越主、都邑主、都化主、都典坐、典坐、唯那典録等都是宗教的官。華州渭南河北一隅，爲統治階級服務的文武官階爵銜便如此衆多，如此複雜，從此可知北朝的社會階級階層已經分化得很森嚴了。過去對於經典作家所説的"統治民族"，我們認識不夠，以爲只有皇帝和若干將相是某個少數部族，如何能説某族便是"統治民族"呢？現在從渭南河北造像題名所列官爵看來，北周一朝除了朝廷的皇帝和將相是鮮卑和雜胡的成分外，各州刺史、各縣縣令以及帶領軍隊的都督、統軍、別將，甚而至於宗教的官秩，有許許多多都是由鮮卑和雜胡充當的。因此，我們對於歷史，認識了漢族地主階級與異族的統治階級的階級聯合僅是歷史的一個方面，進一步更認識異族對漢族人民自上而下的統治，從皇帝而下至地方官吏自成一個統治集團，對其他民族進行民族壓迫，是歷史的另一個方面。從華州渭河北岸的造像題名明顯可以看出，六世紀中國北方的主要矛盾是民族矛盾，階級矛盾乃通過民族矛盾而表現出來。

五、渭河以北各州縣的羌民和他們的漢化過程

前節已述漢魏以來，關中馮翊、北地二郡爲羌族各部的麕集之區。從五世紀前葉至六世紀前葉的一百年間，北鎮的鮮卑雜胡相繼移入關中，李潤羌的勢力既經削弱，而同州、華州又成爲北鎮軍官吏屬的駐紮之所。在這種情況下，馮翊郡東部的羌民不得不向西部轉移，與原來屯居在馮翊郡西部和北地郡東部的羌民集中起來出現於蒲城、白水、宜君、銅川之間，這是很自然的一種現象。北周和隋代初年渭北各縣羌民留到現在的造像碑銘約有 12 幢：屬於保定年間的四幢，即保定元年（561）的《雷文伯造像銘》，保定二年（562）的《邑主同琋龍歡合邑子一百人等造像記》，保定四年（564）的《聖母寺四面造像碑》和《同琋氏造像記》。屬於天和年間的二幢，即天和元年（566）的《昨和拔祖等一百廿八人造像記》，天和六年（571）的《雷明香爲亡夫同琋乾熾造像記》。屬於建德年間的一幢，即建德元年（572）的《邑子罃仲茂八十人等造像記》。屬於北周而年月不明者二幢，即《郭羌四面造像銘》和《荔非明達四面造像題名》。屬於隋初開皇年間的三幢，即開皇三年（583）的《邑主雷惠祖合邑子弥姐顯明等造像銘》，開皇四年（584）的《鉗耳神猛造像記》及開皇六年（586）的《邑主弥姐後德合邑子卅人等造像記》。以上羌民造像碑銘共 12 幢。其已見前人著錄者五幢，未爲前人著錄者七幢。造像的所在地有明文可考者五幢，即《聖母寺四面造像碑》和《昨和拔祖等一百廿八人造像記》在蒲城，《郭羌四面造像銘》和《雷明香爲亡夫同琋乾熾造像記》在耀州，《罃仲茂八十人等造像記》在銅川與白水間。其他七幢，雖無明文可考，按其姓氏皆當在渭河以北各地，而不在渭河以南。請參考附錄二《關於關中羌村羌姓的劄記》。

北周和隋初的羌民造像亦可分爲家族造像和合邑造像兩類：前一類包括《雷文伯造像銘》、《雷明香爲亡夫同蹄乾熾造像記》、《郭羗四面造像銘》和《鉗耳神猛造像記》；其他八幢則屬於合邑造像的一類。茲先敘述後一類。

《邑主同蹄龍歡合邑子一百人等造像記》前人未曾著錄，無法推知此碑確在渭北何地。《記》云："知命不常，漂流四使"（"使"疑爲"徙"之誤），頗能描述北朝末年此邑羌民諸姓遷徙流亡之苦。邑子中最多的姓氏爲同蹄氏，共67人，占造像人全部題名67%。荔非氏一人。以上二氏皆爲羌姓。其次，公孫氏八人，陳、田、劉、趙、吳、張六姓各一人，似皆爲漢姓。再次，吕、姜、楊、梁、齊五姓各一人，皆爲氐姓。郝姓一人，可能是盧水胡的姓氏。最後還有一些特殊的姓氏，如吐盧姓一人，普六茹姓二人，大致都是鮮卑的姓氏。《魏書·官氏志》有叱羅氏，此造像題名則確爲吐羅，非叱羅。宋鄧名世《古今姓氏書辨證》12及24俱作"吐羅"，不知與此有關係否？普六茹在《官氏志》内作"普陋茹"，"陋"與"六"音同。《周書·楊忠傳》："魏恭帝初，賜（忠）姓普六茹氏"，此姓原爲代北鮮卑姓無疑。特殊的姓氏，還有析婁氏、則氏、敬氏，皆不知所自出，留待專治姓氏學的學者論證之。總之，此題名碑所在的村邑是一以同蹄氏爲主的羌村，但亦雜有少數的其他羌姓、漢姓、氐姓、鮮卑姓及其他少數部族的姓氏。

《聖母寺四面造像碑》在蒲城縣東北20里雷村。前人以碑中有彌勒像主荔非道慶，故亦稱之爲《荔非道慶造像碑》。此碑初爲《金石萃編》所著錄，復經《八瓊室金石補正》校勘之，大體皆已認識。題名諸羌姓氏，清代考據學家錢大昕在《潛研堂金石文字跋尾》内有所統計，云複姓昨和者17人，屈南者十人，罕开者六人，荔非者三人，同蹄者二人，弥姐、鉗耳、薄地者各一人。今據上引兩書對錢氏的統計略作補正如表2。

題名中"郡主簿地連敦"，此人姓地連名敦，錢氏誤以爲姓簿地，毛鳳枝在《關中金石文字存逸考》卷9中已有更正，當從毛氏。前後統計數目不同，當系所據拓本有顯脱之異，當不足怪。此碑記云造像者150人，但實際可省識者僅122人。表内羌人姓氏共82人，占題名全數的67%以上。他如羌姓桃氏二人，氐姓姜、蒲氏各一人，皆未計算在内。羌人姓氏多數在前面已有説明，此碑所多者爲弥姐和地連二姓。弥姐亦作"彌且"，爲西羌大姓。《晉書·載記》，後秦有弥姐亭地等，西秦有弥姐康簿。《周書·文帝紀》有

表 2 《聖母寺四面造像碑》所見西羌姓氏及人數統計表

西羌姓氏（包括羌族單姓）	人數	錢氏統計人數
（1）雷	28	0
（2）昨和	19	17
（3）屈南	9	10
（4）罕开	8	6
（5）甕	7	0
（6）荔非	3	3
（7）同琋	3	2
（8）鉗耳	2	1
（9）弥姐	2	1
（10）地連	1	1
共計	82	41

弥姐元進，爲夏州酋望。地連一姓不見前人著録，疑即漢代滇零羌的後裔。"地連"與"滇零"音全相同，可以爲證。東漢時，滇零爲西羌先零種之别種，移居北地郡，其盛時自稱天子，東出馮翊，遠及魏、趙。關中有其後裔是不足爲異的。

此碑引人注意者，即羌姓諸人在北周時居文武要秩者獨多。武官之稱曠野將軍、殿中司馬者二人，屈男神□與雷顯榮；稱曠野將軍、員外司馬者一人，同琋永；稱威列將軍者一人，荔非道慶；稱輔國將軍中散别將者一人，同琋永孫。文官之封安定公者二人，昨和高儁與昨和遵；爲肆安縣令者一人，罕井明孫；蒲城具法曹府者一人，昨和暢；白水郡五官者一人，雷洪達；輔國將軍、中散、金曹從事、郡主簿者一人，地連敦。這些人雖不見於史傳，但與征東將軍、洛川縣開國伯之類的人物同在聖母寺造像題名中出現，可知關中西羌的社會階級分化在北周時期已經達到最高潮了。

《同琋氏造像記》的所在地，清代孫星衍在《寰宇訪碑録》中云在長安，此耳食之言，不足爲據。碑後題名，可省識者約 160 多人，其中姓同琋的 81 人，占總題名人數的一半，可知碑銘所在地是一同琋氏羌人的集居之區。關於同琋氏的來源，前面已經提到，乃是東漢時的滇零等羌曾經在上黨郡銅鞮縣長期居住過的緣故。這些羌人雖然以滇零羌爲主，但亦雜有武都的參狼種和上郡、西河的諸雜羌。① 因此而知同琋氏羌的祖先是多元的。本來西羌的姓氏都是從同一祖源派生出來的，而同琋氏則是從不同祖源的諸羌匯合而爲一個姓氏。這種事實在民族史上頗有意義。同琋（即同蹏）一姓在十六國時始見於著錄。前述《廣武將軍□產碑》的右側有同琋氏三人，此同琋羌姓之在馮翊郡；《聖母寺四面造像碑》以同琋爲姓者亦三人，此同琋羌姓之在蒲城縣；唐代有《雍州美原縣頻陽府校尉同琋武幹造像記》，此同琋羌姓之在美原縣（富平縣東）；《新唐書·孝友傳》記同官縣有同蹏智壽、智爽兄弟，此同琋羌姓之在同官縣（今銅川縣）；《洛川縣志》縣城西面西河鋪通鄜州的道路上有同蹏鋪，最近《陝西省行政區劃圖》洛州縣東北二十里有"桐堤村"，此同琋羌之在洛川縣。《同琋氏造像記》碑究在何地，雖然難於驟下一論斷，但此碑不在渭河以南，而在渭河以北，是可以斷言的。

《昨和拔祖等一百廿八人造像記》敘述造像的所在地云："於堯山之鄉，壙川之里，左挾同升，右臨白俓，樹茲釋迦像一區。"堯山鄉在蒲城縣北十里，唐時稱爲堯山驛。② "同升"之義不詳，疑與同州有關。白俓似指通白水的道徑。蒲城縣有堯山鄉，左同州而右白水，其爲碑銘所在地無疑。銘文謂造像者128人，實際只有87人。題名的姓氏屬於羌姓者五：昨和氏58人，罕开氏六人，荔非（一人作"韭"）氏五人，屈男、雷氏各二人，共73人。此外尚有姚氏一人，似亦羌姓。如是在87人中羌姓占85%以上。另外姓賀蘭者二人，爲北族大姓；呂姓者二人，似一氏姓。其餘皆爲漢姓。可注意的是昨和早洛之母名屈③ 男長資，昨和平貴之母名罕开阿□。此昨和氏與屈男、罕开二氏聯婚甚明。又有呂右妃，是一婦女名，可能也是嫁給昨和氏者。邑子中之爲顯宦者，虎賁給事中散大夫昨和富進，爲七命官；□□將軍右員外常④ 侍都督罕开舉，爲正五命官。⑤

《邑子甏仲茂八十人等造像記》敘述造像所在地云："南臨白水，北背馬

---

① 《後漢書》卷87《西羌傳》。
② 宋敏求：《長安志》卷18。
③ 《八瓊室金石補正》卷23作"金男長資"，誤。原文作"屈"，當爲屈字的簡寫。
④ 同上所引同卷"常"作"□中"，誤。
⑤ 《通典》卷39《後周官品》。

蘭，東挾洛水，西望堯山。"馬蘭山在銅川縣東北五十里，白水在白水縣南，洛水在白水縣東，堯山在蒲城北。然則此碑當在銅川、白水之間。碑陰造像人可省識者只九人，其中党姓八人，餘一人爲郭姓。有將吏頭銜者二人：一爲曠野將軍殿中司馬党□□，又一爲縣主簿党定昌。

《荔非明達等四面造像題名》，前人未著錄，拓本存陝西省文物保管委員會。碑上無造像記及造像年月日，亦不知其出處。造像者共12人。像主爲"越公府行參事荔□□□"，名字漫漶不可辨，故以另一造像人有全名者，即荔非明達爲代表以爲碑名。12造像人的姓名和官階如下：

    佛檀越主兼錄事鄉□□□□
    都化主荔非明達
    都像主前□□□曹□□□□
    都邑主□□□□□平縣□□□□
    天宫主柱國參軍□□□□
    開佛光明主東□城□□□□□
    典錄哀公記室荔非□□
    化主同官烽帥荔非延□
    像主越公府行參軍荔□□□
    邑主邑義錄事荔非仲□
    邑長大都督司鎧□□□□
    典坐村正荔非仲祥。

上述12人有姓可省識者皆以荔非爲姓，其爲一姓荔非的羌民村落的集體造像無疑。出處何在，已不能確指。據陝西省博物館人員談，拓本似自華縣拓來，可備一説。我們所注意的是，題名中之"越公府行參軍"一秩。《周書・明帝紀》："武成元年（559）九月乙卯，以（宇文）盛爲越國公，邑萬户。"同書《越野王盛傳》亦記，"武成初，封越國公，邑萬户。天和中，進爵爲王"。至大象二年（580）即爲楊堅所殺。造像題名中的"越公府"疑即上述宇文盛的越國公府。若然，此造像題名當在北周武成年間（559—561）。題名中的柱國參軍、記室、大都督司鎧等皆北周官吏之名，可爲佐證。唯

"同官烽帥"秩不見記載，大約周在同官縣（今銅川）東北之馬蘭山設有烽火臺，置烽帥以備邊警者。

最後還有兩個合邑的集體造像碑，即《邑主雷惠祖合邑子弥姐顯明等造像記》和《邑主弥姐後德合邑子卅人等造像記》是也。此二造像記前人皆未曾著錄，從前治羌族史者以爲弥姐是羌姓中的稀姓，自此二碑一出，便知弥姐氏與上述雷氏、同蹄氏、昨和氏相同，都是西羌中的多數姓氏，在關中分佈是很廣的。前一個碑的陰面原有題名四列；因雨淋風蝕之故，上二列約包括十五六人的題名漫漶不清，只餘下二列可辨。又碑右側的題名，有三人與碑陰重複。① 故題名全部只餘 63 人。在 63 人内，姓弥姐者 35 人，占題名總數的一半以上。姓雷者 16 人，爲次多數。姓鉗耳者一人。以上三姓共 52 人，都是羌族。其次，姓張者四人，姓楊者三人，姓劉、秦者各一人，可能都是漢人。此外還有一奇姓，即供氏，有二人：供烏□，供子述。不知是何族。

後一個弥姐羌人的造像碑方式與上一碑相同，都是四面造像，四面題名。造像的人數，碑記稱爲 30 人，但在唐代乾封元年（666）村邑中的人們造像無石，把此碑陰面下方一列的題名和刻像全部磨去，就在磨去的地方把自己的造像記和題名刻在上面了。隋、唐兩代的字體顯然不同，前者近於北魏的隸楷，後者爲一般的行書，一看就能分別清楚。因爲此故，原來碑上的題名去掉三個，只餘 27 人。此 27 個造像人，姓弥姐的最多，共 22 人，占絕對的多數。其次姓雷的二人，爲次多數。此外張、劉和辨不清姓氏的各一人。張姓的人是個刻字匠，題名中的"都維（那）張浮圖磨"就是他。張浮圖可能是他的姓名，此人是漢人還是西域胡，便弄不清楚了。此碑遲於前一個以弥姐羌爲主體的造像碑僅二年，名字無一人相同，可知它們代表兩個弥姐羌的村邑。

以上都屬於合邑羌姓（只有少數其他族姓）造像的一類。下面再述羌姓的家族造像。

《雷文伯造像銘》形式簡單，無庸多述。以前人未著錄，編入附錄一内。

《雷明香爲亡夫同蹄乾熾造像記》主要包括了雷明香母家和其亡夫同蹄乾熾家兩個家族。丈夫的家族比較簡單，翁同蹄天壽、姑夫蒙俗男爲上一代。

---

① 三人在碑陰者有佛堂秩銜，在右側者稱邑子，故相重複。

雷明香與夫同蹄乾熾爲中一代。女兒四人，即同蹄貴容、貴妃、貴宗、貴女爲下一代。母家的家屬比較複雜。親兄弟二人，即雷儁標和雷櫛安；從弟七人，即雷顯慶、雷玉賢、雷顯暉、雷鴻遠、雷玉祖、雷洪熾、雷鴻儁，是一代。"外孫伏奴"和"外孫僧妙"無姓氏，系於從弟雷顯慶等之後，應系從第一代的兒子，對於雷明香應稱"外甥"，不稱"外孫"，是又一代。

除上述兩個主要家族外，雷明香的女兒四人都已出嫁，大致是同蹄貴容配雷季玉，貴妃配雷鴻慶，貴宗配夫蒙雙養，貴女配夫蒙貴慶。後兩對夫婦之一，生一女名夫蒙榮姐，即題名中的"外孫夫蒙榮姐"。

此外還有一位荔非沙女，與雷明香的關係不明，可能是亡夫的婢妾。

從上述六對夫婦的姓氏，即同蹄、雷、夫蒙三姓，彼此之間代代聯婚，說明他們行的是同族異姓的內婚制。

從題名官銜又可以看到雷明香的母家和夫家都是羌族中的豪族大姓。丈夫是曠野將軍殿中司馬，爲正一命官。哥哥是橫野將軍強努司馬，爲正二命官。弟弟是宣威將軍輔朝請別將，爲正四命官。從弟雷奉昌是雲陽縣令，雷玉賢等四人爲大學生。當時的"大學生"也是一種官秩，屬於府史雜色一類，起碼是一個小官。①雷明香的一個從弟是建忠郡的大學生，又一個是宜州的大學生。建忠郡系北魏永安元年（528）所置，在今三原縣。據宋敏求《長安志》卷20云，至周武帝建德二年（573）此郡始廢，以三原屬馮翊郡。雷明香造像在天和六年，故仍有建忠郡之名。宜州的州治在華原縣，今耀州。所屬有二郡：一曰通川郡，華原、土門（富平縣西北七十里）二縣屬之。二曰宜君郡，宜君、同官二縣屬之。從建忠郡和宜州的郡縣，大致可以推測雷明香碑的所在地，或在建忠郡的三原，或在宜州的州治之耀州。

《郭羌四面造像銘》記文殘毀不易辨，上無造像年月日，亦無造像地區。唯記文中有一段云"佛弟子平東將軍右光祿宜州從事宜君望（？）□□□□□□"前者似即郭羌的官階。按北魏官品，四平將軍與光祿大夫皆第三品。郭羌爲宜州從事，又爲宜君望□，下文不明，可能都是他的官銜。從前史志對宜州、宜君郡縣的沿革，每多糾葛，今試清理之，對於郭羌造像銘的年代問題或可得一線索。《魏書·地形志》北地郡宜君縣下云："真君七

---

① 以上官品命數參考《通典》卷39《後周官品》。

年（446）置。"此爲宜君置縣之始。宋敏求《長安志》卷20同官縣下云："（魏）莊帝永安元年（528），（以同官縣）屬宜君郡。"則宜君改郡當在永安元年。與宜君有關之宜州，其建置年代一般史志亦有謬誤。唯《周書・文帝紀下》記："魏廢帝三年（554）春正月，改北雍州爲宜州。"宜州的治所與北雍州同，皆在華原縣，即今之耀州。《隋書・地理志》謂"華原縣後魏置北雍州，西魏改宜州"，與《周書》所記相合。西魏、北周時宜州所屬的郡縣，無直接紀錄。以隋、唐兩代地志言之，北周時的宜州大致與隋義寧間和唐代的宜君郡相同，包括華原、宜君、同官諸縣，唯當時宜君稱郡，不稱縣，與隋唐有別。《隋書・地理志》謂北周宜君郡的罷置在隋初。《長安志》謂在開皇三年（583），罷宜州則在大業三年（607）。宜州和宜君郡的沿革既明，對於推測碑銘的年代和地點就可以發生一定的輔助作用。因爲雷香明碑内有宜州和建忠郡的記載，我們便可推測此碑在建忠郡和宜州之中。又因爲在郭羌銘内宜州和宜君郡並稱，所以我們也可以推測郭羌銘的年代在北周，其上限不能早於西魏廢帝三年（554），下限不能遲於隋開皇二年（582）。

　　我們對此碑銘感覺最困惑者，就是郭羌的部族成分問題。上一代兩個母親，一李氏是漢姓，一蒲氏，蒲即蒲，爲氐姓。中一代羌妻盧胡仁，亦系一少數部族的姓氏。弟婦白女定，似一龜茲胡姓氏。下一代外甥二人皆姓雷，顯然又是一羌族姓氏。一門親眷，氐、羌、雜胡諸姓皆備，在其他碑記題名内是少見的。以我所知，唐代以前，無論鮮卑、西羌大都保持著族内婚制，不與外族通婚。只有上層人物，如貴族、達官則不在此限。郭羌家屬親眷的姓氏如此複雜，是否也和他的民望土豪的身份有關呢？

　　隋初留到現在的家屬造像碑銘，據我們所知，只有開皇四年（584）的《鉗耳神猛造像記》。① 此碑的銘文曾載入《陝西金石志》卷7，但因作者武樹善（渭南人）只看到拓本的碑陰和碑陽，沒有看到碑的兩側，所以記後的題名遺漏了一半以上。此碑的所在地不明，拓本現存陝西省文物保管委員會。造像分四面，正面刻佛像，碑陰左上刻佛像，下面題名；兩側上面刻佛像，下面題名。碑記已著錄於《陝西金石志》，今不具引。造像的時期是開皇四

---

① 隋大業六年（610）的《隋鉗耳君清德頌》既非造像題名，亦在隋初，不具引。

年十二月十五日，碑名應題爲《鉗耳神猛爲亡姑造四面像記》。題名內包括兩個家庭的生死成員，一個是鉗耳神猛的家庭，又一個是他的姑母鉗耳女休的家庭。《陝西金石志》連造像人鉗耳神猛的家屬也未記全，更不用說姑母的家屬了。現按照次序，爲之排列如下：

  猛妻甞神妃 猛母雷明姬 侄兒鉗耳神猛
  息鉗耳方貴 妻甞暉容 息鉗耳遵略（以上是造像人的家屬）亡姑夫平望夫蒙鐘抚① 像主亡姑鉗耳女休 亡女夫蒙容女 亡女夫蒙女□（以上是像主的家屬）

  以上題名包括兩個家庭裏的四對夫婦和未婚的三個子女。這四對夫婦是猛父鉗耳某某和猛母雷明姬，鉗耳神猛和妻甞神妃，猛子鉗耳方貴和其妻甞暉容以及姑夫夫蒙鐘抚和姑母鉗耳女休。三個未婚的子女是猛子鉗耳遵略，姑夫女夫蒙容女和夫蒙女□。從男女的姓氏，知鉗耳氏與雷氏、甞氏、夫蒙氏的互爲婚姻，是一種同族異姓的族內婚制。

  以上屬於家族造像的一類。

  從上所述兩種造像類型，可以看到北周時的關中羌民具有下列的兩大特點：第一，在渭河以北同州、華州東部雖成爲北族麕集之區，而蒲城、白水、宜君、同官（銅川）、宜州（耀縣）等地則仍爲西羌諸姓的集中分佈所在。但這些州縣自古以來就有漢族分佈其間，故當羌族徙入之時，漢羌二族分別居住，形成漢村和羌村的犬牙相錯狀態。最初有一部分漢人還回避與羌人同居②，但時間一久，相安無事，漢、羌兩族逐漸產生同村雜居的現象了。北族入關也有類似的情況，最初是北族居城鎮，漢、羌居鄉村，但經過一個時期以後，羌村之中逐漸也有北方的部民居住了。例如《昨和拔祖等一百廿八人造像記》題名內有賀蘭万吉、賀蘭延暢二人；《同諦氏造像記》題名內有尉遲袖祭一人；《邑主同諦龍歡合邑子一百人等造像記》有吐盧長弼、普六茹興龍、普六茹岳渊三人，皆其例證。有的村邑則漢人、羌民和北方諸族雜

---

① "抚"即"拔"的別體。
② 《太平寰宇記》卷29"華州鄭縣"條下云："漢京兆渭南郡所管諸縣多在渭水之南。蓋因後漢安、順間，西羌擾亂關中，縣人移於渭水南鄭縣界，權修壁壘以居，年代綿遠，因稱爲漢縣。"

居一起，如《王妙暉造像記》內的彌姐婁、呼延蠻獠、賀保勝、聞獠是與漢人雜居一村，即其例證。具有各種部族成分的人們同邑而居，過著共同的經濟生活；又以信仰相同，共同建立佛像，從此自然而然引導各族人民走上了相互融合的道路。第二，唐代以前關中渭河以北各地的羌族和北方部族長期盛行同族異姓的內婚制。例如前述北魏時的《夫蒙文慶造像銘》，記載夫蒙氏的婚偶是罋氏和雷氏；北周天和元年的《昨和拔祖等一百廿八人造像記》，記載昨和氏的婚偶爲屈男氏和罕开氏；天和六年的《雷明香爲亡夫同琋乾熾造像記》記載同琋氏的婚偶爲雷氏、夫蒙氏，可能還有荔非氏；直到隋初的《鉗耳神猛造像記》記載鉗耳氏的婚偶爲雷氏、罋氏和夫蒙氏。這說明渭北羌民的婚姻是行同族異姓的內婚制的。渭北的北方諸族也有類似的情況。北魏時的《焦延昌造像記》記載焦氏的婚偶爲呼延氏，間或也和某部族以漢姓爲姓的張氏相婚配；北周時的《合方邑子一百數十人造像記》記載擔拔纂的妻爲"擔拔女子"，此皆可爲北族實行同族內婚制的證明。擔拔纂和"擔拔女子"爲婚可有兩種解釋：一種解釋是擔拔纂和拓跋鮮卑中的某一姓女子結婚。又一種解釋是擔拔纂與同姓的一女子結婚。我看後一種解釋的理由是比較充分的。第一，碑上題名每一男女之前皆冠以本姓，故擔拔當爲姓氏專名，而非指一般的拓跋鮮卑。第二，拓跋鮮卑自古有同姓相婚之習。北魏太和七年（483）孝文帝曾下令禁止鮮卑人實行同姓相婚[①]，一時雖有成效，但隔了70多年到北周武成二年時，擔拔纂一家又故態復萌，實行同姓相婚了。總之，不論同族異姓相婚或者同族同姓相婚，都屬於族內婚制的範疇之內。所以族內婚制是唐代以前關中渭北羌族和北方諸族婚姻的主要形態。

雖然如此，但是渭北羌民的婚姻和其他習慣在唐代以前已經有了與漢族及其他部族相互融合的象徵了。遠在十六國之時，前秦和後秦的統治階級，例如苻堅和姚萇的后妃已經有不少是漢人或其他部族成分。到北朝時，氐族已經十分漢化，在婚姻和其他習俗上與漢人幾乎沒有什麼區別。氐族以外還有一些部族成分來路不明的姓氏，例如北朝末年的郭彦，他的家族既與氐姓的蒲氏爲婚，又與羌姓的雷氏爲婚，有時又與龜茲姓的白氏以及難於考證的魚氏之類的家族爲婚。這樣，比較保守的羌族也有一些人們受外界的影響，

---

① 《魏書》卷7《高祖紀》。

慢慢衝破傳統的各自爲婚的族內婚制了。不只在婚姻方面，就是其他政治、宗教以及命名方面等等，渭北羌族因與漢胡雜居，自然而然就走上了相互融合的道路。在北朝時，渭北羌族的階級分化已經十分懸殊，有不少上層社會的羌人作了北朝的高級官吏，其中文官如北魏吏部尚書鉗耳慶時（王遇），武官如北周虎賁給事中散大夫昨和富進、□□將軍右員外常侍都督罕開舉、宣威將軍輔朝請別將雷樹五等。一經爲官爲將，他們的生活習慣便與在村邑的羌民傳統日見脱離關係，與當時漢人、胡人没有區別了。羌族原來是信巫術的，自姚秦以來逐漸接受佛教影響，信仰浮圖，所以在北朝時與漢、胡在一道建立寺宇，造像題名，蔚爲一時風尚。更有趣的是北朝末年羌人的名字跟當時北族鮮卑的名字約略相同。例如男的稱醜奴、洛受、伏奴、阿胡等，女的稱洛容、蘭奴等，都類似於鮮卑雜胡的名字。這些情況都在説明羌、漢、鮮卑等族已有日趨於融合的傾向。

　　那末，關中渭北的羌民在什麽時候才跟漢族、北方諸族融合在一起呢？這一問題比較複雜，還需要進一步詳細研究。就碑銘所見，關中羌人在隋唐時仍很活躍，稀見的羌人複姓仍不時出現於碑碣和造像題名之内。但隋唐時的關中羌族與北朝時的不盡相同，大致具有四個特點：第一是渭北羌族的上層人物，從前的活動多限於渭北各地，以"民望土豪"出現於各個朝代。其間雖然也有個別的朝中顯宦和外州刺史，但跟原來的家鄉始終維持著不可分離的關係。此點從渭北各州郡縣的造像題名可作證明。到了隋唐時，羌族上層人物的活動跟著隋唐政權的統一而亦逐漸擴大，在渭北以外，全國範圍内東西南北的許多州縣不時有他們的蹤跡可循。例如馮翊郡的羌豪黨仁弘，在隋末義寧元年（619）李淵由晉陽入關時，率兵二千多人降淵於蒲坂（山西蒲州），從定長安。唐初，先授仁弘陝州（河南陝縣）總管，後又歷任南寧州（云南曲靖縣北）、戎州（四川宜賓縣）、廣州（廣東番禺縣）都督。貞觀十六年（642），以受賄罪，坐徙欽州（廣西欽州）。[①] 又《隋鉗耳君清德頌》初爲宋歐陽修《集古録跋尾》所著録。碑題云："大隋恒山郡九門縣令鉗耳君清德之頌，大業六年（610）建。"序云："君名文徹，華陰朝邑人。本周王子晉之後，避地西戎，世爲君長，因以地爲姓。曾祖靜仕魏爲馮翊太守。

---

① 《通鑑》卷196《唐紀》"貞觀十六年"條。

祖朗，成、集二州刺史。父康，周荆、安、寧、鄧四州總管別駕。"鉗耳文徹，朝邑縣人，與苻秦時之部大鉗耳丁比、北魏時之宕昌公鉗耳慶時皆爲同郡同姓，如何能與周代的王子晉扯到一起呢？曾祖靜的活動尚在渭北，祖父朗便向西方南秦州一帶發展了，父康隨著北周的政治勢力向關東荆、鄧等州爲總管別駕。鉗耳文徹雖然系一縣令，但他遠至雁門以北的九門縣一帶，較其祖先實有過之而無不及。另外還有渭北的夫蒙氏，唐代開元中有安西都護夫蒙靈詧。《王摩詰詩集》卷1有《不蒙都護歸安西詩》，此不蒙都護當即安西都護夫蒙靈詧。此公原系馮翊郡"土豪"，出仕則移居長安，繼而爲安西都護，往來於安西、長安之間，故王維以詩贈之。1955年陝西省文物保管委員會在西安市西郊郭家灘掘得一《唐左神威軍正將元從奉天定難功臣輔國大將軍兼試太子賓客武威郡開國侯食邑一千户上柱國夫蒙府君墓誌銘》，序略云："君諱鍠，字英華，故常侍之子也。常侍累承帝命，奉詔宣威，爲國之勳。□城其憊，名醫既診，上藥無瘳，君乃抽刀投股，割肉爲膳。嚴父餌之，痛瘳。尹京鄭公表聞於天，制下所司，厥旌孝行。自後階二品，邑一千，掌禁軍，匡帝業。庚辰歲十月庚辰，終於左神威之官舍，春秋四十有三。以其年十一月廿日遷殯於常侍公之塋側也。夫人潁川許氏、嗣子啊。"夫蒙鍠卒於庚辰年，當即開元二十八年（740）。唐代之置安西都護四鎮節度使在開元六年（718），斯夫蒙鍠之死上距夫蒙靈詧之爲安西都護，最多止22年。與序文中之鍠父常侍"累承帝命，奉詔宣威"，及邊城積勞生疾，割股醫病等事聯合起來，鍠爲夫蒙靈詧之子無疑。靈詧父子既爲京都顯宦，所以官邸墳墓俱在長安，從此與原籍馮翊便逐漸隔絕了。夫蒙靈詧之在長安尚且如此，則鉗耳文徹之在恒山郡九門縣與甞仁弘之遠徙於南海欽州可以推知。在唐代的時候，關中羌族並不限於渭北一隅的活動，西至安西，北至雁門，南至廣州，無不有其蹤跡。這是關中西羌漢化的原因之一。

　　第二，關中西羌的婚姻，在隋代雖然有些羌民如鉗耳神猛的家庭仍然保持著同族相婚之習，但越到後來婚姻的範圍越漸擴大，特別到了中唐以後，就是僻居在渭北各州縣的羌民，漢羌通婚已經成爲數見不鮮的風俗了。上段所述隋代恒山郡九門縣令鉗耳文徹、廣州都督甞仁弘、安西都護夫蒙靈詧，他們的婚配是羌是漢，皆無可考，可以不談。《唐夫蒙鍠墓誌銘》謂鍠之夫人爲潁川許氏，許氏爲一漢女無疑。《陝西金石志》卷13載天寶五載（746）

的《雷詢墓誌銘》，云雷詢爲馮翊郡合陽縣人。按其地望，當爲羌民。娶妻趙氏，亦系一漢女。《金石萃編》卷66載大曆六年（771）康玢所書的《前潞州黎城縣尉曹秀臻爲亡女惠寂造陀羅尼經幢》，序云：幢主曹秀臻之妻爲馮翊雷氏。經幢在蒲城縣西北的堯山鄉。幢主爲蒲城縣一漢男，雷氏爲馮翊一羌女。此又是渭北漢羌通婚之一例。此外，《太平廣記》卷115引《廣異記》云唐代一位羌人名鉗耳含光，出爲房州竹山縣（在湖北）的縣丞，娶陸四娘爲妻，年代不詳。長安的羌漢既已互婚，那末在外做官的鉗耳含光娶一漢女爲妻，更不足爲奇了。上述諸例，或爲長安顯宦，或爲羌中望族，或爲外縣官吏，他們的社會地位比較崇高，婚嫁之事往往不受傳統習慣的拘束。那末僻居渭北各縣的羌村農民是否也跟他們一樣實行族外婚制呢？關於此點，頗關重要，我們試分析一下貞元五年（789）《奉先縣懷仁鄉敬母村經幢》後的羌民題名便知其底蘊。此經幢後的題名，連同僧道，包括漢羌男女120餘人，在毛鳳枝編的《關中石刻文字新編》卷2全部給以著錄。現在我們選擇跟羌姓有關的題名照錄於下：

> 大幢主扈從遊擊將軍守左金吾衛翊府中郎將、員外置正員、賜金魚袋、上柱國昨和尚高□。 次生花主雷昌。 平座主李提伽母屈氏。 郭朒母雷（氏）。 雷進。 雷昌妻呂（氏）。 党金藏。 党金逸。 □成施主昨和方妻李氏，男文晟，女寶心。 雷璀母韋氏。 雷寂妻杜（氏）。 昨和進，妻淨德，女金運閣李承昂。 陳玼妻雷（氏）。 朱九娘，孫党寶。 雷昌男嘉和。 雷寂女大娘、二娘。 楊宇絢妻和氏，女三娘，女賢娘。

以上17項内包括了建經幢男女羌民的各種親屬關係，其中有夫妻關係、父母子女關係、祖孫關係和岳父母女婿關係等等。從各種關係的姓氏可以看到，唐代在奉天縣懷仁鄉敬母村内，羌漢互婚的習俗已經十分流行了。漢男娶羌女爲婦的，有李提伽之母屈氏，郭朒之母雷氏，陳玼之妻雷氏，楊宇絢之妻和氏，共四起。反之，羌男娶漢女爲婦的，有雷昌妻呂氏（可能是氐人），昨和方之妻李氏，雷璀母韋氏，雷寂母杜氏，党寶之祖母朱九娘，共五起。此外，昨和進之妻淨德，是佛名，不知其姓氏。其"女金運，閣李承昂"，語義不明，疑即昨和進之女金運適李承昂爲妻，或贅李承昂爲婿。如果不錯，漢男娶羌女的例子又多了一起。唐代的奉先縣就是西魏、北周的蒲城縣，懷仁鄉敬母村在縣東北，與唐玄宗的泰陵相近。① 蒲城縣自古以來就是西羌村落的集中之所，這裡的羌漢通婚既如此盛行，其他地區羌族婚俗的變化就可想而知了。

　　第三，關中羌族的稀有複姓，從唐代起逐漸改變爲漢式的單姓。在唐代以前，特別在西魏、北周時期，羌族和其他北方諸族一樣，原封不動地保留著原來的複姓。到了唐代，各部族的複姓雖然一部分仍然保留著，但有許多複姓，隨著漢族與非漢族之間的經濟合作、婚姻相通以及其他共同生活的交往日密，逐漸簡化爲漢式的單姓了。在上述經幢的題名內，羌族原來的複姓已經改變爲若干簡化的單姓，例如李提伽之母屈氏，應是羌複姓屈男氏的省稱；楊宇絢之妻和氏，應是羌複姓昨和氏的省稱。這種變化恰巧發生在漢姓較多、羌漢互婚的懷仁鄉敬母村之內，而且發生在羌女嫁漢男的場合之中，所以其簡化的單姓往往與當時社會上所流行的單姓相合。據我所知，少數部族複姓簡化的方法是多種多樣的。一種最普通的方法就是在原來複姓的基礎上，減去一個或幾個復音的字，留下一個在漢姓中比較常見的單音字，作爲簡化的單姓。這種方法在唐以前的幾百年，魏孝文帝簡化代北複姓爲漢式單姓時已經實行過，效果顯著。關中羌民用這種方法改複姓爲單姓的很多，例如屈男氏改爲屈氏，昨和氏改爲和氏，罕开氏改爲井氏，夫蒙氏改爲蒙氏，同琋氏改爲同氏等等。在唐代我們只看到上述屈男氏之改爲屈氏，昨和氏之改爲和氏。又一種方法，可能是因爲在原來複姓內找不到一單字與當時流行在關中的漢姓相同，於是產生了另一些方法：一種方法是捨棄了複姓中的任何一字，只取其一音與漢姓相同或近似者作爲他們的單姓。例如開元時關中夫蒙氏之改姓爲馬即其一例。《唐書》中的《高仙芝傳》、《封常清傳》和《突厥傳》都稱安西都護或安西節度使夫蒙靈詧爲"夫蒙靈詧"，但《李嗣業傳》、《段秀實傳》則稱之爲"馬靈詧"。《舊唐書》也有類似的記載，在《李嗣業傳》、《段秀實傳》、《劉全諒傳》皆稱"夫蒙靈詧"爲"馬靈詧"。從此可知開元年間關中羌姓夫蒙確有改爲漢化單姓馬的事實。另一種方法是並無音與義的根據，以某些偶然的理由，取漢姓中的一個單姓作爲他們的姓氏。

---

① 宋敏求：《長安志》卷18"蒲城縣"條。

《新唐書·孝友傳》有一段故事，關中同官縣有同蹄智壽和智爽兄弟二人，其父爲同族內的仇家所殺，兄弟二人爲父復仇，爭相自首。《舊唐書·孝友傳》亦記載這段故事，此智壽、智爽兄弟不姓同蹄，而姓周。此周的姓氏顯然是從同蹄複姓簡化而來的。但爲什麼以周爲姓呢？我有一個簡單的想法，就是同蹄之"同"，字形與"周"相近，所以就以"周"代"同蹄"。這是一種沒有邏輯的理由，但一經用，便成舊例，至今銅官縣有很多的人們姓周、姓同，我想至少有一部分姓氏起源於羌姓的"同蹄"。

最後關中渭北的羌民還有一個特點，即第四點，即隋、唐二代渭北州縣的農民起義和部族戰爭很多，有的羌民離開鄉里，參加外地的農民起義，不能回村；有的羌民在本州縣起義，被統治階級派官兵來屠殺鎮壓；有的羌民因參加部族戰爭，結果發生死亡和流亡現象，這樣就使原來定居在渭北羌村內的羌民分崩離散，流落各方，後來這些羌村遂成爲外來漢族農民的新居村落。欲說明此點，我們可引隋開皇六年（586）《邑主彌姐後德合邑子卅人造像記》的所在村落爲例。在隋初開皇年間，此村的居民以羌姓彌姐氏爲主。前文我們已有統計，在27個造像人中彌姐的共22人，姓雷的二人，姓張、劉和辨不清姓氏的各一人。此村顯然是一個羌村。隔了80年到唐代乾封元年（666），村裡的居民以造像無石，就在原碑上作記題名。後次的題名和隋初開皇六年的題名大不相同。後次題名共25人。其中姓氏可省識者22人。姓氏極爲分散：雷姓二人，彌姐姓一人，爲羌姓。此外，任、張二姓各三人，楊姓二人，康、孫、紀、冐、李、元、鄧、王、梁、韓、房諸姓各一人。隋初彌姐羌姓爲村裡的主要姓氏，到乾封初年，由主要姓氏變爲孤姓，其他羌姓亦逐漸減少。區區一村之內，20餘家便有16姓以上，這是外地雜姓農民移居於此新建一村的象徵。村裡的彌姐羌爲什麼向外遷徙呢？主要原因恐與隋末唐初渭北的農民起義和官軍的出兵鎮壓有關。據文獻記載，隋代末年孫華起兵於同州，白玄德起兵於土門，蒲城人郭子和率眾起兵於榆林。上述三事或在同、華二州之內，或與二州有關。較遠者如劉企成之在慶州，荔非世雄之在涇州，亦率領漢羌割據一方，與渭北羌眾亦不能沒有影響。到了乾封年間以後，又經過安史之亂和其他戰爭，而党項、羌渾、奴剌諸族又趁機南下，羌村所在的馮翊、澄城、華原（耀州）、富平、同官（銅川）諸縣無不被其殘擾。在這種情況下，渭北羌民之分崩離析，流落四方，更是無法避免的。雖然如此，渭北的羌民在唐代中葉以後總是一天比一天地漢化，最後與漢人融合爲一族，彼此之間無所區別。在宋代明代，關中雖然仍有党、雷、井、屈、和、同、蒙等姓，但他們都是漢族，在政治、經濟、文化方面已經看不到有絲毫羌族的因素了。

附録一　關中北魏北周隋初未著録的羌村十種造像碑銘

（一）《夫蒙文慶造像銘》

　　神龜二年歲次戊戌□月戊申朔十五日，夫蒙文慶爲亡父亡妹七世父母、因緣眷屬，造立石像一區，減割家珍，雇良匠，仰感帝王覆被之恩，迨所生顯育之重。奇形異容，□□□明工不能加其巧；是釋迦鼓法，豈非極聖姿□之形容？信徒禮敬，莫不啓悟。願使龍年三會，恒在初首。佛弟子清信士比丘光姬，願使生天妙朗，國土旡□，略受□□。若墮三徒①，速得解退。

　　像主夫蒙文慶
　　母雷男㖡
　　父名道明
　　妻甞□□
　　祖名□□
　　曾祖名屈闌
　　□平縣令
　　建□將軍宜□□□
　　高祖名南地□□
　　高祖母名□㖡拔
　　合家大小善願從心，功廣成就：

---

① "徒"爲"塗"之訛。

妻清信士雷豐供養佛時

蒙文慶供養佛時

佛弟子息祖□供養佛時

佛弟子息道郎供養佛時

親信女照宜供養佛時

親信女和如供養佛時

(二)《雷漢王等造像記》(殘)

碑陽刻佛像,碑陰記文漫漶過甚,不能辨識。記後云:"□州建忠郡安□縣侯,年七十六,今□忠部太守。永安二年十一月朔十日。"題名額上書"建左□□□□封授□廣威鼓六角東都督諸軍宗海生"。下題名,像主名不詳,像主的家屬有:

祖雷支油,北地郡□令。

伯父雷漢。

父雷漢王字人起,雲陽令。

弟雷眾憙,弟安王,弟安慶,弟□祖,息伯外,息外周,息□□,息定周,息羊奴。

伯父雷漢仁。

(三)《雷橺等五十人造像銘》

□橺①五十人等減割家珍,專心馨□,採石買山,延娉巧匠,造像一區。□□皇帝□□

(以上在碑陰左側末行)

□□□□□彌勒□□龍花三會□在初首所願如是,一心奉□。

前將軍左銀青光祿淮州苻壘縣令汝南郡丞假懷州刺史都督雷橺

邑子雷申生

(以上在碑正面右側)

---

① "橺"是樹的簡寫。

邑主雷但生　香火雷保安　邑正雷万度　唯那雷阿智　平望雷周生　録事雷僧胤　侍者雷武勇　典坐王萇命　忠正雷龍文　邑子雷清光　邑子雷昱侯　邑子雷伯真　邑子雷万生　邑子雷萇洛　邑子雷伯刬　邑子雷枇樹　邑子雷伏念　邑子雷龍櫩　邑子雷虎子　邑子雷道生　邑子雷周光　邑子雷阿昌　邑子雷豹焦　邑子雷胤受

（以上在碑正面）

邑子趙郡功曹雷伏敬　邑子雷石龍　邑子魯陽郡守雷□周

（以上在碑左側）

邑子雷文照　香火雷阿□　侍子雷阿牛　典坐雷文伯　宗正邑子雷元豐　邑子雷阿胡　邑子雷昱拔　邑子雷豐□　邑子雷眾怀^①　邑子雷川伯　邑子雷豐　邑子雷雙豐　邑子雷眾略　邑子雷阿□　邑子雷定□　邑子雷興□　邑子雷黃伯

（以上在碑陰，最後一行即碑記）

（四）《邑主雋蒙□娥合邑子卅一人等造像記》

□□□薩雲表挺世之容；妙法開敷，波若闡擁惠之音。如來□□□□殊遷祀像法隆隆床宗者攷，是以大代永熙二年□□□月戊子朔八日乙未，北雍州宜君郡黃堡縣邑主雋蒙□娥合邑子卅一人等，自慨丕踰流轉無窮，故減割家珍，聘□□□□大路顯敞之處敬造石像一區。功就成訖，令國祚永隆，□□□治，下願慶七世永超八難。神縣福堂，濟生死之苦，願諸□□□蒙捄眾患，消□□願初首書人夫蒙顯達。

（以上在碑右側）

比丘僧郭僧景名豐洛　沙彌夫蒙僧貴　邑主清信雋蒙文姬　邑主清信覺姬娥　邑謂清信同琋雲□　邑謂清信同琋定姜　維那清信□扶達　維那清信同琋彌弱　彈官清信夫蒙妙朱　彈官清信同琋矢姬　邑正清信同琋娥媚　邑正清信朱阿儻　典録清信同琋阿美　典録清信同琋阿陵　香火清信王蘭小

---

① "怀"是"懷"的簡寫。

香火清信同渧磨㐷　邑子清信□□□　邑子清信□□□□

（以上在碑陽）

亡邑主清信儁蒙阿護承　亡邑主清信王歸香　亡惟那清信覍姬香　亡惟那清信同渧龍姜　亡邑子清信同渧文姬　亡邑子清信田文姜　邑子同渧□男　邑子夫蒙連花　邑子同渧□貴　邑子夫蒙祿花　邑子覍俗男　邑子荔非貴姬　邑子同渧道如　邑子王㑞男　邑子同渧顯妃　邑子同渧妙花　邑子于（？）向妃　邑子夫蒙照男　邑子雷貴姬　邑子同渧明月　邑子劉雙□　邑子□想姬

（以上在碑陰）

邑子清信同渧軒朱　邑子清信同渧妙娥　邑子清信同渧真朱　邑子清信同渧樹姬　邑子清信覍亭□　邑子清信同渧樹姬　邑子清信成定姬　邑子清信同渧照姬　邑子清信楊（？）妙□　邑子清信夫蒙白伏　邑子清信鉗耳支誠　邑子清信同渧枝達　邑子清信同渧鳳凰　□□□□□男姬　□□□□□□伏男　□□□□□□□姬　□□□□□□□□

（以上在碑左側）

（五）《雷文伯造像銘》

□真容隱，輝妙亭響，太空遼闊，目非通權，无以狀其悞。是以雷文伯減割家珍，爲亡父造石像一區，及七世前亡後死，速離三塗，早得解脫。有①爲國主永康，阤②徒父母，一切眾生，咸成斯願。

保定元年歲次辛巳七月乙□朔廿九日癸酉功訖。

（六）《邑主同渧龍歡合邑子一百人等造像記》

□□□□□□□□邑子一百人等進不值三光之照，退不遇八音之諧。知命弗常，瀂③流四使。故採石名山，雕磨拭瑩。減割家珍，樹長生之果；刊削衣□，脩越苦之業。止爲皇帝羣僚、七世所生，法界有

---

① "有"爲"又"之誤。
② "阤"爲"師"之俗字。
③ "瀂"即"漂"。

□，咸脩十地，成无□道。

周保定二年歲次□□□□□□□。

（以上在右側下方）

都邑主同琣龍歡　比丘僧演　香火同琣智達　香火公孫合達　像主同琣鳳櫠　像主同琣延櫠　邑正同琣猿生　邑正呂道莀　唯那同琣黑奴　唯那同琣景業　典録同琣世珍　典録同琣种扶　化主同琣珍國　化主同琣合和　典坐同琣男真　典坐同琣榮儁　邑謂同琣神和　邑謂同琣妙洛　齋主同琣紹儁　洽伴同琣□達　邑子同琣雙海　邑子同琣龍樹　邑子同琣樹達　邑先同琣屈朱　邑先同琣方周　邑先同琣元櫠　邑先同琣馬生　邑先程廣香　邑子同琣慶安　邑子同琣神歡　邑子荔非景暉　邑子吐盧長弼　邑子郝子晳　邑子同琣子亮　邑子姜景儁　邑子同琣洪顯　邑子同琣景珍　邑子楊元景　邑子同琣思和　邑子同琣元智

（以上在碑陽）

像主同琣清奴　香火同琣由洛　邑正同琣雙扶　邑長同琣顯亮　邑長則景通　化主同琣□□　但官① 同琣□稚　但官公孫永興　邑子同琣神祭　邑子析婁道生　邑子胡歸生　邑子同琣顯宗　邑子公孫海慶　邑子公孫□興　邑子同琣清席　邑子同琣子祭　邑子公孫祥嵩　邑子公孫子義　邑子同琣伯隴　邑子田子祥　邑子公孫耆耆　邑子公孫始達　邑子同琣榮族　邑子同琣族昌　邑子同琣合暉　邑子斂延福　邑子趙伏明　邑子劉元集

（以上在碑陰）

邑正同琣龍慶　邑主同琣□□　像主同琣□□　香火同琣僧祭　邑謂普六茹興龍　化主同琣伯洛　化主梁景和　邑謂梁多郎呴　邑子齊景悅　邑子同琣□□　邑子同琣太伯　邑子同琣樹□

（以上在碑左側）

邑子同琣龍世　邑子同琣光生　□□□□□和　邑正同琣伏□　香火同琣雙□　香火普六茹岳渕　化主吴僧和　邑子同琣阿□　邑子同琣阿僧　邑子同琣安定　邑子□□屯王　邑子同琣□□　邑子同琣胡奴　邑子張安貴　邑子

---

① "但官"即"壇官"的俗寫。

刂□□通

（以上在碑右側造像記的上方）

（七）《雷明香爲亡夫同䂞乾熾造像記》

夫沖元虛家，妙趣理幽，應難尋悟，□□□□，□金鏤木以表真容，毋今佛弟子雷明香知世非常世，減割家珍，爲亡夫同䂞乾熾敬造石像一區，願亡夫托生西天，無量壽國，眾恵①崩消，萬善慶集。復願家內大小，老者延康，少者益𥝲②，門風庠序，禮義佈③足。常飡法味，恒與善俱，蒙此徽因。願皇帝延祚無窮，下及七世、師僧父母、因緣眷屬、法界眾生咸同斯慶，等成正覺。

大周天和六年七月十五日造就。

（以上在碑記左側）

像主雷明香　夫曠野將軍、殿中司馬同䂞乾熾　息女貴容　息女貴妃　息女貴宗　息女貴女

（以上題名在碑陽）

外孫伏奴　外孫僧妙　妣同䂞天喬　姑夫蒙俗男　從州□□主薄郡□□□雲陽二縣令□□□□雷奉昌　從弟開府外兵曹治都督雷顯慶　大學生雷玉賢　大學生雷顯暉

（以上題名在碑右側）

兄橫野將軍彊努司馬雷侶標　弟宣威將軍輔朝請別將雷樹安　從弟建忠郡大學生雷鴻遠　從弟雷玉祖　從弟雷洪熾　女夫雷季玉　女夫雷鴻慶　女夫夫蒙雙養　女夫夫蒙貴慶　從弟宜州大學生雷海傍　外孫夫蒙榮姬　清信士荔非沙女

（以上題名在碑陰）

---

① "恵"是"惡"的俗字。
② "𥝲"爲"壽"的俗寫。
③ "佈"爲"備"的俗寫。

（八）《郭羌四面造像銘》

　　夫天道深遠，□形□□自非□□□□主□□朝□□躬□□□□□□□□□□□□□□□運唯新堡安天地通達神先□□蒼生□□□□□□□□是以正信佛弟子平東將軍右光祿宜州從事宜君望□□□□□□可榮，三塗可捨，減割家珍，名山採石，敬造四面佛像一區，上願　皇帝□□日月福祿萇延，四方歸化，□□□主□土□□平節，一切眾生有□之類□□□□□具□□愡□三□同□□□□□□□□
（以上在碑左側）

　　名如次：
像主郭羌　妻盧胡仁　父五王　母李羅妙。
（以上在碑陽）

　　母蒲寄疆　叔父殂王　叔母王毛女　弟都督洪慶　妹羌女　弟雙䏭　妹僧妃　弟思恒　姪万石　外生雷輝慶。
（以上在碑陰）

　　弟婦白女定　弟婦楊先妃　弟婦魚阿貴　侄女郡好　侄女明化　外生雷廣□　兒方遷　兒廣□
（以上在碑右側）

（九）《邑主雷惠祖合邑子弥姐顯明等造像記》

　　夫沖元虛邃，妙趣理幽，應跡難尋，悟之者罕。是以金田不種，珍粟難收，□不行檀　却回得白馬還官者哉？然今諸邑子弥姐顯明□□□□□人等識世非□□□內□□□減割己珍，採石名山，造四面像一區，和好□明□□罕有。藉此徽功，願帝祚永隆，三寶常繼。又願諸邑子等老者延年，少者益壽，男孝女貞，禮義備足，門風癢序，恒脩功德。復及法界倉生，普同斯慶，等成正覺。

開皇二年，歲次壬寅，九月壬寅，朔廿三日甲子訖。

　　邑主雷惠祖　化主雷金相　香火張顯枢　香火弥姐道遵　邑謂弥姐顯儵　唯那弥姐慶昌　唯那張□記　典坐弥姐義昌　邑子弥姐孝□　邑子弥姐暉熾

齋主楊神義　佛堂主都督弥姐珍　開明主雷貴　邑子弥姐暉祥　邑子弥姐慶暉　邑子弥姐嵩禮

（以上碑記、題名在碑陽）

邑子弥姐相貴　邑子弥姐洪慶　邑子弥姐貴慶　邑子鉗耳暉逯　開明主弥姐后進　邑子弥姐陸□　邑子雷道暉　邑子弥姐仕祭　邑子弥姐射暉　邑子弥姐景周　邑子雷仕僧　邑子張小安　邑子張文通　邑子雷道祭　邑子弥姐五虎　邑子弥姐子産　邑子弥姐仕産

（以上題名在碑陰。碑陰原有題名四排，現僅餘二排，餘皆泐漶不識）

邑子劉石生　典錄都督雷元儁　邑子楊石養　邑子弥姐子暉　邑子弥姐長儒　邑子弥姐彭儁　邑子雷光超　邑子雷洪慶　邑子雷道勝　邑子雷元熾　邑子弥姐仕貴　邑子弥姐仕遷　邑子雷元亮　開明主弥姐萇貴　邑子雷元榮　邑子供鳥□

（以上在碑左側）

像主弥姐儁和　典坐弥姐舍明　邑子雷歡慶　邑子楊莫問　邑子楊神義　邑子弥姐義遠　邑子弥姐琛　邑子弥姐后進　邑子弥姐彭樹　邑子弥姐嵩業　邑子弥姐長洛　邑子弥姐玉祭　邑子雷雙熾　邑子弥姐子方　邑子雷暉榮　開明主秦顯和　邑子供子述

（以上在碑右側。題名中弥姐琛、楊神義、弥姐后進皆重見，前見者有佛銜，後見者稱邑子，當系一人）

（十）《邑主弥姐後德合邑子卅人等造像記》附《唐乾封元年改造佛像記》

夫真如大覺，萬行俱備，像法吾風，有緣斯覩。自非□斯憂田，仰尋聖跡者哉。是以鑄金漏①木，以表聖容。然今都像主弥姐後惠合邑②卅人等，識世非常，感情内發，迭相勸化，採石名山，造四面像一區。其功以③就，願國祚永隆，三寶常續。又願合邑子等老者延康，少者益壽。

---

① "漏"爲"鏤"之訛。
② "邑"下漏一"子"字。
③ "以"爲"已"之訛。

愎①及法界倉②生，緣此徽因，等成正覺。
開皇六年歲次丙午六月□□朔八日丁亥成

　　北面像主雷香香　邑子弥姐阿醜　邑子弥姐神安　邑子弥姐雲慶　邑子弥姐明貴　邑子弥姐洪暉　邑子弥姐煤見　邑子弥姐貴昌　邑子弥姐魯熾
　　（以上碑記和題名在碑陰中段，碑記占一大方，題名兩段，下一段被唐代乾封元年的村民磨平，另造碑銘，詳後）
　　南面像主□□□□□□□□□□□弥姐祖慶　都像主弥姐後惠　邑子雷男姐　□□□□弥姐□遷　像主弥姐景和　香火弥姐子暢
　　（以上在碑陽，分三列，每列題名二名）
　　□□□□□□都督弥姐顯祭　都維張浮圖磨　邑子弥姐杸③惠　邑子弥姐顯周　邑子弥姐興國
　　（以上在西側面。分三列：上、中列各一人，下列三人）
　　東面像主□□□□　邑子弥姐阿妃　邑子弥姐僧熾　邑子弥姐□　邑子弥姐明達　邑子劉良貴　邑子弥姐萇生
　　（以上在東側面。三列：上列一人，中、下列各三人）

此碑陰面下段被唐代乾封元年（666）的村民鬲苟子等磨去原造像人的姓名和刻像，又在上面刻一碑記和題名，原文如下：

　　余以真如大覺，萬行具備，佛法有緣，□如斯觀，憂尋聖迹，惟念福田。是以漏石鑄金，出離生死。然今都像主鬲苟子合邑子廿五人等識行表蹟，咸發□心，上爲皇帝聖主，下救三塗，共誓此心，願成□德。其□等□已□□粧嚴此像。其功以了。又願合邑子等老者□□，少者延長。復爲蠢□倉生，永除三□，同入法門，□成正覺。
乾封元年歲次景寅正月八日庚辰朔成。
　　（以上碑記在左方）

---

① "愎"爲"復"之別字。
② "倉"應作"蒼"。
③ "杸"當作"抚"，與"拔"同。

都□□輕車都尉弥姐□□ 都化主武騎尉武文□議檢□□ 大齋主飛騎尉楊師邑主任□□ 香火主武騎尉武威等事張□□ 像主楊士宗 像主孫玄德 像主康阿難 像主張醜仁 大像主紀□軍 都像主禹□□ 邑子李德 邑子雷師緒 邑子雷神帥 邑子元神壽 邑子任僧奴、男恩九 邑子張玄儉 邑子楊石生 邑子鄧胡馬 邑子王道政 邑子梁宏士 邑子韓阿果 邑子房仁表 邑子□□敬 邑子□□□

（以上題名在右方）

附錄二 關於關中羌村羌姓的劄記

古今文獻之談關中羌村、羌姓者甚夥，一時無暇編組爲文，茲就觀感所及，略爲摘錄如次。

古詩人之詠羌村者，以杜少陵爲最著。當天寶末年，詩人初徙家屬於奉先縣（今蒲城縣），繼而轉徙白水縣，後又播遷至鄜州。上述州縣自古爲羌村分佈最多的地區，詩人往返其間，不可能不與羌村發生關係而在詩歌中流露出來的。《彭衙行》一詩是他回憶在白水（白水縣古稱彭衙）時受到故人孫宰的款待情狀。內二句云："小留同家窪，欲出蘆子關。"蘆子關在延州，詩人欲將出關之靈武，此與羌村無關，姑不論。而白水縣之同家窪，我想就是同蹄羌居住的村落，漢人孫宰居此村中，正可證明唐時羌漢雜居是很普遍的了。到鄜州後，詩人的家屬寄居在羌村，今鄜州北鄉距城30里向有羌村，可能就是詩人家屬所居的村落。至德二年（757），他自鳳翔返鄜州後，有《羌村三首》，敘述與老妻子女悲歡離合之狀，至今尚爲人們所傳誦。所可異者，三首內許多地方是敘述與村鄰往還酬酢之情，如"鄰人滿牆頭，感歎亦歔欷"；"父老四五人，問我久遠行，手中各有攜，傾榼濁復清。"爲什麼絲毫沒看出關於羌人的消息呢？杜詩有些篇目對於羌人的衣飾特點是反映很鮮明的，例如《送韋十六評事充同谷防禦判官》云："受詞太白腳，走馬仇池頭；羌父豪豬靴，羌兒青兕裘。"同谷在成州，難道是由於成州一帶的羌人尚留守許多部族特點，而關中之羌自中唐以來便多數漢化了嗎？

唐代文人敘述羌姓者亦多，如《王摩詰詩集》中之《送不蒙都護歸安西詩》，此不蒙氏即夫蒙氏。又如《元氏長慶集》有"白紵嚬歌黛，同蹄墜舞釵"。原注云："同蹄，樂人名。"實際上同蹄是羌姓，此句乃指同蹄羌婦女之作歌舞者。可知在天寶以後關中羌人的民族風格尚未盡泯，只是不大顯著罷了。最突出的是顏師古注《漢書·趙充國傳》時謂關中羌之姓罕开，云："而今羌姓有罕开者，總是罕、开之類合而言之，因爲姓耳。"此姓在東漢時分爲罕、开二姓，直至十六國前秦時尚未合而爲一。至北周保定四年（564）《聖母寺四面造像銘》，原來的罕开二氏此時已合爲一。唐時顏師古的推論，謂罕开是罕與开合而言之，完全是對的。此外，唐宋人有些著作，如《元和姓纂》、《廣韻》、《姓解》、《通志·氏族略》等對於關中羌姓多少都有些敘述，成爲現代人研究關中部族姓氏的重要文獻。

近世記述關中羌村、羌姓的文獻，主要是陝西的縣志，然近世羌村與古不同。古代的羌村多爲羌姓，村名與姓氏大體上是一致的。近世有的羌村只有其名，而無其姓，村名因此而改變者很多。羌姓不一定住在羌村，姓羌姓的人們已經不自知其原爲羌族，有的且諱言自己的祖先是羌族。從這些現象都可說明，從唐代中葉以後，關中的羌村和羌姓都已經發生變化了。雖然如此，但近代現代關中的縣志上和地圖上仍然有不少的羌村和羌姓。從這些遺跡，我們還可以推測古代羌人在關中分佈的面貌。

羌村是因村里的羌姓而命名的，羌姓的變化自然也就引起了羌村之名的變化。原來單音的羌姓變化較少，例如昝氏只變爲党氏，雷氏和姚氏仍是雷氏和姚氏。復音的羌姓，例如夫蒙、同蹄、荔非、弥姐、罕开、屈男、傉蒙、昨和、鉗耳、地連等等，一般有單音化的傾向。簡言之，即羌人的複姓多變爲單姓。例如夫蒙氏之爲馬氏或蒙氏，同蹄之爲同氏或周氏，弥姐之爲彌氏，罕开之爲井氏，屈男之爲屈氏，傉蒙之爲蒙氏，昨和之爲和氏，鉗耳之爲王氏……，有的我們還沒有詳細調查研究過。

現以清代和民國時所修續的陝西省縣志爲主，再參考近年來出版的各種陝西省分縣地圖，試分述各縣的羌村羌姓如次。有的縣志有氏族表，對於羌姓統計很有用處，抄錄於後。

（一）清乾隆《蒲城縣志》、光緒《蒲城縣新志》、《蒲城縣新志·建置志》

東鄉：井家，蒙家，党家莊，党家，党家溝，腰党村，雷家坡，雷家前頭，党家灣，蒙家坡，蒙家新村。

西鄉：屈家老堡，雷家，井家東村，井家西村，雷李堡，雷家南阜，党定李家，党家，雷家，雷坊村，前雷家，後雷家，中雷家，雷家，大雷村，小雷村，雷家，党家。

南鄉：坡底雷家，東家豐井家，西家豐井家，井村張家，井家，党睦鎮，井馮家。

北鄉：屈家，屈家堡，東党前村，東村，党家，罕井鎮，彌家，井家原，井家堡，井家河，井家塔。

《新志·堡塞志》：

南鄉：井家堡。

《新志·市鎮志》：

南鄉：党睦鎮，鉗餌鎮。

北鄉：六井鎮，罕井鎮。

按：蒲城縣自古爲羌村、羌姓分佈最多的地區。黨、雷二姓分佈在東西鄉。蒙姓爲夫蒙氏的簡稱，分佈在東鄉。井姓最多，分佈在南北鄉。北鄉並有罕井鎮。"罕井"原爲"罕开"。"开"的古音，漢代應劭注爲羌肩反（tɕ'iæ），後开亦讀 tɕ'i，與"其"同音。最後則訛爲"井"，讀 dʑin。關中姓井者很多，至少有一部分與罕开有關。顏師古注《趙充國傳》，謂唐代文獻已變开爲井。實則十六國前秦和北朝的碑銘已經變开爲井了。蒲城南鄉有鉗耳鎮，北鄉有彌家村，彌家當爲弥姐家之省稱，二者皆爲西羌著姓。

（二）清順治《白水縣志》、乾隆《重修白水縣志》、《白水縣志·鎮堡志》

雷衙鎮，縣東北 20 里。

雷村鎮，縣東南 30 里。

馮雷鎮，縣東 15 里。

同書《古跡志》中雷衙亦作"雷牙"，云："雷牙，縣東北三十里，傳雷祥造器處。"

同書附縣輿圖，縣東兩三里有鉗耳溝、馮雷莊、雷公墓。縣東北有南井頭，縣北有北井頭。

《重修白水縣志·建置志》：

（甲）會賓鄉：（1）通遠里，有雷村鎮，距城 30 里。（2）文化里，有小北乾耳，距城五里；南乾耳（內一部分屬懷德里）；馮雷莊（內一部分屬寧化、先進兩里）。（3）侍均里，有大雷公村，距城 15 里；扶蒙村（內有屬文化、修義兩里），距城 20 里。（4）臨川里，有小雷公，距城 15 里（以上七羌村在縣城的東面和東南面）

（乙）長寧鄉：（1）寧化里，有北井頭，距城五里。（2）先進里有雷衙鎮，距城 20 里；北乾耳，距城 25 里。（3）守信里，开家窰，距城 15 里。（以上四羌村在縣城的東北面）

（丙）慶雲鄉：（1）歸敬里，有南井頭；井兒，距城 20 里。（以上一羌村在縣城的南面）

按：白水縣也是羌村、羌姓分佈最多的地區。除大量的雷姓外，有南乾耳、北乾耳、小北乾耳等村，此"乾耳"爲"鉗耳"之異譯無疑。此乾讀如千，與鉗同音，不讀幹。又有扶蒙村，即夫蒙村，在縣東二十里。开家窰，开讀如"汧隴"之"汧"，音 tɕ'iæ，與罕开之"开"同音。村名仍保存古音开爲"羌肩反"的遺音。除开家窰之外，向有南井、北井、井兒諸村，疑與罕开皆有關。

（三）民國《澄城縣志》

《澄城縣志·建置志》云縣南有雷莊鎮、党家巷。縣志附載《里村莊道路》：

（1）陽城里：趙党原，党家河，雷家窊。

（2）通賢里：白家雷莊，劉家雷莊，索家雷莊，雷張家雷莊。

（3）新其里：党家原，在縣南 15 里。

（4）伏龍里：南社党家村，在城東南 25 里；雷家河，在城東南 30 里；雷家圪嶗，在城東南 40 里。

（5）遵教里：和家樓，在城東南 40 里；雷家溝，在城南 50 里。

（6）寺前里：党家莊，在城南 40 里；南党前村，南党後村，在城東南 45 里。

（7）玉善里：雷家河，在城西北 70 里。

（8）武定里：北雷村。

（9）太慶里：雷家河，雷家窊，雷家莊，在城東北 35 里。

按：澄城縣北朝時爲李潤羌故地，羌姓繁多，自不待言。但近世縣志所載，羌村只雷、党、和諸姓，可知古今變化很大了。許多原來是雷姓的村落，近世變爲白家雷村、劉家雷村、索家雷村、雷張家雷村等等，可知其變化之一般。

（四）明萬曆《郃陽縣志》、清順治《郃陽縣志》

縣志輿圖繪載：縣城東有東蒙寨；縣城西南有和家莊、北党村；縣城西北有甘井鎮。

按：東蒙寨當爲夫蒙羌村落。甘井鎮當即罕开鎮。古代"甘"與"罕"同音，故甘井即是罕开。

順治《郃陽縣志》有北伏蒙、南伏蒙、東伏蒙，俱在縣東境。

按："伏蒙"即不蒙或夫蒙之異譯。北、東、南三伏蒙村，當即萬曆《志》中之東蒙鎮所屬各村莊也。相互對照，夫蒙改爲蒙氏之説益爲可信。

（五）民國《大荔新志·建置志》

（1）洛西鄉：雷寨舊名雷村。
（2）埝洛鄉：雷寨村舊名雷家寨。
（3）賀鍵鄉：党石村。
（4）漢鎌鄉：党客村。
（5）衛翼鄉：北党，北党灣，雷家。

（六）清順治《洛川縣志》、民國《洛川縣志》

順治《洛川縣志》：

同蹄鋪在縣東北。《志》云：其郵傳，西河鋪通同蹄鋪。

按：今《陝西省行政區劃圖》，銅蹄作"桐堤"，其音同而字異。

民國《洛川縣志》附各鄉輿圖：

（1）自治鄉分圖，有屈家溝，屈家峁，後屈家河。
（2）和平鄉分圖，有党家原，雷家岚，上桐地，下桐地。
（3）大同鄉分圖，有東井村，荊雷村，侯井村。

《行政區劃》集成里有進蒙鎮。

按：上、下桐地，即上、下桐堤，亦即上、下同蹄，在北鄉，都是古代的羌村和羌姓。"進蒙"疑爲"僬蒙"之訛。"僬"原作"儁"，《集韻》云，同"俊"，後簡化爲"僬"。"進"（tɕian）音與"僬"（tɕiun）略同，故《洛川縣志》把"僬蒙"訛爲"進蒙"。

（七）清道光《重修鄜州志》

《鄜州志》列鄉村里距：

（1）西南鄉：雷金村，距城 35 里；党亥，距城 50 里；彌家川，距城 60 里；雷家原，距城 70 里。

（2）西鄉：姚家原，距城 20 里；屈家溝，距城 150 里。

（3）西北鄉：鉗兒，距城 25 里。

（4）北鄉：同家咀，距城 30 里；羌村，距城 30 里。

（5）東北鄉：折家埝，距城 40 里；党家莊，距城 50 里；屈家灣，距城 70 里。

按：州志彌家川，彌家即弥姐家省稱。鉗兒即鉗耳之音變。同家咀，即同琋家之村落。折家埝中之折家頗堪注意。《元和姓纂》與《氏族略》皆以莫折氏爲關西複姓。北魏秦州羌帥莫折念生據城反魏。折氏疑是莫折氏的簡改。縣北 30 里之羌村，可能就是唐代詩人杜甫在鄜州時所居之羌村。

（八）民國《黃陵縣志》

《建置志》有兩羌村：

（1）橋山鎮有党家溝。

（2）太賢鎮有阿鸑村。

《戶口志》附氏族：

（1）白姓 88 戶；（2）党姓 46 戶；（3）雷姓 45 戶；（4）屈姓 8 戶；（5）周姓 23 戶。

（九）民國《宜君縣志》

《城堡》，雷原鎮在縣城東南 90 里。

（一〇）民國《同官縣志》

《建置沿革志》：

（1）中山鎮（城關及近郊）有北雷、南雷。

（2）黄堡鎮（南鄉）有阿党河。

（3）文明鄉（西鄉）有党家原。

（4）紅土鎮（東鄉）有党家墱、党家塔。

（5）陳爐鎮（東南鄉）有雷家坡。

（6）金鎖鎮（東南鄉）有雷家溝。

《氏族表》：

（1）井姓 6 人：紅土鎮 5 人，金鎖鎮 1 人。

（2）同姓 40 人：中山鎮 16 人，石柱鎮 15 人，陳爐鎮 4 人，金鎖鎮 5 人。

（3）和姓 188 人，在陳爐安愈村（即干峪）、南窪里、羅寨等村。

（4）屈姓 18 人：中山鎮 4 人，黄堡鎮 10 人，紅土鎮 4 人。

（5）党姓 690 人：中山鎮 66 人，文明鄉 85 人，黄堡鎮 237 人，紅土鎮 276 人，金鎖鎮 26 人。

（6）雷姓 266 人：中山鎮 25 人，文明鄉 14 人，石柱鎮 108 人，黄堡鎮 35 人，陳爐鎮 10 人，紅土鎮 43 人，金鎖鎮 31 人。

（7）周姓 225 人：中山鎮 39 人，文明鄉 19 人，石柱鎮 15 人，黄堡鎮 3 人，陳爐鎮 10 人，紅土鎮 130 人，金鎖鎮 14 人。（按總數爲 230 人）

按：新舊《唐書·孝友傳》，同官同蹄氏亦作周氏，故《志》中周姓亦采入計算之中。

（一一）清乾隆《續耀州志》

南鄉开家坡，有 49 户。

（一二）清乾隆《富平縣志》

（1）東鄉：呂党村。

（2）北鄉：雷古鎮。

（3）西鄉：党家堡，雷家堡。

（4）東北鄉：党家堡，党堡，東井、西井堡，党東堡，油党堡，党堡，党北堡，西党堡，東党堡，党堡，南党堡，雷北坊，党家山。

（一三）清康熙《三原縣志》、光緒《三原新志》

《建置志》内有雷家巷，在東門内北渠之南。又有雷官里，在縣東 30 里。《三原新志》附縣輿圖，縣城東鄉有圪塔雷，東南有雷遜三堡。

又東鄉河北岸有雷家。縣東北角有雷家溝、党家溝。

總之，從上述 13 縣的 18 種縣志之資料可以看到古代、近代渭北各縣的羌村是很多的。羌族的姓氏，由上述資料所提示的有雷氏和党氏，占最多數。其次，有鉗耳氏、夫蒙氏、罕井氏、儁蒙氏、同蹄氏、屈氏、和氏、彌氏、折氏、同氏、周氏、姚氏、蒙氏、井氏等等。同氏和周氏是從同蹄氏演變而來的。井氏出自罕開氏，蒙氏出自夫蒙氏。此外，屈氏爲屈男氏的省稱，和氏爲昨和氏的省稱，折氏爲莫折氏的省稱，在《關中部族》中大體都已論述。近世羌姓諸族皆已漢化，羌村已成爲歷史上的遺跡，故明、清縣志及一般輿圖皆不加考察，順便以一兩同音字代之。例如夫蒙氏，《郃陽縣志》稱爲"伏蒙"，《重修白水縣志》稱爲"扶蒙"。鉗耳氏，《重修白水縣志》稱爲"乾耳"，《重修鄜州志》稱爲"鉗兒"，《蒲城縣新志》稱爲"鉗鉺"。罕開氏，《蒲城縣志》稱爲"罕井"、"井氏"，《重修白水縣志》稱爲"开家"，萬曆《郃陽縣志》稱爲"甘井"，《續耀州志》稱爲"开家"。同蹄氏，《同官縣志》稱爲周氏，民國《洛川縣志》稱爲"桐地"，《重修鄜州志》稱爲"同家"，今陝西行政圖稱爲"桐堤"。儁蒙氏，民國《洛川縣志》稱爲"進蒙"。這種演變可能越來越多，直至原來的名稱消滅爲止。

從羌村名稱的分佈言，党、雷二姓的村名主要集中在洛水中遊的東西兩岸。罕開氏多在蒲城的南北和白水縣的東部。夫蒙氏多在蒲城、白水、合陽三縣。鉗耳氏多在白水、蒲城、鄜州。同蹄氏多在銅官、白水、洛川和鄜州。它如儁蒙氏之在洛川，折家之在鄜州，彌家之在蒲城、鄜州，屈家之在蒲城、黃陵、銅川，和家之在澄城、銅川，都有一定的歷史根據，可用以推測古代羌姓在關中的分佈狀態。

校後補記

　　原稿是在1963年初夏寫成的。由於從前不曾到過耀縣，所以對稿中應屬於耀縣的九個碑銘，只作了一般的推測，而不能確指它們在何縣何村。1965年7月，我從延安參觀回來，到耀縣參觀了文化館，始知《夫蒙文慶造像銘》、《雷樹等五十人造像銘》、《儁蒙顯達造像銘》、《雷文伯造像銘》、《同琛龍歡等造像記》、《雷明香造像記》、《郭羌造像記》、《雷惠祖等造像記》、《弥姐後德等造像記》九碑都在館內的東西走廊。此外，碑廊內還有西魏大統元年（535）的《毛遐及邑子二十八人造像記》、大統四年（538）的《邑子雷并州等造像記》、北周保定五年（565）的《比丘僧和識達造像記》，以上三碑皆與少數部族造像有關，應該補入原稿之內。

　　在參觀前後，我訪問了縣裏70多歲的宋仁三先生，並讀了從前人的一些著述和紀錄，於是對各碑的所在地有了進一步的理解。《雷文伯造像銘》、《雷明香造像記》、《雷惠祖等造像記》、《弥姐後德等造像記》四碑是1927年本縣土豪軍人雷天一（吼）派兵在各處搜羅而來的，原來在什麼村落，皆不可考。後來他又派人在各處搜集，在1934年搜到的有《夫蒙文慶造像銘》，是在坡底村搜到的；《同琛龍歡等造像記》，碑石在文正書院，本院在塔坡，是聖德寺的遺址，碑石可能是該寺的舊物；《儁蒙顯達造像銘》，是從縣城東南漆河的沙灘上運來的。以後又繼續搜羅，計在1935年從雷家崖移回《郭羌造像記》，在1940年從沮河沙灘移回《毛遐等造像記》。原來沮河在縣城的西郊，漆河在縣城的東郊，每當山洪暴發時，兩河沿岸的建築物為暴洪衝擊，損失甚大，碑銘造像隨洪流而下，最後多擱淺在城南兩河匯流的沙灘之上。其中有些碑石原在兩河沿岸的廟宇中的，有些碑石則豎立於村落附近的大路旁邊。關於後者，如《儁蒙顯達造像銘》，原在漆河上游的"大路顯敞之處"；《毛遐等造像記》則原在沮河上游的大路旁，如碑《記》所云"立在通衢"是也。至於兩碑在兩河的哪一段落和河之東西，就無法知道了。

這裏附帶說明一下北朝關中民間造像開始於何時的問題。寫稿時我採用《關中金石志》之說，以為關中民間造像始於北魏太和十二年（488）的《大代暉福寺碑》。自從在耀縣參觀以後，便知從前的論斷錯了。耀縣文化館現存始光元年（424）的《魏文朗等造像銘》，早於《大代暉福寺碑》64年，且在魏太武滅佛運動以前，這是目前所知北魏民間造像最早的一石了。其次，近年興平縣出土的皇興五年（471）造像碑，現陳列於陝西省博物館，亦比《大代暉福寺碑》早17年。由此一端，可知個人對事物的認識是很有限的，不只對未發掘的東西認識不到，就是已經擺在面前的東西也還認識不夠。補記於此，以贖前愆。

1965年7月6日補記

南诏国内的部族组成和奴隶制度

一、前言

8世纪以前，云南地区虽然也曾出现了一些小的王国，例如昆明（昆弥）国、滇王国、白子国、爨王国[①]等等，但它们的性质仅仅是部落联盟或部族国家的雏形罢了。只有从8世纪前叶起所形成的南诏国才可以说是一个比较强大的多部族、多部落的国家。

南诏国家之所以能够形成，一方面是由于在8世纪前云南的几个主要部族，如"乌蛮"和"白蛮"，他们的奴隶社会已经发展到较高的阶段，在个别地方新生的封建因素又不断在滋长，生产力和生产关系的发展冲破了原有邑落的限制和部族、部落间的界限，需要出现一个比较统一的政治形式来代替。南诏国家就是在这种形势下应运而产生的。另一方面，云南的各地各族，不只在部族之内，而且在不同的部族、部落之间，早已不是各自为政、各自为战的孤立隔绝状态了。他们彼此之间或多或少已经产生了商品交换、人口移殖、婚姻往来的关系，也已经产生了军事政治上的攻守同盟和迭相统治的关系。这些关系促使原来分散在各个山头山坳的部族、部落依附于河谷小平原上较富强的邑落，而许多里距较近、经济联系较繁的邑落又在更大的河谷平原上形成了一些既是地方经济中心又是地方政治中心的城镇和都市。

[①] 昆明，一称昆弥，其国建置的年代不详。《新唐书·南蛮传》云："昆明国，西南夷也，在爨之西，（以）洱河为界，即叶榆河。"据此知此国在西爨之西，洱海之东。汉武帝元封二年伐之，并入益州郡。唐贞观十九年梁建方降其部落，当为此国灭亡之时。滇王国成立于公元前3世纪中叶，首邑在晋宁，疆域约在今滇池湖区。至公元前2世纪末，合并于中国，仍称滇王。白子国在今红崖坝，属弥渡县。红崖在二三十年前称为白崖，故白子国亦称为"白崖国"。《南诏野史》称白子国建于公元前1世纪汉武帝时，至三国时又称为建宁国。爨王国之名虽不见于著录，但爨氏大姓霸占滇中数百年，直到唐初尚有西爨王碑，文曰"昆明隋西爨王之墓碑"，碑在今昆明，上题"成都阗丘均撰文，蜀人贾余绚书丹"。《蛮书》及《新唐书·南蛮传》并载"爨归王"之名。所以我们称之为爨王国。

例如滇池湖区和洱海湖区的许多城镇都市，就是在这种条件下产生的。地区性经济政治中心的出现，为南诏国家的形成创造了条件，8世纪的南诏国家就是建立在上述经济和政治的条件之上的。

除此以外，我们应当充分估计历代中原人民对于云南经济文化的促进作用和7、8世纪唐王朝的拓边政策对于南诏国家形成的重大影响。云南之为中国领土的一部分和云南各族之为中国诸民族的一个组成部分，从公元前2世纪末，即西汉元封二年（前109）就开始了。在此以前，公元前3世纪的秦时，中原通云南的东西两条大路，即僰道路和青衣路早已开辟，中原和云南人民早已进行了各种商品贸易。① 中原的犁耕、灌溉、冶铁三种技术约在1世纪前后传入云南。② 云南的重要城镇很早就有汉族人民、士兵、官吏居住，他们带入了汉人的语言、文化以及其他各种知识。云南各族受到汉人文化的影响，也常到中原观摩、学习，有的在内地为官为吏，有的成为精通"五经"的学者③，这样就更进一步发展了中原与云南之间的文化交流。在三国、

---

① 僰道路是从公元前3世纪秦时开辟的，称为"五尺道"。《史记正义》引《括地志》云，五尺道在郎州。郎州治曲靖味县，五尺道当在曲靖以北，宜宾以南。沈钦韩以为在叙州府庆符县南五里。按汉武帝时又发动巴蜀四郡人民重筑此路，其长当不止于在庆符县境内。僰道治今宜宾，此路从僰道开始，故称之为僰道路。青衣路是从汉代的青衣县（今雅安县）开始，经旄牛县（今青溪县）、邛都县（今西昌县）、会无县（今会理县）而达益州。此路亦称为"古道"。开辟时间，据《史记·司马相如传》，亦在秦时，所谓"邛、笮、冉駹者近蜀，道亦易通，秦时尝通为郡县"是也。到汉武帝时，又"桥孙水，以通邛都"（《司马相如传》）。孙水即今安宁河，邛都即今西昌县治。此路由青衣县开始．故称为青衣路。又《史记·西南夷列传》和《汉书·地理志》记载，蜀郡从越巂、僰道、滇王国输入的，有筰马、旄牛、僰僮；越巂、滇王国从蜀郡输入的，有铁器、漆器，或者还有丝织品。参考晋宁滇王墓群出土的文物（《云南晋宁石寨山古墓群发掘报告》）。
② 晋宁滇王墓出土的，有铜犁，有铁斧，但铁的其他工具很少。到了后汉，《续汉书·郡国志》始记载：越巂郡台登县（今冕宁）出铁；会无县（今会理）出铁，益州郡滇池县（今晋宁）出铁；永昌郡不韦县（今保山）出铁。近年在鲁甸的"梁堆"古墓里发现东汉时期的铁制斧头和三尺长的铁制物。所有这些关于产铁和制铁的情况和蜀郡的冶铁技术关系至密。灌溉技术的传入，请参考《后汉书·西南夷传》、《华阳国志·南中志》有关文字各条条。犁耕技术参考《汉书·西南夷传》，传言滇与邛都之人皆椎结，耕田，有邑聚。晋宁滇王墓又发现铜犁、铁斧。这些犁耕技术与古代汉族农民之入滇垦殖有关。
③ 例如西汉时云南昭通的孟琁（孝琚）。他的曾祖在严道（汉属蜀郡，今邛徕）做官，父亲又在武阳（属犍为郡，今彭山）做官。琁随父在武阳，受《韩诗》，通《孝经》。以丙申年卯月卒，归葬昭通。现在《孟孝琚碑》仍在昭通县城内。案孟孝琚碑文，卒年在汉成帝河平四年（前25），其曾祖做官年代当在汉景帝或武帝之世。或谓卒年在东汉建武十二年（36），相差亦只一纪。又案滇东及滇东北孟氏，东汉以来为大姓之一。三国时有孟获，曹魏末年有孟干、孟通（《华阳国志·南中志》），唐时有孟聘、孟启、孟谷悮（《蛮书》卷4,《张曲江文集》卷12）。诸孟氏皆东爨乌蛮，汉代的孟琁似亦非汉人，系当时滇东北的少数民族。

两晋和南北朝的前期，云南始终是在中国统一的或地方的政权统治之内，中原政府遣派长吏治理其间。到了 6 世纪中叶（548），梁南宁州（治味县，今曲靖县城以北）刺史徐文盛退出南中，爨氏大姓始称霸一方，统治东西两爨约 50 年。到 6 世纪末叶，隋开皇初年又在云南置州设官，并出兵滇池、洱海二区，从此云南又归中央政府所统治。但隋朝对云南仅系羁縻性质，爨氏大姓时附时叛，与从汉到梁之由政府派遣长吏驻治各州的情况有所不同。唐代初年，为了经略东西两爨，在云南以北设巂州都督府（治今西昌），东北设戎州都督府（治今宜宾）。稍后又设姚州都督府（治今姚安）和安南都护府（在今越南民主共和国境内）。后者是为了统治东爨和安南，前者除了继续经略西爨故地外，也还是为了防御吐蕃王国对洱海地区的侵略。自咸亨元年（670）唐蕃和平破裂以后，吐蕃不断出兵西川和云南的西北部。约在仪凤三年（678）以后，西洱河"诸蛮"皆臣属于吐蕃①，吐蕃并与姚、巂诸族屡次进攻姚州。这种形势对于唐代的西南边疆的安全，是很大的威胁。因此从中宗神龙二年（706）起，唐朝屡次遣将从巂州、姚州出兵，在洱海以北地区对吐蕃和归附吐蕃的"乌、白蛮"展开战争。② 多年战争的结果，于唐不利，自景云年间（710—711）以后，姚、巂道路，连年不通。而且从公元 7 世纪中叶起，洱海外围的"乌蛮"首领看到洱海区的"白蛮"大姓日益衰落，率领所部逐渐向洱海附近扩展，故在 8 世纪初形成六诏乌蛮首领的割据之局。六诏或八诏的分立，对于吐蕃王国的蚕食政策是有利的，对唐朝是很不利的。因此，当六诏分立和吐蕃西侵之时，中央兵力既几经挫折，姚、巂道路又连年不通，所以唐朝不得不以统一六诏之事瞩目于距离吐蕃较远之南诏。从开元到天宝初年，一般史志只记载唐对南诏封王加爵之事，但此仅表面文章而已。实际上当蒙归义父子出兵攻石和城及剑川时，唐朝已派御史严正诲、中使王承训参与其间。又天宝七载、八载（748—749），爨氏大姓拒绝越巂都督竹灵倩筑安宁城、开步头路，并嗾使滇中各族毁城并杀筑城使

---

① 案：一般记载，西洱河蛮之降吐蕃与吐蕃之拔茂州安戎城同年，《旧唐书·吐蕃传》系此事于仪凤三年（678）是对的。《资治通鉴》卷 202 所述亦同。《新唐书·吐蕃传》系此事于永隆元年（680），《南蛮传》则笼统称在显庆以后，俱不可从。

② 如神龙三年（707）唐九征之出兵；景云元年李知古出兵，被傍名所杀；开元元年（713）姚州都督李蒙出兵被杀，皆与吐蕃联合姚、巂蛮酋之攻唐有关。从此可以看到 8 世纪初唐蕃在洱海湖区争夺战的激烈。

者。当此之时，唐朝又令都督李宓、中使孙希庄、黎敬义及御史韩洽鼓动南诏出兵[①]，促成南诏统一两爨之局。由此可见，南诏之所以能够很快地翦平五诏，占据“二河”（西洱河以东以西，南诏称为二河），统一两爨，皆与唐朝之出兵遣使和积极支援有密切的关系。

云南自古以来就是一个比较复杂的多部族、多部落的地区。从各族的文字记录看，二千年以来，滇池周围以及滇东、滇东北主要是彝族的分布区，历史上所说的“东爨乌蛮”和这一带的彝族有不可分离的关系。洱海附近，东至姚安一带主要是白族的分布区，历史上所说的“昆弥蛮”和“白子”，还有唐代所谓“白蛮”的一部分无疑就是指今日的白族。元江以西、西南和保山以南、以西诸低凹平原主要是傣族的分布区。唐代人所说的“饰齿”、“雕题”诸“蛮”，明清人所说的“百夷”，有时也称作“僰夷”，就是指这些傣族而言。澜沧江流域北段和以西，主要是若干属于缅藏语系的纳西族、傈僳族、怒族、俅族和属于孟克蔑语系的蒲族、崩龙族所分布，古代所说的“磨些蛮”、“栗粟两姓蛮”、“寻传蛮”、“裸形蛮”（“野蛮”）、“望苴子蛮”、“扑子蛮”等和他们都有密切的关系。当然，部族、部落的分布不是一成不变的。各族内部的阶级分化、阶级斗争和生产资源的贫乏，亦或外部的外族侵略和外族统治阶级的压迫、剥削，都可以引起部族、部落的迁徙。但从历史上各族迁徙的幅度看，彝族的迁徙历史是非常惊人的。据最近贵州毕节专署所翻译的彝文经典《西南彝志》等书记载，约距今1500至2000年之内，彝族祖先所谓“六祖的子孙”从昆明一带出发，不只迁徙到滇东、滇东北、滇西、滇南等地，就是贵州西北部、西部和四川南部大小凉山、西昌专区和永宁等地到处都有彝族的分布，迁徙幅度超过其他各族。在云南少数民族中人口占比较多数的，是彝族、白族和傣族三种。古代的白族和傣族自然亦各有他们的迁徙历史，但是在8世纪以前，白族和傣族的迁徙幅度无论如何和彝族比较是相差很远的。古代蜀东南、滇东北的僰道里的僰人，多年以来大家虽都认为与白族为同族，但白族的主要分布区仍然集中在滇西的洱海湖区之内。直到大理国时期（938—1254），白族人民在段氏、高氏等统治阶级首领有意识的支配下，才广泛地分散到云南的中部和南部及金沙江以北的

① 参考《南诏德化碑》。

安宁河流域。① 在此以前，白族的分布虽然在金沙江以北及滇中等地也有一些，但无论如何不能和彝族分布之广比拟的。至于傣族，在南诏建国以前和以后，距离南诏的首都阳苴咩城很远。当时所谓"饰齿"、"雕题"的许多傣族，有的分布于距阳苴咩城300里的永昌（今保山）以南和以西（如腾冲等地），有的分布于距离龙尾城（今下关）11日程的开南城（在景东以北，楚雄以西南）以南的低湿平原之上。② 开南附近原无傣族，《元史·地理志》记载自南诏于此设银生府以后，"金齿蛮"始北上，陷银生府，南诏国移府治于威楚（今楚雄）。③ 这是南诏时期云南傣族最北的分布。约于明代初年，景东府的傣族始大量向北迁移，宁远府的迷易、马喇等土司及他们所属的"僰夷"，都是明初北迁的。④ 由此可知，在南诏建国的前后，彝族的迁徙幅度很大，白族次之，傣族的迁徙较少。这些情况对于我们研究南诏国内的部族组成有很大的关系。

云南地区不只部族、部落复杂，在一定的历史时期内，各部族、部落的发展也是很不平衡的。有些部族、部落的分化和迁徙频繁，由原来的一个共同体发展为几个共同体，分散迁移各地。他们的语言虽还不曾有所变化，还是属于同一个语族，但是他们既不生活于同一地域之上，而经济的联系又微乎其微，甚至于互不相关，所以它们纵然属于同一语族，却具有不同的社会制度。例如100多年以前云南各地的彝族及解放前后云南、四川、贵州各地的彝族，就存在着不同的社会制度，可作例证。反之，不同的部族交错杂居于一个地区，生活于相互融合的过程之中，虽然共同的部族语言还没有形成，但他们的经济联系如交通、贸易和阶级统治和阶级剥削的关系早已开始而且还继续发展，在这种情况下，不同的部族也可以具有相同的社会制度。例如7、8世纪洱海地区的"白蛮"和"乌蛮"的情况就是如此。

正由于各地各族生产力发展的不平衡和生产关系的悬殊，所以云南地区在一定时期内经常有几种生产资料所有制和几种生产关系同时并存着。这样

---

① 参考《元史·地理志四》；袁嘉谷《姚郡世守高氏源流》，见民国《姚安县志》卷36《人物志》。
② 《蛮书》卷4、卷6。
③ 《元史·地理志四》"开南路开南州"条。
④ 参考迷易土司及马喇长官司的族谱，为今监边马喇长官司所收藏；又明洪武二十五年的《迷易土司纪功碑》，亦可参考。

就给我们研究南诏国的社会制度时带来了不少的困难。但是这些困难，我们在马克思主义的历史唯物主义指导下是可以克服的。在任何一个多部族、多部落地区，不管它有多少种生产方式，其中总有一种生产方式是居于首要的或主导的地位的。我们研究这一地区的经济时，就应当牢牢地抓住这种主要的生产方式，分析它的生产资料是归谁所有，归哪一阶级所掌握，由谁或哪一阶级来支配；分析在生产过程中生产资料所有者和劳动者的关系如何，他们的身份和社会地位如何，生产品分配的形式如何等等。所有这些问题以及与此有关系的其他问题弄清楚了，我们便可以理解这个社会的主要的所有制是什么和在社会中占主导地位的生产关系是什么。8、9世纪南诏国家的经济和南诏人民赖以为生活的既然主要是农业生产，我们就应当抓住这一种生产进行分析。农业生产的主要资料是土地，所以我们对土地的所有权和因土地所有权而引起的剥削与被剥削的关系必须进行分析。土地所有者和土地上的劳动者，他们的生产关系从各方面表现出来：一方面表现于劳动者的身份上，即劳动者是自由的农民呢，还是半自由的农奴，还是毫无自由而他们的身体亦为土地所有者所占有的奴隶？又一方面生产关系也表现在所有者和劳动者之间的粮食和其他生活资料的分配和消费上。我们对分配关系和消费关系加以分析，便可以了解土地所有者对劳动者剩余劳动的剥削性质，从而也就可以看出当时的社会经济形态是属于哪一个类型。当然，除了农业以外，南诏国还有许多其他生产，例如纺织手工业生产、畜牧业生产、兵器手工制造业生产等等，这些生产上所表现的所有制和生产关系大体上都是服从主要的、居于主导地位的农业生产，而以不同的形式表现出来的。

　　南诏国内，除了主要的部族之外，还有许多其他的部族和部落。这些部族、部落对于南诏的"乌蛮"、"白蛮"来说虽然是少数，但他们自己也具有各种独特的所有制和生产关系。在各种所有制内，有的比较南诏的主要所有制可能进步一些，有的比较落后一些，但他们一经被南诏征服以后，他们不可能不受南诏统治阶级的影响，在各部族、部落的生产关系上打上南诏国主要所有制的烙印。例如永昌以西伊洛瓦底江（古称禄旱江，一称丽水）的金齿、黑齿等淘金部落，他们的社会制度还处于原始公社阶段，但被南诏征服以后，他们对南诏的关系是"部落百姓悉纳金，无别税役征徭"①。这种关系，既非原始公社公有制的关系，也非封建关系，而是奴隶主统治原始部落的一种带有奴役性质的生产关系。又如在丽江西北 300 里的铁桥地区有一种裳人，一称"汉裳蛮"，这种人最初是汉人，自被南诏掳掠后，在云南东北川一带做了南诏的奴隶。②他们原有的封建所有制便被奴隶主（无论吐蕃或者南诏）削弱了。因此，可知南诏国的主要所有制和生产关系对于其他各地各族的各种所有制和生产关系必然产生很大的影响和决定作用。

在这里，我们应当特别提出加以批判的，就是在关于南诏国部族组成的问题上，过去曾经存在着一种谬论：这就是殖民主义者们的说法，他们认为"南诏国系泰（傣）族所建"，大肆鼓吹"大泰族主义"，企图割裂云南土地，破坏中国统一，企图组织所谓"大东亚泰族联邦"；这不仅是学术上的是非问题，而且背后隐藏着政治阴谋，我们对此必须给以彻底的揭发和批判③。另外还有一种流行的说法，当其论白族和彝族的起源时，主张白族就是氐族，彝族就是羌族，或者说"白蛮出自氐族，乌蛮出自羌族"。这当然是学术上的争论问题，但为了使各民族的源流问题得到正确的解决，有必要加以深入的讨论。

当 19 至 20 世纪英法帝国主义侵占了印度支那半岛一些国家的领土以后，有不少法国、英国、德国的所谓"汉学家"纷纷发表"论著"，主张"南诏国为泰族所建"。最初发表这种言论的，是 19 世纪的法国贵族歹哈威·歹·圣登尼（D'Hervey de Saint-Denys, 1823—1892）。自从他的"南诏为泰族所建论"发表以后，法国、英国、美国、德国、日本各国学者靡然风从，不以为非。在法国，如洛显（E. Rocher）的《中国的云南省》（*La province chinoise du Yun-nan*）和《云南王史》（*Historie desprinces du Yum-nan et de leurs relations avec la china d'aprés documents chinois*, 1895），邦德里（P. L. Pontalis）的《泰族侵入印度支那考》（*L'Invasion Thaie en Indu-chine*, 1897）；在英国，如巴克尔（Parker）的《古代的僚族和中国》（*The Early Laos and China*, 1890），戴维斯（H. H. Davies）的《云南》（*Yun-nan, Link between India and Yang-tse*, 1909），柯

---

① 《蛮书》卷 7。
② 《蛮书》卷 4。
③ 此稿完成之时，云南大学江应梁同志以其在《云南大学学报》1959 年 6 月号上发表的《南诏不是傣族建立的国家》一文见赠，批判深刻，请参考。

克兰（W. W. Cochrane）的《掸族》（The Shans, Vol. I），吴迪（W. A. R. Wood）的《暹罗史》（A History of Siam, 1920）；在美国，如杜德（W. C. Dodd）的《泰族》（The Tai Race, 1923）；在德国，如克勒纳（W. Credner）的《南诏故都考察记》（Cultural and Geographical Observation Made in The Tali Region with Special Regard to The Nan-chao Problem）；在日本，如铃木俊的《以南诏为中心的云南诸蛮族》（《世界历史大系》五）等。① 这些著作者们都异口同声说"8世纪的南诏国为泰族所建"。有的还说从10世纪到13世纪的大理国也是泰族建立的，元朝忽必烈占领云南以后，才把泰族驱入暹罗。这种说法的背后蕴藏着一系列的政治阴谋，一方面挑拨汉族和云南傣族之间的关系，企图挑唆他们仇恨汉族，以遂帝国主义者统治滇西的阴谋；一方面挑拨中国和暹罗之间的关系，企图扇动暹罗联合中国西南各省的傣族、布依族、侗族、僮族、黎族、仡佬族等等组成一个大东亚的"泰族大联邦"，这样就容易被帝国主义者一网打尽，置掸傣语系的诸族于万劫不复之境地。请看美国学者杜德的说法：

> 溯自中国境内的泰族人已失其自由垂七百年之久，然彼等尚能保全泰族固有的文化，而不为汉族所同化。仅就语言一项而言，今云南之泰族人犹操其纯粹的泰语。……但若从泰族历史视之，当知全部泰族，即大泰与暹罗之泰族皆系原始的泰族（指中国境内西南部的傣族），故非热带原有之民族也。其实泰族已在北部领有三千四百年之发达文化，较其迁徙入热带领土之时间为长久。而且具有完善的政治组织亦垂四千年。顾当其时吾人之祖先尚在穿着兽皮及使用石器之时代也。②

美国的杜德牧师在暹罗北部传教20多年，他从历史上宣传4000年前泰

---

① 上述各种书籍或论文译成汉文的，如邦德里的《泰族侵入印度支那考》原载《通报》第一编第八卷和第二编第十卷（1897、1909），由陆翔译为汉文，载入《国闻译证》第一册，第69—112页，开明版。吴迪的《暹罗史》，陈礼颂译，1947年商务版。克勒纳曾在广州中山大学及南京中央大学地理系任教，《南诏故都考察记》原为德文，后由薛登۔登译为英文，又由陈礼颂译为汉文，载于陈氏所辑的《暹罗民族学研究译丛》，第63—95页，1947年上海商务重版。杜德的《泰族》一书，亦由棠花君节译成汉文，题为"泰国境外的泰族"，载暹京中原报社出版的《泰国研究》第一卷中。

② 此段译文，系由《暹罗民族学研究译丛》第41页的译文转引。

族的老家在华北的黄河流域,原来还具有"国家的政治组织",后因汉族的"压迫"迁入云南,建立南诏国家。13世纪南诏被灭以后,便"失去自由",退至暹罗。这完全是胡说,其阴谋在于扇动暹罗泰族反对中国。同时他又从人口众多方面加以宣扬,说泰族人口有1000万住在暹罗,600万住在中国西南各省,这显然是为"大泰族主义"播下毒种。又如英国学者吴迪,在他的《暹罗史》内把汉代的哀牢夷说成是泰族,把三国时的孟获说成是泰族之王,又把7、8世纪的六诏和南诏国说成是"泰族复告独立,且蔚然成为强盛的帝国"。这岂非白昼梦呓,完全与事实不符吗?不只如此,他同美国的杜德一样,也说"中国古代的疆域不曾超过扬子江以南,江南各地实属蛮夷,其中大半为泰族"。他这样宣传的目的,是希望在暹罗掀起一个"大泰族主义"运动,所以鼓吹暹罗人"自有其权利以怀缅其祖国光荣的历史"。[①]事实很明显,自19世纪到20世纪初,帝国主义的势力已经深入印度支那半岛。但只靠美、英、法一小撮人马想打入中国西南部在事实上是不可能的。因为如此,所以帝国主义者就计划掀起中暹纠纷或云南各族之间的纠纷,然后乘虚而入,以便混水摸鱼。上述若干资产阶级学者的各种谬论,论其本质,无非是为了配合帝国主义者的政治、军事、经济的攻势而发动一种恶毒的文化和思想的攻势罢了。

  这些恶毒的种子果然在暹罗国里某些人当中开了花,结了果。1824年暹罗国丹隆亲王所发表的《暹罗古代史》,它的内容几乎是杜德的《泰族》一书和吴迪的《暹罗史》一书的再版。他说:"至于泰人放弃故土,迁徙缅甸及寮、蛮等地原因,实由于汉族之开拓领土。"又说:"泰人的五个独立区域,合成一国,时在唐朝,称之曰南诏。"又说:"自彼时(即13世纪忽必烈征云南后)起以至今日,泰人原有的土地乃尽沦落而变成中国的领土。"这种提法,同上述的论述一样,都是没有任何历史根据的。事实上云南的傣族、缅甸北部掸邦的泰族和印度支那半岛上的泰族皆自古有之,并不是由于汉族的开拓领土才把他们驱逐到那里。六诏和南诏,论其主要部族,乃系"乌蛮"和"白蛮",当时的傣族尚远处西南边陲,与南诏仅系藩属关系,在南诏出兵时"任其召遣"而已。自南诏中叶以后,景东以南的傣族相率北

---

① 详细的批评,请阅前引江应梁同志的文章。

上，曾占领了南诏的银生府治（在开远）；大理时期，滇西南的傣族又北上；到了元明时，威远州一带，傣族势力日盛。① 此为南诏大理时期云南傣族北上的历史。但他们始终没有参加南诏、大理政权。到了 13 世纪，元朝统治阶级征服了不少的傣族部落国家，但并未驱逐傣族出境。所以根本不存在"泰人原有的土地乃尽沦落而变成中国的领土"的问题。还有一些人，没有掌握可靠的史料，只是根据与历史事实不符的章回小说如《三国演义》、《五虎征南》等等，从而得出一些不妥当的结论。例如暹罗的拍耶亚奴曼罗阇吞（一名沙天哥色）在他的《泰掸族系考》内有下面一段可笑的形式逻辑：

> 南诏在《新唐书》里称为"南蛮"。
> 泰族首领侬智高，《五虎平南》一书称之为"南蛮王"，所以南诏之为南蛮者专指泰族而言。②

但必须注意，这绝对不只是一个逻辑知识的问题，更重要的是，这种说法和上面的一些说法，充分代表着暹罗法西斯主义上升以前在国内已经流行了一种"大泰族主义"的思想。这种思想在曼罗阇吞的《泰掸族系考》中亦可以看出，他说：

> 高那腊氏云：暹罗西北部是泰族，其语言皆属单音缀语。而风俗习惯乃至宗教亦无不雷同。故泰族应施行教育之方法，使泰族之间共入一炉而冶之，使彼此间领悟及本出同一之族系，而不应以战斗之方法，以谋泰族之结合。③

当中国抗日战争之际，暹罗的野心家们大唱"大泰族主义"，其目的就是企图联合东南亚所有的"同出一源"的泰族，包括我国云南、广西、广东、贵州、四川的侗傣语系诸族在内，"共入一炉而冶之"，在暹罗国反动法西斯政权銮披汶政府的领导下制造一个东南亚的"泰族大联邦"。这一可耻

---

① 《元史·地理志四》。汪宗载：《四夷馆考·百夷馆》"威远"条。
② 《暹罗民族学研究译丛》，第 46 页。
③ 《暹罗民族学研究译丛》，第 42 页。

的阴谋终于在1939年爆发了，首先把原来的"暹罗"或"暹国"改为"泰国"，然后分派代表到各国住有泰族或侗傣语系诸族的地区，宣传"大泰族主义"。这些反动的法西斯主义者公开地宣布他们改变国名的理由说：

> 使国号与民族统一，如此始可包涵此民及其所建的国家。由于暹罗民族不仅在暹罗国境有一千三百万，并在广东约有七十万，广西约有八百万，贵州约有四百万，四川约有五十万，海南亦有三十万，越南之东京、老挝约有二百万，缅甸约有二百万。故须唤起泰族，团结合作，领导泰族，进于繁荣。

从这一宣言里明显地可以看出，暹罗的法西斯政权，以民族"团结合作"为外衣，它的卑鄙的目的则是分裂中国的统一，侵略西南各省，使傣族及其同语系的诸族投入法西斯的洪炉而共治之。但这种运动和几十年乃至百年来"南诏为泰族所建论"有千丝万缕的连带关系的，所以我们必须粉碎这种污蔑历史、捏造历史的谬论。

历来的反动学者主张"南诏国为泰族所建"的主要根据不外两端：第一，他们以为哀牢夷是傣族，南诏王异牟寻自称为沙壶（或作壹）之后，所以南诏王就是傣族。第二，他们认为南诏的"诏"是傣族的语言，所以南诏王及其人民都是傣族。这两个根据，现在看来，都是不能成立的。

先说哀牢夷。关于汉代哀牢夷的情况，从《后汉书·西南夷传》看来，我们很难看到此族是属于哪一语系的。自汉代以来，云南西部各族似都保留着沙壶和九隆的神话。《南诏野史》以为哀牢夷沙壶系"白蛮"董、洪、段、施、何、王、张、杨、李、赵十姓的始祖，此言哀牢为白族之祖。① 《蛮书》卷3称8世纪末南诏异牟寻自称"永昌沙壶之源"，此言哀牢为南诏"乌蛮"之祖。直到清末光绪年间镇南县贡生夏正寅著《哀牢夷雄列传》，其中所指的李文学等都是彝族，此又言哀牢为彝族之祖。② 以上都是中国各族传统的

---

① 《华阳国志·南中志》："永昌郡，古哀牢国。……南中昆明祖之，故诸葛亮为其国谱也。"昆明国为白族所建，在姚州以西，洱海以东，哀牢山在昆明国之南。此言"昆明祖之"，与《南诏野史》所云哀牢为白族十姓之祖相合。

② 参看刘尧汉《南诏统治者蒙氏家族属于彝族之新证》一文引夏正寅《哀牢夷雄列传》，《历史研究》1954年第2期。

说法。自从"南诏为泰族所建论"出来以后，有的论证"九隆"为猛里傣族语"Kau-nang"的对音，其义为"坐在肩背上"。① 这种说法，是非常勉强，不能服人的。有的认为以梧桐木华为布②的文化只有古代傣族有之，此亦被认为是哀牢为傣族之证。但是《蛮书》卷 7 明言"自银生城、柘南城、寻传、祁鲜已西蕃蛮种并不养蚕，唯收婆罗树子，破其壳，中白如柳絮，组织为方幅，裁之（为）笼头"。然则以桐华为布衣者又不限于傣族，除傣族以外，许多部族、部落都是如此。

总的来看，远古时期哀牢之于滇西诸族大致和北方诸族之宗黄帝，南方诸族之宗盘瓠相似，真正是哪一族的始祖，还需要进一步加以研究的。

南诏国的"诏"（Chao˧；tʃao˧）和后来南诏王隆舜自称的"法"（Pha˧；Fa˧），固在 14 世纪关于云南的傣族语言中有此记录③，但今缅甸语亦称王为"tsau"或"bva"。此"tʃao"和"tsau"、"Fa"和"bva"显然都出自同一语源。最初运用此语为王之称号者究为何国、何族，至今尚不能明了。我们在汉代的掸国记载中找不到此语，在唐代的缅国记载中亦找不到此语，而后世的傣族和缅甸族中皆保留此语，我们就不能得出一个唯一的结论说此语出自傣族。而且南诏既是一个多部族、部落的国家，它的官号文物以及典章制度不可能不受各部族、部落的影响的。例如国王亦称为"骠信"（bva˧ ɕi˧），其义为"君主"，酷似一缅甸语；王母称为"信么"（ɕeum˧ muə˧），显然又系一彝族语。又主兵者称"幕爽"，小府主将、副将称"幕扽"、"幕览"，此"幕"（mo˧）为军队之义，又系一彝语。他如称"州"为"睑"（diɛ˧ 或 dæ˧）与彝语的"甸"同。又如称五亩面积的土地为"一双"（aɿ x'souŋ˧），大虫皮为"波罗皮"（Lo˧），腰带为"佉苴"（tʃʃ˧ tsiu˧），兄为"容"（ɿuaŋ˧），臣为"昶"（tʃ'ɤ˧），都系白族语。这种大量白族语汇和彝族语汇的运用是和南诏国部族组成者之以白族、彝族为主体相适应的。我们反对只摭拾一两个语汇便说南诏国是由傣族所组成。

① 此论原为一日本人提出，目前忘其姓名及所著论文名称。案《华阳国志·南中志》"永昌郡"条说"九隆"之义为"陪坐"，非言"坐于背上"。
② 纺制桐华布者似为僚族，见《华阳国志·南中志》"永昌郡"条。
③ 明初洪武二十八年（1395）钱古训出使云南麓川，撰《百夷传》一卷，此百夷即今之傣族。记载"其下称思仑发曰昭"。其官名有"昭录"、"昭纲"、"昭伯"、"昭哈思"、"昭准"等。此"昭"之运用甚广，与南诏只称王者又不甚相同。"思仑发"之"发"，有"天"或"天王"之义。

为了明了南诏和傣族的关系，我们曾到蒙舍诏所在地的巍山县访问了一次。巍山县的蒙化坝，在唐时称为蒙舍川，即蒙舍诏的所在地。此坝和周匝山上自古以来即为彝族所居。这里的彝人或奉细奴罗为土主，或奉隆舜为土主，认为他们都是彝族的祖先。彝族以外，坝上虽也有回族和白族，但这两族人都是元代以来迁入的，并非原来的土著。蒙舍川上从来没有住过傣族，这里的彝人也从来没有被傣族统治过。这里的彝人很熟习关于本县傣族的历史，他们说巍山县南乡接近景东县的黄草坝、大小碧山、南木箐、木版箐等地，从前有一种"僰夷"（摆夷）居住过。在黄草坝北面的"四十八道河"沿岸现在还有许多茶树，粗的两臂伸长才能抱住，这些茶树相传是"僰夷"种的。约在距今二百多年的时候，由于彝族土司的压迫，他们逃往佛海、景东各地去了。这一传说使我们想到《元史·地理志》所记南诏中叶，傣族曾一度攻陷开南的银生府城（景东），南诏国的银生府因此就迁到威楚（今楚雄），傣族从此在景东一带居住下来。我想巍山南境的傣族就是在上述傣族北徙的基础上继续北上的。这些傣族和反动学者所说的建立南诏的傣族毫无相同之处。不仅如此，这种傣族北上的趋势跟反动学者所谓13世纪傣族南下的说法刚刚相反。而且，无论真的傣族或者如他们所说的假的傣族（实际上是白族和彝族）在13世纪蒙古入云南之时并不曾离开原居地逃往暹罗国的北部。

关于南诏国内的部族组成，以下各节还要继续讨论，现在我们再对"白蛮是氐族，乌蛮是羌族"或者"白蛮出自氐族，乌蛮出自羌族"的种种说法加以讨论。

必须理解，古代汉人的民族志知识总是先从靠近中原汉族地区的少数部族开始，然后由近及远，跟着政治经济势力的发展而发展到更远的少数部族地区的。这是古代人们民族志知识发展的一般规律。西北部族跟中原地区汉人的接触比较早些，因此，中国在商代奴隶社会时代，就有了关于氐和羌两族的记载。到了隋唐时期，西藏高原和云南地区跟中原的关系日渐密切了，因而当时就产生了一系列的关于吐蕃、"白蛮"、"乌蛮"等等的记录。从形式上看，氐羌的记录在前，吐蕃、"白蛮"、"乌蛮"的记录在后，当时人和后世人就容易产生一种错觉，认为西羌是吐蕃之祖，"白蛮"和"乌蛮"乃系出于氐羌。这种论断在事实上是没有根据的，只是一种错觉罢了。客观事实的存在绝不因为主观的错觉而有所变更。例如五代时的刘昫和北宋时的宋祁等撰《旧唐书》、《新唐书》的《吐蕃传》时，就收集了当时许多关于吐蕃族源的假设，但近代人们看到许多藏文历史文献以后，古人的许多假设就成为一种谬论了。又如二三十年前，有位学者丁文江在四川西昌安宁河流域旅行了一次，以为凉山彝族既是藏缅语系的一支，而藏族又是生息于西藏高原的，于是得出一个结论说凉山的彝族是从西藏高原迁来的。① 这种说法，当时的人们皆信以为真，辗转引用。但经过抗日战争期间许多人在大小凉山彝族区调查以后，始知凉山彝族的祖源乃来自云南的昭通一带。从此丁文江的说法就被推翻了。在解放前后，还有一些人相信"白蛮就是氐族，乌蛮就是羌族"或者"白蛮出自氐族，乌蛮出自羌族"。其中比较突出的，就是向达先生在《南诏史略论》② 中作出的各种假定和结论。他说：

> 东爨乌蛮、西爨白蛮、六诏以及青羌、剑羌、大羌，不是云南土著，而是原来居住在陕西、甘肃、四川、西康四省之交陇山山脉一带逐渐向南迁徙的氐族和羌族。这些氐族和羌族一部分进入成都平原，后来沿着岷江流域南下，经今四川宜宾、庆符、云南昭通，以至云南安宁以东。这一支是爨族。又一部分沿着岷山山脉以西散布于今西康省境内，其南迁以至于云南大理一带的一支，名为六诏，青羌、剑羌、大羌俱应包括在这一支之内。他们虽然都属于氐族和羌族，而同源异流，所以六诏为乌蛮，而不算入东西二爨之列。

向达先生这一假定，是值得商榷的，而当他论证这一假定时，不能从甄别部族的几个主要因素如语言、经济、文化、服饰等方面出发，而只撷拾了一些无足轻重的或富有变化性质的地名、传说、姓氏，牵强附会给以引申，所以他的结论是错误的。他的最后结论是：

> 白蛮属于氐族，乌蛮以及六诏属于羌族。南诏为乌蛮，故为羌族；

---

① 丁文江：《漫游散记》，《独立评论》1932 年第 8 期。
② 向达先生这篇文章，初在《历史研究》1954 年第 2 期登载过，后来又转载于他的《唐代长安与西域文明》第 155—194 页。

大天兴国的赵氏、大义宁国的杨氏、大理国的段氏、大中国的高氏都是白蛮，故为氏族。

这一结论是从"白蛮是氏族，乌蛮是羌族"的前提下得出的。前提既然是错的，所以结论一定不能成立。现在我就此前提所以是错误的原因，扼要地加以说明。

首先，既然说乌蛮属于羌族，那么必须证明现代的彝语和羌语相互一致，至少也是相互接近。但事实上并非如此。第一，从语词的构造来说，彝语的语词构造较为简单，只有语干（语根），无词头辅音（仅有一点残余，如阿禄、马家之"马"读"hmɑl"），亦无词尾辅音。而羌语的语词构造则除语干外，虽无词尾辅音，但有词头辅音。此系彝语和羌语不同之点一。第二，语干是语词构造中最基本的东西，它是语言分类和识别语言亲属关系远近的重要标志。从语干来说，如一般语言学者所发现的，羌语的语干同藏语的语干较为接近，所以羌语是藏语群中的一种语言；而彝语的语干则与纳西语、傈僳语接近，所以它是彝语群中的一种语言。藏语群和彝语群虽都属于藏缅语系，但二者不能混为一谈。此系彝语和羌语不同之点二。因此，我们只能说它们是族兄弟的关系，而不是祖孙关系。

其次，从羌族和彝族的迁徙史来看，无论从两族迁徙的方向来说，或者从两族迁徙的年代来说，它们彼此之间方向不同，时间各异，无论如何是拉扯不到一块儿的。古代西羌从西北地区南下，据《后汉书·西羌传》的记载，乃在公元前384年之后。《西羌传》云：

> 羌无弋爱剑者，秦厉公时为秦所拘执，以为奴隶。……后得亡归。……至爱剑曾孙忍时，秦献公初立（前384），欲复穆公之迹，兵临渭首，灭狄獂戎。忍季父卬畏秦之威，将其种人附落而南，出赐支河曲西数千里，与众羌绝远，不复交通。其后子孙分别各自为种，任随所之。或为犛牛种，越嶲羌是也；或为白马种，广汉羌是也；或为参狼种，武都羌是也。

羌的南下开始于秦献公初立之时，即公元前384年。其后子孙分别为越嶲羌、广汉羌、武都羌，则在公元前 384 年之后。当此之时，难道云南地区就没有彝族、纳西族，而此二族都是羌族的子孙吗？且《西羌传》所述南下的羌族只到达越嶲郡，并没有记载到达云南的事。那么又根据什么说西羌到达了云南境内呢？不错，当 3 世纪诸葛亮征南中时，移"青羌"万余家于蜀。① 此所谓"青羌"，实乃指"夷"，并非指羌。原因是蜀国西北部广汉之羌尚白色，且有"白马羌"之名，而此"羌"则尚青色，衣青衣，戴青帕，此为彝族的旧俗，至今仍然，所以名之曰"青羌"。唐代《蛮书》所记虽有"剑羌"和"大羌"之名，但此所谓"剑羌"，《蛮书》卷 4 言"铁桥以上，其地名剑羌"，可见剑羌乃一地名，而非族名；《蛮书》卷 4 又记"蛮贼将杨秉忠、大羌杨阿触、杨酋盛悉是乌蛮贼人"。此"大羌"似亦非族名，由下文称杨阿触等悉是"乌蛮贼人"可证。总括来看，羌族的入云南，我们在历史上是找不到任何根据的。反之，云南的彝族传说，他们的祖先觉穆乌乌（仲牟由）在洪水时期已经居住在滇池一带。② 而洪水以前还有一个漫长的女系氏族和男系氏族的原始公社时代，从此时代留传下来的尼智哥阿罗（ni tSɿ heɣ aʴɭ fo）神话③ 又和滇池有不可分离的关系。因此，我们不难推测彝族在原始公社时代就从藏缅语系的共同部落分出，而分布在滇东滇池的附近了。

自从公元前 4 世纪前叶羌族从析支河南迁以后，其中的一支迁到今四川西北部松潘、理县、茂县、汶川一带。此区在汉代为汶山郡，北接武都郡，东接广汉郡，虽为《后汉书·西羌传》所未及，但《华阳国志·蜀志》则言其地"有六夷、胡羌、羌虏、白兰、峒九种之戎"。据这一带羌族端公口诵经典传说，这里的原住部民叫作"郭人"（guaɭ），羌族战而胜之，郭人西逃，遂占有其地。这种郭人留在茂州、汶川、理县的墓葬文物很多，其中有石器、双耳陶罐（有时带红土色花纹）、瓦棺、铜柄铁剑、盔甲等等，皆系金石并用时代的遗物。当公元前 3 世纪初，云南滇池附近的彝族，从晋宁出土的文物证明，在滇王的领导下已经组织成一个以奴隶制为所有制的滇王国。它的文化由青铜器时代进入铜铁并用时代，比较郭人文化更为进步。从

---

① 《华阳国志·南中志》。
② 明代正德《云南志》卷 2 "云南晋宁州易门县"条下云："易门县在州南一百五十里，昔乌蛮酋仲磨由男所居之地。"凉山彝族经典记载洪水来时，觉穆乌乌（即仲牟由、仲磨由）避居蒙低黎曲山上。此山在今易门县治南 50 里，见上引正德《云南志》。此外可参考《西南彝志》卷 5，第 1 章。
③ 尼智哥阿罗神话在彝族中传说很广，说当时有一大海叫"diʴ ɭauʂ p'oʴ suaɭ noʴ"，在云南，当即滇池。

此可知公元前 3 世纪初四川西北部的郭族、羌族，和云南滇池附近的彝族，是在不同地区发展他们不同的文化，我们没有任何理由说云南的彝族就是四川西北部的羌族，也没有任何理由说云南的彝族是由四川西北等地的羌族变化而来的。

四川大小凉山的彝族，无论从彝文经典的叙述看，或者从彝人的各种传说看，毫无例外地都说凉山的彝族（特别是黑彝）是从云南的昭通一带（zŋ˧ dzi˧ Pʼo˧）迁来的。直到今日，凉山彝巫为人招魂或死者送灵时，都要念到祖先从云南昭通到达凉山时所经的各个地名。又贵州西北部所流行的《招魂》、《送葬》经典及前面我们提过的《西南彝志》，叙述贵州和四川永宁、庆符的彝族也都是来自云南昆明的东部和北部。很明显，这些史料才是彝族历史的重要史料，只有根据这些史料加以研究，才能够真正理解彝族古代的迁徙历史。而向达先生的假定，同彝族的迁移历史刚刚相反，他说云南古代的爨族（东爨是彝族）不是云南的土著，而是从陕、甘、川、康之交的陇山山脉的羌族南移的。并且说，他们经四川宜宾、庆符，云南昭通，而到达安宁以东。这种说法是错误的。据古代汉文史志的记载，嘉陵江流域居住过巴氐和北氐，氐族首领李氏在成都建立过成汉国家，而羌族并未到达成都平原，试问根据什么说羌族也到达成都平原，并沿岷江南下，经宜宾、庆符，而至云南昭通和安宁以东呢？

滇西洱海附近的六诏，如下一节所论述的，是乌蛮征服白蛮以后建立起来的。"白蛮"即今日的白族，他们在公元前几世纪时就在洱海以东建立昆明国或昆明部落联盟了，所以白族应即是洱海附近的土著。而滇西的六诏乌蛮，其中特别是巍山的南诏乌蛮，从目前所发现的证据看，在很大的程度上系由滇东迁来，最初住在哀牢山内，以后逐渐发展到洱海附近各地的。而向达先生说白蛮系出于氐族，乌蛮系出于羌族，无论在氐、羌的发展史上，或者在白族、彝族的发展史上都不可能找到任何可靠的根据。

而且关于氐族和西爨白蛮的问题，直到现在还不能说得到彻底的解决。氐族属于哪一语系，它和羌族的关系如何。这些问题不只没有得到解决，而且很少有人注意。唐代的"西爨白蛮"，由于近年各方面的努力，大致可以知道云南今日的撒马都人和白族都是"西爨白蛮"的组成部分，但除此以外，一定还有其他部族如"俭望蛮"等，它们是现代的何种民族就不得而知了。撒马都人在唐代称为"徙莫祇蛮",元代称为"些莫徒",明代称为"撒马都"、"撒摩徒",或简称为"些门"或"弊门",清代亦称为"洒摩"或"撒马朵"。① 自明代以来,云南志书认为此种人为"白罗罗之类",其语言与彝族相同,应为彝族的一支。但白族语言大部分汉化,白族语究竟属于哪一语系,至今还没有一定的结论。目前我们对于氐族和"西爨白蛮"的研究情况既是如此,今后必须进一步科学地从实地调查中和考古发掘中论证他们的区别和联系,然后得出科学的结论。

　　作者对于云南的史地不曾作过深入的研究。最近因为参加云南民族史编写工作,翻阅了一些文献。我有一个总的印象是这样:凡可靠的史料一定是从调查研究实践中得来的。例如唐代咸通五年(864)安南经略使幕僚樊绰所撰的《蛮书》②,就是一个显明的实例。樊绰在交州做官多年,有些云南城镇他亲自去过,有些军事上、政治上的报道是他亲耳所闻,亲目所见,因此《蛮书》对于研究南诏史的价值由古及今真是第一手的可靠史料。到了宋代,中原和云南的交通隔绝,宋祁等著《新唐书·南诏传》(《南蛮传》上、中)时,也曾在不少地方引用了《蛮书》上的史料,但因为他不曾在西南边疆做过工作,所以他不只是不能充实《蛮书》的内容,反而把《蛮书》中关于记载当时奴隶制度的资料阉割了去,因而使后世的人们误认南诏国是封建社会。当然,我们不是说《新唐书·南诏传》内所记"无贵贱皆耕,不繇役人,岁输米二斗"这些话没有根据③,只是说他对于《蛮书》关于奴隶制一段

---

① 景泰《云南志》、天启《云南志》。
② 樊绰的《蛮书》,《太平御览》作《南夷志》,《宋史·艺文志》作《云南志》,《永乐大典》作《云南史记》。但《新唐书·艺文志》和《通鉴考异》及蔡沈《书集传》俱作《蛮书》,所以《四库全书提要》云"从其朔也"。
③ 《新唐书·南诏传》引用《蛮书》史料甚多,独于卷7所述蛮官驱"佃人"(奴隶)耕作条避而不用。为什么避而不用呢?以臆测之,约有二因:封建主义时期的史学家对于奴隶社会是不理解的,总以为奴隶是封建社会中的现象,例如《新唐书·忠义传》中之吴保安事及《吐蕃传》中的"嗢末"事,都是从封建主义观点处理的。此其原因一。又蛮官对于"佃人"之量口给禾显然同"岁输米二斗"是相互矛盾的,《南诏传》的作者择取其一,所以把奴隶社会就阉割了。此其原因二。至于传内:"然专于农,无贵贱皆耕,不繇役人,岁输米二斗。一艺者给田,二收乃税。"此段资料来源,不知何本。但前段"无贵贱皆耕,不繇役人",似本于《蛮书》卷7所云:"南俗务田农菜圃,战斗不分文武,无杂色役。"及《太平御览》所录《旧唐书·松外蛮》佚文中之"各擅山川,不相役属"。若揣测不错,显然是《南诏传》的大错特错了。在阶级社会内不可能无贵贱皆耕而无繇役的。后一段自"岁输米二斗"以下,果何所本不可知。本书第四章当作可靠史料处理,详见第四章,兹不赘。

有意识地删去是不应该的。不只是这一方面，还有其他方面许多错误，使我们对于《新唐书·南诏传》的取材多所怀疑。元明时期，国人对于云南的真实情况理解很多了，因而发表了许多有价值的文献，例如《元史·地理志》、《南诏野史》等等都可以丰富南诏史的内容。但这些史志的作者没有看到樊绰《蛮书》，更不能密切利用除樊文书籍以外的其他重要文物（如《南诏德化碑》等），这样就自然而然地出现了"越析诏在丽江府"、"蒙嶲诏在宁远府越嶲厅"之类的笑话。总括言之，研究民族史和民族地理，书本上的知识和实地调查研究相结合，是十分重要的。这是我们在编写本书时所得到的粗浅的体会。

二、昆明、六诏、六诏的统一

　　南诏国的建立是从统一六诏开始的，而六诏则是在古代昆明邑落集团经济文化基础上所形成的六个政治集团。从表面看来，六诏之于昆明，南诏之于六诏，似乎仅仅是直线的继承关系罢了。但实际上在各个继承过程中有各种错综复杂的矛盾，也有各种斗争，最后才达到南诏的统一。一千多年来我们的先哲们留下不少的资料，如《史记》、《后汉书》的《西南夷列传》，《汉书》的《西南夷传》，《华阳国志》的《南中志》，两《唐书》的《南诏传》和《南蛮传》，《唐会要》、《资治通鉴》的关于西南部族部分等等，都是我们的宝贵遗产。但是其中有不少问题，或囿于见闻，或陈陈相因，不幸古人搞错了，这就给后世搞民族史的人们带来了不少困难。例如汉代长安西南的昆明池本来是仿昆明国的洱海而凿的，晋代臣瓚的《汉书音义》却把今昆明市的滇池当作洱海去解释。这一问题迷惑许多学者达一千三百多年，直至明末顾祖禹的《读史方舆纪要》和清代全祖望的《昆明考》(《鲒埼亭集》)发表以后，始对古昆明国的所在地有了正确的解决。又如六诏中的越析诏，本因么些首领在越析州建诏而命名的，但《元史·地理志》认为么些族分布的中心在丽江，因而把越析诏的所在地勉强安置在丽江府一带；而《新唐书·南诏传》的作者又以"越析"与"越巂"的音近，误以为越析诏便在唐代的巂州，所以就发出越析诏之亡在安禄山造反以后的谬论。上述两种解释千百年来深入人心，即使在云南流谪过的杨慎亦迷惑其说，以为越析诏在古巂州和明丽江府之地。又如两《唐书》的《南诏传》说六诏成立在三国以前，诸葛亮"讨定之"；杜佑《通典》、王溥《唐会要》等书则云昆弥国，"诸葛亮定南中，亦所未至"。彼此矛盾，使后世人们无所适从。又如《资治通鉴》把南诏贿赂剑南节度使王昱和灭五诏二事都系于开元二十六年，又把王昱开始任剑南节度使的事亦系于开元二十六年,这都是与实际历史情况不相合的。《南诏野史》更把松明楼焚五诏的事描述得十分突出,把南诏灭五诏的长期活动简化为刹那间松明楼的一炬了。所有这些问题,以及其他各种谬误问题迫使我们不得不做一些考证工作供给研究我国西南地区古代民族史的同志们参考。这便是我写此节的主要目的之一。

这一节共分三部分。第一部分是叙述昆明国的性质、疆域和它的部落组成。虽然古代文献是十分缺乏的,但从汉到唐,昆明国的变化轮廓仍然可以大致勾出。其中特别是在唐代初年"乌蛮"进入洱海一带的问题,我发表一些意见,希图解决昆明国的历史到底是属于白族历史的范围内,还是属于彝族历史的范围内的问题。第二部分是叙述六诏的名称、所在地和几个"乌蛮"首领在"白蛮"地区建诏的过程。前两个问题,主要是选择过去比较可靠的说法写成,其中采用云南大学方国瑜教授撰的《新纂云南通志·南诏地理考释》为多。后一个问题则系自己提出的一些意见,不一定对,希望有关的同志们加以指正。第三部分是叙述蒙舍诏统一五诏的程序和从昆明到六诏统一所包括的各种矛盾。这两个问题都需要进一步研究,这里只是初步提出一些意见。

(一)昆明国的性质、疆域和部落组成

在洱海地区考古发掘工作展开以前,我们谈古代昆明史是相当困难的。司马迁在公元前2世纪末曾到过昆明的边境[①],所以他在《史记·西南夷列传》中所叙述的昆明情况,当是翔实可信的。他记载当时的昆明和其他"西南夷"的政治经济文化不同。其他"西南夷"如滇、邛都、笮都等都是有君长,有聚邑,以耕田为业的,而昆明和嶲(在今保山以北)则是"皆编发,随畜迁徙,毋常处,毋君长"。我们从无君长和在灌溉湖区而无农耕或者少农耕的现象,就可以说明当公元前2世纪时,昆明部落的政治经济还是相当

---

① 司马迁《史记》卷130《太史公自序》云:"于是迁仕为郎中,奉使西征巴蜀以南,南略邛、笮、昆明,还报命。"徐广《史记集解》及各《太史公年谱》系此事于元封元年(前110),当时对昆明尚未进兵,相持不下。太史公所至之昆明当即笮都以南及昆明北鄙之地。

原始的。

公元前 2 世纪后叶，汉武帝为了制匈奴，通西域，遣派使者经"西南夷"地区以通印度，但在中途为昆明部落所堵截了。① 堵截的情况记载不详，以当时形势言之，昆明池一片汪洋，土著酋长据险易守，汉军难以飞渡，是其原因之一。又昆明部落林立，不相统摄，汉使交涉无由，战又不能胜，是其原因之二。因为如此，所以武帝于元狩四年（前 119）在长安西南凿昆明池以练水战②，就是为了征服昆明部落而通印度的。过了十年（元封二年，前 109），发兵击昆明，以其地置叶榆县，并入益州郡。③ 此为昆明并入中国版图之始。

昆明部落初属益州郡叶榆县。叶榆县是因叶榆水或叶榆泽而命名的。叶榆水或泽就是昆明池，也就是今日的洱海。东汉永平二年（59），分益州置永昌郡，叶榆县改属永昌郡。三国及西晋初改属云南郡。永嘉五年（311），又改属东河阳郡，宋、齐、梁因之。梁代末年，政权式微，云南各地被大姓耆帅割据，昆明诸族亦暂时和中原隔绝。到了唐代初年，昆明诸族又归附于中国，与唐朝建立了朝贡和封爵关系。④

在唐代以前，中原的士大夫对于云南昆明的情况是十分生疏的。例如晋代的《汉书》注疏家臣瓒，他把昆明的位置误置于滇王国，把昆明池说成是滇池。⑤ 此乃不了解云南实际情况所致。又有一些史志家，认为汉代的昆明就是唐代巂州西部的昆明城，而不知此城在今四川盐源县城西南，在汉为定筰县治，在唐为昆明城，乃经略云南、昆明国或"松外蛮"、"洱河蛮"的

---

① 《史记》卷 116《西南夷列传》；《汉书》卷 95《西南夷传》。
② 《汉书》卷 6《武帝纪》；《三辅黄图》卷 4。
③ 《史记》卷 123《大宛列传》记汉武帝发三辅罪人及巴蜀兵数万，由郭昌、卫广领之，"往攻昆明之遮汉使者"。唯不详其年代。《汉书》卷 6《武帝纪》：元封二年"又遣将军郭昌、中郎将卫广发巴蜀兵，平西南夷之未服者，以为益州郡"。此役出兵目标：一方面是击滇东的劳浸、靡莫，并以兵临滇（《汉书》卷 95《西南夷传》）；又一方面是击降昆明国，合并之为益州郡。
④ 《读史方舆纪要》卷 117《云南五》"大理府"条；《唐会要》卷 98"昆弥国"条。
⑤ 《汉书》卷 6《武帝纪》，元狩三年"发谪吏穿昆明池"。臣瓒注曰："有滇池，方三百里。"按《史记》和《汉书》的《西南夷传》言"蹻至滇池，方三百里"，此指滇东今昆明之滇池甚明，与滇西大理之洱海无涉。《华阳国志·南中志·滇池县》下考释滇池县（晋宁县）为故滇国，"有泽水，周回二百里，所出深广，下流浅狭，如倒流，故曰滇池"。常璩的考释是对的。《后汉书》把滇池系于滇王及益州郡下，也是对的。但臣瓒却把滇池与昆明池混为一谈，而将昆明池当成滇池了。

驻军基地,并非古代的昆明就在这里。① 最初理解昆明在洱海一带的史学家,当然是司马迁。班固的《汉书》和范晔的《后汉书》,其《西南夷传》滇王国部分主要是依靠《史记》的《西南夷列传》写成的,所以都没有弄错。但自臣瓒撰《汉书音义》后,跟着许多史志如《三辅黄图》、《资治通鉴》(《汉纪》)之类都把昆明池误认为是滇池了。这一问题以我所知一直到明末顾祖禹的《读史方舆纪要》才把汉代长安的昆明池和昆明国的关系弄清楚。《纪要》卷113"西洱河"条云:"(西洱河)亦曰珥水,以形如月抱珥也。一云,如月生五日。亦曰洱海,亦曰西洱海,杜佑谓之昆弥川。汉武帝象其形,凿以习水战,非滇池也。古有昆弥国,亦以此名。"这一段话可以纠正《汉书》注疏家及如《三辅黄图》之类解释昆明池的谬误。汉元狩四年在长安城西南引沣水以注的昆明池,至今遗迹宛在,可供研究。此池从西南而东北略如弯月形。东北部分,西岸有牵牛石像,东岸有织女石像,相距五里多;西南部分,北岸有石鲸残刻,南岸为沿下张村,相距亦约五六里。整个池的周围约三四十里。这个池的形状大体上是像昆明国的洱海以习水战的。依靠《纪要》"形如月抱珥"的记载,把大理的洱海和长安县沣河以东的古昆明池遗址比较一下,便可知道古代昆明国就在大理洱海的附近了。② 不只如此,今洱海以西的高山名定西岭,但定西岭之名是从明代初年开始的,在古代则称为昆明山或昆弥山。《纪要》卷112"赵州定西岭"条下注云:"(赵)州(今弥渡县)南四十里,本名昆弥山。明初,平西侯沐英过此,更今名。"山以"昆明"或"昆弥"为名,当然不是偶然的。昆明池、昆弥山、昆弥川都在洱海一带,然则洱海湖区之为古代的昆明或昆明国,可以说毫无问题了。

《通典》卷187、《新唐书》卷222《南蛮传》、《唐会要》卷98都记载:"昆弥国一曰昆明,西南夷也,在爨之西,(以)洱河为界,即叶榆河也。"

---

① 《旧唐书》卷5《玄宗本纪》记:"(开元)十七年(729)二月丁卯,巂州都督张审素攻破蛮,拔昆明城及盐城。"此即唐代的昆明城。《张曲江文集》卷11《敕吐蕃赞普书》云:"昆明即巂州之故县,盐井乃昆明之本城。"按两汉皆无昆明县,是时镇守昆明的军队驻在定莋县。唐代在武德二年(619)置昆明县。《旧唐书》卷41《地理志四》云:"盖南接(昆明)池故也。"其设县之用意甚明。《张曲江文集》所云"昆明即巂州之故县"以此。昆明县城在盐井,即今盐源县西南的白盐井。《蛮书》卷6云:"昆明城在东泸之西,去龙口(云南大理之上关)十六日程。"东泸指雅砻江,昆明城在其西,与《张曲江文集》所云相合。
② 清代学者对于《汉书》上引的臣瓒注多所盲从,唯全祖望的《昆明考》一文独具卓见,载《鲒埼亭集》卷35。

此言昆明国的西境在洱海。但今洱海以西、点苍山的东麓有大理平川，此大理平川亦当在古昆明国的范围之内。

昆明国的东境当在唐代姚州城所在的弄栋川（今为姚安县治）。《唐会要》卷 73 云："麟德元年（664）五月八日，于昆明之弄栋州置姚州都督府，每年差兵募五百人镇守。"弄栋州旧属昆明国，故此传称"昆明之弄栋州"。此弄栋州为昆明国土地的确证。唐代的姚州，东部为西爨故地，自弄栋州而西则为古昆明国的东陲。自唐以还，谈云南史地者皆以爨地与昆明为邻，而爨与昆明则以姚州为界。

昆明国的南疆，在汉时为邪龙县。《后汉书》卷 86《西南夷传》记载，建初元年（76），哀牢王类牢与汉永昌守令冲突，太守王寻逃往叶榆。明年（77），"邪龙县昆明夷卤承等应募，率种人与诸郡兵击类牢于博南（今永平南），大破斩之"。邪龙县有昆明夷，则邪龙县自在昆明国的疆域之内。邪龙县系今云南何县，说法不一，或云在巍山县（古蒙舍诏所在），或云在弥渡县（古大勃弄川所在）。这一带当是古昆明国的南疆。

昆明国的北境，在唐代松外城以南，即当时所谓"松外诸蛮"所居之地。松外城，《蛮书》卷 6 言在昆明城的正南，又正南为龙怯河。前已言之，昆明城在盐源县城西南，松外城在其正南，似即今日的盐边县。龙怯河在金沙江北岸，约在今云南永胜县的境内。"松外诸蛮"当在松外城与龙怯河之间。《新唐书·地理志》云："贞观二十二年，开松外蛮，置牢州及松外、寻声、林开三县。永徽三年，州废，省三县入昌明。"昌明县系今何地虽不能确指，"松外诸蛮"则当在盐边以南的永胜县境内。《通典》、《新唐书·南蛮传》中的"松外诸蛮"，《唐会要》并入昆弥国内，究其内容，亦无二致，故昆明国的北境当即唐时"松外诸蛮"的所据之地。

总括来说，古代昆明国的疆域，是西至西洱河即洱海附近，东至姚州的弄栋川（姚安县城），南至蒙舍诏（今巍山）或大勃弄川（今弥渡），北至"松外诸蛮"所在之地（今永胜境内）。

但必须说明，历史上的"昆明国"绝不能说是一个国家。在公元前 2 世纪时，从《史记·西南夷列传》所记的情况来看，仅仅是一些原始的游牧部落罢了。这些部落何时由游牧转化为定居，由部落转变为部落联盟，两《汉书》皆无明文记载。到魏晋时，《华阳国志·南中志》有一段关于昆明和叟的记录：

> 夷人大种曰昆，小种曰叟，皆曲头木耳，环铁裹结，无大侯王，如汶山、汉嘉夷也。夷中有桀黠能言议、屈服种人者，谓之"耆老"，便为主。议论好譬喻物，谓之"夷经"。今南人言论，虽学者亦半引"夷经"。与夷为婚曰"遑耶"。诸姓为"自有耶"，世乱犯法，辄依之藏匿。……其速（？）征巫鬼，好诅盟，投石结草。官常以盟诅要之。诸葛亮乃为夷作图谱。先画天地、日月、君长、城府；次画神龙，龙生夷及牛、马、羊；后画部主吏，乘马幡盖，巡行安恤；又画牵牛负酒、赍金宝诣之之象，以赐夷。夷甚重之。许置生口直。又与瑞锦、铁券，今皆存。每刺史、校尉至，赍以呈诣，动亦如之。

这段叙述，兼述"昆和叟"的历史。昆即昆明，唐代称之为"白蛮"，今日为白族。叟在唐代称"乌蛮"，包括彝族（noɬ soɬ）、么些（moɬ soɬ）、栗粟（Liɬ soɬ）等族。当时所谓"夷经"，指各族无文字的经典，文字的经典如僰文经、彝文经、纳西文经乃后世所创制。今羌族端公尚用无文字的经典，不能说无文字就没有"夷经"。所云"大种曰昆，小种曰叟"，似指滇西的情况而言，滇东自古以彝族为主，不能称叟为"小种"而以昆为"大种"。《南中志》"永昌郡"条下云：沙壶，"南中昆明祖之，故诸葛亮为其图谱也"。这段话与上述一段联系起来看，诸葛亮所作的图谱主要是赠给昆明国的。从上述一段可以看出，3世纪的昆明国已经不是"无君长，无常处"的游牧部落了。他们从不定居的游牧向邑落发展，从无君长向以耆老为首的政治组织发展，都是进步的表现。更重要的，是上述诸葛亮"许置生口直"的记载。此所谓"生口直"，就是奴隶的价格。这是从原始公社将进入奴隶社会的重要标志。诸葛亮制作图谱的目的，是希望昆明国在蜀汉统治的前提下，天地君臣尊卑之义更为确立，阶级的分化更为显著，平民奴隶对于乘马幡盖的部主吏们更为恭顺，经常牵牛、负酒，赍金宝而贡献于上国，这样昆明各部就可永久成为蜀汉的附庸了。

从3世纪以后，汉文史志记载昆明的文献逐渐少见，所以我们对于昆明发展的实况知道得很少。到了元明时期，有些学者在滇西发现了僰文经典，于是译撰为《记古滇说》、《玄峰年运志》、《白古通》、《白国因由》①等书，我们始知道昆明国地区曾经建立过白子国、建宁国等政治组织，论其性质，像是部落联盟，又像是邑落小国，整个面貌还不大清楚。直到7世纪中叶，昆明国或昆弥国的名称，在汉文史志内始广泛流行，这和贞观十九年至二十二年（645—648）梁建方的征服"松外蛮"和"洱河蛮"有很大关系。许多文献如杜佑《通典》（卷187）、《新唐书·南蛮传》、《太平御览》的《唐书》引文（卷790）、《册府元龟》（卷960）、《太平寰宇记》等书把"松外蛮"和昆弥国割裂为两个部分，从其内容看显然是不正确的。在"松外蛮"里主要是叙述西洱河一带的情况，亦即是叙述昆弥国，绝不能把它分割开来。为了分别昆明国被征服地区的先后有所不同，其先征服者称为"松外蛮"或"松外诸蛮"，后征服者称为"西洱河蛮"，这是可以的，不矛盾的。但不应该把"松外蛮"和昆明国对立起来。关于7世纪中叶以前昆弥国文献处理最妥当的，是王溥的《唐会要》。他把经常被人们割裂为二的"松外蛮"和"昆弥国"统而为一，加以叙述，对于复原昆明国的原来面貌贡献很大。《唐会要》卷98"昆弥国"条云：

> 贞观十九年四月二十日，右武侯将军梁建方讨蛮，降其诸屯七十二所，户十万九千三百。遣使往西洱河，有数十百部落。大者五六百户，小者二三百户。无大君长，有数十姓，以杨、李、赵、董为名家，各擅一州，不相统摄。自云其先本汉人，有城郭村邑。自夜郎、滇池以西，皆云庄蹻之余种也。其土五谷与中夏同，以十二月为岁首。

梁建方此次出兵先在松外城以南展开战争的，因为当时对于这一带的部落名称搞不清楚，故称之为"松外诸蛮"。此役招降了七十二部，共十万九千三百户。②后遣使至西洱河招降，其地有"数十百"部落。大者

---

① 宋元间，张宗道撰《记古滇说》，主要是译述爨文经典而成的。《玄峰年运志》、《白古通》等书原为爨文，今失传，明末杨慎择译之，写成《滇载记》一书。今《白国因由》一书虽刊于清康熙年间，但其原始乃由明代的《白古通》一书转译而来。

② 《唐会要》之"降其诸屯七十二所"，在《新唐书》卷221《南蛮传》作"降其部落七十二"，《资治通鉴》卷199作"七十部"。屯所和部落应该是一致的。《唐会要》"户十万九千三百"，《太平御览》卷791作"九千三百"，《通典》和《资治通鉴》所记数字与《唐会要》同。今从众。但每部平均一千五百十户，比西洱河之每部平均四百户多三倍多，不知何故，尚待研究。

五百至六百户，小者二百至三百户，平均每部落以四百户计，共有四万至五万户。合上述十多万户计算，共有十五万至十六万户。每户试以五人计算，当时所谓"昆弥国"当有七十万至八十万人口。这一人口数字就唐代的西南地区来说，是很繁荣的，真是所谓"人众殷实，多于蜀川"（赵孝祖上高宗书语）。但无论如何，当时的洱海湖区仍然是"无大君长"，由以四大姓为首的数十姓各据一州，不相统摄，形成一种大姓邑落割据的局面。

另一些事实从永徽二年（651）郎州道总管赵孝祖的上高宗书内可以看出。书云：

> 贞观中讨昆州乌蛮（指西爨首领），始开青蛉（今大姚）、弄栋（今姚安）为州县。弄栋之西，有小勃弄（今凤仪）、大勃弄（今弥渡）二川，恒扇诱弄栋，欲使之反。其勃弄以西，与黄瓜（有人释为阳瓜江，在巍山县）、叶榆（今大理）、西洱河（洱海）相接。人众殷实，多于蜀川。无大酋长，好结仇怨。①

当7世纪中叶，大勃弄、小勃弄、黄瓜、叶榆、西洱河等地在相隔百余里或数十里之间仍然是各自为政，"无大酋长，好结仇怨"，私相攻伐，与解放以前凉山内部彝族的家支割据，好打冤家，颇相类似。因为如此，所以唐代统治阶级就利用他们的内部矛盾，分别出兵加以击破。例如赵孝祖在永徽二年之攻下"白水蛮"，三年（652）之攻下大、小勃弄以及其他"大者众数万，小者数千人"②的许多邑落，皆属于此类。

昆明国的历史，留在后一段再讨论。这里首先阐述一下昆明国部落的组成问题。

昆明国也和其他多民族地区一样，是由许多部落、部族组成的，但他的主要部落部族则是"白蛮"，亦即今日的白族。上述《唐会要》等书都说昆弥国有杨、李、赵、董四个大姓，此四大姓从古到今都是白族的大姓。《蛮书》卷4"渠敛赵"条云："大族有王、杨、李、赵四姓，皆白蛮也。"其中三大族与上述四大姓是相合的。按南诏的赵州在今弥渡境内。《南诏德化碑》

---

① 《资治通鉴》卷199"唐高宗永徽二年"条。
② 同上。

的碑阴题名，今可省识者共 70 个姓，其中杨姓最多，占 11 个；李、赵二姓各占五个。董姓虽看不清有无，但近代喜洲董姓世为大族，解放前称为白族"四大家族"之一。《元史·地理志四》记载南诏国徙白蛮十二姓于金沙江以北的会同府（四川会理），其中赵、李、杨三姓皆居前列，赵姓首领且为会同府主。元明以来，白族大姓的墓碑保留在点苍山东麓和洱海附近其他山上的很多，其中杨、李、赵、董四姓始终占大姓的主要位置（当然在上述四姓之外还有其他大姓）。从此可知，古代昆明国的组成部落主要的是"白蛮"，即今之"白族"。

且白族之为古昆明国主要组成部分的证据还不止此。前已言之，从《唐会要》前引一段证明，《太平御览》卷 790、《通典》卷 187、《册府元龟》卷 960 所记载的"松外诸蛮"皆当包括在昆明国的范围之内。从《唐会要》、《新唐书·南蛮传》、《太平御览》、《通典》、《册府元龟》各种记载综合为三点，可以证明今日的白族就是古昆明国的主要组成部分。第一，上述各书记载："自云其先本汉人，语言虽小讹舛，大略与中夏同。有文字，颇解阴阳历数。"滇中各族语言最近于汉语者，只有白族的语言。《蛮书》卷 8 云："言语音，白蛮最正，蒙舍蛮次之，诸部落不如也。"与上说各书所载之义相同。且白族自古有文字，称为"僰文"或"白文"。僰文的字形与汉文同，唯读音有的与汉文同音，有的则只与白族语相协，而与汉语异。此种僰文，近年在白族地区搜集到的很多，最古的可以上溯至南诏时期。从上引诸书所记，在南诏国以前应该也有僰文所写成的经典和文献，只是没有发现罢了。此昆明国主要由白族组成的重要根据之一。第二，再以昆明国的男女发式和衣饰来说，《史记·西南夷列传》说昆明人的发式是"编发"，这是公元前 2 世纪末叶的事。到了 7 世纪前叶，《新唐书·南蛮传》记载"昆明蛮"的发式和衣饰说："人辫首左衽，与突厥同。"《西南夷列传》中的"编发"和《南蛮传》中的"辫首"是一致的，主要是与公元前 2 世纪的滇国人、邛都人及 7 世纪的"乌蛮"之"椎髻"对比而言。此编发的实际情况如何，虽不尽理解，然以文献谓"与突厥同"，则编发也就是辫发。此乃指昆明男子的发式。又《太平御览》等书云："头髻有发，一盘而成，形如鬘。"此乃指昆明妇女的发式。妇女辫发，由后绕额顶，一盘而成，至今白族妇女仍然如此。衣服则"男子以毡衣为帔，女子絁布为裙衫，仍披毡皮之帔。……男女皆跣"。此种服制和跣足之风，与近代并同。此昆明国主要由白族组成的重要根据之二。第三，上引各书又言："至于死丧，哭泣、棺椁、袭敛，无不毕备。三年之内，穿地为坎，殡于舍侧，上作小屋。三年之后，出而葬之，以蠹蚌封棺，令其耐湿。"白族人死后，盛以棺椁，埋土坎中，上立坟堆，与彝族、傣族的火葬仪式不同。《蛮书》卷8记："白蛮死后，三日内埋殡，依汉法为墓。"与上述情况大致相合。此外，自7世纪以来，产业以农业为主，但亦兼营畜牧、蚕桑，交通工具有船无车，都与洱河湖区白族的生产情况相合。此昆明国主要由白族组成的根据之三。

当然，我们说昆明国主要是由白族组成的，这里并不排斥说昆明国还包括着其他的部族或部落。东汉时邪龙县的昆明夷是哪一语族，由于资料缺乏，目前尚无法鉴别。我想古代昆明之为国和滇之为国，虽然时期不同，究其多部族、部落的组成应当是一致的。近年在云南晋宁石寨山发掘的滇王墓，其中发现的铜的塑像和铜鼓上所刻画的人物有二三百个之多。从人物的发式和衣饰来看，至少可以分为八个族的成分。①古代的昆明国自然也不能例外。现在为了便于分析的原故，只集中阐明一个问题，就是7世纪中叶以前的昆明国，除了"白蛮"以外，是否还包括有"乌蛮"这一问题。

现在我们试看《新唐书·南蛮传》所记从贞观十九年（645）到显庆元年（656）梁建方征伐"松外蛮"和"洱河蛮"和各族首领署官入贡的故事：

> 贞观中，巂州都督刘伯英上疏："松外诸蛮率暂附亟叛，请击之，西洱河、天竺道可通也。"居数岁，（贞观十九年，645）太宗以右武侯将军梁建方发蜀十二州兵进讨酋帅，双舍②拒战败走，杀获十余万，群蛮震骇，走保山谷。建方谕降者七十余部，户（十）万九千，署首领

---

① 关于滇王国各族人物的发式和衣饰，可参考云南省博物馆主编的《云南晋宁石寨山古墓群发掘报告》图版47、52—53、66—69、82、91、120—124，内容至为丰富。四川大学教授冯汉骥同志曾详加分析，分为八个部族成分。原稿未发表。
② 双舍是一地名，抑是一酋帅名，颇值得研究。案《新唐书·南蛮传》所记文义，地名或人名皆可通。《资治通鉴》所记："蛮酋双舍帅众拒战，建方击败之。"显然用作人名了。唯唐樊绰《蛮书》卷3"越析诏"条记于赠"东北渡泸，邑龙怯河，方一百二十里，周回石岸，其地总谓之双舍"。又同书卷6"昆明城"条，有"昆明、双舍"语，显然系一地名。我意古人对云南地理多不明了，望文生义，误解甚多，双舍当亦其一端。就原文加以标点，双舍应是一地名。

蒙、和①为县令。余众感悦。

西洱河蛮，亦曰河蛮，道繇郎州（曲靖）走三千里，建方遣奇兵自巂州道千五百里掩之。其帅杨盛大骇，欲遁去，使者好语约降，乃遣首领十人纳款军门。建方振旅还。

二十二年（648），西洱河大首领杨同外，东洱河大首领杨敛，松外首领蒙羽皆入朝，授官秩。

显庆元年（656），西洱河大首领杨栋附显，和蛮大首领王罗祁，郎、昆（今昆明）、黎（即黎州，在昆州南）、盘（滇南，与交州接）四州大首领王伽冲率部落四千人归附，入朝，贡方物。

从上述各段史料可以看出，在昆明国的中心，即西洱河的东西，在今洱海以东的有东洱河首领杨敛，以西的有西洱河首领杨盛、杨同外和杨栋附显。这些杨姓首领都是白族大姓，占杨、李、赵、董四个大姓的首姓。其中最惹人们注意的，是杨栋附显这位以四个字为姓名的"西洱河大首领"。这种以四字为姓名的办法，和六诏以前的张乐进求（《南诏野史》），南诏时的杨瑳白奇（《南诏会盟碑》）、杨镇龙武（《新唐书》）、段南罗格（《蛮书》）以及大理时的李观音得（《宋史·大理传》）是一致的，都是白族的一种传统的命名法，与乌蛮的父子连名制不同。因此，我们可以断言在洱海附近，白族历来就是主要的部族。

此外，从上述资料又可以看出，在昆明国的北部所谓"松外蛮"中，公元645年梁建方擢松外首领蒙、和为县令，648年松外首领蒙羽入朝，此蒙、和与蒙羽，与后来的南诏王姓相同，案其姓氏似为乌蛮。又656年和蛮大首领王罗祁入朝。此所谓"和蛮"，案唐诏敕中有"和蛮大鬼主"②的记录，当即今日的哈尼族，旧称为"窝泥"或"和泥"，语言与彝族相近，当属于"乌蛮"。此"乌蛮"之分布于昆明国北部的事例之一。

---

① 这里的"蒙和"，从表面上看是一人名。冯甦的《滇考》和师范的《滇系》都记载显庆五年西洱河蛮蒙睑、和舍诱其党七部叛唐事，则蒙、和当为二人。袁嘉谷的《云南大事记》认为此蒙和即蒙睑、和舍，理由充足，可参考。
② 《张曲江文集》卷12《敕安南首领爨仁哲书》中有和蛮大鬼主孟谷悮。此和蛮在东爨以南，当即今日的哈尼族，解放前哈尼作"和泥"或"窝泥"。

又《蛮书》卷4云："施蛮，本乌蛮种族也。""顺蛮，本乌蛮种类，初与施蛮部落参居剑（即剑川，在今剑川）、共（即野共川，疑即漾共川，在今鹤庆）诸川。"此施蛮和顺蛮都是乌蛮种类，在六诏建立以前，杂居于昆明国正北的剑川和野共川一带。剑川，《元史·地理志四》云："县治在剑川湖西，夷云罗鲁城。"案今剑川白族语称彝族为"lɔɯ lǖl"，读如"楼漏"，音与"罗鲁"合。剑川城以罗鲁名，似与古代彝族之居其地有关。① 此乌蛮之分布于昆明国北部的事例之二。

《蛮书》卷6又云："其铁桥上下及（原文作'乃'，误，应改为'及'）昆明、双舍，至松外已东边，近泸水，并磨些种落所居之地。"案铁桥在今云南西北巨甸县北之塔城关，由此而东，至昆明城，又正南至松外城及双舍，唐时并为磨些部落所居，而"松外诸蛮"及双舍部落又皆在昆明国的范围之内，然则磨些部落亦是昆明国的组成部分。《蛮书》卷4云："磨（些）②蛮，乌蛮种类也。"此"乌蛮"分布于昆明国北部的事例之三。

由上述三事例，知昆明国的北部，除"白蛮"外尚有不少的"乌蛮"部落。

洱海以南，今巍山县城所在蒙化坝一带古代为何族所居不可知。在巍山以南，为哀牢山脉。哀牢山脉长延一千数百里，其中不应该只有一个部落或一种部族。唐代蒙舍诏细奴罗的祖先即居其中。《南诏野史》记载，蒙舍诏始祖舍龙和细奴罗在贞观初年（627）从哀牢山避难于蒙舍川（今巍山蒙化坝），耕于巍山（当即今巍山城南之巍宝山）之麓。经营二十余年，据有巍山以北蒙舍川的土地。从此可知，在7世纪前叶，今哀牢山和巍山县蒙化坝已经有了"乌蛮"了。《读史方舆纪要》卷118"蒙化府"条下注云："《志》云，初罗罗摩及僰蛮居此，后蒙氏细奴罗等城居之，号蒙舍诏，即南诏也。"《纪要》所引《蒙化府志》的一段话，恐不可信。"僰蛮"指傣族言，傣族北上乃明初事，不能认为在唐代的初年。罗罗摩约指彝族，彝族到蒙化府是否在蒙舍诏以前，亦无可靠证据。但今巍山彝族以蒙舍诏的始祖为祖，所以我们说在7世纪初，昆明国的南边已经有从哀牢山来的乌蛮分布其间，是没有

---

① 《读史方舆纪要》卷117"剑川州望德城"条下注云："罗鲁城在州南十五里，唐所筑，今为瓦窑村址。"
② 《太平御览》卷789引《南夷记》云："么些蛮，乌蛮种也。"据此知《蛮书》"磨蛮"间脱一"些"字，应补入。

问题的。

昆明国的东部是否居住有乌蛮,请看《新唐书·南蛮传》以下一段记载:

> 永徽初,大勃弄杨承颠私署将帅,寇麻州(旧说在马龙,恐误,待考)。(郎州)都督任怀玉招之,不听。高宗以左领军将军赵孝祖为郎州道行军总管与怀玉讨之。至罗仵侯山(《滇考》作罗仵山),其酋秃磨蒲与大鬼主都干以众塞菁口。孝祖大破之。夷人尚鬼,谓主祭者为鬼主,每岁户出一牛或一羊,就其家祭之。送鬼、迎鬼,必有兵因,以复仇云。孝祖按军,多弃城,逐北至周近水,大酋俭弥于,鬼主董朴濒水为栅,以轻骑逆战,孝祖击斩弥于、秃磨蒲、鬼主等十余级。会大雪,鞍冻死者略尽。

此役《资治通鉴》系于永徽二年(651)征"白水蛮"之役。这场战争的原因是由于大勃弄(弥渡白崖)杨承颠的袭麻州。杨氏为白蛮(白族),而遣至罗仵侯山作战者为秃磨蒲和鬼主都干;遣至周近水作战者为俭弥干和鬼主董朴。秃麻蒲和俭弥干的族属虽不可知,而都干和董朴皆系鬼主,其为"乌蛮"是没有问题的。罗仵侯山与周近水在今何地尚难考定,但其在唐代的匡川县内无疑。唐匡州领县二:勃弄、匡川。勃弄即今弥渡、凤仪二县,匡川今祥云县。然则大、小勃弄川之以东、以北亦有"乌蛮"。此"乌蛮"之分布于昆明国的东部者。

不仅如此,就是昆明国的中心西洱河一带在7世纪中叶也有"乌蛮"分布其间。前面已经叙述,当贞观十九年时,梁建方征伐"松外蛮",降72部。置其首领蒙、和为县令。此二县令镇守何处,原文不明。清代冯甦撰《滇考》、师范撰《滇系》,二人根据唐代骆宾王的《临海集》,考定永徽五年(654),西洱河蛮蒙俭(袁嘉谷谓当作"睑")、和舍诱其党诺没弄(袁嘉谷谓当作"诸波弄")、杨虔、柳元(《滇考》误作"杨虔柳")等皆反,"以李义为姚州道总管,率兵讨之。……和舍力屈面缚请降,蒙俭亦听招抚"。此"西洱河蛮"的蒙俭与和舍,当即梁建方所署用的蒙、和。他们原居松外城附近,故被称为"松外蛮";但一经被擢为县令,便迁至西洱河一带,而被称为"西洱河蛮"了。可见昆明国的中心地带在7世纪中叶也有"乌蛮"居住其间。

总上所述，我们可以看到，在 7 世纪以前，古之所谓昆明国的疆域内，主要的部族或部落是"白蛮"，即今日的白族。但在昆明国的北部，如剑、共诸川已经居住着施、顺等"乌蛮"，如松外、双舍已经居住着磨些等"乌蛮"。在 7 世纪的初叶，昆明国的南边如蒙舍川一带已经居住了蒙舍"乌蛮"，约与此同时，或者更早一些时候，昆明国的东部如大、小勃弄以东，匡川县的罗仵侯山和周近水一带也已经居住了在鬼主统治下的"乌蛮"。不仅如此，在 7 世纪中叶西洱河一带又居住了从松外城以南迁来的"乌蛮"。这些事实可以说明，古代的昆明国原来是以白蛮或白族为主体部族或部落的，到了后来，各种"乌蛮"从东方、北方、南方逐渐移入，越到后来，移入的越多，至 7 世纪中叶原来没有"乌蛮"的地区亦都有"乌蛮"居住了。自从"乌蛮"首领征服了"白蛮"或白族以后，遂在洱海湖区出现了"六诏并乌蛮"的割据之局。

（二）六诏的名称、所在地和几个"乌蛮"首领在"白蛮"地区建诏的经过

这一段的主题是准备叙述一些关于"乌蛮"首领侵入白族地区而建立六诏的事实，但预先声明，这一叙述是不完全的。

1. 蒙舍诏。

蒙舍诏在洱海湖区的南部，今巍山的蒙化坝内。前已说明，有很多人主张巍山县就是汉代的邪龙县，邪龙县的居民称为"昆明夷"。因此，巍山县的蒙化坝在古代应属于昆明国的范围之内。在 7 世纪初叶，蒙舍诏的始祖舍龙和细奴罗从哀牢山迁徙到这里，此为巍山县蒙化坝有"乌蛮"之始。蒙化坝是一个由西北而南约三十里的斜长河谷，阳瓜江由北而南蜿蜒谷内。江的东岸距今县城北十里有古城村，相传唐代的蒙舍州州城在此。江的西北岸为垅圩山，一称"垅圩图"山。山的西北麓为垅圩村，居民都是彝族，自称为"laɿ loɿ baɿ"（腊罗拔）。他们称垅圩山为"noɿ jyɿ tʼuɿ"，与"垅圩图"同音，意为南诏始祖"细奴王居住的所在"。山的西南侧为摩岈寺，系一道教

的寺庙，内供老子，但同时又有佛教的转轮和"四大天王"。寺的南面有土主庙，正殿向南，有塑像，相传即细奴王，当系"细奴罗"的简称。山顶平坦，瓦砾很多。瓦上间有文字，与汉文略异，而与大理三塔寺和邓川德源城所见的瓦上文字相同。此即古代的昆明文或爨文。瓦砾的旁边有一石础，系古建筑物的残余。《读史方舆纪要》卷118蒙化府"垅圩图山"条下注云："初蒙氏龙伽独（舍龙之子）者以唐贞观间将其子细奴罗自哀牢而东，迁居其上，部众日盛。高宗时，细奴罗入朝，授巍州刺史，筑城高三丈，周四百余丈，居之，自称奇王，号蒙舍诏。今有浮图在山上。亦曰垅圩山，亦谓之垅圩图城。"此言细奴罗筑城于此，其说本自明代的《蒙化府志》，是比较可信的。今亦有谓此为松明楼遗址者。蒙化坝的南端为巍宝山，《纪要》言"蒙氏之初，尝耕牧于山之麓"。与《南诏野史》所记相合。巍宝山麓亦皆彝族居住，自称为"la˧ lo˧ ba˧"，并以南诏王隆舜为土主。

今蒙化坝内，在交通路线上所居者，多为汉人，间有少数白族。坝的北部村落有些回族。不沿大路的山麓、山上各村落皆为彝族。彝语称蒙化坝为"mi˧ sa˧"（迷撒），当即"蒙舍"的对音。这里的彝族，关于他们的祖源问题大部分弄不清楚了，他们没有文字，没有谱牒，从哪个地区迁来的观念也很模糊。但我们询问过巍宝山和垅圩村的彝人，他们都说细奴王是彝族的祖先，他们是细奴王的子孙。这种说法和民国时修的《蒙化县志稿》所云"罗罗摩为南诏细奴罗之后"，是相合的。县里的彝族都自称为"la˧ lo˧ ba˧"，这一名称和楚雄彝族自治州内彝族之自称为"lo˧ lo˧ pʻa˧"有不可分割的关系。他们所谓"mi˧ sa˧ ba˧"已经是从一个地理的概念出发，只要住在蒙化坝上的人们，无论是彝、汉、回、白各族，都称之为"mi˧ sa˧ ba˧"，译言之，即"蒙舍川上的人们"。但这种说法是后起的，最初的"mi˧ sa˧ ba˧"，应当只指住这个坝上的彝族。欲证明此点，我们不妨以从巍山县迁徙到弥渡、南华等县的"la˧ lo˧ ba˧"为例，自从他们迁到上述二县以后，便不自称为"la˧ lo˧ ba˧"，而自称为"mi˧ sa˧ ba˧"了。

2. 蒙嶲诏。

《南诏野史》"蒙嶲诏"条下注云："嶲辅立国，居越嶲，今四川宁远府越嶲厅是。"越嶲厅，今越嶲县，以为蒙嶲诏在此，是错误的。《读史方舆纪要》注以为在四川宁远府，即今西昌县，也是错误的。冯甦《滇考》以为在云南丽江府以北，也是错误的。日本学者铃木俊以为在云南弥渡县红崖以北小云南（今祥云县境），也是错误的。其实，蒙嶲诏的位置，唐代樊绰的《蛮书》言之最确，《蛮书》卷 5 云："蒙舍北有蒙嶲诏，即阳瓜州也，同在一川。"此言蒙嶲诏在蒙舍诏以北，即阳瓜江的上游。唐代开元初年（713）封皮罗阁为台登郡王，授其长男阁罗凤为阳瓜州刺史，次男诚节为蒙舍州刺史。① 蒙舍州在蒙舍川，州城在今古城村；阳瓜州在其北。二州不能混为一谈。我们去年在巍山县旅行时，见蒙化坝的西北有一小丘陵，此丘陵以东南为蒙舍诏，以西又有一坝为蒙嶲诏。前者为唐代的蒙舍州，后者为阳瓜州。故云此二诏、二州同在一川。

但原来的蒙嶲诏疆域不止于此。据唐代窦滂所撰《云南别录》，六诏之中有样备诏，无蒙嶲诏。样备当即漾濞江之漾濞。漾濞江在巍山县西百余里，一名神庄江。江自大理以西南流，经漾濞驿，过巍山西侧南入澜沧江。蒙嶲诏的西境达漾濞江，故亦名为样备诏。此诏东西 120 里，疆域最广，故《蛮书》卷 3 云"蒙嶲一诏最大"。今蒙化坝以西山中亦多为彝族。

3. 邓睒诏。

《蛮书》卷 5 云："邆川城，旧邆川也，南去龙口城十五里。"龙口城即今洱海西北岸之上关。其北 15 里，山冈上有德源城遗址，居高临下，当即 7 世纪的邆睒诏城所在。但德源城之名始于南诏。相传南诏皮罗阁建松明楼，诱五诏主同至祭祖。邓睒诏妻慈善夫人劝其夫勿行，夫不听。夫人以铁钏套夫臂上，夫被焚死，以臂上铁钏得尸归葬。皮罗阁以慈善夫人贤智，欲娶为妇。慈善绝食而死。南诏遂名其城曰德源城。彝语称平川为"甸"（diɛ˧），白语称为"睒"（dæ˧），皆与睒音合。此即"邆川"称为"邓睒"之由来。《云南别录》所述六诏中有"越澹诏"，《新纂云南通志·南诏地理考释》云"澹"与"睒"同音，"越"与"邆"形近而讹，故"越澹"当即"邆睒"之误。

又《新唐书·南诏传》"邆睒诏"条云："子咩罗皮自为邆川州刺史，治大厘城。归义袭败之，复入邆睒。"然则"邆睒诏"初居邓川之德源城，后侵入河睒，据大厘城，即今日的喜洲。与南诏战败，又退居德源城。此"邆

---

① 《蛮书》卷 5 "蒙舍诏"条。

睒诏"有二个诏城甚明。

邓睒诏地今为邓川，县城郭四乡多白族。相传慈善夫人亦称"柏洁圣妃"，原系浪穹诏主的女儿，一名白姐，现白族奉她为德源城的土主。

4. 浪穹诏。

浪穹诏在今洱源县。洱源和邓川是邻县。洱源县的许多平川里的居民大都是白族，也有一些是汉人。西山上的人们，原称为"土族"，实系白族。除了白族以外，彝族也很多，西山有二百多户，大松甸有几十户，南大坪有约二百户（一部分属鹤庆县）。彝族称白族为"loɬ pʼuɬ"，意为"平川的人们"；自称为"loɬ loɬ"或"ʟan fʐ"，亦自称为"nial diɬ"。"ʟan fʐ"有"黑施人"之意，使我们联想到唐时所谓"施蛮"。唯此种彝族，父子不连名，无族谱，不行火葬，语言白族化的程度很深。

今白族语称洱源县为"loɬ ʐoɬ ɕiɬ"，彝语称为"ɕiɬ loɬ"。"loɬ"即"浪"的对音，其义为平川或山谷。"ɕiɬ"即"县"。唯"loɬ ʐoɬ"不知是否"浪穹"的对音？

这次我们到洱源，遇到一位大松甸罗姓的彝人。他说，古时他的祖先迁到牛街以东的大松坪，后来又迁到大松甸。牛街，唐时称牛赕，元时为顺州。此地原为彝族所居。南诏时"徙诸浪人居之，与罗落蛮杂处"[1]。从此可知大松甸彝族的历史颇为悠久。

又《康熙字典》"穹"字下引《韵会小补》云："今云南县名。浪穹，土音读为'浪空'。"未知此土音指白族语，抑指汉语，希望研究白族语言的同志们注意。

5. 施浪诏。

《蛮书》卷3云："南诏既破剑川，尽获施浪部落，……三浪悉平。"此所谓"三浪"乃指浪穹、邆睒、施浪而言。[2] 浪穹为南诏所败，徙居剑川，称为"剑浪"。此浪穹与剑浪实为一诏。《蛮书》卷3上引文又云"既破剑川，尽获施浪部落"，则施浪距剑川不远可知。《蛮书》卷5又云："（邆川城）东北有史浪川。""史"与"施"同音，则施浪在邓川县德源城之东

---

[1] 《读史方舆纪要》卷117"顺州"条。
[2] 《蛮书》卷3"浪穹诏"条："凡浪穹、邆睒、施浪，总谓之浪人，故云三浪诏也。"

北。浪穹在邓川之西北，施浪在邓川之东北，三浪正成鼎足之势。当敌军来时，互为犄角，其势甚固，故三浪常赖此形势以抗南诏。又《新唐书·南蛮传》云："施浪诏，其王施望欠居矣苴和城。"此矣苴和城亦见于《蛮书》卷3。唯此城何在，久而不得其解。近读《读史方舆纪要》，其卷113《云南总叙》内注云："施浪诏，今浪穹县蒙次和山之地。"同书卷117浪穹县"莲花山"条下亦注云："在县东北四十里。形如莲花，三面陡绝，惟一面仅容单马。其相连者，曰蒙次和山。三面绝险，一面临河。六诏时施浪诏居此两山下，亦曰蒙次和村。"始知矣苴和城即《纪要》蒙次和山下之蒙次和村。《蛮书》"矣苴和城"之"矣"当作"牟"，"牟"与"蒙"同音，"苴和"即"次和"，故"牟苴和"即"蒙次和"无疑。樊绰《蛮书》在北宋时已错字很多，《新唐书》沿用之而不自觉，由《纪要》所云始知其误。

6. 越析诏。

最初以越析诏在云南丽江者，始于《元史·地理志》。志云："（丽江路）昔么蛮、些蛮居之，遂为越析诏。"致误之由，在于不明越析诏与么些族之关系。越析诏一称么些诏，是因为越析诏主为么些人并领一部分么些部落而命名的，但不是所有么些的分布之区即皆为越析诏，其理至明。此论一出，明清学者之言六诏地域者靡然从之，不以为非。例如《南诏野史》注、《读史方舆纪要》等无不如此。冯甦《滇考》又沿《南诏野史》注"越析诏又号花马国"之误，加以演绎，说"蛮波冲所据地甚广，东南百五十里，石壁上有色斑斓类花马，因又号花马国"。案花马山在丽江西北300里之巨甸，与越析诏相去500余里，真是一错再错，错得不可以道里计了。唯《新纂云南通志·南诏地理考释》言之最审，辨之最精，可以启600多年之所未发。案《蛮书》卷3云："（越析诏）亦谓之磨些诏，部落在宾居、旧越析州也。去囊葱山一日程。"同书卷2又云："囊葱山在西洱河东隅，……面对宾居、越析，山下有路，从渠敛赵（凤仪县）出登川（邓川县）。"此言越析诏之名乃由于诏在旧越析州而起。案《旧唐书》、《新唐书》之《地理志》皆无越析州。越析州建置何时亦无从考据。《蛮书》卷1记石门（滇东北豆沙关）上有"隋初刊记处"云："开皇五年十月二十五日，兼法曹黄荣领始、益二州石匠，凿石四孔，各深一丈，造偏梁桥阁，通越析州、津州。"然则越析州之置当在隋开皇时或隋代以前，所以《蛮书》谓"旧越析州"。唐时，此州属匡州，于越析州设咨长，故《蛮书》卷1又云"咨长故地也"。越析诏的部落住居于宾居和越析州二地，故文中越析州与宾居并举。今洱海以东100里为宾川县治，县治西南十余里有宾居街，为越析诏部落所在之地。东去洱海东岸的囊葱山一日程，与上述80余里之里数合。越析州的位置，不在今宾川县城，以《蛮书》所记度之，当在宾居街以北，宾川县城以西，距洱海亦一日程。《蛮书》卷5云："渠敛赵（今凤仪县）东北至毛郎川，又东北至宾居汤①，又北至越析川，磨些诏故地也。"此言越析州在宾居之北，亦一越析诏部落所在之地。同书卷1又云："越析州今西洱河（原文作"西河河"，误）东一日程。"此又言越析州在洱海以东一日程。总之，从此可知，越析诏部落所居地在宾居和越析州，所属疆域或者较此为大，然亦不能远至丽江或越嶲等地，此不可不辨。

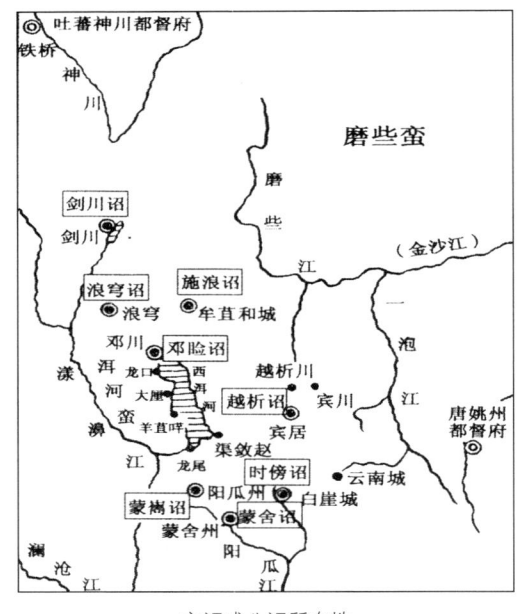

六诏或八诏所在地

---

① "汤"应作"荡"，指水荡而言。唐姚州东80里有外弥荡，见《蛮书》卷1。宾居汤之名当言宾居附近之水荡。《读史方舆纪要》卷117宾川州"赤石崖镇"条下注云："又有宾居巡司，本名蔓神寨。"当指宾居而言。今剑川彝族语称宾居街为"biɬ ɡəɬ"，当即"宾居"之对音。

现代这一带的居民，主要是汉人和白族，但六诏时这一带的居民，统治者为么些人，被统治者则有白族，有么些，亦有汉人，为一多部族、部落地区。

六诏之外，尚有时傍诏，在白崖；矣罗识诏，在剑川。六诏合此二诏，称为"八诏"。

综上所述，可知六诏或八诏的地域主要是在以洱海为中心的洱海湖区，东至金沙江及其支流一泡江，西至漾濞江，北至剑川，南至巍山、弥渡二县。

以六诏的地域和古昆明国或昆明部落所在的地域比较，六诏的地域比较小些，东北没有到达金沙江以北所谓"松外蛮"的活动地区，东方没有到达姚州。但毫无问题，六诏是建立在古昆明国的中心地区，它在经济上和文化上是承继古代昆明国经济文化的基础而进一步发展的。

六诏的名称和所在地既已叙述，现在我试图说明一个问题，就是六诏中的几个"乌蛮"首领如何进入以"白蛮"为主体的昆明国中心地区而建立政权的。这段历史如果认识清楚，我们就可以理解，从昆明国到六诏在民族方面不是一线相承的，中间还经过一个曲折的斗争阶段。但到后来"白蛮"和"乌蛮"在经济文化上相互融合了，因而最后出现了一个多部族、多部落的南诏国家。

在前一段阐述昆明国的部族、部落组成时，知道在7世纪中叶以前，昆明国的北、东、南三边已经有各种"乌蛮"分布，而且已经有一部分"乌蛮"逐渐向洱海一带移殖。这种形势对于7世纪六诏的建立来说，亦和西晋末年辽西鲜卑族向幽、冀二州迁徙之对于前燕、后燕的建国一样，肯定是有利的。而且从贞观末年起，唐代统治阶级一再征伐"白蛮"，如梁建方之击"松外蛮"、"洱河蛮"，赵孝祖之击"白水蛮"等，而另一方面又擢蒙睑、和舍为县令，授蒙羽以官秩，这样就使"白蛮"的地方政权日渐瓦解。"乌蛮"部落首领趁势侵入"白蛮"地区，最后在7世纪末和8世纪初出现了"六诏并乌蛮"的新政治组织局面。

同时，应当指出，在公元7世纪中叶以前，洱海湖区绝对没有六诏政治组织的存在。当贞观十九年（645）梁建方征服"西洱河蛮"以后，我们只看到"西洱河蛮"首领杨盛、杨同外、杨栋附显和东洱河首领杨敛，看不到除此以外六诏之中任何一诏的首领。据各书记载，"西洱河蛮""有数十姓，以杨、李、赵、董为名家，各擅一州，不相统摄"。而此四大名家皆是白蛮，无一乌蛮，可见其时六诏大姓尚未出头露角。永徽二年（651），赵孝祖征伐大勃弄杨承颠，杨氏亦系白蛮。白蛮杨氏麾下虽有乌蛮酋长大鬼主，但皆不属于六诏之数。当时西洱河以西仍然是"无大酋长，好结仇怨"；各部"屯聚保险，大者有众数万，小者数千人"。① 在当时丝毫看不到有六诏形成的迹象。因此，我们可以判断，六诏的兴起绝对不是7世纪中叶以前的事，而是在7世纪中叶以后。《旧唐书》、《新唐书》之《南诏传》认为六诏在三国或其以前就有，并说六诏为诸葛亮所征服，实在是毫无根据的。②

六诏建立的年代和建立的过程，在汉文和僰文史志中记载皆不详尽，但这些问题的解决并不是没有线索、没有希望的。这里我只提出一些肤浅的意见，供对此问题有兴趣的同志们参考。

六诏之中建诏最早者，当为南诏，即蒙舍诏。南诏之名应当是后起的，自《蛮书》以下各书皆称蒙舍诏在诸诏之南，故称南诏。然则蒙舍诏之名在前，南诏之名当在其他诸诏成立以后，此点亦不容怀疑。关于蒙舍诏成立的年代，各书说法不一。杨慎《滇载记》云南诏之称在唐贞观三年（629）。这种说法与汉文、僰文史料皆不合，不能成立。《旧唐书·南诏传》记唐初蒙舍龙生迦独庞，迦独生细奴逻。此与《南诏野史》称唐贞观初舍龙、细奴逻自哀牢迁徙至蒙舍川，耕于巍山之记载相合。很明显，是杨慎把细奴逻迁住于蒙舍川的年代误认为南诏建立的年代了，故不可从。又一说，《南诏野史》记唐贞观二十三年（649）建宁国王张乐进求逊国于细奴罗，细奴罗于此年"建号大蒙国，据南诏"。此说既与根据白族传说而撰的《记古滇说》不合，并与汉文史料亦相矛盾。《新唐书·南蛮传》记"永徽初，大勃弄杨承颠私署将帅，寇麻州"，"小勃弄酋长殁盛，屯白旗城……大勃弄杨承颠婴城守，孝祖招之不从，麾军进执承颠"。此言永徽初年（650—652）屯大勃弄白崖

---

① 《资治通鉴》卷199"唐高宗永徽二年"、"三年"条。
② 《通典》说昆弥国，"诸葛亮定南中，亦所不至"，而于六诏则云为诸葛亮所征，这显然自相矛盾。从《华阳国志·南中志》的记载看，诸葛亮是到达昆明国的。《南中志》云："沙壶，南中昆明祖之，故诸葛亮为其图谱也。"但其时绝无六诏，把六诏说成在蜀汉或其以前建立，是十分荒谬的。诸葛亮到南中昆明是一事，昆明当时是否有六诏为又一事，二者不能混为一谈。

城者为杨承颠,屯小勃弄白旗城为殁盛,与《南诏野史》记贞观二十三年建宁国王(都白崖)逊位于蒙舍细奴罗之事不合。《记古滇说》记张乐进求逊位于细奴罗在永徽四年(653),与上述汉文史料是相合的。然则大蒙国之立亦当在此时,而不能前移至贞观二十三年。关于蒙舍川细奴罗建诏之年,约有二说:一说谓建诏与筑城垅圩图山同时(《滇考》主此说)。此城之筑,《南诏野史》谓在永徽元年(650),则建诏在公元650年。又一说称建诏在称奇王或奇嘉王之时,亦即在张乐进求逊位之年(《记古滇说》),则建诏在公元653年。二说比较皆有理由,前后相距只三年,问题并不算大。我们所以考订蒙舍诏建国之年者,在于说明蒙舍诏是六诏中建诏的最早者,然亦不能早于650年,其他五诏建立更迟。总之,六诏建立是在7世纪中叶以后,而不在中叶以前。

另一方面,我们亦应当理解蒙舍诏之建立与"白蛮"地方政权的衰落有关。上述永徽二年赵孝祖伐"白水蛮",永徽三年又伐大勃弄杨承颠、小勃弄殁盛,几经战争,西洱河以东城邑村落破毁不堪,故永徽四年有张乐进求逊位于细奴罗的故事。我们熟悉中国古史者,大都知道所有的逊位揖让故事乃含有内忧外患的强迫性质的,张乐进求的逊位性质当亦类此。逊位的结果,是蒙舍川乌蛮的势力扩张到大勃弄一带。大勃弄川在今弥渡县,《蛮书》卷5称:"川东西二十余里,南北百余里","白崖城依山为城,高十丈,四面皆水环流"。此川虽被战争一度破坏,但一经经营,顿复旧观。蒙舍诏得此如虎附翼,与日后之翦灭诸诏、统一南中有很大的关系。

白崖城西北90里为渠敛赵(今凤仪)。《蛮书》卷5云:"本河东州也。……州中列树夹道为交流,村邑连甍,沟塍弥望。大族有王、杨、李、赵四姓,皆白蛮也。"《新唐书·地理志》无河东州,《蛮书》卷3有江东州,开元初年唐封蒙归义"次男崇为江东刺史"。此"江东"当即"河东州"之误刊。然则河东州之名与蒙舍州、阳瓜州同,皆系开元初年临时所置之"蛮州",故《旧唐书》、《新唐书》之《地理志》皆未载入。渠敛赵在置河东州以前,于7世纪中叶以前时,为东洱河。《新唐书·南蛮传》记贞观二十二年(648),东洱河大首领杨敛入朝,授官秩。其地当即渠敛赵。《南蛮传》又记"永徽初(案《资治通鉴》作永徽三年,即652年),小勃弄酋长殁盛屯白旗城"。其地亦当在渠敛赵。可知7世纪中叶及以前,其地皆为"白蛮"。且贞观末年之杨敛既称为大首领,永徽初年杨承颠又私署为将帅,则其声势所及不止在大、小勃弄,渠敛赵东北90里之宾居和越析川当亦包括在内。所以在公元652年以前,大、小勃弄和宾居、越析川都在"白蛮"统治的范围之内,这里不可能有任何"乌蛮"地方政权机构出现的。

案越析诏一称为"磨些诏",此言其诏主及一部分亲近部落为么些族,他们应是在公元652年以后从么些部落集中之区迁来的。此族之原住地何在,虽不能确指,然由越析诏诏主于赠与南诏斗争失败后所退居之地区言之,当即松外城以南之双舍。此事经过,《蛮书》卷3"越析诏"条下云:

> 有豪族张寻求,白蛮也。开元(原文作"贞元",误)中,通诏主波冲之妻,遂阴害波冲。剑南节度巡边至姚州,使召寻求,笞杀之。遂移其诸部落,以地并于南诏。波冲兄子于赠提携家众(出)走,(天)降铎鞘,东北渡泸,邑龙怯河("河"原作"沙",今据《新唐书》改正),方一百二十里,周回石岸,其地总谓之双舍。于赠(使)部落(酋)名杨堕,居河之东北(此句据《新唐书》"于赠"下加"使"字,"落"下"亦"字改"酋"字)。后蒙归义隔泸城临逼于赠,再战皆败。长男阁罗凤自请将兵,乃击破杨堕,于赠投泸水死。数日始获其尸,并得铎鞘。

从上一段记录,我们可以看出许多信息。首先说,越析诏于赠在叔父波冲被杀后,仇敌白蛮张寻求虽抵罪被杀,但诏土并于南诏,不得已持铎鞘东北渡泸水,邑于龙怯河畔,地名双舍,这绝不是偶然的。《蛮书》卷6谓:"昆明、双舍至松外已东边近泸水,并磨些种落所居之地。"同书卷1又谓:"泸水从北来,至曲罗萦回三曲,每中间皆有磨些部落。"案泸水即金沙江之总名。曲罗在今安宁河入金沙江口之三堆子附近。泸水从北来,至曲罗之间,皆有磨些部落。龙怯河系今何水,虽不能确指,但此河应在金沙江以北,今永胜县与盐边县之境内。《蛮书》卷7云:"东蛮、磨些蛮诸蕃部落共食龙怯河水,中有盐井两所。"以此知其地亦多磨些部落。于赠之渡泸而至双舍是有联络其宗族部落的深意的。所以双舍应即是越析诏磨些人所由来的故乡。

当唐永徽初（650—652）郎州道总管赵孝祖征伐"白水蛮"及大、小勃弄以后，蒙舍川乌蛮趁势占据大勃弄白崖城，双舍乌蛮么些首领亦趁势南下，占据越析州和宾居，这种情况想来是很自然的。所以越析诏之建立亦当在公元650年以后不久。但么些首领之占领越析州等地，对于越析州原住土著白蛮首领张氏，显然是不利的。因此，就产生了诏主波冲和白蛮豪族张寻求斗争的事件。从这些情况看来，越析诏也是"乌蛮"侵入"白蛮"地区而建立起来的一个新的地方政权。

其次，再看邆睒诏，也是乌蛮首领侵入白蛮地区而建立的。《蛮书》卷3记云：

> 邆睒，一诏也。主丰咩初袭邆睒，御史李知古领诏，出师问罪，即日伏辜。其子咩罗皮后为邆睒州刺史。

邆睒在邓川，自古为白蛮所居地。在咩罗皮以前，邆睒诏是不曾建立的。咩罗皮之父为丰咩，丰咩之兄为丰时。"丰时"在《张曲江文集》卷12《敕蛮首领铎罗望书》中作"郍傍时"，在《资治通鉴》卷204又作"傍时昔"。"丰"古重唇音读"傍"，"丰时"就是"傍时"，亦即丰咩之兄的本名，这是没有什么问题的。为什么又称作"郍傍时"和"傍时昔"呢？我初步的解释，"郍"是傍时之父的后名，以父子连名制推之，父名□□郍，子则为郍傍时了。这是一般乌蛮命名之通例，不足为奇。但"傍时昔"之"昔"，显然就不是人名了，而是指傍时的身份。今彝语称奴隶主为"ɕil P'oɬ"，此"昔"我疑即"ɕil P'oɬ"之简称，其义为"奴隶主"或"主人"。从上两点，便可证明丰时兄弟皆为乌蛮。①

丰时原系何地的乌蛮，因史料不足，无法考证。唯丰时之据浪穹，由《资治通鉴》下一段的记载，知其在武后永昌元年（689）以前。《资治通鉴》卷204记：

---

① 这里有个不易理解的问题，就是大理县的白族传说：邆睒诏咩罗皮的夫人，即德源夫人，是浪穹诏主的女儿，名叫白姐。白姐一称柏洁。由名称看，她像是白族。如是白族，浪穹诏主岂得为"乌蛮"？若是"乌蛮"，浪穹诏和邆睒诏为兄弟家族，当无同族相婚之理。因此，我想白姐系浪穹诏主的女儿之传说，恐不可信。

> 浪穹州蛮酋傍时昔等二十五部，先附吐蕃，至是来降。以傍时昔为浪穹州刺史。

"西洱河蛮"之降吐蕃，《旧唐书·吐蕃传》及《资治通鉴》卷 202 皆谓在仪凤三年（678），丰时等二十五部之附属吐蕃当在此时。其时浪穹已否建诏，史无明文，但《资治通鉴》上又称傍时昔（丰时）"浪穹州蛮酋"，开元初年张曲江代玄宗草成的《敕蛮首领铎罗望书》称郎傍时（丰时）为"姚州管内大酋长"①，然则无论诏之名当时已否确立，丰时在永昌元年以前在事实上已经作了浪穹州的诏主了。所以我们可以推论浪穹诏建立于公元 689 年以前。

丰时之弟丰咩之袭击邆睑，当在景云元年（710）。7 世纪以来，邆睑州本受姚州都督管束的。景云元年②，摄御史李知古率剑南兵坐镇姚州，制止姚州所属州县的通吐蕃事，邆睑州自不能例外，故《蛮书》谓其"领诏"。浪穹诏主在二十多年前投降吐蕃，至是年又来侵邆睑川，知古故出师问罪。但《蛮书》云丰咩"即日伏辜"，恐与事实不符。《资治通鉴》卷 210 记：

> （景云元年）姚州群蛮先附吐蕃，摄监察御史李知古请发兵击之；既降，又请筑城，列置州县，重税之。黄门侍郎徐坚以为不可，不从。知古发剑南兵筑城，因欲诛其豪杰，掠子女为奴婢，群蛮怨怒。蛮首傍名引吐蕃攻知古，杀之，以其尸祭天。由是姚、巂路绝，连年不通。

从这段记载，知道由李知古的出师问罪到咩罗皮之为邆睑州刺史，中间颇经一番曲折，绝不如《蛮书》所说的那么简单。值得注意的，是引吐蕃攻杀李知古的傍名。"傍"与"丰"同音，而"名"与"咩"又音近，然则丰咩并没有被知古杀掉，反而引吐蕃把知古杀死。可知浪穹诏丰时、丰咩兄弟始终是降吐蕃而不肯投唐朝的。后咩罗皮之为邆睑州刺史，应是自立为刺史，与唐无关。这是邆睑诏建立的开始。

---

① 《张曲江文集》中之《敕蛮首领铎罗望书》，当撰于玄宗开元年间。其时郎傍时方死，子时罗铎早逝，故以孙铎罗望袭浪穹州刺史。参考《张曲江文集》卷 12 及《旧唐书》卷 99《张九龄传》。
② 李知古率剑南兵坐镇姚州事，《旧唐书·吐蕃传》及《徐坚传》记述最详。《徐坚传》叙此事在睿宗即位之年，《资治通鉴》卷 209 系此事于景云元年，都是正确的。

总上所述，知蒙舍诏、越析诏、邓赕诏都是"乌蛮"首领在不同时期内不断侵入"白蛮"地区而建立起来的。在他们入侵的过程中，有对抗的关系，有联合的关系。也有先对抗而后联合的，如施浪诏主施望欠先侵入邆赕州，后浪穹诏主丰咩又"袭而夺之"，后来南诏向邆赕进攻时，三浪又联合起来以抗南诏。① 亦有先联合而后对抗的。如开元二十五年，蒙舍诏蒙归义联合邆赕诏咩罗皮攻下西洱河的白蛮，瓜分了西洱河的邑落，蒙舍诏分得太和城（今大理市之太和村及以西山麓）和阳苴咩城（今大理城），邆赕诏则与蒙舍诏分割大厘的山坡（今喜洲以西的山麓）之地。② 大厘城（今喜洲）本是邆川州的治所③，蒙归义出兵进袭大厘城，从此，三浪联合起来与蒙舍诏进行战争。这种混战局面正可说明六诏"乌蛮"首领如何在白蛮地区掠夺土地以至于建立政权的情况。

（三）蒙舍诏的统一五诏

这一段简略叙述一下蒙舍诏合并五诏的经过。

过去有许多著作对于蒙舍诏之合并五诏的叙述是不正确的。例如《记古滇说》和《南诏野史》把蒙舍诏统一五诏的长期斗争简化为松明楼上的一炬，《南诏野史》更简化在开元十八年（730）的一年，这显然是不正确的。自从《资治通鉴》系蒙舍诏翦灭五诏事于开元二十六年（738）以后，历代论述南诏史者信而不疑，以为蒙舍诏之统一五诏就在开元二十六年，这种看法也是不正确的。明清以来，中原官僚宦游滇中者日多，对蒙舍诏之灭五诏事逐渐注意，有的著作对于火烧松明楼事提出怀疑，如檀萃的《农部琐录》；有的著作并做了合理的叙述，如冯甦的《滇考》。但是这些著述不能依据关于南诏史最原始的资料如《蛮书》及《南诏德化碑》等，所以错误仍然是不少的。因此，我们认为对此问题仍有阐述的必要。

蒙舍诏西北与蒙嶲诏为邻，《蛮书》卷5谓"当五诏俱存，而蒙舍诏北

---

① 参考《蛮书》卷5"邆川城"条及卷3"邆赕诏"条。
② 《蛮书》卷3"邆赕诏"条。
③ 《新唐书》卷222《南诏传》云："子咩罗皮自为邆川州刺史，治大厘城。"

有蒙嶲诏,即阳瓜州也,同在一川"。然则蒙舍诏之征灭五诏,按情度势,由近者始,即先由蒙嶲诏开始,是很自然的。但诸诏之中,关于蒙嶲诏的史料最为缺乏。《蛮书》和《南蛮传》虽备载灭蒙嶲的故事,而无年代。蒙嶲第一诏主为嶲辅首,第二诏主为其弟佉阳照,佉阳照传子照原,照原传子原罗。至原罗,被蒙归义所杀,遂并蒙嶲之地。从嶲辅首到原罗,诏主凡四易,与蒙舍诏之由细奴罗传罗盛、盛罗皮,至皮罗阁(蒙归义)凡四诏主相同,则蒙嶲之称诏与蒙舍诏有同样悠久的历史。蒙嶲诏被灭的年代,无直接记录,我们只能用间接的方法求得其解答。《蛮书》卷3云:

> 开元初,(罗盛)卒,其子盛罗皮立。[盛罗皮卒,子皮罗阁立,]①朝廷授特进、台登郡王,知沙壶州刺史。长男阁罗凤授特进,兼杨瓜州刺史;次男诚节度,蒙舍州刺史;次男崇,河东[州]刺史;次男成进,双祝州刺史。

在上引文中首当注意者为阁罗凤兼阳瓜州刺史事。上引《蛮书》卷5文已言"蒙嶲诏,即阳瓜州也",则此州乃灭蒙嶲诏所建。蒙舍诏既灭蒙嶲,占领阳瓜州,唐朝遂以此州封阁罗凤。然则蒙舍诏之灭蒙嶲的年代当在开元初年或开元以前。前已考证,蒙舍诏之并大勃弄在公元653年。蒙舍诏之并蒙嶲应在并大勃弄之后,即公元713年以前。五诏之并,以蒙嶲诏为最早。

南诏之合并五诏,次于蒙嶲诏者,为越析诏。《蛮书》卷3与《新唐书·南诏传》皆系并越析事于"贞元中",此"贞元"当为"开元"之误,这是治南诏史者大家都公认的。最明显的一个理由,是皮罗阁死于天宝七载(748),阁罗凤死于大历四年(769)②,到贞元中哪有皮罗阁父子兼并越析诏之理?再说,越析州豪族张寻求,据《蛮书》记载是由巡边至姚州的剑南节度使笞杀的。此剑南节度使在《滇考》等书和民间传说都以为是王昱。王昱在《旧唐书》、《新唐书》中无列传,从《新唐书》的《吐蕃传》、《南诏传》和《张曲江文集》中的两《敕剑南节度使王昱书》各种记录来看,王昱是在开元中叶以后任剑南节度使的。案王昱之杀张寻求,循"杀人者死"之律,理尚可通,

---

① 参考向达:《蛮书校注》卷3"蒙舍诏"条,中括号内文字据《新唐书·南蛮传》补入。下同。
② 参考《蛮书》卷3。

但越析诏主波冲死，不立其侄于赠，而以"部落无长"①为词，举越析州以归南诏，这和皮罗阁之以厚利啖王昱，请合六诏为一是有密切关系的。②因此亦知南诏之并越析乃开元年间的事。此事究竟发生于开元几年呢？《资治通鉴》卷214记，开元二十六年夏五月"辛丑，太仆卿王昱为剑南节度使"。同年九月"戊午，册南诏蒙归义为云南王"，内叙述到皮罗阁"赂王昱求合六诏为一，昱为之奏请，朝廷许之，乃赐名归义"。若从《资治通鉴》所记，则南诏之并越析诏似在开元二十六年（738）。但《资治通鉴》之叙述王昱在开元二十六年为剑南节度使，是与《张曲江文集》中的两《敕剑南节度使王昱书》不合的。第一书在"冬初薄寒"之时；第二书在"春晚极暄"之时，书内并述及蒙归义讨定西洱河事，还说王昱等对此役有所"指麾"。然则王昱之为剑南节度使显然不始于开元二十六年，而在此年以前。所以，依靠《资治通鉴》关于王昱的记载是不能确定南诏合并越析的年代的。因此关于南诏之合并越析事，另当于《南诏德化碑》碑文中求之。请看碑文中下列一段记载：

> 诏（指阁罗凤）弱冠之年，已负英断。恨兹残丑，敢逆大命。固请自征，志在扫平。枭于赠之头，倾伏藏之穴，铎鞘尽获，宝物并归。

碑文这段记载，是叙述当于赠持伯父所遗铎鞘远走泸水以北时，阁罗凤所抱负的消灭敌人的志愿。案阁罗凤于天宝七载（748）即诏位，《南诏野史》谓此时阁罗凤为36岁。他的"弱冠之年"当为20岁。其时由748年退16年，为732年，正为开元二十年。南诏之合并越析诏当在开元二十年（732）左右。而《新唐书·南诏传》系此事于天宝年间安禄山叛乱之时，这显然是谬误的，不可不加以纠正。③

---

① 《新唐书》卷222《南诏传》。
② 《新唐书》卷222《南诏传》云："当是时，五诏微，归义独强，乃厚以利啖剑南节度使王昱，求合六诏为一，制可。"此段事实是真实的，但《南诏传》系此事于开元末年皮罗阁逐河蛮、取大和城及袭大厘城之后，显然就有问题了。事实见本文后面。
③ 《新唐书》卷222《南蛮传》云："会安禄山反，阁罗凤因之取嶲州会同军，据清溪关，以破越析，枭于赠。"案安禄山叛乱在天宝十四载（755），其时皮罗阁已死，岂能有如《蛮书》所记"蒙归义（即皮罗阁）隔泸城临逼于赠，再战皆败"之事？又岂有《南诏德化碑》所云阁罗凤"固请自征"之事？《新唐书》卷222《南诏传》所采《蛮书》事无虑数十条，而于蒙归义之死年及"越析诏"条中之蒙归义与阁罗凤之征于赠事皆视而不见。推其原因，盖由于作者蔽于越析诏之在嶲州。

南诏合并越析诏后，继并洱河蛮及邆睒诏。其并洱河蛮的年代，《蛮书》卷5"大和城"条记载最详，云：

> 大和城、大厘（音喜）城、阳苴哶城，本皆河蛮所居之地也。开元二十五年（737），蒙归义逐河蛮，夺大和城。后数月又袭破（阳）苴哶（城），盛罗皮① 取大厘城，仍筑龙口城为保障。

"河蛮"即"洱河蛮"，居今洱海以西及点苍山之东麓。当六诏分立时，"洱河蛮"自守城邑，不受诸诏统治，乃一独立的"白蛮"自治地区。② 开元二十五年南诏皮罗阁攻下大和、阳苴哶、大厘等城，"洱河蛮"乃北徙，更羁制于三浪。当南诏攻"洱河蛮"时，邆睒诏哶罗皮与南诏合作，出兵攻击洱河蛮，并与南诏瓜分了大厘以西点苍山麓的土地。既而南诏又进侵大厘城，哶罗皮兵败，退居于邓睒州，约浪穹、施浪二诏出兵以伐南诏。战不胜，哶罗皮率众退居野共川，邆睒诏灭亡。邆睒灭亡的年代，在开元二十五年（737）。哶罗皮三传至颠之托，颠之托及其部众之被徙永昌（今保山）则在贞元十年（794）南诏击破剑川以后。

施浪诏主施望欠，当开元二十五年邆睒诏与南诏相攻时，他参加到邆睒方面，合兵以攻南诏。施浪诏兵分二路：一路由施望欠率领，从牟苴和城（今蒙次和村）西南趋邆睒，援哶罗皮；一路由施各皮率领，南据石和城（凤仪南华藏寺附近）。时南诏亦分兵一路，由阁罗凤率领出西洱河以南，攻下石和城，俘施各皮；皮罗阁率兵进邓睒川，与三浪联军作战，皆胜之。邆睒诏兵败，施望欠援绝势孤，遂退牟苴和城。后皮罗阁兵进攻牟苴和城，降其部落，施望欠仅以家族之半，走永昌。施浪诏灭亡。

浪穹诏主铎罗望也参加了邆睒、施浪二诏对南诏的战争。战败，率部落北至剑川，改称剑浪。铎罗望三传至矣罗君，南诏于贞元十年（794）征剑

---

① 《蛮书》原文"盛罗皮"三字疑衍文，应删去。向达《蛮书校注》改"盛"为"哶"；谓"哶罗皮取大厘城"与上下文皆不协，应从《新唐书·南诏传》"皮罗阁逐河蛮，取大和城，又袭大厘城守之，因筑龙口"之文，删去"盛罗皮"。且邆川州旧治在大厘城，《南诏传》"邆睒诏"条称"于哶罗皮自为邆川州刺史，治大厘城"。至开元二十五年哶罗皮无再取大厘城之理。

② 参考《蛮书》卷4"河蛮"条。

川，俘之，徙永昌，浪穹诏始灭。五诏之中，浪穹之建诏在 689 年以前，而其灭亡亦最迟，在 794 年，前后立诏凡 105 年以上。开元年间南诏所以不灭浪穹诏者，一方面是由于铎罗望之退保剑川，托吐蕃庇护以自固，但当时唐室在西南之主要敌人为吐蕃，对铎罗望颇尽羁縻之能事。这种情况，在《张曲江文集》中代玄宗所草的《敕蛮首领铎罗望书》尚可看出，云：

> 言念远人，必藉绥抚；又逼蕃界，兼资镇遏。

此书之作在铎罗望初立为诏主之时，然由此亦可以看到唐朝对浪穹诏倚任方重，皮罗阁当无敢轻于兼并之理。

最后在这里叙述一下六诏之外而列入八诏之数的时傍诏和剑川诏的始末。

时傍原居何地，记载不详。《蛮书》卷 3 云，时傍一族与南诏世为婚姻，时傍母为皮罗阁之女，时傍女又为阁罗凤之妻，其关系至为密切。开元二十五年南诏与邆睒诏交恶，咩罗皮退出邓川，逃野共川，时傍即入居邓川，诱浪人数千户，拟自立为诏。后被阁罗凤所猜，徙置于白崖城。后与剑川矣罗识串通，潜往吐蕃神川都督处求立为诏，谋泄，南诏遂与唐共起兵征伐白崖与剑川。

关于时傍及剑川征伐事，在《蛮书》及《新唐书·南诏传》皆有记录。但《新唐书》误改"剑川矣罗识"为"矣川罗识"，《蛮书》误刊"开元中"为"开元元年中"，遂致此二事之始末久不能明。我们对此应加以校正。《蛮书》卷 3 原文云：

> 六诏并乌蛮，又称八诏。盖白岩城时傍及剑川矣罗识二诏之后。开元元年中，蒙归义攻石桥城，阁罗凤攻石和，亦八诏之数也。

案此段误刊脱落不少，其中最显著的就是"开元元年中"之"元年"显然是衍文，应删去。下段言"咩罗皮之败"，乃在开元二十五年征伐"西洱河蛮"之后，绝对不能说蒙归义之征白崖在开元元年。所以应改为"开元中"。又有一些人因为上文兼述时傍和剑川，下文述攻石桥城（在今下关西南五里，即天生桥）、石和城（在今凤仪县城南华藏寺附近），于是推论蒙归义之攻石桥所以攻剑川，阁罗凤之攻石和所以征白崖，这种推测是不正确的。我们试看《南诏德化碑》的记载：

> 洎自先诏（蒙归义）与御史严正诲谋静边寇，先王（蒙归义）统军打石桥城，差诏（阁罗凤）与严正诲攻石和子，父子分师，两殄凶丑，加左领军卫大将军。无何，又与中使王承训同破剑川。

从这段碑文可知此次蒙归义父子出兵石桥城与石和皆所以攻白崖，攻剑川之役乃在其后。二役不能混为一谈。

剑川诏矣罗识，《新唐书》作"矣川罗识"，不知何据，恐怕是错误的。蒙归义父子征伐白崖时傍以后，不久便同唐使者王承训往征剑川，矣罗识败走神川（金沙江上游），神川都督送之至罗些城（今拉萨），死吐蕃中。南诏征剑川诏既在征白崖后不久，且征伐者仍为蒙归义父子，则其征服之年仍在开元年间，不应和贞元十年南诏异牟寻的破剑川和破铁桥城一事混为一谈。

总上所述，南诏并吞七诏的次第，以蒙巂诏为最早，在开元初年或开元以前就被南诏灭亡了。其次为越析诏，其土地之被占领当在开元二十一年左右。再次为邆睒诏、施浪诏，其土地皆被占领于开元二十五年南诏征伐洱河蛮之后。时傍和剑川二诏之被灭更在邆睒、施浪之后，应在开元二十六至二十九年之间。最后被吞并者为浪穹诏，时间在贞元十年。从此知南诏之吞并七诏是经过长期战争的，前后有八十年以上，而《记古滇说》和《南诏野史》等书简单归结于松明楼之一炬，《资治通鉴》亦仅系此事于开元二十六年之时，《新唐书·南诏传》又记载越析诏之灭与安禄山反唐之事同时，现在看来，都是不正确的，不足为据。其称剑川矣罗识为"矣川罗识"与《蛮书》称南诏破石桥城与石和在"开元元年中"，虽系抄录版刻之误，但对后人疑惑滋多，不可不辨。至于谓蒙归义之攻石桥所以攻剑川，阁罗凤之攻石和所以攻白崖，此乃泥于《蛮书》表面的叙述，而未能与《南诏德化碑》相参证所致。

最后，再阐述一下洱海湖区从邑落割据到六诏分立，再到南诏统一，这里包含一些什么问题。

在 7 世纪以前，洱海湖区虽然建立了昆明、白子、建宁等国，但论其性质只是部落联盟或邑落联邦罢了，实在不算什么国家。虽然如此，当时洱海湖区的各族人民能够突破原始社会，从"随畜迁徙"的游牧发展为定居农业，从"无君长"发展到"各擅一州"①，从"各擅一州"又发展到如大勃弄杨承颠的兼领几川几州的小王国，这是一种大的变化，大的进步。

这种大的进步之取得，应当认为是各族人民劳动生产的结果。我们试看《太平御览》卷 790 所引《唐书》②关于松外蛮各种生产活动的记录：

> 其土有稻、麦、粟、豆，种获亦与中夏同。……菜则葱、韭、蒜、菁，果则桃、梅、李、柰。有丝、麻。女工蚕织之事，出紬、绢、丝、布，（幅）广七寸（，有染色，有绯帛）。（早）蚕以正月生，二月熟。畜有马、牛、猪、羊、鸡、犬。饭用竹筲抟之，而取羹用象（或作"乌"）杯若鸡彝。有船无车。男女毡皮为帔，女子紬布为裙，外仍披毡皮之帔。③

在 7 世纪中叶以前，洱海湖区的生产种类如此繁荣，农业的生产技术"亦与中国同"，而劳动力又如前引赵孝祖的上书所云："人众殷实，多于蜀川。"这岂非各种生产力提高的表现？由于各族人民的生产力已经提高，所以阶级的分化就日益显著。例如《新唐书·南蛮传》对于"洱河蛮"的婚嫁、丧祭和习惯法有如下的综合报道，说：

> 富室娶妻，纳金、银、牛、羊、酒，女所赍亦如之。有罪者，树一长木，击鼓集众其下。强盗，杀之；富者赎死，烧屋，夺其田。盗者，倍九而偿赃。奸淫，则强族输金银请和，而弃其妻；处女、嫠妇不坐。凡相杀必报，力不能，则其部助攻之。祭祀，杀牛马，亲联毕会，助以

---

① 唐时云南所谓"一州"，实际是指一川，即一个平坝，与《新唐书·地理志》所说的"蛮州"不同。
② 此《唐书》指《旧唐书》而言，然今《旧唐书》无此文，约系逸失，所以清代岑建功把此条刻入《旧唐书》逸文中。《新唐书·南蛮传》略引此文，但不全。
③ 此文错字及逸文甚多，兹据《通典》卷 187 及《册府元龟》卷 960 "松外诸蛮"条增补并改正。

牛酒，多至数百人。①

同书又叙述洱海东面乌蛮大鬼主的风俗是：

夷人尚鬼，谓主祭者为鬼主，每岁户出一牛或一羊，就其家祭之。

上面所述的虽然是关于上层建筑的诸方面，但这几方面都反映出当时"白蛮"、"乌蛮"的阶级和阶级关系来。这里所说的"富室"、"富者"、"强族"、"鬼主"都是"乌蛮"、"白蛮"中的奴隶主，是统治阶级，也是剥削阶级。奴隶主通过婚姻丧祭，表示他们和一般平民奴隶不同。《册府元龟》卷960记"松外蛮""有富豪者杀马牛祭祀，亲戚必会，皆赍牛酒助焉，多者至数百人"。我们应当理解，这里富豪所杀的牛、羊、猪、鸡，都是从百姓和奴隶方面无代价的贡献而来的，其所借的名义则为"助祭"。因此上述数以百计的助祭者，并不只是"亲戚"，亲戚以外的百姓奴隶应占主要部分。鬼主使每户出一牛羊，就其家祭祀，祭毕，牛羊则归于主祭者的鬼主。从此可知阶级剥削的意义乃贯彻于阶级社会风俗中的每一方面，这只是比较显著的二例罢了。上述各种风俗习惯，现在看来虽然是落后的，但它们乃发生于距今一千三百多年以前，而这些风俗习惯在解放前仍然在大、小凉山中普遍存在，所以我们说这种显著的阶级分化比较阶级未分化和刚刚分化时期，是进步得多了。

但是，无论如何，当时洱海湖区的"无大君长"和"各擅山川，不相役属"的政治形态，是落后于"人众殷实，多于蜀川"的生产力的。因此他们的政治形态随着生产力的发展而逐渐发展，从四大"名家"发展为杨承颠的邑落小国，从邑落小国又发展为六诏的建立，从六诏分立又发展为南诏的统一。从国家统一的总方向来说，这是符合社会发展规律的。

7世纪中叶以前，洱海湖区许多大姓"各擅山川，不相役属"的局面是落后于当时各族人民生产力的发展的。乌蛮首领由湖区外围侵入洱海附近建

---

① 《太平御览》卷790、《通典》卷187、《册府元龟》卷960，都有关于"松外蛮"、"西洱河蛮"风俗习惯的记载，但报道得比较全面的是《新唐书·南蛮传》，其他记录亦可参考。

立六诏，把原有邑落割据状态初步给以统一，从"各擅一州"的小割据变为各擅几州的大割据，这是符合社会发展的规律的。但从六诏成立之日起，各诏之内便存在着"白蛮"和"乌蛮"的矛盾。

"乌蛮"和"白蛮"的矛盾首先表现为"乌蛮"诏主的建诏和"白蛮"首领原有统治权的保持之间的矛盾。从这种矛盾就产生了"乌蛮"诏主和"白蛮"豪族之间的斗争。例如开元中叶越析诏主波冲和"白蛮"豪族张寻求的斗争就是一个显例。斗争的结果是越析诏灭亡，越析川土地合并于南诏。"乌蛮"和"白蛮"的矛盾又表现为"乌蛮"诏主和"白蛮"人民之间的矛盾。例如开元二十五年，南诏攻下河蛮，蒙归义"逐河蛮，夺据大和城。后数月，又袭破（阳）苴哶（城）"。河蛮被南诏压迫，"遂并迁北，皆羁制于浪诏"。① 除此以外，自六诏建立以后，各诏内的白蛮人民在乌蛮诏主统治下经常被诏主征收赋税、征发兵役等，进行各种剥削和奴役，这些都是"乌蛮"和"白蛮"之间的矛盾。这些矛盾的结果，一方面表现于几个诏的加速灭亡和几个诏主离开"白蛮"地区；又一方面表现于"白蛮"人民随从"白蛮"首领与南诏联合起来对"乌蛮"的其他诏主（在"白蛮"地区立诏的乌蛮诏主）展开斗争，最后促成了六诏的统一。

六诏的合并，不能认为是"乌蛮"和"白蛮"之间的斗争，而是六个乌蛮诏主之间的斗争。斗争的结果，是南诏胜利了，其他五诏失败了。南诏所以能够胜利，主要原因不外两端：一端是由于唐室的援助，文献记载这种史料很多，留在下面再说；又一端就是南诏首领能够利用四诏（五诏中除了蒙嶲诏）之内"乌蛮"诏主和"白蛮"豪族之间的矛盾，与各诏内的"白蛮"豪族联合，同"乌蛮"诏主进行斗争，所以屡战屡胜，最后达到统一六诏的目的。正因为如此，波州（即品睑，今祥云县城）的段氏，河睒的尹氏，渠敛赵（今凤仪）的杨氏、赵氏以及洱海附近的其他"白蛮"大姓如赵、李、王、董、张等风起云会归附于南诏，其中一部分首领且做了南诏国的重要辅宰如清平官等。因为这样是既符合南诏的利益，也符合"白蛮"豪族大姓的利益的。

但是在另一方面，我们绝不能忽视六诏之外，唐朝、吐蕃和六诏之间的

---

① 《蛮书》卷5"大和城"条；卷4"河蛮"条。

关系。设使不明白当时的形势和唐朝、吐蕃对于六诏斗争所发生的作用,其中有许多现象我们就不可能得到理解的。

贞观十五年(641),中天竺(印度)戒日王遣使臣来到中国。贞观十七年(643),唐太宗遣李义表、王玄策为正副使往中天竺报聘。时中天竺戒日王最强,四天竺国皆臣服之,所以唐朝之通天竺在当时是有重大的政治意义的。① 至贞观十九年(645)王玄策等尚未归国,太宗故纳巂州都督刘伯英的建议,命梁建力出兵讨"松外诸蛮",希望经西洱河以通中天竺。后来王玄策等虽然回国了,但又从西域路两次出使天竺②,而永徽初年洱海湖区正发生了大勃弄杨承颠进攻麻州的事变。当时洱海湖区以"白蛮"的大姓豪族为最强,所以唐朝对"白蛮"豪族翦除甚力,而于四围新兴的"乌蛮"势力则有意识地加以培植,这样就加强了7世纪中叶以后六诏"乌蛮"在洱海地区的发展。在吐蕃王朝势力进入洱海湖区以前,唐朝对于六诏"乌蛮"首领还是一视同仁的,所谓"六诏同为唐臣","天子每有恩赏,各颁一诏"③,皆指此一时期而言。但从吐蕃势力诱迫几个诏主投降吐蕃以后,唐朝诏书所能送达的只有南诏的蒙归义和浪穹诏的铎罗望了。④ 其中南诏距离吐蕃最远,故唐朝对于蒙归义、阁罗凤倚望最殷。开元初年,唐朝授皮罗阁特进、台登郡王,知沙壶州刺史;授阁罗凤特进,兼阳瓜州刺史。征伐"洱河蛮"后,唐朝赐皮罗阁名"归义",并封为云南王。唐朝这些措施都不能认为是偶然的。当南诏之统一五诏时,唐朝君臣对于南诏的支持和援助真可谓不遗余力,例如剑南节度使王昱把越析州割归南诏;当南诏征伐时傍和剑川二诏时,御史严正诲、中使王承训皆亲自出兵参加了战争。这些活动都和吐蕃势力进入洱海湖区以后,唐蕃之间在这里展开直接间接的争夺战有关。

吐蕃王朝的势力约在仪凤三年(678)进入洱海湖区的北部。不久在金

---

① 参考《法苑珠林》卷39引《王玄策传》;《资治通鉴》卷199"贞观二十二年五月"条。时罗逸(Siladitya)即日戒王。
② 王玄策出使印度凡三次:第一次在贞观十七年(643);第二次在贞观二十二年(648);第三次在显庆二年(657)。参考《法苑珠林》各卷所引《王玄策传》,各卷所引《王玄策西国行传》;《新唐书》卷221《西域传》;列维:《王玄策使印度记》,译文载冯承钧:《西域南海史地考证译丛》七编。
③ 诸葛元声:《滇史略》;卢求:《成都记序》,见《全唐文》卷744。
④ 《张曲江文集》卷12。

沙江上游铁桥（今丽江巨甸以北）附近设置神川都督，在此时便与"西洱河蛮"相互交通。① 《资治通鉴》卷 204 记永昌元年（689），"浪穹州蛮酋傍时昔等二十五部先附土蕃，至是来降"。从此知 689 年以前，洱海以北许多部落部族的首领已投降于吐蕃了。从敦煌所发现的《吐蕃历史文书》记载："兔年（703），其年冬，（弃都松）赞普至绛域，攻下此地。龙年（704），其年春，王子甲祖如生；其年冬，赞普入治蛮（myawa），即死于此地。"② 绛域，在今云南丽江一带，藏文经典皆言此地有一古国，名曰绛域。赞普指弃都松，生王子甲祖如，后改名为弃德祖赞（《吐蕃传》作"弃隶缩赞"）。当吐蕃进入云南西北部时，不仅在这里置神川都督，赞普亦亲至绛域，攻下其地，其重视经营丽江一带由此可知。《吐蕃历史文书·弃都松传》云："此后统治绛地，向白蛮征税，乌蛮亦款服，兵精国强，为前王所未有。"③ 从此知吐蕃不仅统治"白蛮"人民，即使"乌蛮"诸诏亦有许多在吐蕃征服之列。

自吐蕃王朝胁降洱海以北的"乌蛮"、"白蛮"以后，最初是吐蕃联合这一带的"乌蛮"、"白蛮"向巂州及姚州各地进攻。例如《新唐书》卷 4《中宗本纪》记：

戊子，吐蕃及姚州蛮寇边，姚、巂道讨击使唐九征败之。

此役《大唐新语》记载最详，云："时吐蕃入寇蜀、汉，九征率兵出永昌郡千里讨之，累战皆捷。时吐蕃以铁索跨漾水、濞水为桥，以通西洱河，蛮筑城以镇之。九征尽刊其城垒，焚其二桥，命管记闾丘均勒石于剑川，建铁碑于滇池，以纪功焉。俘其魁帅以还。"其次，是景云元年（710）李知古以"姚州群蛮先附吐蕃"，发兵击之。蛮酋傍名引吐蕃攻杀知古。此事前已详述，兹不多赘。再次，至先天（开元）元年（712），《新唐书》卷 5《玄宗本纪》又记：

十月，姚、巂蛮寇姚州，都督李蒙死之。

---

① 《滇考》卷上《唐初经理滇中》谓在仪凤二年。
② 转引自王忠：《新唐书吐蕃传笺证》，第 57 页。
③ 同上。

从上述三事可知姚州"西洱河蛮"在吐蕃指使下对唐帝国的斗争是很激烈的。在开元年间，自从唐朝帮助南诏的统一运动展开以后，许多在斗争中失败的诏主和一些未立诏的部落首领纷纷向吐蕃投降。例如时傍诏主时傍和剑川诏主矣罗识恐被南诏吞并，先与神川都督交通，求立为诏，结果时傍被杀，矣罗识北走神川，投降吐蕃。又如施蛮和顺蛮，吐蕃皆封其首领为王。[①]最后如施浪诏的后人傍罗颠，被南诏攻击，脱身北走，投降吐蕃，后其子孙永在蕃中。

从上所述，南诏与其他若干诏的斗争，在很多情况下是同唐朝和吐蕃的争夺战争交错在一起的。

虽然如此，我们对于上面所述的各种斗争，论其性质，只是在祖国统一的过程中和作为祖国一部分的西南各民族之团结和融合的洪流中的一些曲折现象罢了。

---

① 《蛮书》卷4"施蛮"条、"顺蛮"条。

三、南诏国内主要部族的名类问题

（一）六诏的乌蛮和白蛮

南诏是一个多部族、多部落的国家。国内居于最高统治地位的王室蒙氏，是乌蛮。自王室蒙氏以下，虽然有不少文武大首领和亲信官员系出乌蛮，但由于南诏政权是蒙氏在兼并洱海地区的"二河"（西洱河、河东）①和四诏（越析诏、浪穹诏、施浪诏、邆睒诏）的基础上发展起来的，所以国内的清平官、大将军、城镇节度、六曹长许多由白蛮的豪族大姓充当。而且洱海地区的白蛮，人口多，物产盛，文化高，南诏国绝大部分的经济文化乃是继承昆明国、白子国的经济文化而进一步加以发展，所以蒙氏在建国的过程中不能不依赖白蛮的大姓和更为广大众多的白蛮人民。正因为如此，两百年以后代替蒙氏为王室的终于落到白蛮大姓赵善政、杨干贞、段思平这一般人的手中。

南诏国内人民，论其部族、部落成分，比较统治阶级更为众多，更为复杂。在洱海湖区，有白蛮，也有乌蛮。在滇池东西，有东爨乌蛮，又有西爨白蛮。在金沙江以北的高州地区，有乌蛮、白蛮、雷蛮、梦蛮和栗粟蛮。此外，在各个不同地区，还有磨些蛮、扑子蛮、寻传蛮、裸形蛮、望苴子蛮、望蛮、外喻部落、黑齿蛮、金齿蛮、银齿蛮、绣脚蛮、绣面蛮、穿耳蛮、长鬃蛮、栋峰蛮、茫蛮部落、崇魔蛮、桃花人、裳蛮。而乌蛮和白蛮，每种之中又不止一族，有时包括两族，有时在两族以上。且唐代文献多就其外表形

---

① 《南诏德化碑》云："二河既宅，五诏已平。"此二河即指洱海以西的西洱河区，一称"河睒"，和洱海以东的赵州及白岩一带。赵州，南诏时称"渠敛赵"，《蛮书》云"本河东州也"。

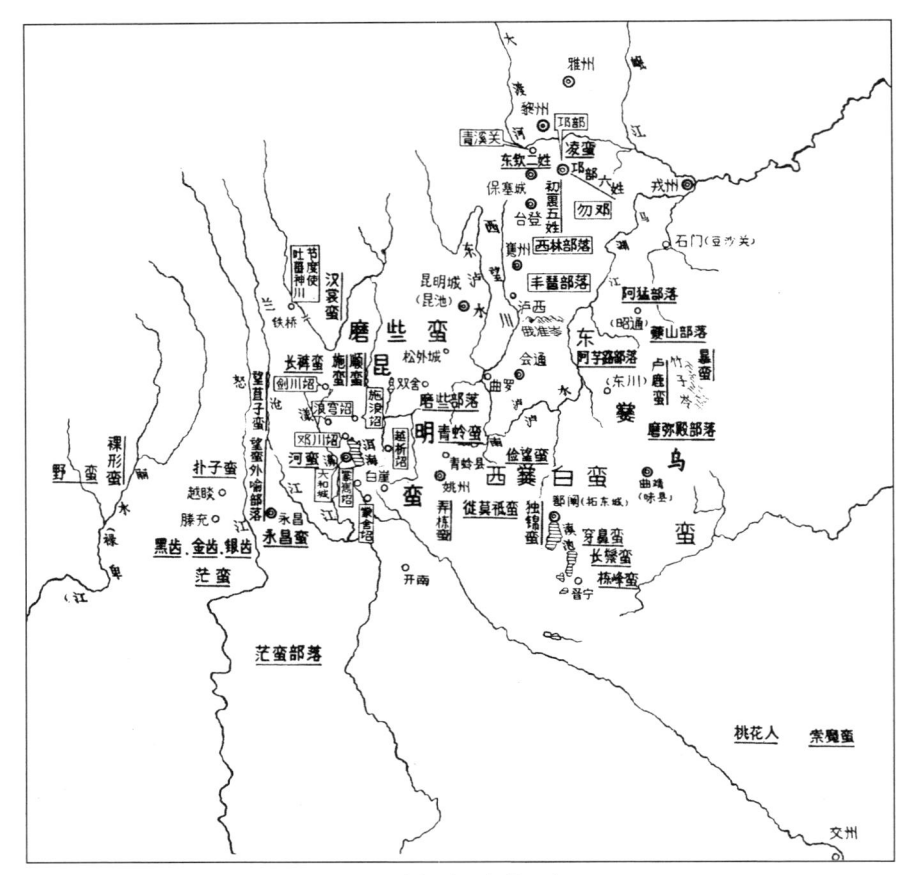

南诏国内部族、部落分布图

状或装饰命名,无各族自称名称,更缺乏语言资料,所以识别古代部族、部落比较识别现代民族更为困难。

过去论南诏国家族类组成的人们,留给我们的遗产既贫且乏,真是一穷二白。现在谈此问题的人们也还不多。有的不由多部族、多部落的观点去分析南诏国内的各阶级和阶层,以为统治者是什么族,被统治者也是什么族,这是一种偏向。又有的人把文化或汉化的程度作为乌蛮和白蛮分别的标准,而不由实际调查出发,更不由语言的分析出发,这是又一种偏向。这些偏向都是不正确的。我们认为古代部族、部落识别的方法,最重要的是语言。语言的共同性,是现代民族最重要的标志之一,也是古代部族、部落最重要的标志之一。斯大林在他的《论马克思主义在语言学中的问题》中说:"历史表明，语言有巨大的稳固性和对强迫同化的极大的抵抗性。"我们应当充分利用各族古代现代的语言，对民族、部族的分类问题加以解决。其次如服饰中的头饰，其中特别是妇女的头饰、婚姻和家族的关系、富有传统性质的丧葬仪式等等都可用以作为识别古代部族、部落的方法。最后，还有一种方法，就是考察一个部族迁徙的历史，看它迁移到哪里，成为以后的哪一个部族或民族。总之，我们要用各式各样的方法来解决历史上部族、部落的识别问题，这样对于各部族的形成历史将会做出比较可靠的结论。

现在我们还是从"六诏并乌蛮"谈起。

前面我们已经略为提出，《蛮书》中所说的"六诏并乌蛮"是指六诏的诏主是乌蛮，并不是说六诏的诏主和人民都是乌蛮。六诏的人民，蒙舍、蒙巂二诏以乌蛮为主，而在其他四诏中主要的人民却是白蛮。理由和历史发展的经过已如上节所述。现在为了证明"六诏并乌蛮"，我们再提出一些论据。第一，六诏的诏主系同一部族，从《南诏野史》的一段传说里也可以看出一些苗头。其卷上云：

> （开元）十八年，蒙灭五诏。先是，蒙氏恐三十七部不服，选亲族为五诏。未久，五诏抗命，王（皮罗阁）赂剑川节度使王昱求合六诏为一，朝命许之。

五诏并非灭于开元十八年，前节已有评论，此说不能成立。但其称五诏为蒙舍诏的"亲族"，此点颇耐我们思索。三十七部蛮部族成分很多，而以乌蛮为主。但三十七部蛮远在云南的东方（称为"东方三十七部蛮"），论其语系虽与五诏同族，但在地域上和经济关系上与洱海湖区的乌蛮关系疏远，所以《旧唐书》、《新唐书》之《南诏传》说"南诏蛮"是"乌蛮之别种"。六诏诏主系出同祖，语言相同，地域相近，经济关系密切，此殆五诏列为蒙舍诏的"亲族"的唯一理由。第二，六诏、八诏诏主互为婚姻，其中虽不免有政治因素在内，但族类相同乃是更重要的一种因素。例如《蛮书》指出白崖诏时傍母系蒙归义之女，时傍女又嫁给阁罗凤，这显然是一种姑舅表婚。又邆睒诏咩罗皮是蒙归义的外甥，而邆睒诏源出自浪穹，可知蒙舍诏与浪穹、邆睒二诏也有婚姻关系。第三，六诏，除越析诏资料缺乏外，其他五诏都有父子连名的习惯。例如：

1. 蒙舍诏
细奴罗——罗盛——盛罗皮——皮罗阁——阁罗凤——凤伽异——异牟寻
2. 蒙嶲诏
嶲辅首
佉阳照——照原——原罗
3. 浪穹诏
那傍时（丰时）①——时罗铎——铎罗望——望偏——偏罗矣——矣罗君
4. 邆睒诏
丰咩——咩罗皮——皮罗邆——邆罗颠——颠之托
5. 施浪诏
施望欠
施望千——千傍——傍罗颠
6. 越析诏
波冲
□□——于赠

越析诏一称么些诏，其诏主和一部分人民系么些族无疑。《蛮书》称越析诏主"与磨些蛮姻娅"，更可证明他们与么些为同族。近年我们调查云南丽江和四川盐源的纳西族（从前称"磨些"）族谱，其上代祖先亦行父子连名制，只是这里的《蛮书》记录不全罢了。白蛮的命名，除南诏、大理国时有个别的特例以外，一般是不行父子连名制的。白蛮命名的特点往往在姓与名之间夹一个佛名、佛经名或吉祥名，如董金刚田、董法华铺、董大藏林（凤仪《董氏家谱》）、李观音得（《桂海虞衡志》）。以此为例，可以上溯至六诏以前的张乐进求、杨栋附显，南诏国阁罗凤时的杨瑳白奇、李外成

---

① 《张曲江文集》卷 12《敕蛮首领铎罗望书》作"那傍时"，《蛮书》卷 3 作"丰时"。

苴（《南诏会盟碑》），异牟寻的使臣段南罗各、赵莫罗眉、杨大和眉（《蛮书》）、杨镇龙武（《新唐书》）。这些名字虽皆四字，但与六诏的父子连名制不同。父子连名乃是乌蛮命名的一种特征。

总上三点，也可证明六诏的诏主皆是乌蛮。

但六诏统治之下的人民，特别在洱海附近四诏之内的人民，皆为白蛮。首先说，白蛮的语言与乌蛮语不同。《蛮书》卷8云：

> 言语音白蛮最正，蒙舍蛮次之，诸部落不如也。但名物或与汉不同及四声讹重。

此所谓"言语音最正"者，乃言与汉族语音最近，最为汉人所能听懂。《北史·魏咸阳王禧传》载，魏孝文帝对群臣曰："今欲断诸北语，一从正音。""正音"即汉语也。此"正音"正是上述白蛮音最正的最好佐证。"蒙舍蛮次之"，并非说白蛮语和蒙舍蛮语相近，或者说可以视为同一语系。正确的理解应当是：蒙舍蛮语的汉化程度次于白蛮语。其他部落语言如东爨乌蛮语等则汉化程度很浅了，"三译四译，乃与华通"。《蛮书》又记："青蛉蛮，亦白蛮苗裔也。本青蛉县（大姚县）部落。天宝中，嶲州初陷，有首领尹氏父兄子弟相率奔河睑（洱海西边平川），阁罗凤厚待之。……衣服语言与蒙舍略同。"这种记载，亦和上述"白蛮最正，蒙舍蛮次之"相同。天宝年间以后，蒙舍诏的统治阶级已经迁到西洱河的白蛮地区，语言文物都在发生着变化，换言之，即逐渐白蛮化。此时尹氏父子语言与蒙舍略同，也只是说蒙舍的语言逐渐白蛮化，而白蛮语言更为汉化罢了，并不包含白蛮语和乌蛮语属于同一语系之意。因为部族语言汉化程度的深浅并不能代表部族语言的分类。

据《蛮书》所述，乌蛮语和白蛮语确为两种不同的部族语言。《蛮书》卷8云："（东爨）语言并与白蛮不同。"并举16个白蛮语汇和6个东爨乌蛮语汇以说明此点。唐代乌蛮、白蛮语言留到现在的并不太多，而蒙舍乌蛮语和东爨乌蛮语具体有什么差别也弄不清楚，今日看来，诚为憾事。但公元9世纪到今日已有1100多年，1100年以前的乌蛮、白蛮语言能够留到现在，这就成为我们今日识别云南古代乌蛮、白蛮语言的宝贵遗产。1959年7月我有机会到云南大理白族自治州参观，顺便有目的地调查了一下剑川、洱源县的白族语和巍山县蒙化坝、洱源县大松甸的彝族语。调查结果证明，在唐代留下来的 16 个白蛮语汇中，有一半以上同剑川、洱源的白族语是相合的。还有一小部分白蛮语虽被白族所遗忘，但仍然保留在大松甸的彝语中。这些由白族和彝族保存下来的古代白蛮语，共 12 语汇，占古代留下来的 16 个语汇的四分之三。现在我把此 12 个语汇照录如下：

唐代汉语	唐代白蛮语	剑川、洱源白族语	洱源大松甸彝语
大虫	［波罗密］	lo˧; lo˧	lo˧; lo˧ K'a˧[1]
带	［佉苴］	tsʅ˧ tsiu˧	dzə˧ sə˧
饭	［喻］	Sʅ˧; ʒee˧	dzo˧
盐	［宾］	bien˧; bie˧	ts'o˧
牛	［舍］	ngan˧; Sʅ˧ ngan˧	ngu˩°
川	［睒］	da˧; dæ˧	ba˧ tsi˧
谷	［浪］	guaω˧; guao˧	Lu˧; Lo˧ du˧[2]
山	［和］	Suo˧; Lo˧ bie˧	Su˧ xu˧[2]
富	［加］	guw˧; go˧	go˧°
高	［阁］	gə:n˧; gan˧	mω˧
深	［诺］	ts'æn˧; sʅ˧	na˧[2]
俊	［苴］	tɕ'io˧	xæ˧; Y˧ tɕ'io˧

1 是彝族和白族的共同语。
2 是大松甸彝语中所保留的白蛮语。

又在唐代六个乌蛮语汇中，有三个，如城为［弄］(Lo˧)，盐为［昫］(ts'a˧; ts'o˧)，酸为［制］(tsiɛ˧; tɕi˧)，无论在巍山彝语或者大松甸彝语都是相同的。其他三个语汇则或是一半相似，如竹为［䈚］，今彝语为"ma˧ tsiɛ˧"；或古语音在今凉山和滇东北彝语中还保留下来，而洱海湖区的彝语则变为汉语，如"请"为"数"，凉山、滇东北彝语仍为"ʂo˧"，而巍山、洱源的彝语则变为"tɕ'ə˧"或"tɕ'iæ˧"，与汉语"请"音相近；或初疑《蛮书》的原字有误，继知其确为古代的彝语，如地为［渘］，说详附录中。反之，在六个乌蛮语中没有一个与白族语相合。① 总括来说，唐代的白蛮语就是今日的白族语，唐代的东爨乌蛮语就是今日的彝族语，此二种语言互有不同，不能混为一谈。现代洱海湖区的民族语言关系，白族语和彝族语仍带有强烈的汉语化的倾向，白族语汉化程度最深，而居住接近白族的彝族，他们的语言显然又有白族语化的趋势。所有这种语言变化的情况和白族、彝族、汉族在这地区的发展历史有不可分离的联系。

不仅语言方面，就是富有传统性的丧葬之俗，白蛮与乌蛮亦有所不同。《蛮书》卷 8 云：

> 西爨及白蛮死后，三日内埋殡，依汉法为墓，稍富室广栽杉松。蒙舍及诸乌蛮不墓葬，凡死后三日焚尸，其余灰烬，掩以土壤，唯收两耳，……深藏别室，四时将出祭之。

我们今日到洱海西岸，可以看到点苍山的东麓，白族大姓赵、段、杨、李、高、董的坟墓累累，并有碑碣可考，与蒙舍乌蛮的葬法不同。南诏王室的墓葬至今尚未发现，预料将来在巍山蒙化坝的山上、弥渡白崖城附近以及大理点苍山之麓一定会有乌蛮式的墓葬发现。

六诏地区的人民，除了白蛮以外，亦有乌蛮。滇西的彝族人民，以我们所知，乃二千年以前从滇池西南逐渐迁徙来的。② 在 7 世纪中叶以前，洱海湖区的南部和北部都居住着乌蛮。南部的乌蛮原来住在哀牢山脉之内，以后向各处发展。《南诏野史》记载，蒙舍诏的始祖舍庞和细奴罗就是为了避难从哀牢山而迁出，最后来到蒙舍川。③ 北部的乌蛮，以我的推测，原来分

---

① 详细报告，见附录《唐代云南白蛮语和东爨乌蛮语的调查》一文。
② 贵州毕节专署编译原文彝文的《西南彝志》十卷，其中卷 5 叙述彝族古代六祖中第一祖穆阿怯之后的武部落和第二祖穆阿枯之后的乍部落都有子孙从滇中滇池附近迁往滇西。乍部落迁到滇西以后，与一种叫作"举部"的人相互争斗，终于战胜此族而占其地。武部落西迁，遇到一族叫作"赫族"，夺其二城以居。后来赫族衰弱，彝族就把他们赶到洪努乌纪去了。又说武部落在西方与耐族（nieɬ tsaiɬ）为邻，常侵占他们的土地，并且战胜卦耿和奎博二族。这些资料都需要进一步调查研究，与乌蛮的西拓史关系甚密。
③ 原文见《南诏野史》卷上，可参考。"舍庞"，《南诏野史》作"舍龙"，《蛮书》和《新唐书》、《旧唐书》也作"舍龙"，今据清代镇南人夏正寅《哀牢夷雄列传》所引彝文《杞彩顺家谱》作"奢傍"，其子"傍加独"，其孙"独罗"即细奴罗，则"舍龙"应改为"舍庞"。

布在唐代的松外城以南，成为当时"松外诸蛮"的一个组成部分。7世纪中叶《新唐书·南蛮传》所记的蒙羽、蒙（睑）、和（舍），我同意一些人的看法①，他们应当是松外乌蛮的首领。蒙舍诏和蒙嶲诏的乌蛮是哪一种民族，1954年刘尧汉同志曾经根据清代光绪十年云南镇南县贡生夏正寅所著《哀牢夷雄列传》中三个彝族人家的家谱，证明唐代蒙舍诏统治阶级的蒙氏家族，古时称为"哀牢夷"，现代就是彝族。②这三个家谱现在看来十分重要，在能够提出新的相反的证据以前，刘尧汉同志的结论是很难随便推翻的。今年我到巍山县做短期旅行，知道巍山彝族在本地区虽自称为"Laɨ Lol baɨ"，但迁到弥渡、南华以后则自称为"miɨ saɨ baɨ"。以我个人的推测，"Laɨ Lol baɨ"乃由"Lol Lol baɨ"所变。这一带彝人自称"Lol Lol baɨ"与滇东北、四川凉山彝族之称"noɨ soɨ"相同，皆系彝族的普通名称。至于"miɨ saɨ baɨ"则含有地域的和历史的意义，是彝族的一种特殊名称。二者并无矛盾之处，且后一名称和唐代的蒙舍诏有不可分割的关系。在巍山时，我们曾费了一段时间调查了巍山彝族的语言，可以充分证明巍山彝语和滇东、滇东北以及凉山的彝语，只有方言的区别，而无语系的区别。因此，我认为我们调查的结果对于蒙舍、蒙嶲二诏人民的族属问题可能有所贡献。六诏的以东和以北有施蛮和顺蛮。《蛮书》卷3云："施蛮，本乌蛮种族也"，"顺蛮，本乌蛮种类，初与施蛮部落参居剑、共诸川。哶罗皮、铎罗望既失邆川、浪穹，退而逼夺剑、共，由是迁居铁桥以上，其地名剑羌，在剑寻睒西北四百里"。从此知施、顺两种乌蛮原来分布在六诏北部的剑、共诸川。剑川即今剑川县；共川指野共川，即鹤川县的样共江，南诏国后于此筑宁北城。剑川和野共川初为乌蛮部落所分布，7世纪中叶梁建方平松外蛮后所提拔的蒙羽、蒙（睑）、和（舍）当属此种乌蛮。从开元末到天宝初年，南诏并邆川、浪穹二诏土地，哶罗皮和铎罗望退至剑、共诸川，这里原来居住的施蛮、顺蛮由是迁居到铁桥以北。铁桥城距剑川西北三日程，在今丽江县的巨甸。铁桥西北有大施睒、小施睒、剑寻睒，皆为施蛮的居住地。剑寻西北四百里有剑羌，为顺蛮的居住地。施、顺二蛮的男女服饰："男以缯布为襜裆裤；妇人从顶横

---

① 徐家瑞《大理古代文化史》有此说。
② 刘尧汉：《南诏统治者蒙氏家族属于彝族之新证》，《历史研究》1954年第2期。

分其发，当额及顶后各为一髻。男女终身并跣足，披牛羊皮。"此种服饰亦与彝族相似。这次我们到洱源县访问，知道剑川、洱源目前尚有彝族540户，在西山的有两百多户，在大松甸的有一百几十户，在南大坪的有两百户左右。这些彝族相传在遥远的古代就迁到这里了，语言除了罗婺彝语（从武定迁来）和中甸彝语（1949年由中甸迁来）外，其余皆可互通。他们没有统一的自称族名，有的自称为"sʅ˥ naɿ˩"，有的自称为"niaɿ˥ diɿ˩"，白族则称之为"Lo˧ Lo˧"。语言的基本词汇，与其他各地的彝语同，是属于彝语系的，但一部分语言已经白语化。家谱观念不重，只能推到祖父一代，父子不连名。丧葬只行墓葬，不火葬。但婚姻只限于本族，不与白族通婚。这些彝族可能是唐代施蛮、顺蛮的后裔，但须进一步调查，才能得出可靠的结论。

此外，还有一种"磨些蛮"。磨些在唐时被称为"乌蛮"之一。为什么称磨些为"乌蛮"？主要是由于此族语言与彝族语言相近，它们不只语音、语汇相近，而且语法也相同。磨些的一部分组成越析诏，此诏诏主及其一部分百姓系磨些族，所以又称为"磨些诏"。但"磨些蛮"分布很广，绝不只限于磨些诏的磨些罢了。《蛮书》叙述唐代的磨些蛮的地域分布说：

　　磨（些）蛮，亦乌蛮之种类也。铁桥上下及大婆、小婆、三探览、昆池等川皆其所居之地也。（卷4）
　　铁桥上下及昆明、双舍，至松外以东边，近泸水，并磨些蛮所居之地。（卷6）

铁桥在今丽江西北之巨甸，桥跨金沙江上，桥之南北皆有磨些部落，所以在唐代这一段金沙江亦称"磨些江"。自铁桥而东南，经丽江沿金沙江而下，《蛮书》卷1称："泸水从东北来，至曲罗（安宁河入金沙江口）萦回三曲，每中间皆有磨些部落。"上第一段引文所谓"大婆、小婆、三探览"皆当在今丽江以东至四川盐边县之间。"昆池"盖即昆明城之盐池，即今四川盐源白盐井。昆明指唐代的昆明城，在盐源县的白盐井，由《张曲江文集·敕吐蕃赞普书》所谓"盐井乃昆明之本城"可证。昆明城的正南为松外城。又正南至龙怯河，双舍在此河旁，当在今永胜县境内。昆明和双舍并为么些族所居。松外城以东近东泸水，即今打冲河，一名鸦龙江。打冲河以西，亦为么些所居之地。唐代磨些蛮的分布大致如此。我们在这里应当注意的，就是唐代磨些蛮的分布中心何在的问题。自宋元以来，么些分布的中心转至丽江，这是尽人皆知的，《元史·地理志》误置越析诏于丽江，原因在此。但在唐代如何呢？我们应当重视《蛮书》卷4叙述磨些蛮分布在铁桥上下、大小婆、三探览及昆池后，总加一语说："此等本姚州部落百姓也。"上述从铁桥至昆池诸地名在唐时皆属嶲州，不属姚州，樊绰之意以为嶲州磨些本系姚州百姓甚明。其迁徙原因虽不尽知，然从此看出唐初姚州为磨些蛮的聚居地，是相当明显的。因为如此，所以磨些蛮在越析州建诏，是非常自然的，毫不勉强。当越析诏建成之时，许多磨些蛮已经定居于施蛮以北，并与越析诏及南诏相为姻娅。故《蛮书》卷4记云：

> 磨些蛮，在施蛮外，与南诏为婚姻家。又与越析诏姻娅。

从此我们就可以比较全面地理解磨些在六诏乌蛮中的位置了。

以上各段我们阐述的，主要在于区别六诏乌蛮和白蛮的不同。但他们之间也有很多方面是相同的，有些地方，相同之处比较相异为多。我们对于这一方面亦必须深刻地加以论述。

据我所知，六诏乌蛮（特别是南诏乌蛮）和六诏白蛮（不包括西爨白蛮）的族源是不同的。六诏白蛮的祖先是昆明部落，他们是洱海附近的土著，并不是什么氏族之类从北方迁来的。反之，乌蛮原来并不是洱海湖区的土著，其中大部分是从滇东迁来的，他们和东爨乌蛮系出自同一祖源。据彝文《西南彝志》叙述，在距今二千年左右时，滇东彝族的一支就向滇西迁徙了。哀牢山里细奴罗的祖先当即系出于此。但如《后汉书·西南夷传》所述，在很古时候，哀牢山里就流行妇人沙壶触沉木有感而生十子的传说了。这一传说和滇东彝族所传说的洪水神话有许多类似之点。① 自从细奴罗的祖先迁到哀牢山以后，历代都听到哀牢人关于沙壶的传说，而沙壶故事又和彝族的洪水神话有许多类似之点，这样很容易变更原来洪水神话的内容。后来

---

① 滇东、黔西北和四川凉山的彝族传说在仲牟由（即觉穆第三）时地上发生洪水，仲牟由居一山顶上与天公之女结婚，生三个（或五个）儿子。初不能言，后由天公启示，以竹为薪，置火堂内爆之，竹的爆发声使每个儿子都能语言，是为西南各族的始祖。

细奴罗等迁到了蒙舍川，从白蛮张乐进求手里接受了白崖城和勃弄川，他的子孙又合并了五诏。洱海湖区的昆明部落在魏晋时期就已有了以沙壶为始祖①的传说。到了唐代，洱海附近的白蛮也盛行着董、洪、段、施、何、王、张、杨、李、赵十姓系出沙壶之后九隆兄弟的传说。②这些传说对于南诏乌蛮不可能没有很大影响的。因此，贞元年间（785—804）南诏异牟寻上书剑南节度使自称为"永昌沙壶之源"③，这只可理解为祖源传说的融合。祖源传说的融合只能说明是两族融合的结果，并不能说明乌、白二蛮便是同出于一个祖源。

不只祖源的传说相互融合，就是在语言方面，乌蛮的许多语汇是从白蛮语假借而来的。例如《蛮书》卷8中记载，南诏称"大虫（虎）皮亦曰'波罗皮'，谓腰带曰'佉苴'"。此"波罗"为虎，"佉苴"为带，原来都是白蛮语，后来成为南诏国的共同语言了。④又如南诏以汉五亩为"一双"，此语亦出自白蛮。今白族称每二牛驾一犁从日出到日落所耕的田亩数量为"aɿ x'souŋɿ"，译言之即为"一双"。南诏的"双"即导源于此。又如白蛮语谓"川"为"睑"，谓"谷"为"浪"，谓"山"为"和"，这些语汇都记载在《蛮书》卷8。但《新唐书·南诏传》云："夷语'睑'若'州'"，"夷语'山坡陀'为'和'"；又如"浪穹"、"施浪"、"三浪"之"浪"本系白蛮语，经过长期融合，这些语言都成为乌蛮和白蛮的共同语言了。更有意思的，是有些语汇在唐时还是白蛮的语言，例如谓"谷"为"浪"，谓"山"为"和"，等等，但这些语言一经成为乌、白二蛮的共同语言以后，白族语言逐渐向汉语方面转化了，如剑川白语称"谷"为"guaŋɿ"，洱源白语称"谷"为"guɑo"，而洱源大松甸的彝语却称"谷"为"Loɬ duɿ"，保存了唐代白蛮的原始语汇。又如剑川、洱源的白语皆称"山"为"souɬ"了，而大松甸的彝

---

① 《华阳国志·南中志》"永昌郡"条："哀牢，山名也。其先有一妇人曰沙壶（一作沙壹）。……南中昆明祖之。"此言昆明部落以沙壶为始祖。
② 《南诏野史》："哀牢有一妇名奴波息，生十女，九隆兄弟各娶之，立为十姓：董、洪、段、施、何、王、张、杨、李、赵。"此十姓皆为白蛮著姓。此言白蛮大姓以沙壶之后九隆兄弟为祖。
③ 《蛮书》卷3"蒙舍诏"条。《旧唐书》卷197《南诏蛮传》亦言："自言哀牢之后，代居蒙舍州为渠帅。"剑南节度使韦皋与南诏异牟寻通函事在贞元四年至九年间（788—793）。见上引书《南诏蛮传》。
④ 彝语原称"虎"为"laɿ"，不为"罗"。称"虎"为"波罗"、"波罗密"、"草罗"，系白蛮语，见《蛮书》卷8。今白族语称"虎"为"loɬ"，与"罗"音近。

语却称"山"为"suˑɬ xuoˑɬ",这又把唐代白蛮的原始语汇保存下来。① 当然,在另一方面我们也看到白蛮语所受乌蛮语的影响。例如白蛮语中的"'诺',深也"②。称"深"为"诺"(naˑɬ),本是各地区彝语中最普通的语汇,我疑惑它是受乌蛮语的影响而来的。然就洱海湖区各族语言发展的大势来说,乌蛮语的白蛮语化和白蛮语的汉语化,乃是一个总的趋势。一直到现在,剑川、洱源一带的彝族语、白族语,它们的发展倾向仍系如此。

在经济方面,洱海附近的白蛮很早就实行深耕农业了。在7世纪中叶和以前,《唐书》言"其土有稻、麦、粟、豆,种获亦与中国同"。赵孝祖上书,亦言洱海地区,"人众殷实,多于蜀川"。到南诏时,白蛮地区的经济发展固然向前更推进了一步,而乌蛮所在的蒙舍川,据《蛮书》卷5记载:"蒙舍北有蒙巂诏,……同在一川,……肥沃宜禾稻。又有大池,周回数十里,多鱼及菱芡之属。川中水东南与勃弄川合流。……凡遵川、河(睑)、蒙舍(原作'合',误),谓之'川睑'。然邑落人众,蔬果水菱之味则蒙舍为尤殷。"从此看出,乌蛮地区的农产水利已经赶上白蛮地区而并驾齐驱了。在经济方面也和语言一样,最初白蛮是受汉族农业影响而发展起来的,乌蛮则受白蛮的影响而亦大有发展。

不只经济如此,就是文化习俗方面,白蛮、乌蛮也是相互影响,相互学习,最后大体上趋于一致。《唐书》记载,西洱河部落"自城郭、村邑、弓矢、(矛)鋋,大略与中夏同"。可知白蛮的城乡建筑和武器最初是学习汉人的。到南诏时,阁罗凤所修的云南城(原城在今祥云云南驿),《蛮书》谓其"城池郭邑,皆如汉制"③。又修白崖城(在今弥渡红崖)的大厅,"修廊曲庑";修阳苴咩城内的大厅,"阶高丈余,重屋如蛛网,架空无柱"。④ 这种规划显然是从汉人方面学得的。又阳苴咩城西有崇圣寺,中有三塔,一大二小,大者高三百余尺,凡十六级,样式精巧,为南诏国最壮丽的建筑。元代郭松年《大理行记》谓此三塔系"唐遣大匠恭韬、微义所造。塔成,韬、义

---

① 参考附录《唐代云南白蛮语和东爨乌蛮语的调查》一文。
② 《蛮书》卷8。
③ 《蛮书》卷6"云南城"条。
④ 《蛮书》卷5"白崖城"条、"太和城"条。

乃归"①。可知这些建筑乃是由汉族劳动人民设计修筑而成的。建筑以外，西洱河蛮很早就"有文字"，是一种用汉字来宣达白蛮语言的文字。到南诏时，乌、白蛮君臣很多能写诗文，例如寻梦凑、赵叔达、杨奇鲲的诗都是很著名的。②宗教方面，南诏时乌蛮、白蛮都信仰佛教。乌蛮在佛教进入以前就实行火葬了③，后来信仰佛教之后，火葬之风更炽。7、8世纪的白蛮，依《蛮书》所述，仍行墓棺葬。直到大理国建立之后，白蛮的统治阶级跟着也实行火葬了。

总括来说，六诏的乌蛮和白蛮既经建成一个统一的国家，而在他们统一建国的前后数百年内又皆是相互错居杂居，所以他们的语言、经济、文化、宗教以及风俗习惯不可能不发生相互影响和相互融合的作用。但是形成部族的各种因素，其中特别是语言，有它们的相同方面，也有它们的不同方面。我们不能因为它们有许多相同之点，便说乌蛮和白蛮没有区别。事实上，在今天的洱海湖区，彝族和白族的分别仍然是很明显的，我们并不曾把彝族和白族混为一族。那么，为什么说古代的乌蛮和白蛮就没有区别呢？

（二）东爨乌蛮、西爨白蛮，嶲州乌、白蛮

过去和现在有一部分人对于东爨乌蛮和西爨白蛮存在着一些不同的看法，这个问题是值得提出来加以讨论的。樊绰《蛮书》卷4云："西爨白蛮

---

① 崇圣寺三塔的建筑年代，《南诏野史》谓塔顶旧有铁柱云"贞观六年（632）尉迟敬德监造"，恐不可靠。又说："王嵯巅广寺基方七里，圣僧李成眉贤者建立三塔。"又云自劝丰祐宝历元年（825）重修，至开成三年（838）始工竣。现在大塔下有明代成化二年（1466）碑，上镌刊"起建宝塔栏杆碑"，其中记载："昔唐时昭成遣清平官蒙苴颠往西蜀成都请良匠恭韬、微义之所创也。"此工匠人名与郭松年《大理行记》合，建筑时期与《野史》所云之王嵯颠合。案昭成即劝丰祐，一名丰祐。蒙苴颠即王嵯颠。王嵯颠在太和三年（829）侵蜀，入成都，止西郭十日，掠子女工技而归。恭韬、微义盖系当时所掳掠而南者。然则成化碑所云之"请良匠"，与事实不合；《大理行记》所云"唐遣大匠"，亦与事实不合。但无论如何，此三塔乃汉族劳动人民所设计而营造者，其参与的工匠，除汉族外仍然还有南诏国内的其他各族劳动人民。所以此三塔正是唐朝和南诏各族人民辛苦劳动的结晶，绝不能只归功于王嵯颠与李成眉两人。
② 《太平广记》卷483"南诏"条引《玉溪编事》载寻梦凑及赵叔达诗，杨奇鲲诗见《全唐诗》。
③ 今滇东、滇东北、黔西北、四川大小凉山彝族皆不信佛教，但实行火葬。其火葬渊源很古，与佛教无关。

也，东爨乌蛮也"，此为汉文史志记载东爨、西爨部落名类的开始。有一部分人把此二语绝对化了，认为西爨就是白蛮，东爨就是乌蛮，他们在西爨和白蛮之间、东爨和乌蛮之间各画一个等号。这种看法是不正确的。"爨"的最初意义乃指建宁的大姓爨氏。爨氏大姓始于公元3世纪初（三国时）的爨习。① 直到8世纪中叶，天宝七载、八载（748、749），越嶲都督竹灵倩筑安宁城，开步头路时，爨氏大姓鼓动乌、白蛮杀筑城使者，唐命蒙归义出兵讨平之。从此爨氏势力始熄。爨氏大姓从3世纪初到8世纪中叶统治南中有五百几十年之久，其间东、西爨的分立从5世纪的前叶到7世纪的前叶前后有二百多年。"爨"之一词在各个不同时代具有各种不同的意义，我们绝不能混为一谈。"爨"的最初意义只是大姓爨氏。到了5世纪前叶东、西爨分立以后，爨氏子孙分别统治着东爨地区和西爨地区的部族、部落，于是西爨和东爨就成为两个大奴隶主统治集团之名和他们的西爨、东爨的疆域之名了。到了7世纪前叶，东爨大姓的势力膨胀，西爨大姓的势力衰弱，东爨大姓首领分别割据了西爨各地，于是西爨、东爨只成为两个疆域之名。而东、西爨大奴隶主集团的区别从此就被消灭，二者统而为一了。最后到了8世纪时，南诏蒙氏统一了东、西爨的疆域。但在二百多年中长期遗留下来的部族、部落语言之不同，生产之不同，风俗习惯之不同仍然存在，所以《蛮书》说"风俗名爨也"。就是说当时西爨和东爨还有风土的不同和部族、部落之不同，这是对于8世纪时东、西爨分别的最好解释。设使不明白西爨、东爨这一段长期变化的历史，对于"爨"的理解一定是笼统的，不正确的。

建宁的爨氏大姓，最初只有一家或一族②，而无西爨、东爨之分。晋代的《爨宝子碑》发现于曲靖县城南七十里的扬旗田，刘宋时的《爨龙颜碑》发现于陆良县城东南二十里的贞元堡。此二地皆在魏晋时的建宁郡同乐县。这和《华阳国志·南中志》所记"大姓爨氏（出）同乐县"是相合的。他如后

---

① 《华阳国志·南中志》："建宁爨习，诸葛亮时官至领军。"
② 《爨龙颜碑》云，系出于楚，别氏为班，汉末食邑于爨，因以为氏。这种说法，现在看来没有什么根据的。云南自古以来流行着各族为楚庄蹻之后的说法，但牵强附会者十有八九。晋宋时期，爨氏人才辈出，一读汉文史志便强找根据，编撰家谱。他们从庄蹻之后便牵涉到令尹子文，从令尹子文又牵涉到《汉书》的《叙传》，谓与班氏为同族。又说汉末采邑于爨，因以为氏，不特汉末无"爨邑"之名，且不久爨习则为南中大姓，从氏族之发展历程言，绝无如此迅速发展的道理。

世南宁的爨琛等皆由同乐县迁出。从晋代初年以来，建宁爨氏大姓日益发展，爨谷为交趾太守，爨琛为兴古太守、交州刺史，爨宝子为建宁太守，爨龙颜的祖父为晋宁、建宁二郡太守及守州刺史，父为晋宁、建宁太守及八郡监军。此八郡指晋代的晋宁、建宁、兴古、朱提、牂柯、越巂、永昌、云南八郡而言。从此可知爨氏大姓的势力几乎膨胀到云南全部以及四川的西南部、贵州的西部和南部各地了。但在两晋及宋初，云南尚无所谓西爨、东爨之分。直到宋元嘉九年（壬申，432），《爨龙颜碑》记载："岁在壬申，百六遘衅，州土扰乱。东西二境，凶竖狼暴，缅戎寇场。"此为东、西爨分裂的开始。自从爨氏大姓爆发了这次内部分裂以后，战事虽暂告平息，而东爨、西爨相互对立，各自称王①，凡二百余年。到了隋代初年，西爨爨震、爨玩被诛；唐代初年，虽委爨宏达为昆州刺史，只是一个有名无实的西爨首领罢了。当时东爨大姓首领趁势西侵，爨嗣绍、爨日进先后据昆州，为昆州刺史；爨曾、爨祺据昆州以南，先后为黎州刺史；爨彦征据姚州，为姚州首领；爨彦昌为螺山大鬼主；爨守懿为求州刺史；而统率诸爨发号施令者，则为戎州首领兼南宁州都督的爨归王和南宁州大鬼主爨崇道。②从此可知从7世纪到8世纪前叶，原来分裂的西爨、东爨又变成东爨侵略下的独霸之局。

从上所述，可知西爨、东爨并不是两个部族或部落，而是系出同源的大姓爨氏在不同地区里所建立的两个奴隶主统治集团。因为如此，所以我们可以说西爨、东爨是两个地域，也可以说西爨、东爨是两个系出同源的统治集团，但不能说他们是两个不同的部族或部落。

东爨和西爨是两个不同的地域，《蛮书》卷2记载它们地区的划分很详，《蛮书》说：

> 在石城、昆川、曲轭、晋宁、喻献、安宁至龙和城，谓之西爨。在曲州、靖州、弥鹿州、升麻州，南至步头，谓之东爨。

---

① 参考《隋书》卷29《地理志上》，卷62《梁毗传》。称王之事，有《西爨王碑》发现于今昆明县东15里，题曰"大周昆明隋西爨王之碑"，为成都阎丘均撰，洛阳贾余绚书。
② 参考《张曲江文集》卷12《敕爨仁哲书》；《南诏德化碑》。昆州在今昆明平原。黎州在滇池南二日程，今通海县与曲溪县境内。姚州在今姚安。螺山或谓在姚州境内，或谓在禄劝境内，不能确指。求州在今武定、元谋、禄劝一带。

西爨的疆域：石城在今曲靖。昆川即昆州，即今昆明平川。曲轭在今马龙。晋宁，今晋宁。喻献在今澄江、江川一带。安宁，今安宁。龙和城在今禄丰境内，袁嘉谷以为即今之老鸦关（《滇绎》）。以此知西爨在今自曲靖而西，包括今马龙、陆良、路南、宜良、嵩明、昆明、呈贡、晋宁、昆阳、安宁、澄江、江川，直到禄丰的龙和城，都属于西爨的范围。西爨首领的驻牧地在滇池县，即今之晋宁县，《蛮书》卷6记其地"平川幅员数百里，西爨王墓累累相望"。东爨的疆域：曲州、靖州，即今昭通、威宁、镇雄、会泽等县地。昭通疑即《蛮书》中的阿猛部落，后世称为"乌蒙部"。威宁为"乌撒部"。镇雄为"芒部"。会泽县，旧东川府治，《蛮书》称之为阿芋路，彝语称之为"阿于甸"。弥鹿川即《新唐书·南蛮传》所说的"磨弥敛"，"弥鹿"和"弥敛"音近，在今榕峰、沾益二县。升麻川即今寻甸、嵩明二县地。步头在今滇南的建水县。以此知东爨的疆域是从滇东北昭通而南，东南至贵州的威宁，西南至云南的巧家、会泽，再南经榕峰至沾益、寻甸、嵩明，而南与西爨地面相接。东偏自榕峰、富源并曲靖县西部及其以西南各地直至滇东南的建水县，都属于东爨的范围以内。东爨首领的驻牧地在味县，在今曲靖县城以北20里。

滇东晋宁和味县这两个政治中心在很早的时候就形成了。公元前滇王国和两汉时的益州太守皆设治于晋宁。3世纪时，蜀汉改益州郡为建宁郡，郡治改设于味县。晋设宁州，梁改为南宁州，州刺史仍治味县。梁末，徐文盛离滇，爨氏大姓爨瓒遂据其地。此时曲靖味县属西爨。隋开皇年间，史万岁征西爨，爨玩被戮，隋弃其地，曲靖遂为东爨所占。唐初，以西爨爨宏达为昆州刺史，居昆州（昆明）；又立南宁州都督府，治味县。爨宏达死，遂以爨归王为南宁州都督，居石城（味县）。可知自西爨削弱以后，东爨便占领味县一带了。所以味县（石城）一带正当两爨势力交割之区，大致隋以前属西爨，以后属东爨。樊绰《蛮书》主要指唐代天宝时的南宁州而言的。所以《蛮书》卷6云："石城川，味县故地也。贞观中（案即贞观八年，634年）为郎州，开元初改为南宁州。"

在天宝以前，东、西爨的疆域更为广大。唐代初年，设戎州都督府于今四川之宜宾，主要目的是经营东爨；设嶲州都督府于今四川之西昌，主要目的是经营西爨和昆明国。到麟德元年（664）又增设姚州都督府于今云南之姚安，当时西爨已设州县，主要目的是经营"西洱河诸蛮"。调露元年（679）又设安南都护府（今越南之河内），加强对滇东南诸东爨大姓的统治。我们试看《张曲江文集》卷12《敕爨仁哲书》便可明了当时东、西爨的实力范围。书内列戎州首领爨归王、南宁州大鬼主爨崇道、升麻县令孟耽、安南首领爨仁哲、潘州刺史潘明威、獠子首领阿迪、和蛮大鬼主孟谷悮，这些都应属于东爨的范围之内。又列姚州首领爨彦征、昆州刺史爨嗣绍、黎州刺史爨曾，这些都应属于西爨的范围之内。再以《南诏德化碑》所记若干反对筑城通路的爨氏首领而论，其中南宁州都督爨归王、南宁州大鬼主爨崇道，都是东爨的首领；昆州刺史爨日进、黎州刺史爨祺、求州爨守懿、螺山大鬼主爨彦昌，都是西爨的首领。《南诏德化碑》里的爨彦昌，可能就是《张曲江文集》里的爨彦章。螺山虽不能确指其地，要亦在姚州范围之内。黎州在《蛮书》中作"黎川"，距滇池二日程，在今通海县与曲溪县境内。爨增与爨祺应系父子或兄弟关系。求州在今武定、元谋、禄劝一带，其首领为爨守懿。然则天宝以前，姚州、求州、黎州皆在西爨范围之内，是很明显的。且西爨原有疆域尚不止于此。《新唐书·南蛮传》记载：贞观二十三年（649），"太宗遣将击西爨，徙莫衹蛮、俭望蛮内属，以其地为傍、望、览、丘、求五州，隶郎州都督府"。郎州、求州已如前释，不再赘。傍州，今牟定；望州，今广通；览州，今楚雄；丘州，今南华。此四州俱在姚州与求州之间，亦应是天宝以前的西爨故地。从此可知天宝以前，西爨故地最西到达了姚州。东爨疆域，《蛮书》所记似亦不全。例如暴蛮、卢鹿蛮分居于竹子岭的东西，今贵州的西部和西北部自古以来即为乌蛮部落所居，其中必有若干部落属于东爨大姓统治，《蛮书》悉未列入。

东、西爨的疆域既明，进一步便可谈"西爨白蛮也，东爨乌蛮也"的问题。"西爨白蛮也"我们只能解释为西爨疆域之内为白蛮部落，或者以白蛮部落为主；"东爨乌蛮也"，只能解释为东爨疆域之内为乌蛮部落，或者以乌蛮部落为主。而不能说西爨为白蛮，或者等于白蛮；东爨为乌蛮，或者等于乌蛮。

现在先从东爨的乌蛮谈起。

《新唐书·南蛮传》记载东爨乌蛮云：

乌蛮与南诏世昏姻。其种分七部落：一曰阿芋路，居曲州、靖州故地；二曰阿猛；三曰夔山；四曰暴蛮；五曰卢鹿蛮，二部落分保竹子岭；六曰磨弥敛；七曰勿邓。土多牛马，无布帛。男子髽髻，女人被发，皆衣牛羊皮。俗尚巫鬼，无拜跪之节。其语四译乃与中国通。大部落有大鬼主，百家则置小鬼主。

除勿邓在金沙江以北而非东爨乌蛮外，其余六部落皆在唐代戎州的石门（今豆沙关）以南和南宁州味县（今曲靖）以北，都是东爨乌蛮。阿芋路应即彝语"阿于甸"的译名，直至今日彝人尚称东川安氏为"阿于甸家"。《蛮书》卷1记石门至云南道路，"第九程至鲁望，即蛮汉两界，旧曲、靖之地也。曲州、靖州废城及丘墓碑阙皆在，依山有阿芋路部落"。阿猛即乌猛，古代的乌蒙部落在昭通。夔山部落疑在蒙夔山。《蛮书》卷1记从石门"第七程至蒙夔岭，岭当大漏天，直上二十里，积阴凝闭，昼夜不分"。暴蛮和卢鹿蛮二部落分保竹子岭。《蛮书》卷1云："过鲁望第七程至竹子岭，岭东有暴蛮部落，岭西有卢鹿蛮部落。"暴蛮在云南界，卢鹿蛮在贵州界，皆系彝族六祖中穆济济与穆克克之后裔。磨弥敛在今沾益、榕峰二县，《蛮书》谓"此等部落皆东爨乌蛮也"。东爨乌蛮的语言，如前段所分析的六个词汇，绝大部分与滇东北的彝语相同。发式："男则发髻，女则散发，与今彝族男子的椎髻相同。又俗尚巫鬼，崇拜大小鬼主，一切信使鬼巫，用相主服制。"① 此亦彝族社会组织的特征。此外，更足引起我们注意的，是东爨乌蛮的生产活动。《蛮书》卷4云："当天宝中，东北自曲州、靖州，西南至宣城，邑落相望，牛马被野。"从此记载，可知东爨乌蛮在唐时虽已定居为邑落，然其主要生产仍是畜牧。他们在当时似尚不种桑麻，亦不纺织，所以《新唐书》记载他们"土多牛羊，无布帛"，《蛮书》记载他们"男女悉衣牛羊皮"。这种情况与《蛮书》卷7所记西爨白蛮的生产活动，很不相同，《蛮书》云："从曲州、靖州已南，滇池已西，土俗唯业水田，种麻、豆、黍、稷不过町疃。"由此可知西爨白蛮的生产以农业为主，而东爨乌蛮的生产则以畜牧为主。

---

① 《蛮书》卷1无此文，据《太平御览》卷789"暴蛮等部落"条补入。

其次，再述西爨的白蛮。

东爨乌蛮，既是现代的彝族，那么西爨白蛮是现代的哪一族或哪些族呢？前面我们分析白蛮的语言时，已经看到白蛮语就是现代的白族语，因此推定白蛮就是现代的白族或者"民家"。这种情况，不仅在六诏地区如此，就是西爨故地里，古之所谓"白蛮"，至少一部分也是白族。试引弄栋蛮和青蛉蛮为例来说明此点。《蛮书》卷4云：

> 弄栋蛮，则白蛮苗裔也。本姚州弄栋县（今姚安）部落。其地旧为褒州，常有部落首领为刺史，有误殴杀司户者，为府丞论罪，遂率家众（北奔），后分散在磨些江侧，并剑、共诸川悉有之。余部落不去，当天宝中，姚州刺史张乾陁守城拒战，陷死殆尽。贞元十年，南诏异牟寻破掠吐蕃城邑，收获弄栋蛮，迁于永昌之地。①

弄栋蛮以弄栋川得名，非本名也。后来此族分别散居于磨些江（丽江以东的金沙江）侧及剑川、野共川、永昌等地。又《新唐书·南蛮传》记异牟寻破吐蕃，掠弄栋蛮、茫蛮、汉裳蛮等徙之"以实云南东北"。此磨些江侧的白蛮又迁徙到昆明的东北。此皆当为白族。同书卷4又记青蛉蛮云：

> 青蛉蛮，亦白蛮苗裔也。本青蛉县（今大姚以北盐丰、永仁一带）部落。天宝中，巂州初陷，有首领尹氏父兄子弟相率南奔河睑，阁罗凤厚待之。贞元年中，南诏清平官尹辅酋、尹宽求，皆其人也。衣服语言与蒙舍略同。

青蛉蛮以青蛉江得名，非其本名。此族与弄栋蛮在唐时皆汉化很深，但论其族源则出自白蛮，故云"白蛮苗裔"。天宝中，其族首领尹氏父子相率

---

① 《蛮书》此文脱误很多，"遂率家众"不可通，据《太平御览》卷789引《南夷志》，为"遂率家众北奔"。"收获弄栋城"，云南李子廉《蛮书考证》残本"城"作"蛮"，从之。"迁于永昌之城"，《太平御览》所引《南夷志》，"城"作"地"，从之。又弄栋县旧为褒州，《新唐书·南蛮传》作"裒州"。

奔河赕，河赕即西洱河。① 此时南诏已在阳苴哶建都多年，而河赕又为白蛮（河蛮）所在，然则青蛉蛮语言当与河蛮语同。所谓"衣服语言与蒙舍略同"者，当言此时蒙舍诏的统治阶级亦化于白蛮之故。

总上二例，可以看到，弄栋、青蛉的白蛮西迁，主要原因在于洱海地区原系白蛮地区。当家族危亡之时，举族远迁，依靠同族以自保，此殆各部落家族之通例。弄栋、青蛉的白蛮当然亦是如此。此西爨白蛮中之有白族的显例。②

西爨白蛮之中，除有白族或民家外，尚有俭望蛮和徙莫祇蛮。《新唐书·南蛮传》记载：

> 太宗遣将击西爨，开青蛉、弄栋为县。爨蛮之西，有徙莫祇蛮、俭望蛮，贞观二十三年内属，以其地为傍、望、览、丘、求五州，隶郎州都督府。

唐贞观年间因击西爨而开青蛉、弄栋为县，因击西爨而有徙莫祇蛮、俭望蛮的内属，然则青蛉、弄栋、徙莫祇蛮、俭望蛮之原居于西爨故地可知。徙莫祇蛮和俭望蛮的原始分布地，在649年开为傍、望、览、丘、求五州。上节我们已经大致考定，此五个"蛮州"在今云南牟定、广通、楚雄、南华、武定、元谋、禄劝等县。此五州俱在姚州以西，昆州以东，其为西爨故地无疑。俭望蛮和徙莫祇蛮便分布于此数州之内。俭望蛮是现代的哪一族，因史料太少，无法考定。徙莫祇蛮虽经南诏阁罗凤以兵威胁迁永昌郡，然其族类留居西爨故地者仍所在多有，且历世不绝。《元史·地理志四》记载威楚路的定远县（今牟定）和广通县（今广通西）都有一种些莫徒人。元代的"些莫徒"当即唐代的"徙莫祇"。"祇"音同"秖"或"砥"，读"deˇ"，与

---

① 《南诏野史》卷下《南诏乡贤·尹仇宽传》言："尹仇宽，叶榆人。"《蛮书》中的"尹宽求"当系"尹求宽"之误。尹求宽即尹仇宽。《新唐书·南诏传》载此人为异牟寻清平官，尝奉使至唐献地图。西洱河古称叶榆河，此可为河赕即西洱河之证。
② 姚州为西爨故地，正文中已详论之，兹不赘论。大姚以北，距姚州尚远，青蛉蛮何以列入西爨，似有问题。唐代以来，汉文史志认为在洱海湖区以东者皆为西爨，或竟称之为爨蛮。例如《通典》、《新唐书·南蛮传》、《唐会要》的《昆弥国传》皆以昆弥国在爨之西。直到清代《续通志》卷639《四夷五》亦云："爨蛮西有昆明蛮。"

"徒"、"duɬ"音近。到了明代又称作"撒马都"。景泰《云南图经志书》楚雄府"风俗"条云:"定远之民有曰撒马都者,即白罗罗之类。近年以来稍变其故俗,而衣服饮食亦同汉、爨。更慕诗书,多遣子弟入学。近亦有中科第者。"明代的《土官底簿》又记"定远县主簿李禄久,撒马徒人"。① 明代的"撒马都"或"撒马徒"当即唐代的"徙莫祗"、元代的"些莫徒"。更重要的是景泰《云南图经志书》特别指出撒马都就是明代云南人们所说的"白罗罗"。明嘉靖年间杨慎所编的《南诏野史》也说:"白罗罗一名撒马都,即西爨白蛮。"这些记载对于我们的启发很大,从此不只可以解释唐代西爨白蛮中有徙莫祗,而且可以解释明清两代云南无数史志中所谓"白罗罗"原来都是从唐代徙莫祗、元代些莫徒、明代撒马徒或撒马都演变而来的。当然,是否有人怀疑所谓"白罗罗"都是撒马徒呢?据我个人的看法,应当是肯定的。关于这种记载很多,无法多引,现在我只选择清代在云南做官多年的安徽望江人檀萃,他在所著《农部琐录》中有以下一段记载:

> 白罗罗族夷为贱种,亦随处易名:江川、大理、姚安曰撒马都;楚雄曰洒摩;永昌曰撒马朵。大抵寡弱易治之夷也。

从这段记载正可反映明清二代的云南史志所谓白罗罗都指撒马都而言,其间名称上不过略有方言的区别罢了。

唐代的徙莫祗,我们只知道他们分布在西爨故地。但到了元代,些莫徒的分布则不止在威楚路一带,除此以外在当时的中庆路和澄江路都有广泛的分布。《元史·地理志》记载:"中庆路归化县为些莫徒蛮所有,世隶善阐。"又呈贡县,"世为些莫强宗部所居"。些莫徒的强宗部,除了居住呈贡县外,澄江路的阳宗县和江川县亦有此部落。些莫徒还有一个步雄部,《元史·地理志》记载他们居住在澄江路的江川县和研和县以及临安路的宁州。这么许多的些莫徒从哪里迁来的,我想和大理国高升泰执政时调动威楚路的些莫徒到昆明附近垦殖有关。这一问题在这里不能详细叙述,可以肯定地说中庆路和澄江路的一部分些莫徒是从威楚路一带迁来的。当然我们也没有理由

---

① 此二条皆由云南大学历史系方国瑜教授的《云南彝族史》稿所转录,志此致谢。

说，中庆、澄江二路原来就没有些莫徒。因为西爨白蛮的疆域，不只包括元代的威楚路，而且包括中庆路以及澄江路的大部分。到了明代，各种云南通志对于滇池附近各州县撒马都的名称记载也很不一致。例如景泰《云南图经志书》记载晋宁州："诸夷杂处于州者，有白罗罗，有㐷门，种类非一。"这里㐷门就是撒马都，但把白罗罗与㐷门对举是有问题的。正德《云南志》称㐷门、㐷米并是"乌蛮"，是错误的，不足为据。天启《滇志》记载："撒弥罗罗，滇池上诸州邑皆有之。"可见撒马都也就是明代人所说的"撒弥罗罗"了。这一名称，除清代的《职贡图》和云南史志继续称述外，有的著作也称"撒弥"为"散米"。到民国时，有人又称之为"散民"。此族自称为"撒尼濮"，汉人称之为"撒弥"、"散民"，有时亦称为"撒尼"。这种民族在路南、弥勒、泸西以及昆明市的郊区① 都有分布。此族系由楚雄一带迁来呢，或即是滇东土著，我们尚未来得及调查。但其语言则为彝语，汉化程度很深。云南大学江应梁教授曾在昆明市青龙村散民余西波家得到一种用彝文夹杂汉文写出的经典，正可反映撒马都就是彝族，只是汉化程度很深罢了。这种汉化倾向，不止表现在文字方面，其他如语言、宗教、衣饰各方面都深刻地反映出来。②

最后，再述唐代的巂州乌蛮和白蛮。

当7、8世纪时，越巂安宁河流域有三个大小不同和部落组成部分不同的部落联盟。最大的一个叫作"勿邓"，它的境内包括4个族落和21个姓氏。一个较大的族落称为"邛部六姓"，其中五姓是乌蛮，一姓是白蛮③，分布在邛部（今西昌）和大凉山的东部。又有"初裹五姓"族落，都是乌蛮，分布在台登（冕宁西）和邛部的中间。又有东钦蛮二姓，都是白蛮，分布在台登以北的北谷。④ 以上三个族落，虽有乌蛮、白蛮之分，但都是彝族。此外，又有栗粟二姓、雷蛮三姓、梦蛮三姓，他们散居于邛部和台登城的东面和西面，都似非彝族的族落。勿邓的部落联盟就是以上述四个部分组成的。《蛮

---

① 昆明市郊区的大麻苴、小麻苴、长坡、青龙村、偏桥都有此族居住。
② 参考江应梁：《昆明境内的夷民》，《西南边疆民族论丛》，珠海大学，1948年。
③ 《新唐书》卷222《南蛮传》记载："巂州新安城傍有六姓蛮：一曰蒙蛮，二曰夷蛮，三曰讹蛮，四曰狼蛮，余勿邓及白蛮也。"新安城在今西昌南，新安六姓当即邛部六姓。此所谓"姓"相当于今日彝族的"家支"。
④ 《蛮书》卷1："台登直北去保塞城八十里，吐蕃谓之北谷。"

书》卷1云:"乌蛮妇人以黑缯为衣,其长曳地;白蛮妇人以白缯为衣,下不过膝。"① 衣服的颜色和长短似与乌、白蛮的族源和等级有关。近现代凉山彝族仍有贵黑贱白之俗。黑彝妇女之裙长曳及地,以示豪华;白彝(曲伙)妇女之裙长仅过膝,便于操作,与唐代风习相同。勿邓南七十里为两林部落联盟,内有十低三姓、阿屯三姓、亏望三姓,都是乌蛮。两林以南二百里②,为丰琶部落联盟,内有骠傍、阿诺二姓,也都是乌蛮。乌蛮的首领叫作"鬼主"。《新唐书·南蛮传》记载:"夷人尚鬼,谓主祭者为鬼主。每岁户出一牛或一羊,就其家祭之。"诸部落之中,鬼主有大小,有从属。大部落有大鬼主,一二百家的部落则置小鬼主。小鬼主系从姓(家支)内选出,为一姓的首领。部落的大鬼主则由诸姓的小鬼主中选出,为部落的首领。然后再从诸大鬼主中选出更大的鬼主,为"都大鬼主",为部落联盟的首领。《新唐书》记载:"两林地虽狭,而诸部推为长,号都大鬼主。"《蛮书》卷4亦记:"嶲州刺史苏隗杀梦冲,因别立鬼主以总其部,共推为蛮长。贞元中,船持为都大鬼主。"此皆指部落联盟的都大鬼主而言。按古代西南诸族置鬼主为长者只有彝族,所以上述三个部落联盟中之乌蛮皆当为彝族。此外,在传州的西北部,"又有夷望、鼓路、西望、安乐、汤谷、佛蛮、亏野、阿醯、阿鄂、铆蛮、林井、阿毕十二鬼主,皆隶寓州"③。此十二鬼主所统治的部落亦当为彝族。

　　唐代嶲州族类比较复杂而难于识别的,就是白蛮的名类问题。以目前我们所知来说,嶲州的白蛮至少包括三类。第一类是参加到乌蛮部落或部落联盟之内的白蛮,例如上面所述"邛部六姓"中的一姓白蛮和东钦二姓白蛮,都属于此类。此类白蛮的族源如何,他们同乌蛮的关系如何,已有的史料还不能充分解决这些问题。据我们所知,凉山及其附近的彝族是两千年以前从云南昭通一带迁来的。在迁徙以前,他们已经实行了奴隶制度。当时在云南境内,不只有许多乌蛮,而且也有许多白蛮。乌蛮掠夺白蛮的人口为奴,掠

---

① 原文有缺段,据《太平御览》卷789补入。
② 参考《蛮书》卷1、卷2;《新唐书》卷222下《南蛮传下》,《太平御览》卷789。《宋史》"黎州诸蛮"所记"邛部川(蛮),在(黎)州东南十二日程,丰琶蛮在(黎)州西南一千一百里",与《蛮书》所记方位及里数有异。
③ 见《新唐书》卷222《南蛮传》。又《蛮书》卷1记台登城直西有西望州,指今安宁河流域的上游,当即西望鬼主的所居地。

夺僰道之内的僰、僚为奴，在贵州毕节专署所翻译的《西南彝志》各卷中都有记载。而且凉山地区，彝族迁入以前，东部的马湖江一带有僰人，西南会无县（今会理）一带有濮人，西北大渡河以南的临河堡有僰夷村落。① 又雷波县彝族传说凉山东部古代有一种人曰"羿子"，现在还有几个村落名羿子村，但这种人很早就灭绝了。冕宁县和越巂县西部至今还有西番。凉山彝语称西番为"乌珠"（oɤ tsiuɭ），亦称为"乌珠喇嘛"（oɤ Luɪsɭ laɭ maɬ）。西昌县城，彝语亦谓之为"乌朱"，相传昔日为"乌朱喇嘛"所居。从此可以推知古代西昌亦或系西番所居之地。又《元史·地理志》记载："邛部州，昔么些蛮居之。后仲牟由之裔夺其地。"所有这些部落部族，自从彝族迁来以后，或者被驱逐，或者被征服，或者被掠之为奴隶，这样就使彝族的奴隶社会继续向前发展了。那些被征服的部落，古代叫作"白蛮"，现代叫作"曲伙"（tɕʻioɤ）或"曲诺"（ŋoʔ ʨʻioɤ），有"仆从的群体"之义。汉人则谓其奴隶主为"黑彝"，其被统治和奴役的集团或家支则为"白彝"。上面所说的邛部一姓白蛮或东钦二姓白蛮，皆当类此。这种白蛮，最初的来源各不相同，但在乌蛮奴隶所有制下奴役多年，他们的语言、习俗和服饰都彝化了，所以他们都变成了彝族。《蛮书》对于这些白蛮的记载虽略，但有一点，即记载乌、白蛮妇女的衣裙颜色不同，长短不同，很有重大的意义。从此正可反映白蛮在奴隶社会等级中居于被轻视和被奴役的地位。第二类白蛮，是8世纪后叶南诏阁罗凤移白蛮以实建昌府及黎溪州等地的白蛮。原来唐代的西川和南诏国以会川（今会理）和巂州之间的俄准岭为界。俄准岭一称阳蓬岭。在岭以北为巂州，岭以南属南诏。② 肃宗至德元年（756），阁罗凤取宿州、会同军，据清溪关。此后，南诏为了长期占领巂州，所以积极向巂州、会川一带移民。《元史·地理志》记其事云：

（建昌路）蒙诏立城曰建昌城，以乌、白二蛮实之。

---

① 汉代的僰道有僰人，会无有濮人，参考《华阳国志·南中志》。临河堡有僰村，见《蜀中广记》卷34引《土夷考》云云。
② 俄准岭之名初见于《蛮书》卷1，云："从巂州二百三十里至俄准岭。下此入云南界。"俄准岭北有城曰俄准添城，见《新唐书》卷222《南诏传》。此城又名俄准添馆。《新唐书》卷42《地理志六》"巂州"条记："又经阳蓬岭百余里至俄准添馆。阳蓬岭北巂州境，其南南诏境。"《南诏德化碑》亦云："北接阳山，会川收瑟瑟之宝。"阳山即阳蓬岭的简名。

> 黎溪州，古无城邑。蛮云黎驱，讹为今名。初乌蛮与汉人杂处，及南诏阁罗凤叛，徙白蛮守之。

建昌府即古之邛部，今之西昌。黎溪州在会川南 150 里。今日从会理到西昌沿安宁河流域到处有所谓"水田族"，皆系 8 世纪后叶南诏阁罗凤迁移于此。此族语言同大凉山彝族语言大部分相同，但汉化很深，衣服、风俗同当地的汉人无异。其族自称为"彝家"，凉山彝人称之为"muɬ xɛɬ soɬ"，译音为"平坝人"，以示与居于山岭上的彝族有别。明代以来，汉人称之曰"白夷"。《蜀中广记》引明人所著《土夷考》云："黎溪旧州，在（会川）卫南百五十里，唐时南诏阁罗凤徙白蛮戍此，即白夷也。"从此可知唐代此种白蛮，后世亦称之为白彝。所以，他们仍然是彝族。但同凉山白彝有不同者，即在南诏、大理时期，此族直接隶属于官府，元、明、清各代因之，与汉族编民无异。而凉山的白彝则自古以来为隶属于黑彝奴隶主的一个等级。所以二者族名虽同，但社会地位不同。第三类白蛮是南诏设府置州时从洱海湖区所迁出来的白族十二姓的白蛮。《元史·地理志四》云：

> （会昌路）永昌州，州在路北，治故归依城，即古会川也。唐天宝末，没于南诏，置会川都督。至蒙氏，改会同府，置五睑，徙张、王、李、赵、杨、周、高、段、何、苏、龚、尹十二姓于此，以赵氏为府主，居今州城。

南诏阁罗凤攻下唐朝的会同军后，置会川都督。其改会同军为会同府，置五睑，当在 9 世纪 30 年代第二次攻下巂州，占领大渡河以南的土地之后。赵、杨、段、尹等 12 姓皆系白蛮大姓，这些白蛮，不是彝族，而是白族。

从此可知唐代的巂州白蛮包括三种类型：第一种是在巂州乌蛮奴隶主统治下的白蛮；第二种是南诏从云南迁来的白蛮，以上两种白蛮都是彝族；第三种是南诏从洱海湖区移来的白蛮，但他们不是彝族，而是白族。

以上便是南诏时期所谓东爨乌蛮、西爨白蛮以及巂州乌、白蛮的一般情况。

此外，还有一些特殊的情况，如独锦蛮、栗粟两姓蛮等，对此我也提出一些不成熟的看法。《蛮书》卷 4 云："独锦蛮，乌蛮之苗裔也，在秦臧川。南去安宁两日程。天宝中，（命其长）为巂州刺史。其族多姓李。异牟寻母，独锦蛮之女也。牟寻之姑亦嫁独锦蛮；独锦蛮之女为牟寻妻。"秦臧川，两汉、三国皆于此置县，但在今何地，说法不一。若以南去安宁二日程言之，应在今武定、禄劝一带。这一带在天宝以前为西爨白蛮区，而独锦蛮为乌蛮，当与东爨首领侵占西爨疆域有不可分离的关系。《新唐书·南蛮传》说：东爨"乌蛮与南诏世为昏姻"。《蛮书》卷 4 亦记："乌蛮种类稍稍复振，后徙居西爨故地，今与南诏为婚姻之家。"南诏命人以兵围胁西爨，徙二十万户于永昌郡者为阁罗凤。西爨之被徙者有白蛮，亦有乌蛮（如爨日进子孙等）。移居后乌蛮复兴，又徙居西爨故地，至樊绰编写《蛮书》之时，书内记载"今与南诏为婚姻之家"，其所指包括独锦蛮李负监一家，亦未可知。

其次，巂州的栗粟蛮，当即今日之傈僳族，此点勿庸置疑。《蛮书》卷 4 云："栗粟两姓蛮、雷蛮、梦蛮，皆在茫部、台登城东西散居，皆乌蛮、白蛮之种族。"从此我们很难判断它们是乌蛮，或是白蛮。栗粟两姓，乃言栗粟族内之二个家支，而不能谓栗为一姓，粟为一姓。《新唐书·南蛮传》之称栗粟蛮之"粟蛮"和它称磨些蛮为"磨蛮"、"些蛮"一样，是毫无根据的。《蛮书》写刻本有夺文佚字，原不足奇。而《新唐书·南蛮传》则以误为正，强作解人，《元史·地理志》更因袭之，无处不称"磨蛮、些蛮"，此皆不明民族实际情况所致，俱不可从。

（三）饰齿、雕题、茫部诸族部落

南诏国的部族本以乌、白蛮为主，上文已经大致阐述了。除了乌、白蛮以外，部族、部落的名称虽多，但多远处徼外，与南诏的关系只是进贡赋和服兵役罢了，并不是南诏的主要部族。但在这里我们应当一提的，就是南诏国境内的傣族部落。我们所以提出这一问题，主要是因为近代西方资本主义各国有许多"汉学家"为了给帝国主义的殖民制度辩护，主张"南诏国为泰族所建"，而泰国的野心家们竟被帝国主义的殖民理论所利用，企图趁中国抗日之际煽动云南傣族脱离祖国怀抱，与印度支那半岛上的泰族建立一联合国家。此种可耻的企图虽已经遭到失败，但目前在英国、美国、法国、日本国内主张"南诏为泰族所建"者尚大有人在。因此我们必须阐述古代傣族部落所在及其与南诏的关系如何，以驳斥关于傣族建立南诏的各种荒谬谰言。

南诏国内的傣族，据文献记载，只有饰齿、雕题诸族和茫蛮部落两类。这些部落都在南诏国极远的西南边陲，距离南诏的政治中枢区的"十赕"① 是很遥远的。饰齿、雕题诸族有三个主要分布区。第一个分布区在当时的永昌城以南。永昌城即今保山。《蛮书》卷4云此城"在玷苍山西六日程"，约300里，是最接近南诏首都阳苴咩城的一个傣族聚居区。《蛮书》卷5云：

> 永昌城，古哀牢地，在玷苍山西六日程。……西南管柘南城，土俗相传呼为要镇。正南过唐封川，至茫天连。……开元已前闭绝，与六诏不通。盛罗皮始罢柘俞城。阁罗凤已后，渐就柔服。又杂种有金齿、漆齿、银齿、绣脚、穿鼻、裸形、磨些、望外喻等，皆三译四译，言语乃与河睒相通。

永昌正南过唐封川，至茫天连。《蛮书》卷4云："从永昌城南，先过唐封，以至凤蓝苴，以次茫天连。"唐封川、凤蓝苴在今何地不可考，茫天连在其南，疑即古代细睒、石睒等地。细睒，元时为湾甸州，石睒为镇康州，皆属镇康路所管。此地部落，元明时称为"白夷"或"百夷"，明时事归"百夷馆"处理，故其族为"白夷"或傣族。各族装饰衣服，《蛮书》卷4记载：

> 黑齿蛮以漆漆其齿，金齿蛮以金镂片裹其齿，有事出见人则以此为饰，食则去之。皆当顶为一髻。以青布为通身袴，又斜披青布条。绣脚蛮则于踝上排下周匝刻其肤为文彩，衣以绯布，以青布为饰。……绣面蛮初生后，出月，以针刺面上，以青黛傅之。

---

① 南诏十赕，指云南赕、品澹赕、白崖赕、赵川赕、蒙舍赕、蒙寯赕、苴咩赕、大厘赕、邆川赕、矣和赕（在今邓川北）。

永昌于元时为金齿宣抚司，马可波罗曾至其地，记载其地名匝儿丹丹（Zardandan），亦"金齿"之义。其民皆崇拜偶像，盖言其人信佛教。又言每人齿上用金作套如齿形，套于齿上，上下齿皆然。男子皆如此，妇女则否。① 明时，初在此设金齿卫，后改永昌军民府。永昌部民饰齿雕题之风从元明以来逐渐改革，但永昌以南孟定府的"百夷"，"男子光头赤足，黑齿，衣白布衣"；永昌以西南木邦的"百夷"，"白衣文身"。② 可知旧日饰齿雕题之俗仍然存在。由此可证金齿等蛮即后世的傣族。我们于此当注意者，即永昌以南的傣族，《蛮书》记载在"开元以前，闭绝与六诏不通"，直至"阁罗凤以后，(始)渐就柔服"。③ 然则有何理由说泰族建立六诏，建立南诏国家呢？且《蛮书》又记金齿诸族的语言，"皆三译四译言语乃与河赕相通"④。当时所谓河赕语已成为南诏国首都的共同语言，而傣族语言三译四译乃与相通，这不是在语言学的证据上明白宣布"南诏为泰族所建论"的全部破产吗？

饰齿、雕题诸族的第二个分布区在开南城以南。《蛮书》卷5云："开南城在龙尾城南十一日程，管柳追和都督城。又威远城、奉逸城、利润城内有盐井一百来所。茫乃道并黑齿等类十部落皆属焉。"开南城在景东以北，楚雄西南，元明时为开南州。威远城更在其南，元明时为威远州。《元史·地理志》："开南州，州在(威楚)路西南，……昔朴、和泥二蛮所居也。……至蒙氏兴，立银生府，后为金齿、白蛮所陷。移府治于威楚，开南遂为生蛮所据。自南诏至段氏，皆为徼外荒僻之地。"明汪宗载《四夷馆考》亦云："景东府，古柘南也。唐南诏蒙氏为银生府之地。旧为濮、落杂蛮所居，后为金齿白蛮侵夺。迄宋大理段氏莫能复。……本朝洪武改为景东府，编户八里，其民多百夷，不通汉书，田皆种秋。"又"威远州"条下云："即唐南诏银生府之地。旧为濮、落杂蛮所居，大理时为白夷所有。"上述元明文献记载，南诏初期，景东、开西、威远诸地原为濮蛮、和泥所居，南诏于此立银生府及开南、威远、奉逸、利润四城，以镇茫蛮、黑齿等部落的北上。南诏

---

① 冯承钧译《马可波罗行记》第119章《金齿州》。
② 汪宗载《四夷馆考》卷下"百夷馆"条。明代钱古训的《百夷传》亦记载麓川的"大百夷"男子，其首皆髡，胫皆黥。不髡者杀之；不黥者众叱笑，比之妇人。"小百夷"，"其俗刺额、黑齿、剪发状如头陀"。
③ 《蛮书》卷6"永昌城"条。
④ 同上。

后叶，银生、开南、威远三城皆被金齿白蛮所陷。从此，这一带成为傣族的聚居区域。从此亦可以看到，景东以南的傣族，在南诏初期，中间被南诏诸城镇所震摄，又被原有部落濮蛮、和泥所隔绝，不能到达景东以北地区，所以一些帝国主义的"汉学家"说蒙舍诏是傣族，说南诏为傣族所建，是没有任何根据的。

饰齿、雕题诸族的第三个分布区在怒江和伊洛瓦底江东西。《蛮书》卷5云："越礼城在永昌北，管长傍、藤弯，……临禄旱江。……又西至利城。……直南过山至押西城。又南至首外川。又西至茫部落。又西至盐井。又西至拔敖河、丽水城、寻传大川城，在水东。……又至安西城。……镇西城南至苍望城，临丽水。……西北至丽水渡。丽水渡南面至祁鲜山。……祁鲜以西，即裸形蛮也。管摩零都督在山上。……南诏特于摩零山上筑城，置腹心，理寻传、长傍、摩零、金、弥城等五道事云。凡管金齿、漆齿、绣脚、绣面、雕题、僧耆等十余部落。"上述地名，多不可考。兹据《新唐书·地理志》所引贾耽《边州入四夷道里》从诸葛亮城至摩揭陀国一段以校释之。原文云："一路自诸葛亮城西去腾充城二百里。又西至弥城百里。又西过山二百里，至丽水城。乃西渡丽水、龙泉水，二百里至安西城。乃西渡弥诺江水，千里至大秦婆罗门国。"诸葛亮城在永昌故郡，今保山县城。西行二百里为藤充，即今腾冲。藤充东北的瓦甸，南诏时称为越睒，产名马，于此置软化府。《元史·地理志》云："腾冲府，在永昌之西，即越睒地。……异牟寻取越睒，逐诸蛮有其地，为软化府。其后白蛮徙居之。"按今腾冲为德宏傣族自治州中一县，《元史》中所说的"白蛮"，当为"百夷"，亦即今日的傣族。又西至弥城二百里，弥城即今翁冷，一作翁轮（《滇系》），在腊撒之西。翁冷北十里为太平街，西至铜壁关。又西过曼哈大山二百里至丽水城，即旧蛮莫城。渡丽水及龙泉水，丽水即蛮暮江，龙泉水即猛英江，至安西城。安西城在伊洛瓦底江之南，属今缅甸国喀钦邦地。①从上所述，知道南诏时期的傣族部落，从滇西腾冲地区到伊洛瓦底江左右两岸所分布的，都属南诏统治范围之内。《蛮书》卷4又称，上述金齿蛮等十余部落，"悉属安西城，皆为南诏总之，攻战亦召之"。在今缅甸八莫附近的安西城为

---

① 参考吴承志《唐贾耽记边州入四夷道里考实》卷4《诸葛亮城至摩揭陀国两路地形里数考实》。

总辖东西两大傣族区的行政机构所在地，祁鲜山上的摩零都督城亦当在此一带。傣族和南诏的关系，如上所述，只是归南诏管束，战争时被南诏调遣以服兵役而已。西方"汉学家"所说的"南诏为泰族所建"，从此也可以看到是没有根据的。

南诏时期傣族的又一个集团，就是茫蛮部落。《蛮书》卷4云：

> 茫蛮部落并是开南杂种也。茫是其居之号。蛮呼茫诏。从永昌城，先过唐封，以至凤蓝苴，以次茫天连，以次茫吐薅。又有大（《南夷志》作火）睒、茫昌、茫盛恐（《南夷志》作盛恐他）、茫鲊（《新唐书》作鲜）、茫施，皆其类也。楼居无城郭，或漆齿，或金齿（据《新唐书·南诏传》补），皆衣青布裤，藤篾缠腰，红缯布缠髻，出其余垂后为饰。妇女披五色婆罗笼。孔雀巢人家树上，象大如水牛，土俗养象以耕田，仍烧其粪。贞元十年，南诏异牟寻攻其族类。

按今傣族村镇皆称"茫"（芒）或"蛮"，冠于村镇特定名之前，如茫市、蛮莫、勐卯之类。上述茫天连、茫吐薅、茫鲜、茫施亦皆类此。《蛮书》"茫是其居之号"，就是此义。傣语称君长曰"昭"，曰"发"，曰"叨"，无以"茫"称者。又上述"蛮呼茫昭"，疑有缺文，应是"其君，蛮呼茫昭"，即部落首长之义。永昌以南，茫天连、茫吐薅、大睒等名，多不可考。今永昌以南，有施甸、镇康、孟定、耿马诸大川，但不能确指为唐时何地。《元史·地理志》称："茫施路在柔远路之南，泸江（即潞江，今怒江）之西，其地曰怒谋，曰大枯睒，曰小枯睒，即《唐史》所谓茫施蛮也。"元代茫施路中的怒谋，明代称之为茫市。《明史·云南土司传》记载："茫市，旧曰怒谋。又有大枯睒、小枯睒，在永昌西南四百里，即《唐史》所谓茫施蛮也。"自明代正统九年（1444）始改称茫市。今为德宏傣族自治州的州治。

四、南诏国的社会经济制度

南诏国从统一六诏、建都太和城起,到为大理国所代替止,前后将近二百年。它最盛时期的疆域,是"东距爨(东爨),东南属交趾(今越南),西摩伽陀(在印度恒河以南)、西北与吐蕃接(神川),南女王,西南骠(缅甸木落山),北抵益州(至大渡河南岸),东北际黔(贵州西北威宁一带)、巫"。周匝"回环万里",历代西南夷国家疆域从来没有如此广大的。① 在此广大的疆域内,各地的地形和气候不同,物产资源不同,产业的种类和发达的程度不同,交通便利与否不同,部族、部落不同,国内各族的关系以及唐、吐蕃对于各部族、部落的影响不同,所以南诏国内各地区、各部族、部落的社会经济发展自然而然地表现为各种先进的和落后的不平衡状态。

虽然这样,可是我们却不能说南诏国就没有一种主要的和居于主导地位的社会经济制度。古代任何一个大的国家,其中特别是多部族、多部落的国家,它不可能只具有一种单纯的社会经济制度。各种同时并存的社会经济制度也不可能同样地皆居于主要的和主导的地位。一个具有多种所有制的国家,各种所有制经常在发生矛盾,发生斗争。其中主要的和占主导地位的所有制决定着和影响着其他各种所有制。

---

① 南诏国的疆域在《新唐书·南诏传》和《南诏野史》中都有记载。东北至黔之威宁,属东爨乌蛮,至于"巫"则不知所指。北境最盛时至大渡河,太和三年(829)王嵯颠掠西川成都子女工技数万人,至大渡河,谓华人曰:"此南吾境,尔去国当哭!"可以为证。西北与吐蕃之神川都督所在地接,神川即金沙江之上游铁桥所在之地。西与摩伽陀国接壤,但未臣属其国。《读史方舆纪要》卷113《云南序》云:"回环万里,西南夷中称为最强。"

（一）主要的生产和主要的所有制

现在我们叙述南诏国的主要生产和作为主要生产资料所有制的奴隶制度。

统一了云南及其他地区的南诏国，它的生产种类是多种多样的。南诏国的东北和东方的所谓"东爨乌蛮"区主要的生产是畜牧业。《蛮书》卷 4 云："东爨，乌蛮也。当天宝中，东北自曲（州）、靖州，西南至宣城，邑落相望，牛马被野。"同书卷 1 又云："（东爨乌蛮）土多牛马，无布帛，男女悉披牛羊皮。"东爨乌蛮显然是以畜牧生产为主的，这里虽然也有农业，但不占主要地位。其次，在南诏国西北，自铁桥（今丽江之巨甸镇）以东，包括今云南之丽江、永胜、宁蒗等县和四川之盐源县，也是一个较大的畜牧业区，这里的主要部族是么些。《蛮书》卷 4 云："铁桥上下及大婆、小婆、三探览、昆池等川，……土多牛羊，一家即有一群，……男女皆披羊皮。"此外，在澜沧江以西属永昌界有一大的产马区，名越睒，此为第三个畜牧业区。其余各地，如云南（云南驿）及西爨故地的沙牛，通海以南的野水牛，弥诺江以西的犛牛，开南以南的象，都是用以耕田的。①

南诏国西部，自澜沧江以西。许多比较原始的部落以射猎为生。如扑子蛮，"善用泊箕竹弓，深林间射飞鼠，发无不中"。寻传蛮，"俗无丝绵布帛，……持弓挟矢射豪猪"。裸形蛮，"无农田，无衣服。……尽日持弓，不下携栏，有外来侵暴者，则射之。其妻入山林，采拾虫、鱼、菜、螺、蚬等，归啖食之"。②

此外，还有许多手工业生产，如纺织业、采金业、制盐业、制武器业等等。

南诏国虽然有各式各样的生产，但它的主要的生产是农业。《蛮书》卷 9 云："南（诏）俗务田农菜圃。"《新唐书·南诏传》云："然专于农。"都可表明农业是南诏国的主要生产。南诏国自古以来，有两个湖泊地区早已发展了农业。第一个湖泊地区是滇池湖区。《蛮书》卷 7 记载滇池以西的灌溉和农耕的技术说：

---

① 《蛮书》卷 7。
② 《蛮书》卷 4。

从曲（州）、靖州已南，滇池已西，土俗唯业水田，种麻、豆、黍、稷不过町疃。水田每年一熟，从八月获稻。至十一月十二月之交，便于稻田种大麦，三月四月即熟。收大麦后，还种粳稻。小麦即于冈陵种之，十二月下旬已抽节，如三月小麦与大麦同时收刈。其小麦面，软泥少味。大麦多以为麨，别无它用。酝酒以稻米为曲者，酒味酸败。每耕田，用三尺犁，格长丈余。两牛相去七八尺。一佃人前牵牛，一佃人持按犁辕，一佃人秉耒。蛮治山田，殊为精好。

这一地区，农作物的种类，有粳稻、大麦、小麦、豆、黍、稷、麻。土地肥沃，每年播种两次，春夏收一次，秋收一次。耕田方法，以二牛三夫前挽、中压、后秉耒驱牛。治田成绩，殊为精好。这些情况都说明滇中滇池湖区的农业在唐代已经广泛开展了。

洱海湖区的农业，在六诏成立以前，所谓昆明国时期，已经相当发达。农作物的种类有稻、麦、粟、豆，种植方法与中原地区略同。菜有葱、韭、蒜、菁，果有桃、梅、李、柰。又有丝、麻。家畜有马、牛、猪、羊、鸡、犬。[①] 这种生产情况比较滇池湖区更为发达。到了南诏时期，洱海附近各川的农业生产更为进步。例如《蛮书》卷5记蒙舍川和杨瓜州的农业生产云："地气有瘴，肥沃宜禾稻。又有大池，周回数十里，多鱼及菱芡之属。……然邑落人众，蔬果水菱之味，则蒙舍为尤殷。"记渠敛赵的农村繁荣景况云："州中列树夹道为交流，村邑连甍，沟塍弥望。"记勃弄川的土地广袤云："川东西二十余里，南北百余里，清平官已下官给分田悉在。南诏亲属亦住此城傍。"从上述各项零星记载亦可以看到洱海湖区的农业较6、7世纪时更为发展。

不只滇池、洱海湖区主要的生产为农业，就是比较落后的地区，原来因为缺少牛马难以实施犁耕的，因为受两大湖区农业的影响，也都实施了以野畜代牛耕的方法，例如《蛮书》卷7云："通海已南多野水牛，或一千、二千为群；弥诺江已西出犛牛；开南已南养象，大于水牛，一家数头养之，代牛

---

① 《太平御览》卷790引《唐书》云云，引文见第二部分"昆明、六诏、六诏的统一"。

耕也。"① 从上述各种情况看，我们说南诏国主要的生产是农业，可以说是没什么问题的。

当南诏诏主阁罗凤在位之时，清平官郑回（王蛮利）撰《南诏德化碑》碑文，在唐大历元年（766）刻石立于大和城内。② 内有一段叙述南诏国的农田水利之繁荣景象云："氾塞流潦，高原为稻黍之田；疏决陂沱，下隰树园林之业。易贫成富，徙有之无。家饶五亩之桑，国贮九年之廪。"《南诏德化碑》把南诏国的社会美化成"易贫成富，徙有之无，家饶五亩之桑，国贮九年之廪"的太平小康社会，这当然是清平官郑回的溢美之词，不足为凭。但南诏国的社会到底是封建社会，还是奴隶社会呢？现在我们必须牢牢抓住南诏国的主要生产，即农业生产，从事叙述分析，分析他们的土地所有制，分析他们的农村组织，分析各阶级在农业生产中的地位和关系，以及农业生产品的分配形式，等等。唯有这样，我们对于南诏国的经济基础才能得到彻底的理解。在彻底理解它的经济基础以后，对于南诏各种上层建筑的意义以及它的对内对外战争的性质才能做出恰如其分的评论。

南诏国家内的阶级结构大致可分为三种：奴隶主阶级、平民阶级和奴隶阶级。

奴隶主阶级在南诏建国以前如乌蛮的诏主、大鬼主，白蛮的"豪族"、"强家"、"大姓"、"名家"都是。南诏建国之后充实了奴隶主上层的内容，如最高统治阶级蒙氏，他们是贵族也是奴隶主，他如政治组织中的清平官、大军将、节度使和管理万家百姓的都督，管理千家以上的"理人官"以及百家以上的"总佐"等，都是大奴隶主。此外，还有一些小奴隶主，指没有官秩的奴隶主和平民中之蓄养奴隶者。

农民之中有上户、中户、下户之分。这种分别主要是因所受国有土地的多少加以区分，其间并不包含等级的意义。

奴隶有国有奴隶和家有奴隶两种。前者称为"佃人"，主要是从事农

---

① 原文"弥诺江巴西"之"巴"应作"已"，"开南巴南"之"巴"亦同。又"养处大于水牛"，"处"当为"象"之伪。
② 《南诏德化碑》立碑之年在唐大历元年，《通鉴纲目》系于天宝十一载是不对的，参考袁嘉谷《云南大纪事》。又有些著作称《南诏德化碑》在太和城外，无所据，应从《蛮书》卷5，碑在城中。今此碑在大理太和村西。

耕生产的，所以他们是"生产奴隶"。后者为家庭所私有，即所谓"家内奴隶"。

南诏之所以成为奴隶社会，主要是通过农业的生产关系表现出来，而农业的生产关系包括土地所有制的形式，各阶级在生产中的地位和相互关系，农业产品的分配形式三个方面。

农业的生产资料所有制，主要是土地的所有制。南诏国的土地所有制分为土地国有制和土地私有制两种。其中土地为奴隶主所私有的制度，是比较原始的，在南诏建国以前已经存在。土地国有制是南诏立国以后始产生的，国家把所灭五诏以及所征服东、西爨的无主无人耕种的土地收归国有，然后按授田的办法分给官吏和无地或少地的农民耕种。《蛮书》卷9叙述南诏最高统治阶级把国有土地分给国内的"上官"和一般无地少地的农民百姓说："上官，授与四十双，汉二顷也。上户三十双，汉一顷五十亩；中户、下户各有差降。"所谓"上官"指朝中的清平官、大军将、节度使、都督等等而言。自清平官以下都有"官给分田"。《蛮书》描写勃弄川（迷渡红崖坝）的"官给分田"的情况说："（勃弄）川东西二十余里，南北百余里，清平官已下'官给分田'悉在。南诏亲属亦住此城（指白崖城）。"

南诏国的官制：清平官有"六人，每日与南诏参议境内大事"，"大军将一十二人，每日见南诏议事，出则领要害城镇，称节度"。① 这一些所谓"上官"，当然是不经营生产的，他们唯一的办法是委托一种监守生产的"蛮官"，监督并指挥奴隶从事于生产。这种情况，不只清平官以下如此，就是南诏的皇室亲属亦何尝不是如此？所以我们说最高统治阶级王室蒙氏、清平官、大军将、节度、都督等等都是奴隶主，而不是封建主。设使我们单纯地从授田制或均田制着想，便说南诏的土地关系是封建制，因而如《新唐书·南诏传》的作者做出"无贵贱皆耕，不徭役"等等叙述，都是不符合事实的。

除了上面所说的清平官以外，还有当时白蛮的"豪族"、"强家"、"大姓"、"名家"之类，这些人是封建主，还是奴隶主呢？关于这一问题，由于史料缺乏，我们难以骤下结论。但是从当时各方面的情况加以推测，他们也应当是奴隶主，而不是封建主。在南诏建国以前，开元元年（713）姚州都

---

① 《蛮书》卷9。

督李蒙征姚州"西洱河蛮"，军事判官郭仲翔被虏，为各蛮洞奴隶，其时各河赕豪族称"洞主"，盛行蓄奴制度。① 以此知南诏立国以前，洱海湖区的乌、白蛮的豪族大姓为奴隶主。南诏建国以后，白蛮豪族大姓杨、尹、段、李、赵、董、王多为南诏国的清平官、大酋望、曹长等，如赵俭邓、赵迦宽、杨磋白奇、杨镆能武、尹仇宽、尹辅酋、段南罗格、段义宗、李异傍、王各苴等等，他们不仅有祖传的旧的私田，而且在做了清平官、曹长以后又有新加的"官给分田"，这些土地应当和上述勃弄川清平官以下的土地一样，监督生产的是蛮官，而从事耕种劳动的则是奴隶。

当然，在授田制度下南诏把国有的土地分给一般比较自由的农民（或者农奴），这里也体现一种新的土地关系，即封建的土地关系。比较自由的农民（或农奴）分为上户、中户、下户三等。上户受田三十双，合市亩一百五十亩，中户和下户各有差降。这种农民阶级对于国家的担负，主要有两类：第一类担负是租税，可能即如《新唐书·南诏传》所说的"岁输米二斗"。若此猜测不误，岁输米二斗大约是以每双耕地来计算的，每双岁输二斗，每亩岁输为四升。此一税率比较唐初行均田制时每亩岁输二升要多一倍，而和大历五年（770）京兆府下田每亩的春税相等。② 我们所以这样比较一下，主要目的在于说明奴隶社会虽然不妨有租税形式存在，但它的税率一般比较封建社会为高。第二类担负是兵役。《蛮书》卷9云："无杂色役。每有征发，但下文书与村邑理人处，克往来月日而已。其兵仗各自赍，更无官给。"同书卷8又云："每出军征役，每蛮各携米一斗五升，各携鱼脯。此外无供军粮料者。"《新唐书·南诏传》亦云："壮者皆为战卒，有马为骑军。人岁给韦袴。"从上述三则资料可知战争时的兵役主要是从农民以上和小奴隶主方面征集的。打仗的武器，战争时期的军粮、鱼脯，还有骑兵的马匹既然归参军者自备，那么这些人们至少是农民和小奴隶主，一般没有自由、没有儋石之储的奴隶无论如何是办不到的。《蛮书》中所谓"无杂色役"，乃言农民以上的人们只有兵役，其他杂色劳役由奴隶们来供应。设使把这一点解

---

① 《太平广记》卷166《气义一》引《纪闻吴保安》事内记郭仲翔事甚详。本文后段提及。
② 《新唐书》卷52《食货志二》。

释南诏的生产关系为无徭役或"不徭役人"①，那便大错特错了。

农田里为奴隶主干活的，《蛮书》称之为"佃人"。但这里所谓"佃人"，不是一般农民或者农奴，也不是"佃客"，从奴隶主对待他们的关系看，从粮食分配的形式看，毫无疑问是奴隶。《蛮书》卷7有如下一段记载，这段记录是非常宝贵的。《蛮书》记：

> 蛮治山田，殊为精好。悉被城镇蛮将差蛮官，遍令监守催促。如监守蛮乞酒饭者，察之，杖下捶死。每一佃人佃，疆畛连延，或三十里，浇田皆用源泉，水旱无损。收刈已毕，蛮官②据佃人家口数目支给禾稻，其余悉输官。

预先说明，这段史料是在以"云南管内物产"为题的第一段内叙述"从曲、靖州已南，滇池已西，土俗唯业水田"的生产情况的，是指南诏境内比较先进的地区，而不是十分落后的地区，它对于整个南诏国来说，是有代表的意义的。引文的前半段叙述奴隶主和奴隶的关系。大奴隶主蛮将驻扎要害城镇，治理兵戎；奴隶家口居住乡村，为官方奴隶主的"官给分田"从事劳动。这种城乡对立关系，也就是奴隶主与奴隶们的对立关系。大奴隶主蛮将领兵在外，他们委托"蛮官"在田园里监守催促奴隶们从事劳动。前面我们已经说过，南诏的授田法自清平官以下包括大军将等每人受田四十双，即二百亩。每个奴隶在二百亩之内都有劳动的义务，所以说"每一佃人佃，疆畛连延"。又云南多是丘陵地，平川之间隔以山陵，水田多在平川或近平川的山上，这里一块，那里一亩，很不整齐，所以二百亩田可能相隔30里，而这30里的里距也正是奴隶们一日之内可能往返的路程。③虽然如此，大奴隶

---

① 《新唐书》卷222《南蛮传》记："然专于农，无贵贱皆耕，不徭役人。"其言似本于《蛮书》卷9："南俗务田农菜圃，战斗不分文武，无杂色役。"但究其内容，相差甚远。"务田农"指农民和奴隶，"战斗不分文武"指官吏，"无杂色役"者指农民，不能混为一谈。"无贵贱皆耕"，更不可解，与当时阶级社会矛盾不合。
② 《蛮书》普通本作"官蛮"，据琳琅本《〈蛮书〉续校》依前文改为"蛮官"，是对的。参考向达《〈蛮书〉校注》。
③ 徐中舒：《试论周代田制及其社会性质——并批判胡适井田辨观点和方法的错误》，《四川大学学报》1955年第2期。

主的土地面积里距越大，奴隶们付出的劳动也就越多。每个奴隶从早到晚没有一点自由，从事于这种"最耗精力最无间断的劳动"，以至于"年年看得见一大部分人口，在劳动过度、睡眠不足和休息缺少的那种慢性虐待下，直接地被破坏"。① 这便是一切奴隶们最辛苦最无间断劳动的结果。

更重要的，是后段所述的"收刈已毕，蛮官据佃人家口数目支给禾稻，其余悉输官"。这种农产品分配的形式和分配的比例是一种什么性质呢？很明显，这既不是封建政府对自由农民征收10%以下的田赋，也不是封建地主对佃户征收50%左右的实物地租，而是以奴隶家口的最少消费量为标准，给以最少的禾稻使他们维持生命不至于饿死。这种农产品的分配形式不是奴隶社会经济形态最逼真的反映吗？

从这段叙述，可以看出南诏国的农业生产关系是属于奴隶社会性质，是非常显著的。

但以我所知，国内有些同志对于这种看法有不同的意见。主要理由是依据《新唐书·南诏传》的下一段话："然专于农，无贵贱皆耕，不徭役人。岁输米二斗。一艺者给田，二收乃税。"便说南诏国的生产关系是封建土地关系，不是奴隶主与奴隶的关系。

在南诏时期，云南地区有两种或两种以上土地所有制和生产关系同时存在，不仅是可能的，而且是确实的。但问题在于：哪种所有制和生产关系是主要的，占主导地位的，这种所有制和生产关系便是主流。其他不属于主流的东西总是被作为主流的东西制约着、影响着。在南诏国内，奴隶制度表现为逐渐激化的形式，而土地国有制、授田法以及因受田而产生的赋税制则仅仅是在发生的阶段罢了。当南诏建国以前，云南各地的土地或归乌蛮和白蛮诸大姓所私有，或归各族农村公社所公有，有的由自由农民所占有。当时真正的国家尚未形成，哪里会产生国家的授田法和农民因受田而纳赋税的制度呢？所以南诏国的赋税制度是一种新的制度，它是在奴隶社会的基础上产生的一种封建关系的萌芽罢了。我们绝对不能把刚刚萌芽的东西便说成是主要的社会经济形态。而且，新的封建关系一定是被当时的奴隶制度所制约的。这种情况，不仅体现在较重的田赋上，更体现在繁重的兵役上，而且还体现

---

① 马克思：《资本论》第一卷，1953年，第308页。

在田赋之外的剥削和人身隶属的关系上。①

总括一句话，就是南诏国家的社会制度，主要是奴隶所有制，它是南诏国内各种生产关系的主流。

（二）奴隶制决定并影响其他各种生产关系

马克思说："每一个社会形态中都有一定的生产决定着其他一切生产的地位和影响，因而它的关系也决定着其他一切关系的地位和影响。"② 南诏国主要的生产既是农业，它的生产关系必然决定着或影响着其他生产方面的关系。古代任何一族的手工业，其中特别是纺织手工业与乡村的农业在各个生产环节上都是相互密切联系的。南诏国的农业生产既然是奴隶们为奴隶主耕耘刈获，所以在纺织手工业和刺绣手工业上无处不打上奴隶制的烙印。现在我们试看《蛮书》卷7是如何记载南诏国的纺织刺绣手工业的：

> 蛮地无桑，悉养柘蚕绕树。村邑人家，柘林多者数顷，耸干数丈。二月③初蚕已生，三月中茧出。抽丝法稍异中土，精者为纺丝绫，亦织为锦及绢。其纺丝入朱紫，以为上服。锦文颇有密致奇采。蛮及家口，悉不许为衣服。其绢极粗，原细入色，制如衾被，庶贱男女许以披之。亦有刺绣。蛮王并清平官礼衣，悉服锦绣，皆上缀波罗皮（原注南蛮呼大虫为波罗密）。俗不解织绫罗，自太和三年（829）蛮贼寇西川，掳掠巧儿及女工非少，如今悉解织绫罗也。

这段记载是和前引"官给分田"一段相连的。在官田庄之内有官农田，也有官柘圃，还有官绫罗作坊。如果不是官柘圃，多至数顷的柘林是不会有的。从事养蚕纺织工作的为奴隶和他的家属，即所谓"蛮及家口"。柘树、

---

① 关于租税外的剥削和人身隶属关系在明代、清代的云南彝族中尚很流行，推而至于公元8、9世纪，这些情况是一定存在的，但因《蛮书》等文献对这方面缺少记录，颇有文献不足征之憾。
② 马克思：《政治经济学批判》，1955年，第169页。
③ 普通本作"三月"，据琳琅本改"二月"。

柘蚕、纺丝、织绫,都是"蛮及家口"做的,但却不许他们自做衣服,只有以粗绢制成的衾被式帔毡,始"庶贱男女许以披之"。这种纺织品的分配方法和"据佃人家口支给禾稻,其余悉输官"是一致的。这便是奴婢衣服的分配形式。精美的刺绣绫罗,乃专为"蛮王"和清平官制作礼服。贵族妇人"以绫锦为裙襦,其上仍披锦方幅为饰"①,这些襦、裙帔锦当然亦是由官奴婢纺织的。南诏的纺织技工约分二类:一类即所谓"蛮及家口"的土著奴婢;又一类就是太和三年从西川成都掠夺而来的汉族"巧儿女工"。原有的技工技术较差,故谓"俗不解织绫罗"。自掠去大批的西川织工以后,南诏自是"工文织,与中国埒"②了。唐代太和年间许多汉族的文人学士在成都和云南亲眼看到南诏王磋颠从西川成都一带掠去无数的织锦娘,故咏为悲惨的诗歌。例如徐凝的《南诏攻成都》和雍陶的《哀蜀人为蛮所俘者》五首中一首伤感地记述此事。雍陶,成都人,时客寓云南,目击故乡汉人男女被掳至南诏为奴婢,所感独深,故诗意悲切。③这些诗歌显然具有现实主义和人民性。

南诏国的生产,除了农业和与农业密切联系的手工业工艺外,还有畜牧业生产。《蛮书》卷4云:"东爨,乌蛮也。当天宝中,东北自曲(州)、靖州,西南至宣城,邑落相望,牛马被野。"滇东北的东爨地面,与滇池湖区及洱海湖区之以农业为主要生产的情况不同,其地的主要生产是畜牧业生产。东爨乌蛮的社会,毫无问题是实行奴隶所有制的。关于唐代东爨乌蛮的社会制度,《蛮书》和《新唐书》虽然记载很少,但是元、明、清三代关于滇东北彝族的社会情况记载很多,究其内容都说明13世纪以来滇东北的彝族社会是奴隶社会,直到清代阿尔泰改土归流之后,始逐渐向封建社会转化。

在从元到清的许多史料中,这里只引一段洪武十五年(1382)诏谕征滇东北的傅友德和沐英两位将军说:"其士卒逋逃者,既入蛮地,不复能出。盖非蛮人杀之,则必为禁锢深山,使之耕作。凡守御之处,当以此晓之。"④从这段话便可以看到在14世纪滇东北仍然是奴隶社会。其在唐时的社会性质可以推测。

---

① 《蛮书》卷9"妇人衣饰"条。
② 《新唐书》卷222《南诏传》。
③ 《唐诗纪事》卷56。除徐凝和雍陶的诗外,还有马义的《蜀中经南蛮》、《俘虏后寄雍陶》诗。
④ 《洪武实录》卷147"洪武十五年八月"条。

除了滇东北的乌蛮外，其他各地各族以畜牧为业者尚多。例如《蛮书》卷 7 载："唯阳苴咩及大釐、邆川各有槽枥，喂马数百匹。"这些马群都是官马，给南诏官吏将士用的。南诏邑落"有马，为骑军"；"每农隙之时，邑中有马者，皆骑马于颇柱下试习"，以练习骑射；又出阵时，"马军三十骑为队"。① 这些马匹乃属于自由农民以上各阶级阶层的。《蛮书》卷 7 又言："云南（今云南驿）及西爨故地并只生沙牛。……天宝中，一家便有数十头。通海以南多野水牛，每一千、二千为群。"这些拥有数十乃至数千的沙牛和野水牛的，当然不是平民和奴隶，而是奴隶主阶级了。

此外，我们在这里附带谈一下大理城西崇圣寺三个大塔是什么人建造的问题。云南佛教徒自古有一种传说，认为崇圣寺三塔是圣僧李成眉修的，图样是从西天画来的等等。事实上元明二代民间还流行着三塔为唐代西川成都工匠恭韬、微义所建的说法。② 这两位建筑大师怎样到大理来的，说法不一。大塔下面至今留着明成化二年的"起建宝塔栏杆碑记"，云："昔唐时昭成遣清平官蒙苴颠往西蜀成都请良匠恭韬、微义所创。"案昭成王即劝丰佑，一名丰佑。蒙苴颠即王嵯颠，初姓王氏，南诏赐姓蒙。③ 昭成王一代无遣王嵯颠出使成都事，有之则为太和三年之率兵侵西川至成都西郭事。然则恭韬、微义是由成都掳去甚明。因此我们可以说崇圣寺三塔乃是在被俘工匠恭韬、微义领导下，南诏征调各族人民修建而成的。南诏时在国内建寺塔很多，如姚州的兴宝寺、大理南郭的双塔寺、白崖的观音寺、曲靖的崇真寺、昆川的圆通寺、宜良的云会寺和崇真寺、石屏的秀山寺和善觉寺等。我们了解了大理寺塔的建筑历史以后，对于其他各地寺塔建筑的情况不难举一反三。

当然，南诏既是一个多部族、多部落的国家，它一定还有些部落具有比奴隶制还要落后的所有制。南诏国对于这些部落就不能不因地制宜，采取一些不同的办法使这些落后部民给奴隶主国家服务。例如南诏国的金矿主要分布在永昌以西的金山、长傍山，藤充的金宝山以及丽水（今缅甸伊洛瓦底江）流域。金山、长傍山和金宝山出产块金，丽江出产麸金。这些地区距离

---

① 《新唐书》卷 222《南诏传》；《蛮书》卷 7、卷 9。
② 参考元郭松年《大理行记》及《南诏野史》上卷"丰祐"条。袁嘉谷《滇南释教论》谓建塔在开元中，亦无所据；文载《卧雪堂文集》卷 22。
③ 《南诏野史》卷上"劝利"条。

南诏的首府很远，而当地部落的生产关系更为落后，南诏国既然想占有大量的黄金，就不能不采取一些特殊的办法对待淘金的矿工：一种办法是使长傍川的"部落百姓悉纳金，无别税役征徭"。这种办法与中国的纳贡有些类似。又一种办法是与金山、金宝山的部落订立盟约，部民采金，"纳官十分之七八，其余许归私。如不输官，许递相告"。第三种办法，是按河睑的法律，"男女犯罪，多送丽水淘金"。又南诏征伐弥臣国后，亦掳其族二三千人配丽水淘金。① 这种办法同奴隶所有制并不抵触，大致前者是罪隶，后者则为降隶，同属于奴隶阶级。

南诏国的奴隶制和生产关系同它比较低下的生产力是相适应的。例如河睑一带的耕田工具和方法：犁高三尺，长丈余。② 两牛前曳，相去七八尺。一佃人前牵牛，一佃人持按犁辕，一佃人秉耒。三个奴隶和两头牛从日出到日落整个一天的耕地面积只有一双，即汉地五亩。③ 耕犁如此笨重，人力畜力耗用如此众多，而所得耕地面积每日只有五亩。这种工具和效率显然是落后的。

与制造生产工具不同，南诏国的兵器制造业很发达，能造各式各样的武器。例如铎鞘和郁刀都是很著名的。《蛮书》卷7谓："铎鞘状如刀戟残刃，积年埋在高土中，亦有孔傍达（原作透，依《新唐书》改正）。朱筰，出丽水，装以金穿铁荡，所指无不洞也。……郁刀……造法用毒药虫鱼之类，又淬以白马血，经十数年乃用。中人肌即死。"《酉阳杂俎》亦云："南蛮有毒槊郁刀，状如朽铁，中人无血立死。言自天而下，入地丈余，祭地乃掘得之。"此毒槊当即铎鞘。又有南诏剑，《蛮书》卷7云："造剑法：锻生铁取迸汁，如是者数次烹炼之。剑成，即以犀装头，饰以金碧。浪人诏能铸剑，尤精利，诸部落悉不如，谓之浪剑。"南诏造兵器手工业之所以发达，乃由于

---

① 《蛮书》卷7"生金"条。卷10"弥臣国"条称："太和九年，曾破其国，劫金银掳其族三二千人，配丽水淘金。"
② 《蛮书》卷7原文："每耕田用三尺犁，格长丈余。"此三尺犁当指从犁之末柄至耜为三尺，此言其高。"格"指犁上杆及辕长丈余。
③ 云南省博物馆友人李家瑞同志（白族）语余云："至今剑川白族尚以从日出到日落两头牛所耕的土地面积为一双（ɑ」x'soun丬）。"又读元代陶宗仪的《南村辍耕录》卷29"称地为双"条云："尝读金黄华老人诗有'招客先开四十双'之句，殊不可晓。近读《云南杂志》曰：'夷有田，皆种稻。其佃作三人，使二人前牵、中压，而后驱之，犁一日为一双。以二"乏"为"已"，二"已"为"角"，四"角"为"双"。约有中原四亩地。'则老人之诗意见矣。"

奴隶主不断向外作战，掠夺奴隶；而农业生产则委之奴隶，故生产工具至于窳败不堪。

南诏社会之分为奴隶主、平民、奴隶三个阶级，在邑落组织、法律、衣饰、礼俗方面亦有所反映。在邑落组织方面，《蛮书》卷9云："百家已上有总佐一，千家（原'家'作'人'，据《新唐书》改）已上有理人官一，人约万家以来即制都督，递相管辖。"邑落之内有官户人家，如所云"村邑人家柘林多者数顷"者是也；有民户人家；亦有奴户人家，如"佃人家口"是也。但奴户无分田，为官户人家耕种纺织。民户除纳田赋外，并服兵役。

法律，"俗法：处子孀妇出入不禁。……既嫁有犯，男子格杀无罪，妇人亦死。或有强家富室，责资财赎命者，则迁徙丽水瘴地，终弃之，法不得再合"①。南诏此法与7世纪中叶以前之昆明习惯法同。《新唐书·南蛮传》记"洱河蛮"，"有罪者，树一长木，击鼓集众其下。强盗杀之；富者贳死，烧屋夺其田。盗者，倍九而偿赃。奸淫，则强族输金银请和，而弃其妻；处女、嫠妇不坐"。从此可知南诏的法律是继承昆明习惯法而来的。此"富者"、"强族"或"强家"、"富室"都指奴隶主，处理奴隶主的杀人罪、窃盗罪、奸淫罪与平民、奴隶显然不同。

它如衣饰礼俗，贵贱之分极为严格。例如头囊之饰只限于羽仪军以上，自罗苴子以下则当额络为一髻，与近世之彝族同，而不得戴头囊。②又如纺织奴婢，悉不许以绫锦为衣服。又如南诏"贵者饭，以筋不匙，贱者搏而食之"③。又如"唯有览睒城（今楚雄）内郎井盐洁白味美，唯南诏一家所食取足外，辄移灶缄闭其井"④。凡此种种皆可表明南诏社会具有阶级森严的奴隶社会性质。

在奴隶制条件下，南诏国的经济基本上还是自然经济。由农民、奴婢生产出来的农业产品和手工艺产品主要是供给一定地域内的消费的，其中只有一部分拿出来作为商品，从事交换。自从南诏国统一了云南以后，奴隶主的统治权力日益集中，奴隶主阶级的奢侈生活不断升级，因此他们就把一部分

---

① 《蛮书》卷8。
② 《蛮书》卷8。
③ 同上。
④ 同上。

由剥削和赋税所得来的实物作为商品同国内外各地的奢侈货物相互交换，这样就发展了国内外各地的商业市场。同时，自由农民、自由猎人和留有小块土地的自由手工艺者，他们为了缴纳赋税并购入必要的工艺品（主要是农民和猎人）和一部分粮食（主要是手艺者），就不能不把自己的劳动产品拿到市场出售，因而也就促进了各地市场的繁荣。《蛮书》卷7记载南诏国内外的贸易情况说：

> 麝香，出永昌及南诏诸山，土人皆以易交货币。
> 蛮法，煮盐咸有法令。颗盐每颗约一两二两，有交易即以颗计之。
> 大羊，多从西羌、铁桥，接吐蕃界，二千、三千口将来博易。

同书卷10记：

> （骠国）有移信使到蛮界河畎，则以江猪、白毡及琉璃、罂为贸易。

卷8亦云：

> 本土不用钱，凡交易缯帛、毡罽、金、银、瑟瑟、牛、羊之属，以缯帛幂数计之，云某物色值若干幂。

从上述各段，知盐、缯帛、牛、羊、猪、白毡、毡罽、麝香、琉璃、罂、瑟瑟、金、银等物皆是交换的商品。其中大部分是国内的，但也有一部分是从外国输入的，如从吐蕃国界进口的大羊，从骠国进口的江猪、白毡、琉璃、罂等。按南诏制度，金、银、锡、瑟瑟都是国家占有的。金出丽水（今缅甸伊洛瓦底江）等地，银、锡、瑟瑟出会同川（今四川会理）①，国家派官督采收购，法禁甚严。但对开采部民给以少量的实物报酬，所以国内仍

---

① 《南诏会盟碑》云："西开寻传，禄郫出丽水之金；北接阳山，会川收瑟瑟之宝。"《蛮书》卷1云："丽水，一名禄郫江"，即缅甸今伊洛瓦底江。阳山即阳蓬岭，会川在其南。会川即会同川，今四川会理县平原。又《蛮书》卷7云："银，会同川银山出。锡、瑟瑟，山中出，禁戢甚严。"与《南诏德化碑》所记合。

有金、银、瑟瑟等市场交易。但上述各种商品，除了必要的生活资料如盐、缯、牛、羊之外，其他贵重商品主要是为奴隶主阶级服务的。

南诏国内虽然发展了商品交换，但它的货币制度是非常原始的。第一种货币是从滇中公元前几百年以来①所流传下来的贝，以之作为交易的媒介。《新唐书·南诏传》说："以缯帛及贝市易。贝者大若指，十六枚为一觅。"第二种货币是缯帛。前引《蛮书》卷8所云"本土不用钱，以缯帛幂数计之，云某物色值若干幂"即是。第三种货币即《蛮书》卷7上引文所述之颗盐。这种原始的货币形式和以物易物的交易制度是南诏国落后的社会制度以及各部落间经济联系之不够密切的反映。

（三）从郭仲翔之被虏为奴到南诏国许多掠夺奴隶的战役

郭仲翔被虏事初见于《新唐书》卷191《忠义上·吴保安传》。兹节录其要点如下：

> 吴保安，字永固，魏州人。……睿宗时，姚、巂蛮叛，拜李蒙为姚州都督。宰相郭元振以弟之子仲翔托蒙，蒙表为判官。时保安罢义安尉，未得调。以仲翔里人也，不介而见曰："愿因子得事李将军可乎？"仲翔虽无雅故，哀其穷，力荐之，蒙表掌书记。保安后往，蒙已深入与蛮战没，仲翔被执。蛮之俘华人，必厚责财，乃肯赎。闻仲翔贵胄也，求千缣。会元振物故，保安留巂州，营赎仲翔，苦无赀，乃力居货，十年得缣七百。妻子客遂州，间关求保安所在，困姚州不能进。都督杨安居知状，异其故，资以行，求保安得之。引与语曰："子弃家急朋友之患至是乎！吾请贷官赀，助子之乏。"保安大喜，即委缣于蛮，得仲翔以归。始仲翔为蛮所奴，三逃三获，乃转鬻远酋，酋严遇之，昼役夜囚。没凡十五年，乃还。

---

① 云南晋宁石寨山出土的滇王墓文物，贝币甚多，贮铜鼓内，奴隶主坐守其侧。可知贝在云南历史悠久。此贝到明代尚盛行。

案"西洱河诸蛮"叛唐归吐蕃,由来已久。此处所云之"姚、巂蛮叛"当指睿宗景云元年(710)洱海以北"蛮"酋傍名引吐蕃攻杀摄监御史李知古,由是姚、巂道路连年不通之事。① 拜李蒙为姚州都督,当在睿宗景云二年、三年(711、712)。时郭元振为兵部尚书,以仲翔荐于李蒙,蒙遂表之为判官。至玄宗开元元年(713),《新唐书·玄宗纪》载:"十月,姚、巂蛮寇姚州,都督李蒙死之。"又载同月,"流郭元振于新州(今广东新兴)"。② 与《忠义传》所记并合。然则郭仲翔之陷蛮中为奴,当在开元元年至开元十五年(713—727)之间。

但是无论如何,从《忠义传》我们看不到 8 世纪初云南奴隶社会的内容。吴保安事在唐宋时流传甚广,记载最详者当为《纪闻》一书,原作者为谁已不可考。《太平广记》把《吴保安》一篇收入卷 166《气义一》中。现在我把郭仲翔在蛮洞里为奴一段抄录如下:

> 初仲翔之没也,赐蛮首为奴。其主爱之,饮食与其主等。经岁,仲翔思北,因逃归。追而得之,转卖于南洞。洞主严恶,得仲翔,苦役之,鞭笞甚至。仲翔弃而走,又被逐得,更卖南洞中,其洞号菩萨蛮。仲翔居中经岁,困厄复走,蛮又追而得之,复卖他洞。……保安之使人往赎也,初得仲翔之首主,辗转为取之,故仲翔得归焉。

我们于此段叙述中当注意者有两个方面:一个方面是所谓"南洞"、"洞主"、"菩萨蛮"诸名称,由此可以推论郭仲翔辗转为奴的地点。又一个方面,就是看到洞主上述各种虐待奴隶的情况,便可以知道这是一个活生生的奴隶社会。关于后者,细读此文并与近代及解放前凉山的奴隶社会比较一下,其情况自明,不需多说。现在只就第一方面略加论述。

当 7 世纪后叶到 8 世纪初正是六诏或八诏建诏之时,其时无论诏主或者

---

① 参考《资治通鉴》卷 209"景云元年"条。
② 《新唐书》卷 5《玄宗纪》,姚州都督李蒙死难一事,《旧唐书》不载。唯《旧唐书》记郭元振被流事,较《新唐书》为详,云:"(十一月)癸卯,讲武于骊山,兵部尚书代国公郭元振坐亏失军容,配流新州。"不久即死途中,事并见《新唐书》、《旧唐书》之《郭元振传》。清代望江县人檀萃在《农部琐录》卷 10《人物上》谓开元初李蒙出为姚州都督,实无所据。

其他"蛮首"、豪酋、大姓，汉人称之皆为"洞主"。这次我们到洱源县凤羽村旅行，看到一种汉文的《李氏宗谱》。该谱叙述其祖先身份时，原来皆以"洞主"为号。后世子孙看到"洞主"一词不雅，于是在凡称"洞主"的地方都改为"刺史"。由此始悟云南在南诏建国以前，无论乌蛮、白蛮自称为"刺史"者特多，其中一部分虽然是经过唐朝册封的，但绝大部分则由"洞主"之名改变而来。《纪闻》郭仲翔事中所说的"洞主"当亦类此。开元初年，"姚州诸蛮"在吐蕃统治阶级策动下与姚州官军对垒者，只有当时所谓"西洱河诸蛮"。此"西洱河诸蛮"是广义的，指洱海以北的诸诏主及诸"蛮首"、豪族、大姓而言。这些人，前面我们已经再三论证，不是别的，就是当时乌蛮、白蛮中的大奴隶主。

最耐人寻味的，是所谓"菩萨蛮"一名称。清代檀萃在他的《农部琐录》里以为"菩萨蛮"就是"彻里蛮"，亦即今日西双版纳的傣族。这种推测，未免过远，与当时的事实不符。所谓"菩萨蛮"，是指唐时云南佛教最流行的地区，此地区就在洱海的附近。由汉至唐，中土通天竺的道路，西洱河为要冲之一，佛教东传滇中亦以此区为最早。相传迦叶尊者来滇最早，入鸡足山。今宾川鸡足山迦叶殿供有小像一尊，传为阿难手制。又传说妙香国老僧自西方来，以佛法移罗刹于洱海东岛，上有赤文。又传说有道安大士在洱海东罗筌岛结庵。中天竺僧人李成眉建崇圣寺，禅陀子遍募铜升，天大雨铜，铸像高二十四尺。① 又传说有梵僧自天竺来乞食于细奴罗家，传精密法，世称为无语和尚。又有智照佛师深通教乘大弘律部，蒙舍诏礼以为师。② 上述各种传说，有时虽涉及迷信，但从传说的内容言，佛教在滇中当以洱海湖区为最早且最盛。因此，"菩萨蛮"不必推测过远，即指洱海湖区之信仰佛教的部族。

除此以外，在《太平广记》所引的《纪闻》中，还可以看到 8 世纪初在姚州一带盛行买卖奴隶的市场。《纪闻》记郭仲翔被赎脱奴籍以后，曾购买奴婢十人赠送姚州都督杨安居，云：

---

① 袁嘉谷：《卧雪堂文集》卷 22《滇南释教论》。
② 《记古滇说》；《滇释纪》。

> 安居曾事郭尚书，……于是令仲翔摄治下尉。仲翔久于蛮中，且知其款曲，则使人于蛮洞中市女口十人，皆有姿色。既至，因辞安居归北，且以蛮口赠之。

从此可知当地买卖奴婢及赠送奴婢之风甚炽。在此以前，7世纪末年（圣历元年，即698年）蜀州刺史张柬之在《罢姚州疏》内说：

> 今姚府所置之官，……唯知诡谋狡算，恣情割剥，贪叨劫掠，积以为常。扇动酋渠，遘成朋党，折支谄笑，取媚蛮夷，拜跪趋伏，无复惭耻。提挈子弟，啸引凶愚，聚会蒱博，一掷累万。剑南逋逃，中原亡命，有二千余户，见散在彼州，专以掠夺为业。
>
> ……
>
> 且姚府总管五十七州，巨猾游客，不可胜数……今不问夷夏，负罪并深，见道路劫杀，不能禁止。①

从这些叙述知在郭仲翔被掳掠为奴以前，在姚州府所属各州已经出现两种为奴隶所有制服务的人物：一种是依附奴隶主为生的人口掠夺者；又一种是所谓"巨猾游客"的人口贩子。这两种不肖人物，不问夷夏，并参与其间，以至"道路劫杀，不能禁止"，所以就发生罢姚州的建议了。不仅7、8世纪如此，就是到了9世纪的前叶，身为嶲州刺史的喻士珍，贪图货财，也掠夺人口，做了南诏国奴隶主贩运人口的掮客。《新唐书·南诏传》云：

> （太和）五年（831），南诏回掠嶲州，以摇西南。……明年复来攻，会刺史喻士珍贪狯，阴掠两林东蛮口缚卖之，以易蛮金，故开门降。南诏尽杀戍卒，而士珍遂臣于蛮。

喻士珍身为唐代王朝的刺史，不能率兵督战，而以缚卖人口交易蛮金为事，这正说明当时南诏国的奴隶社会已经发展到高级阶段。南诏国人口的买

---

① 《旧唐书》卷91《张柬之传》。

卖市场不只在姚州一带活跃，而且发展到金沙江以北的嶲州；做奴隶主贩卖人口掮客的，不止是一般人口贩子，就是封建王朝的命官也被吸引到人口贩子的行列之内。所以这不能只看作是喻士珍个人的品行问题，亦是南诏国奴隶制已经发展到顶峰的一种具体表现。

南诏国的奴隶制还具体表现在无数次掠夺人口的战争上。南诏在统一云南的过程中，曾兼并五诏，征伐两爨，大量地进行东西移民，其间已有不少的各族人民沦为奴隶，配隶于各地。建国之初，两次大败唐朝的云南远征军，出兵西川，陷嶲州，入成都；北面掠夺施蛮、顺蛮、磨些蛮；西面征服寻传蛮、裸形蛮、金齿等蛮；西南掠劫骠国、弥诺国、弥臣国；南面掠劫昆仑国、女王国。加以9世纪中叶以后，又"两陷安南、邕管（今广西僮族自治区），一入黔中（贵州北部），四犯西川"①。每次出兵无不掳掠人口，这样就使原来的奴隶社会基础更为扩大，奴隶主的政权更为巩固，更为加强。所以南诏国的奴隶制度发展到了云南奴隶社会有史以来的最高级阶段。

现在先叙述一下南诏历次对唐战争中所掳掠的汉族人口。南诏第一次掠夺汉族人口在天宝九载（750）。此役阁罗凤攻杀云南太守张虔陀，陷姚州及其他夷州共三十二。后来南诏对这次所掠的俘虏虽"愿还所虏"，但《蛮书》卷6记载："姚州百姓陷蛮者皆被（南诏）移隶远处。"可见这次所掠的汉族俘虏都配隶于云南各地了。同年，剑南节度使鲜于仲通将兵八万分二道出戎州（宜宾）及嶲州（西昌），初大败于泸南（泸水之南），又大败于西洱河，仲通仅以身免。可知八万兵士不少被南诏或杀或掳。天宝十二载（753），唐以贾瓘为姚州府都督，阁罗凤绝其粮道，与吐蕃神川兵马使论绮里徐同围府城，以致"贾瓘面缚，士卒全驱"②。天宝十三载（754），唐广府节度使何履光总秦陇及岭南五府兵从东南水陆并进，兵次毗舍，与南诏军战③，大败，何履光被俘④，同年，剑南留后李宓将兵七万击南诏，进逼邆川。阁罗凤诱之深

---

① 此系唐广明元年（880）卢携、豆卢瑑上疏僖宗语，见《资治通鉴》卷253。
② 两《唐书》无此记载，见《南诏德化碑》，可补唐史之阙。
③ 《资治通鉴》卷216系何履光（履误为"复"）出兵于天宝十二载五月。《南诏德化碑》谓在赞普钟三年，即天宝十三载，并谓与何履光同时出兵者有中使萨道悬逊（？），其军士除"安南子弟"外，尚有"秦陇英豪"，皆可补《资治通鉴》之不足。
④ 何履光被俘事，一般史志不载。近年在剑川何家坟上发现一碑，名《元府判何公（佑）墓志铭》，荡山僧法天撰。法天一号无极和尚，元末人。碑文云："何履光力屈请降，遂陷于南诏，侨居邓川焉。"拓本藏云南省博物馆。

入，南诏兵合吐蕃兵攻之龙尾城，全军覆没，李宓沉江。① 经此二役，唐军被生擒为奴者当亦不在少数。

从 8 世纪中叶起，南诏国开始对中国西南各地展开掠夺奴隶的战争。至德元年（756），南诏国兵分二路进攻巂州：一路南诏清平官赵佺邓、大军将洪光乘等同吐蕃宰相倚祥叶乐、节度尚俭赞同由昆明路侵越巂郡；阁罗凤与太子潘围由姚州路侵会同军（今会理）。② 《南诏德化碑》记载这次侵入的结果：

> 越巂固拒被戮，会同请降无害。子女玉帛，百里塞途；牛羊积储，一月馆谷。

碑文所述除劫获粮食、牛羊、玉帛外，还有准备做奴婢之用的子女。泸西令郑回也是这次被俘的，他后来做了南诏的清平官。同年六月，唐派杨进珊为越巂都督，南诏与吐蕃又一同出兵，攻略越巂、台登（今冕宁）。这次战争的结果，《南诏德化碑》记载如下：

> 都督见擒，兵士尽掳。……回旗昆明（盐源白盐井），倾城稽颡。

这是说在掠夺人口方面又得到一次胜利了。

其次，便是著名的太和三年（829）王嵯颠率兵侵巂、邛、戎三州及进入成都西郊的事。这次南诏在西川虏掠的人口一般记载说是"子女百工数万人"。但当时对于被掠人口的数目，多少颇有争执。据京师传说，西川人民被驱掠而南者五万余人，音乐伎巧无不荡尽。后屡经勘寻，或说是九千人，或说是 3300 人③；太和五年经西川节度使李德裕从南诏索回者为 5364

---

① 李宓覆军事《资治通鉴》卷 207 及《新唐书》卷 222《南诏传》皆记之较详。但败李宓之军不在太和城，而在龙尾城，即今之下关。参考《蛮书》卷 1。今下关尚有万人冢，李宓并被祀为土主，庙在西山坡上。李宓军初至邆川，吐蕃神川兵马使论绮里徐出兵，与南诏兵南北夹攻，最后李宓沉河，皆由《南诏德化碑》详载之，可补正《资治通鉴》及《新唐书》之阙误。
② 《通鉴考异》云："唐历，是月吐蕃陷巂州。新传，是岁，阁罗凤乘胜叠取巂州会同军云云。盖二国兵共陷巂州也。"宋时不通云南，故司马光不能看到《南诏德化碑》所记。但他的推测大部分还是正确的。
③ 参考《会昌一品集》卷 12《第二状奉宣令更商量奏来者》。

人①。但无论如何，当时传说几万人的数目是真实的。《资治通鉴》卷244记载太和三年被掠男女至大渡河投水死者以千计；又李德裕谓"闻南诏以所掠蜀人二千及金帛赂遗吐蕃"。从此可知几万被掠人口除给吐蕃2000人及归还5364人及几百人投大渡河外，其余都归南诏国所占有了。据李德裕的奏折，从成都郭下成都、华阳二县掠去的80人中，有一人是子女锦锦，两人是演杂剧的男子，还有一人是从大秦国来住在成都景教寺里的和尚兼眼科大夫。其余大部分人虽然说是"寻常百姓"，但寻常百姓之中许多是具有手工艺技术的织锦娘、瓦匠、木工，甚至包括恭韬、微义等建筑师。正因为如此，所以才能"自是南诏工巧，埒于蜀中"。②

自咸通以来，南诏对唐朝的战争主要是两陷安南、邕管，一侵黔中，四犯西川。一般史志对于南诏四犯西川的掳掠情况记载很少，只有元代张宗道的《记古滇说》记载咸通六年（865）侵犯西川，"掠工匠、玉帛以归"；乾符元年（874）寇西川，陷黎州（今清溪），入邛徕关（今荥经西北），"掠工匠、玉帛、男女、金银而归"。从此可知南诏屡侵西川的主要目的，不在于土地的侵占，而在于掠夺西川的人口和财富。对于西川的侵略目的如此，对于安南、邕管、黔中的侵略目的亦大抵相同。例如贞元十年（794），安南都护使赵昌奏德宗书云："（南诏）全驱蚁聚之众，攻劫邕、交之人，五载兴兵，三来掳掠，顾生灵之何负，受涂炭之苦辛！"又如大中十三年（859），南诏又陷安南，都护使蔡袭家口并随从七十多人悉被虏殒命；从事官樊绰之长子韬及奴婢十四口亦被俘虏。③从这些零碎事实也可以看到南诏屡侵安南、邕管的意图。

不仅对唐境内的人口进行掳掠，就是对于其他国家以及国内的弱小部族、部落，凡一经征伐便行虏获，把虏获到的男女分配到各地进行劳动生产，在《蛮书》中称为"配隶"、"隶配"，或简称曰"配"或"隶"，有时亦称曰"散隶"、"分隶"。例如：

---

① 原文见李德裕《西南边对录》，今此书已佚，转引自《通鉴考异》。
② 南诏此次掠夺者，除汉人外，在黎州所掠的百姓中，"半杂猡玀"，见《会昌一品集》前引文。"猡玀"今称仡佬。"自是南诏工巧，埒于蜀中"系《资治通鉴》卷244原文。
③ 赵昌奏书及南诏掳劫蔡袭、樊绰的家口和奴婢事，俱见《蛮书》卷10末附赵昌和樊绰的奏文。

贞元十年（794），南诏异牟寻虏其王傍弥潜宗族，……其施蛮部落百姓则散隶东北诸川。

南诏既袭破铁桥及昆池等诸城，凡虏获（磨些蛮）万户，尽分配昆川（今昆明坝）左右及西爨故地。①

破茫蛮，掠弄栋蛮、汉裳蛮，以实云南东北。②

太和六年（832），劫掠骠国，虏其众三千余人，隶配柘东（今昆明），令之自给。

太和九年（835），曾破其国（弥诺国、弥臣国），劫金银，虏其族三二千人，配丽水淘金。③

熟悉南诏内情的樊绰，除了他的儿子和奴婢十四口被掠以外，经常目击耳闻南诏奴隶主掠劫人口的事件，所以很自然地得到一个结论，在他的致江源首领书中表达出来，说："臣以南蛮从古及今，凡虏掠诸处百姓、夷、獠，（配）隶他处。则贵江源首领已下知其配隶之事。固惜副卿必合戮力齐心，共御蛮夷之残暴。"从上述各种掠劫人口事件以及樊绰致江源首领书便可知道南诏是怎样处理俘获的各族人口了。所谓"配隶"、"隶配"、"散隶"、"分隶"这一套办法，对于奴隶主之消灭奴隶暴动和减少奴隶逃亡有很大的意义。奴隶主从四方八面掠夺而来的俘虏，怕他们集中暴动，所以就实行"分隶"或"散隶"，使他们隔离开来，易于统治；又怕他们逃归家乡，实行"配隶"，就是把原来居住在滇东的配隶之于永昌；原来居住在滇西北的配隶之于昆川左右；由姚州掳掠而来的配隶之于南洞；由安南、邕管掳掠而来的配隶之于江源以北。这样就使奴隶与原籍的亲友、乡党断绝联系，被迫为奴隶主劳动，打消逃跑的念头。

我们必须理解，南诏国在战争中经常掠夺奴隶，这绝不是偶然的。南诏所经常发动的掠夺奴隶战争，并不是为了别的，而正是为了不断维持国内奴隶劳动力的供给。奴隶社会中的奴隶大部分是得不到配偶的，只有一小部分由奴隶主配给配偶，使他们成为奴户，因此奴隶的生育率始终比死亡率为

---

① 《蛮书》卷4。
② 《新唐书》卷222《南诏传》。
③ 《蛮书》卷10。

低。而且奴隶主对奴隶经常实行过度剥削，很快地就摧残了奴隶们的身体，只靠人口市场的临时供给又不能满足对奴隶日益增长的需要，因此就必须依靠战争，从战役中掠夺奴隶。所以战争便成为获得新奴隶的主要源泉。

当然，云南的奴隶社会并不是从南诏开始的。早在公元前3世纪所建立的滇王国起，云南的滇池湖区就已经是奴隶社会了。公元前2世纪的洱海湖区还是无君长，无常处，仍然停滞在原始部落生活状态。从公元前3、前2世纪到公元8、9世纪的南诏国，中间已经有一千多年的历史了。在奴隶社会的初期，奴隶的来源只有战争的俘虏。到了南中大姓形成以后，特别在5世纪爨氏分裂，东、西爨称霸称王之时，此时的奴隶来源就不只是靠战争的俘虏了。《新唐书》称（梁末）"有爨瓒者居其地，延袤二千余里。土多骏马、犀、象、明珠"。这种大奴隶主扩大实力的办法，除进行掠夺奴隶战争外，更重要的是占有资源和扩张土地。只要占有了宝贵的资源，便可以通过人口市场购买奴隶；只要扩张了土地，便可通过借贷、招垦、租佃各种方式使贫困的自由民和农村公社的社员们沦为自己的奴隶。《隋书·地理志》无益州，但梁州部分包括犍为、越嶲、牂柯三郡，此三郡并与云南接壤，且部民风土亦复相同。《志》云："其边野富人，多规固山泽，以财物雄役夷、獠，故轻为奸藏，权倾州县。"此不啻为爨氏大姓之写照。又《梁毗传》称毗为西宁州（即越嶲郡）刺史，"在州十一年。先是，蛮夷酋长皆服金冠，以多金者为豪俊。由此递相陵夺，每寻干戈，边境略无宁岁"。西宁州如此，南宁州及洱海湖区当亦与此相近似。这些情况都可说明5、6世纪西南的大奴隶主已经由掠夺奴隶的初级阶段进入比较高级的"规固山泽，以财物雄役夷、獠"的奴隶社会了。8、9世纪南诏国的奴隶社会是在上述比较高级的奴隶社会基础之上发展起来的。它除了在国内外通过战争掠夺奴隶外，一方面要扩张土地，规固山泽，并占有远近各山泽中的稀有货财，如《南诏德化碑》所云："越睒天马生郊，大利流波濯锦。西开寻传，禄郫出丽水之金；北接阳山，会川收瑟瑟之宝。"又一方面，在奴隶主的统治下，既有"岁输米二斗，一艺者给田，二收乃税"的封建关系，也有"纳官十分之七八"的奴隶主对公社成员的淘金制度。这些复杂的生产关系都可说明南诏的奴隶社会已经是一个成熟的奴隶社会，不久以后这个奴隶社会就要被封建社会代替了。

附录：唐代云南白蛮语和东爨乌蛮语的调查

一

唐代樊绰在他的《蛮书》"蛮夷风俗第八"中记载着十六个白蛮语和六个东爨乌蛮语，这些资料是我们今日识别唐代云南白蛮和乌蛮的宝贵遗产。这种识别工作在二十多年前中央研究院历史语言研究所曾经有人做过，但因为他们选择的对象有问题，因而对证出来的语汇不多，而所得结论的可靠性也有问题。1959 年 7 月，我有机会到云南大理白族自治州观光，趁便做了些调查工作，白蛮语和东爨乌蛮语的访问和记录亦是当时的调查工作之一。

我觉得选择剑川和洱源的白族语作为研究对象，有两个优点：第一，他们保存的原始语汇较多，第二，他们至今仍在洱海的北面，而其他地区的白族是很难具备这两个条件的。《蛮书》记载"西洱河蛮"、渠敛赵（今凤仪）和越析诏（今宾川）都有白蛮，而弄栋和青蛉的白蛮又移居于剑、共诸川和河睒（洱海以西以北），这样就使我们知道，要调查古代的白蛮语，从今日洱海区的白族语下手是非常必要的。调查东爨乌蛮语最好是在昭通或者贵州威宁一带。但蒙舍诏乌蛮与东爨乌蛮是否语言相同，从民族史研究的需要来看，这一问题目前必须进行研究。因此我就把巍山县的彝语和洱海以北洱源县附近的彝语也抓它一下，希望能抓到一些东西对于我们解决上述问题以及其他问题，特别是六诏皆乌蛮的问题，更为有利。

剑川白族语，是我在昆明时请云南博物馆历史考古部主任李家瑞同志发音的。李同志是剑川的白族，对南诏史很有研究，这是大家都知道的。洱源县的白族语，是我们到达洱源后，县委书记同志代我们找了一些白族的同志发音的，这些同志都是工作干部，通晓汉文，我选择了一位口齿清利的同志，请他发音把它记录下来。在洱源时，我们又找了几位彝族同志，他们是本县大松甸的彝族。自述他的祖先在十一代以前在大松坪，后来迁入大松甸。大松坪在牛街以东，这里很早就有彝族居住了。他称自己的民族成分是"niaꝉ diꝉ ngəꝉ"，或"Sꝩ naꝩ ngəꝉ"，语言与西山彝语（罗婺语和中甸语除外）通，与楚雄的彝话可通者约占20%。他们称白族为"loꝉ p'uꝉ"，白族称他们为"loꝉ loꝉ"。习俗：父子不连名，祖谱只能上溯到祖父一代。人死后，不火葬，只墓葬。婚姻只限于彝族之内，不与白族婚配。我们选择了一位罗姓的彝族同志给我们发音。

巍山县的彝族，无论住在县城四周的或者在青云乡聚居区的，都自称为"laꝩ loꝩ paꝉ"（拉鲁巴）。他们对于居住在蒙化坝（唐时蒙舍川）的人们，无论是哪一族，都称之为"miꝉ saꝩ paꝉ"（弥撒巴）。此"miꝉ saꝩ"显然是"蒙舍"的对音。但此所谓"miꝉ saꝩ paꝉ"并不包含有"蒙舍诏后裔"的意思，只是说他们是"住在蒙舍川上的人们"。巍山县的彝人有不少迁徙到弥渡、凤仪、南华等县，他们迁到外县以后，自称为"miꝉ saꝩ paꝉ"（弥撒巴），大约是因为"蒙舍川"（miꝉ saꝩ）很有名，表示他们是从蒙舍川附近迁出去的意思。因此，只凭"miꝉ saꝩ paꝉ"一名词还不能断定巍山的彝人就是蒙舍诏或南诏乌蛮的后裔。但另一方面，住在垅圩山西麓的彝族，他们供奉垅圩山上的细奴罗为土主，自称为细奴罗的后人。住在巍宝山麓的彝族，他们供巡山殿南诏王隆舜为土主，亦自称为南诏王的后人。这种传说不能认为是偶然的，我们应当给以重视。这次我们到巍山县，县委同志代我们找到几位巍宝山麓的彝族农民，他们居住的村名叫新村，里面有二十九家彝户，一家姓李，其余都姓字。我们选择了两个人给我们发音，用以代表巍宝山新村彝族的语音。

在巍山时正值县委召集各社各乡的书记同志开会，从交谈中发现巍山县彝族最集中的地区是县西南的青云人民公社。此社青云乡的大村、罗家村、闭家村、密芝村、罗阳村等等，都是彝族村落。还有些人说，据彝族老人传说，蒙化的彝族有些是从青云乡迁徙出来的。从前有个茶姓土司，经常压迫彝族人民，因此彝族就向伍印、新福等公社迁徙。他们也自称为"laꝩ loꝩ paꝉ"，语言和怒江东岸泸水县的彝语相同。他们称蒙化坝的人们为"miꝉ saꝉ paꝉ"，称南涧的彝族为"loꝉ ngaꝩ paꝉ"。我们在青云乡和盟普马乡各选一人作为记录语音的对象。此二乡的语言大体上是相同的。

现在我把上述二种白语和三种彝语的语音记录如表1、表2。

表 1　唐代白蛮十六个语汇调查表

唐代汉语	唐代白蛮语	剑川白族语	洱源白族语	洱源大松甸彝语	巍山新村彝语	巍山青云乡、盟普马乡彝语
大虫（虎）	波罗密；草罗	Loꓶv	Loꓶv	loꓶ; loꓶ k'aꓶ	laꓶ laꓶ	laꓶ baꓶ
犀	矣（咸）	犀牛	—	—	—	—
带	佉苴	tsʅꓶ tsuiꓶv	iꓶ tsuiꓶ	ɦɛzꓶ siə; sɛꓶ	tsuzꓶ ɕiꓶ（腰带）	luziꓶ; tsiꓶ ɕieꓶ; tsiꓶ zaꓶ
饭	喻	Sʅꓶ（米饭）	ʒeeꓶv	dzoꓶ	Lazꓶ	ɦzaꓶ
盐	宾	bienꓶ	bieꓶv	ts'ouꓶ	ɦɛ'zꓶ	ts'aꓶ boꓶ
鹿	识	maꓶ Loꓶ（马鹿）	Loꓶ（鹿）	maꓶ Loꓶ	ɦi'ɐꓶ	ts'iaꓶ; te'iaꓶ
牛	舍	nganꓶ; sʅꓶ nganꓶ（水牛）	nganꓶ; sʅꓶ ngan（水牛）	nguꓶ; nyoꓶ（牛）	aꓶ ɳuꓶ（黄牛）；vianꓶ（水牛）	ŋɳꓶ（黄牛）；wianꓶ（水牛）
川	睒	baꓶ tsiꓶ（坝子）	daꓶ; dæꓶv	baꓶ tsiꓶ（坝子）	naꓶ bieꓶ	taꓶ bieꓶ
谷	浪	guawꓶ	guaoꓶ	Luꓶ; Loꓶ duꓶ°	laꓶ gaꓶ te'iꓶ	Lim ꓶeuꓶ; miꓶ ꓶeuꓶ
山*	和	souꓶ	souꓶ; Loꓶ bieꓶ	suꓶ xuꓶ; suꓶ°	k'uꓶ tɕiꓶ	k'uꓶ
山顶	葱路	suoꓶ dziæꓶ	suoꓶ dziæꓶ	suꓶ dʒiɛꓶ	k'uꓶ tɕiꓶ muꓶ guꓶ	k'uꓶ tɕiaꓶ ꓶuꓶ
舞	伽傍	daꓶ guoꓶ	daꓶ guoꓶ	guoꓶ dʒiuꓶ	ngaꓶ k'iaꓶ	ŋgaꓶ k'iaꓶ; ŋgaꓶ k'aꓶ
富	加	guwꓶv	goꓶv	goꓶ	dʒiuꓶ	buꓶ
高	阁	ga:ŋꓶv	ganꓶv	mwuꓶ	muꓶ	muꓶ
深	诺	ts':æŋꓶ	sʅꓶ	naꓶ	ɲiŋꓶ	ɲiŋꓶ
俊	苴	xæꓶ te'iuꓶ ꓶæx	te'ioꓶ	xæꓶ; yꓶ te'aꓶx	mieꓶ	eꓶ dieꓶ

* 案《蛮书》原文"山"下脱一"坡"字，应是"山坡谓之和"，与《新唐书》"山坡陀为和"始合。山坡，洱源白族语为"boꓶ taꓶ"，巍山彝语为"biꓶ baꓶ"或"Laꓶ dieꓶ"。

表 2　唐代东爨乌蛮六个语汇调查表

唐代汉语	东爨乌蛮语	剑川白族语	洱源白族语	洱源大松甸彝语	巍山新村彝语	巍山青云乡、盟普马乡彝语
城	弄	tsiæ˧	tsiæ˧; tsi˧	tsiæ˧; tsi˧	Lω˧ li˧	ɑ˧ ŋgə tsui˧
竹	蘱	tsiu˧	tsiu˧	mou˧	tsi˧ fɑm	mɑ˧ tsi˧
盐	昀	bien˧	bie˧	tsʼo˧	tsʼɜ˧ Lɑ˧; fɛ˧	tsʼɑ˧ Lɑ˧
地	渫	tɕi˧ bæn˧	tɕi˧	do˧ Lo; do˧ Him˧ tɕiɜ˧	mi˧ Lim	mi˧ Him
请	数	tɕʼiɑn˧（请）	tɕʼiɜ˧	Lu˧; tɕʼiɜ˧	tsʼɜ˧	tsʼiɑ˧
酸	制	suæ˧（酸）	souɑ˧	tɕi˧	tɕi˧	tɕi˧

二

从上列第一表的内容，可以做出下面的几个概括和推论：

1. 在唐代十六个白蛮语词中，有七个语词同现代剑川、洱源的白族语是大致相同的。如大虫（虎）"罗"之为"Lω˧"或"Lo˧"；带"佉苴"之为"tsʅ˧ tsiu˧"；饭"喻"之为"ʒee˧"；盐"宾"之为"bien˧"或"bie˧"；川"睒"之为"dɑ˧"或"dæ˧"；富"加"之为"guw˧"或"go˧"；高"阁"之为"gɑːŋ˧"或"gɑn˧"，大体上是一致的。但唐代汉语，例如"睒"读"dam˧"或"dæm˧"，"阁"读"kak˩"，它们的元音和收尾音与现代标准汉语不同。那么，古代的白蛮语是否亦如唐代汉语一样，川"睒"之为"dam˧"或"dæm˧"，高"阁"之为"kak˧"或"gak"呢？这一问题还须进一步深入研究。设使唐代白蛮语和当时的汉语一样，有些语词和汉语的元音和收尾音是全部相同的，如川"睒"为"dam˧"或"dæm˧"，高"阁"为"kak˧"，但今日白族的这些语音显然有所变化了。白蛮语音的变化固然有它自己的规律，但其外因，显然又是跟着汉语的变化而有所变化的。不过，无论如何，上述唐代的七个白蛮语和现代的白族语基本上是相同的。这一点勿庸置疑。

此外，有二个白蛮语和现代白族语又绝相近似。如牛"舍"，今剑川、洱源白族语称水牛为"sɿ˧ ngan˧"。牛的本字为"ngan˧","sɿ˧"应是水的音。是否唐代的译言人把水牛的"舍""sɿ˧"当作牛字的本音呢？又如俊"苴","苴"字的古音读法很多，或读子余切，"苁苴"之"苴"是也；或读千余切，"苴，俊也"之"苴"是也；或读如"斜"，徐嗟切，"苴咩"之"苴"是也。此释为俊之"苴""ts'iu˧"同白族语之"tɕ'iuŋ˧"（俊）或"tɕ'io˧"（俏）二音俱相近，只是在后部分元音和收尾音有所变化罢了。

2. 现在白族语的汉化程度是很深的。如唐代白蛮称犀为"矣"，《蛮书》卷9原注："读如咸。"咸，唐韵胡监切"xæ˧"，与犀"ɕi˧"音不同。但现代白族则直称犀为"犀牛"了。又唐代白蛮称鹿为"识"。识，唐韵赏职切"sɑ˧"，与鹿音绝异。但现代白族亦直称鹿为"马鹿"了。又如唐代白蛮称谷（河谷）为"浪"，浪，唐韵来宕切"louŋ˧"，至今剑川、洱源白族还呼洱源县为"lœ˧ ʋo˧ ɕiɛ˧"，但称河谷则是"guaωŋ˧"或"guao˧"，与汉语"谷"音雷同了。最明显的，是对于平川的"川"之音变。唐代白蛮称川为"睒"，睒，唐韵吐滥切"dæm˧"。但今剑川、洱源的白族已经变成"dæ˧"或"da˧"了。还有不少的白族语直称川为"坝子"，与今四川的汉语无异。从这些例子可以看出，唐代的白蛮语有些和现代的白族语不合，主要是由于一千几百年以来白蛮语言不断汉化之故，不能据此便推论白蛮语与白族语原来就不同。

3. 洱源大松甸的彝语，有些词语和滇东北、凉山的彝语基本上是相同的。如饭之称为"dzo˧"；盐之称为"ts'ou˧"；高之称为"mwu˩"；深之称为"na˧"；竹之称为"mou˧"；地之称为"mi˧ di˩"等等，除在元音方面微有变化外，其余大部分都是很相类似的。因之，洱源的彝族可以和滇东北及凉山的彝族通话，其不同者，只是方言的区别罢了。但洱源的彝族语显然有白族语化的倾向。例如大虫（虎），彝语原称为"la˩"，现称为"lo˩"；鹿，原称为"tɕ'i˧"，现称为"mɑ˧ lœ˧"（马鹿）；牛，原称为"le˧"，现称为"ngu˩"；富，原称为"ga˩"，现称为"go˧"；俊，原称为"lʒa˩"，或"dʒa˩"，现称为"tɕ'io˧"（俏）；城，原称为"lœ˧"或"lœ˧ k'ua˧"，现称为"tsiɛ˧"（寨，砦），……这些例证，都可说明洱源彝族语言深刻的白语化倾向。不但如此，因为白族语言自古以来长期学得了无数的汉语，而这些学得的汉语又被彝族吸收去了，所以洱源的彝族语言在白语化的过程中又表现为汉语化的倾向。彝语和白语汉化程度略有不同，主要是由于白族多分布在平川之上，和汉族的交往频繁，所以汉语化的程度就深些；反之，彝族多在深山之内，和汉族的交往少些，所以汉语化的程度就浅些。但彝语白语化和白语汉语化这两种倾向，从古以来一直到现在，长期是在洱海以北地区不断进行着的，所以彝语之内不但包括了许多白族语汇，同时也包括了许多汉族语汇。

　　正因为彝族很早就学会了许多白族的语词，所以有些古白族语（即白蛮语）在白语汉语化的过程中已经消失了，而在学得了白蛮语的彝语中却代为保留下来。例如白蛮称河谷为"浪"，在六诏时是很流行的：《蛮书》称浪穹（洱源）、邓川、施浪（今蒙次和川）三个河谷为"三浪"；居住于"三浪"的人们总称为"浪人"。但谷之为"浪"在今日白语中几乎消失殆尽了，白语中的"浪"已为汉语的"谷"所代替，他们称河谷为"guɑo˦"或"guɑŋ˦"，只在元音和收尾音上还保留一点"浪"音的"-uɑŋ"。另一方面，大松甸的彝族因为很早学得了白蛮语中之"浪"的缘故，牢牢记着，直到今日仍称河谷为"lu˦"或"lo˦ du˦"，此"lu˦"或"lo˦ du˦"和白蛮语的"浪"具有不可分离的关系。别的地区的彝语，一般称河谷为"lɑ˦ lɑ˦"，洱海以北的彝族因为"浪"和"lɑ˦"接近，而彝语所受汉语的影响较少，所以把"lu˦"或"lo˦"之为河谷的音牢牢保留下来。又如称山坡为"和""xou˦"也是白蛮的语言。"和"在南诏时也十分普遍流行着，如大和城、龙和城、牟苴和山等等。但这一语词后来在白语中被汉语的"山"所代替了，称山坡为"suo˦"。"suo˦"中只看到白蛮语"和"的元音"-ou"，没有"x-"辅音。而彝语却称山坡为"su˦ xu˦"，"xu˦"把"和"音的前半部保留下来。又如深称为"诺"，这也许原来是白蛮语，也许是古代白族和彝族的共同语。但今日的白语已经不称深为"诺"了，而大松甸的彝语仍称之为"nɑ˦"，巍山彝语称之为"ŋiɛ˩"，始终保持着《蛮书》所说"诺，深也"的语音。

　　总之，在唐代白蛮十六个语词中，七个和今日白族语相合，二个相互类似，还有三个则是通过大松甸的彝语代为保存下来。这种情况使我们自然而然地得到一个推论，就是《蛮书》里所述的白蛮语就是洱海附近的白族语，简言之，即白蛮语是白族的古语，白蛮就是白族的祖先。这种推论，我们从昆明国、六诏、南诏国的历史发展中还可以得到证明，在此不加多述。但是这一推论，不可以过事铺张，因为唐代的白蛮，除洱海区的白蛮外，还有西爨白蛮、嶲州白蛮等，后两种白蛮语不包括在上述白蛮语之内。同时，从上面所述彝语白语化的过程又可以看出，洱海以北大松甸的彝族很早就和白族分布在一起了。唯有如此，彝族才能从这里学得唐代或者近于唐代的白蛮语言。到底他们在何时生活在一起的，虽然不能十分断定，但至少可以说，那时候的白族仍然操着《蛮书》上所说的白蛮语，否则白蛮的语词是不可能经由彝语代他们保留到今天的。

三

从上列两表又可以做出下面几个概括和推论：

1. 无论洱源的彝族语，或者巍山的彝族语，它们都不是唐代的白蛮语。两地的彝族语虽然都受了白蛮语的影响，但从它们的基本词汇来说，彝族语和白蛮语是很不相同的。例如巍山彝语称腰带为 "tsuo˩ lou˧"，饭为 "dza˧"，盐为 "tsə˧" 或 "ts'a˩ bo˧"，鹿为 "tɕi'ə˧"，水牛为 "ʋiaŋ˩" 或 "wia˧"，川为 "ɤeuw˧ li˧" 或 "t'a˧ bia˧"，谷为 "la˩ ga˧ tɕ'i˧" 或 "bi˩ wuə˧"，山为 "k'u˩ tɕi˧" 或 "k'u˩"，山坡为 "bi˩ ba˧"，富为 "dɛiu˧" 或 "bu˧"，高为 "mu˩"，俊为 "mi˧" 或 "e˧ diɛ˧"，俱与唐代的白蛮语不同。

当然，我不是说唐代的白蛮语和巍山彝语两者毫无联系。例如彝语称虎为 "la˩ ba˧"，可能是白蛮语 "po˧ la˧" 的倒转；饭之为 "dza˧"，与白蛮语的 "喻" 古音归于 "定" 母可能有些联系；深之为 "ŋi˧"，与白蛮语 "诺" "na˧" 关系更多；等等。但无论如何，从基本词汇来说，巍山彝语与唐白蛮语的关系是疏远的。

2. 反之，无论巍山或洱源的彝语和唐代的东爨乌蛮语则非常接近，甚或相同。例如乌蛮语谓城为 "弄" "lo˧"，巍山彝语为 "lo˩ di˧"。"弄" 之义为石，以城为石所筑之故，所以引申为城。至今各地彝语仍称石与城皆为 "lo˧"。又乌蛮称盐为 "昫"，《集韵》，昫，墟侯切，音抠，其声母当为 "tɕ'-" 或 "ts'-"，与彝语称盐为 "ts'ə˧" 或 "ts'a˩" 相合。又乌蛮称酸为 "制"，与巍山彝语之 "tɕi˧" 及洱源彝语之 "tsiə˧" 又相合。

他如竹，唐代东爨乌蛮语为 "蔑"。案今滇东北彝语谓竹为 "ma˧ tsiɛ˧"，与巍山彝语之"maɨ tsiɨ"相同。乌蛮语之"爨"可能就是"maɨ tsiɨ"之"tsiɨ"的音。又"地"之一词，今彝语一般称为"miɨ diɨ"，彝文经典中则有"huɨ ɿam"、"muɨ kʼəɨ"、"fiɨ huɨ"、"ᴌazaɨ"等音。《蛮书》称东爨乌蛮谓地为"渿"，我初疑此字系伪写，及读凉山古彝文经典《训世经》(maɨ huɨ tʼəɨ ieɨ)，有"nyᴌ huɨ dzaɨ huɨ"一语，其义指农田之事，因悟乌蛮由之称地为"渿"者，"渿"即"nyɨ"之音译。柔，唐韵耳由切，其音值当为"ŋziuɨ"，盖因古代"日"母归于"泥"母之故。从此可知谓地为"渿"者，乃东爨乌蛮语，即彝族之古语；今语则称为"miɨ diɨ"，二者并不矛盾，且更可证明东爨乌蛮语就是古代的彝语。又"请"之一词，乌蛮语谓为"数"，其音值当为"soɨ"或"suɨ"。今巍山、洱源彝语皆以受汉语"请"的影响变化为"tsʼia"、"tsʼɨɛɨ"、"tɕʼiɛɨ"，已不能复原。但凉山及滇东北的彝语称请为"Suoɨ"或"Soɨ"，无论请吃、请喝皆为"Suoɨ"，有促进行动之义。

总之，巍山、洱源的彝语和唐代的东爨乌蛮语绝大部分是相同的。所不同者，有的是因为受了白语的影响而有所变化，这种情况在洱源的彝语中表现得最为明显；有的是由于彝语本身亦有古今之变，有经典文语与日常口语之变。但这些变化并不妨碍说巍山、洱源的彝语和东爨乌蛮语言相同。反之，剑川、洱源的白族语则无一语与东爨乌蛮语相合者。从此更可证明白族的祖先是白蛮，而非乌蛮，东爨乌蛮虽不能说是一切彝族之祖，但至少可以说彝族和东爨乌蛮的祖源是相同的。

四

除了前述《蛮书》所载十六个白蛮语和六个乌蛮语外，这次我们到大理白族自治州各县观光，附带地又把关于南诏语词的其他资料也略加询问了一下。有一首诗是南诏国清平官赵叔达作的，原载《玉溪编事》，后来收入《太平广记》卷483"南诏"条内。诗云：

　　　　法驾避星回，波罗毗勇猜。
　　　　河阔冰难合，地暖梅先开。

下令俚柔洽，献睬弄栋来。
愿将不才质，千载侍游台。

诗内包含的南诏语词很多，主要的几个都有原注，如"波罗"，虎也；"毗勇"，野马也；"俚柔"，百姓也；"猜"，射也等。此外，如"法"指君主，弄栋是地名，指唐代的姚州，今姚安，都是南诏语。其中"波罗"在前文中已有解释，"法"和"俚柔"没有调查出来外，野马"毗勇"是"pʻeʴ juinʟ"的对音，射"猜"是"dziunʟ"或"dzioʜ"的对音，都是剑川、洱源的白族语。

《蛮书》卷8记南诏"田曰双，汉五亩也"。今剑川白族以二牛从日出至日落所耕之田为"一双"（ʟaʴ xʻounʟ），与《蛮书》所记合。巍山彝语则称"一双"为"niʜ teyʜ kʻaʟ ngəʜ"，译言之为"二牛耕种"；或称为"tsʻɔʴʟ suaʟ"，译言之为"双耕"。从此可以推测以"双"为计田亩的单位，最初只是白蛮的语言，南诏始把此制推行于国中。

《新唐书·南蛮传》中记载南诏王"劝利封王嵯巅'大容'，蛮谓兄为'容'"。今洱源白族语称兄为"juaŋʟ"，称弟曰"tʻieʜ"，此"juaŋʟ"当即南诏语"容"的对音。剑川县白族语称兄曰"ngyunʟ"，称弟曰"tʻieʜ"，此"ngyunʟ"除带鼻音外，与"容"音亦合。巍山彝语则称兄为"aʟ gaʟ"，称弟为"niʜ ʒaʟ"，与"容"音相去皆远。因此可知南诏称兄为"容"这一语词亦取自白蛮或白族语言。

《南蛮传》记南诏王"谓其下曰'昶'"。《太平广记》卷483"南诏"条亦引一诗，谓南诏王自称曰"元"，称卿或臣下曰"昶"。今洱源白族语称臣下为"tsʻə tsiʜ"，"tsʻə"音加"-ŋ"收尾音则与"昶"音合。但"元"字则找不到它的对音。

南诏国既是一个多民族部族的国家，它的语言，特别是关系到典章文物制度的，绝不能只限于白蛮语。据我们现在所知，南诏有许多语汇与彝语同。例如《南蛮传》谓"幕爽主兵"，"主将曰'幕抈'，副曰'幕览'"，此"幕"当是彝语称兵为"muoʜ"之"muoʜ"的对音。又《南蛮传》称"王母曰'信么'，亦曰'九么'，妃曰'进武信么'"等，语多不可解。今滇东北和凉山的彝语称奴隶主或主人为"ɕieʜ pʻoʜ"，称奴隶主的妻或女主人为

"ɕieɬ muəɬ"。巍山彝语称王或主人为"snɬ p'aɬ"或"ɕiɬ p'aɬ",王妃或女主人为"ɕiɬ p'aɬ muəɬ ny꜓"。南诏国的"信么"显然同彝语的"ɕieɬ muəɬ"(主母)和"ɕiɬ p'aɬ muəɬ ny꜓"(主母娘)是一致的。又在各地彝族的生产关系上有一套名称,如滇东北和凉山在土司或奴隶主以下,一般百姓被称为"lɯɬ",奴隶被称为"dziu꜒"。巍山彝语称一般百姓亦为"lɯɬ",奴隶男为"dzy꜒ bɤɬ",女为"dzy꜒ muəɬ"。从此可以联想到南诏赵叔达诗中的"俚柔",此"俚"与彝语中作为百姓的"lɯɬ"有关;"柔"与唐代东爨乌蛮语中作土地的"渘"(ŋziuɬ)有关。合言之,"俚柔"(lɯɬ ŋziuɬ)似即指束缚在土地上而为奴隶主耕作的百姓。若此解说无误,则"俚柔"一语词当出自乌蛮,而由现代的彝族保存下来。

总的来说,我对于少数民族语言和唐代语音都毫无研究,上述各条仅系观感所及,信手拈来,其中浅薄可笑之处是一定难免的。希望国内关心于此问题的同志们加以指正,并继续深入研究。

彝族古代史

整理说明

《彝族古代史》是根据马长寿先生于1959年撰写的《彝族古代史初稿》整理而成的。

马长寿先生是我国著名的历史学家，对民族史尤多贡献。他一生著述甚丰，对彝族的历史有许多独到的见解，至今还为人们所称道。这都将作为宝贵的文化遗产的一部分，在我国的社会主义文化建设中继续发挥作用。

马先生对彝族的研究甚早，20世纪30年代，他曾亲赴处于奴隶制下的凉山彝区进行考察，但由于当时条件的限制，考察未能继续下去。新中国成立后，民族研究蓬勃发展。党中央在1956年确定于全国范围内进行大规模的少数民族社会历史调查。这时马先生十分兴奋地从他任教的西北大学再度来到四川凉山，参加彝族的社会历史调查。他负责凉山腹心区美姑县九口乡的调查任务，后来在1962年铅印内部发行的《凉山彝族自治州美姑县九口乡社会调查报告（初稿）》，就是根据这次调查，并在他主持下写成的。

1959年，马先生又应邀赴云南参加彝族的调查。他还就南诏的历史进行研究，写成《南诏国内的部族组成和奴隶制度》一书，于1961年由上海人民出版社出版。当时，云南接受了编写《彝族简史》的任务，马先生根据他多年研究彝族历史的心得，在云南撰成《彝族古代史初稿》，提供给编写组编辑之用。后来集体编写的《彝族简史（初稿）》的古代史部分，主要就是根据马先生这部著作和方国瑜先生的《彝族史长编》（此书修改后以《彝族史稿》为名，于1984年由四川民族出版社出版）二书的资料写成。

马先生这部著作，此后由于社会变动等种种原因，一直未能由他亲自修订出版，这实为他一生中一大憾事。笔者得有机会于1956至1959年间，先后在四川和云南参加彝族社会历史调查研究工作，有幸受到马先生的亲切教导，使笔者受益匪浅。为了继承文化遗产，完成马先生未竟事业，几年前云南省历史研究所所长侯方岳同志即嘱笔者对马先生这本遗稿进行整理，以期正式出版。西北大学西北历史研究室和上海人民出版社的同志及马师母，为笔者承担这一任务给予了多方的支持与鼓励。由于马先生这部著作系一尚未最后完成的初稿，许多章节都未能写出或写完，且撰写的时间距今已有25年，因此给笔者在整理中带来一定困难。但马先生这部著作有其自身的体系。对彝族历史上的许多重大问题，马先生均有其独特的见地。为了不失原意，在整理中尽量保存了原著的风貌，同时又对近年来学术界一些新的研究成果，以注释的方式予以说明。笔者学识有限，整理中不妥之处在所难免，尚祈读者批评指正。

李绍明

1985年5月于四川省民族研究所

弁 言

至鸦片战争以前的彝族原始社会史、奴隶社会史及封建社会史都属于古代史范围。彝族传说阶级社会产生前有一洪水时期。洪水时期以前，历史纪年是非常模糊的，就是从彝族始祖仲牟由到六祖这一阶段，也显然连不起来，有脱代的情况，直到六祖以后，一代传一代的代数才大致可靠。

现代四川南部、贵州西北部、广西西部以及云南各部分都有彝族分布，这些彝族是从哪里迁徙去的？这一问题必须搞清楚。迁徙问题不能理解为仅是民族人口移动问题，它与奴隶占有制的起源和发展有密切关系。而且过去已经有一些帝国主义分子及唯心主义的学者对此问题有所歪曲，我们必须加以澄清。

最近云南晋宁发掘的滇王古墓是一系列的奴隶主奴役奴隶和劳动人民的历史图画，它的年代在西汉武帝以后、王莽以前，距今已将近两千年之久。墓中铜人的发饰和衣式显然与彝族有密不可分的关系。彝族在当时滇王国中是主要的组成部分。彝族向凉山、黔西及云南各地的迁徙一般是在滇王国崩溃以后，距今只有七八十代，因此，奴隶所有制就在凉山、黔西及云南各地继续存在并且发展了。

公元前2世纪时，汉武帝已在西南各地设置郡县，从那时起西南各族包括彝族，都已成为中华民族不可分割的组成部分。汉族的生产力包括汉族劳动人民从"僰道"和"青衣道"（古道）不断进入西南各地，因此彝族和其他西南各族一样，接受了汉族的生产工具和生产技术，从而由采冶铁矿到铸造铁器，并发展了灌溉和耕作制度。但各地彝族所经历的奴隶所有制时代一般都很长。云南彝族在南诏时期仍然实行奴隶所有制，经过大理国有计划地移民，元代的军屯和民屯，到了明代才从奴隶制转入封建制度。云南东北的乌蒙、茫部和武定土司区，与黔西北的水西土司和乌撒土司区，奴隶制更延长了一个时期，在明代末叶始向封建社会转化，有的在清代初年改土归流以后才转入封建社会。四川大小凉山及凉山以西的彝族地区，在凉山边沿改土归流以及交通便利的地方自元明以来便转化为封建社会了。但是大凉山的彝族及由凉山迁到西昌地区的若干彝族直到解放以前奴隶所有制仍然居于主导地位，他们奴隶社会的历史前后保持了两千年以上。

彝族和汉族以及其他各族的关系是各式各样的，有的是经济和文化的关系，有的是政治和军事的关系。从各种关系中可以看出，在阶级社会中间战争是短时期的，而经济和文化的关系则悠久且作用巨大，直接支配了彝族人民的生活。

马长寿

1959 年 9 月

第一章 从原始公社到奴隶社会

一、彝族原始社会的传说和遗迹

彝族在西南各族中是最富有历史知识的民族之一。他们自己创造了彝文，其经典，主要由巫师（"毕摩"）掌握。彝文经典虽然是为祭祀祖宗和鬼神服务的，但有许多经典或祭祀经典里的若干章节记载了历史的事实。经典以外，彝族中还有一种能说会道的"说客"，他们的历史常识特别丰富，每当婚姻、丧葬、过节、过年，或集团会议之时，这些说客们便在群众面前举行"口赛"。我们可以在其间听到许多古往今来的生动史实。还有如大家所共知的，彝族自古有父子连名的习惯，凭了父子连名的记录我们就有使彝族史成为编年史的可能。但父子连名制，最初是为由母系氏族转变而来的父系氏族服务的，后来阶级分化以后，它又为奴隶主"贵胄"世系服务了。所以正确地说，父系氏族社会形成以前，彝族的古代史上不可能产生父子连名制的。

贵州大定罗文笔所译的《帝王世纪》记载水西土司家谱，从始祖希母遮到撮朱渎共三十代。撮朱渎之子为渎母吾。从渎母吾开始，传八十四代到安坤，在康熙四年（1665）被吴三桂所灭。安坤以后到民国十九年即1930年又传六代。1930年到现在（1958）又已二十八年，应再加一代。总计从希母遮到现在共一百二十一代。每代以二十五年计，彝族历史已经有三千年以上了。

前面已经说过，父子连名制是父系氏族社会的产物。四川凉山彝族流行着两种彝文经典：一种名《创世经》（"勒俄特依"），一种名《训世经》（"玛木特依"），都说在雯治世烈以前，尚有四个王朝共三十三代，皆系母系氏族王朝。这四个母系王朝的名称是：

（1）尼妳→（2）舍什→（3）姑乌→（4）嫫弥

每一个母系王朝的名称之后，据《彝巫系谱》上的说法都有一"毕"（即"毕摩"）字，当为女性的"罗施鬼主"之名，可知宗教上的"罗施鬼主"在母系氏族社会中已经开始了。凉山彝族每当出兵战争以前，聚集有关各家支首领战士举行隆重的集团会议，在会议中由最高首领发表"集团誓词"，然后椎牛饮血，表示大家一定服从誓言。在"集团誓词"中也讲到上古之时十二个王朝，这十二个王朝之中有十一个是属于母系氏族社会的，其名称如下：

（1）阿斯牛里→（2）阿母波可→（3）尼妳十子→（4）姑乌九子→（5）舍什八子→（6）嫫妳六子→（7）宜尼尔世→（8）拉妳韦妳→（9）斯猛乌母比母→（10）斯曲羊呼几母→（11）罗富曲何→（12）曲布尼此

最后曲布世代才到了父系的氏族社会。从上述各种资料看，可知母系氏族在原始社会中所占的时间比较父系氏族要多出若干倍。

关于原始社会的内容，我们知道的并不太多。凉山彝族的《都提经书》记录古代彝人"生子不见父"，因而有阿苏阿窝背着黄金到各地买父的故事。故事的内容是这样的：

阿苏尼知山麓，挚阿底利一世，生子不见父；底利苏尼二世，生子不见父；书尼阿苏三世，生子不见父；阿苏阿窝四世，生子不见父。阿苏阿窝情急了，所以就背着黄金到各处买父亲。先到仙人砥矩家，适值砥矩外出了。又到仙人世些家，世些赠他一件东西叫作"宜执"。最后往访皇天耳目神，才告他说："只有行祭祀祖宗礼仪，然后父子才能相见。"阿苏阿窝回来与乌尼奇卢为婚，生一子名阿窝阿古。到阿窝阿古之世，才开始祖与孙相见了，父与子相见了。①

这段故事大致可以反映出从母系氏族到父系氏族，或者由对偶婚向一夫一妻婚转化的过程。凉山彝族的"集团誓词"说，从阿斯牛里到罗富曲何十一朝代间，是"族不续，妇不娶"。到曲布时代始续家族之谱，定婚嫁之礼。贵州大定的《帝王世纪》一书也说在希母遮的第二十九代后裔武老撮之世，由宓阿叠始"兴奠祭，造文字，立典章，设律科，文化初开，礼仪始备"。② 武老撮的孙就是渎母吾，凉山彝族称为"觉穆乌乌"（或"觉穆哦哦"），汉文史志中称为"仲牟由"③，他是洪水时期的著名人物，也是今日四川、贵州、云南彝族（甚至于哈尼族）的共同祖先。从此可以知彝族父系氏族社会存在的时期并不很长，并没有多少代就转入奴隶社会阶段了。

关于彝族原始公社的情况我们知道的很少。主要由于原始公社的历史被二千多年漫长的奴隶社会的历史淹没了，但不能因此说彝族历史就没有经过原始公社这一阶段。④

---

① 此段故事，译自《都提经书》（"都提特依"）。此经系著者二十多年前得自雷波米脚漕毕摩尼必家的。〔整理者注〕：凉山彝族《勒俄特依》中有一段《施尔俄特》，记载施尔俄特寻父、买父的故事，与上述故事大体相同，今摘录以供参考："远古的时候，雪源之子施南，一代生子不见父；施南下传又七代，代代生子不见父；第八代名叫施尔俄特，俄特仍旧不见父。施尔俄特啊，要去找父亲，要去买父亲。"他走了许多地方都没有找到、买到父亲。后来到了约木接列地方，遇见滋阿地都家的施色姑娘。施色教施尔俄特祭祀祖灵，又说："这样做完后，回到大地上娶妻配成偶，只要照此办，生子即可见父亲。"施尔俄特娶了施色姑娘。"施色来到俄特家，生了三个儿，从此生子见了父。"（巴胡母木等整理：《勒俄特依——大凉山彝族传说史诗》，四川省民间文艺研究会编：《大凉山彝族民间长诗选》，四川人民出版社1960年版）
② 《爨文丛刻·帝王世纪》罗文笔序言。
③ 汉文史志的仲牟由是从彝语中的"tɛyɜɹ ɦɛʐ ɦum Lɜyɜɹ ɹɜɹ neoɹ"翻译来的。彝族的洪水神话称觉穆兄弟三人，长曰"Lɛyɜɹ moɹ ʒɜɹ ceɹ"（觉穆大子），次曰"Lɜyɜɹ ɦam Lɜyɜɹ ʐɛʐ ɡaɹ"（觉穆次子），三曰"Lɜyɜɹ muɹ ʒɜɹ neoɹ"（觉穆母幼子）。"neo"音牛，川滇方言常把"牛"读成"由"，所以"觉穆牛"就译成"仲牟由"了。"仲牟由"有时也写成"仲磨蹉"。这一译算是最好的。《贵州通志》译作"祝明"，又讹作"隆明"；《大定府志》引《安胜祖供状》译作"主木"，皆不可从。仲牟由的全名是"tɛyɜɹ ɦum wuɹ wuɹ"（或"ɦɛ ɹɜ ɦoɹ ɦoɹ"），应当译作"觉穆乌乌"或"觉穆哦哦"，其他译法皆不可从。
④ 〔整理者注〕：在彝文资料中还有不少是反映原始社会时期状况的。云南彝族史诗《梅葛》、《查姆》和《阿细的先基》中都有洪水泛滥，淹了人类，只剩下兄妹俩而后成婚生子和繁衍人类的故事。这无疑反映了彝族历史曾经历过原始血缘婚的情景。贵州彝文典籍《西南彝志》卷5《重申天地进化论》中说，仲牟由的子孙，在最初几代，曾分成几对互婚的婚姻集团。"六祖"中的

在云南西南部西双版纳傣族自治州的景洪县攸乐山上，有一万余基诺人①。他们的语言与云南西部的彝族方言相近，至今仍实行父子连名制。他们自述是从峨山县迁来的，至今已有十八代了。在七八十年以前，山上各村的土地、森林、水渠仍归各氏族所公有，当时他们是共同生产，同时也是共同消费的。后来把土地分给各家族但仍留有氏族公田，为氏族所公有；有氏族公共墓地，为氏族成员公葬之所。现在每村寨有两个以上的氏族，砍山焚山的工作仍由氏族人员共同参加，河渠水道则由全村寨诸氏族共同管理。村属的首领有二人。一个称为"老火头"（"着生"）；一个称为"老菩萨"（"着巴"）。这两种首领，最初是由特定的氏族中选出，现在已经成为世袭的了。巫师称为"摩毕"，也是世袭的。村寨首领管理公务，家里拥有皮鼓和铓锣，有事便击鼓鸣锣，召集寨里人民商量后执行。基诺人的情况，有助于我们对彝族原始公社阶段的认识。

二、彝族始祖仲牟由及其后裔六祖原住地

仲牟由（觉穆乌乌）是彝族传说中洪水时期的人物。就我们目前所知，四川凉山、贵州西北部、云南各部及广西西北部的彝族都有洪水故事的传说，而且没有一个地区的彝族不以仲牟由作为他们洪水时期的共同始祖的。

（接上页）"武"与"乍"、"糯"与"恒"、"布"与"默"，最初便是三对互婚的婚姻集团。这反映出彝族和其他民族一样，在历史上经过了族外群婚的阶段。这种互婚的婚姻集团实际上是两个外婚的氏族。解放以前，凉山彝族在婚姻方面保留的"姑舅表优先婚"、"姨表不婚"和"转房"（收继婚）等习俗，就是历史上群婚的残余形态。至于对偶婚的残余形态，直到民主改革前还保留在云南永胜彝族支系他鲁人中。他鲁人虽然已经进入封建地主经济阶段，婚姻也以一夫一妻制为主，但他们的婚姻关系极不固定，享有婚前的性自由，未婚女子"住棚子"，未婚男子"串棚子"，实际是带有"望门居住"制的对偶婚的残余（参考高宗裕：《云南永胜县"他留人"（彝族）家庭、婚姻的历史演变》，《西南民族历史研究集刊》第 2 辑，1981 年 12 月；汪宁生：《云南永胜彝族（他鲁人）的原始婚姻形态》，《西南民族研究》第 1 辑，1983 年 6 月）。贵州彝族叙事长诗《戈阿楼》中说，古时"人父是我父，人母是我母，人兄是我兄，人弟是我弟，人人一个样，天下是一家"，充分反映了彝族人民对原始社会时期的追忆和那种人与人之间关系的向往（参考中国作家协会贵阳分筹委会编：《民间文学资料》第 2 集，1958 年，第 123 页）。

① 〔整理者注〕：基诺族现经国家批准为单一民族，这是经过多年来民族识别和调查研究而后确定的。基诺族的语言，接近彝语支的语言，在编写《彝族简史》时认为基诺人与彝族相近，故在研究彝族时引用了基诺人的材料。为保持原状，整理时未予删去。

不只彝族，就是哈尼族的诸支系大部分也以仲牟由为洪水时代的祖先。仲牟由之于彝族，如同黄帝之于汉族一样，虽在传说中带有若干神秘色彩，但历史的真实性仍然占主要成分。因此，如果我们弄清楚仲牟由原住地及仲牟由后裔几个主要氏族部落的原住地，对于彝族的源流问题便可得到进一步的科学的解决。

关于彝族的源流问题，西方国家的传教士和中国的学者有各式各样的说法。西方的传教士有的为侵略中国的目的，因而就散布一种分裂各民族团结的言论。法国天主教士吕真达（A. F. Legendre）在清朝末年到四川建昌和云南各地做过调查，发表许多文章，有一本名为《建昌罗罗》（Kientchanget Lootie，1910）的书。书里妄说彝族是白种人。二十年前，西昌天主教堂的麦神父常往来于西昌、昭觉间传教，他对四开坝的一位马家黑彝教徒说，彝族人的鼻子高、个子大，与西洋的亚利安人同种。这种言论不只关系到彝族的族源问题，而且关系到彝族人种问题了，我们必须重视。约在 1930 年期间，我国学者丁文江在四川西昌和云南、贵州的彝族区旅行，对若干彝族人，进行过一些简单的体质人类学的测量，但他没有测量过康藏高原的藏族，也不曾做过藏语和彝语的比较研究，他却断定凉山彝族是由康藏高原迁来的。这种说法曾发表于当时胡适所编的《独立评论》。还有我国学者凌纯声，他在《论云南民族分布》一文中指出彝族的族源是来自西藏。解放以后，向达发表一篇《南诏史略论》，说南诏国内的彝族是来自氐羌。西南地区的彝族和西北地区的氐羌虽然在历史上和语言上不免有若干联系，但自从彝族形成一个独立的民族以后，彝族便有他独立的历史了。直到目前为止，无论汉文文献或彝文文献，我们还找不到彝族起源于西北羌族起源地青海高原的根据。很难想象当战国秦献公威逼黄河上游赐支河曲的羌族南下时（约当公元前 4 世纪中叶），云南地区还没有彝族。即以贵州大定土司的《帝王世纪》说，彝族在云南已经有三千年以上的历史了。这三千年的估计，只有漏估或低估，绝对不会有多估或超估的。我以为云南为彝族的起源地应该是没有问题的。

洪水时期的仲牟由距离今日有几千年？这一问题牵涉云南的洪水时期问题，很难回答。大致说来，贵州彝文《帝王世纪》说仲牟由距今九十一代，每代以二十五年计，共计二千二百多年，似觉太近。主要由于从仲牟由到六祖之间所漏的代数甚多，不相衔接。例如仲牟由的全名是"觉穆乌乌"，按彝族父子连名的习惯，下一代必然要和"乌乌"相衔接的，但六祖的全名没有一个能与之相接，所以断定其间的代数有脱漏。因此，仲牟由距离今日，比上面所推算的2200多年前还要更为久远。

不过无论如何要解决彝族的起源问题，还得要从解决仲牟由的原住地，以及仲牟由所衍生出来的六个主要氏族部落的原住地开始。设若仲牟由的原住地弄清楚了，他的后裔的六个氏族部落的原住地也弄清楚了，我们便可以打开彝族起源之谜的大门，然后再登堂入室做进一步的研究。

仲牟由的原居地，无论根据汉文史志或彝文经典都异口同声说是在云南滇池附近。明代的正德《云南志》卷2云南府晋宁州易门县下云：

> （易门县）在州南一百五十里，昔乌蛮酋仲磨由男所居之地，元初立洟门千户所，至元中改易门县。

"仲磨由"下的"男"字可能是多衍的，《读史方舆纪要》所引的《滇志》只作"易门旧为乌蛮酋仲磨繇所居地"。即使"男"字不是多衍的，那也只是说仲牟由的下一代居于易门，这与我们的主要论据无关。恰巧易门县南部有座大山叫作黎崖，亦名蒙低黎岩山。正德《云南志》云："蒙低黎岩山在易门县旧治南五十里，高插云汉，下有平谷宜牧。"四川大凉山的彝族传说，当洪水时期，仲牟由为避洪水即居于此山之上。此山凉山东部方言称为"蒙低尔曲山"，西北部方言称为"莫达罗曲山"。"莫"、"蒙"音的相互转换是常见的。凉山的彝族，千里之外而能知道有一座蒙低黎岩山在易门县，这能说是偶然的吗？

贵州毕节专署彝文编译组翻译了一部《西南彝志》，在卷5第一章《天地产出论》中有下面一段故事：

> 天使策耿苴说道：三年前这里鸟兽都绝迹了。天师差遣额勺先往江头，以后转到四方，挖了十二座大山，填了八条深谷，直抵江尾，只留中央一条山脉，给仲牟由住在上面。这位老仙人向仲牟由说，满了十天十夜以后，你再往洛尼白（loniɬ buəɬ）去住。那知道不等到十天十夜，

只满了七夜以后，仲牟由牵了自己的马，赶了自己的羊，就往洛尼白去了。①

这是洪水时期仲牟由从云南中部迁徙到云南北部"洛尼白"的一段故事。彝语中的"江头"（ieɬ ɯuɨ）指北方，"江尾"（ieɬ miɨ）指南方，在南方和北方之间留有中央一条山脉给仲牟由居住，这种说法跟上面我们所说的仲牟由的原住地在昆明滇池附近，是相互吻合的。后来仲牟由为避洪水之患迁移到洛尼白。彝语谓山为"buəɬ"，"洛尼白"可能就是旧日东川府的罗衣山，近禄劝州。②关于仲牟由的迁居于洛尼山，《贵州通志·土司志》引康熙年间修的《大定府志》有所叙述，但必须加以解释，否则会产生误会。原文云：

> 水西土司安氏之先盖出昆明。有祝明者，居堂琅山中，以伐山通道为业。久之，木拔道通，渐成聚落，号其地为罗邑；又号其山为罗邑山。夷人谓邑为业，谓山为白，故称为罗业白。

这段史料本出于贵州水西彝族的传说，也可能见载于彝文经典。祝明就是仲牟由的简译。堂琅山之名初见于《华阳国志·南中志》。郦道元的《水经注》云：朱提"郡西南二百里得所管堂琅县，西北行，上高山，羊肠绳屈八十余里"。朱提郡治在现今的昭通，堂琅县应即今巧家县。堂琅山在巧家县的西北，然则堂琅山即前面所说的洛尼白。③但堂琅山并非仲牟由的原住地，原住地方在昆明滇池附近。如此始可与《大定府志》所说"水西土司安

---

① 〔整理者注〕：《西南彝志》中《天地产出论》今译作《天地进化论》。此段原译文为："天上策耿纪，要毁灭人类，要鸟兽绝迹，教你睁开眼，君臣不相见，教你侧耳听，男女不闻声。策耿纪派额勺，到大地四方，挖十二大山，填八条深谷，让洪水涌起，泛滥于天下，要波及笃慕（按：即仲牟由），要淹三年呢。额勺老人家，对笃慕讲道：我扶助你啊，满十天十夜，你往洛尼山，就住在那里。不曾到十天，才七天七夜，祖先笃慕啊，骑着他的马，赶着他的羊，来到洛尼山这里住下了。"（见《西南彝志选》第一章《创世志》，贵州人民出版社 1982 年版）洛尼山，该书原注："在云南会泽境，相传为笃慕避洪水由蜀迁来，定居于此。"
② 光绪《东川府志》对罗衣山无专条记述，只在《图像》部分的地图上标有罗衣山之名。
③ 光绪《东川府志》谓，堂琅山在巧家果粮坝，北距牛栏江边昭通府近二百里，与《水经注》合。
〔整理者注〕：有人主张洛尼白即现今云南禄劝、会泽和四川会理交界处，金沙江畔的落雪山，系乌蒙山主峰，南诏时的"东岳"（见罗希吾戈：《彝族六祖分支刍议》，《思想战线》1983 年第 1 期）。安

氏之祖盖出昆明"相互吻合①，否则就会误会成堂琅山或洛尼白是仲牟由的原住地了。

彝族始祖仲牟由的原住地既明，进一步再看仲牟由所衍生的六个主要氏族部落的分布所在，从此也可以看到四川凉山、贵州西北、云南西部和南部各地的彝族都是从云南东部的山岳地带迁徙出去的。

关于仲牟由和六个氏族部落的关系，在《西南彝志》卷 1 第一章《六祖的起源》中叙述得很详细。这一章开头便叙述从希母遮到仲牟由共三十一代，此时大地的四极四方都发生洪水，所有的人们都淹死了，只留下仲牟由一人，没有人跟他通婚，天帝策耿苴才把三家君主的女儿，以色汝仰为媒，嫁给仲牟由。波仙痴的女儿痴以姑吐嫁后，生了穆阿怯和穆阿祜二子。穆阿怯是武（ɣuɹ）氏族的祖宗，穆阿祜是乍（dzɔɹ）氏族的祖宗。努山嫩的女儿嫩以米冬嫁后，生了穆阿赛和穆阿卧二子。穆阿赛是糯（nwɹ）氏族的祖宗，穆阿卧是恒（ɤɣɹ）氏族的祖宗。顾仙尼的女儿尼以弥布嫁后，生了穆克克和穆齐齐二子。穆克克是布（buɹ）氏族的祖宗，穆齐齐是默（meɹ）氏族的祖宗。

以上所说的穆阿怯、穆阿祜、穆阿赛、穆阿卧、穆克克、穆齐齐便是彝族所常提到的"六祖"。"六祖"在云南、黔西彝语称为"曲布"（tɕ'yoɹ buɹ），凉山彝语称"六"为"虎"（xuɹ 或 Fuɹ），不知"曲布"是六个祖宗，而认为是一个祖宗的名字。但各地彝族，特别是"黑彝"（noɹ ʒəɹ）认为所有的彝人都是六祖的子孙。

六祖不必都是仲牟由的儿子，从他们的名字不能与仲牟由相衔接就可以看出，但他们肯定都是仲牟由的后裔。

六祖衍生了六个氏族，即上面所述的武、乍、糯、恒、布、默六族。这六族的关系，由于母系氏族的不同，最初是两两相合，分为三组，分布于北部、中部、南部三个地区。关于这点，在《六祖的起源》中叙述得最为详细，原文摘录如下：

---

① 〔整理者注〕：历史上的昆明，指不同的地方。如汉代昆明在今云南洱海一带，三国时黔西和滇东北亦有昆明，唐代洱海一带、今凉山盐源及今四川宜宾以南等地均有昆明。"安氏之祖，盖出昆明"究竟指何处，值得研究。《贵阳府志》说："水西安氏，其先济火，本姓罗氏，建宁郡人，家有部曲，诸葛武侯之南征也，济火率部曲助征，且献粮以济军，武侯令世长其部曲。"（《贵州通志·前事志五》引）又《西南彝志》卷 5 叙水西渊源说："笃慕的后裔，在水西地方，自从勿阿纳开创基业起，传五十八代。"总之，彝族居于水西应为时甚早。

武、乍二子长，楚吐穆卧居；糯、恒二子次，洛白穆苦居；布、默二子幼，实益努铺居。

这就是说，武和乍两个长的氏族分居于楚吐穆卧，"楚吐"（ts'uɬ t'uɤ）是地名。"穆卧"（muɬ ɤoɤ）指天南。即武和乍二族居于南方楚吐地方。糯和恒两个次的氏族分居于洛白穆苦，"洛白"（luɬ buəɤ）是山名，即洛山，"穆苦"（muɬ k'ueɤ）指天北，即糯和恒二族居于北方洛山地方。布和默两个幼的氏族分居于实益努铺，实益（sɿɬ zɿɬ）是地名，"努铺"（nʳɬ p'oɤ）指中部，即布和默二族居于中部实益地方。南方楚吐当指今昆明及昆明以南地区，因为这一带是武和乍二族的分布地区。北方洛白当是前面所说的"洛尼白"之简称，指堂琅山所在的昭通一带，这里是糯和恒二氏族的第二家乡。中部实益，确切的今地虽难指出，应与贵州西部的乌撒、云南北部的东川相近，疑即今沾益。总的来说，六个氏族的迁徙，还是彝族的第一次迁移，他的范围仍然在云南境内，偏在云南东部，大致和唐代《蛮书》所说东爨的位置相当。

六个氏族在云南的势力对比，《西南彝志》卷6第一章《糯族的起源》中有这样的叙述：原来彝族住的共有十一个阜，其中有六个阜被乍家占据了，其余一阜为布家的额糯铺所住，一阜为默家的类额笃所住，一阜为恒家的著古播所住，一阜为糯家的苦直额所住，一阜为武家的堵阿迭所住。从这段叙述可以看到彝族第一次迁徙时各氏族或各家势力的大小和人口的多寡，各氏族中以乍的力量为最大。

此第一次迁徙的年代，当由六祖传到今日共有若干世代来加以推测。按水西土司的家谱从穆齐齐起，距今有九十一代，详细记录已见于上面所引的大定彝文《帝王世纪》。贵州毕节专署彝文翻译组所译的《德暮史记》记载乌撒土司的家谱，从穆克克起到布约纳根共七十八代。乌撒土司亡于清康熙二十六年（1687），距今二百七十多年，以每二十五年为一代计，尚可加十多代于七十八代之内，其结果与水西土司家代数相当。我们从大凉山所收集的黑彝家谱，从古侯、曲涅到现在，最多的到七十八代。若以上述贵州和凉山所收集的家谱来看，六祖到现在足有二千几百年的历史。

三、武、乍二部落在云南各地的迁徙和发展

前面所述的六个氏族，即武、乍、糯、恒、布、默，在刚刚从六祖分化出来的十代以前，他们的社会性质仍然是原始公社性质，当时还看不到有剥削现象，也看不到有奴隶制度。相反的，这些没有阶级分化的氏族群体似乎还被别的处于发展更高阶段的族体所剥削。这六个氏族群体由于不堪为外来的统治阶级所剥削，所以群起反抗，刺杀了统治阶级派来的征收租谷使者。但由于力量薄弱，不敢坚持战斗，所以纷纷向各处迁徙了。关于这段事，在《西南彝志》卷5《天地津梁断》里有所叙述，作者把这最高统治者说成是"天上的君主"，这应是贵州彝族在明清封建统治时代的一种说法，不一定是它的原意。其故事简述如下：

> 且说原来在乍族的补类乍之世，武族的额则武之世，糯族的额类糯之世，恒族的密雅恒之世，布族的布体妥之世，默族的默阿德之世，天君派人来到人间，每天要索缴牛三十头、铜三十斤、布三十匹，作为上纳的租税。在最后一天彝人将租税缴齐了，催租的人才转回。后来有一次，武族的堵阿荣在益纳根几（原注今云南府城，一说在彝良或大理）接了圣旨的时候，他说："我接了这个圣旨，只有把它藏起来才是。拿着读是可以的，照这样办是不可以的。听可以听，照这样办是不可以的。"于是武堵阿荣头戴黄金盔，身穿云花树皮甲，手里拿着长尾戈矛，把天上派来的催租税人佐阿且刺杀在罗吐山下面了。从此地上的一切人，不受天上人们的压迫。但是他们还是怕天上人来报复的，所以就大量地向外迁徙到尼慕格根，迁到迭以情尼，迁到陀穆纪知，迁到慕以义格以及俄博仙格去了。

这一传说，不仅是神话，也有它的历史意义。因为在那个时候，据汉文史书记载，在昆明一带已经有滇王国存在了。我们对于彝族原始社会史上这种反压迫、反剥削的斗争，应当充分地给予重视。但在另一方面，古代彝族在生产发展的过程中，在向各处迁徙的过程中，特别是当与不同部落、部族的战争中又掠夺了大量的俘虏，这样就使彝族的原始公社转入了奴隶社会。

关于彝族各部落的迁徙和发展，由于迁徙的路线不同，在各地所遭遇到的具体情况不同，所以我们不能无区别地加以叙述。现在我们以不同部落为主、地区为辅，分为三段叙述于下。其中最困难的是彝族所到之处的地名，大部分与现今地名无法对照，但研究中又不能不予叙述，这里做一点尝试，我们希望彝汉地名对照工作将有更大的进展。

先叙述乍部落的迁徙。乍族是穆阿祜的后裔，从六祖家园佐雅纪堵迁出以后，到了迭错雅卧，建立庙宇，供祀六祖。传了三代向外开辟地方，南面到鲁补，北面到了妥雅塞基和纳鲁何，西面到了麻黎俄呷。这些地方大约都在昆明的西方和南方。据《西南彝志》卷5《乍的系谱》说，乍族"人民很和雅淳朴"，"他们都是农民，栽的种籽有白的也有黑的，用很多的铁犁耕地，就是雷电交作、大雨倾盆之时也劳苦不息"。但他们在发展过程中也与彝族以外的其他部落相互攻击，例如西方，他们遇到一种人叫作"举部"（dzyɭ puɭ），相互格斗，终于把这种人赶出黎木陀珠去了。

武氏族的原住地在迭布山（dəɬ puɭ），在今昆明城西边。从穆阿怯以后传到第六世武额克，开始向外开辟土地，一直发展到姑苦谋及嫩山之前。在南部宰拜（dzeɬ beɬ）地方住着以赫遮为头目的赫族（xeɭ），武氏族的后裔与他们为邻。赫族很富强，建筑有九个城，但有两个城被武族占去了，武族就逐渐形成一个大的部落。至武堵阿迭（xuɭ tuɭ Lɐ dieʋ）之世，武家首领在三个地方养了九千兵马，这时如乍家的孟索达，糯家的吐鲁默，恒家的鲁阿举，布家的纳默且，默家的纳阿博同样也兴起了养兵制度。从此以后，六个部落就不但各保各的子孙，而且还要征服其他部落、部族了。当时洛举人（luɬ tbyɭ feʑ）和汉人（t'oɲ ŋiɥ zeɭ）看到武和乍的实力日益强大，于是也各自蓄养兵力，以图一战。当时布家和糯阔博、洛额古三家经常相互战争。从此以后，役使白彝的制度开始了，征收粮草的制度也建立了。不只武、乍、布三家如此，六祖子孙的其他各家也普遍建立了蓄奴制度。例如糯家的施鲁亨，恒家的施阿朵，德家的施阿茹，笃家的施阿鲁，顾家的施阿博，播勒家的施阿仁，乌撒家的施阿普。彝族六祖子孙的奴隶制度就是这样开始的。①

---

① 〔整理者注〕：这一段几乎都是从《西南彝志》卷5《武姓的起源》的摘译文，因为它关系到奴隶制的起源，所以力求保存原有文字的真实面目。六祖子孙各家的奴隶名字之前各冠以"施"（sɿɭ）字，不了解。德家指德施家，笃家指笃暮家，播勒家指安顺府的安氏，乌撒家指威宁乌撒土司安氏。顾家，不了解；原译文把它归入笃家，为笃家所有，亦可通。

武的后裔分为许多家支向南北东西四方移殖。在北方和南方都遇到上面曾经提过的赫族（xeɯ），赫的子孙到处发展。在北方，彝族首领武孟率与赫的君主订了约，允许彝族在北方周围居住，于是他们便修了举（dzγɨ）和努（nuɯ）两个城。在南方，武孟率的子孙建了十七个城，地名叫作洗朵（ɕiɨ t'uɨ）。在西方，原来赫族的势力很大，到后来渐渐衰弱，结果被彝族兵力驱逐到洪努白纪去了。

西部的耿嘎（kɤɭ gaɨ）地方住着一个部落叫作耐族（nieɨ tsaiɯ），武族就移住在此族的旁边。在东方，武族占领的地方很多。武的后裔孟罗（muɨ lɤɭ）占了十五个城，贾西（teaɨ ɕiɨ）占了十五个村，沙吐（saɨ t'uɨ）也占了九个城。东部原来也有很多赫族，势力衰弱，都被武族把他们赶到括姆（k'oɭ huɨ）地方去了。东边最远的地方武族也建立了两个城：一个叫安鲁望（ŋaɨ luɭ vaɯ），一个叫安古吐鲁望（ŋaɨ kuɨ t'uɨ luɭ ɨŋ）。

总的来说，武这一族勇敢好战，占领别族的地方很多。但是他们移殖的范围似仍以云南昆明的四周为限。最东到"安鲁望"和"安古吐鲁望"，彝族的老年人说此二地指湖南和湖北，恐系传闻之误，是缺乏根据的。

武族的历史最突出的，就是奴隶制度的建立，前面已经叙述过在战争中把俘虏降为奴隶，在此不再重复。这里要提的是武的一个支系，从施雅致传了五代到枸雅默，看到自己的土地不够居住，便向卦耿（kuaɭ ŋoɯ）和奎博（k'uɤɭ boɯ）二族进犯，打败他们，占有了他们的土地和人民。武家在那里传了三代到布雅谷之世，在谷德甲（ŋguɨ dɤɨ dzaɭ）和诺耿鲁（nuɨ heɨ huɨ）两个地方，占有了大批奴隶，出现了奴隶主与奴隶两个对立的阶级（dzɿɭ或dziuɭ）。六祖子孙从此进入奴隶占有制时代。

不只武的一家如此，糯家以施鲁亨（sɿɭluɨ xɤɭ）为奴也是这样。先时，阿葛、阿默和果鲁额三姓常相互攻击，后来白彝（t'uɨ）失败了，就给胜利者当差做奴婢，并给他们纳粮草。六祖的奴隶就这样开始了。施鲁亨之降为糯家黑彝（naɨ）的奴隶也与此相同。此外，德家的施阿茹，播勒的施阿仁，他们的命运也复相同。乌撒家也以施族为奴婢。在纪俄格（今安顺），做斋筵的是宫奴，入祖殿献祭的也是宫奴。战争的时候，用奴仆来担负耕种。有些奴仆，如卡洗做了兵马主帅，益为主人管理土地，可见奴隶主对于奴隶在一定的条件下也是重用的。除此以外，奴隶主还驱使奴隶在深谷野兽盘踞之处从事狩猎，攻打敌人的时候以奴隶为先锋；开亲的时候以奴隶为陪衾，前呼后拥，奴隶主认为这样才光荣。①

四、糯、恒二部落向滇东北、四川永宁和凉山的迁徙和发展

贵州彝经中的"糯"（nw꜓），凉山彝经中称为"曲涅"（tɕʼy꜓ ȵiɛ꜓）；贵州彝经中的"恒"（ɾx꜓），凉山彝经中称为"古侯"（gu꜎ xʅ꜓）②。曲涅和古侯原来都是人名，以后始成为部落名。彝族古代糯与恒二部落的名称既然如此，从六祖所传下的其他部落名称，最初也是人名，后来即简化成单音的部落名了。但六个部落名并非六祖之名，此点可由恒或古侯得到证明。《西南彝志》卷6《耿恒祖代的叙述》中说，耿恒是六祖之一穆阿卧的六世孙。凉山彝经亦说从仲牟由到古侯有七八代，中间还有脱落的人名。关于曲涅和古侯迁徙的历史，贵州彝族所传说的与凉山彝族所传说的不同，现在以凉山彝族传说为主，参考贵州资料，来说明曲涅、古侯的迁徙和发展情况。

曲涅部落，从六祖之一穆阿赛传了七代，到额阿糯（gɿ꜓ ɿ꜎ nw꜓），居住的地方在佐雅纪堵（ndzo꜎ ʐa꜓ dzi꜎ du꜎）。这里本是六祖的家园。后来，辗转迁徙到了洛补红岩。那里汉人居住的地面很宽，白人（tsʼo꜎ tʼu꜎）众多，被汉人收来在深谷中牧马。彝人看到这里不能住，就返回原处沽雅嘎居住。以后又辗转迁徙，来到窦地的甸（tʼu꜓ ɿ꜓ fu꜓ ndi꜎），即现在的昭通。

曲涅中的一支迁到纳汝洪和伦妥格等地。在纳汝洪遇到一种专以牧牛羊为业的人叫作"久奥额忍"和"额侏"。彝经说这种人"只知牧养母畜，而不知牧养子畜"。随后迁到伦妥格，传了12世，很是繁荣。但正值武族的两位酋长扩展到此地，要霸有他们的土地，掳掠他们的牛羊并占有他们的妻子。战争失败，这支彝族就迁往贵州纪俄格（威宁）和粗易歹一带了。这是曲涅族的一个支系。

又一支系迁到洪鲁山一带。彝经说这一支人最为富饶，当然不是说奴隶

---

① 〔整理者注〕：这一段也是从《西南彝志》卷5《武的叙述》一章中译出的，尽量保持原文面貌。原文有些地方有误，已做了订正。

② 〔整理者注〕："古侯"，汉文亦译作"耿恒"、"孤纥"等。

主生产了什么，主要是靠奴隶多、租米多。例如在嫩姑城，彝经说"所收租谷是用升斗量的，送租人们如蚂蚁行路，绵延不绝"。因此这里的奴隶主，"盛水的缸是用银作的，簸米的箕是金线缠的，盛饭的盂也是用金打的"。此说明这里的奴隶的劳动生产率已经相当的高了。

据贵州彝书记载，曲涅一部在进入凉山以前绝大部分是住在昭通西北金沙江的南岸。原来六祖之一乍的子孙已经在金沙江南岸以牧猪为业。曲涅家看到这种情况火速号召族人往金沙江南岸移殖，不久就在江边占领了九座山的地盘。金沙江岸有三个河口都由曲涅部的人们把守，在河的上、中、下游都驻有兵丁，这样一来，江流长期在曲涅部控制之下了。后来曲涅会同古侯两部所以能顺利地进入凉山，这也是一个重要的前提。

恒的子孙分为三大家族，各居一地，唯古侯占有城池，所以这一部的势力最为强盛。古侯生九子，原居格格宏克地方，长大以后向滇东北一带迁徙。滇东北地区古代濮人（p'uɹ）的聚落很多。古侯部的人马到达此区，有的和濮人生活在一起，渐渐变为濮人了，有的与汉人益州吴纳西的军队相遇，被拦阻在楚宏助穆，后来也变为濮人了。还有的已经迁到委委仲垮了，濮人不许他们移居，因而又重返至恒雅妥一带。古侯的子孙此后分为三支，向三个地区进展：一支定居于窦地甸，即今日的昭通，为后世所说的乌蒙部；一支经过黔西北到达川南的永宁（今叙永）、古蔺一带，即后世永宁奢土司；最大的一支是与曲涅部会合渡金沙江，沿美姑河北上到达大小凉山各地，所以今日凉山彝族中的黑彝绝大部分都是古侯和曲涅两部的子孙。

先述窦地甸的古侯一支的发展情况。

古侯子孙有洛（1uɹ）的一支从比索妥提向昭通移住。洛之子分为三房：长名路依，居委委邵那；次名路类，居旺穆城南部；少名路乌穆，居德砥仆卧。此三聚落都在今昭通城附近。此时曲涅族的一部分后裔也住扎在昭通附近。凉山彝族史诗《勒俄特依》对于古代彝族各支系在昭通一带相互斗争的情况有所叙述：

> 仲牟由的后人波阿图兄弟三人驱苍牛黄马并带着猎犬经过许多地方才到了滋祖仆吾（即德砥仆卧，今昭通）。住了若干代以后，古侯、曲涅二部为疆界而争，为牛羊越栏而争，为你高我卑而争，嚷嚷不休，混

战多年。

当古侯、曲涅移至昭通时,已经有蓄奴制度。凉山彝族《古侯曲涅史略》说:

> 一次巡于天,二次巡于地,三巡滋祖仆吾。婢女来运石,男仆砌石墙,水里捞石头,院落修四方;田坎背石块,畜圈建四个,于是四畜兴旺了。银炼铸四条,俘虏四个拴住了。

这段话描绘出那时昭通的彝族已是奴隶社会了。

当时住在昭通的,还不只古侯、曲涅二部。凉山甘洛的《招魂经》,叙述古代昭通的诸部分布情况说:

> 滋祖仆吾哪,前有尼古阿涅部,后有吉郭阿播部;上有乌主部,乌主分九支;中有阿举部,阿举、耶举分;下有卜凯部,卜鼓、里卧分。

《招魂经》不是近代毕摩编造的,它反映了古代传说中昭通彝族的分布状态。

《西南彝志》卷6《叙乌蒙》一章记载纳知阿施和阿辅路甸叔侄二人也住在乌蒙,攻打西祭山,把森林土地都整滥了,跟着就有汉族统治阶级率兵南下,直达白彝(t'uɨ)地面,讨平彝族的地盘,从此汉官向黑白彝征收赋税。这是中国哪一朝代的事,无从考证了。明代汉文史志记载,乌蒙为古窦地甸,唐时乌蛮阿统居此。传至其裔乌蒙时,部落强大,号乌蒙部。"窦地甸"彝名"窦地的甸",即"德砥仆卧"另一汉译名。所说的"阿统",疑即凉山传说中的"波阿图",若然,则阿统不是唐代人,而是西汉时人。乌蒙部的名称始于唐代。自唐以后,昭通的彝族一般称为乌蒙部。①

---

① 〔整理者注〕:据考,阿统之后十一世孙乌蒙即彝谱赫阿通之后十一世孙德赫隆。德赫隆系东汉桓灵时人,唐时其后裔始以祖名号部落。如以东汉桓灵之世当公元170年为基点,每一代以25年计,向上溯十一代至赫阿通(阿统)之时,应是西汉武帝元封(前105)时人。其时恒部的一支已在昭通一带建立统治,势力强大。(参考李绍明、余宏模:《关于东爨乌蛮诸部的族源问题》,《思想战线》1979年第4期)

古侯子孙的又一支叫德额（dɿ˧ gɤ˧）家，原居霸穆格努地方。传到卧雅穆，分为四房，迁到西部洪各箐、尼尼何、鲁道何一带居住。这些地方约在滇东北、黔西北赤水河以南的地区。到了德额非之世，征服了当地的濮人，又招纳四川南部永宁一带扯勒土人（tsʻɛɭ lɛ˧），势力壮大，跟着渡过赤水河（tɕʻieɭ ɤɤ˧ liɿ˧）和葛甸沙枯（kuɭ tiɭ saɭ kueɭ），直到古蔺（beɭ ɤɤ˧ tʻuɭ xuɭ）居住。当时汉人的势力已经在扯勒一带有所发展，彝族不能抵抗，分为东西二部向扯勒集中。德额家孤节把吐的一个女儿和它的巫师勇敢善战，打下十二个山头，就在那里称霸称王，统治了当地的人民和土地。从四川泸州以南到赤水河一带原来土著人民甚多，据宋、元、明三代各种史志记载这里有僰人、僚佬、羿子。直到明代初年明太祖致傅友德的诏书说有"羿子九属及阿吕、雨宗、碎瓦、莫德、阿胡、阿遣等蛮"①。彝族初到扯勒就把这些土著征服了，许多不同的部民就做了他们的奴隶。住扎在这里的彝族奴隶主与汉族的封建统治阶级直接发生冲突，所以连年交战，彝书称"像天混地黑一般"。战争的结果，汉人统治阶级胜利，启道、色谷、奢旺、陀宜、洛举五个土著部族都归汉官统治。彝族对汉兵不胜，转而攻击各地的土著。彝族造了兵革利器，对濮人大兴杀戮，后有人出来调停战争，彝人掠取了濮人十五座城才停止攻击。其中若干城原来都很富庶的，被彝人的君、臣、巫师分住。"君住的云金城，是一座织丝的城；臣住的楚尼城，是一座商品交易之所；巫师住能姑城，是一座晒锦帛的城。"②

---

① 见《明太祖洪武实录》卷155。
② 此段参考《西南彝志》卷6《扯勒祖代兴起记》和《恒的另一家起源》。
〔整理者注〕：据考"德额非"即"德赫辉"（简称辉），系永宁部（鳛部）之祖，其迁居川南叙永、古蔺一带为时甚久。清黄星斋《大定志·水乌世系通考》引彝谱说："窦地君有曰俄海者，生德辉。德辉有二子，长曰隆，少曰辉。德辉及其卒也，以位让于辉，辉让于隆而去之。邑人义辉，从者九千人，乃东渡白水，击都掌、羿子及土僚而降之。依鳛水而居，因自号鳛部，夷人谓之须协。须，东也。以窦地为诺协。诺，西也。……辉当晋世，累传至墨者，墨者生扯里，扯里益强盛，晋末授以令长之职。"毕节专区民委彝文翻译组翻印的清余若瑔《且兰考》考证更为详实："穆阿卧，字君亨，子孙为君亨氏。先居于协，后移于窦。……十八世曰俄海德赫，妻曰宜祭。生二子，长曰德赫隆，次曰德赫辉。德赫爱辉，卒，嘱传位于辉。辉让于隆而去，邑人义之，从者九千人。隆世守窦地为乌蒙之祖，《明史》有传。德赫辉，妻奢谦，系东汉桓、灵时人，为鳛部之始祖。……十二世曰墨者扯勒，妻曰宜赫。扯勒在晋末，授令长之职。"究竟德赫辉是何时的人？据桑钦《水经》"江水"条说："（江水）又东过符县，鳛部水从符关东北注之。"但后魏郦道元因系北方人，未能南来，故称："其鳛部之水，未所闻也。"可知鳛部的建立应在曹魏时的桑钦之前，故德赫辉为东汉桓灵时人较妥。

最后叙述住在昭通以北、尚未横渡金沙江迁往大凉山的古侯部中一支人的情况。这一支叫卧雅不，初至时暂以打猎为生。在滋祖额呷地方与濮族为邻，濮族也以打猎为业。最初二族相互猜疑，经常在江畔追击野鹿，沿江过桥，各逞其能，相互争夺。后来两族的人们熟了，就在瓦什阿干椎牛盟誓。彝族巫师指山水为誓说："今后濮反，濮的子孙灭；恒反，恒的子孙死。"饮酒椎牛以后，二族友好相处了一段时间。古侯家在那里居住了几个城：君住的迭舍城，是一个养蚕的地方；臣住的楚尼城，是个织丝的地方；巫师住的努顾城，是个晒锦帛的地方。此外还有三节坡和三条冲，是男女歌唱游玩之所。还有一个地方名都雅赤，是手艺人所在之村落。在这里彝、濮二族都生活得很好。过了一代之后，彝族的武部落常来这里侵扰，濮族人看到不能自保，赶紧制造银弓和毒箭，准备保卫自己，而彝族的古侯、曲涅二部看到情势不佳，也相互商量，准备渡河移住到大小凉山里面。①

凉山，彝族称之为"谷摩"（guɿ xuɿ），乃高寒之意，金沙江以南的彝人常以之为牛羊避暑之所。古侯、曲涅二部迁徙到凉山的年代，据凉山彝族所背诵的谱牒，多者七十八代，少者五十多代。每代以二十五年计，约在西汉末年他们就开始向凉山迁移了。② 迁移的路线，我们照凉山彝经《招魂经》和《指路经》几乎全部可以复原。所经地名，不下百处，在此不暇细述。路线是从云南永善的井底坝或大屋基渡金沙江，进入现雷波境内，然后向西循美姑河上行，到达了凉山中心的利美莫姑（liɹ Limˉ muəɹ guɿ）。此村在今美姑县利美甲谷的山麓，水源多，草木茂，宜牧宜农，彝族在此停留的时间很

---

① 此段参考《西南彝志》卷6《耿恒氏卧雅不》。
② 〔整理者注〕：凉山世代相传的谱牒，长短不一。如凉山州人委《关于凉山家谱的说明》谓古侯六十三代，曲涅七十四代；马长寿《凉山罗夷族谱》谓古侯四十代，曲涅四十七代；方壮猷《凉山夷族系谱》谓古侯四十三代，曲涅四十五代；《雷马屏峨记略》一书谓古侯四十代，曲涅四十二代。据四川民族调查组反复调查，以此二部传至解放前夕，为四十余代较准（参考该组：《凉山彝族自治州社会调查综合报告（初稿）》的《家支》一章）。今以五十代为整数，每代以二十五年计，则可上溯一千二百五十年，约当唐初武后圣历二年（699）。可以推知古侯、曲涅二部的大批人马是这时进入凉山的。但凉山东部的马湖部彝族进入凉山则在汉代。明嘉靖《马湖府志》卷3，载明宪宗成化二十三年户部郎中刘忠为马湖土知府安鳌所撰《万寿观神像铭文》，引安氏谱牒说："马湖府治泸水下游，守其土者历代建官虽殊，然皆安氏子孙，自汉武至今五十八世矣，衣缨之远未有若是其盛者。"考安鳌于孝宗弘治八年（1495）被诛，每代仍以二十五年计，则可上溯一千四百五十年，约当汉光武建武二十一年（45），虽较安氏传说为晚，但仍在汉代无疑。由于马湖土知府安氏于明代即已改流，其家族究竟是否属于古侯、曲涅，尚待进一步考证。

长，落户的不少。另一些从利美莫姑沿美姑河而西，经利美都柯、利美且窝而至利美竹核。竹核（tsiuꞁ Luiꜜ）是一大的平堤，纵横二三十里，东西南三面皆高山，美姑河从东北流入，蜿蜒其间，土地宜稻宜禾，最是富庶。此处还有温泉。古侯、曲涅二部在此停留多时，然后分道扬镳，古侯向东方，曲涅向西方，各向凉山广大地区迁移分住了。关于此事，在《招魂经》和《指路经》里都有下面几句话："左边是曲涅路，右边是古侯路，曲涅、古侯二路走。"① 这几句话现在看来还是有历史的意义。古侯支分布在东方的，在牛牛坝以北的有阿侯、苏呷家；从马边到天喜一带有甘尔、蒲田十二支；靠近雷波的有阿著家（雷波的千万贯长官司系出此家）、阿苏家、涅索家等等；马家九支最初的分布地也在雷波。曲涅支在凉山中部偏西，阿尔家最初住宜车河的车子尔哈一带，后来分为数支向龙头山、瓦库尔苦、巴普以及巴普以南地区分布；八且家在昭觉平原的北山；古代曲涅家最西的分布到西昌的为利利家（元代的罗罗斯宣慰司系出此家）；西北在大渡河以南为新基家（元、明邛部长官司系出此家）；大渡河以北，《唐书》言邛、黎间有"三蛮王刘、杨、郝三姓"，宋代有"都鬼主"，彝语称汉源土司家为"尔知咢甫"，此为古代彝族分布最西北者。从此看来，古代凉山彝族分布，古侯在东，曲涅在西，原始轮廓宛然俱在。但经过一千几百年之后，各家支的东西南北移动早已冲破原来的界限而交错杂居了。

凉山地区在彝族移入以前已经有许多部落、部族居住。凉山东部，在汉代初期属僰道县，僰道县治今宜宾。《华阳国志》说其地"本有僰人"。凉山西南部，汉代设会无县。《华阳国志》说此县"故濮人邑也，今有濮人冢"。明代人谭希思著的《土夷考》说："大渡河南岸为临河堡。堡之上通大小凉山及海脑坝僰夷村，旧僰人聚落也。"② 由此可知凉山的东南、西北部皆有僰、濮人。又元代李京的《云南志略》说："土僚蛮，叙州南、乌蒙北皆是。"凉山西北部今甘洛县北边近大渡河有山名"曲曲鸟"，原属邛部长官司。彝语称之为"克鸟"（k'iꞁ ŋioꜜ），衣饰、语言与彝族不同。旧志称"曲曲鸟，僚

---

① 凉山个别地方的《招魂经》和《指路经》说古侯、曲涅二部的分路所在，不在竹核，而是利美莫姑，但以称竹核分路者为多数。
② 《蜀中广记》卷34。
〔整理者注〕：《土夷考》一书，国内已无原本，今北京图书馆与四川省图书馆均有复制本（照片）。《蜀中广记》引文以"大凉山"作"大冲山"，今按复制本改正。

也"。由此可知凉山的南面和北面皆有土僚。又凉山彝语称西昌为"乌朱"（oɬ dzoɬ），与称藏族同音，可能这里原有藏族（"西番"）居住。明代志书称冕宁为宁番卫，所谓"环而居者皆西番种"①。今甘洛、越西西北尚有少数西番村落，旧属邛部长官司。此凉山的西部和西北部有西番。又《元史·地理志》称"邛部州，昔么些蛮居之。后仲牟由之裔夺其地"②。此仲牟由之裔即指曲涅支之新基家，其地原为纳西族所居，新基家至，始夺取其地。此凉山之西北部原也有纳西族。此外，在凉山东部雷波县境内尚有村落名羿子村，美姑县北部与峨边县交界处有山名羿子垭口。雷波县彝人、汉人传说羿子一族在百年前尚有，为凉山彝族奴隶主掠以为奴，今已绝种。此凉山北部东部又有羿子。从上述诸例可知，彝族移入凉山后，凉山原有土著被彝族统治阶级所征服奴役者已有僰人、濮人、土僚、西番、纳西、羿子六种，而原来已经住在凉山各地的汉人亦当为数更多。这些语言不同、族源不同的各族，一旦被彝族奴隶主所征服、所掳掠，则成为彝族等级中的奴隶或者白彝（tɕ'oɤ noɬ）。由此可知，从族源论，彝族的黑彝奴隶主等级是单元的，即比较单纯的族源衍生后世的"黑彝的子孙"；自曲诺（曲伙）以下如阿加、呷西诸等级则是多元的，从许多不同的族源融合为后世所谓的"朔"或者"白彝的子孙"。

西昌地区各县的彝族，绝大部分是近代由凉山各地移入的，且有一部分已经向西移殖到木里和九龙③；向南又渡过金沙江移殖至云南的宁蒗、永胜、华坪三县所谓云南"小凉山区"。其中只有安宁河流域的彝族，汉人称之为"水田"，凉山彝族称"木西苏"（hum xɛɹ soɬ）意为"平川种田人"的，可能有南诏建国时阁罗凤迁来的"乌、白蛮"的后裔。④

---

① 《蜀中广记》卷34"宁番卫"条。西番之民族成分较复杂，今统称藏族。
② 《元史》卷61《地理志四》，原"仲牟由"误作"仲由蒙"，今改正。
③ 〔整理者注〕：西昌地区在凉山彝族自治州西部，辖西昌、冕宁、德昌、米易、宁南、会理、会东、盐源、盐边、木里等县。1979年，根据国务院的决定，除将米易、盐边划归渡口市外，其余八个县均划归凉山彝族自治州，同时撤销西昌地区的建制。凉山彝族自治州的首府亦由昭觉移至西昌。此处指原西昌地区所辖各县。
④ 《新唐书》卷222《南诏传》曾记载此事。
〔整理者注〕：称为"木西苏"的彝族，主要居于安宁河的两岸及附近平川地区，绝大多数为凉山彝族先后自高山移至平川后，而主要从事水稻耕作的。至于南诏时迁入这一带的"乌蛮"、"白蛮"，据今所知尚有一部分后裔留居在西昌坝区，居邛海四周的"白蛮"后裔，清代曾称之为"渔人"。

五、布、默二部落向滇东、黔西北的迁徙和发展

首先，叙述布部。布的始祖穆克克，传了七代到阿德布，"德布"的名称就是从阿德布这一代开始的，而"布"是"德布"的简称。这一部原居于云南中部的鲁甸（luɨ ndeɨ）①，很早就移到滇东部的古苦阿格（今宣威）居住了。穆克克之孙仲鲁穆征服了濮人，在濮的地面上掌了权。传到阿德布之世，在黔西占领了妥濮额地方，以宜塔类耿山为界。那时黔西北耿克贾补的濮人原有很多的土地。但因为他们"只贪富贵，不修武备"，所以就被势力强大的彝人征服了。后来默部的后裔也发展到濮地，布与默的子孙都向濮人进攻，于是濮人的十五座大山皆被彝人占领了。德布部开始发展的情况就是如此。

德布部的势力，除了一部分在古枯阿格（宣威）之外，又以古枯阿格为中心，南路发展至图罗旦洛（沾益），东南路发展到录录阿格（普安），北路发展到纪俄格（威宁），在历史上形成若干著名的奴隶主土司集团，但也有一部分做了水西土司的土目和部民。

沾益图罗旦洛的巨义阿太土司在《明史》中见于记载，以其势力微弱，在此可不叙述。《西南彝志》卷7《阿德布的叙述》说阿德布一部曾经占领过播勒二城。播勒指旧日的安顺府治，即今日的普定。占领的经过《西南彝志》叙述不详。光绪年间修的《安顺府志》在《普里本末》里记载着一段故事，说三国时穆齐齐之后名济火，奉蜀后主之命征服普里的僰僚。僰僚既平，后主便把普里赐给济火。后来济火又把这块土地让给哥哥的儿子克柏墨，于是克柏墨就从古苦阿格前来把普里占据了。②彝语称普里为播勒（beɨ leɨ），

---

① 此鲁甸非现今滇东北的鲁甸。《西南彝志》卷8《六祖的起源》中说"德布族首出于天列鲁甸"，确在何处不易知，但其位置应在宣威南方，仍在今昆明附近。
② 这一故事虽然有趣，但存在的问题不少。首先，济火其人在正史中不见记载。明清人笔记中只说有火济，不说济火，济火或济济火之名是后人有意颠倒的，企图与默部始祖穆齐齐以父子联名制强连在一起。《西南彝志》卷8《六祖的起源》中说播勒的酋长是布部始祖穆克克的十七世孙默干阿仁，而不是克柏墨，姑录于此，以供研究者参考。
〔整理者注〕：关于济火，明清史志多有记载。明嘉靖《贵州通志》卷11周洪谟《安氏家传序》："贵州宣慰使司，其先有慕济济与普里部仡佬氏争为君长，迭有盛衰。其后有曰齐齐火，善抚其众，时闻诸葛武侯南征，通道积粮，以迎武侯，武侯大悦，遂命为先锋，替武侯以平南夷，擒纵孟获。及归，克仡佬氏，拓其境土，武侯封为罗甸国王。"与此相同的传说亦见于民国《贵州通志》之《前事志》、《土司志》等，均出自明正统时水西土官所修家谱。此外，彝文书籍《西南彝志》卷8《六祖的起源》亦有此说。三国时，诸葛亮南征的部队曾周旋于滇东北及黔西北一带，因而济火助征的可能性是存在的。

亦称"播勒大革"①。唐代曾在这里置普宁州，封普里部长为普宁郡王。普里部和罗甸部是构成唐代所谓"卢鹿部"的主要部分。②到元代即为普定，置普定万户，明代改设安顺府。

德布部发展到威宁一带的，形成后世所说的"乌撒部"。元、明两代的史志对乌撒的源流虽有记载，但多模糊不清。③原来穆克克传十二代到德阿谋，有二子：一子谋阿额仍住古苦阿格；又一子谋默哲率领奴隶军东征西伐。那时古苦阿格以北的土地被濮人占领着，谋默哲向北打下了纪古迷古和必额茹显，就搬到那里住了。贵州西北草海以东的地区有鲁望城。因为汉官在这里设置过宝州，彝语讹"宝"为"巴"，称州为"甸"，所以讹称之为"巴甸"。谋默哲之子名默哲乌撒，驱逐当地原有濮人首领，就把巴甸占据了。经过六代，他的后裔姆雅琪又占据了盐仓，土地更为扩大。姆雅琪之子为琪雅勒（tɕ'iɿ Lɑɿ Lɿ'əɿ），《元史·地理志》把此名翻译成"析怒"，拓地自强，把附近的阿头部、易溪部、易娘部、乌蒙部、閟畔部及西北的芒部和阿者部都征服了。为纪念他的祖先"默哲乌撒"，所以称为乌撒部（ɿɑɿ Lɯɿ poɿ）。当时已是宋朝末年，蒙古兵南下，屡招不降。直至公元1274年即元世祖至元十七年，始附元，元即于其地置乌撒乌蒙宣慰司。这可以说是德布家的极盛时期了。但是上述各部的临时合并，是依靠乌撒部奴隶主的武力征

---

① "播勒大革"，《安顺府志》的《普里本末》解释成"播勒宗主"，不可从。"大革"实即"大官"之讹。《普里本末》出自光绪年间安顺府游官之手，难免有牵强附会处。

② 〔整理者注〕：考卢鹿部为唐代"东爨乌蛮"七部之一，其地在今宣威、会泽、巧家一带。清《安顺府志》卷3引彝书说："乌蛮阿纳者，迁居南广之鹿里，今镇雄县。纳又使其少子必松居播畏，西南至于竹子岭，世谓之卢鹿部。"明朝以来，一般认为唐代卢鹿部与今黔西北境内的彝族先民有关。如田雯《黔书》"苗类种类部落"条谓："何谓卢鹿，水西罗鬼是也，族众而地广，故力亦强。"同书"黑罗罗"条又称："罗罗本卢鹿，讹为今称，有黑白两种，居平远、大定、黔西、威宁者为黑罗罗，亦曰乌蛮。"由此可知，罗罗（卢鹿）亦有泛称的用意。因此，普里部和罗甸部不一定即是唐代卢鹿部的后裔。

③ 〔整理者注〕《元史·地理志》云："乌撒者，自昔乌杂蛮居之。后乌蛮之裔析怒始强大，尽得其地，因取远祖乌撒为部名。"明《蜀中广记》谓乌蛮之迁入乌撒是在唐代。据称："唐时乌蛮之裔孙曰乌些者据此，至阿蒙始得巴的甸。……宋时乌些之后曰析怒，始并其地曰乌撒部。元至元中始内附，后改乌撒乌蒙等处宣慰司。"乌撒就是唐代"东爨乌蛮"七部中的暴蛮部。清《贵州通志·土司志》"乌撒土司"条有考述："乌撒者，暴蛮王部之人名也，亦谓之乌些，亦谓之五所，亦谓之五术，亦谓之物叙。夷书云，穆克者，祝明之第五子，居于濮，实为其长。"因此，乌蛮的入居乌撒应在唐代以前。至于他们被称为"暴蛮"，应与此部最早居于濮地，并征服濮人有关。《安顺府志·普里本末》即称："克（按：布部始祖穆克克）居于濮。濮即汉之同并，唐之北盘州，亦曰暴蛮，元之普安，并、盘、普一声之转，皆即濮也。"

服赢得的，所以后来乌撒部的武力一弛，所属各部就跟着瓦解云散了。

其次，叙述默部的迁移和发展。

默部亦称德施部。称"默"(tsʰɤɿ)的原由，是因为此族始祖穆齐齐的十代后裔名"烈阿默"(leɬ ɦʌʃ tɤɬ)，以后便简称曰"默部"。烈阿默传默阿德，默阿德传德阿施(dɯɬ ʌʃ tsʰɯ)，"德施"之名显然是从"德阿施"而来的。

德施的祖先，据《西南彝志》卷 9《德施氏的溯源》说：原来居住在楚吐(tsʰuʃ tʰuɬ)即云南的北部，后来在滇北和黔西各地到处迁移，所以彝兵很骄傲地说："日月所照之处，尽是德施氏的彝人所属。"滇东北一带，在彝族迁到以前已经有濮人、僰佬、汉人等居住。当德施部人尚未定居之时，《六祖的起源》中说，他们有的变成濮（僰佬）人（pʰuʃ），有的变成白人（tʰɤɬ），有的变成"赌主濮"人（tʰuɬ dzuʃ pʰuʃ），有的到扒瓦（今水城）与汉人同化了。从穆齐齐传十一世到默阿德，在妥德邵唯（tuʃ ʌʃ ʂɔʃ liʃ）树林中以杉枝为棚，在那里住下。默阿德之妻妥雅尼套怀孕时，曾吃了一条活的牛，生下德阿施，力大无比，发音亦宏壮如牛。长大以后，经常率领人马掠夺别家的土地，不止是外族人的土地，就是六祖后裔的土地，他也掠夺。掠夺土地之后，就派人在那里勒收租税。有时还掠夺别家的人口、牲畜和财物，以供自己挥霍。所以远近部落都怕他，服从他的指挥。糯、恒二部原住谷的北方，布、默二部原处山峦重叠之地。这四大部本已选好各自的酋长，各保疆域，经营生活了。但默部阿佐俄格部落有个酋长率领大兵占据了糯部麻谷冲之地，把那里的牛、马、羊都掠夺了。此部落有一大将名阿纳笃节，勇敢好战，先征服了赤家，掠夺了他们的土地，又攻击佐落举家，打死他们的兵将三百余人，把洛举家的古保和奢布二人带走，充当奴隶。但他还不满足于此，又聚众杀牛款待，计划袭击阿坐赤家，望其归附，上纳财物。这一计划被阿佐赤闻知，遣外佐迫默带着朋布家奴，召集此地三处六姓之人，宣布阿纳笃节的阴谋是在打下这里以后，要向三处征收丝帛并降六姓之人为奴隶。白彝们知道了黑彝的诡计，马上行动起来，准备应战，以此阿纳笃节的计划并未得逞。虽然如此，阿纳笃节的野心并未中止。有个阿额德部落，地域很广，上段至奎敖堵，中段为妥洪，是阿额德首领的建城之所，下段到却德阿果、根恒吐等地。其中有四座城，五条河和四个家族——阿底、阿总、布宜、麻乃。另外在金沙江南岸（noɬ ziʋ ɲiɬ doɬ）还有九百姓僰族（p'uɬ liŋ），在麻纳穆古根有八百姓沙诺人（ʂɤɬ nʏʋ，亦称江汉人），八百姓白谷麻人（guʋ Lʌm t'uʋ），九百姓阿佐人（Aɬ dzuʋ），以及无数的白洛举人（luʋ dɕyɬ t'uʋ）。这些部落和部族，城池和山河，都被阿纳笃节掠夺殆遍了，只有奎迟拜谷的武、乍二部幸免蹂躏。

德施部还有一位勇将名阿仁带，他也为该部打下许多城池、山河。其中最著名的是对妥落家之战。他打下了妥落家之后，掳掠了他们上万条牛回来。德施部就靠了这种奴隶制的掠夺战争发达了起来。

德施部的后裔，后来分为四个主要的支系向东川、芒部、普安、水西各处发展。

先述移往东川的一支。

德阿施的孙子有名乌莫德的，开始迁往东川。此事在明代的《云南通志》有记载："东川军民府，古东川甸。乌蛮仲牟由之裔骂弹得之，改曰那札那夷。"明志中的骂弹，就是《西南彝志》卷9《勿阿纳家的叙述》中的乌莫德（wuʋ moɬ dɛʋ）。乌莫德传十世到阿于歹（ʔaʋ ʏʋ zyɬ dwɬ）。从此以后也称阿于歹家。明代有阿于歹土司，姓安氏。东川，彝语称"录祖录遏"，此或则"那札那夷"名称所由来。①

乌莫德四传到了乌所必于的时候，承继了祖宗传下的广大土地，还不满足，每日锻炼士卒，制造武器，立志要向各方面征伐。首先是向武部掠夺，随后又征伐德砥仆卧（昭通）的糯、恒二部。攻下许多城池还不算，又分兵三路南下，攻打武部君主武阿纳的根据地。当时武阿纳有十个城，九个城已经被攻下来了，最后一城仍由武阿纳守着。武阿纳在城上恳求，愿意献出所有的财宝、牛、马，请乌所必于退兵。乌所必于说："你就把太阳拿来献我，也是不要的；要的是你武部所有的土地。"当其攻打下最后一城，就把武阿纳和大臣们的手背穿通，用铁链牵着，送到了色柏耿洪。从此就没收了武家

---

① 〔整理者注〕：东川即唐代"东爨乌蛮"七部中的阿迁路部。明《蜀中广记》说："古东川甸，乌蛮仲牟由之裔骂弹得之，改曰那札拉夷，属南诏，蒙世隆置东川郡。"但乌蛮迁居于此在唐代以前。据《西南彝志》载，阿迁（芋）路又译作阿芋甸（歹）。"阿迁"是彝语"舅父"，"甸"是"地区"，系具有姻亲关系的别部对该部的他称，而非自称。至今彝族仍称东川、会泽一带的安氏土司为"阿迁甸"家。据《西南彝志》卷8《德施氏的祖代叙述》，此部相传七十余世，谱系分明。

的财宝、牛羊和土地。① 又《德施氏史略》一书说这次战役，乌所必于还打到昆明，打得汉族的统治阶级大败。② 但汉文史志无此记载。后来传到阿于歹，仍然和他的祖先一样，一生的事业就是祭祀和用兵。东川以北的濮人很多，他经常出兵去征伐，把濮人的许多土地占领了。当时归附德施部的，有彝族四十七姓。四方八面的城池、河流和森林，都归德施部所有了。

东川彝族在唐代以后，有首领名悶畔，颇为强盛，东川彝族又改号"悶畔部"。悶畔部首领阿坛绛的子孙，依靠大理国君主高泰的势力，在金沙江以北安宁河流域建立了"绛部"，占据了姜州、会理州、麻龙州（皆在今会理、米易一带）之地。《元史·地理志》对此有详细的记载：

> （建昌路）姜州。姜者，蛮名也。乌蛮仲牟由之裔阿坛绛始居悶畔部，其孙阿罗仕大理国主高泰③，是时会川有城曰龙纳，罗落蛮世居焉。阿罗挟高氏之势，攻拔之，遂以祖名曰绛部。……（至元）十五年改为姜州。
>
> （会川路）会理州。州在会川府东南。……地名昔陀。有蛮名阿坛绛，亦仲由蒙④之遗种。其裔罗於则，得昔陀地居之，取祖名曰绛部。后强盛，尽得四州之地，号蒙歪。
>
> （会川路）麻龙州。麻龙者，城名也，地名棹罗能。乌蛮蒙次次之裔，祖居悶畔东川，后普恐迁苗卧龙。

上述三地，龙纳、昔陀、麻龙皆在安宁河流域，西昌以南。苗卧龙疑即麻龙。乌蛮"蒙次次"即我们前面所说的默部先祖穆齐齐，仍是仲牟由之裔。罗於则强时据"四州之地"，当指会川路的黎溪州、永昌州、会理州、麻龙州等四州。

再叙述芒部的起源。

---

① 《西南彝志》卷8《德施氏的祖代叙述》中，将"乌所必于"译作"俄索必额"（Lɤʰ Hid Lur Lur），ము系一人。
② 见贵州毕节专署民委彝文翻译组：《德施氏史略》单行本（油印）。
③ 此处高泰当作高昇泰或泰明。
④ 仲由蒙当作仲牟由。

当芒布之祖勿阿纳在总脑各姆居住时，生了三个儿子：长子分居于北方的举楚俄姻；次子分居于茂都色斯；少子宗雅补随父母居住。少子传了三代到俄雅妥，迁居于罢第妥太（今威宁）。俄雅妥的儿子妥芒布（t'uɹ muɹ buɹ）开始迁到赫默仲显（今镇雄），这便是芒部的始祖。[①] 妥芒布传了十二代到努阿吕之时亦率兵向南北二路打仗，东北直抵扯勒（四川南部叙永），西南到达坝底（贵州威宁境内），左右的各种部落都归他管理。从妥芒部传了三十三代以后，东方一位汉人将军率领一万以上的青头勇士，循楚吐山脉而来，把赫默仲显围攻了十三日。当时彝族的贵族和百姓都逃往高山密林里去了，幸有一位勇士名费尼阿卢，率领了不曾远行的奴仆们坚守城池，奋勇作战，前后打了七仗，才越过洛卜普溪，打到赫默卜琪一带。从此以后，东川禄祖和芒布赫默二家彼此紧密联络，才没有发生被人侵扰的事件。[②]

最后叙述一下水西阿者家的迁徙。

水西阿者家的历史一般是从勿阿纳说起。穆齐齐第十九世后裔叫必额勿（biɹ Lɤɹ Lɯɹ）。必额勿生了四个儿子：长子勿阿克（wɯɹ Lɑɹ kuɯɹ），继承了德施部的基业，为东川阿于歹家的首领；次子勿阿类（wɯɹ Lɑɹ Lɯɹ，"类"光绪《安顺府志》译作"轮"），迁往慕卧熟，是贵州郎岱陇家之祖；三子勿阿乃（ɹən Lɑ Lɯɹ，"乃"光绪《安顺府志》译作"台"），迁往阿洼惹，是贵州普安陇氏之祖；四子勿阿纳（wɯɹ Lɑ nieɹ）是贵州水西阿者家之祖。[③] 但勿阿

---

① 《西南彝志》卷10《芒布氏的一支》。
〔整理者注〕：明《蜀中广记》"镇雄府"条引《通志》说："古为大雄甸，昔乌蛮之裔阿统与其子芒布居此，其后昌盛，因祖名号茫布部。"又《元混一方舆胜览》说："茫布路，本名易溪部，祖茫部，宋封西南藩部巡检。"可知茫布部原系从易溪部分出。按易溪部即水西，亦作"亦溪不薛"，即今贵州鸭池河以西的黔西、大方诸县。此分徙据彝文典籍有两种说法：贵州毕节专区民委彝文翻译组译印《阿者后裔迁徙考》说，分徙应在穆阿卜之世，此后之十一世为妥芒布；《西南彝志》卷8《六祖的起源》说，默部始祖穆齐齐后裔第二十四世名叫勺雅妥，次子妥芒布，分住赫默仲显地方。此处所记勺雅妥，可能即《蜀中广记》中所说的阿统。穆济济之幼子妥阿者，传即蜀汉时受诸葛亮所封的济火，为水西安氏远祖。如此，则妥芒布亦可能为蜀汉时人。
② 《西南彝志》卷10《镇雄芒布祖代的叙述》；贵州毕节专区民委彝文翻译组：《阿者后裔迁移考》单行本（油印）。
③ 按《西南彝志》卷8《六祖的起源》说，必额勿生三子，没有勿阿乃（台），但按《安顺府志》邹汉勋之《安顺沿革》所引"夷书"和《大定府志》所引的"得初土目监生安光祖所译夷书四则"，都记载烘阿乃（或台）是勿阿纳的叔兄，所以必额勿应有四子。必额勿的"勿"字应是 wɯɹ 音，《西南彝志》误为 mɯɹ。《大定府志》原注"烘亦作恩，一作勿"。可见光绪时"勿"的读音已有混乱现象。我意原音或为"nwɯɹ"。

纳是德施部在贵州开蒙的始祖，他曾在贵州西北部和中部到处迁徙，同时也到处作战，到处征伐，直到他的后人妥阿者（tʼuɬ aɯ ndzeɬ）始分居在慕卧格（muɬ ɤuɬ gɤɬ），此后始有"阿者"之名。

勿阿纳从东川分出，最初居住在洛纳俄呷，简称作"洛里"，在七星河上游，今镇雄境内。他在那里征服了一些土著，势力壮大，就率领部众沿六冲河东进，直至六冲河和三岔河合流的南岸鸭池河一带。不久又东行到了更糯。更糯亦名黑羊箐，就是现在的贵阳。后来从更糯往西南的祖义歹（即今大河岩上葛家定远土府），勿阿纳曾久住于此。就在勿阿纳统治祖义歹之时，他的仲兄勿阿娄分扎于慕卧热的郎山，是为郎岱的陇氏之祖；他的叔兄勿阿乃分扎于阿洼惹，即今贵州的安顺，是为普安的陇氏之祖。勿阿纳又使其少子纳必松分居于扒瓦，今水城县地。考其时代，约在南北朝的齐梁之际，正是爨氏占据云南的宁州之时，彝族勿阿纳的昆弟子孙在今贵州安顺地区以至竹子岭一带，势力浩大，形成所谓"卢鹿部"的主要部分。①

勿阿纳传了五代到勺雅妥。勺雅妥的一个儿子妥芒部分住在赫默仲显，即今云南镇雄，是为芒部之祖，前面我们已经叙述了；又一个儿子妥阿者分住在慕卧格，即今大定县，是为阿者之祖。阿者家的势力是在贵州北部乌江上游的鸭池河以西，所以阿者家亦称为水西。从这时起，整个贵州的一半，都成为勿阿纳子孙统治的领域了。后来唐代的滇王、普露静王、罗甸王②，元代的普定万户、罗氏鬼主、亦奚不薛部、八番罗甸宣慰司，明代的贵州宣慰司和水西宣慰司，都是建立在这一历史的基础上的。

从勿阿纳到妥阿者之世，贵州彝族的势力怎样形成的？如果了解这一个

---

① 参考《安顺府志》卷3《地理志·安顺沿革》，此篇亦收入邹汉勋《学艺斋文存》卷3，盖即邹氏之作。此篇汉彝文史料并用，考释精赅，显然与《安顺府志》中之其他篇什不同。"梁陈之际"下引"夷书"云云，曾为杨守敬引为《隋书·地理志注释》。本文这一段，几乎全部出自邹氏所引的"夷书"。《西南彝志》卷8、9、10，虽然都谈到勿阿纳故事，皆不如此"夷书"精赅。

② 〔整理者注〕：唐代贵州方面的罗甸王、滇王，及其后的普露静王记载不多。如《新唐书》卷222《南蛮传》说："昆明东九百里，即牂柯国也，兵数出，侵地数千里。元和八年，上表请尽归牂柯故地。开成元年，鬼主阿珮内属。会昌中，封其别帅为罗甸王。"其后"又封其别帅为滇王"。又《新五代史》卷74《四夷附录三》说："昆明在黔州西南三千里外，地产羊马，其人椎髻、跣足、披毡，其首领披虎皮。天成二年尝一至，其首领号昆明大鬼主罗甸王，普露静王九部落者遣使者来，使者号若土，附牂柯以来。"按阿珮之名见于水西《安氏谱牒》，普露见于《水西安胜祖供状》，皆为水西之祖。

问题，对于贵州彝族古代社会的性质便可知其大概。

勿阿纳从镇雄进入威宁一带时，一路上征服了许多部落，掠夺了许多兵马，跟着就椎牛祭祖，整顿内部，把部落的各项管理事务，分给专人负责：管理盔甲的有郭雅额，管理武器的有勒其努，管理马匹的有巴舍堵，管理奴婢的有郅俄朱，管理宴会的有俄努洪，主管祖宗祭祀的有纳阿宗。纳阿宗同时又是罢第城池之主。罢第在现在的威宁。此外，其他事务的管理人则有的是黑彝，有的是从奴隶中提拔出来的白彝。此后罢第的八姓黑彝，首先开辟了杓密，继后发展到洪鲁额所和著不洪贞等地。此二地都在威宁以东。此后在罢第必卧征服了武家，在洪史达卧征服了孟迭理和孟迭勒两家，没收了他们的牛羊和两个仓库。按当时的制度，遇盟主祭奠祖宗之时，盟主的家门和亲戚，还有被征服的弱小部落，都须携带牛羊，从远道来助祭。德施部的十二宗亲不必说了，而臣属的各家也按收租税的多少，牵着牛羊前来了。此外还有住在可洛（k'auɬ loɬ）城的"果族"（koɬ）也来椎牛致祭。他们致祭之时，各家都依照着大小的次序而罗列其祭牛于祭坛。以后勿阿纳派了子弟把"果族"的可洛城占据了，"果族"成为彝族统治下的百姓和奴隶。①

勿阿纳传到其子纳阿宗时，一支迁居于克坝（在贵州何地待考），传说此人始兴奴隶（ɕiɬ）的制度。② 这种说法，似嫌过迟，在彝族进入贵州以前，也和古侯、曲涅子孙进入凉山以前一样，彝族在云南地区早已进入奴隶社会了。

当勿阿纳子孙在贵州境内发展了几代以后，彝族奴隶主的政权越来越巩固了。《西南彝志》卷10《阿者祖代之兴起》一章中说："勿阿纳初到贵州时威风如天一样的高，经过几代以后，根基发展得如地一样的厚。他的兴盛如洪鲁山上的松柏，根深柢固；又如江河的水流，永远不涸。"这是后世为奴隶主服务的巫师歌颂勿阿纳子孙的诗。而事实上，初到贵州的若干代，彝族的奴隶制的确是在发展着。彝书记载：当时奴隶主的"家族与家族接近，城池与城池相连"，"征收租税的地盘日广，管理政治的是一群巍巍然的黑彝"。盟主下面的土目和则溪，绝大部分是由黑彝来充当的。有功的黑彝都可以建立城池，称霸一方。例如住在疏类比卜的恒、默、德三家，攻灭了耿克、阿

---

① 《西南彝志》卷9《勿阿纳家的叙述》。
〔整理者注〕："果族"所居的可洛城，或即现今赫章的可乐，近年在此处出土不少古代文物。
② 见《阿者后裔迁移考》。

佐两个部落以后，就在疏类地方住下，建立祖庙，搜括当地人民的钱财。这还不算，他们"又到咢府白穆地方霸占了卜勒阿只的马匹；又到葛察阿猛霸占了宗益阿俄的土地和耕牛；又到阿可地方霸占了果族的猪，再到比纪谷姆霸占了巨益阿勒的羊群"①。一切奴隶主的起家都是这样的。

奴隶主的政权既然是建立在剥削奴隶劳动和奴役被征服的弱小部落的基础之上，那么这些被压迫的部落和奴隶，即使当奴隶主的政权正在鼎盛之时，只要一有机会他们也必然起而反抗。例如卧块不琅、多妥比补、呷勒俄外三个地方，初为武部所占据，后来又被德施部抢夺去了。还有洛雅密格，初被糯部占据，后来也被德施部抢夺去了。这些地方原来都是"濮君、濮民"多年经营的地方，一旦被彝族奴隶主辗转掠夺，濮族的君民无法忍受，所以常思反抗。德施部统治了七代，到姆呷纳之时，濮君率其臣民就把姆呷纳等奴隶主，驱逐到甸洪东底去了。后来德施部依靠卧雅额鲁的兵力，才把濮人赶走，占据了濮人的地方。②

---

① 《西南彝志》卷10《恒默德三家在疏类比卜》。
② 《西南彝志》卷9《勿阿纳家的叙述》。

第二章 奴隶社会的形成与发展

一、滇王国的兴起及其与周围民族的关系

约当公元前3世纪后叶至公元前1世纪前叶（战国后期至西汉前期）在彝族分布的中心地带兴起了一个奴隶制的、地方性的小王国，记载中称之为"滇"。这一王国的区域以滇池平原为中心而旁及其周围数百里的地区，以当时"西南夷"的一般情况来说，确是一个比较大的单位，所以滇王对汉使有"汉孰与我大"的提问，汉使对武帝亦"盛言滇大国足事亲附"，而"天子注意焉"。这些最早言及"滇王"之事均见于《史记·西南夷列传》。自此而后一直到1955年没有任何新的文献或实物资料的发现，凡是言"滇王"之事者，无不抄袭或节录《史记》此一段文字。1955年在云南晋宁石寨山发现了滇王族的墓葬群，出土的文物一共不下三四千件，至此，言滇王国之事者，才有了一些实物史料的依据。

晋宁石寨山的墓葬群到现在为止共发掘了20余座[1]，其中出土有"滇王之印"的金印（出土于第六号墓），所以确切知道这一墓葬群是属于当时滇王族的墓葬，其时代约为西汉后期。这与《史记》卷116《西南夷列传》所说"元封二年……赐滇王王印，复长其民"的记载相合。其中容或有个别者可以稍微提早一些，即可能到西汉前期，但不能早到秦或战国末年。据我们

---

[1] 〔整理者注〕：1955—1960年间，在晋宁石寨山进行了四次发掘，发掘了数十座"滇人"墓葬。此外，1964年在安宁太极山清理了十七座墓葬，1972年在江川李家山发掘和清理了二十七座墓葬，其出土器物与石寨山的相同，且这些地区距滇池不远，均是"滇人"或其近亲部落的文化遗存。参考汪宁生：《云南考古》第三章之二《"滇"人文化遗存——云南青铜文化的高度发展和向铁器时代的过渡》，云南人民出版社1980年版。

推测，这一墓葬群是"滇王国"后期的墓葬，其早期者尚未发现。这一墓葬群中出土的文物所表现者，为一高度发展的青铜器文化，而逐渐在向铁器文化转变。①

关于滇王国统治阶级的族属问题，《史记·西南夷列传》中有一段简略的记载："始楚威王时，使将军庄𫏋将兵循江上，略巴、（蜀）黔中以西。庄𫏋者，故楚庄王苗裔也。𫏋至滇池，（地）方三百里，旁平地，肥饶数千里，以兵威定属楚。欲归报，会秦击夺楚巴、黔中郡，道塞不通，因还，以其众王滇，变服，从其俗，以长之。"司马迁特别重视这一事件，所以他在论赞中又很赞叹地说："楚之先岂有天禄哉？在周为文王师，封楚。及周之衰，地称五千里。秦灭诸侯，唯楚苗裔尚有滇王。汉诛西南夷，国多灭矣，唯滇复为宠王。"《史记》中的这一段简略的记载，对于滇王族的族属问题，仅供给了我们一点线索，其"变服，从其俗，以长之"所变的服是当时何种民族的"服装"，所"从"者是何种民族的风俗，现在已无从知道了。《史记》称滇为"靡莫之属"，据其文义言，滇当为靡莫中的一种，但"靡莫"究属于何种民族，现亦无所知。幸喜晋宁出土文物中有铜俑、铜鼓（贮贝器）上所铸造的人物，以及铜鼓上所镌刻的人物的形象，一共不下二三百之多，由此虽不能确切推知其中的各种人物各属于当时的何种民族，但当时的各种民族的属性，是可以得其大概的。

在古代记载中区分各少数民族的标志，往往以发式（如编发、椎髻等）及服饰（如左衽等）为主。这当然不是一种很好的标准，但却是一种很明显的标志，可以一望而知的。从另一方面看，发式和服饰，也是一个民族习俗中的最鲜明的表现之一。现在因受到考古材料的限制，以及便于与古代的记载相对照，亦采用此种标准。晋宁出土的铜俑及各种人物的造像，大者高可尺余，小者仅及寸许（此类占绝大多数），其表现力均很强，其在造型技术的造诣上是很高的，所以大半虽经锈蚀，但尚可看出原作者所要表现的事

---

① 〔整理者注〕：据汪宁生同志意见：若将楚雄万家坝、祥云大波那和李家山、石寨山出土的遗物做一比较，可以看出两者的基本特征相同，但前者朴质，后者豪奢；前者粗糙，后者精致；再加以前者无铁，后者出现了铁器；两者的区别是显著的。这种区别与其说是由于地区的不同，还不如说是由于时代的差异。万家坝和大波那代表的是云南青铜文化较早阶段；而石寨山和李家山代表的是云南青铜文化的鼎盛阶段，也就是青铜时代向铁器时代的过渡阶段。参考汪宁生：《云南考古》第三章之一、二。

态。在这二三百人物中，从其头发、服饰中可以很清晰地看出有八种不同的民族①，而其中之绝大部分为描绘"滇王族"的活动者，如生产、狩猎、战争、宗教仪式、宴乐、舞蹈等等。《史记》称"滇"为"靡莫之属"，《华阳国志》称之为"滇"或"滇濮"，今为行文方便起见，暂称之为"滇族"。滇族男女的服装和发髻与其他七族者迥然不同，而特别以女子的服饰的统一为鲜明。她们在任何场合中出现均穿着相同，即其外服为对襟圆领，长仅及膝，襟前不系不扣，袖大而长仅至肘，衣的边缘及袖口均有线三道作饰，内衣亦为圆领，长较外衣略短。襟在何边，或为贯头式，因为外衣所掩，故不明。领口和下脚均有线纹或其他纹样作饰。膝以下露胫，跣足。

发的处理，在额前将发直分而总掠于后，至颈际将余发重叠成长髻而就中以小带束之，带的两端可自髻的两边下垂为饰。此种髻今暂名之为"拖髻"，因为其髻往往后拖于背。再有少数者，其发如前总掠于颈后但不挽髻，而以小带松束之，余发披于背后。对于发的此种处理，自前面视之，与前者相同，但自背后视之则稍异。其中或者有已婚、未婚，或仪式上（如寡妇）等区别，又或仅仅为一种时髦性，不过其意义尚不明确。尚有极少数，其发于额前下垂一小撮作"刘海"式，此则或仅为"时髦"性了。

以上的服饰为滇族妇女贵贱上下的通服，贵族仅在服装上较为华丽，袖较长，髻下拖较甚而已。在出土的各种人物图像中约有30%—40%系表现滇族妇女的。她们与滇族男子共同操作，或同坐观"剽牛"等等。

滇族男子的服饰则比较复杂，因为他们在家庭中、操作中、出行中、战争中、舞蹈中、仪式中等等各有不同的服装及发式，但无论其在不同的场合中如何变易其服装，其基本形式则是不变的，并可以清晰地看出。其上服略似女子的外衣，唯袖特短，有的几等于无袖，对襟而以带系于胸前；腰中

---

① 〔整理者注〕：根据石寨山出土青铜器所反映出的人物形象来划分族属的见解，最初系冯汉骥先生在1959年提出来的。当时他曾著文论述，将"滇国"的民族分为八类。此文即后来发表于《考古》1961年第9期的《云南晋宁石寨山出土文物的族属问题试探》。本书这段分析石寨山出土文物族属的观点，主要根据冯汉骥先生的意见。1959年整理者曾随马长寿、冯汉骥两先生在滇考察晋宁文物，故得知其详。此后，学术界对于这种族属划分又有新的见解。如汪宁生同志认为有十几种形象，主要可以分为"滇"和"靡莫之属"、"昆明之属"、"很像今天滇西的傣族"、"与今云南苗族发式一样"等四大类。参考汪宁生：《云南考古》；又见汪宁生：《晋宁石寨山青铜器图象所见古代民族考》，《考古学报》1979年第4期。

束带，带前有一大圆形带扣；胯下以宽带自下兜束于上，以掩盖下体，不着裤，或者亦不另着内衣；膝以下露胫跣足。衣之后由内拖一长幅于后，其下端作三叉形，短者及后跟，长者曳地。但亦有衣后不拖此后幅者。

男子的发的处理，从四面将发上掠而总成一小长形髻于头顶，中间以带束之，带的两端突于髻后以作饰；亦有向髻前短短上突者，但仅限下层阶级。

以上为男子的基本服饰，如外出或仪式中则披一圆领的披巾，前系于胸前，尻后则内收而使其凸出。如系乘马则披一如现在凉山彝族的披风。如系青年的舞装，髻则梳得特别高大，髻根系长带飘于后，膝下系缨带下垂，衣则特别华丽而式样新奇。在仪式中处于主要地位者，发则挽成高大的桶髻，发中似塞有物以衬托之，但桶上的髻则是基本相同的。如与其他的民族在一起，亦加上一点该民族的服饰，如披巾等。总之，无论其将服装如何变易，其基本样式则是可以看出的。

作以上女子和男子的装束者，在各种活动及仪式中都处于主导地位，而绝大部分的场面都是描绘他们的活动的，所以他们当是这一文化的主导民族，即"滇族"。

其他的七种民族，可于贮贝器上所铸的"进献图像"中见之。此器作两铜鼓相叠状，但上部已大部分失去，腰部铸人物一周，高约三寸许。此一周人物可分为七组，头髻服装均各不同，各组均作"牵牛负酒，赍金宝而诣之之象"，其意义大概系表示滇王国所统属下的各民族（或部落）向滇王"进献"的图像。每一组最多者四人，一般均为二人。其前导者大概为"邑君"——部落酋长之类，其后之牵牛负物者，大概为其随从或奴隶之类。所以此一图像，可能是滇王国所属民族的最好表现。图像中的人物均系男子。

此七种民族之中，有三种与滇族的关系是比较疏远的，一种为短衣长裤者，衣紧称身，发总于脑上，有的留长须。以装束来说，他们在西南的民族中是最为特别的，特别是长裤，此种民族大概是当时云南西部的一种游牧民族，他们与滇族的关系比较疏远。

再有两种为"编发"者。一种发掠于后而分梳成两长辫垂于后，额际系带一周。另一种的发亦梳两辫于后，但耳前有发两小簇下垂为饰，不束帕。此两种虽同为编发，但有不同，装束亦各异，应是两种不同的民族。或者他们是《史记》中所说的"嶲、昆明"之类，他们与滇族的关系，特别是后者，似乎不是处在一种正常和平的关系，而是为滇族攻战和掳掠的对象，几乎在发现的所有的战争及俘掠图像中，均系以此种民族为对象的。

其他再有四种民族，发髻皆挽于顶，但皆小有不同，大概为史籍记载中所谓"椎髻"了，其中有缠帕者、戴帽者。服装亦各小异。以装束言，应与彝族有关，在西汉之时，彝族的分布既广，支系亦多，装束及习俗上亦应有小异。他们与滇族的关系非常密切，滇王族，或者为"滇王"，亦有时作他们的装束，或披上他们的一点服饰，有时还并马而驰。《史记》称滇为"靡莫之属"，这些人也可能是当时所称为"靡莫"的这一类了。他们与滇为"同姓"，亦可能是同属一较大的族系的。

在"纺织图像"（此图像铸在一贮贝器上，出于第一号墓）中亦有除滇族以外的七种民族，头髻服装均各不同，并皆为女性。不过此七种不同民族的妇女，除一二种以外，不能与前面的七种男子所属各族相结合起来，因为同属于一个民族的男女的装束，可以完全不同，也可以大体相同。例如此中有一纺线女子，发梳双辫，耳前亦有短发垂于前。此女子与前面作同样发式者虽在服装上略有不同，但可能是属于同一民族的。

由上面对于各民族的叙述，除了滇族之外，其所统属的，或经常有交往的，至少尚有七种民族，而此中的大部分可能为彝族，而"滇族"的形成，亦可能是在彝族的基础上发展而来的[①]。自上一章关于彝族历史传说的叙述，我们知道滇池区域为彝族最早分布的中心，也可能是彝族形成的发源地，庄蹻来滇之时，其所率领的武装人数，以两汉时期进兵"南中"的人数例之，当不在万人以下，而"食重"者想尚不在此数。从《史记》说庄蹻"以兵威定属楚"的话来看，庄蹻的原来意图是想"归报"的，那么其所带领的武装

---

① 〔整理者注〕：关于"滇"人的族属历来学术界有不同看法。有的认为他们来自古代由西北南下的氐羌人（参考向达：《南诏史略论》，《历史研究》1954 年第 2 期；尤中：《汉晋时期的西南夷》，《历史研究》1957 年第 12 期）。有的说是楚人庄蹻的部属与当地少数民族混合形成的一种民族（参考冯汉骥：《云南晋宁石寨山出土文物的族属问题试探》）。有的甚至说晋宁石寨山文物就是彝族的文物（参考云南省博物馆：《晋宁石寨山有关奴隶社会的文物》，《文物》1959 年第 5 期）。有的认为"滇"属于"濮"人的系统（参考汪宁生：《晋宁石寨山青铜器图象所见古代民族考》；童恩正：《近年来中国西南民族地区战国及秦汉时代的考古新发现及其研究》，《考古学报》1980年第 4 期；李绍明：《邛都夷与大石墓的族属问题》，《西南民族学院学报》1981 年第 2 期）。

人员应多是有战斗力的男性士兵，因道塞不得已而王滇，必定要娶当地的女子以图传后。但这么多的男子，必不能仅从一个民族中娶妻，必定是凡有可能娶者即娶之，不问其民族为何。这样，必定造成习俗上及文化上的混合，这也可能是我们看到的当时滇族在服装上独具风格的原因之一吧！所以庄蹻"变服，从其俗，以长之"的说法，似应理解为或者庄蹻不仅是从一个民族的服装，或仅从一个民族的风俗，而是所取者广。作为一个统治阶级来说，实际上这样也是必要的。很可能庄蹻是以当地的彝族的风俗为主，博采兼收，再加上带来的汉族的习俗，以致形成当时"滇族"的独特风格的装束。例如滇族女子的装束，骤视之颇与当时汉族者不类，但细察之，其服装轻便美观，除无裙外，颇具汉族服装的风格；至于跣足，则为西南民族的一普通风俗，即至南诏时期，虽大军将、清平官亦不以为耻。至于男子的装束，自表面看，似乎彝族的成分居多，汉族的风格几乎已看不出了。

不仅在习俗上是如此，在文化上亦是如此。前面已经讲过，晋宁出土文物所表现的是一种高度发展的青铜器文化。从表面上看，其地方性是很强的，在国内其他处所出的器物，似乎未有与它相似的，不过仔细研究，不难看出汉文化，至少是汉文化的因素是对其有重大影响的。例如铜器中最多的一类为兵器，而兵器中又以戈、矛、剑等为主，而此三者都是同于汉族的基本形式的。① 戈为出土兵器中最多的一种，而戈则是汉族自青铜时代至铁器时代初期的一种普通的兵器，在世界其他各民族中是少有这种形式的。而晋宁出土的戈，虽在"援"的处理上有奇异的样式，但其与汉族的戈，特别是"巴蜀"式的戈，在样式上是基本相合的。至于剑，除匕首以外，亦基本上同于汉剑的形式。弩机则完全是西汉时期的弩机的样式了。当然，晋宁出土的兵器中也有它特殊的形式，如叉、锤、啄等，这可能是根据当地的习惯而发展起来的武器。

至于其他的用器方面，如瓠形器、尊形器等等，亦是基本上同于汉文化

---

① 〔整理者注〕："滇"人墓葬中出土的青铜兵器是当地人民的创造，自然也受中原文化的影响。这正如汪宁生同志在《云南考古》一书中所分析："戈演化出长'胡'有'穿'的形式，这正是内地西周春秋铜戈的通式，只是另加双翼以利安'秘'，算是'滇'人自己的创造。……又如，剑的各种形式是很独特的，但这一时期剑上出现各种玉饰，分明受内地'玉具剑'的影响。再如，卷云纹璧在广州、长沙战国墓中常见，云南也出土了同类之物，只是花纹粗糙，这可能是一次不成功的模仿。至于这一时期纯汉式器物大量出现，它们与内地关系，自不待言。"（该书第三章之二）

中的此类器物的形制的。陶器中则更是如此。从晋宁出土的文物来看，琢玉手工业是相当发达的，其用玉的方式虽与汉文化有所不同，但不能不承认还是受到汉文化的影响的，因为在东亚的民族中，用玉的风气之盛与琢玉工艺的发达，除了汉族之外，是没有其他的民族可以与之相比拟的。

以上不过举例而言，我们不能在此处详论晋宁文化的性质。总之，晋宁出土文物所表现的高度文化，是在汉文化的重大影响下，以当地的文化为基础，可能以彝族文化为主，所发展起来的一种高度的青铜器文化。所以滇王国的统治阶级尚能记忆他们来自楚的传说，而自称"庄蹻之裔"了。

滇王国的经济基础，是建立在奴隶占有制的上面的，这从晋宁出土的各种生产图像中即可以清晰看出。它有相当发达的农业、畜牧业和手工业。在有关农业生产的图像中，如播种、祭祀、上仓等，所描写的都是集体的奴隶劳动，而不是个体的农奴式劳动。在畜牧方面，有放牧马、牛、羊（又分绵羊与山羊）和猪的专业牧奴。从其精美复杂的工艺品来看，必须有铜工、金银工、琢玉工、髹漆工等等专业的奴隶作坊，不过未有这种图像的发现。但从发现的奴隶纺织作坊的情景来看，此类需要技术操作的手工业作坊一定是存在的，其组织也必定较为复杂。纺织图像中所描绘的是一种纺织操作过程的全部图景，从纺线、织布至处理成品，生产奴隶中有滇族及其他各族的妇女，奴隶主高坐于上作监视之状，其下为一群奴隶埋首不停地工作。此是一幅极生动的奴隶手工业生产作坊的图景，所铸的人物虽小，但表现力却极强而逼真。其操作方法还是相当原始的，所用的还是一种原始的腰机，这种腰机现在西南少数民族中尚有沿用。

滇王国奴隶制经济和文化的高度发展，一方面当然系由于汉文化的不断的影响，以及汉族先进生产技术的不断流入，而主要方面，系由于当地的丰富的资源条件和人力条件，再加上滇族本身的创造性，遂在滇池地区造成此一文化高峰。这样一种高度文化，不能不影响它周围的民族，特别是与它关系特别密切的彝族，这或者是彝族奴隶制以及其他文化特征的来源之一。

自汉武帝通"西南夷"以后，汉族文化的影响迅速加强了，此于晋宁的墓葬中表现得甚为鲜明，以前所没有的纯汉式的长铁剑、铁斧、洗、印章、镜，以及漆器、带钩、钱币等逐渐出现，而且也逐渐增多。同时滇王族的势力也在逐渐式微，而为新起的"豪强、大姓"所代替，不久此一地区的青铜时代也就正式宣告结束,而转入铁器时代了。

二、公元前后彝区生产力的发展和汉族的影响

上面所述彝族的原住地和迁移区以及滇王国的兴灭,大体上与汉文历史记录是相符合的。《史记·西南夷列传》说:"(夜郎)其西靡莫之属以什数,滇最大;自滇以北,君长以什数,邛都最大;此皆魋结(椎髻),耕田,有邑聚。"椎髻是彝族头饰的特征,从此可知在汉武帝时即公元前 2 世纪时彝族已由云南迁移到四川西昌一带了。当公元前 2 世纪时,彝族在西南有三个主要分布区:一个是在滇池一带的益州(滇王国区域);一个是安宁河流域的邛都;一个就是滇东北的朱提、堂琅。现在我们将此三个中心区,在公元前后,即西汉经东汉至三国这几百年间生产力发展的情况做一叙述。

古代通西南夷的道路分东西二路:东路是僰道路,这条路是公元前 3 世纪的秦代已经筑通了的"五尺道"。至汉元光五年(前 130)汉武帝发动巴蜀四郡的劳动人民第二次修筑,从僰道(今宜宾)南下,经过朱提一直到益州。西路是清溪路,这条路被称为"古道",可能通行更早,经过邛都(今西昌),而直达益州。这两条交通道路对于彝族的经济发展和商品流通都很重要。远在西南夷设郡县以前,西南夷和中原就早已进行人口买卖和牲畜、铁器的商品交换。蜀郡从越巂、僰道、滇输入的有筰马、僰僮、旄牛;越巂、滇从蜀郡输入的有铁器、漆器,或者还有丝织品等。① 《史记·货殖列传》说,巴蜀"南御滇僰,僰僮。西近邛笮,……栈道千里,无所不通"。从此可知巴蜀和邛滇的交通早就发达了。又说:汉初卓氏在临邛(今四川邛崃)"即铁山鼓铸,运筹策,倾滇、蜀之民"。程、郑亦在临邛鼓铸,"贾椎髻之民"。临邛距邛都很近,又可以南入滇,所以邛都和滇的彝族在汉代初年就使用了蜀郡制造的铁器。从晋宁石寨山滇王墓出土的文物看,在西汉时滇王国主要的兵器还是铜制,但铁的生产工具已有发现,如铁斧等。从此可以看

---

① 《史记·西南夷列传》:"巴、蜀民或窃出商贾,取其筰马、僰僮、旄牛,以此巴、蜀殷富。"《汉书·地理志》言:巴、蜀、广汉"南贾滇、僰僮,西近邛,筰马旄牛"。由蜀输滇的商品,从石寨山出土文物中多见之。

出蜀郡的铁的生产工具对于彝族生产的推动或改革作用。

在西汉时，越巂郡、益州郡以及犍为郡的朱提县，这三个彝族主要分布区的金属矿藏被人们发现而开采的主要是铜，其次是与铜配合而冶铸生产工具的锡和铅。此外还有金和银，是为制造装饰品用的。《汉书·地理志》记载，越巂郡邛都（今四川西昌）"南山出铜"。益州郡俞元（今云南澄江）"怀山出铜"，来唯县（今云南巍山）"从陁山出铜"，律高县（今云南通海）"西石空山（续志作'石室山'）出锡，东南监町山出银、铅"，贲古县（今云南蒙自）"北采山出锡，西羊山出银、铅，南乌山出锡"。犍为郡朱提（今云南昭通）"山出银"。金的产地有"博南（今云南永平）南界出金"的记载，这条史料虽出《续汉书》，但恐怕并不仅限于后汉，我们看到滇王墓里发现大量金的装饰品，它的成分与目前云南所产的金质是一样的。

到了后汉，上述三个彝族分布区都有了产铁的记录。《续汉书·郡国志》云：越巂郡"台登（今四川冕宁）出铁"，"会无（今四川会理）出铁"。台登县的铁在《华阳国志》和宋代的《太平寰宇记》中都有补充的记载。《华阳国志》说：台登"山有砮石，火烧成铁，刚利"。《太平寰宇记》把产铁一条误列于昆明县下，说："铁石山，山有砮石，火烧之成铁，为剑戟，极刚利。"这里所记的应是后汉、三国时事，不仅是宋代的事。《续汉书·郡国志》又记益州郡滇池（今云南晋宁）出铁，双柏（今云南双柏、易门及新平三县地）出银。又永昌郡不韦（今云南保山）出铁，博南出金；犍为属国朱提山出银、铜。近年在昭通出土的朱提、堂琅洗很多，其制造的地点都在朱提郡治，即现在的昭通。① 此外，《华阳国志》记载梁水郡贲古县出铁。铁的产地既多，东汉时期三个地区的彝族一定广泛地使用铁的工具。例如近年在鲁甸的"梁堆"（古墓）中出土的石棺，按上面雕刻的朱雀、玄武的花纹判断，应当是东汉时期汉族的墓葬，墓里发现许多铁制的斧头和三尺长的铁制物，还有许多车上的饰物。墓的砖上也有车轮纹。从车轮这一点看，比较晋

---

① 〔整理者注〕：东汉时朱提、堂琅出产的青铜器传世者多，近年亦有不少新的发现。1965年在昭通发现一洗，有铭文为"建初元年堂狼造"，是从铭文中可识的年代最早者。朱提、堂琅铜器铸造年代大约均在东汉中晚期。铸造地点有署为"朱提造"、"堂狼造"，亦有连署为"朱提、堂狼造"或"堂狼、朱提造"者。按朱提即今昭通，堂狼即堂琅，今会泽，连署"朱提、堂狼"已不是专指，而是泛称今滇东北一带的产铜、铸铜之所在。

宁西汉墓出土的只有马饰,只有骑马的花纹,要更进步了。① 这也说明汉文化包括汉族的先进生产技术在这一方面的传播。

彝族地区有丰富的资源。这些资源不仅成为彝族内部奴隶主阶级争夺的对象,而且也是彝族奴隶主和汉族封建主之间争夺的关键。在上一节里,我们已经叙述了彝族统治阶级在移殖过程中如何掠夺土地,争夺城池和掳掠俘虏为奴隶的事实。现在我们从汉文史料中,亦可以看到益州和越巂二郡原来有些什么资源及这些资源如何被彝族的奴隶主和汉族的封建主争夺,而至于形成战争的。

《华阳国志·南中志》记载益州晋宁郡当汉代初开此地时,就得到牛、马、羊之属三十万头。此是言滇王国尚存时期的事,但从此可以看到当时的畜产之盛。又记载:"郡土大平敞,原田多长松,皋有鹦鹉、孔雀,盐池田渔之饶,金银畜产之富。俗奢豪,难抚御。"此是言滇王国消灭以后魏晋时期的情况。但汉时的晋宁郡是奴隶制的滇王国的故地,是当时云南奴隶制发展程度最高的地区,所以除了肥腴的土地和资源而外,还有广大的无人身自由的奴隶群众为奴隶主阶级劳动。上面所说的"俗奢豪,难抚御",就是追述当时的奴隶主阶级而言。越巂郡为邛都国故地,《后汉书·西南夷传》记载,邛都国和夜郎国、滇国一样,"各立君长。其人皆椎髻左衽,邑聚而居,能耕田"。又说"其土地平原,有稻田"。邛都以北为台登县,"山有砮石","又有漆,汉末,夷皆有之"。南为会无,产马。西为定筰(今四川盐源),"有盐池,积薪以齐水灌而后焚之成盐。汉末,夷皆锢之"。《三国志·蜀书·张嶷传》也说:"定筰、台登、卑水(今四川昭觉西部)三县去郡三百余里,旧出盐铁及漆,西南徼久自固食。"这些事实都说明越巂郡当汉族统治阶级到达以前或统治势力衰退以后,越巂郡的土地和其他资源都是被当地的彝族及其他各族的奴隶主所占有的。彝族奴隶主占有了这些生产资料,同时又占有了生产者,所以越巂郡的彝族实行的也是奴隶主的所有制。

犍为郡朱提、堂琅二县及小凉山在汉时的资源情况,我们知道得不多。《汉书·地理志》只记载朱提山产银,《续汉书·郡国志》亦只记载朱提山

---

① 〔整理者注〕:鲁甸东汉墓出土情况参考曹韵葵:《云南昭通专区的东汉墓清理》,《考古通讯》1957 年第 4 期;孙太初:《两年来云南古遗址及墓葬的发现与清理》,《文物参考资料》1955 年第 6 期。

出铜。在鲁甸出土的东汉墓里虽然有铁制农具，但有些铁器上铸着"蜀郡"二字，可知东汉时朱提的铁器是从蜀郡输入的。《华阳国志》也只记载堂螂（琅）县（今云南巧家、会泽一带）"出银、铅、白铜、杂药"。又"自僰道至朱提有水步道，至险难行"。原来这里少稻田，自王莽时文齐穿龙池，溉稻田，民利始兴。可知汉代朱提一带可利用的资源比益州、越嶲二郡要差一些。关于汉代大凉山腹心区的情况，我们知道得更少。在凉山内，虽然也有一些平原沃野，例如布拖坝、竹核坝、昭觉坝、三弯河、四开坝等，但与越嶲（西昌）平坝相比则差很远。凉山彝族相传其祖先初进入凉山之时，到处都是老林野草，到处都是险山恶水。这种情况，从凉山的许多地名上亦可以看出。例如凉山腹心的美姑县九口村（tbyɛɹ kóɹ）原是"老鹰的巢"；阿举曲（Laɹ tɕyˠ tɕyˠ）是"狐狸洞"；麻哈罗（loɹ tɑˠ loɹ）原为"baɹ tɑˠ loɹ"，是"龙的窟"；松甲（slɹ wuɹ tɕiaɹ）指樱桃树；塔西补（tɑˠ ɕiɹ puɹ）指松树丛。包梏（bωɹ kúɹ）是"土巴抱成一团"之义；瓦枯尔苦（waɹ kúɹ Łωɹ kúɹ）是"崖石所聚"之义。此外，雷波彝名"ɦeωɹ łωɹ ɦeuɹ bωɹ"意为"锅庄石大山"；瓦岗（waɹ gaɹ）意为"崖上的路"。从此可以看出，原来凉山地区的自然环境是十分严峻的，一千几百年以来，经过奴隶和劳动人民的艰苦奋斗，才成为今日的美丽山河。

彝族传说，其祖先初入凉山时，人口很稀少。但自彝族进入凉山时就实行奴隶制度。奴隶阶级在奴隶主统治下生活极为艰苦，其自身的繁殖远远不能满足奴隶主经济发展的需要。正因为如此，所以，在彝族内部，奴隶主之间，为了争夺财物和奴隶，经常进行部落与部落、家支与家支之间的战争；在彝族外部，奴隶主向邻近的其他民族的村落和城市，以及汉彝往来的道路上掠夺人口，因此又形成彝族和汉族统治阶级之间的仇杀和战争。在人类历史上所有的奴隶社会都是循着这一规律发展的，不过在西南地区的民族中，凉山彝族在这一点上最为突出，而奴隶主的掠夺时间从东汉时起，一直到解放初期，绵延有一千九百年以上。

在这里我们叙述一段东汉时成都人禽信被掠为奴的故事，通过这段故事，我们可以理解东汉时越嶲郡和大小凉山的彝族社会性质，可以理解当时彝族的奴隶主主要是依靠什么方法以维持其新的奴隶的来源的。关于禽坚，《华阳国志》卷10《蜀都士女》中有如下的记载：

> 禽坚字孟由，成都人也。父信为县使越巂，为夷所得，传卖历十一种。去时坚方妊六月，生母更嫁。坚壮，乃知父湮没，鬻力佣赁，求碧珠以求父。一至汉中，三出徼外，周旋万里，经六年四月，突瘴毒狼虎，乃至夷中得父。父相见悲感，夷徼哀之，即将父归，迎母致养。州郡嘉其孝，召功曹，辟从事，列上东观。太守王商追赠孝廉，会李苾为立碑铭，迄今祠之。

禽坚是东汉何时人，目前尚难确定。《禽坚传》在《华阳国志》卷10中列于《杨竦传》后，卷12又列于杨竦前，杨竦是安帝时人，则禽坚生卒年代亦当在安帝前后。[1] 我们在此当注意的，是传里说禽信是在越巂路中被掳的，"传卖历十一种"，指的是在凉山中辗转买卖，经过了十一个氏族、部落（家支）。从此可以看到凉山在东汉时不只是有彝族居住，而一个奴隶的买卖所经历过的就有"十一种"，其氏族、部落之多可以想见了。

此外贵州古代彝族的分布地区，牂牁郡是"畲山为田，无蚕桑，寡畜产。虽有僮仆，方诸郡为贫"。南广郡（包括云南镇雄、贵州威宁）是"土地无稻田、蚕桑，多蚖、蛭、虎、狼"。[2] 这里的情况大致和四川的大小凉山相差不多。

总的来说，在公元前后四百年间，彝族从云南益州郡一带迁出，广泛分布于越巂郡、朱提郡以及黔西北各地。当时的彝族分布大致有三个中心：一个是益州郡，即滇池区，是一比较富庶的地区。西汉时期，彝族的生产工具主要是铜器，到东汉时期，铁器的应用始逐渐扩大。这一地区已经发展了相当高度的农业，但畜牧业更为发达。第二个是越巂郡，即安宁河（当时称孙水）流域。这一地区也比较富庶，邛都南山的铜，台登和会无的铁，对于促进这一地区的生产是很有作用的。但凉山腹心地区，在解放前几十年间彝族的铜匠和铁匠都很少，这些行业主要是依靠凉山外的汉人工匠及从汉区掳来的汉族奴隶担任的。因此，凉山铜铁制造的生产工具在发展上就受了很大的限制。安宁河流域农业很早就有发展，在东汉时期已经有了稻田。凉山腹心

---

[1] 按王商于刘璋时任蜀郡太守，以此推之，禽坚的年代不会过早，当为桓灵时期，或稍前的人。
[2] 《华阳国志》卷4《南中志》"牂牁郡"条及"南广郡"条。

区，农业虽然很早就有了，但耕作技术直到解放时仍然十分落后。凉山腹心区的稻田，据说是元代罗罗斯宣慰司设立以后才有的，最初只在昭觉一带种植，种稻的农民是云南来的汉人，后来才推行到竹核、巴普、美姑、三河以远等地。滇东北的朱提郡连同凉山东部和贵州西北部，它们的自然条件是比较差些。昭通出土的堂琅洗，应当是东汉时朱提郡的汉人铜匠造的，因为洗的名称和款式，更重要的是上面的汉字，都说明了这个问题。鲁甸出土的铁器，前面已经说过，是从蜀郡输入的。朱提比较凉山进步的，就是在汉族先进生产技术的输入较早。如在西汉末年，文齐为朱提属国都尉时，就"穿龙池，溉稻田，为民兴利"。西汉时期，汉族先进的生产技术传入朱提的，恐不只人工灌溉一项，其他先进的农业技术以及与灌溉工程不可分离的铁制工具，应当也是在此时输入的。但在凉山地区，因为山高林深，与汉地比较隔绝，故始终保持着落后的生产状况。我们知道，落后的生产力和落后的社会制度是密切联系着的。落后的生产力决定了与它相适应的奴隶制度，而奴隶制度又阻碍着生产力的向前发展。这种生产力和生产关系，一直支配着大凉山的彝族，使他们落后的奴隶制保持了一千几百年之久。

　　但是这里有一个问题，就是益州、越巂、朱提和大小凉山的彝族原来的社会制度都是奴隶制，为什么有的地区从奴隶制向封建制的过渡比较快些，有的就比较慢些？其中原因很多，但主要原因还在于各地区生产力发展的水平不同和速度不同。在生产力发展的水平和速度方面，彝族能否接受先进民族的生产力，特别是汉族的生产力，这又有着密切关系。现在我们叙述一下汉代到三国时期，汉族生产力对彝族经济的影响。

　　汉王朝之开辟西南夷的主观目的，不是为了提高彝族的生产力，而是为了封建主阶级的利益。而王朝所派出的文官武将大部分亦怀着发财致富的私欲。如《华阳国志》所说：益州西部是金银宝货之地，"居官者皆富及累世"。又如王莽执政时期，平蛮将军冯茂"赋敛民财什取五"；丹、熊"调发诸郡兵谷，复訾民取其什四"。[①] 但并非所有官僚都是如此，亦有一些例外。如西汉末年的文齐，初为朱提属国都尉时"为民兴利"，后来被王莽调为益州太守。他在益州的措施为："造起陂池，开通溉灌，垦田二千余顷。

---

① 《汉书》卷99《王莽传》。

率厉兵马，修障塞，降集群夷，甚得其和。"① 文齐在益州能开垦水田两千多顷，即二十多万亩，现在看来也是一件了不起的功业。从事开垦和水利工作的，若只靠益州太守所管辖的少数兵马当然无能为力，看来主要的劳动力还是靠大批当地的"群夷"。文齐把他们组织起来，再加由汉地移入的富有开渠灌溉经验的劳动人民的指导，所以在短短十七年之内②，竟能开垦水田如此之多。

但短期间生产力的提高，并不能改变彝族的社会性质。自东汉以后，封建王朝在西南的统治日衰，而越巂郡夷帅及南中大姓这些奴隶主的势力却日益膨胀，昔日彝汉人民共同经营的农田、矿业至此皆被各地的夷帅、大姓所占据，并成为他们发展奴隶制的资本。自此以后，从东汉到三国，即1、2世纪到3世纪初年是彝族奴隶主和汉族封建主的对立时期。从晋代到隋代，即3世纪到7世纪，是彝族奴隶主从分散割据到势力逐渐集中的时期。最能代表这种倾向的，就是两爨的分立局面，从此以后，便是南诏奴隶制国家的建立。

三、彝族大奴隶主——耆帅、大姓的形成

彝族从云南中部迁出，以不同时期到达云南各地、四川南部和贵州西北。上述地区，有的地方在彝族到达以前，那里的土地已经由彝族以外的其他各族开拓了；有的地区，则系彝族到达以后，与汉族以及其他各族劳动人民才开拓出来的。到东汉时期，彝族的奴隶主占有了这些土地和资源，所以各地，特别是越巂、益州二郡，不断有彝族大奴隶主，即"耆帅"和"大姓"出现。

"耆帅"和"大姓"，是汉人对彝族大奴隶主的称呼。大抵在越巂郡者，称之为"耆帅"，有时也称为"夷帅"或"渠帅"；在益州郡或南中者，称为"大姓"。这些耆帅和大姓都拥有大量的"部曲"。彝族奴隶主的部曲和当时汉

---

① 《后汉书》卷87《西南夷列传》。
② 文齐以城门校尉为犍为都尉在西汉末孝平帝的末年，即公元3—4年，见《华阳国志》卷4《南中志》及惠栋《后汉书补注》。迁益州太守可能在王莽地皇元年（12）。至后汉光武帝建武十二年（36）平公孙述，征文齐于道中。则文齐在犍为八年或九年，在益州为太守十七年。

族封建主的部曲不同。彝族部曲的身份不是农奴，而是奴隶。他们平时从事耕作，战时便组织为部队，对于奴隶主是一种世袭的人身隶属关系。《华阳国志·南中志》说："诸姓得世有部曲"，颇能说明部曲对于奴隶主的关系。

拥有大量部曲的奴隶主，不只占有大量土地，而且占有其他生产资料，例如越嶲郡台登县的铁矿和山漆在汉代末年就已经"夷皆有之"了；定筰县的盐池在汉代末年亦是"夷皆锢之"；建宁大姓毛诜霸有益州郡的铁矿，为"铁官令"。① 所有这些情况都可以说明东汉、三国时期的耆帅、大姓，无论是否在汉人统治阶级的政权下，他们的经济特权是非常巩固的。而且大姓与大姓之间，一如今日凉山的土司与土司之间一样，都相互为婚，称为"遑耶"（Xuli或Fuliɛɟ）②，即"婚姻之家"的意思。这种互婚关系可以使许多耆帅、大姓结为一体，对内可以镇压奴隶的起义，对外可以对抗汉族统治，并掳掠他族的子女为奴。

自从汉代在越嶲、益州等地设郡县以来，彝族奴隶主的利益和汉族封建主的利益直接发生了冲突。在西汉时期，云南的彝族有的正在移动，有的刚刚定居下来，奴隶主的统治权和土地所有权尚未十分巩固，所以当时彝汉之间的冲突尚不十分严重。到了王莽执政以后，彝族大奴隶主杀汉人官吏的事接二连三，层出不穷。③ 例如天凤元年（14）益州"蛮夷"杀益州大尹程隆；天凤三年（16）越嶲"夷"任贵杀太守枚根；天凤六年（19）益州郡"夷"栋蚕、若豆等杀益州郡守；越嶲姑复"夷人"大牟杀掠吏人。彝汉冲突的原因很多，主要是汉官剥削彝民和汉族封建官僚与彝族奴隶主争夺土地资源的所有权或统治权所致。

东汉和三国时期，彝汉的相互关系更为复杂。安帝元初四年到五年（117—118）越嶲、永昌、益州、蜀郡四郡36种十多万"诸夷"联合起来发

---

① 《华阳国志》卷4《南中志》"宁州"条。又《续汉书·郡国志》云："池出铁"，此滇池指三国时的建宁郡滇池县，即今之晋宁县。三国时毛诜以益州大姓为铁官令，盖晋宁铁矿早为毛诜所占有，故给以官使自开采，与一般的铁官令不同。

② 《华阳国志》卷4《南中志》说："与夷为婚，曰遑耶"，好似与夷为婚者非夷人。但彝族自古以来实行阶级内婚制，而阶级又以同一民族内部为限。所以上述与夷为婚者，当指彝族中的大姓，非彝族以外的大姓。

③ 〔整理者注〕：王莽时期"西南夷"地区发生了少数民族的大起义。这些起义的少数民族，史籍称为"夷"、"蛮夷"或"僰"。本书认为以彝族为主，也有认为以僰族为主的。如马曜主编《云南各族古代史略》（云南人民出版社1977年版）一书第六章即直书为"新莽时期僰人大起义"。

生大暴动，主要原因是为反对郡县官吏的横征暴敛而起的。《后汉书·西南夷传》记载"时郡县赋敛烦数"，在益州"居官者皆富及累世"。从此不难看到，汉官贪婪是元初年间彝人大暴动的主要原因。但另一方面，彝族奴隶主经常掠夺汉人为奴，也是引起战争的一个原因。越巂彝掳掠成都人禽信的事，前面已经叙述了。《后汉书·桓帝纪》记，桓帝延熹四年（161），"犍为属国夷寇钞百姓"。此"犍为属国"指原朱提郡，即今昭通一带，凉山东部小凉山一部分地方也应包括在内。此"百姓"指住在昭通等县的汉人。这次钞掠汉人的情况是比较严重的，所以引起益州刺史山昱的征伐。三国初期，中原纷扰，汉族统治阶级的势力在大渡河以南已大为削弱。当时滇池区以大姓雍闿为首，邛都区以耆帅高定为首，其他各地亦都有一些奴隶主各据一方，不相统率。蜀汉为了逐鹿中原，必须安定南中，所以派邓方为朱提太守，邓方不能到任，住在南昌（今贵州毕节），派正昂为益州太守，被雍闿杀掉，又派张裔到任，被雍闿捆缚送往吴国。在越巂郡，蜀派将军焦璜到任，被高定杀了，以后越巂太守龚禄不敢到任，只住安上县①，遥领而已，但后来也被夷人杀了②。从此可以看到在公元2世纪后叶和3世纪初年，汉族统治势力几与南中、越巂隔绝，而彝族奴隶主的势力则日益增长，形成分土割据、各霸一方的局面。

　　三国时期彝汉的关系相当复杂，有彝族人民与封建官府的矛盾，也有彝族统治阶级与封建官府的矛盾，两者也有交叉。西汉征服益州以后本来对彝人没有赋税③，所以彝族和汉族统治阶级的关系尚不十分矛盾。到王莽时期，为了征伐句町，"赋敛民财，什取其五"，彝族人民与汉官的关系便日益恶化了。东汉的益州官吏，致力于"富及累世"者多，清廉不贪者少，所以就产

---

① 安上县今在何地，尚无定论。《三国志·蜀书》记安上有二处：一为丞相亮南征，由安上水道入越巂；一为《张嶷传》谓嶷延熙二年自安上还。此安上似在越巂郡附近，故谢钟英谓安上故城在峨边、越巂两厅之间，并非唐时在朱提的安上县。又一说则以为诸葛亮南征系由僰道溯金沙江而上，至屏山始弃船登陆，则安上县应在屏山附近，此安上与唐代的安上县合。以后一说较合实际。
〔整理者注〕：顾颉刚编：《中国历史地图集》之《三国鼎立图》，绘诸葛亮南征路线为，诸葛亮出成都旄牛道，过大渡河到越巂，再南渡泸水。因而又有安上在大渡河畔之说。
② 越巂太守龚禄被杀事见《三国志》卷43《蜀书·张嶷传》。又据陈寿《季汉辅臣赞注》："（龚禄）建兴三年为越巂太守，随丞相亮南征，为蛮夷所害，时年三十一。"则龚禄死于南征，显与前一说法相矛盾。
③ 《资治通鉴》卷21"元封二年"条："于是以（滇）为益州郡，赐滇王王印，复长其民。是时汉灭两越，平西南夷，初置郡十七，且以其故俗治，毋赋税。"

生了元初四年的越巂、永昌、益州、蜀郡四郡彝民大暴动。这是彝汉关系的一个方面。另一方面，自汉官到了南中和越巂郡以后，对各地的土地和物资经常发生争夺现象。如《三国志·蜀书·张嶷传》："定筰、台登、卑水三县去郡三百余里，旧出盐、铁及漆，而夷徼久自固食。嶷率所领夺取，署长吏焉。"有时汉官或掠夺大姓的奴隶，如建宁太守杜俊夺大姓铁官令毛诜和中郎李叡部曲。这类掠夺土地、资源和人口的事牵涉到奴隶主的基本利益，奴隶主必然会千方百计进行反抗。这是彝汉关系的又一方面。在公元3世纪前叶，彝族奴隶主和汉族封建主的矛盾发展到了最尖锐的阶段，所以益州大奴隶主雍闿的对外政策是联吴拒蜀，蜀汉建兴元年（223）雍闿杀蜀汉益州太守正昂，求附于吴，又执继任太守张裔，送往吴国，吴国因以闿为永昌太守，以刘璋子刘阐为益州刺史。雍闿的政策，是利用汉官和彝民的民族矛盾和阶级矛盾，掩饰奴隶主和封建主的矛盾，把彝汉的对立关系加以扩大，企图造成彝汉之间的大战争，而从中得利。《华阳国志·南中志》记雍闿派建宁大姓孟获向彝民进行煽动说："官欲得乌狗三百头，膺前尽黑，蟒脑三斗，断木构三丈者三千枚，汝能得不？"彝民信以为实，故皆从闿反对蜀汉。从这里也可说明历史上许多民族间的战争，都是由统治阶级煽动起来的。煽动的理由就是奴隶主把自己阶级的利益说成是本族全民的利益。继后在蜀汉建兴三年（225），发生了蜀汉丞相诸葛亮的南征。

诸葛亮平定南中以后，采取了几项重要措施。第一种措施是设立南中七郡，即原有的益州郡、永昌郡、牂牁郡、越巂郡以外，又分越巂、永昌之地设云南郡，分益州、牂牁之地设兴古郡，以犍为属国设朱提郡，分益州东部为建宁郡，郡治从晋宁移置于味县（即今之曲靖）。并设庲降都督于建宁，统率南中七郡。诸葛亮的这一种政区划分，除了体现对少数民族分而治之的政策外，还由于当时的南中大姓主要集中在滇东北的曲靖一带，庲降都督和建宁郡皆设治于此，主要是为了镇守并利用这些彝族大姓以统治南中。再者，朱提的彝族大姓也已经出头，故又分为一郡，使朱提、牂牁、建宁、越巂四个主要彝族地区，分疆而治，不相联系，从而达到蜀汉无后顾之忧的目的。第二种措施，即如《华阳国志·南中志》所言："移南中劲卒青羌万余家于蜀，为五部，所当无前，号为飞军。分其羸弱配大姓焦、雍、娄、爨、孟、量、毛、李为部曲；置五部都尉，号'五子'，故南人言'四姓五子'

也。"此所谓"青羌",唐代张柬之称之为"搜兵",可能与当时所说的叟人有关。但结合上下文看来,青羌的劲卒部分迁移于蜀郡,羸弱部分留配南中大姓为部曲,则青羌原来就是南中大姓的部曲,亦即大姓的奴隶武装,应该仍是彝族,或广义的羌族。此所谓"四姓五子",究竟是哪四姓和哪五子虽不得而知,但不出上面所述的建宁、朱提二郡的八个大姓,特别是其中的雍、爨、孟三姓是可以断言的。诸葛亮此种措施,主要在削弱奴隶主和强劲部曲之间的关系,这当然是分化奴隶主实力的一个办法。但奴隶主既仍然有部曲,而羸弱的部分过一个时期也可变为强劲部曲,所以诸葛亮的办法并不是一种彻底的办法。

但是诸葛亮对彝族的奴隶制度,不仅是不想废除它,而且似乎还有意识地保留它。《华阳国志·南中志》记载诸葛亮平定南中以后,为彝族作"图谱",又"许致生口直。又与瑞锦、铁券,今皆存"。给奴隶主以瑞锦、铁券,就是承认奴隶主统治的合法性;"许致生口直",就是允许订一定价格进行奴隶买卖。这正是诸葛亮安定彝族奴隶社会秩序的证明。不只如此,诸葛亮认为,只要奴隶主能够为蜀汉政权服务,则不妨加赐以官爵,使他们多出金帛,罗致部曲,购买奴隶,只要奴隶部曲为大姓、豪帅所用,而大姓、豪帅又受蜀汉政权的统治,岁出贡赋,这样就可以安定南中,富裕中国了。关于此事,在《华阳国志·南中志》中有这样一段记载:

> 以夷多刚狠,不宾大姓富豪,乃劝令出金帛,聘策恶夷为家部曲,得多者奕世袭官。于是夷人贪货物,以渐服属于汉,成夷、汉部曲。亮收其俊杰建宁爨习、朱提孟琰及获为官属,习官至领军,琰辅汉将军,获御史中丞。出其金、银、丹漆、耕牛、战马,给军国之用。①

---

① 〔整理者注〕:关于"夷、汉部曲",1963年在昭通后海子发现的一座晋代壁画墓可以形象地说明这一问题。在墓主人像旁有八行题记,文曰:"晋故使持节都督江南交、宁二州诸军,建宁、越巂、兴古三郡太守,南夷校尉,交、宁二州刺史,成都县侯霍使君之像。君讳□,字承嗣,卒是荆州南郡枝江牧。六十六岁薨,先葬蜀郡,以太元十□年二月五日改葬朱提临渡□余,魂来归墓",知墓主霍承嗣乃晋时南中大姓。此墓北壁绘有墓主人着汉氏袍服坐像,旁有着汉装的侍从多人。西壁下部绘人物四列,有手持环首刀者,有骑马者,均着汉装,这应是"汉部曲"的形象。其中两列,头顶梳尖形发髻,类似今日凉山彝族头上的"天菩萨",身着披毡,亦与今日凉山彝族的"瓦拉"("察耳挖")相似。他们应是"夷部曲"的形象。这种"夷部曲"的地位最低,他们必须处于身着汉装的"汉部曲"的监视之下。就昭通而言,这些"夷部曲"应是彝族的先民无疑。参考《云南省昭通后海子东晋壁画墓清理简报》,《文物》1963年第12期。

这段记载前半段是叙述诸葛亮的计划，后半段是叙述计划实行的成绩。成绩是建兴三年以后的事。《三国志·蜀书·李恢传》谓，"南土平定，……后军还，南夷复叛，杀害守将。恢身往扑讨，鉏尽恶类，徙其豪帅于成都"，所谓"亮收其俊杰"或指此事。但无论如何，奴隶制发展下去，"豪帅"、"俊杰"定然会层出不穷，蜀汉岂能收尽！所以诸葛亮这种奖励奴隶主多收部曲的政策，只是助长彝族奴隶主实力日渐膨胀罢了。

在蜀汉末年，南中大姓的势力一天一天地滋长，就是派往南中的官吏如霍弋这一般人也招兵买马建立了所谓"霍家部曲"。魏灭蜀后，霍弋率领南中大姓降魏，被任命为南中都督。霍家父子对大姓的政策是"抚和异俗"，"和解夷人"，所以大批南中大姓，如爨谷、爨熊、毛炅、孟幹、孟通、李松、王素等如雨后春笋在各地出头露面。当时南方的交趾为吴国所统治，在咸熙元年（264）交趾发生内乱，霍弋派建宁大姓爨谷为交趾太守，率领建宁大姓及其部曲占领交趾。泰始七年（271），吴国陶璜率兵三十万合攻驻交趾的建宁大姓兵，大姓部曲全部覆没，总计南中彝兵死于交趾者当在十万以上。

南中内部既虚，晋朝的统治力量遂乘虚进入，并分益州南中地为四郡，改置宁州，州治仍在建宁。后来晋又罢宁州，改置南夷校尉。南中大姓自交趾失败后三十年，势力复振。太安元年（302）建宁大姓毛诜、李叡和朱提大姓李猛率领部曲驱逐了建宁太守杜俊和朱提太守雍约。后来毛诜被杀，李叡、李猛和宁州附近部落五荼夷①首领于陵承联合，屡败州兵，破毁郡县，掳掠吏民，并且把宁州城包围。当时宁州连年遭灾，夷汉死者以十万计，加以晋军连战不利，汉人吏民或逃交州，或入永昌，所以宁州大部皆为彝族大姓的势力所占据。据《华阳国志·南中志》记载，当时不只建宁如此，就是"牂牁亦半为夷所困虏"。

直到永嘉四年（310）宁州刺史王逊到任，诛杀大姓十余家，把宁州原来的七郡划分为十八郡，这当然也是一种分而治之的办法。但不到十多年，朱提大姓雷炤、越嶲大姓董霸、建宁大姓爨量或率部曲投降李雄，或据城叛

---

① 五荼夷在今何处，不能确指。《资治通鉴》胡注谓在"宁州附塞"，亦不能确定。意者或在滇黔之间的竹子岭一带。

晋，所以到咸和八年（333）晋的统治势力在南中就全部崩溃了。

四、东爨、西爨的分立与合并

自晋朝的封建势力被驱逐出南中以后，从4世纪中叶起到8世纪中叶，西南彝族被爨氏大姓统治了四百年之久。

爨氏之为南中大姓，始于3世纪初三国时的爨习。蜀亡后，被晋朝调遣南下，占领交趾者有交趾太守爨谷和牙门将军爨熊。晋末，爨量据梁水郡（南盘江流域）叛晋，而爨深则为晋兴古郡太守。爨量失败，部曲尽归爨深。晋亡后，南中大姓与爨氏抗衡者只有孟、霍二姓，公元338年孟彦执霍彪送往广州，孟彦亦死于丹州，南中大姓从此便由爨氏独霸了。《华阳国志·南中志》"建宁郡同乐县"条下云："大姓爨氏"。晋代的同乐县在今曲靖县南和陆良县盘江东南之地。晋代的《爨宝子碑》在今曲靖城南七十里的扬旗田，刘宋时期的《爨龙颜碑》在今陆良城东南二十里的贞元堡。曲靖、陆良当为爨氏的原住地。他如南宁的爨深等，大概是由同乐迁去的。

同乐爨氏，和朱提孟氏一样，都是彝族的大姓。《爨龙颜碑》所说爨氏系楚国令尹子文之后，寄居河东，食邑于爨，因以为姓。这是汉化以后依附上国的一种说法，实在没有什么根据的。在唐代以前，爨仅是南中大姓的一种。樊绰《蛮书》卷4《名类》中说："风俗名爨也。"此言从唐代起，由姓氏的爨变而为风土或地域之爨了。元代李京《云南志略》在《诸夷风俗》中说："爨深为兴古太守，爨人之名始此。"此言从晋代起，从姓氏的爨又变而为部族或部民的名称了。爨姓的由来和爨姓变为部名的经过这些问题，仅是关系统治者姓氏的起源和所谓"爨人"名称的由来问题，不是重要问题。重要的问题有两个：一个是东西两爨的分合问题。这一问题从表面看来好像仅是奴隶主的争权夺利，实际上牵涉两爨内部生产力发展不平衡的问题。又一个是东西两爨统治下乌蛮和白蛮问题。这一问题与后世彝族社会的黑白二阶级分化有关，更是一个重要问题。目前因为资料有限、调查不够，所以对于以上两个问题不能很好解决，我们只能提一些看法，希望今后再深入一步研究这一问题。

在三国以前，东爨、西爨的分立问题，无论从名称上说或实际上说都是不存在的。到蜀汉建兴三年（225）诸葛亮南征，改益州郡为建宁郡，移治于味县，即今之曲靖，以郡人李恢为太守，此系封建王朝着重统治建宁大姓之始。① 晋时改为宁州，州治仍然设在味县。在两晋时，爨深为兴古太守，爨宝子为建宁太守，爨龙颜的祖父连任建宁、晋宁太守和宁州刺史，父为晋宁、建宁二郡太守。② 当时似尚无东爨、西爨之分。不仅如此，爨龙颜的父亲，除为二郡太守，还为八郡监军。此八郡指晋宁、建宁、兴古、朱提、牂牁、越巂、永昌等，即宁州所属之地，可见当时爨氏的号召力是很大的。但到晋末宋初爨龙颜任建宁太守时，于元嘉九年（432）建宁东部爆发了奴隶主内部的分裂事件。《爨龙颜碑》这样记载着：

> 岁在壬申，百六遘衅，州土扰乱。东西二境，凶竖狼暴，缅戎寇场。君收合精锐五千之众，身伉矢石，扑碎千计，肃清边峤。③

此为东爨、西爨分裂之始。此役虽经爨龙颜的武力镇压下去，暂告统一，但到了隋代，两爨分裂更为显著，西爨首领竟以"西爨王"④自称了。《隋书》、《唐书》都记载，梁代南宁州刺史徐文盛被召至荆州，土著大姓爨瓒割据一方，其子爨震、爨玩继之，分统其众。隋开皇初年，文帝设置昆州（今昆明），震、玩因而反叛。文帝于开皇十七年（597），命史万岁率众击之，兵自蜻蛉川（今云南大姚）入，过弄栋（今云南姚安），经大小勃弄

---

① 蜀汉改益州郡为建宁郡的事，参考《华阳国志·南中志》"宁州"条，《水经注·温水》。
② 爨深见于《华阳国志》者为交州刺史，在晋代永嘉年间与姚岳同破李雄，仕为兴古太守。爨宝子为建宁太守，见曲靖县《爨宝子碑》，死于义熙四年，年二十三岁。爨龙颜为建宁、晋宁二郡太守是义熙十年事，见陆良《爨龙颜碑》。
③ 《爨龙颜碑》文所云"岁在壬申"，即宋元嘉九年。文内所言的"凶竖狼暴"与"缅戎寇场"均有所指，但不解其意。
④ 《西爨王碑》发现于昆明以东十五里，题曰《大周昆明隋西爨王之碑》，末有"成都阎丘均撰，洛阳贾余绚书"。按"大周"为武则天国号，昆明是"西爨王"治所。《隋书》爨翫为昆州刺史，无封西爨王的记载。所谓"隋西爨王"系自称。唐初爨翫子宏达为昆州刺史，至武后时宏达为其祖立碑，故称"大周昆明隋西爨王"。撰碑文者为阎丘均，曾为姚州道讨击使唐九征的书记，剑川和滇池的纪功碑均出其手。阎丘均入滇时间不可考，武后时在滇，故有此作。碑的性质与《大周故河东州刺史之碑》（《王仁求碑》）相同。可参考钱大昕对此碑的题跋。

（今云南弥渡），至于"南中"（即昆州，今之昆明）。① 从史万岁的行程看，当时所征伐者系西爨，而非东爨，因此知当时东西爨处在分裂中。西爨和东爨为什么分裂？求其原因约有二端：第一，两爨的奴隶主霸占各地的山泽资源，财富日益积累，都已具有独立自雄、各据一方的物质基础。《隋书·地理志》对于这种情况曾有总结说："其边野富人，多规固山泽，以财物雄役夷獠，故轻为奸藏，权倾州县。"前已说过，云南的彝族早已实行了奴隶制度，最初一个阶段是从移殖过程中占领土地资源，并掠夺各地土著为奴隶来开发各地的资源的。但发展到后来一个阶段，奴隶主扩充实力的方法不以掠夺奴隶为主，而是首先扩张土地，占有资源了。他们只要把土地资源集中到手里，然后以土地资源的所有权为资本，经过租佃、借贷、开垦种种手续，就可使贫困的自由部民沦为奴隶。这种情况在西爨境内更为明显。隋代初年，梁睿上疏给隋文帝说："南宁州汉世牂牁之地，户口殷众，金宝富饶。"②《新唐书·南蛮传》也说："有爨瓒者据其地，延袤二千余里，土多骏马、犀象、明珠。"所以像这种奴隶主发展的方法自然就是"多规固山泽，以财物雄役夷獠"了。第二，是东西二境的奴隶主为了争夺土地，争夺奴隶，互相开战，所以最终形成东西分裂。《隋书·梁毗传》说："蛮夷酋长皆服金冠，以金多者为豪俊，由此递相陵夺，每岁干戈，边境略无宁岁。"这种说法是相当正确的。奴隶主相互对抗，相互残杀的情况，一直发展到唐代的初叶。

在叙述唐代东西爨奴隶主对抗斗争以前，应当把东西爨所管辖的疆域叙述一下。唐代咸通初年（860—865）樊绰在所著《蛮书》中叙述天宝年间，即8世纪中叶的东西爨疆域说：

> 在石城、昆川、曲轭、晋宁、喻献、安宁至龙和城，谓之西爨。在曲（州）、靖州、弥鹿川、升麻州，南至步头，谓之东爨。

---

① 史万岁的行程，参考《隋书》卷53《史万岁传》、《新唐书》卷222《南蛮传》及《资治通鉴》卷178"开皇十七年二月"条。
② 《资治通鉴》卷178 记梁睿说"南宁州汉世牂牁之地"有误。隋代所说的南宁州，即晋代的宁州，因为梁时改越巂郡为西宁州，恐两个宁州混淆，所以加"南"、"西"以资区别。南宁州仍治味县，味县在汉为益州之地，不属牂牁。

西爨区域，石城在味县，治今曲靖北20里，时为南宁州都督府治所。昆川即昆州，在今昆明平原。曲轭今马龙县。晋宁今晋宁县。喻献今澄江、江川一带。安宁今安宁县。龙和城在今禄丰县境内。以此知西爨的疆域，从曲靖而西，包括马龙县、陆良县、路南县、宜良县、嵩明县、昆明县、呈贡县、晋宁县、昆阳县、安宁县、澄江县、江川县，直至禄丰县的龙和城（袁滋以为即老鸦关），皆属于西爨的范围。首领的住牧地在滇池县，即今日的晋宁。东爨区域，曲州、靖州即今昭通、会泽、镇雄、威宁等地。昭通即《蛮书》中的阿猛部，以后称乌蒙部。威宁为乌撒部。镇雄为芒部。会泽系旧东川府治，《蛮书》称为阿芋路，彝语称为"阿于甸"。弥鹿川即《唐书·南蛮传》所说的"磨弥敛"，弥鹿和弥敛音近，即今宣威、霑益二县。升麻川即今寻甸、嵩明二县。步头在今建水县。以此知东爨的疆域，从滇东北的昭通、会泽起，南至建水，都属于东爨的范围。首领的住牧地在味县，就是南宁州治。但樊绰所说的东西爨疆域，系以天宝年间即8世纪中叶的情况为根据。在天宝以前，东西爨的疆域还要更广。唐代初年以戎州都督府（治戎州，即今四川宜宾）和嶲州都督府（治越嶲，即今四川西昌）为据点来经略两爨。到麟德元年（664）嶲州的前哨设在姚州（今云南姚安），称姚州都督府，永隆二年（681）又将设在今越南的交州改为安南都护府。以上戎州、姚州、安南三都督、都护府，与两爨都有密切的关系。张九龄《曲江集》卷12《敕爨仁哲书》内载姚州的首领有爨彦征、爨嗣绍、爨曾；戎州的首领有爨归王、爨崇道、孟耽；安南（交趾）的首领有爨仁哲、潘明威、阿迪、孟谷悮。

我们今日试以爨氏大姓的人名和两爨所在的地望对照一下，显然可以看到戎州都督府和安南都护府所管辖的地区都应属于东爨的疆域，而姚州都督府所管辖的地区亦应属于西爨的疆域以内。再看《南诏德化碑》所记载几个反对开筑步头路的爨姓首领，有南宁州都督爨归王，昆川刺史爨日进，黎州刺史爨祺，求州爨守懿，螺山大鬼主爨彦昌，南宁州大鬼主爨崇道。其中爨归王、爨崇道、爨日进皆系东爨首领，爨日进则以东爨首领兼理西爨安宁城。螺山大鬼主爨彦昌，在《蛮书》中作爨彦璋，亦即张曲江《敕爨仁哲书》中的爨彦征，为姚州首领，其驻扎地在螺山，故称螺山大鬼主。其地当原在西爨范围之内。求州在武定、元谋、禄劝一带，求州首领爨守懿自然亦当是西爨的首领。黎州在《蛮书》中作黎川，在曲轭川南。爨崇道被蒙归义所逐，南走黎川，即此地。其地有量水川，距滇池仅一日程。量水当即梁水，在今通海、建水县境内，为西爨疆域。黎州刺史爨祺当亦西爨首领。此外，《新唐书·地理志》引唐代贾耽记录从边州入四夷路程说："古涌步至汤泉州、禄索州、龙武州，皆爨蛮安南境也。"按贾耽记"从古涌步至汤泉州百八十里，又至禄索州五十里，又至龙武州十五里"，据《新纂云南通志·历代建置考释三》，龙武州在今开远县，其北即为黎州。北三州似皆在东爨地区。又《新唐书·南蛮传》记载乌蛮七部落，除了阿芋路、阿猛、磨弥敛已经以不同名称记入东爨外，若夔山、暴蛮、卢鹿部皆在今黔滇之间与东爨毗连，《蛮书》皆未记入东爨直辖区域之中。

樊绰《蛮书》所记两爨疆域，除为当时知识所限不能尽括外，西爨地区在天宝以前有所变更，亦是一个原因。《新唐书·南蛮传》有如下记载："太宗遣将击西爨，开青蛉（今大姚）、弄栋（今姚安）为县。爨蛮之西，有徙莫祇蛮、俭望蛮，贞观二十三年（649）内属，以其地为傍、望、览、丘、求五州，隶郎州都督府。"① 郎州都督府系贞观八年改南宁州所置，仍治味县。求州在今武定、元谋、禄劝，地区最大，属爨守懿所管。望州今之广通。览州今之楚雄。傍州今之牟定。丘州今之南华。此四州首领为谁虽不能确指，但以其西姚州螺山大鬼主为爨彦昌，其东求州首领为爨守祺，而居于其间之望、览、傍、丘四州亦当是西爨的辖地。我们更当注意者是唐太宗遣将击西爨而开青蛉、弄栋为县的记载，这岂非明白告诉我们青蛉和弄栋也是两爨的疆域吗？所以西爨在天宝以前原有疆域已经最西发展到姚州，区域之广虽不及东爨，但绝不如《蛮书》所记的那样狭小。

西爨王爨震、爨玩在隋文帝时入朝被诛，并没其诸子为奴。唐高祖即位，以其子爨宏达为昆州刺史，他已是一个有名无实的西爨首领了。太宗贞观年间开青蛉、弄栋为县②，西南徙莫祇等又内附，所以西爨的疆域才日益缩小，成为《蛮书》所记的状况。但另一方面，东爨的势力则日益膨胀，汲汲

---

① 按傍、望、览、丘、求五州原属郎州，但郎州不久即废，更置戎州都督府。五州距戎州远，而与姚州相近。姚州总管五十七州，其名称多不可考。以爨彦昌之属姚州都督，则爨嗣绍亦当在姚州都督管辖之下。
② 《资治通鉴》卷199"永徽二年"条言，贞观中始开青蛉、弄栋为县。

向西爨故地扩张，所有西爨的重要地区皆由东爨的首领自署为都督刺史，到处住扎。高宗时看到东爨的霸局已经形成，所以才罢郎州都督府，更置戎州都督。武后时，爨宏达死，遂以东爨爨归王为南宁州都督，居石城。当时升麻川尚为朱提大姓孟聘及其子孟启所占据，爨归王杀之，徙治共范川。归王兄子爨崇道为两爨大鬼主，理曲轭川；崇道之弟日进、日用在安宁城。此外还有黎州刺史爨祺、求州爨守懿，螺山大鬼主爨彦昌（崇道兄弟），都是东爨首领。从此整个云南原有的西爨和东爨各地都被东爨子孙所占据了。此为两爨合并时期。①

西爨合并于东爨，对于唐朝经略云南显然不利。天宝七载、八载时，节度使章仇兼琼派越嶲都督竹灵倩开步头路，筑安宁城，以通安南。这一措施对于西南交通经济的发展当然是好的，但在通路筑城的过程中，使滇东一带的人民感到"赋重役繁，政苛人弊"，于是东爨首领爨归王、爨日进、爨祺、爨守懿、爨彦昌、爨崇道等利用这个机会鼓动群众杀掉筑城使者竹灵倩，并把已经筑好的安宁城破毁了。于是唐朝命南诏蒙归义出兵讨之，以爨归王等谢罪而罢。不久，东爨内部发生了内讧，爨崇道杀爨日进，又谋害爨归王。归王妻阿姹遣使向南诏求救，于是南诏利用这一机会，出兵东爨，把爨氏首领或杀或逐，逐步占有了东爨西爨的整个区域。

从东爨西爨的分合过程看，是两爨大姓统治乌、白蛮的变更过程，同时也是乌、白蛮在经济上、文化上、语言上相互影响的过程。当然这里所说的相互影响并不含有对等的意义。比如在经济方面，西爨白蛮的生产比东爨乌蛮要进步得多，因而乌蛮接受白蛮的影响就比较大些。但语言方面，白蛮语的汉化很深，而乌蛮则多散居山谷，语言经三译四译乃与汉通。另一方面，东西爨在多年战争之后，首先引起的是各地经济的破坏，《蛮书》说："是后自曲靖州、石城、升麻川、昆川、南至龙和以来，荡然兵荒矣。"可知东爨、西爨都遭到毁坏，而西爨更甚。还有不曾见于记载的，战争必有掠夺，在东西爨战争及南诏、唐王朝在这一地区的战争中，各族人民之被掳掠为奴隶者真不知道有多少。奴隶数量的增加，一定推动了奴隶制度的发展。

---

① 武后时西爨已为东爨所并，故《南诏德化碑》只言东爨，不言西爨。

五、东爨乌蛮和西爨白蛮

现在我们讨论"东爨乌蛮"和"西爨白蛮"的联系和区别问题。

前面我们叙述过爨氏是南中大姓，无论东爨首领或西爨首领都是大奴隶主阶层。两爨首领之为统治头目的名称虽有不同，有的称"大鬼主"，有的称"爨王"，有的称"都督"、"太守"、"刺史"等等，然其皆为奴隶主阶级中的大奴隶主则毫无疑义。大奴隶主阶层，是从奴隶主阶级中分化出来的，他们在政治上或宗教上享有特殊权力，但从生产关系方面说，与一般的奴隶主一样，都属于既占有土地资源，同时又占有劳动生产者（奴隶）的奴隶主阶级。

前面我们也叙述过大姓爨氏的原住地在曲靖、陆良一带。他们也和彝族一般的奴隶主一样，当感觉到一个地区的土地、资源、奴隶不够分配时，便向外地发展。发展的方向以向南和向西为主，向南的发展到了安南，向西的发展到了姚州。最初并没有东西爨之分，后来由于东西二境的爨氏相隔年代太久了，所以语言、文字、风俗习惯都有了一些差异。除此以外还有一层重要的区别，就是东爨地区主要的民族成分是乌蛮，所以把东爨和乌蛮二名联系起来，称为"东爨乌蛮"；西爨地区主要的民族成分是白蛮，所以把西爨和白蛮二名联系起来，称为"西爨白蛮"。《蛮书·名类》一开头便说："西爨，白蛮也；东爨，乌蛮也。"这就是说西爨之地多白蛮，东爨之地多乌蛮。其中并没有说西爨即是白蛮，东爨即是乌蛮。一切问题若不加分析，最后结论必然是一笔糊涂账，从前人对于东西爨和乌白蛮的认识不清就是如此。

但这并不是说东西爨的大奴隶主彼此之间就没有区别，更不是说西爨大奴隶主和白蛮之间，东爨大奴隶主和乌蛮之间就没有联系。原来云南地区，自从汉代开辟了僰道路和越巂路两条交通大道以后，越巂路的交通比较要畅通一些。在东汉三国时，越巂道曾被旄牛王遮断一百多年，往来很不便利，但到诸葛亮南征以后，这条道路又被越巂太守张嶷开通了。① 从此以后，云南姚州东西，特别是从姚州到滇池一路，沿途的经济文化发生了很大的变化。经济上显著的变化便是犁耕和灌溉农业的发展。同时，汉族的语言和风

---

① 见《三国志》卷 43《蜀书·张嶷传》。

俗习惯，对于这一路的各民族也发生了很大的影响。至于从僰道以下通云南的道路，虽然开辟的时间也很早，但自从汉代彝族北上占据了昭通、东川一带以后，落后的奴隶制度使他们经常出而掳掠，因此商旅不通，交通断绝，阻碍了沿途各民族经济的发展。僰道、越嶲两路发展的情况不同，加以云南曲靖以东以西生产力发展的程度亦各异，所以东西爨的统治阶级虽然系出一源，且均为大奴隶主，但他们的语言、文化、风俗、习惯，以及他们统治下人民所从事的产业情况就有所不同了。

西爨统治阶级的语言、文字皆与汉族相同。历代传诵的《爨龙颜碑》，是爨道庆作的。此碑和《爨宝子碑》都写得很好，有人称之为"海内神品"，可知他们的汉化程度是很深的。西爨的丧葬，"依汉法为墓"，亦立碑碣，碑上文字都用汉文。这些情况和东爨统治阶级的火葬和操乌蛮语、用爨文的情况大不相同。但东爨和西爨的不同主要还在于东爨统治下以乌蛮为主，西爨统治下以白蛮为主，而乌蛮和白蛮所从事的产业亦各不相同。

东爨统治下的乌蛮，应该就是彝族，这点为大家所承认。西爨统治下的白蛮，是否亦是彝族？如果不是，当为何族？大家对这一问题颇有争论。我们认为关于古代民族的识别标准，最重要的条件之一是语言，其次就是看他们的经济和文化。关于乌蛮和白蛮的语言，樊绰《蛮书》卷8有如下的记载："言语音白蛮最正，蒙舍蛮次之，诸部落不如也"，"东爨……言语并与白蛮不同"。此所谓言语音"最正"，系以汉语为标准而言，而且白蛮的语言举例绝少，所以现在我们研究比较困难。但据"东爨……言语并与白蛮不同"一语来说，乌蛮语言应与白蛮不同。关于经济方面的产业发展情况，《蛮书》卷7说："从曲靖州已南，滇池已西，土俗唯业水田，种麻豆黍稷不过町疃。"此言西爨白蛮的产业以种植水稻为主。又同书卷4《名类》记载："东北自曲靖州，西南至宣城（今地不详）邑落相望，牛马被野。"此言东爨乌蛮的产业以畜牧马牛为主。风俗习惯方面，如"西爨及白蛮皆依汉法为墓。诸乌蛮不墓葬，凡死后三日焚尸"。又金沙江以北，在邛部（今四川西昌）、台登（今四川冕宁）二地，"乌蛮妇人以黑缯为衣，其长曳地；白蛮妇人以白缯为衣，下不过膝"。①此虽系记载越嶲郡的乌、白蛮服饰，但可作东西爨乌、白

---

① 白蛮、乌蛮的葬法，详见《蛮书》卷8；衣服样式在《蛮书》中凡两见，一在卷1，一在卷4。唯卷1所述，文字有脱落，今据《太平御览》所引《南夷志》补入。

蛮区别的参考或补充资料。从上所述，可知西爨的白蛮和东爨的乌蛮确在各方面有所区别。

西爨统治下的白蛮，与今日云南何种民族相同或近似，这一问题除了应用比较语言学识别外，若从这些白蛮在历史上的来踪去迹加以追溯，当也可以找寻到他们的下落。据我们现在所知，唐代人所说西爨地区的白蛮并不只是一种，至少有徙莫祇蛮、俭望蛮和今日白族之祖的河蛮（民家）三种。俭望蛮是现在的何族，无从省识。唐代初年的徙莫祇蛮，贞观二十三年以其地为傍、望、览、丘、求五州，此五州在今牟定、广通、楚雄、南华、武定等县。既曰"以其地置州"，此族在当时尚未迁徙。《元史·地理志》载威楚路的定远县（今牟定）有些莫徒人。元代的"些莫徒"当即唐代的"徙莫祇"，到了明代又称之为"撒马都"。景泰《云南图经志书》楚雄府"风俗"条云："定远之民有曰撒马都者，即白罗罗之类。近年以来稍变其故俗，而衣服饮食，亦同汉、僰。更慕诗书，多遣子弟入学，今亦有中科第者。"明代《土官底簿》又记："定远县主簿李禄久，撒摩徒人。"更有趣味的是唐代的西爨白蛮到明代称为"白罗罗"。然则明清两代所说的罗罗有黑白之分并非没有根据了。但元代些莫徒蛮分布最多的地区不是在威楚路，而是在中庆路和澂江路。《元史·地理志》："中庆路归化县，为些莫徒蛮所有。"又呈贡县"世为些莫强宗部所居"。除呈贡县外，还有澂江路的阳宗县、普舍县有此部落。些莫徒蛮还有一步雄部，占据澂江路的江川县、研和县及临安路的宁州。以上所述皆见《元史·地理志》，其中记明为段氏大理国所迁的尚未计算在内。明代景泰《云南图经志书》记载：晋宁州，"诸夷杂处于州者，有白罗罗，有㱔门，种类非一"。其实，这里所说㱔门就是白罗罗。正德《云南志》记载：云南府富民县，"乌酋㱔门、㱔末始筑马举龙城，号黎瀼甸"。又晋宁州呈贡县，"世为乌、白、㱔门、㱔莫徒、阿茶僰五种蛮所居"。天启《滇志》："撒弥罗罗，滇池上诸州邑皆有之。"明代各志中所说的㱔门、㱔末、㱔莫徒，以及最后所说的撒弥罗罗，实际上只是一种。正德《云南志》把㱔门和㱔末分开，而称之为乌酋，是毫无根据的。从此我们又可得到一个线索，即明清人所说的"撒弥罗罗"也是徙莫徒的别称。"撒弥"后来又讹作"散民"或"撒尼"。目前自称为"撒尼濮"，汉人称之为"撒尼"、"撒弥"或"散民"者，在路南、弥勒、泸西及昆明的郊区都有。昆明东郊的大麻苴、小麻苴、昭宗等村皆是此族。此族系由楚雄迁来，或即系昆明附近的土著，楚雄、昆明原来既皆系西爨的地区，所以均为二地的土著亦属可能。南诏史上虽然记载阁罗凤遣杨牟利以兵胁西爨徙二十多万户于永昌，但自古以来的迁民绝对不能迁尽无遗的。以上是西爨白蛮的第一个来踪去迹。

其次再说西爨白蛮中的河蛮。河蛮后称民家。西爨地区民家的外移，不只一次。第一次迁移在唐代初年或唐代以前。《蛮书》卷4记载与河蛮同种的弄栋、青蛉蛮说：

弄栋蛮则白蛮苗裔也。本姚州弄栋县（今姚安）部落。其地旧为褒州。尝有部落首领为刺史。有误杀司户者，为府丞论罪，遂率众北奔。后分散在磨些江侧，并剑、共诸川悉有之。①

磨些江侧在今丽江、鹤庆二县；剑川今仍旧名；共川一名野共川，在今洱源应山铺。以上三地俱在洱海以北。

第二次迁移在天宝年间，《蛮书》云：

青蛉蛮，亦白蛮苗裔也。本青蛉县（今大姚以北盐丰、永仁一带）部落。天宝中，巂州初陷，有首领尹氏父兄子弟相率南奔河睒，阁罗凤厚待之。贞元年中，南诏清平官尹辅酋、尹宽求（按《唐书》作尹仇宽），皆其人也。衣服言语，与蒙舍略同。

河睒即西洱河，在洱海北部。弄栋部落酋长和青蛉部落长尹氏率领族众迁往洱海以北，主要原因是为了洱海为古昆明国地，其地原多河蛮，以杨、李、赵、董四姓为名家，各据一州，大者六百家，小者二三百家，不相统一，所以弄栋、青蛉部落乐得与同族在那里共处。关于唐时西洱河一带的情况，在《资治通鉴》和《新唐书·南蛮传》都有记载。《新唐书》的记载如下：

松外蛮尚数十百部，大者五六百户，小者二三百。凡数十姓，赵、

---

① 此段原文有脱落，今据《新唐书·南蛮传》改正。

杨、李、董为贵族,皆擅山川,不能相君长。有城郭、文字,颇知阴阳历数。……以十二月为岁首。

《蛮书》称此族为"河蛮",《新唐书》称之为"西洱河蛮",亦称"松外蛮"。他们的文字,即指今日所说的"白文"。关于他们的语言,宋代《太平寰宇记》记载"语言虽小讹舛,大略与中夏同"①。综合这些情况看,这部分白蛮即今日白族的先民无疑。

最后一次迁徙,即天宝九载(750)阁罗凤遣昆川城使杨牟利以兵威胁西爨,徙其二十万户于永昌。永昌在澜沧江外即今保山,今保山地区与德宏傣族景颇族自治州有白族一万三千九百多人,怒江傈僳族自治州有一万多人,临沧地区有四百人。目前澜沧江外的白族虽不多,但在以往肯定不止此数。元李京在《云南志略》中曾经说:"故中庆、威楚、大理、永昌皆僰人,今转为白人矣。"总之,从上述的事实中可以看出古代所说的西爨白蛮,确与乌蛮不同。其不同所在,除了汉化的程度不同以外,还有民族不同。当时所说的白蛮,并不是一种民族,而是几种民族。些莫徒人最初的来源已不可知,但今天的撒尼人皆操彝语,是彝族中的一个支系。从历史的发展看,此族确曾被爨族大姓作为奴隶阶级而加以统治和剥削,所以旧地方志里有"白罗罗于彝中为贱"的记载。我们相信白族就是古代的僰人,这一名称在大理国时期曾被广泛地应用。但在大理国以前,此族之被彝族所征服者,确也曾被作为奴隶阶级而加以虐待和剥削。且此族衣饰尚白,与彝族之尚黑尚青的风俗显然成一显明的对照,所以彝族中黑彝、白彝二个阶级及"黑、白罗罗"之来源,恐与历史上彝族奴隶主之压迫白族人民有关。这一问题,关系到彝族奴隶制的形成与发展,现在只提出初步意见,以便今后做进一步研究。

六、南诏与彝族的关系及其社会制度

云南出现了统一的南诏王国,是云南彝族奴隶制发展到一定阶段的必然

---

① 转引自徐嘉瑞:《大理古代文化史》,云南大学,1949年,第201—204页。

结果，而这又对云南境内其他各族的经济发展有着深刻的影响。

南诏王国是一个多部族、多文化的国家。在这个国家内不仅包括了许多部族、部落，而且这些部族、部落的所有制和生产关系都是千差万别的。主要的部族、部落有："乌蛮"（包括六诏乌蛮、东爨乌蛮、独锦蛮、长裤蛮、施蛮、顺蛮、磨蛮、磨些蛮、勿邓五姓蛮、丰琶蛮、两林蛮等等）、"白蛮"（包括西爨白蛮、弄栋蛮、青蛉蛮、河蛮、渠敛赵、东钦二姓蛮、嶲州新安一姓白蛮等等），以及"扑子蛮"、"寻传蛮"、"裸形蛮"、"望苴子蛮"、"望蛮外喻部落"、永昌蛮（黑齿蛮、金齿蛮、绣脚蛮、绣面蛮）、"茫蛮部落"、"栗粟两姓蛮"、"雷蛮"、"梦蛮"、"汉裳蛮"（裳人）等等。以上各种部族、部落，今天看来，有的和现代的民族很容易联系上，有的则已经消失或者变化，很难说他们和现代哪一民族相近了。

东爨乌蛮，我们可以肯定就是古代云南一带的彝族。主要理由是《蛮书》上所留下来的六个语汇和现在云南彝族语言中有关语汇绝大部分相同。

唐代滇东北、滇东和黔西的六部落，从他们的名称、地望、产业、发饰、风俗各方面看来，应该都是彝族。《新唐书·南蛮传》记载如下：

> 其种分七部落：一曰阿芋路，居曲州、靖州故地；二曰阿猛；三曰夔山；四曰暴蛮；五曰卢鹿蛮，二部落分保竹子岭；六曰磨弥敛；七曰勿邓。土多牛马，无布帛。男子髽髻，女人被发，皆衣牛羊皮。俗尚巫鬼，无拜跪之节。其语四译乃与中国通。大部落有大鬼主，百家则置小鬼主。

以上七部落除勿邓在金沙江以北外，阿芋路等六部落皆在唐代的石门（今豆沙关）以南和南宁州味县（今曲靖）以北。阿芋路应即彝语"阿于甸"的译名，今东川安氏称"阿于甸"家。阿猛音近乌蒙，古代的乌蒙部落在昭通。夔山部落在蒙夔岭，不知系古代彝族何部落。《蛮书》卷1《云南界内途程》："过鲁望七日程至竹子岭，岭东有暴蛮部落，岭西有卢鹿蛮部落。"暴蛮在云南界，卢鹿蛮在贵州界，似皆系六祖中穆济济与穆克克之后裔。磨弥敛在今霑益、宣威二县。《蛮书》云："此等部落皆东爨乌蛮也。"又云："大部落则有大鬼主,百家二百家小部落亦有小鬼主。一切信任鬼巫,用相服制。"①"鬼主制"乃是彝族社会组织的特征。又云"三译四译乃与华通",说明他们的语言和西爨的白蛮语显然不同了。这些乌蛮皆被南诏王国所统治。

原来西川与南诏之间,在阁罗凤之时以会川(今会理)和寓州之间的俄准岭为界。俄准岭一称阳蓬岭,岭以北为嶲州,岭以南为南诏。②自从8世纪中叶嶲州被南诏攻下以后,阁罗凤为永久占领嶲州,就积极向会川、嶲州移民。几次移来的是云南的乌蛮和白蛮,而以白蛮占绝对多数。《元史·地理志》对南诏历次移民都有详细的记载:

> (建昌路)蒙诏立城曰建昌府,以乌、白二蛮实之。
> (会川路)黎溪州,古无城邑,蛮云黎驱,讹为今名。初,乌蛮与汉人杂处,及南诏阁罗凤叛,徙白蛮守之。
> 永昌州,州在路北,治故归依城,即古会川也。唐天宝末,没于南诏,置会川都督。至蒙氏改会同府,置五睑,徙张、王、李、赵、杨、周、高、段、何、苏、龚、尹十二姓于此,以赵氏为府主,居今州城。

关于会川路黎溪州的移民,《蜀中广记》卷34引《土夷考》对《元史》所记有所补充:"黎溪州在会川部南有五十里,唐时南诏阁罗凤徙白蛮戍此,即白夷也。"在此我们当注意的是,唐代迁徙到此定居的"白蛮",从明代起在四川就被称为"白夷"了。而此"白蛮"亦当是彝族。但这些"白蛮"和上述勿邓、两林部落联盟之内的"白蛮"尚有不同,即后一种"白蛮"是乌蛮统治下的被奴役的部落,而前一种"白蛮"则在本族之内已经形成了统治阶级和被统治阶级。例如《元史·地理志》所说的白蛮十二姓,赵姓便是黎溪州的府主。自南诏阁罗凤移民后,从贞元十年(794)起,嶲州曾一度为唐朝所有,但到太和三年(829)南诏第二次陷嶲州,且北掠成都子女工技十多万人,从此大渡河以南就成为南诏土地,而不为唐朝所有了。南诏、

---

① 《蛮书》原文有脱落,今据《太平御览》引《南夷志》补入。
② 俄准岭之名初见于《蛮书》卷1,说从嶲州二百三十里至俄准岭,下此岭入云南界。《新唐书·地理志六》"嶲州"条记:"又经阳蓬岭百余里至俄准添馆。阳蓬岭北嶲州境,其南南诏境。"《南诏德化碑》亦云:"北接阳山,会川收瑟瑟之宝。"知阳山即阳蓬岭。

大理两国统治金沙江以北和大渡河以南地区，前后达五百年之久。

南诏立国时期凉山内部的情况我们所知道的很少。《新唐书·南诏传》记载咸通十年（869），南诏进攻西川，由嶲州分兵，一路出沐源，窥嘉州（今乐山），"破属蛮，遂次沐源"，袭犍为破之，进迫嘉州。此"属蛮"为何部落不曾言明。《通鉴考异》引《咸通图录》云："咸通十年十月，南蛮众击董春乌部落，倾其巢窟。春乌以其众保北栅，俄而蛮掩沐源，遂逼嘉州。"于是知道南诏所破者，就是彝族中的董春乌部落。这段事实，虽很简单，但亦可以看到南诏多次侵略西川，小凉山的彝族大部分似不在征调之列。

唐代乌蛮，除了上述各族确系彝族外，还有一些部族如"磨些蛮"（即今纳西族）和"栗粟二姓蛮"（即今傈僳族），其言语皆与彝族相近，而为藏缅语族中彝语支之民族。至于六诏乌蛮，其中特别是南诏（蒙舍诏）的蒙氏究为何族，自来为国内外学术界所注意，但到今日仍是众说纷纭，莫衷一是。从前有些外国"汉学家"，以为南诏之"诏"是傣族语的"王"之义，所以把南诏蒙氏认为是傣族，这种说法是极其不当的。① 据我们研究，组成南诏王国的部族虽多，主要的仍是彝族和白族。蒙氏的族属，现在仍在调查研究中，一时不易确定。② 蒙氏失国后，继之而起的赵、杨、段氏，都是白族。白族在南诏、大理二国的辅宰大臣中所占的比例很重。南诏的军队，除了望苴子蛮和望蛮外喻部落外，其余主要是彝族的罗苴子军。三十七部在南诏国时已经是一种且耕且牧且战的地方武力，到大理段氏，从它的建国之

---

① 〔整理者注〕：南诏为傣族所建的说法来源较早。倡此说的为英人拉古伯里（Ternien De Lacouperie）、美人杜德（W. Clifton Dodd）在所著《泰族》一书中也宣扬这种观点。后来英人吴迪（W. A. R. Wood）著《暹罗史》一书更附会其说。于是影响到暹罗（泰国）一些学者也有此主张，如达吗銮拉查奴帕《暹罗古代史》等书即是。这一说法在国内也有影响。如马长寿先生早期著《中国西南民族分类》（《民族学研究集刊》第 1 集，商务印书馆 1936 年版）一文，曾认为："唐代之南诏国虽有保倮部族参与其间，然其建国之蒙氏为僰夷无疑。"（按：保倮为当时彝族的称呼，僰夷为傣族的称呼）后来这种说法已不为一般人所接受，马长寿先生在 1959 年对南诏故地实地考察后，写成《南诏国内的部族组成和奴隶制度》一书（上海人民出版社 1961 年版），在此书中他修正了前说，倾向于南诏王室蒙氏为彝族的说法（参考该书第 76 页）。

② 〔整理者注〕：关于南诏王室蒙氏的族属，目前以主张彝族者居多，其代表著作有刘尧汉《南诏统治者蒙氏家族属于彝族之新证》（《历史研究》1954 年第 2 期）、江应梁《南诏不是傣族建立的国家》（《云南大学学报》1959 年第 9 期）、李绍明《巍山文物与南诏历史——南诏统治者系出彝族新证》（《中央民族学院学报》1978 年第 4 期）等。但亦有白族说或傣族说诸种。

日起，一直到明代，也始终是靠三十七部来维持它的政权的。① 此三十七部，如我们后面所分析的，三分之二是彝族，三分之一是白族，其他各族所占的比例是微乎其微的。因此，可知外国某些所谓汉学家所说南诏蒙氏为傣族或南诏国主要为傣族所组成，在历史上是毫无根据的。

南诏国与彝族最有关系的，是它的军队组织。军队中有一种管一百人的中下级军官叫作"罗苴子"。"苴"在当时可读为"斜"（《蛮书》卷9《南蛮条教》言"罗苴子"，又在该书卷1中注：苴音斜），所以罗苴子的原音当是"noɬ suɬ ʒəɬ"②。此种人"皆自乡兵中试入"，故称"四军罗苴子"，"戴朱兜鍪，负犀皮铜股排，跣足历险如飞"，这与凉山近代彝族出兵的装饰配备，几乎全部相同。但这些军人并非奴隶，而是小奴隶主的子弟。所以《蛮书》卷9记载："每有征发，但下文书与村邑理人处，尫往来月日而已。其兵仗人各自赍，更无官给。"又说："每出军征役，每蛮各携粮米一斗五升，各携鱼脯，此外无供军粮料者。"从此可知南诏兵丁是向小奴隶主，至少也是自由民征集的。唯有这些人才能拥有兵器、粮食和鱼脯，而奴隶阶级是绝对没有这种条件的。这种当时的彝族奴隶主约与解放前凉山彝族奴隶主相似，平时他们以劳动生产为耻，而以携带武器从事战争、掠夺为荣。南诏军队以彝族子弟做中下级军官的原因即在于此。

最后，我们略述南诏的社会制度。

南诏王国既是一个多部族、部落的国家，在此国家之内相应地就有各式各样的社会制度。当时中央封建王朝的势力已经进入云南，因而封建主义的因素必然在南诏国内日益滋长，但是南诏占主导地位的制度仍然是奴隶制度。

南诏王国的土地、资源和奴隶都是被奴隶主阶级所占有的。国家这个最高统治者把土地分给国内的大小奴隶主。正如《新唐书·南诏传》所云："凡田五亩曰双。上官授田四十双，上户三十双，以是而差。"这些上户、中

---

① 〔整理者注〕：大理国时期三十七部的地域，据方国瑜先生考证，其主要部分在今云南的东部地区，亦有少数间入今贵州的西部（参考所编：《新纂云南通志》卷34《历代建置考释》）。又李家瑞先生认为三十七部中有十部在金沙江以北今四川凉山彝族自治州境内（参考所著：《大理国与三十七部会盟碑》，《考古》1962年第6期）。其说有误。

② 〔整理者注〕："罗苴子"原音为"noɬ suɬ ʒəɬ"。现今凉山彝族仍自称"诺苏"（noɬ suɬ）。"诺"有尚黑的意义，"苏"是人的意思。知"罗苴子"即当时这部分彝族的自称的汉译名。

户、下户都应当是奴隶主，不是奴户。奴隶主再把土地分给奴户或奴隶耕种，这种种地的奴户或奴隶在《蛮书》里称为"佃人"。因为田亩不是分给奴户的，所以奴隶主就必须置一种监督奴隶劳动的头目名叫"蛮官"，在田野里监督奴隶劳动。《蛮书》卷7描写当时佃人劳动的情况说：

> 蛮治山田，殊为精好，悉被城镇蛮将差蛮官，遍令监守催促。如监守蛮乞酒饭者，察之，杖下捶死。

至于土地上生产品分配的情况，如《蛮书》同卷所描写者：

> 每一佃人佃，疆畛连延，或三十里。浇田皆用源泉，水旱无损。收刈已毕，蛮官据佃人家口数目，支给禾稻，其余悉输官。

原文第一句疑有脱落，似言佃区之大，又似言佃人负责佃种之田多，若以官田言，以上两种理解皆可通。最重要的是蛮官对佃人的粮食分配数目，不是对半分，也不是四六成分，而是以佃人家口的最低消费水平为标准来分配，以维持他们的生命不至于饿死。这种残酷的剥削方式较之解放前凉山彝族奴隶制的剥削几乎没有两样。

南诏奴隶主不只占有土地，同时占有山林、矿产。例如柘林，可以养柘蚕，纺为丝绫，织为锦绣，但"蛮及家口，悉不许为衣服"，而"蛮王并清平官礼衣，悉服锦绣"。产金地区，土人取得，"纳官十分之七八，其余许归私。如不输官，许递相告"。又"诸爨蛮皆食安宁井盐。唯有览贼城内郎井盐洁白味美，唯南诏一家所食取足外，辄移灶缄闭其井"。①

南诏国内奴隶的来源主要靠在战争中的掠夺。现以所掠夺的汉俘为例，便可看到南诏在战争中所掠夺的奴隶是如何之众多了。南诏第一次掠夺汉民是在天宝九载（750）。此年阁罗凤攻杀云南太守张虔陀，陷姚州及其他夷州三十二。此年所掠的俘虏在次年虽还了一部分，但"姚州百姓陷蛮者皆

---

① 《蛮书》卷7。

被（南诏）移隶他处"①。天宝十三载（754）李宓攻南诏，于太和城一战大败，唐军先后死及被俘者二十万人。至德二年（757）南诏陷越巂，据清溪关，所掠的俘虏一定不少，泸西令郑回就是这次被俘的。太和三年（829），南诏王嵯巅率众陷戎、巂、邛三州，进入成都西郊，大掠子女百工数万人而去。这次掠夺汉民最多，对于南诏文化发展的影响很大，《新唐书·南诏传》称："南诏自是工文织，与中国埒。"自咸通（860）以后，南诏"再入安南、邕管（今广西西部），一破黔中（今四川南部及贵州北部），四盗西川"②。每次出兵无不掳掠，例如咸通六年（865）犯西川，"掠工匠玉帛以归"。乾符元年（874）寇西川，陷黎州（今四川汉源），入邛崃关（今四川荥经西北），"掠工匠、玉帛、男女、金银而归"。③ 此外，掳掠其他部族、部落成员为奴隶的也很多，如掠施蛮、顺蛮、磨些几万户实柘东城（今昆明）；劫骠国三千余人隶配柘东，令其自给；掠海滨弥诺国二三千人配丽水（今伊洛瓦底江）淘金；等等。总之，南诏掠取战俘或居民的目的是为了增加奴隶数量使之从事各种生产。南诏如同历史上的一切奴隶社会一样，设若不靠掠夺俘虏，而只靠他们的奴隶的自然繁殖，是无法满足奴隶主生活的需要的，所以战争就成为奴隶主获得奴隶的主要手段。

然而战争不是随时随地可以发动起来的。奴隶主既经占有生产资料并拥有不少的金银财物，在平时自然亦可以通过交易的方式来获得奴隶。于是社会上就产生了两种行业，即人口掠夺者和人口贩卖者来满足奴隶制度的需要。从事这两种行业的人不仅在南诏国内有之，就是处于封建制度下的唐朝，亦出了不少的不肖臣民，钻到云南专以掠夺为业，如7世纪末蜀州刺史张柬之在《罢姚州疏》中说：

> 今姚府所置之官，……唯知诡谋狡算，恣情割剥，贪叨劫掠，积以为常。扇动酋渠，遂成朋党，折支谄笑，取媚蛮夷，拜跪趋伏，无复惭耻。提挈子弟，啸引凶愚，聚会蒲博，一掷累万。剑南逋逃，中原亡

---

① 《蛮书》卷6。
② 唐僖宗广明元年，卢携豆、卢璪上疏唐僖宗语。
③ 咸通六年及乾符元年，南诏掠工匠男女事，一般史书未言及。这里所述据元代张宗道之《记古滇记》。

命，有二千余户，见散在彼州，专以掠夺为业。①

不只姚州臣民如此，就是嶲州太守喻士珍也做了南诏奴隶主贩卖人口的捐客。《新唐书》卷222《南诏传》记：

（太和）五年，南诏回掠嶲州以摇西南……明年，复来攻。会刺史喻士珍贪狯，阴掠两林东蛮口缚卖之，以易蛮金，故开门降，南诏尽杀戍卒，而士珍遂臣于蛮。

从此，这个人口贩子又投降到南诏方面去了。

就连唐代大臣名吏被南诏所掠去者，亦为数不少。例如西泸令郑回、交容广三州节度使何履光以及安南经略判官杜骧等都曾被掠，但这些人大致不曾做过奴隶的，有的如郑回还做了南诏的清平官。而有的则难以摆脱奴隶的命运。比如著名尚书郭元振的侄子姚州都督判官郭仲翔，在南诏就整整过了十五年的奴隶生活。从他的生活经历可以充分证明，南诏王国是一个不折不扣的奴隶社会。

郭仲翔，河北人。开元初年②，李蒙出为姚州都督，尚书郭元振以弟之子仲翔托蒙，蒙委之为判官。有乡人吴保安，修书自荐于仲翔，仲翔请李蒙委为记室。保安未到任，蒙率兵深入，与夷战争阵亡，仲翔亦被掳为奴。夷俗，陷没夷中者许亲族往赎，通一音信，缣三十匹。仲翔以系宰相之侄，不同众人，通一音信，索缯百匹，释放须一千匹。仲翔以此意寄信告保安，求为设法营救。当时郭元振已死，保安倾家财得缯二百匹，携往嶲州，辗转经营得七百匹。后从新姚州都督杨安居假官绢四百匹，保安乃令蛮中通信者持

---

① 《旧唐书》卷91《张柬之传》。
② 《新唐书》卷191《忠义传上》载吴保安事，言"睿宗时姚嶲蛮叛，拜李蒙为姚州都督"。按《资治通鉴》卷210，睿宗景云元年姚州群蛮先附吐蕃，监察御史李知古请发兵击之，又筑城列置州县，欲诛其豪杰，群蛮怨怒，引吐蕃攻知古，杀之，由是姚巂路绝，连年不通。《忠义传》谓睿宗时姚嶲蛮叛是正确的，但未言李蒙何时为姚州都督。以郭仲翔在云南被掳凡十五年，回到西安为天宝十二载计，则李蒙入云南当在开元时。清檀萃《农部琐录》卷10《郭仲翔传》系李蒙为都督事于开元初，兹从此说。

往，待二百日，仲翔始到姚州。① 仲翔入云南为奴前后凡十五年：

> 初，仲翔之没也，赐蛮首为奴，其主爱之，饮食与其主等。经岁，仲翔思北，因逃归。追而得之，转卖于南洞。洞主严恶，得仲翔，苦役之，鞭笞甚至。仲翔弃而走，又被逐得，更卖南洞中，其洞号菩萨蛮。仲翔居中经岁，困厄复走，蛮又追而得之，复卖他洞。洞主得仲翔，怒曰："奴好走，难禁止耶？"乃取两板，各长数尺，令仲翔立于板，以钉从其足背钉之，钉达于木。每役使常带二木行。夜则纳地槛中，亲自镶闭。仲翔二足，经数年疮方愈。木镶地槛，如此七年。仲翔初不堪其忧。保安之使人往赎也，初得仲翔之首主，辗转为取之，故仲翔得归焉。②

这可说是南诏奴隶制度之下奴隶生活的真实写照，也与解放前凉山彝族奴隶社会中的奴隶境遇差不多。

---

① 吴保安倾家赎友事，盛传于唐宋时，《太平广记》记之最详，其为实录无疑。唯原文乃叙述吴、郭之忠义。我们为了说明当时的奴隶制，乃参考《新唐书·忠义传》、《太平广记》及《农部琐录》三书综述如此。
② 此段引文全照《太平广记》所述。其中菩萨蛮，檀萃解释为"即今日撒里蛮"。按撒里即车里，即今西双版纳傣族自治州地，其时之菩萨蛮地当不会远到此处。

第三章　奴隶社会的演变和凉山奴隶制的延续

一、南诏、大理时期在云南的移民

南诏国和大理国在云南都实行过大量的移民，但由于他们的目的不同，因而对于彝族地区所起的作用也不相同。

南诏国在彝区的大量移民，开始于 8 世纪中叶征服两爨以后，几乎把西爨的全部人民及其首领共二十余万户移到永昌。这段史实在《蛮书》和《新唐书·南蛮传》里都有记载。《蛮书》卷 4 云：

> 阁罗凤遣昆川城使杨牟利以兵围胁西爨，徙二十余万户于永昌城。乌蛮以言语不通，多散林谷，故得不徙。……日用子孙今并在永昌城界内。乌蛮种类稍稍复振，后徙居西爨故地。今与南诏为婚姻之家。

移出西爨白蛮以后，南诏于广德二年（764）在其故地筑柘东城。贞元十年（794）南诏破吐蕃，迁施蛮、顺蛮、磨些诸族数万户以实其地。又从永昌徙望苴子、望外喻等千余户，分隶城傍，以静道路。上述的望苴子和望外喻二族是专门为南诏奴隶主阶级打仗的，移置柘东城旁，似专在防止东爨乌蛮的侵扰。施、顺、磨些则系亡国俘虏，没为奴隶，在柘东城外昆川左右及西爨故地从事垦殖。同年，又在金沙江铁桥掠裳人数千户，在西洱河掳掠河蛮，一同移置到云南东北柘东一带从事耕种。此外，在太和六年（832）又"劫掠骠国，掳其众三千余人，隶配柘东，令之自给"。① 很明显，南诏在

---

① 关于上述施蛮、顺蛮、磨些蛮、望苴子、望外喻、裳人、河蛮等的被迁事，皆见《蛮书》卷 4、卷 6、卷 10。

西爨地区移进移出，是为了隔绝东爨乌蛮和西爨白蛮的联系，消除东爨乌蛮向西方推进的条件，而使新移入的各族奴户为南诏的奴隶主政权服务。

南诏在柘东城以南，有通海郡（治今通海），置通海都督。通海都督是专为防守安南而设，所以对当地的爨部没有什么特殊的措施。正因为如此，所以后来通海节度使段思平，经过他的舅父爨判的协助，借三十七部的兵力，把杨干贞打败了，始有大理国的建立。段思平是爨氏的外甥，与爨部的关系很深。到思平孙素顺明政三年（宋开宝四年，971）遣三军都统长皇叔布燮段子琮与三十七部会盟于石城，刻石纪事，从此三十七部就服从于大理国的统治。①

三十七部包括些什么部族？过去有各种说法。《元史》卷166《信苴日传》说"三十七部诸爨"，意思说三十七都是彝族了。程文海的《平云南碑》更具体指明是"乌蛮部落三十七"。倪辂《南诏野史·段思平传》称"黑爨、松爨三十七蛮部"，黑爨指彝族，松爨指僰族即今白族。这种说法是比较正确的。但其中又有所谓盘瓠之裔的罗雄部和纳垢部，这显然又是瑶族了。当然部长的民族成分是一回事，所属部民的民族成分是又一回事。但大致说来，部长和部民的民族成分往往是一致的，至少部长之下或多或少的部民之民族成分与部长相同。因此，我们分析一下三十七部的民族成分和他们的分布所在，可以看到大理国时期，所谓乌蛮、白蛮的分布与唐代初年及南诏时期的各族分布情况是大大地不同了。

大理国的三十七部都分布在云南的东方和东南方，最西到楚雄的白鹿部，北至武定的罗婺部、于矢部和禄劝的法块部、掌鸠部、洪农部，东北只到宣威、霑益的磨弥部，更东北的乌蒙部、乌撒部和阿芋甸部便不归大理国统治了。滇东南的部名最多，最远到元江的铁容部和蒙自的褒恶部（褒古部）。三十七部的民族成分以乌蛮（彝族）为最多，但白蛮（主要是白族）的部也不少，占三十七部的三分之一以上。所谓"乌蛮"，分析起来有两种情况：一种是原来散居林谷的东爨乌蛮，如磨弥部（宣威、曲靖二县）、夜苴部（罗平县）、落蒙部（路南县）、落温部（陆良县）、师宗部（师宗县）

---

① 段氏与三十七部会盟碑，系清康熙十八年在曲靖县城北二十余里的石城废县掘出，故又名《石城会盟碑》。

等皆属此类。又一种即自南诏徙西爨白蛮于永昌后,"乌蛮种类稍稍复振,后徙居西爨故地"者,如罗婺部、于矢部(此二部在武定县)、法块部、掌鸠部(此二部在禄劝县)、仁德部(寻甸县)等属于此类。

白蛮部包括两种成分:一种是些莫徒人,三十七部中的休制部(玉溪县)、步雄部(江川、玉溪二县)、强宗部(呈贡、澄江、玉溪三县)、弥勒部(弥勒县)便由此种人所组成。又一种被称为"僰蛮",即今日的白族,组成以下七部:罗部(罗次县)、罗伽部(澄江、江川二县)、阳城堡部(晋宁县西北)、嶍峨部(峨山县)、休腊部(河西、江川二县)、宁部(华宁县)、因远部(元江县)。①

从现在的昆明城以南,直到红河流域,自古为彝族的聚居之区,但到大理国时,这一带大部分成为些莫徒人和僰人屯居之所了。这种变化是具有复杂的历史根源的。当南诏时,已经迁了洱海区的白蛮苏、张、周、段等十姓到红河流域为戍卒。所以《元史·地理志》说:元江路,"阿僰诸蛮自昔据之"。②此为白蛮占据滇东南的开始。到大理国段氏改南诏的通海郡为秀山郡,《元史·地理志》说:临安路,"阿僰部蛮居之"。从此知大理国时的元江和临安等地皆有阿僰的部落屯据。此"阿僰"就是僰人,也就是古代所说的"白蛮",现代的白族。阿僰部得到大理国段氏的支持,所以以元江、临安为据点,逐渐向红河以北的各地发展。《元史·地理志》:临安路河西县,"天宝后没于蛮,为步雄部,后阿僰蛮易渠夺而居之"。所以休腊部成为僰人部落了。又蒙自县,"南诏时以赵氏镇守,至段氏以阿僰蛮居之"。其部落名称不明。又舍资千户所在"蒙自县之东,阿僰蛮所居地。昔名褒古"。所以褒古部也是僰人部落了。又石平州(今石屏)"在路之西南,阿僰蛮据之"。按三十七部中有思陀部,在今石屏县,可能也是僰人部。又宁州嶍峨县"在河西县之西,昔嶍猊蛮居之,后阿僰酋逐嶍猊据其地"。此县在今峨山彝族自治县。三十七部中的嶍峨部应当有彝族和白族杂居其间。又澂江路,"初些莫徒蛮(原作磨些蛮,误)居之,后为僰蛮所夺。南诏蒙氏为河阳郡,至段

---

① 三十七部的沿革和分布,参考《元史》卷61《地理志四》之云南中庆路、威楚路、开南路、曲靖路各节。清代冯甦《滇考·三十七部》亦有考证。
② 参考《元史》卷61《地理志四》"元江路"条;(明)李元阳《云南通志》卷4《地理志》"元江军民府"条。

氏些莫徒蛮之裔复居此甸,号罗伽部"。此罗伽部又是些莫徒和阿僰的杂居之地了。综合上面的情况来看,在滇东南地区,原来许多部落都是彝族组成的,到大理国时,阿僰人依靠段氏的政治力量,取代了一些彝族的部长,他们与彝人和些莫徒人建立起许多军事集团,共同支持段氏政权。从此也可以看到,三十七部会盟的成功,固然因有爨判的协助,但具有三分之一的阿僰诸部,实在是促成会盟成功的决定因素。

另一方面,云南的白族,些莫徒族以及其他白蛮能够在昆明一带,以及昆明以西直到楚雄一带发展,与大理时期大姚大姓高智升分封子孙于各地也有密切的关系。高氏原系何族,很难确定。据《南诏野史》记载,大理国在1063年封高智升为善阐演习(大府主将),后代子孙世长其地。高氏子孙众多,被大理国所赐封的土地,普及于晋宁、嵩明、禄丰、易门、罗次、安宁、昆阳、宜良等地。这些地区,大致相当于隋唐之际的西爨白蛮区域。但到高氏大姓统治之时,不仅是统治者由爨氏大姓变为高氏大姓,就是被统治者除了残余的乌、白蛮外,又有大批洱海区域的僰人迁来了。这些僰人原在洱海地区东部,勤于耕作,"有稻、麦、粟、豆、丝、麻、薤、蒜、桃、李。……布幅广七寸。正月蚕生,二月熟。男子毡革为帔,女衣绝布裙衫,……徒跣,有舟无车"①。像这种农业进步的部民迁到西爨故地,毫无问题是能继西爨白蛮后把这一地区的农业生产水平继续提高的。高氏子孙不只统治了西爨中心,而且统治了楚雄、牟定各地。《元史·地理志》:威楚路,"及高升泰执大理国柄,封其姪子(按:孙)明量于威楚,筑外城,号德江城"。又,定远(今牟定)"至高氏专大理国政,命云南些莫徒酋夷羡徒民二百户于黄蓬阱"。在楚雄紫溪山上至今还留有在公元1158年所刻的高量成《德运碑》,记载着高氏至威楚后如何怀柔土著部民,开辟山林的事迹。② 正在这个时期洱海地区的僰人亦大量迁来,跟这里原有的彝族共同发展生产,所以《明史·楚雄土司传》说:"县所辖六里,僰人过半",这些僰人都是大

---

① 参考《新唐书·南蛮传》"松外蛮"条。松外蛮在洱海之东,与大理国时期所谓"松爨"实为一族,但何以称之为"爨",尚不能明。
② 〔整理者注〕:高量成,系高升泰之曾孙。高量成以后子孙世守今楚雄一带,传至元明尚有不少为士官者。万历《云南通志》卷10《楚雄府·名宦》说:"高量成,智升五世孙,段氏时罢其,筑城于威楚之(德江村),优恤孤寡老幼,风俗遂化,称为夷中之君子,子孙世有其地。"

理国高氏统治楚雄之时迁来的。

高氏大姓不仅掌握大理国东方的民政，而且掌握了东方的军权。如《姚郡世守高氏源流》，记载高氏子孙前后掌握过罗部（罗次县）、阳城堡部（晋宁城北）、嵩明部（嵩明县）的兵权。①正因为高氏握有兵权，所以在十二三世纪曾经有三次出兵跟三十七部进行过武装斗争。

综上所述，我们可以看到南诏国的移民和大理国的移民，不论其原来的动机如何，而移民的结果，前者是东爨、西爨"荡然兵荒"，后者是把有生产经验技术的白族、些莫徒等安置在一定土地上垦殖农田，开辟山林，因而对彝族地区的生产力产生了很好的提高作用。

大理时期的云南，史称其国"地广人庶，器械精良"②，与当时的贵州、广西比较，其生产力显然是发达的。但是我们对它的社会经济还研究得不够。大理国的商品特别众多，比如它对宋王朝的贡物中有金装碧钿山、毡罽、刀剑、犀皮甲、鞍辔、麝香、牛黄等。此外还有马匹，每年并到黎州与汉人互市。③大理国素以产良马著名，这种马不只售到黎州，也对邕管各地输出。购进的器物，有磁器、玻璃碗壶、药材、海产品，以及汉文的经书、字画等。④从这些情况看，大理人民的生产技术和文化程度都很高。

但我们却不能由此便肯定说云南彝族在大理国时已经完全进入封建社会。在蒙古灭大理国后三十年，忽必烈对云南发出一项诏令是禁止云南"权势"没收人口为奴，原文在《元史·世祖本纪》这样记载着：至元二十年（1283）十一月"戊寅，禁云南权势多取债息，仍禁没人口为奴，及黥其面者"。这条诏令是对云南各族的有权势者而言，当然也包括彝族的统治阶级。从这诏令可以看到云南仍普遍有买卖奴隶的风气，而彝族为更甚。高利贷和买卖奴隶结合起来看，是奴隶社会末期的一种现象。它一方面表明掠夺奴隶的时期已经过时了，加重了高利贷的剥削就能使负债者或其子女沦为奴隶；另一方面也表明剥削奴隶劳动固然是增加高利贷资本的一种办法，但高利贷

---

① 袁嘉谷《姚郡世守高氏源流》，见民国《姚安县志》卷36《人物志》。统治罗部者为高白连庆；统治阳城堡部者为高情；统治嵩明部者为高明兴六世孙。此外，谋统部亦世为高氏所统治，唯不在东方三十七部以内。
② （宋）范成大：《桂海虞衡志·志蛮》，见《文献通考》。
③ 参考《宋史》卷488《大理传》。
④ （宋）范成大：《桂海虞衡志·志蛮》，见《文献通考》。

本身是为了增加货币资本，资本增多也可以购买土地，也可以经营商业，有权势者不必只斤斤计较奴隶的多少。这是云南一般"权势"者的情况，彝族的奴隶主比较要后进一些，但也可以向这方面转化，所以我们说这是奴隶社会末期或封建社会初期的现象。

二、元代屯垦对彝族的影响

13世纪末是云南彝族奴隶社会转变的一重要关头。元朝统治者进入云南，政治秩序大致巩固以后，进行了与征收赋役有关的户口登记和田亩登记。但是云南地势辽阔，平原少，山谷多，民族复杂，社会制度各异，进行户口和土地登记很不容易，所以《元史·世祖本纪》记载："自兀良合带镇云南，凡八籍民户，四籍民田，民以为病。"这里所谓"民以为病"的"民"是指一般封建领主和彝族的奴隶主，一般封建领主最怕籍田，而彝族奴隶主则更怕籍户。设使奴隶主的奴隶被登记清楚了，元朝统治阶级就要按奴户向奴隶主征派劳役。在这种情况下，奴隶主的利益和封建王朝的利益是相互矛盾的。所以元朝统治阶级的籍户、籍田对于云南的领主，特别是彝族的奴隶主是一种很大的打击。

明代初年张洪著《南夷志》，里面有一段很重要的故事，兹节录如下：

> 赛典赤为云南行省平章，接见无虚日。赛公度其可与语，乃告其民曰："吾欲分尔耕，贷尔牛、种、耒耜、蓑笠之具。度亩收若干？"夷曰："可得稻二石。"公曰："输官几何？"夷曰："半之。"公曰："太重，后将不堪。"夷曰："然则三之一。"赛公曰："尔虽克供，惧尔子孙弗继也。吾与尔约，尔毋违我，亩输米二斗，其勿逋（欠）！"夷大悦。①

---

① （明）张洪：《南夷志》。张洪于永乐四年入滇，书当成于永乐年间，书内所载各种事迹似出自元至元间的《云南事实总编》，或郝天挺的《云南实录》。该书有天一阁藏本，昆明有抄本。

赛典赤于至元十一年入滇，死于至元十六年，此故事当发生于公元1279年前的昆明城附近地区。以每亩产谷二石（约三百二十斤），产量已有相当水平。每亩输官赋米二斗，折谷四斗。但元代的赋税，旱地每亩输税三升，水田每亩五升，此赋额与昆明每亩水田纳谷四升比较，已经高出几乎十倍了，而"夷民大悦"，正可反映从前他们在奴隶制度下地租是如何地高了。而且这些夷人，不仅没有土地，而且没有耕牛、种子和耒耜、蓑笠等生产工具，所以他们从前的身份，极有可能就是奴隶。这正是彝族从奴隶社会转入封建社会初期的绝好证明。

元代统治阶级对云南彝族人民，除了减租减赋之外，还做了一些对于彝族生产力发展的有利措施，例如修筑路站，整兴水利，军民屯田，等等。原来这些措施是元朝统治者为了巩固边防，镇压中原汉族反抗，而不是为了彝族人民的，但实施的结果，却对彝族的社会发展起到了推进作用。

元朝统治云南以后，在至元十五年（1278）修治乌蒙道路；二十八年（1291）开通乌蒙水路。① 在元代以前的南诏、大理时期，这一路的彝族既不直接受云南的管辖，又与中原的王朝隔绝，所以元朝能把这一路打通，对于滇东北彝族的发展有重要的历史意义。此外，在云南各地设立驿站，共有"站赤"七十八所。又"相地置镇，每镇设土酋吏一人，百夫长一人，往来者或值劫掠则罪及之"。② 这样不仅防止省内奴隶主掳掠商旅的行为，而且使汉唐以来所不能实现的通印度、缅甸、安南的几条大道，都由此通达了。

交通以外，元代官吏在云南提倡兴办水利并开发金属矿产。赵子元《赛平章德政碑》记载："初昆明池口塞，水及城市，大田废弃，正途壅底。公命大理等处巡行劝农使张立道付二千役而决之，三年有成。"《元史·张立道传》亦云泄其水，"得壤地万余顷，皆为良田"。又教民饲蚕桑，"收利十倍于旧"。这些措施对于彝族农业的发展都很重要。又《元史·食货志》记录天历元年（1328）云南金属矿产的岁课：金课一百八十四锭一两九钱，在全国各行省内占第一位；银课七百三十五锭三十四两三钱，占全国各行省总产量的一半；铜课二千三百八十斤，其他各行省皆无；铁课一十二万四千七百零一斤，在

---

① 参考《元史》卷16《世祖本纪十三》。
② 《元史》卷167《张立道传》；冯甦《滇考·张立道政绩》。

全国各行省内占第四位。大量的金、银、铜、铁矿的课额，一方面表明云南各族手工业者的劳动成果被统治阶级掠夺去了，但另一方面表明云南矿产开采技术在元代已有空前的提高，这对于彝族社会的发展有很大关系。

最重要的，是元代从亚洲和中国各地调来的畏吾儿军、回回军、蒙古军、新附军、汉军和云南的爨僰军联合起来进行军屯；同时，又把省内各州县内被拘的漏籍人户组织起来，进行民屯。这样就使云南各州县的荒田开辟为耕田，生地改变为熟地，因而使云南的耕地面积大为增加。云南彝族聚居区实行过军民屯田的，据《元史·兵志》和《元史·地理志》的记载，有中庆、威楚、武定、曲靖、澂江、仁德、临安、乌撒、东川等路，各路屯田的情况，以中庆路和乌蒙路的屯田为例，便可推知。

中庆路的民屯，是从至元十二年（1275）开始的。屯田的民户共四千一百九十七户，这些民户是上一年检查出来的中庆路的漏户。他们领官给田一万七千零二十二双，自备己业田二千六百零二双。这些漏户是哪一阶级的人，史无明文。现在推测大致有两种人：一种是有己业田的，其中有贫农，也有富户，但都是自由农民。又一种就是奴户，中国古代大领主为了逃避官税，把隶属于自己的农奴或奴隶户隐匿不报的事很多，中庆路的彝族也难免有这情况。屯户每年都有租税，但官吏和屯户的关系是一种封建土地所有制的关系，而不是奴隶所有制的关系。据《元史·兵志》所载，军屯是在至元二十七年（1290）开始的，屯田者即云南的爨（彝族）僰（白族）军，共七百零九户，领官给田二百三十四双，自备己业田二千六百零一双。中庆路军屯民屯亩并不算多，但因为这种屯田是有计划有组织的，对于农田耕作和水利兴筑比一般小农经济要做得好些。

乌蒙路的屯田是由本路的镇戍军担任的。其中有畏吾儿军、新附军、汉军等。屯军五千人，种田一千二百五十顷。这些军屯，最初是没有家属的，以军营为家，但到后来，都成家立业，成为军户。到元亡以后，军户又变为民户了。各地征发的军人原来多系农民，军屯兴起以后，外地的生产经验和生产技术自然而然地带到了彝区。这对于彝区农业的发展有很大的关系。

总括来说，虽然元代在云南只统治了八十多年，但做了不少好事。现在云南彝区不少地方有回人、蒙古人，他们绝大部分是从元代迁来的。① 最初他们都是跟着蒙古统治阶级前来镇守的军士，但是不久就变成云南的劳动人民了。外来的各族和彝族人民之间一向处得很好。例如通海县西渔村有蒙古族三千五百多人，东湖旁边还有一个名鞑靼营的村落。他们是元代万松营都元帅府所辖军士的后人，长期与彝族相处在一起，相互合作，现在已经改操彝语了。② 综上所述，我们不难看出，在元代，云南有许多地区由于军屯、民屯的兴办，商贾的移徙，民族间的合作，使彝族地区的生产获得了提高。

三、凉山奴隶制的延续

（一）唐宋时期凉山地区的民族关系

在唐代，公元 7 至 8 世纪时，凉山地区安宁河流域出现了三个大小不同的部落联盟。最大的一个部落联盟叫作"勿邓"，它的首邑在邛部的奴诺城，就是现在的西昌县治。勿邓境内包括四种族系的部落共二十一个姓氏。其中最多的是彝族，有邛部六姓，五姓是乌蛮，一姓是白蛮③，分布在邛部和大凉山的西部；又有初裹五姓，都是乌蛮，分布在邛部和台登（今冕宁）的中间；又有东钦蛮二姓，都是白蛮，分布在台登以北的北谷④。以上都是彝族。此外，又有栗粟二姓，雷蛮三姓，梦蛮三姓，他们散居邛部、台登城的东西。以上各族都属于勿邓部落联盟。古代的乌蛮和白蛮，他们的服饰不同，乌蛮"妇人以黑缯为衣，其长曳地"；白蛮"妇人以白缯为衣，长不过膝"。

---

① 〔整理者注〕：景泰《云南图经志书》卷 1 谓："云南土著之民，不独僰人而已。有曰白罗罗，曰达达（按：鞑靼）、曰色目，及四方之为商贾军旅移徙曰汉人者杂处焉。"又咸丰《邓川州志》卷 4："回回，……元时蔓延入滇。……服食婚丧，坚其习俗不可易。"
② 〔整理者注〕：云南的蒙古族，现有五千余人，主要聚居于通海县新蒙乡。参考杜玉亭、陈吕范：《云南蒙古族简史》，云南人民出版社 1979 年版。
③ 《新唐书·南蛮传》载："巂州新安城傍有六姓蛮：一曰蒙蛮，二曰夷蛮，三曰讹蛮，四曰狼蛮，余勿邓及白蛮也。"前五姓皆只取其一字，故今日很难考证其源流。除乌蛮外又有"梦蛮三姓"，贞元七年代邓苴嵩为大鬼主的苴梦冲，据《蛮书》卷 4 云原为"梦蛮主"，此"梦蛮"即新安城傍（今西昌附近）乌蛮五姓的"蒙蛮"，非"梦蛮三姓"之"梦蛮"。又各大鬼主名前皆有一"苴"字，即今彝语中"兹莫"（dzl ʅmuɐ）的"兹"，其义为大首领，至今日彝族仍称土司为"兹莫"。
④ 《蛮书》卷 1 记载："台登直北，去保塞城八十里，吐蕃谓之北谷。"

衣服的颜色和长短，跟他们民族来源或社会等级不同有关。直至现在，凉山彝族尚有黑彝和曲伙（白彝）之分，黑彝妇女的裙其长曳地，曲伙妇女的裙长不过膝。勿邓南七十里，有两林部落联盟，内有十低三姓，阿屯三姓和亏望三姓，都是乌蛮。两林以南二百里，有丰琶部落联盟，内有阿诺二姓，亦都是乌蛮。①乌蛮的首领，叫作"鬼主"，这和当时政治首领亦兼宗教首领有关。《新唐书·南蛮传》说："夷人尚鬼，谓主祭者为鬼主，每岁户出一牛或一羊，就其家祭之。"鬼主有大小，有从属，大部落有大鬼主，每百家或二百家的小部落则置小鬼主。鬼主的产生，据《蛮书》和《新唐书》的记录看，不是自发地形成的，而是在一定的"姓"中选出。当时所谓"姓"，大致和今日凉山中所谓的"家支"相同，小鬼主是从家支内推举出来的，这些首领再推选部落的大鬼主。部落联盟的"都大鬼主"则系由诸部落的大鬼主中选出。《新唐书·南蛮传》记载"两林地虽陿，而诸部推为长，号都大鬼主"；《蛮书》卷4亦说"共推为蛮长"，都是指部落的大鬼主而言。

《新唐书·南蛮传》说勿邓部落联盟，"地方千里"，其所管辖的各部落"散居黎、嶲、戎数州之鄙"。这种说法恐怕和当时的历史发展情况不合。戎州都督在今日凉山以东的宜宾，黎州在今日大渡河以北的汉源，距离嶲州都很遥远，勿邓的势力虽强，按当时经济和政治发展的情况，是不可能把东西相距一千里的彝族联合在一起的。

嶲州上述的三个部落联盟，在唐代初年与唐朝的关系是合作的。天宝年间，玄宗为了防止吐蕃的东渐，积极经略云南，曾封上述三大鬼主以官爵。从天宝到至德年间南诏与吐蕃合兵攻下嶲州，并占领清溪关（在今汉源），勿邓和两林的都大鬼主始羁属于吐蕃。后来以不堪吐蕃的侵扰和剥削，复归于唐并同唐王朝军队联合起来共击吐蕃。吐蕃在北谷一战失败，从此才退出嶲州。当时唐与南诏以嶲州、会川（今会理）间的俄准岭为界，三都大鬼主居唐和南诏之间，曾起了一些缓冲作用。后以勿邓大鬼主苴梦冲潜通吐蕃，

---

① 参考《蛮书》卷1、卷2及《新唐书·南蛮传》。又《宋史·黎州诸蛮传》所记"邛部川蛮，在（黎）州东南十二日程"，"风琶蛮，在（黎）州西南一千一百里"，与《蛮书》所记方向与里数皆不合。樊绰曾亲至南中，耳闻目验，《蛮书》自较《宋史》可信。
〔整理者注〕：由于唐宋史籍记载凉山古部落互有出入，因而目前学术界对这些古部落的地域和族属尚有不同见解。可参考李绍明：《关于凉山彝族来源问题》，《思想战线》1978年第5期；胡庆钧：《东蛮考释》，《思想战线》1981年第5期。

煽动诸部，隔绝唐朝云南使者的道路，在贞元七年（791）西川节度使韦皋派人才把苴梦冲杀了，分其族为六部，别立样弃为大鬼主，中原到云南的道路又通。《宋史》对巂州的邛部奴隶主的评论说："邛部于诸蛮中最骄悍狡谲，招集蕃、汉亡命，侵攘他种，闭其道以专利。"① 这种评论现在看来是相当公允的。

《新唐书·南蛮传》又记："黎、邛二州之东，又有凌蛮。西有三王蛮，盖莋都夷白马氏之遗种。杨、刘、郝三姓世为长，袭封王，谓之'三王'部落。叠甓而居，号'碉舍'。"黎、邛二州之东的凌蛮，疑即明代邛部州土司岭真伯的祖先，以岭（凌）为姓，渊源于此。我们调查到岭氏的家谱至清末凡五十代，在唐代以前就住在越巂县以东地区了。西有三王部落，三王墓在汉源县东，俗称"唐三王墓"。②《北梦琐言》称此三王的部众为"浅蛮"，均系汉化彝人之意。解放前汉源县清溪城的北门外，尚有三王位牌，称此三王皆为"鬼主"，因此我们认为三王是大渡河以北汉化彝人的首领，所谓"白马氏遗种"的说法是错误的。此三王在唐时一方面"岁禀节度使府帛三千匹，以诇南诏"，另一方面"南诏亦密赂之，觇成都虚实"。直到五代蜀国王建时，才与三王子孙断绝关系，三王所属的部众后来就逐渐汉化了。

宋代关于大渡河以南的资料，留下来的很少。可能是淳熙年间（1174—1189），有位编修官李嘉谋报告黎州附近的民族情况说："黎州边地南，近则有邛部川：曰河南蛮，曰女儿城蛮，曰青羌，曰吐蕃，曰五部落；远则有大、小云南。"邛部川的女儿城不知何在，所谓"河南蛮"、"青羌"、"五部落"，当指彝族。邛部川和云南的彝族经常到黎州贸易，《太平寰宇记》载黎州汉彝贸易的情况说：

  蕃部蛮夷混杂之地，原无市肆。每汉人与蕃人交易，不使见钱，汉用绸、绢、茶、布，蕃部用红椒、盐、马之类。

"蕃人"是宋代人对西南各族的一种统称。黎州的"蕃部"以彝族为多，

---

① 《宋史》卷496《黎州诸蛮传》。《蜀中广记》系此事于越巂卫邛部长官司下，殊为不合。
② 宋开禧初年黎州薛绂建记此事，《蜀中广记》卷35"上川南道黎州下"条引此文。

藏族次之。当时由于宋朝和大理国的货币不统一，所以仍用物物交易的办法。宋人向南输出的商品为绸、绢、茶、布，彝民向北输出的商品为马匹、红椒（或者是花椒之类）、盐等。邛部川出马，其西边与南边出盐，产量都不少。宋黎州郡守余绂《朱缨堂记》说："蛮商越巂，毡裘椎髻，交错于阛阓中。"① 此记载虽简，大致还可以看出宋代彝人在黎州城贸易的盛况。

凉山东部的彝族情况，唐宋史料记载更为简略。《新唐书·南蛮传》记载戎州管内有驯、骋、浪三州，今虽难确指为何地，但以唐宋记载许多事实核之，应在金沙江以北，沐川县以南一带。唐咸通十年（869），南诏掠夺西川，从巂州分兵，一路出沐源，在马湖江（即金沙江）以北，沐源川以南，与上述三州大鬼主董春乌的部众发生战争。当时凉山东部的彝族，不仅不帮助南诏，而且依附唐朝，对南诏的侵袭进行斗争。

到了宋代，《宋史·西南诸夷传》记载："宋初有董春惜者贡马，自称'马湖路第三十七部落都王子'。其地北近犍为之沐川、赖因砦。"这里提到在凉山东部有"三十七部"，可见当时彝族的家支系是很多的。《太平寰宇记》载戎州诸羁縻州的情况说："羁縻诸州除没落云南蛮界一十五州，其余虽有名额，原无城邑，散在山洞，不常其居。抚之难顺，扰之易动。其为刺史，父子相继，无子即以其党有可者公举之。或因春秋有军设，则追集赴州，着夏人衣服；却归山洞，椎髻跣足，或披毡，或衣皮，从夷蛮风俗。无税赋以供官，每年使司须有优赏，不拘文法。"从这一记载可以看到马湖路的彝族首领，与巂州一带相同，除父子相继外，也可由各支的首领公共推举。这一带的彝族也常到叙州（今四川宜宾）与汉人贸易，宋代苏子瞻的过叙州诗云："乱山围古郡，市易带群蛮"，即咏此事。

在凉山北部，嘉州以南，今峨边、马边地方，在宋代有一种夷人，当时称之为"虚恨蛮"。熙宁七年（1074），峨眉县人杨佐等数十人，应成都路招募从峨眉县往姚州买马，曾经虚恨地方。在他的《买马记》里记载说："峨眉县西十里有铜山寨，与西南生蕃相接界，户不满千，俗呼为小道虚恨。"此言虚恨在今峨边一带，但人烟稀少。《宋史·黎州诸蛮传》记"虚恨蛮族最强，破小路蛮，并其地，与黎州接壤"。此言峨边的彝族与越巂的彝族在

---

① 《蜀中广记》卷 35 所引。

地域上相连在一起。《宋会要辑稿·蕃部五》记载："绍兴十二年（1142）六月，嘉州上言：虚恨蛮人历阶等领众侵犯中镇等寨，掳掠寨将茹大猷等入蕃部。"中镇在峨眉县西南，明初置巡司于沙坪，称中镇巡司，此处即现今的峨边县城。宋绍兴年间虚恨蛮侵至中镇诸塞，甚至俘虏寨将茹大猷入凉山，其势力之强可知。到绍兴末年，虚恨蛮更进至犍为郡骚扰，宋代目录学家陈振孙在所著《直斋书录解题》录邓嘉猷撰《四川备边录》说："绍兴末，犍为有蛮扰边，初莫知其为何种也。已而有能识别者，为虚恨蛮。"以此知宋代的虚恨蛮应分布在峨边、马边今小凉山一带。

宋代对于凉山彝族奴隶社会影响最大的就是汉区租佃制的传入。《宋会要辑稿》卷4234《蕃夷五》记载淳熙年间（1174—1189）编修李嘉谋奏言：

> 若以土丁代戍，则土丁生理未全，缓急难恃。又况黎州过大渡河外，渌望皆是蕃田。每（岁）汉人过河耕种其地，及其秋成，十归其一，谓之蕃租。土丁之耕蕃地者，十有七八。……今宜措置，以若干亩召募土人为军，春秋量给衣赐，止刺手背，谓之土军。勿与郡军士相参，即其土豪以为头目。

原来黎州的土丁代戍开始于乾道八年（1172），都是以农民子弟组织成的民军，而不是正式的军队。原来只有一千人，淳熙三年（1176）发展到二千人。到淳熙九年（1182），分为三边，每边二十队，每队五十二人，土丁共有五千一百二十六人。土丁入彝地者十有七八，当在四千人左右。此四千农民子弟对于彝族边缘地区的农业发展一定有相当的作用。

我们在此当注意的是黎州土丁往彝地耕种时所纳的"蕃租"却只有十分之一。若依此判断，当时彝族奴隶主和汉佃的关系，只是一种封建关系，而不是奴隶占有制的关系。轻租制的产生，据推测可能有两种原因：第一种原因，汉土丁所耕种者并非熟田，而是荒田野地；另一种原因，当时凉山彝族人口稀少，生产力低下，奴隶劳动的每年收获量，并不比土丁每年的收获量的十分之一为高。从当时的情况看，设使彝族的人口多，生产率高，便不可能引纳黎州十分之七八的土丁到凉山边缘地区进行垦殖。

在此我们更当注意的就是凉山黑彝与曲伙间租佃关系的起源问题。解放前凉山社会中普遍存在着奴隶主与隶属民曲伙,甚至分居奴阿加之间的租佃关系,但不知起源于何代。有如上述,既然在 12 世纪时彝汉之间已经发生了租佃关系,那末这种租佃关系就不可能不对彝族社会发生影响。

(二) 元明清时期黑彝对土司的斗争

元代初年,凉山地区的政权发生了大的变更。

自南诏把云南的乌蛮、白蛮迁到嶲州安宁河流域以后,云南乌蛮的首领和嶲州原来的大鬼主相互争夺,不能相下。到大理国时,系出大理国王室的段兴才把各部统一了。段兴子孙的势力日益强大,自称为"府主",大理国也不能加以控制。传至阿宗,娶彝族落兰部建蒂的女儿为妻,派人归降元朝,元宪宗因以阿宗为建昌首领。到至元九年(1272),阿宗叛元,元出兵平之,从此大理国世系在安宁河流域的势力就基本结束了。

元至元十二年(1275)在今凉山州设罗罗斯宣慰司,辖建昌路、德昌路、会川路三个路,路下又设州、县。建昌路管理一县:中县;九州:建安州(西昌)、永宁州(西昌东部)、泸州(西昌南部)、礼州(西昌北六十里,今仍名礼州)、里州(西昌东三百里,旧为利利土司地)、阔州(西昌东南四百里)、邛部州(西昌东北四百里,今越嶲、甘洛二县)、隆州(西昌西南,在会理县北二十里)、姜州(会理县东南九十里,旧名姜州堡)。① 中县,《元史·地理志》注:"县治在住头回甸,盖越嶲之东境也。所居乌蛮自别为沙麻部,以酋长所立处为中州。至元十年内附。十四年,仍为中州。二十二年,降为县,隶建昌路。"《明一统志》谓"在都司城(指行都司所在,即今西昌县治)东四百里"。《清一统志》谓"在西昌县东"。据我们调查,即今凉山彝族自治州的美姑县,在西昌县的东南,《元史·地理志》注说在越嶲之东境有误。

至元十二年在设置罗罗斯宣慰司的同时,所设置的建昌路总管府,是元朝统治阶级直接管理本路钱粮、兵甲、屯垦及其他军民之事的统治机构。总管府设在建安州,与宣慰司同城而治。罗罗斯宣慰司或以为即现今凉山彝族传说中的"利利兹莫"(liɬ liɬ ziɬ muəɯ)。"兹莫"为彝语"土司"一词

---

① 见《元史》卷 61《地理志四》,《明一统志》及《清一统志》。

的对应词，故"利利兹莫"就是"利利土司"。

据我们调查，凉山彝族传说利利土司管辖的地方很宽，凡是利利土司直接管辖的地方，地名之前都冠以"利穆"（liɬ muɬ）即利利家土地的意思，例如利穆甲谷、利穆美姑、利穆竹核、利穆昭觉等等。传说最初的利利土司衙门就设在今美姑县九口乡利穆甲谷的利利呷上，它的疆域东至云南东北的乌蒙部，西至安宁河，北至大渡河以北的尔知咢甫家地方（今汉源一带），西南到列里河（今布拖县境内），南至阿和穆地（今金阳，即原沙马土司地方）。这种传说和明代《土夷考》所说建昌卫世袭土指挥使所管的"四十八马站、火头……延袤殆千余里"的区域，大致是相符合的。《土夷考》记载：

> 所属有四十八马站、火头，吐蕃、僰人子、伯夷、摩些、狢玀（ka-lo）、倮倮、回纥诸部。各种类散居山谷间，北至大渡，南及金沙，东抵乌蒙，西迄盐井，延袤殆千余里。……西夷大酋，此殆为称首。①

据调查，凉山彝族至今还流行着几句谚语说："地上的树，是利利家的树；地上的水，是利利家的水；地上的人，是利利家的人。"这些话也可反映当年利利土司土地之广大和人口的众多。传说利利土司下面管辖着许多土司、土目、黑彝、白彝，各阶级、阶层的彝族对于它都有租税、贡赋和劳役的担负。现在利穆甲谷彝民有下面的传说：

> 海列家、摩色家给土司家推磨；
> 阿侯家给他家作咂酒；
> 苏呷家给他家制毡衣；
> 恩扎家给他家赶牛牧羊；
> 甘家毕摩为他家作帛，送鬼；
> 舍坡家被喊来住在他的周围（意为给土司家服劳役，如黑彝所辖的分居奴阿加一样）；
> 乌抛家每年贡十条牛、十套弓箭；

---

① 见《蜀中广记》卷34，《明一统志·建昌府》，《清一统志·宁远府》。

> 布拖马家七兄弟给他家剪羊毛；
> 阿可马家为他家撑矮屋里的柱；
> 阿尔家负责调解纠纷；
> 海列土司贡马十二匹；
> 阿着土司贡马七匹；
> 摩色土目贡马十匹；
> 阿都土司贡马十四匹。

当利利土司收到了土司、土目、黑彝这些贡赋以后，一部分自己消费了，另一部分转贡给中央封建王朝。同时，阿尔、马家的黑彝、白彝对于利利土司还有其他的担负：相传"家里抱一窝鸡，就要拿两只大鸡进贡；抱一窝猪也要进贡三个；生一条牛，要送土司二两银子；黑彝、白彝生的人口多了，土司就欢喜，以为以后的税就多了"。因此，黑彝、白彝和一部分土司、土目联合起来，就把利利土司利利沙委（liɬ liɬ saɬ vieɬ）驱逐到美姑河以西的地区了。不久，利穆甲谷就被阿尔、马家所占据。

利利土司退出利穆甲谷以后，先迁到昭觉以西三湾河（xoɬ guɬ，今好姑乡）居住。至今该地的利利土司衙门遗址上还竖着两块经过镌刻的旗杆石。

传说当时的利利土司是利利施歌（liɬ liɬ siɬ gəɬ）。施歌跟他的祖先一样，对所属土司、头人及黑、白彝进行贡赋式的剥削也很沉重。昭觉的八且家黑彝传说："阿都土司负责抬石头；阿力家堆石头；拉皮世哲（越巂东部地方）的黑、白彝给他挑水、挑粪；罗资窝祖（瓦泽家黑彝人名）给他收猎人税；阿宜楚皮（八且家黑彝人名）给他收牛羊牲畜税。"因此又发生了以阿宜楚皮为首的黑彝奴隶主反利利土司利利施歌的斗争。

传说阿宜楚皮有一只舌尖分为九裂的小羊，善高鸣，山上鸣，山下的人们都能听到。利利土司施歌向他索取这只羊，楚皮不给，便被囚禁起来，土司派人把善于高鸣的羊牵来了。楚皮在监狱里写信给他的管家，信上只是三句隐语：

> 竹篮挂到屋檐时来，
> 巨蜂飞去时来，

牛蜂飞来时来。

管家不懂，把信送给女主人楚皮的妻阿丝穆呷（aɹsi˧ mu˧ ɡa˧），测知其意是要在天晚月挂屋檐时发兵营救。阿丝穆呷到各处去请求救兵，三湾河附近的八且家、罗洪家、瓦泽家过去都受过土司家的压迫，有的还遣发女儿为土司女儿做过陪嫁，所以大家都一致响应，出兵到三湾河营救阿宜楚皮去了。

此时利利土司施歌正在罗罗沟（lo˩ no˧ ieɹ ta˧）打猎，没有回来。八且家会同其他各家的兵马从北山开来，逐渐到达陀罗何普（tá˧ le˧ xa˧ pú˧）了。土司家里的人们听到，手忙脚乱，无法抵抗。楚皮要求他们把自己放出来，立在屋顶上退兵。他口里喊兵马退去，但手持披毡是叫他们前来，所有的兵马把土司衙门围住了。黑彝的兵焚毁了土司官署，杀尽了衙门里的人，只有一个老婢从衙里逃出，去给施歌土司送信。

黑彝的兵马转至罗罗沟围攻，施歌土司寡不敌众，在河沟旁的树上自缢，一足落水中，手上还戴着金镯。糯米家黑彝把土司的臂断了，取其金镯，断臂落到水中。后来土司家人路过罗罗沟时，为了纪念施歌，发誓永不饮河水。

从此以后，利利土司的衙门便由三湾河迁到沙木沟（pu˧ suo˧，西距西昌约八十里），后又迁到建昌城东门外，可能此时已经是明代初年了。①

自利利土司迁出了凉山以后，凉山内部的其他土司在明清两代毫无例外都发生了黑彝奴隶主的反叛，先后都退出了凉山腹心区，在凉山外围封建王朝统治权所能到达的地方成立官署，延长命脉。例如沙马土司，最初居住在美姑县治以北的沙马玛陀（sa˧ ma˧ ma˧ tú˧）。这里彝民传说，沙马土司在玛陀时常以各种方法向黑、白彝要求纳贡；并常把不纳贡的黑彝幽禁起来，加以各种勒索。因为如此，所以阿尔、马家和乌抛家等联合起来向土司进攻，结果在与利利土司被驱逐的同时，沙马土司宜播拉目就被迫迁到美姑河南岸的拉穆阿觉去了。清代乾隆年间（1736—1795），阿尔、马家黑彝占领

---

① 〔整理者注〕：此段所述详见中国科学院民族研究所四川少数民族社会历史调查组编印：《凉山彝族自治州美姑县九口乡社会调查报告（初稿）》第五章《美姑县阿陆、马家的迁徙和向外发展的历史》，1962年铅印本。又见本书"附录"。

了拉穆阿觉，沙马土司子孙分别退到格都觉马和尔什窝苦等地。最后在距今六十多年前，阿尔、马家联合，又向沙马土司所在地格多城堡进攻，土司珠珠阿乍战败，以后就带着自己的黑、白彝迁到今日金阳县的阿和地方去了。

原来住在今美姑县罗古宜底（在恩扎勿喜的山麓）的海烈土目，由于对甘家蒲田十二支的黑彝横征暴敛，黑彝联合起来对土目作战，在明代末期土目兵大败，也逃到现在金阳县的瓦子果地方去了。

凉山东部天喜附近的抛阿姑（pól al guɨ），是元代阿着（杨）土司的衙门所在，约在明代中叶土司与所属恩扎家黑彝发生冲突，移居于黄毛埂中段的西呷山（e'il gal saɨ）地方，到清代，与官兵合征凉山失败后退居雷波县城。

自元代以来，黑彝对土司的斗争，它的实质是一个什么问题？我们在这里略加说明。

黑彝对土司的斗争，表面看来，好像是被统治阶级对统治阶级的斗争，但事实并不如此简单。彝族土司是在中央封建王朝支持下从奴隶主阶级中分化出来的一个阶层。它所代表的阶级利益是有两面性的，一方面它代表了大奴隶主的利益，同时它又是中央封建王朝意图的执行者，所以也代表了封建主的利益。元代以来的凉山彝族土司，正是此两种阶级利益相互调和的产物。但元明清时期的土司对于中央王朝的关系和隋唐时期云南大奴隶主——两爨大姓和南诏王对中央王朝的关系显然相同。因为13世纪以后，凉山彝族的土司经济从奴隶制逐渐向封建制转化，社会经济基础使土司的利益和封建王朝的利益逐渐密切起来，加以土司制度进一步完善，使得土司必须服从王朝，并奉行封建王朝的政策。这就使彝族土司日益封建化，日益与中央王朝的利益接近，而与彝族奴隶主的阶级利益发生矛盾。

凉山腹心区的奴隶主，在近代以前，所受的封建影响不大。他们所代表的纯属奴隶主阶级的利益，当其多年处心积虑剥削到的奴隶劳动的果实，一旦被土司掠夺，对奴隶主说来这是最为痛心的。另一方面，所有奴隶主毫无例外地都卑视劳动，一旦土司以劳役加诸其身，在奴隶主看来也是最难忍受的。所以，黑彝对土司的斗争，具有奴隶制反抗封建制的性质。

奴隶主和封建制的代表——土司的斗争，虽然是属于统治阶级内部的事，但斗争结果，无论胜利属于哪一方面，对于原来社会的变更，都具有重要的历史作用。凉山在近代以前，在奴隶主方面显然是胜利者，而土司是失败了，因此产生了几种重要的变化。

第一种变化，是土司所丧失的土地都被参加战争的黑彝奴隶主分割了。例如阿尔、马家之分割利穆甲谷的土地，分割姐觉陀罗、姐觉玄马的土地，分割拉穆阿觉、包尼和及诺卜且呷的土地。又如甘蒲田十二支黑彝之分割洪溪、天喜和黄毛埂上的土地；阿尔家的四支——吴奇、磨石、补支、尼曲之分割美姑县北部和雷波小凉山的土地；等等。

第二种变化，奴隶主由于土地分割不均，时而引起为争地进行的战争。例如阿尔家各支和马家各支，为争夺沙马土司和姐觉土目土地的战争几乎延续了一二百年之久，直到解放后，人民政府才把这些争地的纠纷解决。另一方面，奴隶主夺得土地之后，跟着就是移民，这样就引起土地买卖、土地租佃的频繁现象。例如利美甲谷的买卖典当土地，多数是由阿尔、马家的迁徙引起来的。

凉山彝族的知名人士果基木古和阿侯合格对我们说："彝族初到凉山时，人少地多，当时没有地主和佃户之分。后来皇帝封土司，土司把土地分给黑彝、白彝种，黑彝把土司驱逐了，土地尽归黑彝所有，于是就有土地买卖和地主、佃户之分。"这种说法是合乎历史事实的。

第三种变化，土司被驱逐后，土司所丧失的百姓和奴隶成为黑彝奴隶主的曲伙和奴隶。据1957年我们在凉山利穆甲谷的调查：在今美姑县九口乡两个行政村内，阿尔、马家黑彝从沙马土司处掳掠或引诱来的白彝有八个家支，共七十九家。这种情况在凉山东部也一样，如阿着土司所辖的百姓和奴隶同样被恩扎家和阿尔家四支黑彝所占有了。因此，黑彝驱逐土司的过程，同时也是掠夺白彝和奴隶的过程，这样必然加强了奴隶主对白彝和奴隶的统治。

总之，黑彝驱逐土司，论性质，是凉山彝族奴隶制的发展，而对外来的封建制的削弱。历代封建王朝之所以未能使凉山封建化，主要原因就在于凉山彝族的奴隶制具有对外来封建制的抗拒性。

（三）凉山奴隶社会封建因素的增长

凉山彝族奴隶社会几百年来也有它的变化与发展。

凉山彝族社会的变化，是从周围若干交通便利、生产发达及经常与外界经济政治接触频繁之区开始的。凉山西部的安宁河流域，自古系川滇交通的"古道"，汉族先进的生产技术很早就进入这一地区。在这里，冶铁鼓铸、灌溉技术、运输贸易，在很早就有发展。《明一统志》引《元志》云："地据西南咽喉冲要之处，山清水秀，田地膏腴。"又说："金珠富产，谷粟丰盈，民足衣食，牛、羊、盐、马、毡布，通商殖货。"这种情况与同一时期内地汉族人民的经济发展大体是一致的。所以安宁河流域若干重要城镇如西昌、会理、德昌、礼州、冕宁城镇及其附近所居的彝、汉人民很早就进入封建社会。只有越嶲，在清代初年设卫，雍正六年（1728）设厅，这一带进入封建社会比较晚些。

凉山东部的马湖府（治今屏山），据《明史·土司传》记载，在明代初年，仍保持封建领主制的残余。如《四川土司传》说：

（马湖府）土知府安鳌有罪伏诛。鳌性残忍虐民，计口赋钱，岁入银万计。土民有妇女，多淫之。

这显然是封建社会初期领主封建制的残余。明弘治十七年（1504）安鳌伏诛，马湖府改土归流，从此便与内地的地主封建制经济没有什么重大的区别了。明代《土夷考》有如下的记载，可以证明。云："泥溪（泥溪长官司原属马湖府）傍府而居，其东、西、北三面连接乌蒙，与儸、回杂处，所受田赋，与华民（汉民）一体。"可见马湖府城镇附近地区，在16世纪初年就和内地的汉族社会一样了。其他地区比较落后。马湖府在明末万历十七年（1589）设县。雷波在清乾隆二十六年（1761）设厅，至民国初年始改县。

凉山北部接近犍为、乐山、峨眉的地区比较马湖府更落后些。明《土夷考》记载：沐川司，"过此，自西迄北，大凉山以外尽是夷地，文法所不能尽拘"。北部从大赤口到西河为十二支彝地，原属马湖府，自改流后划归越嶲邛部岭土司管束。至嘉靖年间（1522—1566），岭氏已不能制，腻乃部落联合西河彝人出沙坪（属峨眉县），"于是嘉、峨、犍为一带邻边居民不能安枕"。他们的社会制度和大凉山的彝族一样，都是奴隶社会，因而进行掠夺。马边于乾隆二十九年（1764）设厅，峨边于嘉庆十三年（1808）设厅，改县皆在民国初年。

四川凉山周围的彝族土司与滇、黔的彝族土司有一显明的不同之点，就是历代统治阶级的改土归流运动，除了马湖府以外，其他几乎并没有受到影响。雍正六年（1728）鄂尔泰、岳钟琪大倡改土归流之议，对于凉山彝族土司，也建议将阿都宣抚司、阿史安抚司及纽结、歪溪等五十六处的土千百户尽行改土为流。但是正在雍正六年这一年，凉山内部又发生黑彝奴隶主的叛乱，封建王朝认识到土司是制服黑彝奴隶主的重要力量，因而又停止了这里的改流，已改流的地方也恢复了土司制度。这一特点正反映凉山腹心地区的彝族社会始终是停留在奴隶社会阶段的。

凉山彝族土司的社会性质并不完全一致。凉山腹心区的土司、土目，其奴隶社会性质是很浓厚的，如越嶲的邛部土司（岭）、布拖的阿都土司（安）均是。但凉山边缘区的土司，如西昌的河东土司（安），越嶲的暖带密土司（岭）、金阳的沙马土司（安）、雷波的千万贯土司（杨）等，自元明以来早已具有封建领主制的性质，而有的因为受到汉族统治阶级和彝族奴隶主阶级的双方夹攻，早已成为没落的封建领主了。所以凉山腹心区的土司与凉山边缘区的土司，在社会性质方面距离很远，我们绝不能以土司名称之有无，来判断他们统治地区的社会性质。

但无论如何，土司制度是中国封建时代的产物，它是作为一种封建的政治组织进入彝族奴隶社会之内的。这种政治组织虽然不会立即引起彝族经济基础的变动，但它可以逐渐影响彝族的奴隶制度。而且跟随土司制度而来的，必然有一套税收、劳役和贡赋的经济制度。这些经济制度便会对奴隶社会的生产关系发生直接的影响。所以，土司制度对于彝族社会来说，仍然可视为一种重要的封建因素。

其次，自古以来，凡西南民族地区封建王朝设治州县之所皆有汉族移民；又每动军旅，商贾贩运者则继其后，初时尚流动不拘，继后则成家立业，在边区长久定居。凉山边缘地区州县之形成，莫不如此。这些进入的汉民中，难免有一小部分不良分子与彝民争夺产业，欺侮彝众，而酿成冲突[①]，但大体言之，绝大部分汉族劳动人民把汉区先进的农业和手工业生产技术带

---

① 参考《清史稿》卷144《董教增传》、卷163《吴杰传》。

到彝区，并使这种经验技术逐渐变而为彝民的经验技术，从而使彝区的生产力水平日益提高。

还有另一种情况，是彝族奴隶主经常出山掳掠汉区的工匠、农民为奴。这些人进入凉山，也势必把汉区的先进生产技术传播给彝族劳动人民，从而有利于彝区生产力的提高。

最后略述汉族租佃制度的广泛传入。

前节已经叙述了宋代淳熙年间，即12世纪后期黎州土丁渡河耕种彝地所兴的"蕃租"的情况。到清代嘉庆初年，即18世纪与19世纪之交，又有四川汉民四十二万多口，到宁远府（旧称建昌府）彝地做彝族佃客。此事经过如下：

原来在清嘉庆元年（1796），长江以北各省爆发了以白莲教相号召的农民暴动波及四川，官府的镇压与社会的动乱使四川汉民逃入大渡河以南宁远府属彝地的有四十二万五千多人。当时彝区土地皆已为各土司、黑彝所有，所以进入的大批难民就在各土司、土目及黑彝地区佃地耕种。据嘉庆十九年四川总督常明派人调查，在彝区内佃耕的汉民共八万七千六百八十九户，男女合计四十二万五千二百四十七丁口。分布的地区，以盐源、会理二州县的彝区为最多，共有三十一万人以上，其余分布在西昌、冕宁二县及越嶲厅等地的彝区。居住的情况，"有汉夷共居一处者，有汉夷间杂，零星散处者，有汉民自成村落者"。① 以四十二万五千多有生产经验和耕种技术的劳动力进入彝区，他们对于宁远府属彝区耕地面积的增加以及生产力的普遍提高当是毫无疑义的。

更重要的，是汉族的租佃制度，从此普遍地传入彝区。在此以前，12世纪时汉族的租佃关系曾借黎州土丁四千多人一度传入。在明代和清代初年，汉人入凉山为佃户之事时有所闻。据《清实录·雍正朝》载，雍正十一年（1733）间就有一部汉民到四川的"新设苗疆"及河东、河西各处进行开垦。在《清史稿》卷143《常明传》里也说："宁远府属夷地多募汉人充佃。"但在嘉庆元年以前，汉佃的人数不会太多。自四十二万多汉人做了彝族的佃户以后，租佃制度就在彝区逐渐普及，虽然在彝族奴隶制内部的租佃制不同于

---

① 《四川总督常明奏疏》，转引自道光《会理州志》卷9。

汉佃和彝族奴隶主的那种封建租佃关系，但是租佃关系的发展必然对彝族的奴隶社会发生深刻的影响。

汉彝租佃关系的纠纷，似亦和两族社会性质不同有关。嘉庆十七年四川总督常明上疏说：

> 惟往耕夷地之汉民，原佃既有荒地熟地之别。开垦成熟后，又有辗转顶佃，或当或卖之不同。蛮荒夷俗不能如内地之交易分明，且日久年深，屡易其主，逐加清理，如治乱丝。①

《清史稿》卷163《吴杰传》亦云，道光十三年，川南叛夷犯边，师久无功，杰疏言："夷族愚惰，不谙农事，汉民租地，耕作有年，既渐辟硗卤为膏腴，群夷涎其收获，复思夺归，构衅之原，不外于此。今当勘丈清厘，凡汉民屯种夷地，强占者勒令退还，佃种者悉令赎归。无主之田，垦荒已久，聚成村落，未便迁移，画为汉界，禁其再行侵占，庶争端永息。"疏上，下鄂山议行。

从此可知，封建社会中的租佃与奴隶社会的租佃确有不同之处。所以汉族封建主义的租佃制只能在彝区通行于汉佃与彝族奴隶主之间，而彝族奴隶主与对所属的曲伙、阿加之间实行的租佃制则是奴隶制下的租佃制度，它是从属于奴隶制生产关系的。

以凉山解放前的情况来看，奴隶主掠夺奴隶的事层出不穷，因此边区汉民做黑彝奴隶主佃户的，难免不受其他奴隶主的掳掠。因此，汉民佃户对于承佃土地的彝族奴隶主除缴纳正式地租之外，还要缴纳一种保护自己生命财产的贡品或礼物，即每年纳猪头一个、布一至二匹。所以这户奴隶主既是汉佃的地主，又是汉佃的"保主"（baɬ ɕiɛɬ）了。这不能不说是奴隶制度在这种租佃制度上的反映。

现在我们讨论彝族奴隶制度下的土地租佃关系。

最早黑彝奴隶主对于曲伙和阿加一般是行计口授田制度，即将田亩分配给被统治者耕种，所得大部分送交奴隶主，他们所留的仅够充饥罢了。因

---

① 《四川总督常明奏疏》，转引自道光《会理州志》卷9。

此，当时无所谓租佃关系。后来，黑彝奴隶主之间经常兼并土地，特别是在13世纪黑彝驱逐土司之后，黑彝奴隶主的土地面积日益扩大；在扩张土地之后，又跟着移民，因此在一定的地区内就产生了人口和土地多少不均衡的现象。凉山的土地买卖和土地租佃主要是在驱逐土司和大量移民后产生的。黑彝驱逐土司是13世纪中叶以后的事，而见于记载的12世纪黎州就有大量土丁到大渡河以南耕种"蕃地"，对彝族奴隶主交纳"蕃租"。可知汉彝的租佃关系对彝族内部的土地关系有很大的影响。19世纪前期四川有几十万佃户到达宁远府的彝区，大量的汉族移民和彝汉的租佃关系，对于彝族内部的土地关系再度发生深刻的影响。大约在这时，在彝族奴隶社会中，土地租佃制度普遍发展起来，除了呷西以外，无论曲伙或者阿加都可以向自己的黑彝奴隶主或别的奴隶主租佃了。不只是黑彝奴隶主与曲伙、阿加之间如此，就是曲伙与曲伙之间，曲伙与阿加之间，以及阿加与阿加之间，也莫不可以发生土地的租佃关系。

  19世纪彝汉租佃的租率多少，史无明文，不得而知。据调查，解放前凉山内的租率分三种：一种是对分租，即一半给地主，一半归佃户；一种是三分之一租，即佃户纳租三分之一给地主；又一种是定租，定租的多少视土地的肥瘠和面积的大小而定。以今推古，19世纪的彝汉租率大致和解放前的相似。上述三种租率的名称都不是彝语中原有的词汇，而是从汉语词汇直译或意译而来的。① 从此也可看出彝区租佃制和租率都是受汉区租佃制的深刻影响。

  从表面上看来，彝族内部的租佃关系和彝汉之间的租佃关系是相同的，而且租率也是相似的，但不能就此得出结论说彝族社会自普遍实行租佃制的时期起就是封建社会了。我们认为从彝族的经济发展史来看，租佃制度并不一定是封建社会和资本主义社会的产物，它也可能在奴隶社会里产生，甚至更早一些。租佃制度固然是为封建主服务，但同样也可以为奴隶主服务。

  首先，在凉山彝区自租佃制产生以后，黑彝奴隶主对于所属的曲伙、阿加，并没有解除他们的人身隶属或占有关系，只是把地租和因人身隶属或占有而交纳的贡品及劳役分开。奴隶主同时也是地主；曲伙是隶属民，阿加是分居奴隶，而同时也是佃户。这对于奴隶主的利益是丝毫没有损伤的。而

---

① 彝语称"对分租"为"二分给一分"，"三分租"为"三分给一分"，这都是意译。称"定租"为"过租子"（tsiu˩ tsi˩ guə˧），这是音译或直译。

且，在没有租佃制以前，黑彝奴隶主对于所属的曲伙和阿加有照管他们生活的义务，换言之，就是必须给予土地耕种，然后始能进行剥削。自从有了租佃制以后，曲伙、阿加不只可以租主人的土地，而且也可租种其他黑、白彝的土地，这种办法对于黑彝奴隶主非常有利。剥削成性的奴隶主，把已经分给所属曲伙、阿加的土地抽回来，分为无数的小块，把较多较好的几块租给自己的曲伙、阿加，其余就分租给数以百十计的外边的曲伙或阿加了。这样一来，一方面可以刺激所属的曲伙和阿加对于自己更为忠诚，能更多得一些地租和劳役；另一方面又可以引诱外来的曲伙或阿加为其卖力了。

自发生租佃制以后，黑彝奴隶主对于租其土地的外来的曲伙或阿加，不仅向他们索取地租，同时还向他们索取地租以外的劳役和贡献。这种劳役和贡献，我们不能理解为仅仅是封建主义的超地租剥削，它们来源于奴隶社会中因人身隶属关系而产生的一种剥削。每个佃户对于非自己主人的黑彝地主，除了付出地租外，还要承担以下的各种经济担负：地主嫁女时送酒一坛；地主的子弟娶妇时，送猪一只、荞粑若干；地主送灵祭祖时，送小猪一只；收租时，佃客宰猪、杀鸡招待收租的人。还有另一种情况，佃户由于自己的主人人少势弱，或者与主人的居地相距很远，这就必须请黑彝地主做自己的"保主"（baˊ ɕieˉ），以保护自身的生命财产安全。对于"保主"，除了上述佃户所纳的地租和地租以外的剥削外，每年还须缴纳猪头一个，以表明自己的身份是"保奴"（baˊ dzieˉ）。此外，"保主"出兵时还有一定的粮食负担；"保主"修房屋时，应出人助修。这种因土地租佃关系而产生的"保主—保奴"关系，实质是一种奴隶制隶属关系，而"保奴"和真正奴隶的差别，可以说只有十之一二了。

总之，在凉山彝族奴隶社会中的租佃关系并不是以破坏奴隶制的前提而存在的，它是奴隶制剥削的一种辅助手段。彝族古代租佃关系的性质就是如此。当然，随着社会的发展，在凉山边缘地区，毕竟有些地方已经形成以租佃制为主的剥削方式，这又另当别论了。①

---

① 〔整理者注〕：对凉山彝族奴隶社会租佃关系，通过近年的研究，又有了一些新的认识。总的说来，这里的土地租佃兼有两方面的作用：既有巩固奴隶制的作用，也有促使奴隶制瓦解的作用。但从整个凉山的情况来看，前者的作用直到解放前还处于主导地位。参考《凉山彝族奴隶社会》编写组：《凉山彝族奴隶社会》第四章《奴隶主所有制及其剥削方式》之第四节《土地租佃剥削》，人民出版社，1982年。

附录：美姑县阿陆、马家的迁徙和向外发展的历史

一、利利土司曾在七百年前一度统治美姑

距今约七百年前①，美姑这一地区是被历史上闻名的利利土司统治的。土司的衙门设在利美夹谷的利利呷②上。当时整个夹谷，还有东部和东南山区的许多村落，都是利利土司直接领有的土地。直到今日，村落名称之前仍冠有"利美"（利利土司所属土地）的字眼。③

关于当年的利利土司，至今还留有许多传说。其中一段与"美姑"名称的来源有关。相传利利土司和当时建衙于西昌的勒格阿什土司常相战争，一次，勒格阿什的军队已经打到美姑河畔，利利土司听了阿素牢借和阿苏师子的计策把隔河的敌军打垮了。敌军千人渡河，能够返回的还没有一百，尸首积累河岸，随美姑河水漂流而下。彝语尸首为"莫"，过河为"姑"，"莫姑"便是尸首过河。"利美莫姑"的名称则由此而来，现在的美姑河和美姑④的名

---

① 利利土司的系谱从尔普普能到现代的宜可阿波共四十八代。但哪一位开始做土司，哪一位开始在利美夹谷建立衙门，现在都不可考了。九口村阿陆呷呷说利利土司沙委从利美夹谷迁回昭觉以西的好姑，但此人名在系谱上找不到。我们只知道利利土司在利美夹谷时，与阿素牢借的关系很深，据说勒格阿什的兵就是由阿素牢借运用法力把他们打退的。因此我们可以设想，利利土司在利美夹谷，应当与阿素牢借同时或较早。阿素牢借的系谱，在凉山中人人皆知。多者二十六代，少者二十三代。从此我们便可推定利利土司在利美夹谷应在七百年前，约在元代的至正年间。《元史》所说的"罗罗宣慰司"可能就是指利利土司。
② 利利呷在今美姑县甲谷的西南，只半里路程。"呷"为汉语"官"之县，即指"官衙"。
③ 例如利美莫姑、利美包枯、利美瓦乌、利美涅则等。由"利美"的字眼可以断定从前此地为利利土司的直辖地。"利美"应系"利利美地"之简称，即"利利土司的地方"。
④ "利美莫姑"与"沙马美姑"最易混淆。利美莫姑在美姑县甲谷的南边，为美姑县得名之由来。沙马美姑（亦作米姑）即瓦岗区的所在地。"美姑"或"米姑"言其地形如人的肋骨，肋骨中最长的一骨为"米姑"。地形如肋骨，故以命名。瓦岗原义为"崖上的路"，此系小地名。

称又是从"利美莫姑"之名引译而来的。

利利土司的领土，东到龙头山，西到安宁河，西北到大渡河以北的尔知鄂夫家地方（今富林附近），西南到列阿里可（布拖县属）。中间的几条大河安宁河、甘洛河、大渡河、昭觉河、美姑河都是由利利土司管辖的。直到现在，民间还流行着几句谚语，说："地上的树，是利利家的树；地上的水，是利利家的水；地上的人，是利利家的人。"这些语句大致反映了元代至元年间"罗罗宣慰司"疆域的广大。

利利土司的特点，在于他统治范围内有许多土司和土目。谚语说："利利管百户，阿都管黑彝，沙马管官奴"。从此可以看出利利土司与其他土司确有不同之处。相传利利土司鼎盛之时，境内土司、土目、黑彝、曲伙对于他都有租税、贡赋和劳役。

  海列家、摩色家给土司家推磨；
  阿侯家给他家作咂酒；
  苏呷家给他家制毡衣；
  恩扎家给他家赶牛牧羊；
  甘家毕摩为他家作帛，送鬼；
  舍坡家被喊来住在他的周围（意为给土司家服劳役，如黑彝所辖的分居奴阿加一样）；
  乌抛家每年贡十条牛、十套弓箭；
  布拖马家七兄弟给他家剪羊毛；
  阿可马家为他家撑矮屋里的柱；
  阿尔家负责调解纠纷；
  海列土司贡马十二匹；
  阿着土司贡马七匹；
  摩色土目贡马十匹；
  阿都土司贡马十四匹。

利利土司收到这些贡赋，一部分自己享用了，另一部分转贡给予元代的统治阶级。

各个土司、土目和黑彝，因不堪利利土司的剥削，所以联合起来把利利沙委驱逐出美姑，利利土司从此就迁到昭觉以西的好姑（三湾河）建立衙门了。

自利利土司迁出以后，阿陆家和马家就迁到利美夹谷及其附近的地带。

二、马家的迁徙路线和对利美夹谷的占领

马家是古侯世系的一族，阿陆家是曲涅世系的一族，这是尽人皆知的。古代古侯、曲涅二系从云南大井坝渡金沙江到达利美莫姑后，据彝文《招魂经》和《指路经》所记载："左边是曲涅路，右边是古侯路，曲涅、古侯二路走两路。"换言之，到达美姑河的利美莫姑后，古侯向东行，曲涅向西行，二系从此分道扬镳了。

古侯中的马家，最初居于金河旁边的葛砥尔诺，后来东迁马穆脚谷，后来又东迁到雷波的自由树。[①] 居住不到几代，由于汉族军队的攻击，所以又从东而西地转移了。相传马家从雷波西迁的祖先有两位著名人物：一个是阿瑶咢普；又一个是卜砥阿开，距今约有十七八代。

阿瑶咢普迁举阿勒芜[②]的山上，生了七个儿子，分别到各地居住：长子阿和居列侯夹谷，在举阿勒芜的西北面。马打给便是他的后裔，从阿和到打给已经有十代了。第二子阿轲，第一、二代仍居勒芜，第三代阿什沙宜就南下迁到利美夹谷的阿不列来了。第三子补陀，初迁到切哈，以后又分衍到美姑河西岸的穆兹列芜。第四子姑惹，仍居勒芜。第五子惹和，迁居思木补瑶。第六子脑都迁利美竹核。第七子惹鸟迁木抛拉打的宜播阿曲。以上七支，阿和支、阿轲支、补陀支、姑惹支、惹和支、脑都支、惹鸟支，都是马家著名的家支，除了脑都支中途绝嗣外，其余六支关系于凉山的历史，都很重要，特别是对沙马土司的战争及对阿陆家的战争，都曾担任了主要的角色。

---

① 关于马家在雷波的事，从目前情况和汉文史志也还可以得到证明。目前雷波县的黄螂还有马家黑彝，但汉化很深了。此系马家留在雷波者。《雷波厅志》称明代万历年间雷波土司杨九波娶马氏女为妻，此时马家似仍在雷波。杨氏土司在万历十七年被平一次，此或为马家西迁的原由。
② 举阿勒芜简称勒芜，在今利美夹谷的北边它阶瓦歌山的山上。

阿瑶咢普所分出来的阿轲支和补陀支直接盘踞在利美夹谷的北部，那里有他们的庄园、土地和奴隶。越它阶瓦歌山而北和美姑河而西，到处分布着他们的家门。因此，阿轲支和补陀支在利美夹谷的势力很大。

卜砥阿开从雷波迁出以后，最初也是迁到举阿勒芜，传了两三代以后，分为两支：一支是比坡支，分布于勒芜、列侯、穆兹波芜、比尔拉打、竹核居住；又一支是比呷支，分布在子威、脑尼立脚（美姑县子威乡）和斯瓦甲（松甲乡）等地。勒芜、列侯、穆兹波芜都在利美夹谷的外围，而子威、脑尼立脚、斯瓦甲紧在夹谷的东部。因此，比坡、比呷两支在利美夹谷拥有许多土地和佃户，而且不时对本区的黑彝有战争关系。

此外，从雷波迁来的还有一支马家，他们虽非阿瑶咢普和卜砥阿开的后裔，但前溯几代，他们同是鄂子比菲的后人。这些支为普惹支。最初他们迁到举阿勒芜的竹枯和烧沟，后来就迁到利美夹谷的利美瓦乌来了。他们的近族仍然分布在竹枯和烧沟，远族就是上述各地阿瑶咢普和卜砥阿开的后裔，这样，就使马家在利美夹谷的势力更为雄厚了。

综上所说，马家各支黑彝分布在利美夹谷的，阿轲支有两家：一家是马五加，一家是马五加的弟弟马给哈，两家都住在阿八列村。阿轲原有五个儿子，四个儿子都到竹核各地居住去了，只幼子阿什留在祖业所在的勒芜居住。阿什生四子，那时马家和阿陆家已经攻下了沙马土司的许多地方，所以三子都到沙马地方居住，只有阿什沙耶搬到利美夹谷，到马五加兄弟已经有七代，约二百几十年了。

阿和支世居列侯夹谷。阿和的第三代后人沙姑既哦，从列侯迁到阿八列，这便是马九波的祖源。从既哦到九波已六代了，他们到阿八列有将近二百年的历史。

补陀支迁切哈的年代不明，距今二十年前，利美夹谷的切哈和瓦罗有四个马家的黑彝奴隶主在村落中占统治地位。这四家奴隶主的名称是：马哈皆、马古达、马瓦都、马尔哈。其后，瓦罗的马家与子威马家战争，马哈皆等四家失败，住宅被敌方焚毁了，因而四家奴隶主偕同他们的奴隶逃到今雷波县瓦岗区的补西列脑。因此，目前的切哈和瓦罗成为没有黑彝的村落。

普惹支在今瓦乌住的只有两家，就是马拉阶和马世阶的儿子马少吉。他们的土地一部分是购自阿陆家的，曲伙和阿加系祖先从竹枯、烧沟带来。

马家全家支开会的地点在美姑大桥，各支的开会在列土举摩（竹核以西）、竹核甲波、葛合子威和美姑大桥。

各支马家"作帛"时，把灵牌都送到利美夹谷北边补祖尔库山山麓。从此也可看到各支马家都是从这一带分散出去的。

总之，利美夹谷的马家势力占有了瓦乌、瓦罗、阿八列、切哈四个村落。上述村落的马家黑彝虽然只有几家，所有的曲伙、阿加和土地虽然并不为几家黑彝所占有，但不要忘记，黑彝的家门是特别团结的，凉山中所有的马家黑彝都是家门，彼此都还没有婚媾，财产虽为各家所私有，但家门的利益也就是自己的利益，所以在瓦乌、瓦罗、阿八列、切哈的马家势力，在解放前是无法动摇的。他们和阿陆家平分了整个利美夹谷。夹谷的北部属于马家，夹谷的南部属于阿陆家。阿陆家人承认，古代在夹谷中马家的势力是超越过阿陆家的，只是近几十年夹谷的土地很多被阿陆家买过来了，所以阿陆与马家在夹谷中的势力才相互均衡。

三、阿陆家的来历

自曲尼曲布而下，二十六代至季弥乌阿，二十七代至乌阿阿陆，此为"阿陆家"名称所由来的始祖。以后四传到阿素牢借，这位阿陆家的毕摩，在当时和后世都是远近闻名的。阿素牢借本人虽然是云游凉山各地，但其家支则分布在凉山中心车子河流域各地。阿素牢借的六世孙阿兹宜尔，相传便住在车子尔陀。宜尔生三子。长子宜尔布兹，初住侯补列陀，后来一部分子孙迁到龙头山下面。次子宜尔车子，生三子，衍为布兹、磨石、尼曲、吴奇四支，下面我们称他们为阿陆家别支。三子宜尔季披，后裔衍为长房幼房两支：长房称比轲家，发展为三个家支：瓦库家，住美姑县的瓦库尔苦乡；舍目家，住龙头山下的索诺斯举；庆吉家，住诸古宜打和砥古列芜。幼房一个家支，即砥窝家，住在利美夹谷和夹谷以东的几个村落。

阿陆家的向美姑河以西发展，是从阿素牢借的后裔阿兹宜尔的两个儿子宜尔车子和宜尔季披开始的。车子及其子孙占据了美姑河东面的北部；季披及其子孙占据了南部。美姑河东面的北部原为阿苏家的土地，后来被车子子孙的四个支派，即布兹、磨石、尼曲、吴奇四支占据殆尽了，阿苏家只好向东方转移。车子季披子孙在南部各地发展，一支到了瓦库尔苦，一支到了龙头山下，一支到了利美夹谷。从宜尔季披到现在有二十一代，换言之，就是阿陆家向美姑河以东进展已经有六百几十年的历史了。自季披以下，他的第四代后裔窝孤砥窝就降生于利美夹谷，可见阿陆家到利美夹谷已经有十七八代，约五百几十年的历史了。

阿陆家砥窝支的大本营在利美夹谷东部的歌地阿摩、罗维夹谷（九口）、利美包枯和利美莫姑一带。砥窝的十一代后裔阿奠生四子，分为四房：阿奠虏尼是一房，今日的阿陆呷呷、阿陆机机、阿陆飞机、阿陆拉曲、阿陆陆磨、阿陆底兹都是他的子孙。此房最大，大部分住歌地阿摩。阿奠虏季是又一房，阿陆拉帖即其后人，住罗维夹谷。阿奠哦智是又一房，阿陆维机、说耶、维古、维史皆其后人，今只一家住九口，其余三家打下沙马土司后住在拉木阿觉。阿奠虏区是又一房，住罗维夹谷，阿陆格帖是其后人。以上四房的曲伙和阿加分散在歌地阿摩、罗维、沙马开、塔西普等地。住在包枯和莫姑的，是又一个支头了，但都是窝孤砥窝的后裔。

阿陆家砥窝支会议的场所，开小会在利美包枯；开大会在阿举包枯，距美姑县甲谷区东南十里。

阿陆家黑彝死后"作帛"，把灵牌都送在利美夹谷东边松瓦甲村西北的谢罗莫山上。从此也可以看出砥窝支到美姑夹谷最初是占据这一山头的。

总之，利美夹谷的阿陆家势力占有了歌地阿摩、罗维夹谷（九口）、沙马开、塔西普、利美包枯、利美莫姑等地。他的家门，散布在夹谷的北边、东边和东南。北边的瓦库支和庆吉支对于砥窝支的行动是绝对支持的。东方龙头山麓的阿陆家各支，与利美夹谷砥窝支为兄弟，攻守同盟，已经有二百几十年历史了。更重要的是，百余年来攻下姐觉土目和沙马土司以后，阿陆家各支黑彝把攻下的土地作为他们的移置场所，这样一来，阿陆家在美姑河南北两岸及瓦岗区的沙马土司原有地的实力已经远超过美姑河以东的原有实力了。他们就是靠了这些势力，才能够在利美夹谷和马家维持着相互均衡的局面。

四、阿陆、马家联合攻下了沙马土司和姐觉土目

阿陆家和马家的关系是由友好同盟的关系开始的。

在距今六百几十年的时候,马家的远祖拉哦阿借娶阿素牢借之女牢借茜茜为妻。当时马家住歌砥尔诺,阿陆家住葛葛卜聂。相传此为阿陆家和马家相互友好的开始。

相传当时凉山黑彝贵族是凭借元代统治阶级势力建立土司政权的,在利美夹谷有利利土司,在沙马马陀有沙马土司,在西昌有勒格阿什土司,在罗姑宜打的尼克土穆有海列土司,在西呷山有阿着土司,在觉拉普陀有阿都土司。

利利土司统治着自利美夹谷以西安宁河、甘洛河、大渡河流域的彝族。在土司的下面,补瑶土目住在思木补瑶一带,阿劭土目住在木抛拉打一带,磨色土目住在利美竹核一带,葛哈土目住在连渣罗一带,阿列土目住在摩尔宜解一带。这些土目还有一些其他土目都归利利土司管辖。

属于沙马土司下面的,姐觉土目最为驰名。此姐觉家原居西昌予乌,后经普雄、连渣罗来到姐觉陀罗,为土目,归沙马土司管辖。

沙马土司和利利土司一样都是曲涅的后裔。介弥哦哦的儿子哦哦阿执,哦哦阿执的儿子阿执沙马,此为沙马土司之祖,初居于马陀,统治了从马陀以南的姐觉土目地面和瓦岗以西的黑彝和曲伙。

当沙马土司建衙于马陀以后,阿陆家和马家的黑彝不断向美姑河的东西两面发展。马家咢普和阿开迁到举阿勒芜以后,先攻思木补瑶家的既此阿什土目,又攻利美竹核的利利磨色土目,这些土目都战败了,土地被马家的子孙所占领。阿陆家的砥窝和比轲兄弟迁到利美夹谷以东以北各地时,是向沙马土司称臣纳贡的。土司的要求很多,所属臣民无法供给,于是在阿执沙马的第四代承继者宜播拉惹在位时,各家支臣民发生叛变,于是沙马土司就离开马陀,迁到美姑河南岸的拉穆阿觉去了。

当时,马家已经占领了思木补瑶和利美竹核,而沙马土司又放弃马陀,所以利利土司沙委不得不自动地离开利美夹谷,迁到了昭觉以西的好姑以打(三湾河)。

从此,阿陆家和马家就分割了利美夹谷和夹谷以东的几个村落。

沙马土司退出马陀以后，马陀及其附近的土地被马家和阿陆家的别支占有了。马陀初由沙马土司的百姓木抛家黑彝所分，后来木抛家迁走，才把土地让给马家。沙罗和子威，原由补瑶家所有，补瑶被迫远走盐源、盐边，把土地也卖给了马家。此外，官诺维口被布兹家所占，宜诺拉打被磨石家所占。

距今十代约前三百年时①，阿陆、马家联合起来向姐觉土目进攻。当时姐觉土目尔歌，相传此人残狠异常，杀人越货，年有数起。初与竹核马家战争，以后利美夹谷的阿陆家也参了战，联合攻下姐觉陀罗。姐觉土司南迁，迁到龙头山下的牛红达拉。此地险要，阿陆、马家不能攻下。

攻打姐觉土目之后，阿陆、马家分割了所留的土地。阿陆家占领的，有瓦几几、尼克瓦陀、姐觉亥马、姐觉尔且、姐觉陀罗、姐觉洗口、尼利脚、沙诺宜脚、沙诺谷脚等地。马家占领的，有利口瓦姑、牛罗觉、沙诺斯补、沙诺尼利觉等地。②

播迁于拉穆阿觉的沙马拉惹土司，不久因残暴恣戾，被其臣民杀死了。臣民中有阿比帕赤者，以土司无嗣，到云南昭通义滋拉介请阿者土司一子名阿者年宜来此，承继了沙马土司的职位。年宜至今安学成共十二代，约三百多年，此事约在明代的后叶。

前四五代，沙马的阿者家与阿陆、马家相安无事。沙马土司的后裔说，明代后叶到清代乾隆年间，阿陆、马家尚服土司调动，常出贡物（安学成语）。但在六代以前，土司和阿陆、马家黑彝的关系便进入战争状态中了。

原来沙马土司的子孙日多，分为四支：阿者穆穆的子孙世居格都觉马，称为"格都支"；阿者姑姑的子孙世居尔世窝枯，称为"窝枯支"；阿者维几的子孙世居觉拉提轲，称为"提轲家"；其余还有阿者维沙一支，已中绝。家支既多，各支之间因争夺土司地位的承袭，争夺百姓，时而发生内讧。阿者穆穆的第四代后裔阿木季一代，因争夺土司的印信，拉拢阿陆家的比轲和砥窝两支黑彝，认他们为家门，认马家各支黑彝为亲戚，认木抛家黑彝为外甥，以压倒他的家门阿祖木列，驱逐他们到马佳哈姑，这样就分裂了土司各家门之间的力量。到阿木季之孙惹那，因反抗清朝官府，清兵驻扎牯尼拉打

---

① 姐觉土目尔歌以下的系谱是尔歌尼歌、尼歌何普、何普何假、何假沙楚、沙楚比拉、比拉古基、古基足波、足波娘娘、娘娘世价，共九代。尔歌时住陀罗，被击败后始退牛拉红达和阿举勒芜。
② 这些地方都在沙马马陀与美姑河之间，自姐觉土目退居东南一隅后，阿陆家与马家便分占其地。

三年，土司兵力瓦解，惹那在林中自缢。官兵去后，惹那的第四子牛牛继承土司之位，从这一代起，经牛牛阿呷二世，阿呷阿莫三世，阿莫珠珠四世，珠珠阿闸五世，在此五世之中没有一世不与阿陆、马家进行战争的。

当牛牛在位之时，与同族异支弟比义发生冲突。两人初调内属的百姓战争，百姓不从。于是牛牛外调阿陆、马家的兵力，比义外调沙马、阿吐、播些各黑彝的兵力，相互展开战争。牛牛引阿陆、马家黑彝把比义家的官舍和民屋烧了，激起了沙马土司家门的公愤，号召境内的黑彝曲伙出而应战，结果杀死阿陆家瓦库支的黑彝两名，从此，阿陆家和马家就联合出兵，进行复仇。

阿陆家瓦库支初联合本家的砥窝支和住在列侯的马家阿和支出兵。阿和支的黑彝阿车乞达被打死了，于是马家住在列侯、勒芜和竹核的阿轲支、阿和支、惹鸟支都来参加了战争。后来阿陆家的海日支也参了战。

沙马土司的衙门，从马陀撤出来以后，最初是在美姑河南岸的拉穆阿觉。河北的阿陆家联合向衙门进攻，土司抵敌不住，于是一支人马退格都觉马，一支人马退觉尔提轲，一支人马又退尔世窝苦。于是阿陆家各支占领了拉穆阿觉、包尼和及诺八且呷等地。

过了一个时期，阿陆家与马家相约：阿陆家出兵进攻尔世窝苦，马家进攻马觉哈呷、阿土热谷。沙马土司兵力分散，节节败退，所以阿陆、马家在瓦岗区（沙马米姑）西北方面会师，共同打下了姑尼拉打。最后，沙马土司及其家门分别退到马觉哈呷、格多觉马、姑曲拉打（雾曲）等地。

距今约五六十年前，阿陆、马家又联合进攻沙马土司所在地的格多城堡。那时沙马掌印的土司是一位未嫁的女子名珠珠阿闸。她亲自指挥人马在城堡内作战。阿陆、马家的兵马很盛，围攻七日，水泄不通，城内的粮食和饮水都没有了，情况十分危急。阿闸的族兄格都理摩到云南永善普土司那里去搬兵，普土司借给兵丁数十人，合自己的残余部众共三百人，突破重围，才救出了被围的阿闸土司。

关于阿陆、马家进攻沙马土司的年代，一般估计是在一百年前左右。沙马土司和阿陆家人都说在距今五六代之时。战争的第一役在拉木阿觉，第二役在尔世窝苦和阿土热谷，第三役在牯尼拉打，最后一役在格多觉马。沙马土司战败，土司及其所属的黑彝、曲伙往各处迁遁，以迁到今日金阳县阿和地方的为多。

当沙马土司盛时，南有沙马漠何山之固，北有美姑河之险，谚语说："伸头抵山崖，伸足抵河边。"自以为凭着河流、森林、悬崖可以抵住阿陆、马家的进攻的，但是阿陆、马家的兵马如潮水般南下，把昭觉县西部、雷波县西北部的沙马土司地方全部据为己有了。

马家各支占据的地方，有布罗觉姑、阿土热谷、马觉哈呷、阿土乌开、布西列脂、阿觉莫渚、尼海宜陂、溥土阿尼穆、溥土姑尔举、格多觉马、格多尔歌、格多宜脚。

阿陆家各支占据的地方，有拉穆阿觉、诺卜且呷、包尼和、罗宜曲磨、乌几且磨、尔世窝苦。

占领土地，主要是看那些土地是哪一家打下来的，土地便归他所有。有不同家支出兵，共同打下一块土地时，要按两方兵力损失的情况如何，特别是看哪一家的黑彝在此战役中死亡了，然后按着比例分割所得的土地。例如尔世窝苦和牯尼拉打，就是被阿陆、马家分割了的。

但分割土地哪能绝对公允？而且加以其他原因，所以阿陆、马家在结束了对沙马土司的战争之后，彼此又进行了两次年代相当长久而且规模相当大的争夺土地的战争。

打退了沙马土司，阿陆、马家不仅是分割了他们的土地，并且掠夺了他们的百姓，主要是白彝（曲伙和有家支的阿加）。

沙马土司的白彝：一类是沙马家原来有的；一类是阿者家由云南带来的。这两种白彝，都有被阿陆、马家黑彝掠夺去了的。例如曲比家，一称沙马家，就是沙马土司原有的曲伙。在八代以前，此家随土司跑到曲列提轲去了，阿陆、马家来攻，曲比偕窝被马家所掳，曲比宜宜被阿尔家所骗，这两家白彝至今还是阿陆、马家的著名白彝家支，住在利美夹谷以东，有沙马开和金子开的村落。又如金子家原来也是沙马土司原有的曲伙。在三代以前，因原主人死亡，流落在外，被苏呷家所卖，落到子威的马家，以后又流落到利美夹谷的阿陆家。又如马觉家原住马觉哈呷，他们和马觉家黑彝都是沙马土司的百姓，土司败走以后，他们被马家掳去，做了勒芜马家的曲伙，前一代又被阿陆家所诱来到利美九口。又如马海家原来住曲拉提轲，是沙马土司的百姓。在九代以前，阿陆、马家攻打曲拉提轲，马海什普被阿陆家掳到包枯，做了阿陆家的曲伙。此外，利美瓦罗有顾尔必家原来也是沙马家的百姓，现在是马家黑彝的曲伙。罗娑家，原来也是沙马家的百姓，现居竹枯，是马家的曲伙。以上都是沙马家原有的曲伙。

当沙马土司从云南昭通姑楚楚迁来时，也带了许多白彝。至今沙马地方还流行着说："阿苦出灰来，秋吉背茶来，乌介端洗脚水来，世耶牵黄马来，李穆背鸡来，敌普保卫来，奥穆空手来。"上述六家白彝被阿陆、马家掠夺去的，就是四家的家人。阿苦家、乌介家大部分成了竹核马家的曲伙，秋吉家在利美瓦乌，也是马家的曲伙。世耶家在各地阿陆家和马家都有。奥穆家原是云南乌蒙土司的世仆，主人亡后，投靠阿者家，阿者年宜把他们带到了沙马家的地方。此族被马家掠去后，分为阿批和既姑两家，在各地马家为曲伙。

总括来说，沙马土司的百姓，被阿陆、马家掠夺去的很多，特别是马家，在他们曲伙中的比重应在一半以上。

阿陆、马家的土地和奴隶，就是经过这次对沙马土司的战争突然增加起来的。美姑九口乡歌地阿摩一位阿陆家的奴隶主告诉我们说："对沙马土司的战争，是阿陆、马家解决土地和奴隶问题的主要关键。设使没有这次胜利，阿陆、马家的黑彝就会饿死了！"这话对于奴隶主来说，是千真万确的。奴隶主离开掠夺战争，就无法取得奴隶，更无法取得生活资料所由来的土地。奴隶甚至包括曲伙在内，过去的人口死亡率是非常惊人的。以我们在利美夹谷所了解的情况来说，目前所有的曲伙、阿加、呷西，没有一家能超过十一代以上的历史，而阿陆、马家原有的"世臣"、"世仆"，真如凤毛麟角十不存一，且已转徙到新开辟的地方去了。因此，目前阿陆、马家年代最久的曲伙，是近三百年内从沙马家所掠夺来的百姓，其余阿加和呷西都是近几十年从汉区所掠夺或购买的"汉娃"罢了。因此，假如没有三百年来对沙马土司的战争，阿陆、马家在缺乏土地和奴隶的情况下，要发展壮大是绝对不可能的。

五、阿陆家瓦库支和马家孤惹支争夺土地的战争

马家的咢普孤惹，生四个儿子，衍为四房，原来都住在举阿勒芜。

当马家中的阿和支、阿轲支、惹鸟支联合阿陆家中的瓦库支、舍摩支、庆吉支、砥窝支对沙马土司进行战争时，马家的孤惹支是不曾出兵的。他们不出兵的原因是因为与沙马土司有旧交。而且当沙马百姓流亡各地时，他们还把收罗到的百姓，送到沙马家地方。沙马土司对于孤惹家的行为非常感谢，因而在战败退却时，有意地让三个地方给孤惹支，作为报酬。

这三个地方都在牯尼拉打，名称是阿举磨渚、罗呷瓦、补谢列脑。

阿陆家的瓦库支首先出来干涉，理由是攻打牯尼拉打的功劳，阿陆瓦库支出力最大，人数死亡也最多，而马家孤惹支未参加战争，坐享其成，于理不合。孤惹支的理由，认为上述三个地方，是自己出钱买到的，绝对不能再让与阿陆家。于是双方进行战争。

在牯尼拉打进行战争的，是孤惹支的马古尔率领二十八户黑彝与瓦库家的阿陆哈日所率领的四十七户黑彝相互鏖战，陆续进行了二十多年。

正当牯尼拉打酣战之际，利美夹谷北边勒芜孤惹支沙布窝朱和瓦库尔苦的瓦库支牛什阿波，也发生了战争。

后一次战争发生的导火线是这样的：孤惹支马家有一群羊四十多只在勒芜坡上牧放，瓦库支的人们看到，把羊邀到瓦库尔苦了，并声言不分牯尼拉打的地，就不还羊。马家一黑彝往追，在路上被瓦库家打死。

又一件事是瓦库支嫁女子列侯的比呷马家，在婚宴上阿陆古改和马木呷发生口角，马木呷把古改打死了。从此双方出兵战争。

此二事皆发生于二十八年以前，一共战了二十五年，到1954年始停止。发生的导火线虽然是为了羊群和人命，但实际上是为了争夺土地。

此次战争，最初尚是小战，后来就逐渐扩大了。按规模来说，牯尼拉打的战争是激烈的。那里马家死了四个黑彝，阿陆家死了八个黑彝，其他曲伙和奴隶死亡者还不在内。瓦库尔苦的战争规模比较小些，仅马家死了一个黑彝。

阿陆、马家的其他支派看到这两支的冤家打得不停，于是联合起来设法解决这场纠纷。解决的办法仍在重新划分原来悬而未决的土地。

关于罗瓦呷一片土地，孤惹支马五七和马谢拉代表本支当众吃了血酒，说这片土地是马家出了银子买的，死也不能让出。其余两个地方的土地，大家同意平分，但是这些土地已被马家占领了，而且已经种上庄稼了，马家自愿付出全部土地地价的一半，折合银子九百两，交给瓦库支。这样一来，马家得地，阿陆家得银，战争才告结束。

这次战争的平息，昭觉人民政府从中尽力斡旋，对于阿陆、马家进行了民族内部团结教育，所以使得二十五年的内部纠纷顺利地得到解决。

六、阿陆家砥窝支和马家补陀支的五年战争

前六七十年时，阿陆家和马家共同打下了沙马土司一重镇名"尔世窝苦"。由于在此役中阿陆家的砥窝支（住利美九口）和马家的补陀支（住穆兹列乌）各死一黑彝，于是分其地为二，给了死了人的两家。但其时把土地荒芜起来，没有耕种。

在距今四十三年前的"虎年"（1914年）时，穆兹列乌补陀支马祖格遣一娃子到雷波赶场，返来经过马陀时被木抛家把人和东西都抢去了。利美九口的阿陆木干与木抛家和马家都是亲戚，故出面调停，把马家的人和东西都放还了，但条件是马家出马一匹和衣一件赠与木抛家为礼。马家把人和东西都接收了，但不送礼物。木干的母亲阿罗是马家的女儿，马祖格是她的族兄。她看到马祖格撒赖，所以亲自到穆兹列乌坐索。祖格性情暴戾，用石杵把阿罗打死，叫人把她挂在梁上，诡说她是自缢而死的。

阿陆木干兄弟三人前往复仇，虽然把祖格的房屋烧了，但木干的幼弟又被祖格打死。第二年，木干又往复仇，又被祖格打死了。前后阿陆家黑彝死八名、伤一名，曲伙死一名。马家只死黑彝二名。阿陆家向马家索赔命价，马家拒绝。①

阿陆家砥窝支看到马家不抵命价，所以把尔世窝苦分给马家的一半地方

---

① 彝族习惯，打冤家以后，计算黑彝曲伙的死亡人数，黑彝一名抵黑彝一名，曲伙一名抵曲伙一名，多打死一名就要赔一名命价。

占去。这时曾有双方家门出而调停，阿陆家付出一些银两，但马家并不服气。

"狗年"（1949）的春天，穆兹列乌的马老介在尔世窝苦收到一笔很少的地价，心中不乐，怏怏而归。他在路上吃了一顿闷酒，略有醉意，回来路过利美夹谷，时已天晚，就向住在木思罗（现甲谷区委会所在地）的佃户恩扎木鸡家讨酸菜汤喝。恩扎木鸡是九口阿陆索加的阿加，因天色已晚，不敢开门。马老介以为有意侮辱，以石砸门，双方发生争执。山上歌地阿摩黑彝阿陆木乌和阿陆机机闻知，率领曲伙数名下山开枪打伤了马老介的腿部。马家倡议，伤腿一只，应赔命价的四分之一。阿陆家不理，于是双方战争起来。

自阿陆家占领了尔世窝苦全部土地后，穆兹列乌的马家宣言，一定要占领对河岸的利美夹谷。而且，马家黑彝开会，说明打下利美夹谷之后，哪几块地归哪几家占有，都分派妥当了。以此，各家奋勇当先，率领曲伙阿加去和九口的阿陆家打仗。马家的另一支——惹和支因为利益相同，也参加了补陀支对阿陆家的战争。

马家出兵渡河，与阿陆妈妈所领导的黑彝、曲伙交战，未分胜负，只邀了一条牛返回。阿陆家并不甘心，渡河也把马家的牲口邀来。相互混战的结果，阿陆家死黑彝二名、曲伙二名；马家死黑彝二名、曲伙一名。

第二次战争是在"狗年"的秋天，正值割稻之时。马家渡河集中于瓦罗，声言要割阿陆家的庄稼。阿陆家人马集中在利美九口，谋出兵抵抗。双方在夹谷中遭遇，展开战争。结果阿陆家死黑彝二名，马家死黑彝三名、曲伙一名。

从此以后，马家经常出兵袭击利美夹谷，阿陆家坐以应战，实力损失较少。当时阿陆家的百姓，认为马家对待百姓比较残酷一些，所以都努力帮着主子打仗，使利美夹谷不曾陷落。

此役由"狗年"起，到"虎年"（1954）止，整整打了五年。假如再连四十三年前的马祖格事件计算，阿陆、马家这两支已经有五十多年的战争历史了。

计在此役中阿陆家死亡的黑彝共四名，曲伙以下共二十一名；马家死亡黑彝共十六名，曲伙以下共十六名。黑彝每名赔银三百八十两，曲伙每名一百八十两，阿加每名一百一十两，相互抵消，阿陆家共补出了命价银五千两。

　　这一战争的停止，与解放后昭觉人民政府干部的努力说服有很大关系。阿陆家付不出赔命价的银两，政府设法代垫。到了后来，阿陆家黑彝每家出银四两，曲伙每家十两（有的多到二十两的），阿加、呷西每家或每人出银二、三、五两不等，共同摊派出来，这件事情才告结束。

　　经过这两场大的战争，首先使有关系的各阿陆家支和马家各支无论在人口上和经济上都受到严重的损害。参加瓦库尔苦与举阿勒芜之战的，所有瓦库支和孤惹支的三百多家的人力和物力都动员了，打的结果是牯尼拉打土地荒废了几十年，从勒芜到瓦库尔苦数十里之间，不见人烟。这是第一场战争的惨果。利美九口与穆兹列乌之战的参加者，有马家补陀支与惹和支二百多家，阿陆家砥窝支二百多家。因为战场主要在利美夹谷，所以在五年内夹谷的水田旱地，除了东北部分外，其他全部都荒废了；住户尽都迁徙，房屋全部倒坍，双方奴隶主与曲伙死亡的数目，超过了上次战争的一倍。这是第二场战争的惨果。而且，无论哪一次战争，在战争时期，黑彝、曲伙为了参战而购买枪械的缘故，就要出卖大量土地；在战争之后，为了赔地价和命价，也得出卖土地。因此，阿陆、马家的土地，在攻下姐觉土目、沙马土司时虽然增加了，但在进行了两次战争以后又减少了。土地在增加时，阿陆、马家便尽向外面移殖；土地出卖后，外乡（外家支或本家支）的黑彝、曲伙就向利美夹谷买地，有的派曲伙来住，有的租给本地曲伙、阿加耕种，从此就建立了外乡地主与本地佃客的租佃关系。这样，因为多年的战争，就把利美夹谷原有的土地关系乃至于等级关系改变了一些。

七、阿陆、马家与阿侯、苏呷家等家支的关系

　　在彝族的旧社会里，各家支之间的关系是相互影响，相互侵略，经常在相互矛盾中生活着的。二十代约六百年以前，原来住牧在美姑河西北部车子尔陀、车子宜渚、车子尔哈的阿陆家向美姑河以东迁徙时，阿侯、苏呷家趁势就把阿陆家所空出的地方，如穆尼车子、罗姑也打、车子尔哈等地占据了。从此以后，大部分阿陆家在美姑河以东的新根据地越稳固，残留在美姑

河以西的阿陆家就越陆续东迁，目前留在河西的阿陆家，只有庆吉支一支了，他们分住在祖姑宜打和奠姑列芜等地。阿陆家别支留在美姑河以西的，只有八千罗、尼区瓦陀等地，他们和三河以打、巴普的阿陆家别支相互联系起来。阿侯、苏呷家是两个强的家支。他们占据阿陆家土地的方式，有的是出银买来的，有的是通过婚姻关系由阿陆家赠予的，但也有很多是以武力掠夺的。现在车子尔陀、车子尔哈、车子宜渚、车美舐铺已经没有阿陆家的子孙，而被阿侯、苏呷家占有了。

在阿陆家和阿陆别支的西边既然遭遇了势力强大的阿侯、苏呷两家侵略，这就使他们不能在西方发展。阿陆别支的布兹、磨石、尼曲、吴奇四家，第一步首先驱逐了原来住在美姑河东岸的阿苏家，并占据了阿着家的一部分土地。第二步，是向阿着土司（杨土司）的雷波所属各地发展。在清代末叶，阿着土司被恩扎家驱逐了，这就给阿陆别支各家准备了向雷波发展的有利条件。直到现在，在雷波县的黄茅埂以东，阿陆家通过买卖或掠夺方式占有了许多土地。

阿陆家的向美姑河以东发展，可能较迟一两代，即三四十年光景。那时美姑河以东的土地大部分已被阿陆别支占领了，他们只能对龙头山下和利利土司的边区山地打主意，所以他们占领了沙诺列芜和利美夹谷以东的利美九口和以北的瓦库尔苦。利美九口的"九口"，义为"老鹰的巢"。附近的"歌地阿摩"，义为"歌地大山"，相传古时此地老熊甚多，为利利土司的猎地。此外，还有"阿举区"，义为"狐狸洞"；"斯瓦甲"，义为"樱桃树所生地"；"塔西补"，义为"许多松树衍生之地"。总之，这一地区在古代乃是一森林野兽之区，并未被利利土司所直接占有，所以阿陆家可以在这一带租地而居。至于占据利美夹谷，那是以后的事了。瓦库尔苦，"瓦库"指阿陆家的瓦库支所占有，"尔苦"言其地为乱石所聚。相传此地古时崖上有海，海旁有蛇，此蛇被尼居家猎夫射死，故海水崩流而下。从命名和这一故事也可以看到此地古时为一贫瘠之区。阿陆家的瓦库、砥窝二支占领了这些地区以后，他们的西北有阿侯、苏呷家的威迫，西南有马家各支的盘踞，北边又有阿陆别支各家这些家门，这种客观形势就迫使他们不得不与马家联合向南方的姐觉土目、沙马土司地面侵略。

当阿陆、马家战胜了姐觉土目、沙马土司而占领了广大的土地以后，正在他们分别移居垦植之时，阿侯、苏呷二家已经处心积虑，出兵南下，夺取马家早年的各个根据地了。

阿侯、苏呷家从1923年到1929年之间一共出兵七次。但大规模的战争只有三次。

第一次是1923年（鼠年），阿侯、苏呷家联合出兵进攻竹核，阿陆、马家联合起来把敌人打退。

第二次是1926年阿侯、苏呷家联合攻打思木补瑶，不久也被阿陆、马家联合打退。

第三次是1929年，阿侯、苏呷家联合进攻尔举阿者和竹核何补坡，阿陆、马家正谋出兵抵抗，中途因甘相营军人——凉山彝族的共同敌人邓秀廷出兵进攻昭觉，整个凉山彝族深为震动，所以阿侯、苏呷、阿陆、马四家合议，吃血酒为盟，共御敌人，始不相互攻击。

据阿陆家人报道，阿侯、苏呷家的战略是非常诡谲的，兵队所过之处，常把铁钉或木刺弃田中，使马家的奴隶不能在那里耕种。这件事也可说明阿侯、苏呷家所欲得到的，是马家的土地了。

介于阿陆、马家之间，自木抛拉打以南是木抛家。木抛家在这里的历史比较阿陆、马家更为悠久。在利美夹谷东北马陀一带原来也是木抛家的地方。但自阿陆、马家迁来以后，把两地木抛家的联系割断了，因而马陀木抛家把土地主动地卖与马家，自己迁到与家门集中的所在。阿陆、马家出兵，曾经误伤木抛家一人，后来惹起木抛家对阿陆、马家的战争。结果，木抛家死黑彝八人，阿陆、马家仅死黑彝二人。此一悬案，尚未解决，凉山即被解放。

葛合子威原是补瑶家所居。他们和思木补瑶的补瑶家是家门。自马家惹鸟支占据思木补瑶以后，思木补瑶的补瑶家因寡不敌众只好搬起走了。马家比呷支初在子威的山上沙诺达且地方居住，山下是补瑶家，两家虽然互婚，但马家经常威胁补瑶家，补瑶家以势力孤单，无法在此长久住下，所以在数十年前迁到盐源、盐边的山上去了。

最后略述阿陆、马家攻下了沙马土司后，对于金阳县所说"阿和穆地"的彝族所发生的影响。

沙马土司安家和阿和地方的豪库土司本来是世为婚姻、相互友好的。

二百几十年前，豪库土司绝嗣，由沙马安木鸡土司的第二子前往承袭。

但自阿陆、马家攻打沙马土司以后，沙马土司与豪库土司的关系就不和平了。原因是沙马地方的人民，特别是黑彝，看到阿陆、马家的侵略，他们就向阿和地方掠夺土地，结果引起了一场战争，但不久就告平息了。此事发生于阿陆、马家攻打牯尼拉打的期间。

自牯尼拉打在五十三年前被攻下以后，沙马土司及其家门都慌了，纷纷向豪库土司求借土地，收辑流亡百姓，从事垦殖。豪库安土司召集黑白彝代表会议，所属黑彝的阿合家、亥家、海尔家群起反对，理由是自顾不暇，无法收留外来彝众。沙马土司对此决定深为不满，于是在1932年双方开始战争。

此战争一直继续了六年，双方皆有伤亡，沙马土司以战败之余，人少力微，很难打胜豪库土司。

1938年沙马土司派人过河到云南昭通龙云家里请兵，龙云第二子龙绳祖带兵一营把豪库土司平定，于是沙马地方的黑白彝才转向阿和地方移殖。

（本附录原系中国科学院民族研究所四川少数民族社会历史调查组1962年11月编印：《凉山彝族自治州美姑县九口乡社会调查报告［初稿］》第五章，由马长寿主持编写。调查时间为1957年6月）

中集索引

氏与羌

A

阿柴虏113
阿豺113, 119, 133
阿贵27, 28
安戎城142

B

白氏12, 26
白狗羌135, 136, 139, 143
白兰23, 83, 113, 114, 130, 132, 135, 138, 139, 143, 153, 159
白龙江4, 9, 11, 26, 27, 47, 76, 109, 110, 122, 134
白马氏10, 12, 16, 19-21, 26, 32, 51, 76, 150
白马胡63, 77, 132, 133
白马羌76-78, 88, 98, 123, 128-130, 132, 133, 150
白水羌123
班彪89, 155
板屋16
蜩羌131, 132
卑湳81, 82, 84, 86, 91, 92, 146, 150
北宫伯玉104-106
比铜钳92, 154, 158
边章104, 106, 108, 160
编发15

帛纯41, 46
帛氏奴67

C

曹毂41
单于台30-32
车几葛布124, 125
成豚坚131
赤水城84, 114, 115, 118, 120
赤水羌84, 117
春桑139, 143
厨中氏65
赐支（析支）11, 16, 24, 75, 81-84, 88, 93, 94, 123-125, 128, 129, 145, 147, 151
葱茈羌84, 128

D

大鬼主21
大小榆谷81
大营18
当煎82, 83, 87, 91-95, 97, 98, 101, 102, 149, 152, 153
党项羌6, 17, 138-140, 155
宕昌16, 17, 48, 64, 65, 76, 83, 116, 120, 122, 123, 148, 155
宕昌羌16, 17, 64, 65, 76, 120, 122
邓艾116, 117, 123, 148
邓训89, 90, 93, 147, 149, 152, 154, 158,

159
邓至 116, 123, 133, 155
邓骘 95, 101
翟辽 46
滇零政权 83, 89, 91, 94, 96-98, 103, 104, 154, 160
滇吾 79, 92, 106, 161, 162
叠川 121, 138
东女国 135-137, 143
东羌 80, 81, 84, 86, 89, 91, 99, 102, 153, 160
豆卢永恩 66
窦固 79, 80, 90, 157
杜季贡 97
杜纂 57
段颎 80, 82, 88, 90, 101-104, 106, 108, 161, 162

E
饿何 110

F
发羌 23-25, 82, 94
范晔 69, 71, 74, 81, 85, 88, 89, 91, 108, 150, 153, 161
枋头 29, 39, 40
封敕文 53, 54
封衡 43
封养 82, 91, 92
伏连筹 120, 155
伏俟城 114, 155
苻坚 13, 18, 32-34, 39, 41, 42, 44-48, 119
苻健 28, 32, 39-42, 45
苻融 46
枹罕 11, 33, 47, 61, 82, 85, 104, 105, 108, 112-114, 117-120, 133
涪水 9, 26, 27, 65
附国 22, 23, 135, 144

G
甘松 117-119, 121, 132, 133
高昌 41, 43
戈人 126, 127, 129, 130
巩唐 79, 83, 99, 149
故道 12, 26
广汉羌 75, 76, 128, 129
郭淮 29, 110, 116, 117
郭义恭 17, 151

H
韩遂 103-108, 110, 160, 161
罕开 11, 82
郝散 36, 132
号吾 92, 93, 154
河厉桥 114
河曲 10, 11, 16, 17, 24, 69, 70, 75, 81-84, 86, 87, 93, 113, 123-125, 128, 129, 134, 138, 146, 147
盍稚 12, 14
赫连昌 119
洪和城 120
侯霸 79, 87, 90, 97, 116, 149
后稷 71
后凉 4, 29, 30, 34, 39, 46-48, 110, 112, 117, 119, 159
后仇池国 4, 47-49, 51
胡琛 61, 62
护羌校尉 82, 85-88, 92, 93, 95, 97, 99, 101, 102, 104-106, 110, 147, 152, 161
皇甫规 80, 90, 99-102
湟中胡 104, 105

J
吉毗 118, 119
祭肜 80
嘉良夷 9, 22, 23, 134, 135
嘉戎 9, 12, 15, 21, 22, 26, 63, 136, 137, 143,

144, 155
湔氐27, 77, 129
湔氐道27, 77, 129
江统10, 11, 29, 36, 79, 94, 95, 98
姜维28, 29, 110, 116, 117, 130, 136, 142, 148
姜嫄71
强台山113, 117
解系37, 38
金城郡79, 81-87, 89, 92-95, 97-101, 104-106, 108, 110-112, 117
静边州都督府140
沮渠蒙逊112, 113
句渠知30

K
康居41
夸吕114, 155, 156

L
狼莫97, 98
牢羌83, 97, 149
勒姐82, 84, 87, 92, 94, 95, 97, 98, 101, 102, 153
雷定26-28
累姐84, 93
李洪43, 54, 67, 68
李洪之56, 57
李傕103, 107, 108
李鼠仁64
梁道显64
梁会49, 53, 54, 66
梁平老120
梁仙（伈）定122
梁显67
零昌97
令居塞85, 86
刘曜30, 31, 39, 131

刘紫利131
留何78
龙涸52, 63, 67, 113, 129, 131- 133
龙夷城85
楼登128, 130
卢芳80
卢水胡5, 15, 29, 36, 37, 40, 53, 54, 66, 83, 91, 92, 110, 131-133
陆浑之戎72
吕光29, 39, 41, 46, 47, 112, 117, 119

M
马超26-28, 107
马兰羌36, 37, 40
马贤80, 90, 97-101, 149
曼头城114, 115
万俟道洛63, 67
毛盛41
茂州都督府135
弥姐康薄117-120
弥姐婆触119
迷唐79, 93, 149, 152, 154
迷吾92, 93, 152, 154
弭药140
莫折大提60, 67
莫折念生61-63
莫者羖羝118
貊炙157
木雅乡141
慕利延114, 159
慕容垂45, 46
慕容恪43

N
南凉4, 48, 112, 117, 118, 159
泥和10, 69, 118-120, 156
鸟吾84, 101, 102
聂赤赞普24

P

彭利发117-119
彭利和117-119
彭奚念117-119
蒲洪39

Q

齐万年5, 18, 29, 34-39, 48, 132
乞伏国仁45, 46, 112, 117-119
乞伏乾归48, 112, 117-119
千碉134
前凉5, 41, 42, 44, 48, 110-112, 115, 117, 132
前仇池国4, 47, 48, 51
仇池4, 16, 18, 26, 27, 29-33, 41, 47-49, 51-55, 57, 58, 61, 66-68, 118, 122
虔人79, 83, 98
羌道76, 78, 122, 128
羌胡80, 81, 86, 88-90, 96-99, 101-103, 106-108, 112, 114, 116, 130, 132, 133, 146, 151, 153, 157-159, 161
羌水76, 122, 128
羌中10, 76, 81, 85, 94, 116, 122, 128, 151
漒川48, 113, 117-119, 121
且冻80, 84, 91, 99
龟兹4, 41, 46
邛笼22, 155
屈真川113, 114
麴演110
全无84, 98

R

蚺氏12, 21, 132
冉駹9, 12, 19, 21, 22, 26, 27, 77, 129, 131, 132, 134-136, 143, 148
任尚97, 98, 101, 109, 149, 155
日玛13
婼羌84, 128, 148, 153

S

三苗69-71, 156
烧当11, 81, 91, 93, 94, 101, 110, 146, 147
烧当羌17, 79, 83, 87, 91-93, 97, 98, 101, 146, 147, 149, 150, 152
烧何80, 82, 83, 90-93, 99, 101, 152, 154, 158, 160
申侯71
沈氏79, 83, 91, 98, 101, 102
石虎13, 29, 31, 32, 39, 85
石勒31, 32, 117
拾寅114, 115, 120, 133, 148, 157, 159
史宁114, 122
守塞羌90, 148, 154, 160
殊缕布15
属国都尉86, 90, 101, 128
树洛干113, 119, 133
水洛城61, 63, 112, 132
司马骏18, 35
松州都督府135, 136, 138, 139
宋建104-106, 108, 160
苏则110
肃慎41
索西城92, 120

T

唐述山111, 158
洮阳116, 118-121
天竺41
屠各15, 37, 51, 53, 54, 58, 66, 67, 131, 132
吐谷浑5, 6, 15-17, 19, 61, 63, 64, 109, 111, 113-116, 118-123, 132-135, 138, 139, 148, 155-159
屯羌90, 144
拓跋赤辞138

W

王国104-107, 160, 161

王景文54
王猛42-44, 46
王羌31, 55
王庆云63, 67, 132
王擢32
望族42, 135
维州135, 136, 142-144
隗嚣80, 89, 90
汶山郡22, 63, 77, 109, 129-133, 148, 155, 157
无弋爰剑11, 15, 17, 75, 145, 155
吾良84, 92
武都国4, 47, 49, 51, 68
武都郡9, 12, 16, 26-29, 34, 35, 50, 51, 66, 76, 77, 95, 99, 110, 122, 128
武都羌76, 128
武兴国4, 17, 18, 47, 49-51, 68

X

西海郡11, 85, 87, 112, 114
西汉水4, 9, 11, 26, 47, 48
西羌6, 8, 9-11, 15-17, 23, 24, 29, 38, 59, 69, 70, 71, 73-92, 94-96, 98-102, 104, 106-109, 111, 118-120, 122, 125, 128-130, 145-162
西秦4, 46, 48, 109, 112-115, 117-120, 132
西山八国135, 137
徙（徙榆、徙斯）12, 19, 20
细封步赖138
下辨道26
夏侯渊28, 29, 107, 108
先零羌11, 79, 81-83, 86, 88, 89, 91, 94, 95, 98, 101-105, 146, 149, 150, 152
象舒彭11, 74, 79, 81-83, 87, 95, 98, 104, 146, 147, 149, 150, 152
萧宝夤60-63
兴国氏27, 28, 107
休官52-54, 66

休屠31, 80
虚除权渠30

Y

焉耆6, 41, 46
研种羌78, 150
盐泽10
杨安33, 41
杨定48, 68
杨法琛50, 65
杨阜26-28, 34
杨广香50, 52
杨茂搜16, 48
杨难敌31
杨仆28
杨千万27, 28
杨绍先49, 50
杨盛34, 48
杨文度50, 52
杨文弘49, 51
杨玄53
杨纂32, 33
姚苌13, 18, 45, 46
义从羌91, 101, 103-105
义渠73, 74
义渠安国74, 149
义渠道73
义渠国70, 73, 74
义渠王73
阴平10, 28, 29, 37, 48, 49, 51, 52, 59, 65, 67, 68, 97, 109, 117, 123
阴平道27, 28, 76
阴平国4, 18, 48, 50-52, 68
尹就96, 162
尹纬45
尹详46
营户18
游子远30

于洛侯55-57
鱼豢4, 10, 12, 16, 84, 141, 146, 159
隃麋氏29
元琛59, 60
月氏胡15, 89, 91-93, 105, 128
越嶲15, 20, 21, 63, 77, 78, 123
越嶲郡20, 75, 77, 78
越嶲羌75, 77

Z

张嶷20, 78
赵昂50, 64, 65
赵充国11, 74, 78, 81, 82, 85-88, 145, 149, 152
赵广67
治无戴110
钟存83, 146, 147
钟羌83, 87, 91, 94, 95, 98, 149, 153
周处37, 38
朱序46
莋都12, 19, 20, 21

碑銘所見前秦至隋初的關中部族

B

巴氏193
白部181, 182, 210, 212, 217, 219
白虜176, 178, 181-183
白氏（帛氏）167, 193, 220, 221, 233
編戶171, 180, 181, 195-197
部大178, 180, 181, 186, 188-190, 192-197, 199, 204, 235

D

宕昌公168, 203-206, 235
瞖仁弘234, 235
瞖氏180, 206, 232, 233, 251
鄧太尉祠碑168, 170, 172, 176, 178, 181, 182, 184, 186, 187, 190, 194-196, 204

E

爾朱天光171, 210

F

馮翊護軍172, 176, 178, 179, 185-188, 194-196, 198
夫施176, 178, 179
撫夷護軍172, 185, 186, 198

G

蓋吳181, 202
苟輔185, 186, 188, 198
廣武將軍□産碑（立界山石祠碑）168, 170, 172, 176, 184-186, 189, 191, 194, 195, 198, 204, 218, 227
郭羌四面造像銘170, 224, 225, 230, 231, 233, 246, 258

H

合方邑子百數十人造像記169, 211-213
和戎177, 178, 180, 188, 198
賀拔岳171, 210, 211, 219
賀蘭氏212, 217, 222, 223
黑（白）羌178-180, 194
侯莫陳悅171, 210, 211
暉福寺200, 205
暉福寺碑168, 203-206, 259

J

家屬造像201, 206, 231
金熙182, 184
井氏191, 237, 251, 257
僥蒙氏180, 190, 257

K

康居183, 184

酎斯氏218, 222
苦水178, 184, 188, 189, 196

L
雷樹等五十人造像銘168, 201, 207, 241, 258
雷氏180, 190, 206, 227, 229, 232, 233, 236, 251, 257
雷文伯造像銘169, 224, 225, 229, 242, 243, 258
李潤羌200-206, 224, 254
李潤鎮200, 203-206
盧水胡178, 179, 181, 194, 202, 225

M
馬蘭羌179, 181, 194
万俟醜奴211

N
寧戎177, 178, 180, 181

P
破多蘭部（多蘭部）182

Q
齊萬年196
鉗耳神猛造像記170, 224, 225, 231-233, 235
鉗耳氏180, 203, 232, 233, 357
鉗耳文徹235
酋大179, 186, 188-190, 193, 195, 198-200, 204

S
聖母寺四面造像碑169, 180, 191, 224-227, 251
粟特176, 178, 183, 184

T
同蹄（氏）189-191, 198, 227, 238, 250, 256, 257
同族同姓201, 206, 207
同族異姓201, 206, 208
屠各173, 174, 176, 178, 179, 193, 194, 202

W
王慶時（王遇）200, 203-206

X
擔拔氏218, 222
杏城174, 175, 178, 181, 201, 202

Y
邑主儁蒙□娥合邑子卅一人等造像記168, 201, 208, 242
邑主雷惠祖合邑子弥姐顯明等造像記170, 224, 229, 246
邑主弥姐後德合邑子卅人等造像記170, 224, 229, 238, 247, 258
邑主同琕龍歡合邑子一百人等造像記169, 212, 224, 225, 232, 243
邑子甞仲茂八十人等造像記170, 224, 227
邑子羅暉造像題名168, 201, 208, 209
異族異姓201, 206, 208
宇文達造像記169, 211, 212
宇文氏217, 221, 222

Z
雜户176, 178, 195-197
鄭能進176, 178, 186
支胡176, 178, 183
昨和拔祖等一百廿八人造像記169, 180, 212, 224, 227, 232, 233

南诏国内的部族组成和奴隶制度

A

阿芋路334, 336
哀牢夷271, 273, 325, 326

B

白蛮263, 265, 267-269, 271, 273, 275-277, 279, 280, 283, 289-291, 293-295, 301-305, 307, 310, 314-325, 328-332, 335-344, 346, 347, 352-354, 356, 365, 372, 374-380
白水蛮289, 294, 301, 303, 305
白崖城303, 305, 311, 325, 329, 330, 353
傍时昔305, 306, 317
骠信274
波冲299, 304, 305, 309, 315, 322
波罗毗勇379
僰蛮293

C

崇圣寺330, 331, 359, 365
爨宝子碑332
爨龙颜碑332, 333

D

大勃弄286, 289, 294, 302, 303, 305, 308, 313, 316
大厘297, 307, 309, 310, 345
大理国266, 270, 277, 322, 331, 339, 349
大泰族主义269, 271-273
邓睑诏297, 298
邓睒川310
滇国284, 290
佃人280, 351, 352, 355, 356, 358, 360, 361
雕题266, 267, 344-347
东爨264-266, 276, 279, 292, 319, 323, 325, 328, 330-337, 343, 344, 349, 350, 358, 372, 375, 378, 379, 381
洞主354, 364, 365
独锦蛮343, 344
铎罗望305, 306, 310, 311, 316, 322, 326

E

洱海263-267, 273, 279, 282-286, 289, 290, 292, 293, 295, 297, 299, 301, 310, 312-317, 319, 321, 323-325, 328-331, 338, 343, 351, 354, 358, 364, 365, 371, 372, 377, 378
洱河蛮265, 284, 288, 291, 292, 294, 301, 302, 306, 310-314, 316-318, 331, 354, 361, 372

F

樊绰280, 281, 291, 297, 299, 328, 331, 334, 344, 369, 370, 372

G

阁罗凤297, 304, 308-312, 316, 321-323, 330, 337, 338, 342, 343, 345, 346, 352, 367, 368
鬼主292, 294, 295, 302, 314, 333, 335, 336, 341, 342
郭仲翔354, 363-366

H

何履光367
河睒297, 315, 319, 323, 337, 338, 345, 346, 354, 360, 362, 372
黑齿蛮319, 345
会川都督343

J

贾瓘367
俭望蛮279, 335, 338
剑川265, 293, 298, 300, 301, 310-312, 316-

318, 321, 324, 326, 327, 329, 330, 337, 360, 367, 372, 374- 376, 379, 380
绛域317
金齿蛮267, 319, 345, 347
晋宁263, 264, 278, 284, 291, 333, 334, 340, 363

K
开南城267, 346
昆明城284-286, 291, 293, 327
昆明池282, 284, 285
昆明国263, 273, 279, 282-295, 301, 302, 319, 334, 351, 377

L
浪穹诏298, 305-307, 310-312, 316, 319, 322
李德裕368, 369
李蒙265, 317, 354, 363, 364
李宓266, 367, 368
李知古265, 305, 306, 317, 364
俚柔380, 381
栗粟蛮319, 344
梁建方263, 288, 291, 292, 294, 301, 326
六诏265, 271, 275, 279, 282, 283, 292, 293, 295, 297, 299-303, 307, 309-312, 314-316, 319, 321-323, 325, 326, 328, 331, 337, 345, 346, 349, 351, 364, 372, 377

M
《蛮书》263, 264, 267, 269, 273, 274, 278, 280, 281, 285, 286, 289-293, 297-300, 302, 303-312, 315, 318, 321-338, 340-342, 344-348, 350-355, 357-363, 367-370, 372, 374, 376-380
茫部344, 347
么些282, 287, 293, 299, 301, 304, 305, 322, 327, 328, 342, 350

蒙巂诏281, 296, 297, 307, 308, 312, 315, 322, 326, 330
蒙舍诏275, 283, 286, 293, 295-297, 302, 303, 307, 308, 321-323, 325, 326, 329, 338, 347, 365, 372, 373
弥城347

N
南诏德化碑266, 281, 289, 307, 309, 312, 319, 333, 335, 342, 352, 362, 367, 368, 371
南诏剑360
弄栋川286, 337

P
配隶367, 369, 370
皮罗阁（蒙归义）265, 297, 303, 304, 307-312, 315, 316, 321, 322, 332
扑子蛮266, 319, 350
菩萨蛮364, 365

Q
弃德祖赞317
青蛉蛮323, 337, 338
清平官315, 319, 331, 337, 338, 352-354, 357-359, 368, 379
渠敛赵289, 299, 300, 303, 304, 315, 319, 351, 372

S
撒弥罗罗340
神川都督311, 312, 317, 318, 349
施浪诏298, 299, 307, 310, 312, 318, 319, 322
施蛮293, 298, 318, 326-328, 348, 367, 370
时傍诏301, 311, 318
饰齿266, 267, 344-347
双舍291, 293, 295, 304, 305, 327

顺蛮293, 318, 326, 327, 367
松外蛮280, 284, 286, 288, 291, 292, 294, 301, 313, 314, 326
叟286, 287

T

太和城307, 330, 349, 352, 368
唐封川345
遵睒州305-307
铁桥269, 278, 293, 312, 317, 326-328, 349, 350, 362, 370
头囊361

W

王嵯颠331, 349, 359, 368
王玄策316
王昱282, 308, 309, 316, 321
巍山275, 279, 286, 289, 293, 295-297, 301, 302, 324-326, 372-375, 377-381
味县264, 265, 334, 336
乌蛮263-265, 267-269, 271, 273, 275-279, 283, 287, 289, 290-295, 301-305, 307, 311, 314-317, 319-321, 323-332, 335-337, 340-344, 349, 350, 352, 356, 358, 359, 365, 372, 373, 375, 378, 379, 381
乌珠342
勿邓336, 340, 341

X

西爨263, 265, 276, 279, 280, 286, 289, 319, 325, 328, 331-340, 343, 344, 350, 353, 359, 370, 371
西洱河蛮（河蛮）265, 288, 292, 294, 301, 302, 306, 309-311, 314, 315, 317, 318, 331, 338, 354, 372
西南夷263, 264, 273, 282-286, 290, 328, 349
徙莫祇蛮280, 335, 338, 339

细奴罗275, 293, 295, 296, 302, 303, 308, 322, 325, 328, 329, 365, 373
鲜于仲通367
暹罗270-273, 275

Y

阳苴咩城（阳苴哶城）267, 307, 310, 330, 338, 345, 359
杨承颠294, 302-304, 313, 314, 316
杨栋附显292, 301, 322
杨慎282, 288, 302, 339
姚州265, 273, 286, 294, 300, 301, 304, 306, 308, 317, 318, 328, 333-335, 337, 338, 353, 354, 359, 363-368, 370, 380
叶榆县284
矣罗君310, 322
矣罗识诏301
异牟寻273, 312, 322, 323, 329, 337, 338, 344, 347, 348, 370
雍陶358
永昌城345, 346, 348
喻士珍366, 367
原罗308
越析诏（磨些诏）281, 282, 291, 299, 300, 304, 305, 307-310, 312, 315, 319, 322, 327, 328, 372

Z

张乐进292, 302, 303, 322, 329
张虔陀367
张寻求304, 305, 308, 315
赵孝祖289, 294, 301-303, 305, 313, 330
郑回352, 368

彝族古代史

A

阿獒部457

阿和支482, 483, 488, 491
阿侯406, 469, 473, 481, 494-496
阿陆家482-496
阿陆、马家471, 480, 486-497

B
白罗罗444, 446, 463
白蛮407, 436, 441-448, 455-458, 463, 468
保奴479
保主477, 479
僰道387, 424, 427, 432, 443
僰道路424, 442, 443
僰人404, 406, 407, 431, 446, 457, 458, 463, 469
补陀支482, 483, 492-494
布部408

C
程隆431
创世经（勒俄特依）389
爨宝子碑436, 437, 443
爨龙颜碑436, 437, 443
爨判456, 458
爨玩437, 440
爨习434, 436
爨震437, 440

D
大理国387, 412, 444, 446, 450, 455-459, 466, 468
大姓430-437, 439, 441, 442, 446, 458, 459, 472
德布部408, 409
德家399, 400
《德暮史记》397
砥窝支485, 488, 491, 492, 494
《帝王世纪》389, 391, 393, 397
滇王国387, 398, 417, 418, 420, 423, 424, 426
滇王之印417
滇族419-423
东爨397, 403, 409, 411, 436-444, 447, 455, 456, 459
《都提经书》390, 391
杜俊433, 435
段思平456

E
鄂尔泰475

F
樊绰436, 438-440, 443, 464
冯茂429
父子连名制389, 392

G
高智升458
阁罗凤407, 445, 446, 448, 451, 455
古侯397, 401-406, 415, 482
郭仲翔453

H
河蛮（民家）444-447, 455
河睒445
黑彝393, 396, 397, 400, 402, 407, 410, 415, 446, 464, 467-473, 475-479, 481-494, 496, 497
恒部403
逞耶431
霍弋435

J
基诺人392
集团誓词390, 391
犍为郡425-427
绛部412

觉穆乌乌（仲牟由）387, 391-396, 401, 402, 407, 411, 412
姐觉土目473, 485-487, 494, 495
晋宁郡426
晋宁石寨山417, 419, 421, 424
苴梦冲463-465

L

黎州439-441, 452, 459, 464-468
李嘉谋465, 467
利利土司468-471, 480-482, 486, 495
利美夹谷480, 482-487, 489-491, 493-496
利美莫姑405, 406, 480-482, 485
凌蛮465
罗伽部457, 458
罗苴子449, 450
罗罗斯宣慰司405, 429, 468
洛尼白394-397
吕真达（A. F. Legendre）393

M

马哈皆483
马湖府405, 474, 475
马家补陀支492, 494
马家孤惹支491
马五加483
《蛮书》397, 436, 438-443, 445-448, 450-452, 455, 463, 464
芒部409, 411-414
茫布部413
枚根431
美姑385, 402, 405-407, 427, 429, 468-473, 480-490, 494, 495, 497
靡莫之属418, 419, 421, 424
磨些蛮447, 449, 455, 457
默部（德施部）408, 410-416
穆阿祐396, 399
穆阿怯396, 399

N

耐族400
《南夷志》443, 448, 460
南中395, 408, 421, 426, 428, 430-438, 442, 457, 464
奴诺城463
糯家397, 399, 400

P

濮族405, 416
普惹支483

Q

耆帅430-432
禽信427, 428, 432
青蛉蛮445, 447
青羌433, 434, 465
青衣道387
清溪路424
邛部川464-466
曲布390, 391, 396, 484
曲伙407, 464, 467, 468, 473, 477-479, 481, 483-486, 488-494
曲涅397, 401-403, 405-407, 415, 482, 486
曲曲乌406

S

撒弥444
赛典赤460, 461
赛平章德政碑461
沙马土司469, 471-473, 475, 482, 483, 485-492, 494-497
施歌470, 471
施蛮447, 452, 455
史万岁437, 438
水西阿者家413
水西土司家谱389
顺蛮447, 452, 455

苏呷家406, 469, 481, 489, 494-496

T
通海都督456
《土夷考》406, 448, 469, 474

W
瓦库支485, 488, 491, 492, 494, 495
味县433, 437-440, 447
文齐427, 429, 430
乌蛮394, 403, 407, 409, 411-413, 436, 440-444, 446-449, 455-457, 463, 464, 468
乌蒙部402, 403, 409, 439, 447, 456, 469
乌莫德411
乌撒部409, 410, 439, 456
巫师（毕摩、摩毕）389-392, 403-405, 415, 469, 481, 484
吴杰477
五尺道424
武氏族398, 399
勿邓447, 448, 463, 464

X
西爨436-448, 455-459
虚恨蛮466, 467
《训世经》（玛木特依）389, 390

Y
杨牟利445, 446, 455
《彝巫系谱》390
益州郡425, 428, 430-433, 437
喻士珍453
越巂郡425-428, 430-433, 438, 443

Z
乍族398, 399
张洪460
张虔陀451

章仇兼琼441
《招魂经》403, 405, 406, 482
柘东城452, 455, 456
诸葛亮408, 413, 432-435, 437, 442
椎髻414, 418, 421, 424, 426, 466
兹莫（利利兹莫）463, 468, 469